珍藏本
纪念版

汉译世界学术名著丛书

经济分析史

第三卷

〔美〕约瑟夫·熊彼特 著

朱　泱 易梦虹 李　宏
陈国庆 杨敬年 陈锡龄 译

商务印书馆
SINCE 1897
The Commercial Press

2017年·北京

Joseph A. Schumpeter
HISTORY OF ECONOMIC ANALYSIS
Eleventh Printing, 1980
Oxford University Press, Inc.
本书根据牛津大学出版社 1980 年第 11 次印刷本译出

汉译世界学术名著丛书
（120 年纪念版·珍藏本）
出版说明

2017 年 2 月 11 日，商务印书馆迎来 120 岁的生日。120 年前，商务印书馆前贤怀揣文化救国的理想，抱持“昌明教育，开启民智”的使命，立足本土，放眼寰宇，以出版为津梁，沟通中西，为中国、为世界提供最富智慧的思想文化成果。无论世事白云苍狗，潮流左右激荡，甚至战火硝烟弥漫，始终践行学术报国之志，无改初心。

逐译世界各国学术名著，即其一端。早在 20 世纪初年便出版《原富》《天演论》等影响至今的代表性著作，1950 年代后更致力于外国哲学和社会科学经典的译介，及至 1980 年代，辑为“汉译世界学术名著丛书”，汇涓为流，蔚为大观。丛书自 1981 年开始出版，历时三十余年，迄今已推出七百种，是我国现代出版史上规模最大、最为重要的学术翻译工程。

丛书所选之书，立场观点不囿于一派，学科领域不限于一门，皆为文明开启以来，各时代、各国家、各民族的思想与文化精粹，代表着人类已经到达过的精神境界。丛书系统译介世界学术经典，引领时代思想,为本土原创学术的发展提供丰富的文化滋养,为推动中国现代学术和现代化进程做出了突出的贡献。

为纪念商务印书馆成立120周年,我们整体推出"汉译世界学术名著丛书"120年纪念版的珍藏本,寄望既利于文化积累,又便于研读查考,同时向长期支持丛书出版的译者、编者和读者致以敬意。

两甲子后的今天,商务印书馆又站在了一个新的历史时间节点上。我们不仅要铭记先辈的身影和足迹,更须让我们的步伐充满新的时代精神。这是商务人代代相传的事业,更是与国家和民族的命运始终紧密相连的事业。我们责无旁贷,必须做好我们这代人的传承与创造,让我们的努力和成果不仅凝聚成民族文化的记忆,还能成为后来人可以接续的事业。唯此,才能不负前贤,无愧来者。

商务印书馆编辑部

2017年10月

目　录

第四编　1870 至 1914 年(及以后)

第五编　结论　现代发展的梗概

第四编

1870至1914年（及以后）

第一章　导言与计划

1. 包括的时期

2. 工作的条件

3. 本编的计划

1. 包括的时期

本编包括1870年左右至1914年分析工作的历史。为了说明采用第一个年代的理由，我引证几乎没有经济学家会否认的一个事实：正是在1870年前后，一种对社会改革的新兴趣，一种"历史主义"的新精神，一种在经济"理论"领域内的新活动开始表现出来；或者说，传统被打破了，在从根本上说必然永远是一种连续不断的过程中，我们能够期望观察得到的，再没有比这种破裂更为明显的了。为了说明采用第二个年代的理由，可以提出这样一个论点：第一次世界大战是一个足够有力的"外部因素"，使得能够把它的爆发当作一个终点，虽然结束这个经济分析时期并迎来另一个经济分析时期的那些影响在此以前全都可以清楚看出，虽然这些影响还要经过十年左右的时间才能得到胜利。

在接受上述的时期划分时，必须注意到两种限制，特别是第二种:一种限制适用于对任何事物划分历史时期的尝试,另一种限制则类似于我们在捍卫我们关于前一时期的概念时觉得必须加上的限制。有许多人物和许多著作跨越两个时期,要将其归入任何一个时期都不免过于武断;而且在观点上、态度上和方法上,有许多相互重叠之处。部分地因为这个缘故,就把某些在年代上属于前一时期或后一时期的人物和著作归到了这一编。可是,还有另外一个理由使我们要谈到——有时是相当详细地——我们自己这个时期的发展,并就某些事情把我们的故事一直说到现在(1949年),这个理由就是,第五编将只简略地叙述现代的发展;因而似乎有必要利用适当的机会,指明——至少就若干重要之点——现代的分析工作怎样可以追溯到 1870—1914 年的工作,究竟在多大程度上我们自己是在后者所奠定的基础上进行建筑。

但是为了使历史分期不致引起误会——或者变成毫无意义——而必须加上的一切限制,不应当使我们看不见这个事实:我们将要加以讨论的这个时期实际上形成了一个真正的单元,这是必须加以承认而与说明上的方便这个理由丝毫无关的。1870 年左右的打破传统意味着,这是由自己的名字同这种破裂有联系的人们来进行的,这种破裂在他们看起来,或许比从一个历史学家看起来更为突然,更为重大,但这并不意味着这种破裂纯粹是虚构的。在这种“革命”之后,进行了二十年的斗争和或多或少是激烈的讨论。从这种讨论中,在九十年代,重又出现了一种典型的(我们所称的)古典形势,其中的主要著作呈现出一片广阔的共同园地,令人有一种宁静的感觉,二者在肤浅的观察家心目中造成一个达到了尽善尽美地步的印象,就像一个希腊寺宇在晴朗的天空中展开它那优美的轮廓时所表现的那种尽善尽美一般。然而在第一次世界大战爆发前的大约十年中，即使是一个肤浅的观察家，也应当能够觉察到衰微的迹象，觉察到近在眼前的新的破裂现象，觉察到革命的迹象，后者至今还没有产生另一个古典形势。

2. 工作的条件

通过"革命"和统一，这个时期取得了重大的进展。我认为我们很容易低估这个时期的成就，正像我们很容易高估从亚当·斯密到约翰·穆勒那个时期的成就一样。部分地，这是由于下述事实(这是某些读者在阅读本编时将会遇到困难的主要原因)：经济学家开始运用比较复杂的技术，这种复杂的技术日益代替了以前那种简单的技术，后者是每一个受过教育的人不需要经过特别的训练就能够掌握的。其自然的和不可避免的结果是，经济学变成了一门比较专门的、为一般读者所不易懂得的学问，因此之故，经济学受到了许多——完全没有道理的——责难，不仅是从一般读者的代言人方面，而且也从他们自己队伍中那些技术头脑较差的人方面。然而这个过程是缓慢的，怀抱着"让生意人能读"的野心并且这样去写作的领袖人数，如像马歇尔，依然还能够从日报中得到正式的评论。毋需指出：任何这样的成功都是花了代价得来的；虽然这样做对于这门科学和对于一般读者我们可能看到有一些好处，但我们必须指出，这样做却使分析工作的效率遭受了损失。

这门科学在躯体上比在智慧上成长得还要快些。这部分地是它在专门职业化和大学教授化方面的迅速"进展"所造成的。我们已经注意到:甚至在前几个时期内,经济学家就已经彼此承认是具有一种特殊资格的人,而且发展了一种同专门职业的行为准则相类似的东西。这些东西在我们所讨论的这个时期内变得更为明确了,在这个时期内,经济学——甚或是经济学这个主干上的每一个公认的分支——已经发展成为一种专门职业。这就促使职业化的程度日益增长,而经济学本身亦因而得到促进。在前一时期,主要的经济学家大多数并不是大学的教师。在所讨论的这个时期内,则几乎全都是大学教师。在英国,这种变化比在任何其他的地方更为显著,因为那里的经济学教授(或有着各种不同学衔的大学教师)从前人数本来很少,这个时期内在绝对数上增加也不多,然而还是占领了这个阵地。① 在美国,自从哈佛大学于 1871 年设置了它的第一个正规的政治经济学教授席位(哥伦比亚大学的道德哲学和政治经济学这个最古老的讲座是在 1818 年设置的)、耶鲁大学于 1872 年设置了同样的席位以后,大学教师人数的增加是很可观的。在德国、意大利、西班牙和欧洲北部各国,经济学这个职业是沿着早经奠定的路线发展的,但法国却前进了一大步,它于 1878 年在全国所有的法学院中设置了经济学教授席位,而在这一年以前,除了在巴黎大学之外,则根本没有任何正规的和公认的经济学课程。

用现代的标准来衡量,研究上的便利——除了图书馆以外,图书馆已经大为扩充了,特别是在美国——依然是极不充分的。在

① 关于货币与银行学系的情况,参阅后面第八章。

许多地方，根本就没有这种便利。① 在不同的国家，教学方法在不同方面有了改进。我们必须记住：在英国和美国，把经济学当作一种专门职业来从事研究还是一件相当新鲜的事，它还得努力奋斗，通过碰碰试试去定出自己的一套办法来；② 而在某些其他的国家，经济学在这一整个时期中依然是法律研究的一个极小的附属物。甚至在普鲁士和德意志的一些其他邦，虽然在设立经济学课程并授予经济学博士学位的文理各系中经济学占有独立得多的地位，但通常也只有两个专任的经济学教授，③ 也许还有一两个讲师。当美国的大学生们读到，同一个人被要求在三门课程中把普通经济学、财政学、劳工问题、货币与银行、“土地政策”、国际贸易和企业组织与管理都讲完时，他们会感到愕然失措的。但是研究班（每一个教授开一个普通的研究班，不加区别地包括上述一切科目，这是在学生已提交论文以后开办的）以及后来的专门性的研究班发展起来了，这可以补充所讲授的课程（恐怕它们并不都是真正能引人入胜的）的不足，并且至少还可以保证写博士论文的学生得到个别指导。其他各地的进步遵循不同的路线，虽然设置研究班的方法是被广泛袭用的。然而，以上所述已经可以表明，在当时的情况下，存在着许多困难阻碍了经济分析的发展并使一般经济学家

① 可是，这样说可能会给人一个过于不好的印象。例如，在德国，特别是在几个规模宏大的大学，给予了教授们很优厚的（实际）收入和很长的假期，还有充分的研究上的便利。

② 在这方面，非常有意义的是：剑桥大学（英格兰）直到 1903 年才为经济学以及政治学的有关学科设置“荣誉考试”。在此以前，经济学诚然也在讲授，但不曾被认为是一种需要占用全部时间的专业性研究。在此以后，讲授的范围扩大了，但在整个这一时期内并没有像今天的“经济学系”一类的东西。

③ 一些英格兰和苏格兰的大学只有一个经济学教师。

的能力降到应有的水平以下——这种能力水平又说明了仅仅是由于不懂而产生的无谓争论为什么这样频繁,也说明了一个更进一步使历史学家的工作变得错综复杂的事实。由于在少数领袖人物的成就与经济学界其余人的成就之间存在着这样广阔的鸿沟,因而要绘出一幅生动的图画是很难的,要得出一个正确的结论也是很难的。

这个人数日益增多的专门职业自行组织起来了,并为新的研究成果提供了发表的便利。在这里又是,除了提到少数重要的和熟知的事实以外,不必要也不可能多作说明。德国的社会政策协会创立于 1872 年,美国经济学会创立于 1885 年(历史学会创立于 1884 年),英国的皇家经济学会——用它最后所采用的名称——创立于 1890 年:这是三个重要的年代。皇家经济学会为经济学界提供了一个中央机关和一个杂志;美国经济学会除了这两者以外,还召开我们所知道的年会,年会的内容很丰富,既要宣读论文,又要进行讨论。德国的社会政策协会则是从一个特别的目的着眼命名的,这个名称本身是不"科学的"(参阅后面,第四章),① 由此而使该协会的活动受到了明确的限制,决定了该协会最初十年每年讨论会上的题目和精神。可是,它最终还是变成了另外两个组织从一开始就是的样子——一个具有真正"科学"性的从事于整个经济学领域研究的组织。更重要的是社会政策协会的另一个特点,这是美国和英国的两个学会在实践上和计划上都没有的:从它最

① 美国经济学会最初的章程在某种程度上仿效了它,章程第三条指出:"我们认为国家是这样一个组织,它的积极扶助是人类进步不可缺少的条件之一"——这句话是用来表述一种政策原则的。但不久就觉得这和该学会的实际性质不相适合,所以早在 1888 年就把这一条取消了。

初建立的时候起，它就组织了集体的研究。它的中央委员会的每一个委员都有权提出研究计划。由执行委员会所通过的计划就交给各个小组委员会去执行，后者又把对题目感兴趣的会员分别编成小组去进行研究，并把它们研究的结果提到年会上讨论。原来的报告，连同讨论的记录，均发表在该协会的长达 188 卷文献集中。[①] 对于这种大规模的集体工作，是既有理由表示赞成，也有理由加以反对的。但对读者来说，重要的是记住这个最早的集体工作的实例。

为科学研究成果所提供的新的发表途径，采取了创办新杂志的形式。这里只提几种特别重要的杂志：《政治经济学评论》〔*Revue d'Économie Politique*〕，《经济学家杂志》〔*Giornale degli Economisti*〕，《经济学杂志》〔*the Economic Journal*〕，《经济学季刊》〔*Quasterly Journal of Economics*〕，《政治经济学杂志》〔*Journal of Political Economy*〕，《美国经济评论》〔*American Economic Review*〕，《经济学杂志》〔*Ekonomisk Tidskrift*〕，《施穆勒年报》〔*Schmoller's Jahrbuch*〕，《社会科学与社会政策文库》〔*Archiv für Sozialwissenschaft und Sozialpolitik*〕，《国民经济学、社会政策与行政杂志》〔*Zeitschrift für Volkswirtschaft, Sozialpolitik, und Verwaltung*〕（这是《国民经济学杂志》〔*Zeitschrift für Nationalökonomie*〕的前身），这些杂志都是在这个时期内创刊的。综合性的经济学辞典自然也不是一种新东西，就像专门性的杂志

① 这个制度的实际运行情况及其所产生的结果，曾由弗朗兹·伯斯——他曾担任协会秘书多年——在其所著《社会政策协会史，1872－1932 年》（1939 年；《文献集》最后一卷）中加以叙述。这个报告虽然谦逊而质朴，却因此而更给人以深刻的印象。

并不是新东西一样。然而,下述这样的合作事业,如像《帕尔格雷夫的政治经济学辞典》,新的《政治经济学辞典》,《政治学辞典》,都反映了一个——暂时是——新的时代的蓬勃成长,反映了“它的成就,它的不息的争论,它的许多成果,它的摆脱了‘正统观念’的束缚〔真的吗? ——熊彼特〕,这种正统观念对于前一代人似乎是一种十分沉重的负担。”[①]最后,成立了新的学院,在这种学院中经济学以这种或那种方式而居于尊崇的地位。让我们向其中最重要的一个——伦敦政治经济学院(1895 年)[②]致敬吧!

还要说明一点:一些人惯于强调教授席位、研究基金、学术团体等诸如此类的东西对科学成就的重要性,这些人不免要得出结论,说英国的成就处在国际标准的最低级或接近于最低级。事实上,它处在最高级。在经济研究领域内,英国在前一时期所享有的最高权威的确已经不再是不受到挑战了。许多具有决定意义的贡献,特别是带独创性的贡献,比从前在更大得多的程度上不是出于英国人之手。说英国还保持着最高权威,意思只是说它在实业界和金融界还保持着最高权威的地位。然而它到底还保持着这种权威,特别是就声望来说。并且,这重又不仅是由于它的领袖人物的成绩;同时也是,或许主要是,由于“二线”人员的质量:这不仅是由于马歇尔和埃奇沃思具有卓越的能力(或更多的东西);而且也是由于,在其余的人中间,无能透顶的人几乎完全绝迹了。由此可以

① 这是凯恩斯勋爵在 1940 年皇家经济学会五十周年纪念会上发表的意见(《经济学杂志》,1940 年 12 月,第 409 页)。自然,我们必须考虑到话是在那种场合说的。

② 参阅冯·哈耶克教授所写的关于该学院头五十年历史的极富教益的概略,见《经济学报》1946 年 2 月号。

得出一个教训：基金和讲席并不就是一切；有些东西是不能雇到或不得购得的；如果这些东西不能随着基金和讲席一同发展起来，那么后者或许会等于形同虚设。

3. 本编的计划

大体说来，本编的写作计划与第三编的相同。但也没有为了编排的匀称而作出什么牺牲。许多以前不重要或不那么重要的事情，现在似乎值得加以强调，而许多从前重要的事情，现在则似乎不妨忽略；为了其他的理由，也似乎要作出许多新的安排。

像以前一样，先要略微看一下社会背景——Zeitgeist〔时代精神〕——(第二章)，略微看一下邻近学科中的一些发展，这些发展确实或者是被认为对经济学产生了某种影响(第三章)，以便使我们自己准备好，去从事我们的主要任务。要再一次提醒那些觉得这种概略不免肤浅的读者：在这两章中所提到的事实，并不是为了它们本身的缘故而提出的。这是一部经济分析史，是一部关于人们在运用他们的理智去了解事物方面所作的尝试的历史，而不是一部关于人们在运用他们的理智——和意志——去变革事物方面所作的尝试的历史。接着是评述两类适于分别处理的相互关联的人物和思想：一类人的兴趣主要是当代社会改革，其领袖人物被极其不恰当地称为“讲坛社会主义者”；另一类被称为，亦自称为历史学派(第四章)。[①] 关于经济学家的价值判断这个争论得很多的问

① 〔起初，熊彼特想要把这些题材分做两章处理，但是后来把它们合到了一起。合并后这一章尚未写完，后面(第四章)是按照原样付印的。〕

题,将于评述前一类人时附带提及;关于有名的"方法论战"(以及在美国的与此相似的论战——制度学派的论争)则将于评述后一类人时附带提及。在某种程度上,这个安排是有损于我们的图画的,因为当我们进而对"普通经济学"中的人物、派别和发展作简略的综述时(第五章和第六章),我们已经消除了对这种"普通经济学"来说是两种最重大的影响。因此,我请求读者依照原来的顺序阅读这些章节。本编最后两章所处理的各组题目,是似乎最适于留下分别处理的。第七章(均衡分析)相当于[①]第三编的第六章,并把在第三编归之于西尼尔的那种枢轴的作用归之于瓦尔拉。其目的在于叙述现代纯理论因素的出现,这种叙述方式我恐怕既不能使现代理论家感到满意,又将使非理论家感到过于繁重。后者对于这些东西如果满足于他们在第五章和第六章所已经读到的,那要算是做对了。第七章的附录,关于效用理论的命运及其直到今天的继承者们,自成段落,或差不多是这样,只有对此特别感到兴趣的人才应当一读。[②] 最后一章(第八章)把货币、信用、储蓄与投资以及商业循环这些题目划分开来了,关于这一点要说的只是:划分全然是为了说明上的方便,正像第三编的情形一样;我虽然不得不这样做,却不愿使人得出一个印象,认为我接受了这个时期的关于货币理论的一般见解。这一点当我们继续往下读时,就会看得十分明白。

---

① 〔熊彼特对于这个说法有所怀疑。他用铅笔注明:"能这样说吗?"〕

② 〔在撰写这个《关于效用的说明》时,熊彼特本来想要把它写成单独一章,但后来列为第七章的附录。本编原来的计划是十章,以后减为八章。〕

第二章　背景与形态

1. 经济的发展

2. 自由主义的失败

3. 政策

(a) 自由贸易与对外政策

(b) 对内政策与社会政策

(c) 财政政策

(d) 货币

4. 艺术与思想

(a) 资产阶级文明及其难以驯服的产物

(b) 资产阶级文明及其哲学

一个时代离我们越近，我们对它就了解得越少：对于我们自己的时代，我们是了解得最少的。单凭这个理由，在简要描述所要考察的这个时期的文化形态时，就需要比在前一个时期更加小心。而且，随着资产阶级时代的消逝，文化形态实际上在每一个地方都变得更加复杂。请读者回忆一下我在第三编（第三章）就任何一个时期的文化形态或时代精神均缺乏一致性这个题目所说过的话：要说有一种什么单一的占统治地位的时代精神，那一定会引起对事实的歪曲——在多数情况下是一种意识形态的歪曲。文化社会学上的这个根本真理,特别适用于我们所讨论的这个时期。不管我们需要怎样严格地使事情简单化,下面的评述都会使这一点变得十分明显。

1. 经济的发展

我们所要考察的这个时期同样是一个经济迅速发展的时期。正是在这个时期,德国和美国获得了头等工业强国的地位。但在其他地方,例如在奥地利、意大利、日本和俄国,工业化进行的速度(虽则自然不是用绝对数字来衡量)也同样引人注目。1900年以后,英国未能保持同一步伐,但大约到这一年时,其财富的增加可以由这样一个事实来说明:从1880到1900年,每一个英国工人的实际工资增加了将近百分之五十。[①] 这为人民群众创造了崭新的生活水平。

但是几乎一直到这个世纪的末了,伴随着实物产量的增加而来的,是物价的跌落、广泛的失业和企业的亏损。"繁荣"阶段同"萧条"阶段比较,在时间上要短些,在气势上要弱些。事实上,从1873到1898年的整个一段时间已被称为"大萧条"时期。[②] 这是"富裕中的贫困这一矛盾现象"的翻版,这种现象是不难加以解释的。对于可以观察到的所有现象,均能这样满意地加以解释,即它们是受了过去二十年大大扩充了的生产设备源源不断制造出来

---

① A. L. 鲍利:《1860年以来联合王国的工资与收入》(1937年),表14,第94页。当然,这只是意味着,工资总额在国民收入总额中保持着它所占的百分比。

② 有一个历史学家对于这个名称提出了反对意见,参阅H. L. 比尔斯的文章:《工商业中的大萧条》,载《经济史评论》,1934年10月。作者认为萧条时期只到1886年为止。但这个名称所要表明的一切征兆大约持续了又一个十年。

的产品的影响。在社会主义社会,这样的时期可能被当作收获时期来欢迎。在资本主义社会,它们也不失为收获时期。但是这一收获面,在现存工业结构的脱节——这种脱节是技术或商业进步所造成的第一个结果——带来的恐惧、痛苦和怨恨之中,完全看不出来了。举一例就可以说明这一点。在七十和八十年代,经过改良的陆地和海上运输把数量大为增加的美国廉价小麦运到了欧洲,这对欧洲农业就意味着严重的萧条。自然,这在我们上面提到的英国劳工实际工资百分之五十的增长中是一个基本的因素。但是欧洲的农场主和他们的代言人并不从这种角度来看这件事情。即使他们这样做,他们由此而得到的安慰也会很少。农业部门在各国都是足够有力而可以把它们的萧条转嫁给别人的。但是,工业部门也有它们自己的与此类似的困难,虽然这一点需要更多的篇幅才能说明。从某种意义上说,这些困难是从一个很长的繁荣阶段走向另一个繁荣阶段所经历的适应过程而附带引起的表面上的困难。但对许多个人和集团来说,唯一可采用的适应方法就是破产。对于劳工来说,这就意味着失业或永远存在的失业威胁。

读者当不难想见由此产生的实际问题,以及各个集团、阶级、政党和政府对于这些问题的反应。正是在这种背景下,我们要来描绘本章的其余部分。这是如此的明显,所以把它忘记的危险性比较小,而把所提到的事实——“进步”及其兴替二者——对政治史和文化史起决定作用的程度加以夸大的危险性则很大。例如,这些事实的确在很大程度上说明了我们所看到的群众的过激化:上升的生活水平和一种掌握权力的新奇感觉之有助于造成这个结果,并不比失业的威胁为少。这些事实也在很大程度上说明了下述趋势：对于社会改革的普遍热忱，工业组织（特别是卡特尔式的工业组织）加强的趋势，政府活动的增加，对于自由贸易所产生的结果的不满，甚至军国主义的复活。但另外还有一个事实：这些趋势在战前的十五年中，在经济形势完全不同的年代中，没有一种表现出有减弱的征兆，其中大多数实际上是更为加强了，这足以告诫我们，不要过于相信这样的解释。有着更为深刻的东西……〔熊彼特原来打算要扩充这一节。〕

2. 自由主义的失败

大体说来，工商阶级在这整个时期内，至少是到本世纪初为止，一直依然是可以为所欲为的，虽然这种情形在美国远比在欧洲为甚。但它对于放任主义的好处所抱的那种从容的信心已经消逝了，而它的纯洁的良心也在丧失。敌对力量正在缓缓地集结起来，它必须与之妥协。更加重要的是，它愈来愈愿意妥协，并接受其敌人们的看法。[①]经济自由主义[②]就这样被各种限制弄得千疮百孔，有时竟不得不放弃它的原则。政治自由主义，从八十年代起，比从表面上看来远更迅速地失去了对选民的控制：只在几个国家，如像

① 这个说法包含有强迫退却和自愿退却的区分，这是一种关于政治行为的流行理论所拒绝接受的。根据这种理论，从来没有一个阶级是会自愿退却的。我为了证明我这个区分所能援引的任何事实，都会被这个理论的拥护者看作是"战略上的"退却。但是如果承认出现了这种战略上的退却，那么所谈的这种理论就不再有什么意义了——任何不是由于直接的强迫而作出的"让步"，根据定义都是战略上的让步——除非每一次"让步"的战略目标是既定的。我认为，虽然我不能在这里来证明，战略上的退却在某些场合下是可能的，但在另外的场合下则不可能——例如，"家长式的"雇主或贴有资产阶级激进主义标签的集团就不可能作战略上的退却。

② 关于这个词和政治自由主义一词在本书中的含义，参阅第三编，第二章。

德国和奥地利，真正的自由党——就本书所用这个名词的意义来说——在选举中遭到了公开的失败；在其他国家，特别是在英国，原有政党组织及其领导的力量，大得足以使其能依赖激进纲领获胜。① 这一切为什么在美国有所不同，以及不同到怎样的程度，其理由是无须——希望如此——加以解释的。可以把一个会是冗长的分析总结成为这样几句话：除了若干集团和运动——没有一个是强大到足以显著地影响国家政策的——之外，普通的美国激进主义充其量只不过是——这对经济学家也适用——对"大企业"的敌视（"制止垄断"）。

在试图研究上述一切怎样反映在公共政策内我们主要感兴趣的那些部门之中（第 3 节）以前，我们必须大略地看一看上面所说的、在这个时期逐渐得势的、同资产阶级的放任主义敌对的那些政治力量。正统的社会主义是最明显的一种。但在这个时期它并不是最重要的一种。无论如何，可以假定它的历史是如此为读者所熟知，以致为了我们的目的只要作几点评论便够了。② 第一，在这个时期内差不多在所有各国都有马克思主义政党的兴起。但即使

① 这消除了一个可能使读者感到迷惑不解的表面上的矛盾现象。在一个包括格拉德斯通于 1880 年和亨利·坎贝尔—班纳曼爵士于 1906 年取得了彻底胜利的时期中，来谈英国自由主义的衰落，的确显得是荒谬的。然而当我们记起下面这一点时，这种矛盾就不存在了：我们所关心的不是政党的标签，即令是在一个政治组织的连续性由于个人领导（在实质上）的连续性而得到加强的地方，如像格拉德斯通的党一样。在后面这种情况下，我所要提出的论点可以由自由党在八十年代的分裂得到说明。从表面看，这种分裂是由于爱尔兰"自治"问题引起的；但在就这个问题拒绝效忠自由党的人士中，大多数还是有其他原因要这样做的：他们再也不愿被激进的一翼拖着走了。

② 觉得这个假定缺乏根据的读者，不妨与例如 H. W. 莱德勒的《社会经济运动》（1944 年）一书的有关部分比较一下。

其中最成功的一个,德国社会民主党——由于它的有才能的人和党员的人数众多,它是政治中的一个重要因素——也还是抱着不参加政府的原则,[①]因而把它的实际影响——即使是对社会立法事项——远远地降到了应有的程度以下。除了奥地利的党以外,其他的马克思主义政党没有一个是人数众多的。非马克思主义的社会主义政党却在各处接近于参加或实际上参加了政府,这些政党的色彩各不相同,一直到非社会主义的劳工组织为止,它们对于同资产阶级政党在政治上实行合作是不感到内疚的。这些事件——它们引起了辩论得很多的米勒兰主义[②]问题——以及1906 年英国议会中工党的出现,当然是非常重要的。但它们的重要性暂时还只是象征性的。对于那些随时留意观察未来事变的人来说,另外一个征兆更加富有意义——它比那些最华丽的革命演说更有意义得多。固然,有许多只要听到社会主义这个名词就习惯地大发雷霆的资产阶级分子。但也有另外一些人,他们同情社会主义的理想,并且在比普通所认识到的更大得多的程度上,用各种方法给予这种理想以实际支持,虽然并不总是公开地。自然,非社会主义者投社会主义政党的票,在许多场合下,只不过是表示一种

① 我们不能进一步去研究该党抱这种态度的原因。但这并不能完全归因于它毫无可能参加政府。

② 亚历山大·米勒兰,后来担任法兰西共和国总统,先是以充任劳工律师而著名,并作为一个激进社会主义者而进入议会。这些激进社会主义者并没有组成一个政党,而只是构成了资产阶级激进主义的左翼:这个政党标签把我将要试加描述的现今资本主义的社会情势表达得很出色。但米勒兰后来使自己的社会主义立场变得更加明确了;当他在 1899 年接受瓦尔德克——卢梭内阁中的席位时,他已经成为六十名或多或少具有社会主义信仰的议员的领袖。这样,在一个大国中,他是头一个,并且在若干时间内是唯一的一个在资产阶级内阁中任职的社会主义者。因此他的名字就变成了这种做法的代表,这种做法在北欧各国倒不会引起什么非难。

暂时的愤懑罢了。但却有愈来愈多的人赞同社会主义的最终目标，或者赞同社会主义政党的当前目的，或者两者均赞成，尽管他们仍然宣称自己不是社会主义者。

资产阶级激进派别和激进政党的成长，此刻具有更大的实际重要性。它们在类型上和纲领上是极其不同的：其中既有各种旧式的自由主义派别，它们已接受了一些较为重要的社会改革计划，又有一些由知识分子组成的派别，它们是古代哲学激进论者的后代，与爱德华·伯恩施坦（后面，第五章，第8节）这样的"改良主义的"社会主义者没有什么区别。较先进的激进派别在政治上显示的力量，之所以和它们在议会中的实力——或者，像英国的费边主义者那样，①，在议会中根本就没有席位——完全不成比例，是因为政府在危急关头常常需要它们的支持，不论是在激进派组成了自己的政党的地方，还是在它们形成一个具有不同色彩的较大政党的左翼的地方，均是如此。这种情况正是这个时期的特色。

可以把资产阶级激进主义看作仅仅是社会主义成长中的一个副产品。而后者毫无疑问地是放任主义社会的产物：一个人不一定要是马克思主义者才能认识到，私营企业制度势必朝着一种社会主义的组织形式发展。因此，我们一直在讨论的这些事实，不管对资产阶级的事物秩序可能是怎样的不祥之兆，却正是这种秩序的重要组成部分，并且从这种意义说是十分"自然"的。但也有一些事实是不能纳入资本主义发展的图式或逻辑中去的。其中有一些分析起来也没有任何困难，但另外有一些在分析时的确感到困

① 关于费边主义者，参阅后面。〔熊彼特打算在第四章第1节讨论费边主义者，但没有把这一章和这一节写完。〕

难。

关于第一类,我们实际上很容易理解:资本主义的迅速发展,会引起受到它的威胁而又不能使自己适应一种新的生存形式的那些阶层的反抗。这就是欧洲的农民——也是英格兰的,特别是爱尔兰的农场主——所处的境地,而在欧洲大陆上,则是独立的手工匠所处的境地。地主们当然是同一条船上的人。极其自然地,他们吵吵闹闹地要求保护性的立法——这就必然要违反经济自由主义的教义——并且支持那些虽然不是社会主义的,却是反对资本主义的派别和政党。① 可是,即使在这些现象的范围以内,我们也不能肯定这就足以说明一切。在这些派别的代言人中,许多人并不觉得自己同特别困难的经济形势有牵连;和资产阶级的激进主义者不同,他们觉得,整个自由主义的图式,包括它的法律方面和道德方面,都是根本错误的。

第二类包含这样一些情况,即:同样的态度表现得更为明朗,也更加令人难于理解,这是因为它不是那么明显地和某一特定的经济困境连在一起的。在官僚机关是一个强有力的因素,并且——如在德国——它在前一时期曾经提倡经济自由主义的那些国家中,发生了一个重大的变化:现在虽然还没有采取明确的敌对态度,但官僚机构却已经开始用不同的眼光看待工商阶级——认为它是必须加以控制和管理而不能听之任之的东西,就像今天的美国官僚机构所认为的那样。人数迅速增加的白领阶级和另外一些开始被称为"新中产阶级"——"旧中产阶级"包括农场主、手工业

① 在英国,事情没有这样发展,或至少远远不是这般明显。其原因虽则极饶兴味,却不宜把我们耽搁下来。

者和小商人——的集团，对社会主义的宣传表现出了特别强烈的反感。但是信奉经济自由主义或政治自由主义（按照我们的意义）的少数派，从人数上说，并不比已经变成了社会主义者的少数派多许多。其余的人则有自己的观点和自己的改革计划。最后，所有一切阶级中的个人和小集团，都放弃了经济自由主义和政治自由主义，虽然通常还保留着这个标签。尽管他们在利害关系上和文化偏见上无疑有所不同，他们有一点却是相同的：他们都赋予“国家”和“民族”即“民族国家”以中心地位或支配地位。因此，这种趋势通常被称为“民族主义的”，“新重商主义的”，或“帝国主义的”；但是这些以及其他的用语虽然表明了一种态度——对之既难下个定义，也难加以说明——的个别方面，却没有表明它的整体。马克思主义者有一些简单的公式，可以把这些现象纳入他们的图式之中——最简单的也许是：“帝国主义”是资本主义的最高阶段（或“最后一张牌”）。通俗社会心理学则有另一些简单公式。我一个公式也提不出来，而只能说：我们一直在观察现代极权主义产生的根源。

与此在性质上截然不同，但同样敌视我们所谓的经济自由主义和政治自由主义的，是另一种运动，解释这种运动要容易得多，因为它自己已经给自己作了解释。为了简便起见，我们采用它的一个常见的但不免引起误会的名称：“基督教社会主义”。同样为了简便起见，我们只来谈它的罗马天主教的分支，这是唯一的组成了许多独立大党（如“德国中央党”）的一支，这些政党有一个独特之处：它们仅仅是由于党员们在宗教上的忠诚而结合起来的，除了这一点之外，这些人在经济利益上和政治态度上的不同达到了极点——从极端保守主义到极端激进主义,各色各样应有尽有——然而他们还是合作得很有成效。

在整个这一时期,天主教会在欧洲大陆上成了怀有敌意的政府和议会从立法和行政上攻击的目标——在英国,这种敌视仅限于激烈谈论"梵蒂冈主义"——在一个主要是"自由主义的"世界中,这原是可以料想得到的事。没有料想到的,是这些攻击在各处均以退却而告终,并且这些进攻使得天主教会比过去多少世纪以来更为强大了。从宗教天主教的复兴中,产生了政治上的天主教。回顾过去,我们不仅看到从未放弃天主教立场的人重新申明了他们的这种立场;我们还看到在已经放弃了这种立场的人中间也在改变态度:在1900年左右,人们通常可以看到,在一个天主教的家庭中,年老的和长一辈的人是俗人,是自由主义者,而年青的一代则是信徒,是"牧师"。这在我们的图画中是最富有意义的色块之一。但对于本书的目的来说,另外一个事实更为重要一些。政治上的天主教从一开头就是赞成社会改革的。我除了提到德·曼、冯·凯特勒、冯·福格尔桑这些人的名字以外,不能作更多的说明。① 天主教会对于劳工状况的这种关切并不是什么新的东西,只不过是使古老的传统适应于当时的问题罢了。② 但到这个世纪末了时,发展了某种可以称为新的东西,即一个明确的社会组织纲领,它利用以集团为单位进行合作的现存因素,想象出一个在伦理信条的规范以内通过自治的职业团体来起作用的社会——和国

① 读者可以从F.S.尼提的《天主教社会主义》(英译本,1895年)中窥得梗概。

② 在好几道罗马教皇通谕中,特别是在"新通谕"(1891年)中,都正式承认了搞劳工运动的天主教徒。

家。这就是在教皇“通谕”(1931 年)中所简略描述的“组合”国家。既然这是一个规范性的纲领而不是一项分析,在本书中就不再多加说明。我只想加上一个人的名字,他对于这种社会概念所做的贡献比任何其他人都要多:S.J.海因里希·佩施。①

最后,经济学家们的态度是怎样的呢?这个问题很难回答,因为经济学界也被那些激动了各种政治团体的论争所分裂了。坚持自由主义的信念一点也不改变的人还是相当多的,在美国尤其多。并且还有绝对自由主义者的派别——在欧洲,巴黎集团(参阅后面,第五章,第 3 节)就是一个显著的例子。但是马歇尔却宣称赞同社会主义的目标,并且不加解释和不加限制地谈论“不平等的罪恶”;他还从理论上第一个证明,即使有着完全的竞争和不存在那些不平等的罪恶,放任主义也并不能保证整个社会得到最大福利;而且他赞成和真正的自由主义不相容的高额赋税。大多数英国经济学家均是如此。如果我们把他们列为“自由主义者”,那是因为他们坚决拥护自由贸易,也许还由于我们没有充分注意到上面所讨论的英国自由党信条的变质。大多数德国经济学家都是社会政策的柱石,是完全不喜欢“斯密主义”或“曼彻斯特主义”

① 这个伟大人物(1854—1926 年)在分析经济学方面并非特别擅长,这就是为什么我们对于他的论著,《国民经济学教科书》(1905—1923 年)在以后将不再提到,虽则就学识而论,是很少能与之匹敌的。他的其他著作把他的学说发挥得更为透辟,例如《自由主义的,社会主义的与基督教的社会秩序》(1896—1899 年)。请读者参考一个我相信可以算作他的学生的人的著作:O.冯·内尔—布罗伊宁,《社会经济的改革》(英译本,1936 年)。佩施的学说,由于马克思主义者和自由主义者的错误解释,还由于有一种把它和经院哲学家的观点过于紧密地联系在一起的倾向(这无论是在朋友方面还是在敌人方面都一样),而被弄得更难理解了。例如就莫利纳和佩施而论,自然是有着相同的社会哲学和道德哲学的背景,但他们所看到的问题却完全不同。

的。[①]大体说来,所有各国的经济学界在政治上都是拥护同自由主义相反的趋势的,而不是拥护依然占统治地位的自由主义趋势。在这种意义上,我们可以说,经济学与自由主义的联盟——以及,除了一些例外,经济学与功利主义的联盟——已经瓦解了。

3. 政策

在公共政策的所有方面发生的事情,均反映了两种潮流:一种是放任的自由主义这种依然占有优势的潮流,一种是与此相反的潮流,后者表示出政治力量的重新分配,和上一节简略谈到的那些新态度。

(a) 自由贸易与对外政策。 1870 年前后,许多观察家——M. 谢瓦利埃就是其中的一个——都满怀信心地预言:在那个世纪终了以前,普遍的和完全的自由贸易将会盛行。他们还隐约地或明白地预期:在对外政策方面,那些同自由贸易相联系的原则和惯例将会取得胜利,如用互相让步或仲裁的方法解决国际争端,裁减军备,国际金单本位制,如此等等。这种预期在当时并不像从我们现在看起来那么荒谬。因为所有这些东西事实上都是我们所称的经济自由主义和政治自由主义的核心,而依据占统治地位的制度的逻辑所作出的预期,是不能称为荒谬的。并且,在这个世纪终了

① 即使是在德国,也总是有些像格拉德斯通那样的彻底的自由主义者。但他们的人数很少,并且在同行中显然也不受欢迎。施穆勒曾经公开宣称,“斯密主义者”是不适于担任大学教授的。即使美国的“新政主义者”也不曾做到这种地步。一个这种类型的非常有才能的经济学家——尤利乌斯·沃尔夫——的一生就说明了这一点。他是坚决拥护资本家的,因而就受到了冷遇。

之前，有比逻辑上的演绎更多的东西可以支持这种预期。英国还保留着自由贸易，其他强国[①]的脱离自由贸易也还维持在一个合理的限度以内。发生了几次大的战争。但必须考虑到，有着遗留的东西和继承下来的情势。而且，每一次都彼此同意缔结和约，并没有表现出报复行为。海牙国际法庭的建立和几个通过仲裁解决国际争端的例子，似乎表明世界有可能朝着虽然不是和平的但却是和解的方向继续发展。直到（大约）1900年，各国的军事支出还不很庞大，[②]而财政部长们反对军事支出的斗争也是成功的。[③]英国和法国大大地扩张了它们的殖民帝国，德国和意大利也在开始从事殖民事业，其方法是恬不知耻地使用武力。但即使在这里，当时的"自由主义"观察家也可以从某些事实中得到安慰。像英国对待例如布尔人的各个共和国那样的"帝国主义"态度的强烈表现，其重要性也为下列事实所大大减弱了：这个政策自始至终为一部分自由党人所强烈反对，并且这个政党的领袖（亨利·坎贝尔—

① 拿破仑三世倒台后，法国便立即恢复了保护主义传统，但却是很温和的保护主义。德国起初继续执行了它差不多是自由的贸易政策。俾斯麦的关税改革是朝着保护主义的方向的，但是同现代的标准比较起来，其保护的程度是极为温和的。他的继承者卡普里维的条约政策，是企图恢复一种实质上和自由贸易并无不同的制度。由于农业利益集团和重工业利益集团施加压力的结果，以后采取了更为明确的但仍然是温和的保护主义政策。美国在九十年代重新强调了保护主义的传统。俄国和西班牙继续实行保护主义政策。但整个说来，并且和第一次世界大战中及大战后将要发生的事情相比较，大体上可以这样说：从原则上和实践上看，当时的世界"实质上是自由贸易的世界"。只有和极端自由贸易论者所宣称的原则比较，世界才能称为是过分保护主义的世界，即便是把美国、俄国和西班牙排除在外。这也适用于关税以外的对外贸易政策手段的使用。最重要的例外，即欧洲大陆各国对食糖的补贴，是在这个时期内取消的。

② 不但相对于预算总额来说是如此，相对于国民收入来说也是如此。

③ 当气氛改变了的时候，大多数财政部长都让步了。一个值得注意的例外是庞巴维克（参阅后面，第五章，第4a节），他于1904年因军事预算而辞职。

班纳曼爵士)在不久以后举行的大选(1906年)中获得了巨大胜利。

仅仅是由于我们已经知道了结局,才使得我们对于这些"例外"和"倒退",以及对于像德国舰队的扩大、贝尔福政府的扩军备战、德国的虚声恫吓和英国的有效的协约政策一类事情作出不同的解释。尽管如此,还是可以说,所有这一切,包括这些"例外"在内,预示着一种新的态度,这种态度逆着格拉德斯通自由主义的抵抗而发展起来,并在临近这个时期的终了时击败了格拉德斯通的自由主义,[①]这一点是军备竞赛和其他非常明显的征兆所能证明的。这种"帝国主义的"或"新重商主义的"态度是很普遍的。但它在英国的保护主义("关税改革")运动中表现得格外明显,这个运动是和约瑟夫·张伯伦的卓越领导相联系的,虽则它暂时以失败而告终。运动纲领中的主要之点是"帝国特惠制",而不是保护贸易本身:经济学家关于保护关税在经济上的优缺点的论证因此而完全未能解决——帝国主义的——实际问题。

(b) 对内政策与社会政策。临近前一时期终了时,把选举权推广到新的阶层已经不再是自由党的专利权了。在所讨论的这个时期内,选举权有了进一步的推广,这明显地预示了普遍选举制的采用,虽然还不曾达到。这当然是同自由主义的潮流一致的:但它

① 让我再一次指出:对这种态度可以作两种不同的解释:一种可以归结为"帝国主义是资本主义的最高阶段"这样的命题,等于是认为,在大规模生产的新条件——倾销,工资费用的增长等等——之下,资本家利益集团变成了"帝国主义"利益集团;另一种可以归结为这样的命题:正在失势的资产阶级接受了"帝国主义的"政策,就像它接受同它的路线不一致的其他事物——自然是加以充分利用——一样。但就我们当前的目的来说,我们究竟接受这两种理论中的哪一种,关系是不大的。毫无疑问,出现了一种同自由主义信条有所不同的新态度,认识到这一事实也就足够了。

也是造成相反潮流的一个有力因素。其余的对内政策大体说来也同自由主义的潮流是一致的，一些例外的情形我们就不必细述了。在工业政策方面，出现了首批调节或管制措施——州际贸易法、公用事业收费条例（得由司法机关复核）以及谢尔曼反托拉斯法，都是美国的例子。①但国家调节或管制依旧是“干涉”，这个名词不一定包含着非难的意思，但似乎表明这样一种意见：在工业领域内的立法的或行政的活动，在每一场合或每一类场合下，均要求有特殊的正当理由。然而，远更重要的，是人们对有利于劳工利益的社会改革即社会政策采取了新态度。

实际实施的改革主要包括下列各项：(1)使政府能对有组织的劳工和罢工采取一种不同态度的立法（在英国，决定性的步骤是由迪斯累里政府在七十年代后期采取的）；(2)关于劳动时间及其他劳动条件的立法（英国的一个例子是，1908 年对矿工实行了八小时工作日）；(3)社会保险（工伤事故保险，疾病保险，老年保险，最后是失业保险）。在这方面德国是领先的（由九十年代的立法加以扩充的 1884 年和 1887 年的法律），但在英国，坎贝尔—班纳曼政府实行的本人不缴费的养老金计划，和在阿斯奎斯执政时期采取的进一步措施，则标志着超越了德国的先例而取得了重大进展。在美国，除了个别几个州的某些立法之外，实际上并没有这类东西。可是在欧洲，所有的国家都在沿着这样的路线前进，虽然速度彼此不同。

① 解释常常是有困难的。例如，谢尔曼反托拉斯法可以解释为一种保护竞争的措施，竞争是自由主义者的事物图式的主要因素之一。这诚然是这个法规的理想。可是，在某种意义上，也可以把它解释为属于相反的潮流，即对工商利益集团的一种新态度的表现。

不过对我们来说,重要的事情并不是实际上做了些什么。我们主要感到兴趣的也不是这样的问题:实际采取的措施在多大程度上可以纳入自由主义的图式,以及在多大程度上这些措施只不过意味着旧政策(自由主义的旧政策抑或家长式国家的旧政策)的继续。在某种程度上,对这两个问题无疑都可以作出肯定的答复;不论是社会政策的朋友还是它的敌人所一心相信的那种新政策是少有的。对我们来说,重要的是采取这种措施时所体现的新精神,即资产阶级的大部分人对待这种措施的新态度,重要的是这种措施被认为——又是不但被朋友们认为,而且也被敌人们认为——是一个广泛得多的改造计划的首批措施。正是这种同未来的根本改革的关系,把社会政策纳入了相反的潮流之中,即使在它受到新型的改良派自由主义者支持的地方(这一方面有别于激进派的支持,另一方面有别于保守派的支持)。最后,重要的是要注意社会政策同帝国主义、民族主义或新重商主义的关系。这种关系不是普遍存在的,即是说,在有一类支持者即资产阶级激进派的计划中是不存在的。在由这些人形成支持者的主要队伍的地方,像他们在英国那样,这种关系并没有明显地表现出来。但即使在英国,对于像约瑟夫·张伯伦这样的人来说,社会改革和帝国主义也是互相补充的。在德国,这种关系则表现得明显得多。如果不考虑到那些认为民族自决和社会政策只不过是同一事物的两个方面的人,我们就不能理解这个时代。

(c)**财政政策**。既然没有什么东西能像政府所采取的财政政策那么清楚地表明一个社会和一种文明的性质,因而可以预期,潮流和反潮流在这个领域内表现得特别明显。它们的确是这样。

一方面，平衡预算——事实上是略有盈余可以用于还债的预算——依然是财政上的基本信条，虽然在实践上常常未能遵守；其次，征税只是为了获得收入，除了必不可免的效果之外，并不用来造成其他的效果；并且为了使得赋税尽可能低，支出是限于“必要的”用途的。格拉德斯通（和他的财政大臣）自始至终遵守这些原则。索尔兹伯里第二次内阁（1886－1892 年）的财政大臣戈申是这样做的，而其姓名可能会载入史册的所有欧洲大陆上的财政部长，如像雷蒙·普恩加莱、维特、皮尔松[①]、庞巴维克和米克尔，只要他们能够办到，也是这样做的。后面三个名字可以用来表明一种超越格拉德斯通财政的进展（在英国，1909 年实行的超额所得税可以部分地与这种进展比拟），这种进展还可以说是和放任的自由主义纲领相适应的：即对个人总收入（根据他们的申报确定的）征收累进所得税，这自然是一种和英国人所称的所得税完全不同的东西。我们今天对之已经如此熟悉，以致我们不能感觉到在财政上进行这种革新是多么的勇敢。但是如果读者回想到，在当时（九十年代初期）没有一个大国采用任何与之类似的东西，而英国的制度又由于其在经济上和行政上的成功在当时赢得了完全应得的声望，他就会认识到这种成就的伟大，这种成就主要是和普鲁士财政部长约翰·冯·米克尔（1891－1893 年）以及奥地利财政部长欧根·冯·庞巴维克[②]的名字联系在一起的。

① 关于皮尔松，参阅后面，第五章，第 6 节。

② 庞巴维克曾三次担任财政部长，但在奥地利对直接税进行伟大的改革（1896 年）时，他不在位。这项改革的政治功劳属于其他人。但他于 1889 年就辞去了教授职位，作为一个高级官员进入财政部，以便为这次改革——这主要是他的工作——作好准备。可是另一个著名的理论家也参加了这项工作，即 R. 奥斯皮茨（参阅后面，第五章，第 4a 节（1）），他那时在议会工作。

另一方面,相反的潮流也表现了出来:所有上述三个原则都被破坏了。第一条原则,即平衡预算或者毋宁说盈余预算原则,就我所知,从来没有被故意破坏过,除非我们这样来解释"法德战争"以后的弗雷西内复兴计划和中日战争以后的日本发展计划。① 大体说来,赤字预算仍然被鄙薄为儿戏,是受人尊敬的政府所不屑为之的。但另外两个原则渐渐失去了对于政治良心的控制:例如,威廉·哈克特爵士的累进地产税(1894年)和劳合·乔治的"人民预算"(1909年)就不仅以获得收入为限,此外还有其他的目的;第三个原则在用于社会目的的支出方面遭到了破坏,到这个时期终了时,大家都希望作出这种开支,因而对高额收入征收低额赋税和"紧缩开支"的原则,就不再受人欢迎了。

(d)货币。在整个这一时期内,在货币政策领域中实质上流行着经济自由主义和政治自由主义的信条。事实上,这种信条流行得还要长久些,这是英国1918年的"坎利夫报告"(该报告的决定版发表于1919年)和英国1925年的"金本位法"所足以证明的:在这个信条的所有各款中,金本位是最后消失的一款。

白银在大部分人类中依然是货币金属,并且到处受到这种或那种支持,②对于后面这一点我们在第八章将会看得更加全面。但所有"先进"国家却保持或建立了金本位制,在某些场合下,这样做是作出了很大牺牲的。大多数现代经济学家会感到,即使是英国

① 为了减轻经济萧条,曾经不止一次地乞灵于公共工程,例如在八十年代的奥地利。

② 饶有趣味的是:A. J. 贝尔福赞成复本位制,可他的内阁同僚却不愿听到对这种制度作丝毫让步。

在八十年代也应搞一点儿货币刺激。他们还可能觉得奇怪，为什么德意志帝国在1871年以后那样热衷于实行金本位制。但他们将完全不能理解，像奥匈帝国、意大利和俄国这些在进入这个时期时采用了对白银贬值的纸币的国家，为什么要阻碍自己的发展，自找麻烦，来把自己的货币单位提高到主要是任意决定的黄金平价上。这些国家满可以继续不实行金本位制，或者，如果它们不得不实行的话，也可以按照当他们想起要采取这种行动时（它们自己货币）的实际黄金价值去实行。当我们想起并没有什么政治压力去促使实行这种政策时，这个谜就更令人猜不透了：因为所有在政治上真正有势力的利益集团——农场主，地主，制造商，工人——都因此受到了损害，甚至债权人所得的利益也决不是没有疑问的；只有政府雇员才是纯粹的受益人。我们不能去研究这样一个问题：就当时的条件特别是从每一个国家的立场来看，究竟是否还可以找出一个采取这种行动的经济方面的理由。只要指出某些显然起着决定作用的超经济的和超国家的因素也就够了：过去所有关于货币贬值的经验赋予了金本位一种暂时还是不可动摇的威信；不受限制的或"自动调节的"金币流通已变成健全币制的象征，变成光荣和体面的标志；还有为大家所赞美的英国的榜样，而且它的债权国地位也进一步增加了金本位制的重要性。也许这种解释所引起的问题比它所解决的问题还要多。情况肯定是这样。

但是相反的潮流在货币政策中也表现出来了。我们可以看到，人们日益认识到，应由中央银行采取行动而不是依靠"古典的"贴现政策来控制货币市场。随着这个时期的渐渐消逝，我们还可以看到，各国都愈来愈不愿意玩金本位制这个游戏，金汇兑本位制的流行以及连英国和德国都求助于“黄金策略”，就证明了这一点。也许金本位制从来就不是“自动调节的”；即使它曾经是自动调节的，到这个时期终了时，它也肯定不再是自动调节的了(参阅后面，第八章)。其所以会如此，政治上的原因要多于纯粹经济上的原因：这些原因是和新重商主义的态度相关联的，是和1900年左右开始感到的日益紧张的国际关系相关联的，也是和公共支出的日益增长相关联的。反对不受限制的金本位制的论点大量涌现。金本位制就像顽皮的孩子爱说使人难堪的老实话那样，越来越不讨人喜欢了。

4. 艺术与思想

到目前为止，每当我们在日常活动——这在各处差不多都是按资产阶级的路线进行的——的表面之下探索时，我们都发现有正在形成的新类型，亦即足以表明即将来临的根本变革的逆潮流。当我们看一看这个时期的时代精神在艺术和哲学中的表现时，我们也会得到相同的印象。

(a)资产阶级文明及其难以驯服的产物。按照一种普通的说法，这个时期是没有风格的。这种说法是有些道理的：毫无疑问，工商业阶级和自由职业阶级一般是住在丑陋的住所之中，过着庸庸碌碌的生活，这种住所是足以玷污其所结合的过去各种风格的要素的；他们购买同一种类型的丑陋家具和不伦不类的绘画；他们所拥护的戏剧和音乐传统，其可夸耀之处都是从过去继承下来的；他们所阅读的文献，除了科学方面的专业文献以外，大都是各种各样的平庸之作。这种在一切方面表现出来的生活风格——在英国被称为维多利亚风格——今天就是枯燥或沉闷的别名，因而实际上证明了资产阶级缺乏文化领导才能，这同它缺乏政治领导才能一样是显而易见的。

然而，诊断专家们若只是说到此处为止，那就错了，我们很容易指出他们的错误之处：他们未能把这个时期资产阶级文明的所有一切巨大创造都归之于这种文明；而且他们未能认识到，父母缺乏领导才能虽可能使儿女起来反对他们，但并不能改变这一事实：儿女终归还是儿女。在这个时期中，经过一个接一个的阶段，出现了一种新的音乐；出现了一种新的绘画风格；出现了一种新的小说、新的戏剧和新的诗歌；并且，出现了一种新的建筑式样，使维多利亚时代的人们惊恐万状。的确，资产阶级公众对于大多数这样的创造感到惊异，并竭尽全力扼杀它们。同样的确，许多这样的创造在本性上就敌视产生它们的那种社会结构；许多从事创造的人是他们所注视的这个社会的敌人，并且觉得他们自己是另一个社会的造物主。但这并不能改变这个事实：这些作品和人物都是从那种结构中产生的；大多数这样的人在出身和教养上都是资产阶级的；他们的作品之为资产阶级头脑的产物，正像铁路和动力工厂一样。因此，当1914—1918年那场毫无意义的大灾难突然降临到资本主义社会头上而使其陷入一片混乱时，它实际上正在走向一种完全属于它自己的新文明。

(b)**资产阶级文明及其哲学**。我们已经对于这个时期的宗教和政治思想图式——以及对于二者发生的某些变化——略窥梗概，由此足以使我们相信：世俗自由主义世界观的流行并非没有受到挑战。然而,既然它确实流行过,我们要描述资产阶级的精神陈设,正如想象他们家庭中的物质陈设一样,就没有什么困难。如果我们抛去各种玄理和遁词,我们就看到了功利主义的伦理学——以功利主义所称的社会事业为中心——和作为一种"哲学",一种进化的而不是机械的唯物主义。① 宗教在大多数情况下不是被明白地放弃了,而是被默默地抛掉了,被一种"态度"——我们之所以特别有理由把"态度"这个词记录下来,是因为它是这个时期的主要经济学家之一,A. 马歇尔所使用过的②——所代替了:这种态度保持了基督教的伦理遗产,一般也不积极敌视已经被放弃了的信仰和曾经教导过他们的教会,虽然像我们所知道的,也还有好战的世俗主义。

这就促使人们去阅读历史:对某些人来说,这是完成一种破坏工作的手段;对另外一些人来说,这是满足对教理的忠诚已被放弃之后依然留下的文化上和伦理上的同情之心的手段。诸如欧内斯特·勒南的《耶稣传》一类的著作之所以得到一般公众的热烈欢迎,其秘密似乎即在于此,这本书在含义上是世俗的,可是完全没

---

① 这些名词的意义我相信是不说自明的。但必须着重指出,进化的唯物主义有两种不同的形式:通行的趋势是达尔文的,但孔多塞—孔德类型的进化论(参阅前面,第三编,第三章,第 4d 节)是那些从来就没有听到过孔多塞或孔德的人们所广泛采用的。

② 参阅 J. M. 凯恩斯:《传记集》,第 162 页。集中在这一节的马歇尔传的卓越记录,是有关下述过程迄今所写的最有教益的东西:即从剑桥大学的社会环境中所观察到的,基督教的信仰如何被英国知识分子所温和地、丝毫不出恶声地抛弃掉的过程。这种发展在他处亦在同样进行。马歇尔和其他剑桥人士如西奇威克的情况同欧洲大陆上处境相似的人的情况之所以不同,就我所能看到的而论,只是由于这个事实:前者在开始他们的学术生涯时,对于英国神学已经有了充分的修养(并且,根据剑桥和牛津大学各学院的组织法,对它还负有一定的义务),所以他们达到自己的最后立场是通过自觉的搏斗,而不是像后者中的许多人那样,由于冷漠而日益变成了不可知论者。

有一点明白反对基督教的地方。但阅读历史的爱好也扩大到了神学领域以外,其原因亦相同:无批判的自由主义正在遭遇到许多的不满(像我们已经看到的),因而正在失去它的浅薄的乐观主义;在天主教和马克思主义的社会主义这两个壁垒之外,这个时期是一个到处信仰动摇的时期,特别是对政治上的民主;而历史和历史批评是适合于这样一种精神状态的。这种情形,在法国较他处尤为甚。因此,希坡莱·泰恩的《现代法国的起源》(英译本,1876—1894 年)受到社会欢迎,不过是我们举出的一个例证罢了。[①]艺术史、文学史、哲学史均因同样的原因而富于吸引力。古典的教育——这在此时还几乎完全未受触动——也培养了这种习惯。

自然,上述一切犹有未尽。同样与这个时代的精神相符合的,是对于自然科学广泛感到兴趣,结果就产生了大量的供普及之用的文献;暂时还没有"为了千百万人的科学",但是已经有了可以称为"为了千万人的科学"。可是,为了我们的目的所必须提到的只是:在对于这类文献的总的需求中,对于讨论生物进化——主要是达尔文类型的——的书籍和期刊论文的需求是格外突出的。读了以上所述之后,我们就可以理解这一点,从而理解为什么甚至像黑克尔[②]这样的人的专门性著作也能受到广大读者欢迎。当一个作

① 但是一种类似的悲观类型的文学批评之受到欢迎,可以更好地说明我们的论点。只要提到当时很闻名的一个人和很流行的一本书就够了:爱米尔·法盖(诗歌教授):《无能力者的崇拜》(英译本,1911 年)——一部非常独特的作品。

②欧内斯特·黑克尔(1834—1919 年),例如参阅他的《人类进化论》(1874 年;英译本,1879 年)。由于他的具有高度战斗性的态度(参阅他的《为进化思想而斗争》,1905 年;英译本,1906 年),以及由于他试图把进化的理论扩展成为一种普通哲学的图式(参阅他的《宇宙之谜》,1899 年;英译本,1900 年),所以他引起了俗人的兴趣。读者可以理解,我提到黑克尔是作为一个代表性的例子。我很可以提出许多其他更加肯定是"受人欢迎"的作家。

家既赞成进化主义又提倡天真的放任主义时，我们就更能理解这一点了。这种结合说明了为什么赫伯特·斯宾塞①的著作能风行一时。假如不是因为必须提一提资产阶级的读书界对于从一种轻蔑地敌视资产阶级文化的精神中产生出来的第一批著作给予了出人意外的热烈欢迎，我们本来说到此处就可以告一段落了。

我所指的并不是托马斯思想的复兴，不能把这种思想说成是对整个资产阶级文明采取轻蔑的敌视态度——而只是对它的特殊世俗版本是如此——而且，无论如何，这种思想在一般公众的思想中此时还不是一种活生生的力量。②我所指的也不是马克思的著

① 赫伯特·斯宾塞（1820－1903 年）——曾学习物理学和数学，铁路工程师，发明家，论述当代经济问题的作家，有时担任报纸编辑（包括有五年担任伦敦《经济学家》杂志副主笔）——是一个真正的哲学家，这是从他在天性上就适于毕生从事思想工作这种特殊意义来说的，事实上他于 1860 年开始这种生涯，并于 1862 至 1896 年间写出了他的《综合哲学》一书，此书除作为引论的《基本原理》之外，包括《生物学原理》、《心理学原理》、《社会学原理》和《伦理学原理》。他的八卷本的《描述性社会学》——由他的研究助手们辛辛苦苦地编成的令人惊叹的事实辑录——是需要在此处提到的唯一的另外一部著作（虽然他的一些最独特的说法出现在次要性的著作中，例如《人与国家》1884 年）。斯宾塞是一个有代表性的突出人物，他在惊人的程度上，同时既是渊博的，聪明的，而又是糊涂的。如果一个人在达尔文的论文震动科学界以前，就重新发现了布丰的思想，即较高级的（复杂的）有机体是从较低级的（简单的）有机体进化而来的，那么这个人是可以正当地称为渊博的。而一个发明了速度计（火车头用）和许多其他小机件的人，称其为“聪明的”，是当之无愧的。但如果一个人不能看出，把放任的自由主义贯彻到这样的程度，以致对卫生管理、公共教育、公共邮政以及其他类似的东西均不赞成时，他就使自己的理想变得滑稽可笑了；并且他在事实上写出了这样一些东西，它们很可以作为对于他所赞成的政策的一种讽刺，那就只能用“糊涂”一词来形容这个人了。无论是他的经济学还是他的伦理学（分析的和规范的）都不值得我们注意。值得我们注意的是他的这样一个论点：任何以社会改良为宗旨的政策都是注定要遭天谴的，原因是它干扰了自然选择，因而妨碍了人类的进步。可是读者应当看到，如果加上这样一句话：“除非能够找到比自然选择更人道和更科学的方法，来完成本应由适者生存完成的事情”，则这种近乎令人可怜的无稽之谈本来是可以避免的，而他的论点中的健全因素也可以部分地得到挽救。

② 正是在这个时期内，圣·托马斯·阿奎纳的教义被宣布为罗马天主教会的官方教义（教皇通谕，1879 年）。但这只是认可了当时已经存在的状态，在天主教牧师的范围之外并没有产生什么影响。托马斯主义在所有各国的俗人中间——其中有许多是新教徒和犹太人——流行，因而把他变成最有影响的“现代”作家之一，那只是二十年代的事，在美国的流行还要稍晚一些。

作在非社会主义读者中间日益受到欢迎,因为这些著作虽然非常敌视资本主义世界的经济安排,但却不能认为也敌视资产阶级所崇拜的功利主义的理性,资产阶级的世俗主义,甚或(就正统马克思主义来说)资产阶级的民主的人道主义。① 我所指的是这样一种思潮,它恰恰是反对这种对于理性和"进步"的自由崇拜的,恰恰是反对这种自由的和民主的人道主义的。在政治方面,它可以称为是反民主的;在哲学方面,则是反理智主义的。尼采并不能算作是一个恰当的例子,因为他的学说并不构成这种思想路线的足够纯粹的形式,并且因为他的学说的影响过去是今天仍然是比我们有时候被劝诱去相信的要小一些。伯格森的名字最好是保留着,以便放在我们关于这个时期的职业哲学思潮的人名单中。但是有一个人是我们所试图想象的东西的理想代表,这个人就是乔治·索列尔。②

① 人们常常间接地读到马克思的著作,以致许多资产阶级知识分子的思想都是从他那里得来的。但在正统的社会主义者的阵营之外,也有人直接读他的书,特别是没有受过经济学训练的知识分子。关于这一点有一个奇怪的解释。对于经济学家来说,马克思是最难懂的作家之一。但读他的书的外行人却从未发现自己不理解马克思,这也是事实。

② 乔治·索列尔(1847—1922 年)著作很多,这些著作都贯串着他对资产阶级唯智主义的仇视;虽然在所有其他方面这些著作代表着极其难于解释的奇怪地搭配在一起的各种题目和(有时是自相矛盾的)看法,但是它们全都表明了反唯智主义原则的消极的和积极的含义,并且显示了在这个原则的整个领域有多少经济的、社会的和文化的问题可以由它加以新的解释。他对于革命的工团主义、意大利法西斯主义和列宁的布尔什维克主义的(暂时的)同情,只能说明他的思想的一个方面,在他的整个思想中居于次要的地位。表现他的最独特的意见的也许是他的《苏格拉底的诉讼》(1889 年)和他的《进步的幻想》(1908 年)。但在他所有的著作中,《暴力论》(1908 年;英译本,1914 年)是最为著名的。资产阶级在这些著作中,除了别的东西以外,可以看出这样的感情:对于工业领导的赞赏和对议会民主的蔑视。从我们的观点看,有关的是要注意索列尔的某些看法同该时期最伟大的经济学家之一帕累托的某些看法相类似。其他类似之处,在这里我们就不去注意了。

根据职业哲学家的著作比各“科学”领域中的科学家的著作更接近于一个时期的时代精神这种理论,我现在要对该时期的许多哲学思潮中的几个——精确点说一共是十个,用Ⅰ到Ⅹ来标明——作一极其简短的概述,附在这里。我将对哲学采取严格的定义,虽然哲学家对认识论和逻辑等问题的研究将包括在内。切勿把我们的选择理解为包含有评价的意味:我们所感兴趣的是该时期所特有的思潮,而不问自己对它们的价值如何看待。这就是为什么我不再提托马斯主义的原因。马克思主义的纯粹哲学方面——恩格斯继续进行了马克思的哲学研究,而德国的党似乎有一个官方的党的哲学家:狄策根——和前一时期的德国古典哲学是属于同一系统的,因此在叙述后者时已经隐含地提及了。我们的主旨是,我们将看一看这样一个时代的哲学:这个时代从本质上说是一个非哲学的和反形而上学的时代,在这个时代实际上有人提出要把“哲学”这个词从大学的概览中删去。

因此,可以预料,职业(以及担任教授的)哲学家们会对哲学的历史非常感兴趣。我们看到情况确实是这样(Ⅰ)。有关各个时代和各个国家的优秀哲学史著作大量涌现。我只想提这样一个人的名字,这个人的工作在我看来似乎达到了该时代以及任何其他时代“历史哲学”的顶峰,此人就是威廉·文德尔班。①

同样,可以推测到,哲学创作热情的低落会有利于以往哲

① 为了节省篇幅,这个概略不列举一本一本的书,除非有特殊理由要使人注意某一部著作——有兴趣的读者是不难自己去找到的。

学创作的遗存或复活。我们也看到情况确实如此。如果我们还称功利主义为一种哲学的话，那它就提供了一个例证，因为在整个这一时期，它肯定都是在讲授的，特别是，在约翰·穆勒的影响之下，在英国是讲授的（Ⅱ）。在其他地方我们看到有例如新康德主义者和新黑格尔主义者以及其他的“新什么”；而且总有些赫尔巴特和叔本华的信徒（Ⅲ）。

其次，我们注意到另外一种思想，其出现亦与预期相符。凡属相信实验科学不仅有效地摧毁了宗教信仰的基础，而且有效地摧毁了形而上学思辨的基础的人，在他感到空虚或如果是一个哲学家，想要寻找职业时，都抱有这样的想法（或是从孔德处得来）：一幅关于宇宙的图画是可以用各门科学的最一般性的结论拼凑而成的。哲学的代替物可能采取许多的形式，并且不一定构成作为普遍科学——科学之科学——的哲学，虽然有时候用来表达这种看法的方式令人想起控股公司来。

这种意义上的哲学，会随着各个哲学家所受的训练不同而看来极其不同。一种类型是从具有自然科学修养的哲学家手中产生的——一种实证主义或一元论，它同阿芬那留斯和马赫的“经验批判论”在原则上没有任何的不同（Ⅳ）。① 另外一种类型出于受过心理学或社会学训练的哲学家之手，后来被称为哲学的人类学（Ⅴ），而且并非总能很容易地同社会哲

① 让我们注意，马赫的看法同克利福德、K. 皮尔逊和 J. H. 彭加勒的看法有极端类似之处。皮尔逊的《科学典范》（1892 年）和庞加莱的《科学的价值》（1904 年）是我向想要略窥经验批判论门径的读者推荐的两本书。

学或纯粹社会学的某些部分区别开来。①

两种类型均引起了对于专门哲学家的理论的误解,②并且闯入了专门家的禁地,因此而很自然地招致了怨恨。③由此而造成的氛围,阻碍了像后来的科学统一运动这种事业的成功,或者至少是削弱了哲学家对于这种事业的影响。也损害了另一种研究的权威,这种研究虽然从严格的意义讲不属于哲学的领域,也要在此处提一下:即继续前一时期惠厄尔和穆勒的努力以及德国的科学程序的一般方法论所作的研究。作为例证,我选择了杰文斯、西格瓦尔特和冯特的著作。④社会

① 乔治·西梅尔的《社会学》(1908 年)可以作为后面这一点的例证。

② 即使在自然科学的领域内也发生这种误解,一个有趣的——或者是可悲的?——例子如下:哲学家们常常使用相对论一词,并且有好几种不同的意义。恰巧该时期物理学中最重要的新发明之一也被称为相对论,当然,这个词同历史的或哲学的相对论不论从任何意义来讲都是毫不相干的。可是,却能够举出若干例子,说明有些作家把爱因斯坦的理论解释为后者的一种表现,因而使自己变得荒谬可笑。这件事情(起先我不相信)是从菲利浦·弗兰克教授那里听来的。

③ 经济学不像物理学那样有着古老威信的掩护,因而常常是受害者。作为一个例子,我举出 G. 西梅尔的《货币的哲学》(1900 年),其中所讨论的问题差不多全属于经济学的范围。西梅尔虽然宣称,书中的命题都不是打算要让别人依照专门家的意思去理解的,然而于事究属无补,他的这个说法自然是被解释为意味着:他不愿接受那些最懂得或也许最懂得这门科学的人的批评。

④ 三种著作彼此极不相同。杰文斯的《科学原理》(1874 年)对我们自然是特别重要的,因为作者是这个时期的主要经济学家之一。它所讨论的不是任何一门科学或所有各门科学的实践,而是一种可以称为科学思维理论的东西。这部著作有两个具有惊人的独创性,预示了后来趋势的特点:(1)把以下看法放在中心的地位:所有的分析(不论是“演绎的”还是“归纳的”)最后都可以归结为同一性的陈述;(2)把基本的地位给予了或然性,即给予了这样的看法:科学的真理基本上都是随机性的。克里斯托夫·冯·西格瓦尔特的《逻辑学》(第一版,1873—1878 年),不如杰文斯的《原理》那样有创见,但内容却更为广泛一些,也是一本分析基本原理的著作。威廉·冯特(参阅后面,第三章,第 3 节)的《逻辑学……》(第一版,1880—1883 年)是三种著作中唯一分析各门科学的实践并从而开始立论的书。由此也就遇到了以下困难:就各门科学的现状而论,或者甚至就其在 1880 年的状况而论,没有一个人能够具备那种只有从进行具体研究的个人经验中才能得到的关于实际过程的直接知识。冯特认识到他自己的局限性,企图用请求专家帮助的办法来解决这个问题,但这个办法显然有其不利之处,而所得的结果显然是无足轻重的。

科学的，特别是卡尔·门格尔、(J. N.)凯恩斯和席米安的经济学的研究方法，将在另外一个有关的地方提到(参阅后面，第四章，第2节)。但是狄尔泰、文德尔班和李克特的贡献必须在此处提到，这是因为他们所产生的影响(虽然就我所知，只是在德国)，以及因为一种典型的缺点可以作为以上所述的例证。① 让我们回到大路上来。在我们沿着大路走时，除了下述几片风景之外，对一切其他的东西我们都将闭着眼睛。

一个坚持要勉强认为思想同社会有机体的结构改变具有独特联系的历史学家，必定会认为，由于当时出现了这么一种哲学，他的理论就得到了绝妙的证实：这种哲学认为真理的标准——甚至是定义——就在于所要接受其为真实的那种信念对于我们个人生活和社会生活所具有的价值——实用主义(Ⅵ)。但是这种哲学的原理是和哲学本身一样古老的，而威廉·詹姆斯用来表述它的那种方式，只不过是把在任何一种

① 威廉·文德尔班(1848—1915年)：《历史学与自然科学》(一篇引起了极大注意的大学校长就职演说，1894年；第三版，1904年)；亨利·李克特(1863—1936年)：《文化科学和自然科学：一份报告》(1899年；并参阅《自然科学抽象的极限》，1902年；第二版，1913年)；威廉·狄尔泰(1833—1911年)：《人文科学导论》(“人文科学”这个词最好理解为“除生理的心理学以外的心灵和社会的科学”，1883年)。我对这些杰出人物毫无不敬之意，他们是广博的学问领域内的最高权威。但是他们的心灵由于哲学家、历史学家和语言学家的工作和训练已经铸成了定型。所以当他们怀着令人羡慕的信心进而为我们定下规律时，他们就在“自然的规律”和“文化发展的规律”之间，或是在“规律的表述”和“历史的叙述”之间划出了完全不现实的分界线，他们忘记了社会科学的大部分都是跨越这个界线的，这个事实严重地削弱了这种界线的用途(虽然对于真正的语言学与历史学的训练来说它还是有用的)。他们对于社会科学这些部分的问题及其在认识论上的性质只不过是门外汉，可是在他们的议论中又未能加上适当的限制。这易于把许多听信他们话的经济学家——例如，马克斯·韦伯就受到了李克特的强烈影响——引入迷途：这既是令人遗憾的，又是不可避免的。但是让我们注意狄尔泰的一个引人注意的说法，这读起来就像是马克斯·韦伯的方法论中的一个信条：“我们**解释**自然现象，我们**领悟**心灵(或文化)现象。”

人类行为或思想中从来就不是完全缺乏的，并且单单通过哲学思想的代代相传迟早总是要表现出来的那些想法，加以系统的精工制作而已。

实用主义至少是和这个时期的时代精神中的主要潮流不相冲突的，然而亨利·伯格森的《创造性的进化论》(1907 年)则相反(Ⅶ)。他的反理性主义的和反理智的哲学是同实用主义的反理性主义完全不同的一种东西：后者仅仅意味着否定“纯粹”真理——即与生活的目的和价值无关的那种纯理性的产物——的存在；而伯格森却主张，新的真理，或者更一般地说，新的创造，根本不是通过逻辑的方法得出来的。这的确包含了——这是詹姆斯的哲学所不曾包含的——一种崭新的世界观，它尤其是和当时所流行的关于文化发展的看法(包括马克思主义的看法在内)完全不同。贝内德托·克罗齐的哲学(Ⅷ)虽然不是同样的新奇，但却因其伟大导师的个人力量而具有更大的影响；这种哲学对我们具有特殊意义，是因为克罗齐本人也有几分像一个经济学家，还因为他和意大利经济学家的专门著作的某些方面比任何其他的哲学家有更多的联系。虽然不可能用几句话把他的全部著作说个大概——不幸的是，也不可能把其中最有创见性的因素正确地表达出来——，但可以把他的基本哲学原理归结为一句话：一种黑格尔的精神在世界历史的实际进程中体现着，因而哲学的主题和历史过程的形而上学变成了同一个东西。①

① 克罗齐的信徒有时抱怨不应当把黑格尔主义归之于他们的老师，并宣称这是出于误解。然而上述原则的“放射”性却是不可否认的。

在叙述这个时期的哲学思潮时，不能不提到爱德蒙·胡塞尔的名字以及现象学的起源（Ⅸ），虽然在我看来，任何作出简单说明的企图都只会造成混乱。因此，我宁愿举出一本参考书。[①]但是我可以说，在我们这个时代的所有一切哲学中，胡塞尔的哲学是最不受社会的或社会心理的事实影响的；只有哲学思想的代代相传才能说明这一点；除了它从以前的哲学中得来的东西——它企图于此之外再向前推进——以外，这种哲学是同样可以在经院哲学家的时代写出来的。这也适用于这样一种哲学思想，这种哲学思想在其他方面似乎——虽则是"似乎"的成分多而"实际上"的成分少——包含一种对不构成任何"其他"科学中的问题的那些问题所作的完全不同的探讨。我所指的是维特根斯坦时代以前的剑桥哲学，这在本时期的最后几年中可以说是由伯特兰·罗素和G. E. 穆尔统治着的（Ⅹ）。如同上面倒数第二句话所指出的，这种概念使得哲学变成了一种非思辨的专门科学，它像任何其他科学一样有其自己的任务，这种任务就是分析在那些其他的科学中或在日常生活中所深信不疑地、不加批判地使用着的名词（例如数）或命题的意义。但是，在我看来，用这种精神来处理的话，即使是像心理分析或物质分析这样的题目，也从哲学的领域走到认识论或逻辑学的领域去了。而这就是为什么有一条从哲学通向新逻辑学，特别是通向伯特兰·罗素和 A. N. 怀特海合著的《数学原理》（1911—1913 年）的道路的基

① 马尔温·法伯：《现象学的基础》（1943 年）。自然，这本书所讨论的主要是在后一时期已经得到充分发展的现象学。

本理由。但我们必须在此打住。任何一部分析史,无论是经济的还是其他方面的,若未注意到新逻辑一词所代表的那种发展,都是不应当刊行的。但这正是这本分析史所做不到的。

最后,我们必须提出这个问题:究竟上述一切对于这个时期的主要经济学家具有什么意义呢?我可以非常有把握地回答说:意义是很小的——比在前两个时期的意义还要小(我们知道,在这两个时期中意义本来就不大)。但是,由于常常有人表示一种不同的意见,所以我们对这个问题必须稍稍深入地讨论一下。为此,我们必须把我们的问题分为两个部分。第一,哲学——或任何一种哲学——究竟对于经济学家的分析工作曾予以何种影响?或者更确切地说,经济学家所得出的结论是否可以证明受到了哲学的影响?第二,对于作为人和公民的经济学家来说,哲学——或某一种哲学——究竟意味着什么?哲学对他们的一般态度和眼界究竟有多大的影响?这个区别,正如我们在前面指出的那样,对于所有的时间和地点来说都是重要的。但在经济学变得更为专门化和更为技术化的时期,这种区别尤为重要。

关于第一个问题,已经在别处就马克思和马克思主义者作出了答复。那个答复和我将要就其余的经济学家作出的答复不会有很大的不同:没有哪一种哲学能够被证明在下述意义上影响了这个时期的经济学家,即如果没有得到某一个哲学家的指导,他们就不能得出任何已经得出的某种分析上的结论,或者说他们之所以未能得出某种分析上的结论,是因为没有得到某一个哲学家的指导——除了在他们的方法论上的研究和争论以外。自然，当试图澄清他们对于自己的研究方法所抱的看法时，或当从事关于这种方法的争辩时，经济学家不免乞灵于哲学家，但用的并不是从严格意义讲的哲学教导，而是由哲学家们所写的关于方法论的教导——马克斯·韦伯就提供了一个显著的例子。但是如果断言，经济学家们在研究他们时代国内的工业状况，或者铁道运费率或托拉斯问题，或者十二世纪的商人基尔特组织，或者庞巴维克的利息理论本身究竟正确与否时，也让哲学家来教导他们如何做，那就不免荒谬可笑了。埃奇沃思不论在什么时候都声称自己信奉功利主义。然而加以分析之后，表明把这些表白从他的经济论断中删去，也不会感到缺少什么。①

关于第二个问题，答复就不同了。实际上这个时期的所有经济学家都出身于资产阶级的家庭，他们是这样一种苦心经营的教育的受益者或牺牲者，这种教育在大多数国家中甚至在其第二阶段（即入大学之前的阶段）即有哲学课程。作为青年人，他们不可避免地要学习一些哲学，即使他们把哲学恨得如同毒药一般。不过，我们可以假定，他们并不曾憎恨哲学。他们所学得的那种哲学大抵属于我们以上所述的第Ⅰ、Ⅱ、Ⅲ、Ⅴ各类，而在意大利以及在临近这个时期的终了时，也许还有第Ⅷ类。这就意味着对于德国的古典哲学，特别是对于康德是异常重视的（直接地或间接地）。有趣的是，马歇尔在他的《原理》一书的序言中提到了黑格尔的《历史哲学》——以及赫伯特·斯宾塞的著作（！）——认为在影响了他

① 自然不能够把它们从他的伦理思辨中删去。

的看法的"实质"的一些主要因素中，这些也包括在内。[①] 这个时期的许多经济学家也可能说出类似的话；他们对哲学的研究肯定把他们变成了更文明的人。如果我进一步说：一切不过如此，伦理上和修养上的态度很少受到哲学的影响，一个人的社会同情心和政治上的好恶根本不受哲学的影响，则毫无疑问，许多读者会不同意我的看法。既然在本书中我们所研究的只是分析的方法和结果，那么这个分歧也就没有多大关系了。

① 如果把这些话当真，那么我们对于上面所提的头一个问题的答复自然就是错误的了。但是不能把它当真。在马歇尔的分析中，不能找到黑格尔的或斯宾塞的影响。如果他真的以为他所以专注于 das Warden〔将是什么〕而不关心 das Sein〔是什么〕(他使用了这些德文词)是同黑格尔哲学有任何关系，唯一可能的推断就是：他从来不懂得黑格尔。马歇尔更为醉心于康德，把康德说成是他的导师，他所崇拜过的唯一的人(J. M. 凯恩斯，《传记集》，第 167 页)。不过，仍可以十分肯定地说：他对两个人都作过认真的研究。

第三章　邻近学科的某些发展

本章所将汇集的各邻近学科的种种有关发展的事实必然是支离破碎的。让我重复一下前面用过的比喻，这些事实好比印象派画家的那些五颜六色、七拼八凑的作品，色彩究竟如何堆砌，任何作者——根据他认为什么事实是同经济分析的发展有关或可能有关的看法——都可能作出不同的选择。实际上，要是我是在撰写这些学科本身的历史，我自己的选材也将有所不同。这样的无可避免的主观随意性——加上我个人对这些邻近学科的了解有限，这种无可避免的主观随意性尤有甚焉——就这个时期来说,较之过去尤为严重,其原因在于,这个时期各门学科的专著异常丰富,全面掌握既不可能,要想从逻辑上去简单地分门别类,也是办不到的。在作这样的选择之时,还有一点也不能不在意,那就是,得考虑到读者在自行补充必要的参考资料方面,是否会有困难。对经济学来说,社会学是一门最重要的邻近学科,但是,它同时又是一门尚处于不成熟状态的学科,因而它的历史进展也最难于掌握。心理学,尤其是历史编纂学,尽管对我们来说很重要,但并不需要太多评论,因为这两门学科的进展已有较为令人满意的论述。统计学,虽然对我们来说比一切邻近学科都关系密切,但它在这段时期的发展已为经济学者们所熟悉,因而在本章中完全可以略而不论,如果尚有必须提及的有关事实,在本编后面有关经济计量学的章节中将谈到它们。①

1. 历史

关于历史编纂学,按照我们的观点看来,重要的是已经包含在经济学的历史学派的纲领中的那种与经济学的密切结合。由于这一点在第四章中必将细究,所以在这里就没有必要多作一般性的论述。历史学家当然不仅在经济学领域有所猎获——所有的社会科学,包括法理学(在前一时期,历史学家在这方面的影响就已显示出来了)和社会学,无不局部地受其影响。这样一来,历史学家

① 〔请参阅第四编,第七章,第 2 节。熊彼特原想在第五编中对最近时期的经济计量学更详尽地加以说明。但是,实际上只写了几页初稿。〕

便也研究社会形态和社会过程，并达到了前所未有的深度。在社会历史中，那些与个人无关的事实(有时是以并非完全站得住脚的生物学和心理学的理论渲染过的[①])占据了优势，带有浪漫色彩的对战役与权谋的描述被排挤了。甚至在社会历史编纂学范围内，对各种专题的研究——诸如对第六世纪与第七世纪封建领地的出现、城市的起源与作用、中世纪贸易的组织、资本主义的兴起这样一些问题的研究——也占据了优势，国别的以及按不同时期而进行的研究被排挤了。当然，法制史学家们——大都是受过正规训练的法学家——总是做前一类工作，关于他们，所要说的仅仅是，他们的研究范围大大扩展了，研究方法大大改进了。重要的是，此种趋向已成为普遍现象。[②] 现代经济史编纂学中的另外一个明显趋向，即注重数量的趋向，当然不是完全不存在——它是一向存在的——但它还没有成为经济史学家工作纲领中的一个已被普遍认识到了的方面。可是，有一些属于统计性质的主题确曾引起了注

① 这可以用卡尔·兰普雷希特(1856－1915 年)的巨著来加以说明。首先，他是一个富于创见的、不知疲倦的经济史方面的研究工作者(特别请参阅他所著《中世纪的德国经济生活》，1885－1886 年)。但是，他采取了一种与孔德一样的进化阶段论，他认为那几乎是放之四海而皆准的，然后再嵌上他自己的那一套社会心理学的词汇(见他的一本不朽的著作《德国史》，1891－1909 年)。他的社会心理学是一个奇怪的大杂烩，其中既包含有一些独创的观点——譬如包括了对大批儿童绘画进行研究的结果——又包含有一些很不负责任的浅薄之物。但是，面对并非毫无道理的一些批评，他却顽强地坚持己见(见他的《现代历史科学》1905 年，英译本 1905 年)。

② 在许许多多法制史学家当中，可作为代表人物的有布隆内尔、祁克、梅特兰、梅因、维诺格拉多夫等人。在谈论撰写问题历史学的一般趋向之时，为了说明我心目中所意指的那种工作，我将提到两个名字，一个是已经提到过的，即希波莱特·泰恩(1828－1893 年)，他的有关著作是《现代法国的起源》(1876－1893 年，英译本 1876－1894 年)。另一个是乔治·冯·贝洛(1858－1927 年)，特别有关的是他所著《领土与城市》1900－1902 年第一版。这两个名字也许还从未被人并列起来过。

意。[1] 重要的定量问题也在我们不曾预料到的方面提出来了。[2] 最后,"普通"历史学日益从制度上着眼,而且日益侧重历史过程的经济方面的决定因素。经济学家们往往将此种倾向归因于马克思主义者的影响。在本世纪之末,这种影响确实是存在的,但是,在此以前,我们所说的这种趋向已极流行。如果坚持认为在七十年代和八十年代历史学家除了受到专业经济学家或所谓社会学家的影响之外,还受到了马克思的影响,那就未免太夸大专业工作者对于他的本行以外的因素的反应速度了。卡尔·威廉·尼奇(1818—1880 年)[3]是一个突出的例子,他之所以对我们来说特别重要,是由于他与一些历史学派经济学家,特别是施穆勒,关系密切。

附言:读者当能忆及,在本章之首,我们所曾作过的五颜六色、七拼八凑的比喻。尽管如此,我仍然要在此指出全新的资料来源对于那个时期的历史编纂学的进展的重要影响。最为重要的一个例子是由埃及的古代草纸手稿提供的,草纸学使罗马法的研究大为改观了。——熊彼特

① 例如参看索罗尔德·罗杰斯(《1259—1793 年英国农业与价格史》,共七卷,1866—1902 年出版)与德·艾文内尔(《价格史》,共七卷,1894—1926 年出版)在价格史方面所进行的必然是不很完善的探索性工作。在我看来,二人在今日都没享有足够的他们应该享有的声誉。此外,德·艾文内尔还注意到了持续的显著物价变动对于社会及政治的历史进程的广泛影响。

② 令我十分惊讶的是,那个时期最伟大的经济史学家之一,阿方斯·多普斯的著作中也浸透着计量的精神,尽管取材确实并不十分精当。请看他所著的《卡罗林朝代的经济发展》(1912—1913 年)以及后来的另一著作《从恺撒大帝到查理大帝时期欧洲文化发展的经济基础与社会基础》(1918—1920 年)。

③ 特别请参看他的遗著《截至奥斯堡宗教和平时期的德意志民族史》(1883—1885 年)。

2. 社会学

在我们所论究的这个时期，社会学已经或多或少地赢得了为学术界所承认的地位，并不是把它看成与社会中的个人相关联的一门无所不包的科学——像孔德所想的那样的——而是把它看成社会科学的一个分支，尽管当时还不甚明了这门学科的主题究竟是些什么。所有的社会科学都会碰到某些根本性的社会问题，没有哪一种社会科学会认为有关社会生活的动力与机制之类的问题乃是在它的研究职能范围之外——如然，那就得承认还应该有一门经济社会学。但是，在资料增多与方法进展日益促进专业化的条件下，对社会与社会进程本身的研究的必要与可能，必然出现。亚里士多德与经院哲学家们的社会科学是一个单元——但即使就其整体来说，也是不需要用全部精力去从事的。自然法哲学的情况也是如此。休谟、亚当·斯密、杜尔阁、贝卡里亚等人将社会学、经济学以及其他一些学科熔于一炉是很自然的。但在十九世纪，这种情况发生了变化。研究范围的扩展与工作质量的提高之间越来越发生矛盾。探究诸如社会自身的性质问题的著者，或是追寻诸如决定社会结构的因素是什么或发生革命的原因是什么这一类问题的著者，与研究诸如货币、利息、就业之类的问题的著者，越来越分道扬镳了。尽管不是在方法方面，但在研究主题方面，这就为一种社会学下了定义。此外，正如我们所了解的，伦理学、宗教条规以及其他的一些主题，在此之前就已成为实证(非玄学的)分析的对象了，此时自然也进入了社会研究者的研究领域。最后，还有一些社会问题,譬如两性关系问题,几乎还没有什么够格的专家,又如教育问题,提出了好些够格的专家原来并不感兴趣的课题。

这样一来,一种还不完全独立的社会学,尽管还没有受到明显的热切欢迎,却逐渐成长壮大起来。欢迎之所以如此勉强,当然自有其正面的与反面的原因,倒不完全属于帮派性质问题。在已经被称为社会学的这个领域的认真工作者的旁边,还有一大群文人,他们的出现使得一个基本上正当的事业变得声名狼藉,这就是使我们对社会学的叙述的困难大为增加的下述事实产生的原因:有许多最优秀的社会学家,必要时,总是宁愿把自己称为别的什么,譬如法学家、地理学家、人种学家、人类学家、历史学家、经济学家等等,目的在于强调自己的专业职能的成分,深恐别人说自己浅薄无知。与历史学与经济学有关的情况特别突出。历史编纂学正在专业效能的新水平上提高,正在因这方面的成就而感到自豪的历史学家,不会容忍以惯常违反他们的新的学术规范的方式利用他们的研究成果的那些著述者的行为。同样,经济学也在沿着一条漫长陡峭而崎岖不平的小路攀登专业效能的新水平,经济学家们为了保卫他们自己的工作,不得不对自己队伍中的落伍者和那些老是误解他们的人费尽唇舌,他们不喜欢被那些有点像哲学家又不是哲学家,有点像文学家又不是文学家的不入流的角色们播弄。在这些不入流的角色中,有一些有时被恰当地谴责为业务上低能,有时又被证实基本上正确,这件事并不自相矛盾,其本身也并不证明那些对谴责要负责任的人不够格。①

① 专业领导人物的无能自然可能是所提到的现象的原因。热力学的历史就是一个众所周知的例证(罗伯特·迈耶),但是,凡事还得按照其自身的是非曲直来加以评判。

各派社会学家之间的内讧，使得问题从表面上看来更混乱了。各派社会学家，一如各派心理学家与经济学家一样，往往过于看重自己的方法或资料。但是，在此表面之下，也要看到健康的成就与有希望的前途。读者从上面倒数第二段的论述可以看得很清楚，一种关于社会的科学正在形成，它固然包含有许多半独立的或完全独立的研究领域，但却远比当时所认为的要明确。在诸如社会、社会关系、社会过程之类的主题所占据的区域内，可以说有一总部（当然，这个总部是无权发号施令的）。① 同时也存在着一些“实用性的”或“专门性的”研究领域，譬如宗教社会学、伦理社会学、人文学科社会学——最近还有知识社会学——有关政治生活、经济制度以及其他许多方面的社会学，这些学科都在日益发展。这些学科大多同时服务于两个主人，例如，对务实的法学家或务实的教育家来说，单是法律的社会学或教育的社会学的著作是不够用的，彼此都需要另一方面的研究成果。然而，此种划分也并非完全根据实际生活的需要，而是也出自纯粹的科学探索：科学的经济学家在他们的部分研究领域中，需要自成严密系统，丝毫不考虑他们的研究结果的实用性——任何社会学方面的考虑都不可能使希克斯教

① 社会可以定义为一个实体，但也同样可以定义为一个代表集团之间或个人之间的关系的总和或者是一些过程的总和的词——就像灵魂可以定义为一种“事物”，也可以定义为一个表示所有“精神现象”的词一样。乔治·西梅尔（1858－1918年）在他所写的《社会学》（1908年）和较早的《哲学史诸问题》（1892年）两书中特别着力于把社会作为一个表示关系的概念来表述——标示了这个题目的极为重要的含义。这就使社会学变成了有关人类关系的理论（在现时，莱奥波德·冯·维泽教授使用了“关系学”这个词）。相反，“全体主义者”（奥思默·史盘及其学派）则认为，一切存在为社会本身（尽管在非全体主义者的著作中也能找到此种观点）。在前一情况下，社会完全是一个形而上学实体，在后一情况下，社会则是方法论上的一个构想。

授的《价值与资本》一书更臻完善。但是,在法律社会学、教育社会学、经济行为社会学以及其他一些主题的社会学与那个社会学总部之间,却存在着一种充满生气的互相渗透、有取有予的关系,在某种意义上说来,这种关系使这些学科联结成一个统一体。社会学总部不能只讲纯理论——至少要有作为例解和例证的材料——这就不得不向所有那些"实用性的"或"专门性的"研究领域去索取,而这些研究领域转过来又要应用从那个总部取来的概念并根据来自那个总部的命题进行推论,或对这些概念与命题作出自己的贡献。这种渗透与取予,在某种程度上确实是可观的,尽管夹杂着许多粗暴的成分,或是掺和着许多不必要的争吵。以上我们很少涉及方法与研究途径问题,它是与所使用的资料密切相关的,①下面我们试就这个方面作一个简略的带有高度选择性的考察。

〔(a) **历史社会学。**〕如果我们尚能忆及历史编纂学的蓬勃发展及其显著特征,那么,我们发现那个时期的社会学方面的许多优秀著作乃是历史性的,就不会感到有什么奇怪。首先,历史学家所写的许多著作乃是社会学性质的,一个写"问题史"(由于尚无更合适的说法,姑且如此定名)的历史学家,与一个社会学家究竟有

① 研究工作者的资料的性质乃是决定研究途径、方法以及方法论信条(包括这个信条可能包含的临战姿态)的主要因素,这是一个了解社会科学的历史的很重要的事实,尽管在这个世纪的最后 25 年左右,它的重要性已经有所减少。要是我们进一步考虑到资料的选择并不是在所有情况下都是随心所欲的——在大多数情况下,也许就不能那么随心所欲——上述事实的重要性就会充分显露出来。因为在那个时期,一个人常常——也许一般说来——首先是一个哲学家、历史学家、人类文化学家、法学家等等,然后才将此等工具转向社会学方面的用途。但是,当情况就是这样时,这个人势必囿于其资料与方法,不能很快转换到别的立场上去。在他的观点形成时期,他所能够驾驭的资料与方法,就是他所已经真正了解的资料与方法。如果我们想要正确判断在社会学领域(以及其他领域)派别之间的对抗以及这些派别在这门学科的发展史上的影响的话,这些事实是不能忽略的。

什么区别，实在难说。其次，许多最优秀的社会学家都是主要依靠历史资料来进行研究，而且对这些资料理解得比什么人都透彻。第三，尤有甚者，有一些社会学家将社会学定义为历史过程的分析。①我希望我已经讲明，重要的并不是一般的“历史理论”，即关于历史过程的主要推动力（要是有的话）的综合性的假说，其中前面谈到过的所谓历史的唯物主义解释迄今是最为成功的。从长期来看，远更重要的乃是对有如前一节所已举例说明的那些范围较小的问题的解决起作用的因素的分析。②将经济史按先验公式划分为几个连续阶段（例如按施穆勒的划法则是村庄经济、城市经济、地区经济、国家经济、国际经济）的尝试，我们并不感兴趣，因而不需赘述。

〔**(b)史前史的——人类文化学的社会学。**〕但是，“社会学的历史方法”这个词确实应该延展至包括利用诸如史前考古学（在我们所论究的这个时期以前，它尚处于萌芽状态）和人类文化学（在当时它已获得了决定性的发展）这样的在逻辑上有关联的资料。因为不论在历史的、史前史的和人类文化学的研究中搜集事实的方法会是多么不同，社会学家从这些不同的资料中作出论断的方法却基本上是一致的。因此，我们可以说，在那个时期中，有一种

①　例如对于马克思和克罗齐来说，情况就是这样，不过后者自以为是在谈“哲学”而不是在谈“社会学”而已。从这个观点来写的社会学史有保罗·巴思的《作为社会学的历史的哲学》(1897年)，这是一本很成功的著作，直到1922年还出版了它的第四版。尽管它的书名容易引起误解，它基本上是一本（至今仍有用的）社会学史，按照上述观点来写的，不过太夸大历史因果关系的一般理论的作用了。让我们特别提一下冯·维塞尔的大致表示同样意思的一句话：“社会学就是不提人名的历史”——这不过是把夸大其词作为灌输重大教义的一种手段的一个例子而已。

②　我将提到足以说明我所指的这种工作的一部杰作，那就是雷内·莫尼尔所写的《城市的起源及其经济职能》(1910年)，它确实堪称重大文献。

历史的——史前史的——人类文化学的社会学业已确立。

就我的极其有限的知识所及,史前史的社会学的最引人注目的例子是奥斯瓦尔德·门欣所著的《石器时代世界史》(1931 年)一书。我所使用的人类文化学这个词,和一般人也许更常说的文化人类学是同义的。而人类学这个词则保留其自然人类学的含义。我希望我不是出自对自己的老师的偏袒才把从 1906 至 1930 年在伦敦经济学院讲授社会学的芬兰社会学家爱德华·韦斯特马克(1862—1939 年)的两部著作(《人类婚姻史》1889 年以及《道德观念的起源与发展》1906 年)称为这个时期人类文化学的社会学的顶峰成就,尽管在细节上两本著作都没经受住时间的考验。但是,这个时期最为重要的人类学的"学派"(在某种意义上说,韦斯特马克也属于这个学派)的形成是与爱德华·B.泰勒爵士(1832—1917 年)的研究与教学工作分不开的。特别值得参阅其《原始文化》(1871 年第一版,后又再版多次)。这个学派,虽然并不反对大胆创立新说(譬如,泰勒自己就曾首先提出,宗教脱胎于万物有灵的信仰),却经常以人种学的实际研究成果作为其立论依据:从这一点上,也许更便于将它和社会心理学的人类文化学支派(见下面第 3e 节)相区别开来,如不加区别,它的特色就显不出来了。在方法论方面,它也有一些值得注意之处,统计方法的应用即其一端见泰勒:《论对制度的发展进行调查研究的方法》,载《人类学研究所杂志》(1888—1889 年)。它在方法论方面的优越以及在人种学研究方面的广博,是相对于欧洲大陆的那些著作而言的显著特征。在欧洲大陆的此类学者中,最为出名的也许要算约翰·雅可布·巴霍芬(1815—1887 年)了,他著有《母权》一书(1861 年)。不提一下弗雷泽的《金色的树枝》(1890 年)以及许多其他同样著名的著作,例如路易斯·亨利·摩根的《古代社会》(1877 年),似乎是不合适的。尽管我们不能再汗漫无边地扯下去,但我们却要特别说一下过去和现在都遵循弗里茨·格雷布纳的教导(《人类文化学的方法》1911 年)的那个学派。在那个学派中,有一个杰出的马克斯·乔治·施密特,他写过一本独一无二的人类文化学方面的经济学著作(《人类文化学的国民经济学大纲》1920—1921 年)。请参阅威廉·科珀斯在《人类学》杂志上发表的一篇论文《人类文化学的经济研究》(1915—1916 年)。对我们来说,更为重要的是文化区域论,它是这个学派的特征。该理论最突出的一点,简言之就是,任何对文化的原始形态的研究，自然而然地会碰到“起源”问题——例如我们所观察到的各种工具、各种装饰品之类的起源问题，或是我们所观察到的各种行为（如驯养野兽的行为）的起源问题——也会碰到究竟是哪些因素决定着所观察到的事物随着时间的推移而变化（“进步”）的问题。人类文化学家们或文化人类学家们对各个事例所作的解释是远非一致的。①但是他们当中的绝大多数都同意——甚至认为理所当然——凡所观察到的行为，凡所观察到的足以反映行为的各种实物，都必须（至少在原则上）根据每个发现所属的族众或部落所处的条件来加以解释，也就是说，大多数人类文化学家都坚持所谓的“独立起源”或“独自发展”论。而格雷布纳及其追随者却对这个理论提出挑战。他们以原始文化形式长期非常稳定的事实为依据，否认互相类似的工具的独立起源及独自发展说，认为事物的类似乃是共同来源的一个表征（如果还不能说是证明的话），譬如说，某种特殊类型的纽扣的作用，其扩散实出共同来源，并非出自独立创造。因之存在着文化的区域。不管我们是否完全接受这个学说——它的那套逻辑不足使人们完全信服——它显然对整个社会学具有重大影响。即使是局部地接受它也会给那个时期的进化观点带来巨大的震动，使我们曾称之为社会学总部的那个学科为之改观。

在这一部分的考察中，我们最后还得提及弗里德里希·拉策尔的《人类地理学》（1882—1891年出版，第四版出版于1921—1922年），这是一部具有开创性影响的著作，即使不说它是此后较多的人类地理学著作的基础，可也要说它是它们的先驱。如果我们把此类研究也列入历史的社会学②的基础，那么免太牵强附会了。它实际上与逐渐被定名为“生态学”的专业更有关联，这个专业研究族众与习俗的空间分布关系，在美国正在深入探讨。但是，人类地理学（至少是很可能）给历史社会学增添了资料——正如伊本·卡尔顿所认

① 关于发明创造的起源的“理论”，可参见例如奥蒂斯·T.梅森的以此为题的著作（1895年出版），将他的著作与当代这方面的著作（如厄谢尔的或吉尔菲兰的）相比较是饶有兴趣的事。但是，这个时期关于起源问题的最引人注目的著作则是爱德华·哈恩所写的一些书籍及论文。特别值得参阅的是他的《家畜……》（1896年）和《经济行业的出现》（1908年）。我不能评价加诸哈恩著作的那些批评是否确当。但是，无疑，当一个经济学家细读他的著作的时候，姑无论他在经济学的范围与方法方面的观点在此外的时刻究竟如何，至少会暂时地成为一个制度主义者，因为，与一个单纯的经济学家说得出来的任何东西比起来，这些东西确实更具有无比的重要性与启发性。

② 但是，熟悉A.P.厄谢尔教授的教导的读者将不会有此种想法。

识到的那样——因此,它在那个时期所作的突出贡献也不宜忽视。

〔**(c)生物学派别。**〕 将生物学研究的成果应用于社会现象的做法,在那个时期的思想界甚为流行,因之不能完全置之不理。我们本想不加理会,因为生物学的研究领域夹杂着观念形态上的偏见与浅薄,其严重甚至超过了我们经济学家也势所难免的程度。但是,不理会也不成,理由之一是,生物学的考虑,尽管只是从外围上触及经济学家们的实际工作,但却经常缠绕着它。我们不想在这里来叙述生物学专业工作的发展,①而只想指出,除了根据达尔文主义写出的著作以及孟德尔主义者和其他评论者对达尔文主义的反驳之外,生物学的著作对社会学或经济学思潮并没有产生什么影响。在这些评论者中,对我们来说最为重要的是奥古斯特·魏斯曼(1834—1914年)。② 与我们最有关系的争论之点则在于先天特性的重要性以及后得性的遗传问题。

当然,并不存在有如历史社会学那种含义上的生物社会学。生物学的考虑可以多少提供一些重要的解释前提——一如经济学的考虑或其他任何角度的考虑那样——但是它们所渗入的那个社会学的面目不会因之有何改变,那是由它自己的方法与资料所决定的。"生物学派别"这个不明确的词,只不过是用来强调生物学的因素或方面。我们将从四个方面来对此加以阐明。

第一,我们看到,有这样一种看法,认为社会乃是一个"有机

① 这个脱漏可以由许多资料来源加以补充。埃里克·诺登夏尔德所著《生物学史》(英译本1928年出版)就是一例。

② 他的与此有关的所有著作均有英文译本。

的”体系，而不是一个“机械的”体系，用类似对生物有机体(例如人体)进行研究的方法去分析社会，是富有成效的。有一部以经济学家的名义写的著作，即舍夫勒的著作，可作为例证。[①]这种看法显然很幼稚，但我们不应因此而看不到下述事实：强调经济过程的“有机性”不过是表达一个显然是合理的方法论原则的方式——譬如在马歇尔那里就是如此。理论家们——特别是“规划”型的理论家们——总是满足于从少数经济总量间的少数函数关系中推导“实际的”结果，此种干巴巴的做法，完全不考虑它天生地不可能用来考察那些不能衡量、不能测度的微妙关系，殊不知那些深层的事物对于一个国家的文化生活来说却可能较那些可以衡量、可以测度的事物更加重要。[②]对于此种颟顸的做法，“有机性的”那些考虑也许要算是最为对症的解毒剂了——尽管单用这种药也许还不够。

第二，我们看到，达尔文的“生存竞争”与“适者生存”的概念被试图应用于资本主义社会中工业与职业生活的事实。有两件事必须仔细区别开来：一方面，个人企业制度的某些方面可以正确地描

① 亚尔伯特·E.F.舍夫勒(见后面的第五章，第4节)所写的《社会机体的结构与活力》(1875－1878年第一版)。幸而，这本著作没有因为著者力图在社会机体之中发现神经和消化器官而被完全糟蹋掉。

② 有一个例子可以说明此点。我们曾经谈到，俄国在十九世纪的后期奉行了一种货币限制政策，因而阻滞了它的经济发展。与此同时，我又提示，有可能从经济上证明采取这种政策是有道理的。这当中并没有什么矛盾。认为这个政策完全愚蠢的论点是以货币信用制度的相当显而易见的机械作用为立论基础的，毫未考虑下列事实：一种货币政策的制定乃是由构成一国经济的、政治的以及道德的形式的所有因素作用的结果，它又以或者显而易见或者不那么显而易见的方式去影响这些因素。对一种政策的效果的评价，如果忽略了这一点，从实事求是的观点来看，就将变得毫无价值。力主“有机体论”的人意图说明的也正是这一点。

述为生存竞争(这种情况我们不必在此申论),而竞争中的适者得以继续生存的概念则可以用一种非同义反复的方式来加以解释。[①]但是,如果是这样,则这些方面只须按照经济事实的本身去分析即可,根本用不着求助于生物学,生物学家在这个问题上所持的任何见解均可视为无稽之谈而加以弃绝。另一方面,也有真正求助于生物学的事实与理论的情况,那就是每当涉及人类的体质及智能的遗传问题时的情况,在评价某些制度与政策的影响时,显然就要,或应该,牵连到这个问题。

在那个时期,一如后来的情况,这两件事并没有被完全区别开来。[②]此处与我们有关的只是第二个问题,特别是它与那个时期关于社会改革的议论的联系。认为采取对人口的最低阶层有利的措施可能会降低人类平均质量的这种议论,当然是比达尔文主义更为古老的。[③]在我们所论述的这个时期,有许多人支持此种论点,最重要的是赫伯特·斯宾塞,但是,他不过是以生物淘汰的研究为依据把那个旧观点更详细地加以阐述而已,他没有提出来什么新论点。批评者们并不怎么反对所牵涉到的那些生物学观点——在大多数情况下他们也无法反对——他们所反对的主要是将自然淘汰的概念应用于社会淘汰的事实以及把生存的"适合"性和"社会需要"性相等同起来的做法等等,其持论在今天看来已是家喻户晓

① 把幸存的人定义为"适者",也就是按能否幸存来定义适合于或不适合于生存,这当然是一种同义反复的论点(毫无意义)。

② 正确阐述这方面的问题,是一个不曾受到经济学界赏识而现在似乎完全被遗忘了的著者的功绩之一,他的不行时也许是由于他具有大胆指陈不受欢迎的真理的勇气。这个著者就是威廉·H.马洛克(1849—1923 年),请参阅他所著《社会平等》(1882 年)及《贵族政治与进化》(1898 年)。

③ 这方面的一个例子见第二编,第五章,第 1c 节。

的老生常谈了。关于这个讨论,必须提到令人深感遗憾的两点。经济学家们对于这些问题完全没有给予应有的重视,他们的贡献主要就是一些表示赞成或表示反对的空洞词句;重要的人物中唯一不惮烦的只有皮古,读者如欲细究,试去看看他的著作。① 更糟糕的是,经济学家们在表白立场时,无意中透露出来,他们所受意识形态偏见的影响达到了令人惋惜的程度。② 不但那些不加批判地肯定人类质量会遭受危险的论点的人是这样,连那些对这个论点加以嘲笑的人也是这样,或者尤有甚焉。因此,"资质"对"教养"的问题,直至今日,仍停留于一种极其令人不能满意的状态。

第三,我们看到,有一些本属上述范围的研究工作,为了强调起见,可以单独论列,即统计生物学或生物计量学的工作,它们在方法论方面对我们颇多帮助。这里只提两个人的大名就可以了,他们是卡尔·皮尔逊和弗朗西斯·高尔顿爵士。

卡尔·皮尔逊(1857—1936 年)无须乎再加介绍了,只《生物计量学》一书,就足以使他名垂不朽。在此,我们只须回忆他的两句含义深远的名言:"智能源远而流长";"国家的振兴来自挫折与锤炼。"如果有人要我树立一个英国型的科学伟人的形象,要我举出一个英国型的科学创造性活动的范例,那么,弗朗西斯·高尔顿爵士(1822—1911年)就是我所要挑选出来的人物。他本来学医,但除

① 这里说的是 1912 年。但是我说应予参阅的却是指《福利经济学》1929 年第三次修订版的第一编第十章。巧妙而又著名的警句——"外界事物和人一样,也是世代相传"——出自该书第 115 页。

② 有趣的是,这里所涉及的意识形态不一定就是阶级的意识形态,当然,常常也就是。但是,一个人之所以看不到这个淘汰问题中所包含的真理成分,可能完全是由于它与他所抱的理想或设想大不相同。而这些理想或设想并不光是和他在阶级结构中的位置相联系的。

医学之外,他又不拘一格地汗漫涉猎只要是触发了他的兴趣的其他思想领域。他与高等学校和教学工作毫无联系,他自己提出问题,而且独出心裁地尽力处理这些问题,他的那种开创精神确实非常引人注目——作为一个最纯正的可也是最没有学究气的科学家,他倒和他的那位亲友达尔文十分相像。在他的众多成就中,与我们有关的有如下数端:把相关性作为一种有效的分析工具,可以说是由他独立发现的;他是优生学的创始人(1905 年他创设了优生学实验室);他看到了心理学的一个新支流(即个性差异心理学)的重要性,而且是这一新支流的创始者;他着手处理"资质"对"教养"的问题(他著有《遗传的资质》1869 年,《对于人类才能及其发展的研究》1883 年,《自然遗传》1889 年等书),尽管其所采取的方法是非常不完善的——依我的愚见看来,所有这些成就使得他堪称三大社会学家之一,其余二人为维科和马克思。

第四,我们看到关于种族问题的各种理论。正如我们所理解的,[①]这些理论乃是生物学理论的亚种。当然,完全有可能相信个性变异的幅度十分广阔——试想在数学或音乐的天才中,我们可以观察到多么巨大的差异——相信个人在统计分布中所处的地位主要是个遗传问题,而不相信与社会学有关联的特征在各种族之

① 在同一领土上的共同生活,特别是,如果又加上在政治上联结在一起的影响,其结果一般足以导致一些共同的爱好、共同的习惯以及共同的意识。这些事实自然从来没有引起过疑问。这些事实往往创造出来相对持久的——例如"国民的"——行为类型,这个进一步的事实对于社会学的重要性也从来没有引起过疑问。种族理论,照我们看来,不过是把这些行为类型与所共有的身体特征相联系起来的理论而已。应该看到,由于"心理的"或"文化的"类型具有某种持久性,由于身体的类型不是绝对稳定的,这两种类型的变化往往混淆在一起。但是,对我们来说,现在重要的是强调它们在概念上的区别。

间是有差异的。种族理论的特点则在于同时又相信后者。如果越出科学的领域来观察，“种族主义者”的信仰是与人类的历史同等悠久的，其屹立至今的纪念碑就是《旧约全书》。但是，试图通过科学的方法将此种信仰确立起来，却是比我们正在讨论的这个时期早不了多久的事情。这就是我为什么在第三编中没有按时间顺序提到这方面的最重要成就（戈比纳的成就）的原因所在。我在这里只提及另外一个名字，那就是安蒙。另一端的极端人物则以博厄斯为代表。① 我们的叙述之所以如此简略，乃是由于这样的事实：经济学家们按理本来应极其关注个人“能力”变异的幅度问题以及能力的遗传问题，可实际上只对后一问题的种族主义方面有兴趣，而且兴趣不大。事实上，据我所知，著名的经济学家中只有魏尔纳·桑巴特对种族因素作了重要的应用。② 我认为必要的评论只

① 约瑟夫·阿瑟·康蒂·德·戈比纳（1816－1882 年）因他所写的小说及历史小品（如《文艺复兴》1877 年）的强烈感染力而名垂不朽。这些作品应当看成社会学的作品。我们现在感兴趣的是他的《试论人类种族的不均衡》（1853－1855 年），就像他的那些小说一样，这是一部感人至深的著作。在叙述中，我们强调其“强烈感染”的成分，其用意在于区别于譬如我们谈到一个评论是强有力之时其意思是说它使人信服。一个重大的洞察险些被有缺点的——事实上是不在行的——方法以及显然的荒唐表述所破坏了，不过，据此谴责戈比纳的人如果公正一些并讲究一点逻辑，也绝不会赞扬马克思。谈到资料与方法，艾尔弗雷德·奥托·安蒙（1842－1916 年）就高明得多了，尽管还是引起了很不少的异议（见他所著的《社会经济制度……》1895 年）。科学的慎重与高超的智力驱使弗朗兹·博厄斯教授（1858－1944 年）（特别请参阅他所著的《原始人的智能》1911 年，德文原本用的不是原始这种提法，而是文化贫乏这种提法）作了一些让步（特别是在字里行间），但是同他所认识到的相比，似乎又说得过了一些分寸，并非所有他的（完全相反的）结论都是从他所提出的事实推导出来的。恐怕我必须以一个忠告来结束这一条注释，在社会学及经济学的纠纷中，不幸时常有提出此种忠告的必要：要发现种族理论的优点，你该去读一读反对这种理论的著作；要发现种族理论的弱点，你该去读一读拥护这种理论的著作。

② 见他的《犹太人及其经济活动》（1911 年，英译本 1951 年）一书，但此书很难说是分析的典范。在经济著作中附带提到种族问题却是经常的事情。在穆勒的《原理》中，我们就可以看到一个实例。

是,我们在这里看到了一个例证:一种只能称之为互相对垒的幼稚病——辩论双方都具有的幼稚病,使一个真实问题的研究几乎无法进行。这个问题是确实存在的,并不是仅仅由于一时头脑发热凭空想象出来的多余问题。它对社会学的影响是多方面的,社会阶级理论不过是其中的一个方面而已。①

〔**(d)自主的社会学。**〕读者看到我们对"历史社会学"的定义如此广泛,可能会怀疑是否还会有什么非历史的社会学。因为每个社会学家或经济学家,不管他对纯理论多么嗜好,总离不开事实,而大多数事实,照我们看来,必然是历史性的。但是,我之所指,实不在此。我们把一个人称为历史社会学家,只是由于他本人从事严肃认真的历史工作或人类文化学的工作,或至少是由于他据以得出结论的分析乃是以别人的此种工作作为基础。企图说明或甚至证实一个理论而滥用史实的人称不上是历史社会学家。还有一点,如有读者由于考虑到很难设想会有什么社会学的分析工作能够离开这种或那种"心理的"事实,因而怀疑是否还会有什么非心理的社会学,那他就是没有抓住要害之点。在本书中,用作定

① 剑桥的人类文化学家A. C.哈顿的教学工作是对这个问题采取科学态度以及在处理该问题时有效利用人类文化学资料的光辉范例。然而,只是在他的讲稿中才能看到这一点,在他所出版的著作中却看不到。另外一个著者(一度很有名,现在差不多已被遗忘了)也应该提到,他对这个问题的处理并不受现在引起那么多麻烦的特殊因素的干扰,表明要找出对种族差异的有价值的解释,并不必牵扯到种族的以及文化的特征间的什么特有的相关,特别是并不必牵扯到某个种族类型相对于其他种族类型存在着什么全面的"优势"或"劣势"。此人就是奥地利格拉茨大学的公法教授路德维克·冈普雷维奇(1838—1909年),他著有《种族斗争》(1883年)及《社会学大纲》(1885年)——尽管他的(自然)人类学尚有值得商榷之处。

义心理的社会学或“社会心理学”(见下面第3e节)的根据的，乃是对专业心理学的方法和研究成果的采用，而不是对社会学家本人观察到的并概念化了的一般经验事实的采用，尽管这些事实在性质上乃是心理学的。在下面的第七章中，我们将对这种区分的一个经济事例作一番较为详细的探讨，那时就会明白，这里牵涉到的并不只是个词句问题，而是一个有相当重要性的方法论问题，有好多误会都是由此引起的。误会之起乃是由于那些从未严肃认真地应用专业心理学亦从未按专业心理学的任何方法办事的社会学家与经济学家，却又把他们的那一套说成是心理学的，这样一来，他们的那些假心理学的构想就引起了来自专业心理学方面的非难，造成多余的麻烦。

因此，我们得承认在那个时期有一种自主的社会学在成长，它探索自己的问题与方法，尽管在这种社会学的成果中，充满了假心理学的和假历史学的概念与命题。社会、阶级、集团、结构、统治与从属、领导、同化与调整之类的项目就构成了这种自主社会学中我们曾称之为“总部”或“纯社会学”的那部分内容。库莱①、吉丁斯、霍布豪斯、罗斯、西美尔、史盘、斯特芬②、塔尔德、滕尼斯这些代表人物代表了对纯社会学的颇不相同的研究途径，其实，要是篇幅容许，我们满可以把许多这种差异缩减一下，缩减到远远小于那些著者自己认为可能或合适的程度——当然，他们的著作仍然值得细

① 查尔斯·H.库莱(1864—1929年)；让我们提一下该作家的一本很有特色的著作《社会组织》(1909年)以及约翰·杜威的《人性与行为》(1922年)。

② G.F.斯特芬(1864—1929年)是瑞典社会主义者的领袖。他所著《社会学》(1910—1911年)一书也不能不在此提一下。

读一下。[①] 这些人以及其他的一些人的努力并没有搞出来什么"社会学通论",像前一时期的"经济学通论"那样被广泛接受的东西。这样一种一般的社会学只是被勾画出了一个轮廓,并没有被创造出来。对于一种尚在为其存在而奋斗的科学来说,这种情况也许倒是很自然的。但是,为什么直到后一时期这个任务也没有完成,那就需要另作解释了。显然,这在过去和现在都是由于没有足够重要的社会学家在这方面下足够大的力气。没有下足够大的力气的原因则不仅是因为战后时期社会学家们越来越钻到专门的以及非常"实际的"问题里面去了,而且还因为纯理论实际上只有在数量研究领域才能茁壮成长;在问题必然是非数学性质的情况下,其发展余地注定是有限的,很快就会失去吸引力。让我们来举几个例子来说明这个时期的专门领域的研究成果,它们都属于自主的社会学——也就是不借助于外界的方法与成果的社会学的范围。我们选择迪尔凯姆做宗教社会学的代表,埃利希做法律社会

① 我举出这些名字——这样的挑选,对别的一些人来说,是很不公平的——为的是要说明我所划分的社会学文献的类型,并为读者提供一些其本身可以指引读者去作进一步探索的启示。遗憾的是,我将一些评论省略了,我原来是想通过一些评论去勾画一下这些人物中的每一个人的著作的特征的。但是有一个评论不能省略:把一些相反的人物,譬如西美尔和史盘,匆匆凑在一起,在一些爱挑剔的人看来,似乎我未免太愚蠢无知了,太缺乏认识了。在他看来,我将一个写过一本《社会心理学》(1908 年)的著者(E. A. 罗斯)和另一个写过一本《经济心理学》(1901 年)的著者(加布里埃尔·塔尔德)都列为非心理学的社会学家,除了愚蠢无知之外,还能有什么别的解释呢?因此我要说明一下旨在减少差别的两点思路。一方面,我要指出,这些差别,在很大程度上,来自只对表现形式产生影响的哲学及方法论信条上的不同,它对问题的实质并不发生影响;另一方面,我要指出,由后一类型的差别所产生的命题,与其说是对立性的,还不如说是相互补充性的。一个认为食人肉的习性导源于某种精神上的狂妄的著者总是认为他的说法与另一理论截然不同,另一解释的立论基础是,人肉与猪肉的滋味很相似,在食人肉的习性产生之时,人肉是一种稀有的美味。其实,二说并非那么截然不同。

学的代表，勒邦做政治社会学的代表。

迪尔凯姆的名字之所以不能不在此提及，并不仅仅由于他是最主要的宗教社会学家之一。他除了对其他好几个专门领域也有所贡献之外，还形成了一个社会学的学派，这个学派遵循一种方法，其所依据的原理决不是什么新东西，只不过到了他手里乔装打扮过一番而已。他认为，个人的行为决不能仅仅用与其本身有关联的那些事实来解释，有必要诉诸个人所处的社会环境的影响。这个命题的表现法是多种多样的，迪尔凯姆的表现法是构造一种集团精神——由于他的方法是用关于早期文化的资料来解释事物，所以也可以说是构造一种部落精神——这种精神从集团或部落出发，去感觉，去思维，去行动。由于此种观点本身导源于浪漫主义思想，因此我们也可以说，迪尔凯姆的见解是一种实证主义的浪漫主义见解。譬如，根据这个原则来对宗教现象所作的基本解释，就可以用这么一句话来表达：宗教是一个集团对其自身的崇拜。他没有试图用任何类似于专业心理学（社会心理学或其他的心理学）的东西来支持这个理论，因此，不能把迪尔凯姆的方法①与利维·布吕尔的方法混为一谈。

由来已久的法律“哲学”中当然总是包含有真正的社会学因素。在这个时期，它仍然继续存在——部分原因是，“法律哲学史”乃是一门必须修习的课程——但此外，对法律现象的严格科学研究在该时期也有所进展。最重要的进展路线之一在于对人们的实

① 特别请参阅埃米尔·迪尔凯姆（1858—1917 年）所著《宗教生活的初级形式》（1912，英译本 1915 年），亦可参看其《社会分工论》（1893 年）及《社会学方法的规范》（1895 年）。迪尔凯姆的著述甚丰。皮蒂里姆·索罗金教授在其所著《当代社会学理论》（1928 年）一书中论述了迪尔凯姆，我借此机会加以推荐。

利维·布吕尔将在下面第 3e 节中加以讨论。

际法律思想和习惯("活法律")加以研究,并据以作出概括,不去一味推敲作为法律实践的理论基础的法理学中的抽象概念。这就是埃利希的观点。它是在一个小小的奥地利大学、在可以想象得到的极其不利的环境下产生的,它全凭具有分量而吸引了全世界的(即使是一时的)注意。①

在社会生活的各领域中,再没有比政治更迫切需要以科学兴趣作指导的研究了。在这方面,哲学家的梦想带来了许多意识形态上的争论,却置最明显的事实于完全不顾。政治科学家,经济学家也一样,在谈论公共政策时,总是构想一种公共福利的美妙远景(这乃是"政治活动家"所追求的高超境界),总是构想一种虚无缥缈的类似慈航普度的仙境。② 集团倾轧、控制政党的核心小圈子、党魁、压力集团的宣传,群众精神亢张、贪污腐败之类的事实均被视为失常离轨——"政党政治"被认为是实际不应存在的赘物——而不是原发性的特征。但是,在这个时期,却开始有了某种类似科学良知觉醒的东西,研究政治制度实际运转的政治社会学应运而生。作为一种表征,我也许满可以挑选一位逗人喜欢的人写的让人读起来既感轻快又觉受用的逗人喜欢的书来谈谈。③ 然而,我所选择的却是另外一个人的著作——这些著作在当时是有声誉的,现在却由于受到敌意的批评而湮没无闻了——他的功绩在于以无比旺盛的精力充分阐明了不但对政治派别活动的分析来说,而且对任何派别活动的分析来说,都是根本性的一个要点。勒邦

① 欧根·埃利希(1862—1922年)《法律社会学基础的奠立》(1913年),参见罗斯科·庞德所写论文《社会法理学的范围与目的》,载《哈佛法律评论》(1911—1912年)。

② 我们已经看到,亚当·斯密显然是摆脱了这个缺点的。但是詹姆斯·穆勒没有。他当然不是一个"国家主义者",但是他表述民主主义理想的"宏伟原则"时却是异想天开,在分析上更加不受什么限制。

③ 《政治中的人性》(1908年,第三版1914年)格雷厄姆·华莱斯著。

的著作只不过是同类著作中的一个范例，此类著作将人们在日常生活中所确认的东西活生生地托现在我们眼前，又从而为了分析的目的“揭发”之。每个人凭经验都可以看到，在一个成堆的人群中，无论是在一个非英国的城镇的大街上的狂乱的暴民(英国的暴民可不“狂乱”)中，还是在一个由高年教授组成的教授委员会中，人们的理智、德行和责任感的水平会立即下降，远不如人们单独思维及行动时所惯常保持的水平。把这个现象及其含义和盘托出的功绩确实是了不起的，不管对于勒邦所采用的资料与方法会提出什么异议。①

最后，我们必须提及三个经济学家——凡勃伦、维塞尔和帕累托——所写的三部相当重要的著作。但是，由于篇幅所限，在这里无法对它们加以评论，甚至也无法归纳出它们的特点。关于马克斯·韦伯的社会学著作，将在下面第四章中加以论列。②

3. 心理学

在这个时期中，专业心理学——有别于其他领域中所完成的

① 古斯塔夫·勒邦(1841－1931年)著有《群众心理学》(1895年，英译本书名为《群众:大众心理研究》1896年，第十六次印刷1926年)。这本书出版后，又引出了相当多的文献，在克服若干技术性的缺陷方面，取得了重大成就。但是，一种不受欢迎的观点或事实，是不会由于为之辩护的论据充分而得到挽救的。

② 索恩斯坦·凡勃伦的著作实际上完全属于经济社会学的范围，但是我特别留意的乃是他的《有闲阶级论》(1899年)。弗里德里希·冯·维塞尔的《权力的法律》(最好表述为权力的社会学)，1926年出版，阐述详备，但是在1910年出版的《权利与权力》一书中，他的基本观点就已经提出来了。维尔弗雷德·帕累托的《社会学通论》(1916年，其英译本的书名为《精神与社会》1935年)在三十年代的美国颇享盛名，这究竟是由于它的分析手法令人感兴趣呢，还是由于在表述已经衰微的自由主义必将覆灭方面力持逆耳的老实话呢，我至今还没弄得很清楚。

或多或少带有心理学性质的著作——的蓬勃发展，殊非笔墨所能叙述，虽然大多是在老根子上的继续发展，只有极少数意味着新的研究方向。但是，从我们的目的出发，可以把它们简化为下列五类：(a)实验心理学，(b)行为主义，(c)完形心理学，(d)弗洛伊德心理学，(e)社会心理学。在这个时期中，这些心理学对于经济研究都未曾产生过什么真正的(不是卖弄词句的那种)影响。但是仍然必须提到它们，因为它们的发展显示了当时的时代精神，因为它们具有潜在的重要性。下面分别加以说明。

(a)实验心理学。对于可以测量的事实的追求，或至少是对于可用内省法以外的方法去观察的事实的追求，当然并不是什么新鲜事情。心理学一直就是根据这样观察得来的事实进行研究的，许多这种信念的崇奉者总是表示要忠实于物理学的方法。但是，霍布斯、洛克、休谟以及穆勒的“经验主义”，就其有关心理学的部分而论，却仅仅是纲领性的，未曾导致实际的实验与测量。实际的实验与测量在前一时期就有所发展，而在我们所正论究的这个时期，发展就更加迅速。最能说明问题的征象就是心理实验室的出现。冯特的莱比锡实验室可以说是个里程碑。①它的方法以及

① 威廉·冯特(1832—1920 年)是那个时期中最有影响的杰出科学家之一。他虽然不具备第一流的独创性，但却是一个在精力旺盛与多产方面几乎达到令人难以置信的地步的科学工作者、领导人、教师和著作家。他对其他一些学科的发展也产生了影响(可参见前面第二章，第 4b 节)。莱比锡实验室具有悠久的历史，是过去一系列努力的成果。冯特本是一个受过正式训练的医生，后来从生理学的研究进入心理学的研究，这就使他在某种意义上成为鲁道夫·赫尔曼·洛茨的直接继承人(洛茨著有《医疗心理学》一书，1852 年出版)。如有读者想追溯在过去有时看来像是经济理论的重要伙伴、而今后可能还会与经济理论结伴的此种研究的源流问题，作为阶梯，还有一些名字可以提到，它们是：约翰尼斯·彼得·米勒，E. H. 韦伯，G. T. 弗克纳，爱华德·赫林，H. 冯·赫尔霍斯，这些人都是生理的心理学专家，他们的研究集中于“感觉的测量”问题(心理物理学)。有趣的是，至今还不曾有经济学家来探索这方面的研究想来会提供的机会(参阅本编第七章有关之处)。

它的精神产生了广泛的建设性影响，威廉·詹姆士和 G. 斯坦利·霍尔都受到过它的影响，却又迅速青胜于蓝，超越了这个意义上的实验心理学的狭隘范围，进一步发展了冯特的个人抱负。在统计数字方面对这种工作的补充，后来在美国大有改进（爱德华·L. 桑代克）。实验心理学的许多支流之一（该支流本来是应该引起经济学家们的强烈兴趣的，但实际上却没有引起这种兴趣），我在下面的脚注中将简单地加以说明。①

冯特的十卷本《民族心理学》（1900—1920 年），对他的实验室工作做了奇怪的补充。这便是对语言、神话和风俗习惯的研究，这种研究似乎与霍布斯和维科的观点联系较多，而与莱比锡实验室的联系较少。我们在这里提到它，而不是在谈人类文化学的社会学之处提到它（其实它是那个方面的问题），② 乃是由于按照冯特个人的观点以及思想体系来说，这个方面的研究事实上补充了他从实验室中搞出来的资料，尽管这样做要跨越一个鸿沟，而且从其他任何与他不同的观点来说，根本不能这样补充。真正的心理计量学进入社会现象的领域，是此后很晚的事情。

① 这里所指的是对个人之间性格差异（特别是能力差异）的研究。其中有许多流派，但是我只提两个流派，一个与冯特的学说有关联，其代表作是威廉·斯特恩的《差异心理学》（1911 年），另一个则差不多脱胎于高尔顿——因为它所采取的是高尔顿的观点——代表该流派的是查尔斯·斯皮尔曼的“中心因素”理论（参阅查尔斯·斯皮尔曼的《人的能力》（1927 年）一书，书中对这方面的问题作了全面的考察）。所有的经济学家都应该读一读这两本书。当然，儿童心理学及教学法的有关方面对我们显然也很重要（可参阅 E. L. 桑代克的《教育心理学》1913—1914 年，第三卷）。

② 这也就是为什么我在这里要提到拉扎勒斯和施泰因撒尔这两个名字的原因。（“民族心理学”这个词是由他们提出来的，英译通常作“folk psychology”，其实应译为 Tribal psychology〔种族心理学〕更确切一些）。在该领域，他们可以说是冯特的直接前驱。

(b)行为主义。 从某种意义上来说,"比较心理学"(主要是动物心理学)[①]以及(经由比较心理学的)"行为主义",[②]尽管都是新的研究方向,但却可以说是从冯特的实验心理学衍生出来的。既然有一些美国经济学家已经对行为主义者的纲领性见解感到了较之心理学的其他任何发展都要多得多的兴趣,[③]读者便应该对在社会科学中应用行为主义的原则的重大局限性有所了解。从根本上说来,行为主义的方法就是,举凡行为的解析,都以客观上可以观察到的对客观上可控制的刺激的反应为定——也就是说,只凭可以看到的反作用,不靠内省法或其他任何心理学的"含义"去解释。这个方法认为,作出反作用的生物体乃是没有任何自己的倾向性的纯然的空白(很像洛克在讨论"心灵"问题时所持的那种观点),同时(又超过了洛克)避免概念上或解释上的那些纠缠,避免那些纠缠中所使用的那些诸如意识、感觉、直觉、意志、冲动或本能一类的词语。低等动物的行为以及婴孩时期的最简单反应之所以成为行为主义方法的据点,其原因即在于此。任何超出这个据点范围的步骤是帮助我们不要什么工具就能说明问题的成就,其正确性却可能是值得怀疑的。但是,超出它可以起作用的范围,也就是说,超出仅仅由可控制的条件安排使非常明确的反应最终得以发生的范围,这个方法本身就不灵了。认为人的行为仅仅决定于他所处的(不可能根据实验的目的而安排的)环境这样一种观

① 参阅考卫·劳埃德·摩根所著《比较心理学导论》(1894 年)。

② 这个词及其纲领的最基本的公式化表述来自约翰·布罗德斯·沃森。见他所著《行为:比较心理学导论》(1914 年)及《行为主义》(1925 年)。

③ 在现代经济学文献中,常见"行为"一词,可能即由于此。

点,与其说是错误的,还不如说是毫无意义的。然而,这种观点正是一些行为主义者所要加以论证的。从这里可以看到一个基本健全的研究方法与一种思想体系之间的分野,而这种思想体系的流行是不难理解的。极端的环境决定论者显然由此得到了支持。

(c)完形心理学。 (埃伦费尔斯、克勒、科夫卡、韦尔特海梅尔、里茨勒)是依据一个基本事实展开的:不能把任何一组要素中的各个要素单独隔离开来理解、评价或解释——一首歌曲中的某个音节、一张地毯上的某种色彩、甚至作为一次宴会的一个组成部分的一杯酒都不能孤立起来体验,如果这样做,我们所感受到的就将是非常背离实际的东西,实际上它只是作为一定的整体中的一个组成部分而存在。关于这个显然非常重要的发现——确实是非常重要,尽管我的表述听起来好像很微不足道——我们需要指出的仅仅是,第一,它的发展主要属于下一时期,在我们所论究的这个时期,它还处于萌芽状态。第二,在将完形心理学应用于社会科学的许多可能的方面中,至少有一个方面是相当重要的,那就是,完形心理学可用以得出关于心理社会学集体(如社会本身)的切合实际而又非形而上学的概念。

(d)弗洛伊德心理学。 在这个世纪结束之前,在约瑟夫·布罗伊尔和西格蒙德·弗洛伊德手中,精神分析还只是一种医疗方法,特别是治疗“歇斯底里的”神经性冲动方面取得了显著成效。精神分析作为一种医疗方法可以溯源于巴黎的琼·马丁·夏尔科的学说。然而,到了大约1900年,尽管它还时常被当做一种医疗方法,但其研究领域却开始大为扩展——它开始被发展成一种关于人类精神活动的一般学说。弗洛伊德把下意识人格及其与有意识自我相搏斗的陈说发挥得淋漓尽致,使之异常适于运用。[①]我只能(也许只需要)在此指出,弗洛伊德心理学应用于社会学(特别是政治社会学)和经济学的广泛可能性,我看已然隐隐出现:一个政治的(包括经济政策的)弗洛伊德社会学很可能有朝一日会显得较之其他领域对弗洛伊德心理学的应用更有生气,尽管到目前为止仅仅是取得了一点初步的成就(威廉·H.R.里弗斯)。我也不能在此赘述与弗洛伊德有重大相似之处的其他某些思潮,尽管它们在方法上和目的上自有其他方面的特点。但是我仍然要提及泰奥迪尔·里博这个名字。[②]

(e)社会心理学。 对这个心理学分支,通常的定义是非常广泛的,只要是与社会现象的心理事实有点关系的各种研究都包括进去了,特别是把那些以集团心理或民族心理或其他此类集体概念为基础的各种研究都包括进去了。此种做法,对于想将想得起来的所有自认为有关的事实或迹象的资料来源同等拼凑起来的目的来说,可能是有用的。但是,我们却不能采用这种做法,因为这样一来,社会心理学就连作为一种分类架的作用也起不了(在这里,社会心理学对我们来说,其唯一的用处就是作为一种分类架)。

① 弗洛伊德的著作,在美国均出版有普及本,读者可以参阅。有人也许会把我对弗洛伊德的这几句评论看作是带有贬义。我并无此种意图。一切重大的成就,在其最后产生之前,都要经过漫长的孕育时期。弗洛伊德的弟子众多,但他们又分裂为不同的派别,有一些不能再称之为弗洛伊德分子了。但是对于社会科学来说,却都可能具有培育作用,则是他们共有的特征(据我所知,确乎如此)。

② 特别请参阅泰奥迪尔·里博(1839—1916 年)《个性病》一书(1885 年,英译本 1895 年)。要是我还要开列一本经济学家必读的书,我就开列这一本。正文中所提到的相似,与其说是与弗洛伊德本人的著作相似,还不如说是与弗洛伊德的某些追随者(尤其是艾尔弗雷德·艾德勒)的著作相似。还应该提到里博的另一本书,那就是《一般观念的演进》(英译本 1899 年)。

将一些大异其趣的人物和方法硬拉到一起，譬如，硬把赫尔德及他的浪漫主义哲学和史学、韦斯特马克或泰勒及他们的文化人类学、罗斯及他的“自主的”社会学等等，硬拉到一起，对我们的目的来说，毫无意义。因此之故，社会心理学对我们来说，其范围是有限的。在那个时期，麦克杜格尔是个最重要的代表人物。① 他是一个专业心理学家，他力图构建一种专门的心理学，研究的对象是个人之间、集团之间以及个人与集团间相互影响的现象，还有集团精神（一旦形成以后）对于在其影响下的个人所起的陶铸作用。他很强调创造性因素，强调本能与情感的主导作用，并按照这个思路进行推理，这就使得他的学说只是昙花一现，当行为主义与环境决定论风靡之际，它就迅速失势了。利维·布吕尔不是地道的专业心理学家，②但是他的侧重点仍然是心理方面，社会的方面是次要的。不需要为开列一个较完全的名单再举许多名字了。心理学的调查研究（主要是统计性的）是为一些实际的分门别类的研究——儿童心理学我看同普通社会学的问题关系最密切——服务的，这些分门别类的研究不能在此一一论述了。

① 特别请参阅威廉·麦克杜格尔的《社会心理学导论》（1908 年）。

② 在卢西恩·利维·布吕尔（1857—1939 年）的许多著作中，只举一种就够了，那就是《低级社会中的智能》（1910 年，英译本 1926 年）。

第四章 〔社会政策与历史方法〕①

〔1. 社会政策〕

〔(a) 对于分析工作的影响〕

〔(b) 社会政策协会〕

〔(c) "价值判断"问题〕

① 〔编者按:本章原稿是未完稿,内容也未臻完备,没有标题和副标题,它们全是由编者补入的。编者对本章内容的体会来自著者熊彼特在本书第四编的绪言中所表述的思想以及编者从著者的遗留卷宗中所找到的两节附在原稿上的打印稿。卷宗中还有许多笔录、小册子和复印件,显然,熊彼特打算利用这些资料以增订他的著作。卷宗的封面上写有"第四编第四章"字样,原来写的是"第四编第四章与第五章",后来著者决定将两章合并为一章,因而将卷宗封面上的第五章字样删去了。

在第四编第一章第 3 节即关于本编的计划中,熊彼特写道:"下面就分别评论两个类似派别的人物及他们的思想,他们的思想分歧,应予以分别处理:一派的研究工作的兴趣所在是当时的社会改革问题,其领导人物被人们非常不恰当地称呼为'讲坛社会主义者';另一派则被称为历史学派,他们也如此自称(第四章与第五章)。经济学家聚讼纷纭的价值判断问题,将与前者一起讨论,而著名的'方法论论战'(以及它在美国的制度学派论战的翻版)则将与后者一起讨论。"

关于讲坛社会主义者的论述是很不完备的。实际上,关于德国讲坛社会主义者的一整节似乎是被省略了。关于法国的这类人物的论述显然也被省略了。这一节的复本上注明的日期是 1943 年 12 月 17 日,关于历史学派的那一节的复本上所注的日期是 1943 年 1 月 10 日。无疑,这些都属于初步探讨性质,看来是打算全部重新改写的。关于讲坛社会主义者和价值判断的一节特别不能使人满意,编者之所以仍然发表它,是因为熊彼特深切感到,许多经济学家的著作,无论过去或现在,均受到了其价值判断的损害,而他们的分析工作却不一定受到了损害。在熊彼特的所有著作中,处处可以看到他的此种信念。

关于历史学派的论述,也不很完备。在对新旧历史学派以及方法论论战简略讨论之后,著者接着就论述德国以外的其他各国、特别是法国和英国的历史经济学。在原稿中根本找不到关于美国和美国制度主义的任何论述,而这是在本编的计划中许了愿的。〕

〔2. 历史主义〕

〔(a)"旧"历史学派〕

〔(b)"新"历史学派〕

〔(c) 方法之战〕

〔(d)"最新的"历史学派:斯皮索夫、桑巴特与马克斯·韦伯〕

〔(e) 经济史与历史经济学在英国〕

〔1. 社会政策〕

经济学家们受到了新环境的影响,正如他们在此之前受到过早期自由主义的影响一样,也正如他们将要受到我们这个时代的社会主义的影响一样。在所有这些情况下,都不仅仅(甚至不主要)意味着新的事实与新的问题,而且意味着新的态度和新的(超科学的)信念,[①]从而,至少是一度地,也意味着对某些束缚的反抗(这些束缚,随着时代的消逝以及初期热情的减退,从事分析工作的研究者发觉仍然萦绕于他们的脑际)。"重商主义"的著者们没有发觉,经济学家除建议各种措施并为之奋斗之外,还有什么应该做的事情。"自由主义"时代的经济学家们的情况最初也不见得好多少,尽管他们终于发现原理与建议并不是一回事。我们所正议论的这个时期的经济学家们,由于受到读者可以称之为诱引或责任的召唤的影响,同样离开了通向科学征服的崎岖小路。

① 〔在这一页原稿的上端,熊彼特亲笔写了许多速记批注和以下的话:"我想不必说更多的什么了,为了使人们不致误解我在下面所要说的坦率之言。"〕

〔**(a)对于分析工作的影响。**〕不过,那个时期的经济学家们,在分析工作方面所受到的经济政策新精神的影响,在方式上和程度上各不相同,就像在各国之间和各派别之间有所不同一样。在英国,学术研究与教学工作的连续性,从未发生过严重危机。英国的那一小群经济学家,当然也跟着时代前进——这对于约翰·斯图尔特·穆勒的门徒们来说,并不困难——但他们并不曾把所有的科学分析工具连同陈旧的价值判断一起扔掉。部分原因是英国的经济学家一般说来对经济理论的理解,要比任何其他国家的经济学家深刻得多,因而他们能够认识到,在经济理论中,他们所采纳的任何社会信念所能占据的最大限度的位置。除此之外,这种特别有利的情况则应完全归因于当时英国的环境所保证的真正自由,这种环境消除了很多刺激人情绪的根源。在正统的社会主义者的小圈子内外,都有人反对被很多人所信服的经济学与放任政策之间的联结。但是,这种反对意见没有什么分量。特别是,它终究没有形成一个新的"思想流派"。〔熊彼特在这里所写的附记表明,他原来打算在此写一段关于费边主义者的话。〕

美国的科学传统远不如英国那么强烈。但是,经济学界中典型人物的"激进主义"也并没超越过去学说中所包含的那些观点,即敌视保护与"垄断性"大企业,自此以后,保护与垄断性大企业就成了典型的美国经济学家所最讨厌的东西。竞争的资本主义的过程,也受到了猛烈攻击——有些经济学家对"人口控制"运动表示同情,另外一些则对亨利·乔治的思想给予一定的支持,[①] 而且还

① 〔熊彼特本想对亨利·乔治作些解说,但却未能写出来。关于亨利·乔治的议论,请参阅本编后面的第五章第7节。〕

有人对资本主义秩序本身采取敌视态度，尽管能像索恩斯坦·凡勃伦那样坦率发表观点的并不多见。但是，攻击资本主义秩序的火力并不强，大多数经济学家像企业家那样抱有轻率的信心，当时美国的企业家还不像欧洲的企业家那样对资本主义秩序忧心忡忡。在无论谁从任何角度愿意称之为“一流”经济学家的人当中，还没有哪一个把自己的名字与社会改革的任何激进方案联系在一起。

〔这一段原稿没有写完，熊彼特显然是想在下面各段之前，概述一下法国和德国的社会改革情况。〕

我可以毫不犹豫地说，这个成就在经济学的历史上是最重大成就之一。我先说清楚这一点，为的是希望读者不致误解我在下面要说的话。这个成就，尽管重大，但显然并不属于科学分析的范围。既然本书是科学分析史，它与我们的议论自然不相干。与我们有关的是这个成就的另一方面——我愿承认，这只是一个不太重要的方面——那就是它对教学与研究的影响。对于这种影响加以评价将会提供一个机会去触及经济学家们的价值判断问题，如果认为有必要这样做的话。

教学的效能无疑受到了损害。我在前面已经强调过，大学课堂，在传播社会改革的精神方面，是有份儿的。德国的“讲坛社会主义者”们理所当然地效忠于进步的政客与俗子们的理想——也就是传播社会改革并对阻碍社会改革的势力加以痛斥的那些教授们的理想。卢乔·布伦坦诺讲课时就像在政治性集会上演说一样,听众们报之以欢呼或喝倒彩。阿道夫·瓦格纳[①]讲课时,大喊大叫,连连跺脚,对他心中假想的敌手挥舞拳头,直到由于老迈年高,精力不济,这才镇静下来。其他一些经济学家精力虽不那么旺盛,效果也不那么显著,然而在试图说服听众方面,却毫不逊色。[②]这种讲课方法,在传授专门教义方面,不一定是软弱无力的,但是,一般而论,效果并不好。要是有谁认为这样做既培养了某种道德观与热情,而又代价便宜,那就请他稍稍考虑一下,如果内科医学教师不去开导学生的分析能力,却整天沉湎于浮夸治病救人的荣誉,那么,内科医学将会变成个什么样子。越来越多的大学生离开了学校,凭着极其可怜的教养,去参加本来是为经济学家而设的实际业务工作。有一些最优秀的学生是带着极端厌恶的心情离开学校的。[③]

〔**(b)社会政策协会。**〕至于说到研究,我们首先要承认它的

① 关于阿道夫·瓦格纳,请参阅本编第五章第 4 节及第八章第 2 节。

② 我的意思并不是说,德国各大学的讲授或讨论都是引人入胜的。在这里提到的两个例子乃是特殊情况。一般说来,那里的教授总是捧着陈旧得纸色发黄的讲稿念念有词,或是没精打采地坐在那里主持讨论会,听博士学位候选人朗诵其论文初稿。这就是美国的访问者所得到的印象,他们的这种阅历可能就是他们对我们在许多美国大学里所见到的讲授方法采取一种不可调和的敌视态度的原因之一——不可调和的说法我想有点夸张。

③ 讲笑话、谈轶事,本来不合科学的规矩,但在某些场合,它们却比别的任何方式更能确切地说明问题。因此,我甘冒不韪提供下面两个实例。一个是当时相当流行的关于经济学的定义:"经济学,是什么呢? 啊! 我知道了……假如你去测量工人们的住宅,并说那些住宅太小了,这样,你就是个经济学家了。"另一个是我有一次从一位很有才华教养的德国妇女那里听来的"名言"。她说:"我曾经读过经济学课程,并参加过考试,但我对经济学一窍不通,也不怎么把它放在心上。我只是感到我不得不'念'个大学,这样才合时尚,可是我又不想认真读书,所以我选了经济学这个行道,因为要对付那些对我进行考试的老师们所需要的本领不过是能够谈点关于伦理学、社会改革、管制以及诸如此类的东西罢了。"当然,我的意思并不是说,这就是大多数甚或是很多教师对学生要求的标准。不应该过高估计这个轶事的重要性,但是也不能说它毫无意义,至少对十九世纪最后 30 年来说是这样。

功绩。上面已经指出，德国经济学者们对于社会改革的热情，和英国的费边主义者一样，着重于个别问题或个别措施，社会的根本改革的应运而生，与其说是一种旨在以它为直接目标而努力的结果，毋宁说是一种副产品。在这个过程中，积累了大量的实际资料，引人注目的《社会政策协会文献丛书》——共一百八十八“卷”，其中有好多卷实际上又是由好几卷所组成——足以证明资料发掘者的坚强意志，我们对现实的了解由此得到了无可估量的扩展。此外还有许多同类型的研究工作，是由一些个人及集体所完成的，这些工作，有的与德国社会政策协会的专业组织有联系，有的与它没联系。[①]假如我们考虑到本书篇幅有限，把上述《文献丛书》作为唯一的事例来说明这类分析工作，那就必须注意到，这只是所有国家的经济学家已经完成的比这多得多的同类工作的一个事例——在英国，同以前一样，这种研究工作部分是为皇家委员会进行的。[②]

德国社会政策协会的文献中，有很多卷的质量相当高，不但在观察的细密方面可资楷模，而且在分析上，由于考虑了科学性与现实性方面的迫切要求，也具有重大意义与启发性。该协会汇编的

① 与德国社会政策协会有联系的研究工作，作为一种全国性的专业经济学家的集体努力，具有无可比拟的重要性，因而有必要在这里谈一下德国社会政策协会的组织。它主要是一种分工协作的集体安排。每个成员，特别是人数较多的专题研究集体的每个成员，都可以自由提出研究计划，由社会政策协会来决定研究项目，然后把它们委托给几个经济学家或委托给由少数经济学家组成的专题研究小组进行研究。这些受委托者再把所承担的研究工作分配给共同研究的人员，研究成果出来后加以汇总，然后印成社会政策协会的《文献丛书》的分册。此外，受委托者还要在协会的会议中安排讨论这些研究成果，同时指定“论文报告人”（通常是二人）及约请参加讨论的人员。在这样的学术讨论会上所作的报告成功与否，对于有关经济学家的学术生涯的前途，具有相当大的关系。〔关于这方面的某些情况，著者在本编第一章中已经提到过。〕

② 从经济分析的角度来看，皇家委员会的下述报告是特别令人感兴趣的：《海运运费》（1853 年），《煤炭供应》（1866 年），《农业》（1881 年），《住宅》（1885 年），《贸易衰退》（1886 年）（特别是其中的第三个报告），《黄金与白银》（1887 年），《济贫法》（1909 年）（特别是其中著名的持不同意见的少数派单独提出的报告）。

广泛的价格研究(这是从 1910 年就开始的)成果,可作范例。可是,其中的大部分研究,与各国过去及现在的同类调查研究的质量比起来,却不见得高多少。不过,在阿瑟·斯皮索夫指导下所作的关于黄金产量的影响的调查研究《1890—1913 年黄金产量对价格形成的影响》(《文献丛书》第 149 卷),是广泛的价格研究中的一个组成部分,其质量之高,大大超过了一般水平。但是,总的说来,负责文献各卷报告的经济学家们,很少注意分析工作的严格要求。他们对于经济事实的搜集,确是不厌其烦,可是,大部分经济学家却直接根据他们从实际情况所获得的印象来提出各种建议,这就与不以经济学为专业的工作者的研究没有什么两样了。他们既不应用理论的或统计的技术,也不图对理论的或统计的技术有所贡献,尽管显然有这样做的机会。经济学的分析工具,在他们手中,不但没有得到完善,反倒败坏了。

假如对于一个想挤入经济学家的行列、并打算在适当的时机猎取学术上的荣誉的人所要求的一切,不过是能说明一下推销牛奶的实务能力,外加对于德国社会政策协会的理想的热烈拥戴——这种理想无疑是用少许哲理和德国文化的其他一些因素加以美化了的——那么,不必惊奇,供给本身就会适应需求的性质。优秀的人才也将不再关心科学的创造与科学的严格要求的更高境界了,而一般庸碌之辈则宽慰地舒一口气,将这些更高的要求抛之九霄云外,还为此种做法自鸣得意。尽管总有少数经济学家力图高举理论传统的旗帜,[①] 但是,有如在英国所理解的那种经济理论,

① 〔熊彼特本来想在这里谈一谈卡尔·迪尔、海因里希·迪策尔、弗朗兹·奥本海默和威廉·莱克塞斯。〕

几十年来，在许多地方，几乎完全被遗忘了，不仅在研究领域，而且在训练学生的科学素养方面，都是这样。在本世纪的最初十年中，由于受到奥地利和外国的影响，人们开始反对“不动脑筋的经济学”，此时旧学风所造成的损失的深刻程度便显露出来了，人们几乎不知道经济理论究竟是什么：很多人认为它是一种经济生活的哲学，要不，就只不过是一种方法论。很多外国观察家把产生这种情况的责任归之于历史学派。但是，尽管历史学派是在培养另一种纯粹的科学兴趣，它到底是在培养科学兴趣。不应当硬要历史学派来承担以崇信代替务实的责任。

〔**(c)“价值判断”问题。**〕越来越多的人们感到需要把德国社会政策协会加以改组，使之更像个科学会社一些，而在这样的改组大致告成之后，越来越多的人便提出了这样的问题，即经济学家们是否应当对他们所分析的现象作出道义上的或其他的判断。出现这种现象的原因之一，可能是对经济学的未来的关切。在本世纪的最初十年中，价值判断问题惹起多次热烈讨论，在1909年的维也纳会议上，几乎达到互相争吵的地步。在很多人看来，这种对于指导社会政策协会的历史实践的原则的攻击，想当然地必是出自那些不同情社会政策协会所支持的政策的经济学家，其实不然。社会政策协会的反对者所反对的常常是它缺乏科学的“客观性”，这是自然的。但在社会政策协会内部，争取摆脱评价的运动的最杰出领导人是韦伯和桑巴特，① 这两个人均属于社会政策协会的激进派，决非拥护资本家利益的代表人物。

由上所述，可以非常清楚地看出，这次论战之所以异常激烈，

① 〔熊彼特在这里写道：留出些地方来写关于桑巴特的注解。〕

并非由于其中包含有认识论问题,而是其他方面的考虑造成的。人们决不会为了价值判断在某一门科学中的逻辑地位而大动肝火,然而却会认为:(1)用教义来代替分析能力作为挑选科学班底的标准将会阻碍进步;(2)那些自称以扩展、加深、“配备”人类知识宝库为职志并要求取得文明社会惯常授予此种事业的献身者以荣誉的人们,如果披着科学家的外衣,实际上只是专心致力于一种特殊的政治宣传,不能算是履行了他们所承诺的职责。显而易见,那些想法不同的人们,一定会认为,关键的东西不是科学逻辑问题,而是他们的职业地位以及在他们的职业活动中对他们来说最宝贵的东西。

认识论问题本身并不难于理解,也不大使人感兴趣,不需花费多少笔墨就可以交代清楚。为了方便起见,试参照英国的情况来加以说明。在英国,问题是自然而然地提出来的——当一门科学趋于成熟时,它的批判目光就会投向一切习惯的看法与习惯的做法——在那里,这个问题的处理不像在别处那样受到政治斗争的严重影响。我们已经看到,从西尼尔到卡尔尼斯,这个问题是怎样提出来的,又是如何被解决的。推究“是什么”与推究“应该是什么”之间的区别的问题,既已解决于先,到了亨利·西奇威克①,就

① 西奇威克在他所著《政治经济学原理》1883 年(1901 年第三版第 7—8 页)的序言中写道:“我对于实际问题的论点,总是小心翼翼地避免作出任何武断的论述。摆在政治家们面前的实际经济问题,可以毫不犹豫地按照基本原理来进行抽象推理并作出决定的情况,假使有的话,也是极其罕见的。要正确解决这些经济问题,通常需要充分而准确地了解有关具体情况的种种事实。而弄清这些事实时常常会碰到巨大困难,往往足以阻碍按照任何严格的科学程序来得出确切的结论。

与此同时,经济理论对于此类问题的作用,仍然是不可忽视的,而且是必不可少的,一个最不重视理论的专家在得出实际结论之时往往也是有意无意地依据某些经济原理来进行推理,假如说其所依据的原理或推理不健全而结论又不错,那么,这只能算是碰上了巧运。”

对这种区别作了正确的解释，达到了无可增补的程度，似乎马歇尔及其直接追随者们都接受了他的解说，至少在原则方面是这样。

说"应该怎样"，也就是提出一种箴言或劝告，就我们的目的而言，可以把它变为一种机会的选择或客观"要求"来表述。一种箴言式的表述(譬如说："需要促成更大程度的经济平等")与另外一种表示相互关系的表述(譬如说："人们从一定数额的国民收入中，究竟打算储蓄多少，取决于——自然还有其他一些决定因素——国民收入的分配方式")，其间是存在着差别的，这种差别表现于：是否接受后一种表述，完全依观察与推理的逻辑准则为转移，而是否接受前一种表述(它是一种"价值判断")，常常还需要接受别的一些价值判断。当我们继续追究，为什么某某人会那么判断，我们就会追究到"最终的"价值判断上去。当这种"最终的"价值判断，对既定的文化环境中的一切正常的人来说都是共同的时候，上述的差别就不重要了。例如，医生常说他所给予的指点是有科学根据的，他的这种说法是不会带来任何危害的，因为与此有关的价值判断——严格说来是超科学的——对我们的文化环境中一切正常的人来说乃是共同的：当我们谈论健康问题而且认为享受健康是值得追求的事情时，我们每个人所体会的差不多完全是一回事。可是，当着我们谈论"共同福利"时，各人所想的就不一样了，这仅仅是因为各人在文化上的憧憬不大可能相同，而在任何特定情况下，共同福利的含义，都是与这些憧憬不可分的。

西奇威克对于正巧在他自己的国家、他自己的年代流行的"最终价值"所抱的信念，与一般英国人是一样的。他认识到，在经济

"科学"的领域之外,还存在着与之相应的"艺术","艺术"的命题是一些箴言,这些箴言对于人们所起的作用,并不比依据事实与逻辑所得出的那种命题的作用小。他举了一个极好的例子来揭示问题的实质,将他所举的例子稍加推广,将有助于概括这场争论的要点。

保护贸易主义者或自由贸易论者,是由无数的感情冲动与考虑造就出来的。其中,有一些与民族风格和民族理想在他身上的体现有关,因而任何科学的论证都无法迫使他接受或放弃保护贸易的观点。① 但是,在他的动机中可能(在一般情况下也确实)包含有一些关于原因与结果的推断在内。这些推断的一部分甚至全部可能属于经济分析者的领域。譬如说,我们所谈论的这个人之所以是个保护贸易论者,是由于他相信保护贸易乃是医治失业的药方,那么,经济学家就有权指出,在某种情况下,确是这样,但在另一些情况下,则不是这样,这样看来,这个人就不"应该"是无条件的保护贸易论者。读者将会看到,如果只就纯粹认识论的方面而言,这样的考虑,将大大减少这个问题的实际重要性。特别是,假如一个经济学家对环境具有典型的历史的辨识能力,并认识到应将价值判断与一定的环境相结合起来,他就可能提出历史性的相对建议,而又不失他的专业职能的本分。这将多少(尽管并不完全)有助于证明经济学家作出价值判断是正当的。同时也说明了(至少是部分

① 请注意,我并不是说,一个经济学家对于保护贸易抱有信念一事不能成为科学分析的课题,也不是说这些信念不值得加以注意。关于前者,我们可能希望能够解释一下,为什么某人或某个集团会相信某些经济政策。这样的分析是完全具有科学意义的。关于后者,一个经济学家的观点可能反映他所属阶层的态度,因而有助于我们对政治结构作出判断。此外,在这里所提到的这个经济学家,作为个人而言,也可能非常值得研究一下他的政治倾向。但是,这些事情都与我们正在讨论的问题无关。

地），为什么有关价值判断的论战，没有产生任何重大结果。然而事实依然是：经济学的进步——包括其实用性的进步——过去曾经遭受到，现在仍然遭受着经济学家们的半政治性活动的严重阻碍。

〔2. 历史主义〕

本书的主要目的之一，是要戳穿一种神话，这种神话认为过去有一个时期，经济学家，作为一个整体而言，对历史上的或当代的事实的研究，抱着藐视的态度，或者说，对整个经济学而言，所进行的全是纯理论的研究，缺乏事实的补充资料。于此，得论究一下，究竟那个自称为“历史学派”的集团的特征是什么呢？其成员怎么会把他们学派的纲领看成为一种新的研究方向呢？显然，不能把认为经济史是经济学理论的一个重要来源的每一个人都包括在历史学派之内，也不能把所有熟悉史料的人们，或者懂得政策的历史变迁和各种命题的历史相对性的人们全都包括进去。这样，就会把李斯特、马克思和马歇尔都算进去了。纵然有历史研究工作的成绩，也不一定就是历史学派。要是关于历史学派的定义会把詹姆斯·穆勒包括进去，那个定义就是不得要领的。

这些想法直接指出了我们所寻求的东西。历史学派方法论的基本的和独特的信条是：科学的经济学的致知方法应该主要地——原来说是完全地——在于历史专题研究的成果以及根据历史专题研究所作的概括。就经济学专业的科学部分而论，经济学家所应该掌握的首先是历史的技能。依靠这种技能——他所需要的一切学科装备均在于此——他应该扎入经济史的海洋，去调查研究各时各地的种种具体类型或过程的活生生的细节，并学会如何吟味这些资料。社会科学中所可以获致的一般知识，只有从这样的工作中才能慢慢产生出来。这就是经济学中所谓"历史方法"①的原始核心。由此派生的态度与纲领，就是不同流派的经济学家所称的"历史主义"。

当然，"历史"这个词一定要从广义来理解，才能够包括史前时期和当代的事实以及人类文化学的各种贡献。我们对历史学派所下的定义，无疑会使历史学派经济学家与经济史学家之间的界线为之泯灭。但是，这也没有什么坏处。因为历史学派的方法论信条可以确切地概括为这样的命题：作为研究工作者的经济学家应该主要是一个经济史学家。历史学派经济学家的工作实际上是正统的经济史学家的工作的一个补充，而又被正统的经济史学家的工作所补充。正统的经济史学家的工作是历史学部门的一个分支，在当时已具有相当规模，并不怎么欢迎有时被视为非公平竞争的东西。②

① 可以看出，上面简述的历史方法的这个含义，与这个名词的其他含义，诸如历史学家使用的所有方法或追本溯源的叙述方法之类，是毫不相干的。

② 谁都可以看到，在那种对抗中，包含有帮派的门户之见的因素。但是，有些经济史学家和其他历史学家对历史学派之所以存在此种敌对关系，还有一个更令人信服的理由。其他历史学家对历史学派存在敌对情绪是由于历史学派经济学家的研究工作，有时确实超越了经济史的范围。经济学家们，特别是施穆勒的门徒们，经常不去认真学习使用历史学家们的理论装备，他们的工作质量实际上有时是不能满足历史学家所要求的专业标准的。人们甚至对施穆勒本人的研究工作也提出过这样的批评。

不管怎样，按照我们的定义来考虑，这两类学者的研究之间没有什么真正的分水岭，这也给我们带来一些麻烦。我们不可能把这个时期的所有历史文献都考虑进去，然而老实说我们却又该这么办。历史学派所倡导的广义的经济学的历史，如果不提到乔治・冯・贝洛、阿方斯・多普斯或是亨利・梅因爵士和其他诸如此类的人物，那么，这个历史就将是残缺不全的。这些人对于我们了解中世纪的经济的与社会的各种制度与过程所作出的贡献，比经济学家们所作出的贡献要大得多。但是，我还是得在某些方面把这两类学者区别开来。

根据上述定义，很难说历史学派曾经在哪个国家占过支配地位。但是在十九世纪的最后二三十年中，在德国的经济学中，它却是最重要的纯科学性因素。因此之故，我们得先对德国历史学派的表现稍稍细致地论究一番，然后再扼要地叙述一下别国的类似运动。

〔**(a)“旧”历史学派。**〕按照既往的传统，我们先来看看布鲁诺·希尔德布兰德、威廉·罗雪尔和卡尔·克尼斯这三位著者的著作，因为他们通常是在“旧历史学派”的标签下相提并论的。实际上，从我们的观点看来，他们并未形成一个学派——读者应该记得，在本书中，“学派”这个词是指一种确定的社会学上的现象，因之不能随心所欲地套用到任意挑选的任何一群著者身上去——他们与经济史的关联既不一致，与各个时代的经济学家的态度比较起来又没有什么不同。希尔德布兰德是一位具有许多优点的活跃人物，从他的主张纲领和实际表现来看，他强调经济文化的进化性——但他并没放弃对于“自然规律”的信仰——他比大多数与他同时的经济学家更强调史料的根本重要性。罗雪尔是个教授学究的化身，他的造诣主要在历史哲学方面，我们必须提到他，既由于他在经济思想史领域的学术成就，也由于他是经济学的学术舞台上的一位主要角色。在那个舞台上，他辛勤地到处传播他那个时代的正统派（主要是英国的）学说，只不过用了许多史料去加以说明，他写了一些冗长的著作，作了许多次单调沉闷的演讲。然而，这些都不足以构成一个历史学派经济学家，如果按照这个词的确切含义来说的话。一个经济学家可以大谈“历史规律”，可以对曼戈尔特所提出的经济学是“经济史的哲学”的警句倍加赞许，却不一定就是个历史学派经济学家——特别要紧的是,如果他在理论工作上确是和别的人没有什么两样的话。克尼斯是三人中最杰出的一个。但他的主要成就是在货币与信用领域,他在这方面是个有名望的理论家。他与历史学派的唯一联系在于他写了一本纲领性的书,在这本书中,他不但强调了政策的历史相对性,而且还强调了学说的历史相对性。这本书,由于受到了地道的历史学派经济学家的称赞,才得享有与它并不很相称的盛誉。①

〔(b)"新"历史学派。〕新的研究方针,具有特色的研究纲领以及一个名副其实的学派的出现,公正地说来,都必须和古斯塔夫·冯·施穆勒(1838—1917 年)的名字联在一起。② 在这样简短的评论中,我们必须把注意力集中于他的著作和他的领导地位。至于那些第二流的领导人物,如布伦坦诺、比歇尔、赫尔德、克纳普——同样的公正要求使我们必须断然把他们划为第二流的领导人物——我们只能在下面提到他们。③ 其余不大突出的人物的著作

① 〔《采用历史方法的政治经济学》(1853 年出版,1883 年增订版)。关于克尼斯的其他方面,将在后面第五章及第八章中加以论述。〕

② 关于施穆勒在方法论方面的著作,在这里只提下面的文集就可以了:《政治学与社会学文献史》(1888 年),《社会政策与国民经济学的根本问题》(1897 年)。在后一著作中,以《论社会科学领域中正在演变的理论和业已定论的真理》这一演讲特别重要。《德国百科全书》(政治学手册)中所编入的他所写的《国民经济与国民经济学》一文的最后一版,表现了他在这个主题上的最成熟的思想。我趁这个机会附带提一下,施穆勒在他的领导工作中,不但倾注了他的全部精力、战斗精神和惊人的工作能力,而且也倾注了可观的策略上的和组织上的才干。特别是他创办了一份刊物——以《施穆勒年鉴》闻名于世——并编辑了一系列的专题著作——《调查研究》——这些都是为他的学派的事业服务的,为这个学派的著作提供了出版的便利。施穆勒算得上一个典型的"学派龙头"了。

〔请参阅熊彼特所写的一篇很长的论文《古斯塔夫·冯·施穆勒与今日的问题》,载《施穆勒年鉴》第一卷,1926 年,第 337—388 页。〕

③ 〔熊彼特本来打算替这四个第二流的领导人物写个注释,可却没有写。但在本书的其他地方曾经谈到过布伦坦诺、赫尔德和克纳普。〕

则不得不完全从略。

施穆勒以身作则、言行一致地领导了这个学派——此后这个学派被称为“新历史学派”。在他的早期，他写过一篇关于斯特拉斯堡的成衣业与纺织业的专题研究论文，这篇论文，在别的方面倒没有什么特别了不起的地方，但在树立那个学派的纲领方面，却具有重要性，而且成为许多他的门生与非门生的追随者进行研究工作的典范。施穆勒对于历史工作的关切，远非上述一事所足表明，他还做过一些任何不是以历史为专职的人一般不会去做的工作，例如，他曾领导有关普鲁士行政管理文献的卷帙浩繁的编辑工作，而且时常津津乐道此项成就并引以自豪。尽管由经济学家来进行历史工作这件事本身并不是什么新奇事物，可是，在当时，工作的规模却是空前庞大，而且是在一种崭新的精神的支配下来进行的。对于那些觉得事情做得有些过了头以及对“历史主义”表示轻蔑的批评家们，可以公正地这样说：首先，人类的所有成就必然都是片面的；其次，尽管人们在各方面都取得了许多成就，但却指不出曾有哪个领域——至少我个人是指不出——在当时的工作已经达到了我们所期望的地步。

毫无疑问，这种研究工作的水平多数相当平庸。① 但是，这种研究工作的总和却大大促进了对于社会过程的精确了解。这里只

① 挪威戏剧家亨里克·易卜生擅长寥寥数笔刻画出人物的重要特点，凡是佩服他的这种惊人本领的人，都会赞赏下面这件事：在《海达·加布勒》这个剧本中，易卜生想尽可能快地创造一种印象，使人们看到两个男主角之一，即海达的丈夫，乃是一个彻头彻尾平庸无奇的书呆子（就不说他是个笨瓜蛋吧）。什么是易卜生把海达的丈夫的形象烘托给读者或观众看的头一件事呢？那就是泰斯曼医生刚刚完成了一件关于十六世纪比利时布拉奔地方的亚麻布工业的研究工作！这无疑是一件门外汉为门外汉做的研究工作。但是却还要……

列举一下这种研究的主题就够了,它们是:经济(特别是财政)政策与行政管理,社会的阶级结构,中古及其后的工业组织形式(特别是手工业行会与商人协会的组织形式),城市的发展、作用及结构,各工业部门、银行信用与公营企业及私营企业的演变(对公营企业及私营企业的演变的研究是施穆勒著述中最精彩的一个方面)。

在施穆勒的圈子内没有人在农业研究方面作出多大贡献,但是另外有一些人却在这方面孜孜不倦,而且写出了一些历史学派经济学方面最有价值的著作,其中突出的人物有汉森、迈兰岑和克纳普。①

① 乔治·汉森(1809－1894 年)的著作——只提他所著的《农业问题论文集》(1880－1884 年)就可以了——和教学(在格丁根大学),就方法论来说,在两个方面具有开创性:一方面,他竭尽全力去教导他的学生,在重建农业史的工作中,要从他们当前所看到的状况出发去分析或解释过去的状况并加以评价;另一方面,他开辟了新的资料来源——地图以及其他地志文献,这些资料反映了较早期农民占有耕地的各种形式,有助于对庄园经济结构的再理解。

奥古斯特·迈兰岑(1822－1910 年)充分利用了这些资料,并应用统计学家的经验去推进此项工作。他所著《克勒特民族、罗马民族、芬兰民族以及斯拉夫民族在德国西部和德国东部的定居及其农业活动》(1895 年)是他的首次尝试,在此书中,他试图描述并比较这些民族在他们的土地上怎样定居下来,怎样建设他们的村庄以及怎样安排他们的经济。但是,对我们的目的来说,更加重要的却是他是怎样利用这种不朽的研究成果来进行分析的。迈兰岑力图根据这些研究成果推究出这些民族的早期地理分布、他们的农业生产技术、他们的风俗以及他们的血统,并大胆创立了有关形成这些民族的社会组织的因素的理论,尽管这些理论并非没有受到挑战。

乔治·弗里德里希·克纳普(1842－1926 年)在这个领域的研究工作持续十五年之久(他的研究工作与上述二人没有什么关联,但也颇有成绩),在此期间,他写出了两部名著——可用"经典著作"一词来加以赞颂——那就是《农民解放与农业工人的起源》(1887 年)和《土地主权与骑士地产》(1897 年)。这两部著作描述了资本主义兴起的初期,德国农业范围内所发生的变化,这种变化既是德国社会演进的结果,又是推动德国社会演进的强有力因素。克纳普的分析不仅创立了一类文献的楷模,其研究的主要成果也已成为经济学科的通用教材。遗憾的是,要想在我们这样的短短论述中,概述此类成就的全面的启迪意义 ,是不可能的。譬如说,克纳普在运用丰富的想象力与进行细密的钻研二者之间,保持着惊人的不偏不倚,就是可以意会(从而亦可师法)却不可言传的一种功力。可以这样认为,一个人如果所从事的就是此种工作,他将不大会感到理论的素养有什么必要性,但是如果研究的是货币问题,缺少理论的素养,必将成为一种严重的障碍。

在我们要大致谈谈新历史学派对综合性研究的一些尝试之前，有必要叙述一下这种研究工作的特征，这些特征未必已经受到了应有的注意。

首先，我们注意到施穆勒本人和他的大多数门生都曾投身社会改革的斗争，而且竭力坚持他们自己的价值判断。[①] 这就表明事实上他们的科学信条并不怎么反对价值判断，也并不反对经济学家参加政党活动并提出改革措施。施穆勒反对他称之为“斯密主义”的理由之一却正是斯密主义者太着意于开政治“处方”。他之所以采取这一立场，部分原因无疑是他不满意根据经济自由主义所提出的种种处方。可是这不是他反对斯密主义的全部理由，除了他忠于经济政策的不同原则的因素外，还有尊重经济事实、让经济事实自己说话的旨趣。

其次，正是这样的真挚的科学批判精神，使得这个学派对于那些属于历史哲学性质的广泛概括产生怀疑。施穆勒当然也知道，作为阐述问题的假说的理论是不可缺少的，他在提出此种前提方面，比起一般的专业历史学家来，确是要更大胆一些，但是，他绝不想把历史的整个过程简单地归结为一两个因素作用的结果，他甚至不想把孔德—布克尔—马克思式的那种单一假说作为最终目标——在他看来，要建立一种历史进化的绝对理论的那种想法是错误的，事实上是不科学的。

要了解施穆勒的思想体系，特别是要把他的思想体系同那些与他的思想体系毫无共同之处的体系（不应把参照历史这一点当

① 〔熊彼特显然打算在这一章第1节的前面对这一点更详细地发挥一下，但是事实上没有这么办。〕

作共同之处,上面已经说过,这一点太一般了)区别开来,上述这一点是很重要的。例如,认为历史是我们认识事实的来源的观点,可以说是孔德主义者的观点。孔德想靠这个来源(或者告诉我们要靠这个来源)去发现“历史的规律”,而所应遵循的程序,他相信,与自然科学中所遵循的程序是一模一样的。施穆勒的科学意图却与此迥然不同。在施穆勒看来,孔德的见解完全是“自然主义者的错误”的化身,孔德主义者的历史规律都是捏造。事实上,在施穆勒的著作中找不到他受过孔德主义影响的任何迹象。在我们对施穆勒的著述及作为他的著述的背景的纲领予以概括时,这一点已经看得很清楚了。还有一点也应该明确,施穆勒的著述及其所根据的纲领的根源完全在于德国的过去传统:史料学的高水平,对历史事实的普遍尊重,理论经济学的低水平,对理论经济学的价值缺乏尊重,把国家置于最崇高的地位,而此外的事物则重要性较小——从这些方面,就可以看出这个学派的特征,这些方面,无论就其优点来说还是就其弱点来说,全都是德国型的。

第三,施穆勒经常反对对经济现象进行“隔离”分析——他和他的追随者称之为“隔离方法”——认为当我们对经济现象进行隔离分析时,我们就立即丢失了它们的真际。这种观点当然纯粹是由于施穆勒决意要把历史的专题研究结果当作经济学的唯一饲料,因为历史专题研究的资料及其研究结果,对隔离的任何企图来说,显然是难于驾驭的——事实上,在大多数情况下,如果进行隔离处理,它们将变得毫无意义。尽管这个观点是完全可以理解的——对于所有并无“理论”癖好的经济学家来说,则是完全可以接受的——它却表明了施穆勒式经济分析的限度,与此相应的却是分析题材的几乎无边无际的扩展。举凡社会治乱兴衰中的一切因素，在施穆勒的经济学中，都要加以处理。从原则上看来(尽管在实践上并非完全如此)，施穆勒学派的经济学家事实上乃是具有历史头脑的社会学家，当然这是就社会学家这个词的最广义而言。老实说，在这一层次，要写出像样的著作就得实行专业化。资料也将使分工成为势所必至，就像中世纪史专家与(譬如说)古罗马史专家之间必然存在着分工一样。

以上所述就是施穆勒给他的学派所贴的标签的科学含义。他认为他的学派是历史—伦理性的，并不仅仅是历史性的。这样的标签具有一种不同的含义——是要反对纯属虚构的对私利的追逐，在这方面，英国的"古典经济学"被认为犯了过错。但是，在这个冠冕堂皇的含义(它无疑阿谀了公众)之下，还有一个含义，在兜售上却较为不易得手：这个学派宣称应研究经济现象的所有一切方面；因此应研究经济行为的所有一切方面，而不仅仅研究它的经济逻辑；因此应研究历史上展现出来的人类动机的总和，而对特有的经济动机的研究不应超过对其他动机的研究，之所以用"伦理的"一词概括其他动机，看来似乎是想强调超个人的因素的重要性。

第四，希望只消整理一下历史专题研究的成果，无须借助人们在专题研究以外还须花费的思维活动，就可以把历史专题研究成果与"普通经济学"熔焊在一起，这当然只是一种妄想。但是有一点不容忽视，尽管这种研究加上对其成果的整理将绝不会产生确当的定理，可是它却可能在适当制约过的头脑中产生某些别的更加有价值得多的东西，可能从中透露微妙的信息，可能传达对于社会过程,特别是经济过程的深切理解,可能传达对历史远景的某种感觉,或者,如果你希望得到的话,也可能传达关于事物的有机结合的某种意识,这种感觉或这种意识,是非常难于表述的,说不定就不可能表述。也许用内科医生的临床经验——或其中的一部分——来加以比拟,将有所帮助,不致引起什么误解。

以上这些思考将大大有助于弄清楚施穆勒学派力所能及的综合研究的可能性。自然,最大的一种可能显然是综合经济史,突出的例子是伊纳玛—施特尔内格所著关于德国中古时期的《德国经济史》(1879—1901 年)。[①] 但是施穆勒自己却考虑到了另一种不同的可能性。在他的晚年,他力图将他自己和他的学派所已完成或计划完成的著作加以整理,向世人显示一下历史学派的思想体系究竟是什么样子。《大纲》[②] 两卷即其成果。不过,在那个时候,他已经悄悄地将极端的"历史主义"的一些教条抛弃了。他把丰富的社会史料配置在一个基本上没有背离最古老的传统的框框之中,并按照他个人关于历史演进的理论线索,给每一种类型或制度的历史演进过程都写了概述(其中有一些是出色的)——例如,在论社会阶级的一章中,历史资料和人类文化学资料是围绕解释分工现

① 卡尔·西奥多·冯·伊纳玛—施特尔内格(1843—1908 年)是一个经济学家兼统计学家,在他的后半生,国际声誉隆起,这是由于他担任了奥地利统计局局长的工作,又是一个对下一代统计学家与经济学家具有重大影响的教师。但是足以说明这个杰出人物的科学生涯的价值的却在于,他个人所从事的纯粹是历史性的研究工作,他编纂过历史文件,出版过两本纯属历史性的专题著作,在其中,他阐述了所谓"庄园理论",这种理论认为庄园这种组织形式乃是形成资本主义萌发时期市场、市镇以及工业生活的主要因素。上面正文中提到的那本历史著作就是他的综合研究的成果。对我们来说有意义的正是这种由一个经济学家搞出来的综合,这种综合与专业历史学家心目中的综合原则上并没有什么不同之处。

② 这里所指的是《一般国民经济学大纲》(1900—1904 年)。

象的理论而安排的。自然，他不得不使用概念性工具，有时还不得不像传统所谓的经济理论家那样进行推理。他的理论工作是差劲的——事实上尽管差劲，他的理论（就其本身来说）也还不至于毫无可取——但他不厌其烦地去做。关于价值和价格问题，施穆勒事实上接受了，或者准备接受卡尔·门格尔的学说。我老想这样来概括我的意思：想想约翰·斯图尔特·穆勒的论著，再设想另有一人，他特别强调制度方面的因素并下大力气研究，就像穆勒强调传统意义上的理论并下大力气研究那样，同时相应地减少在理论方面的探索以及所占的比重，你所看到的，就是施穆勒的《大纲》。至于政治—哲学方面的背景因素当然除外，这方面的因素，我们在这里不去谈它。

〔**(c)方法之战。**〕这样，这位领导人就偃旗息鼓了。尤其重要的是，"历史主义"的洪流已开始退落，到处开始出现一种和睦相处、互相包容的气氛。两个学派的并存既然得到了确认，我们可以暂时回过头来考虑一下理论经济学家与历史学派经济学家间有名的冲突了，这就是后人所谓的"方法之战"。主要的事实经过是这样：当"历史主义"趋于高潮之际，卡尔·门格尔在1883年出版了一本关于方法论的书①，这本书广泛地论述了有关社会科学研究方法的基本问题，它非常明显地意图为理论分析的权利辩护，而给

① 书名是《对社会科学，特别是对政治经济学的方法的研究》。由于我们对方法论本身的兴趣有一个限度，我们不能在此对这本书细加评论，该书尽管就逻辑的基本原理而论，也并没有什么胜过穆勒的《逻辑学》之处，但在该领域中无疑仍是一本重要著作。我愿趁此机会向对方法论感兴趣的读者推荐弗利克斯·考夫曼教授的杰出著作《社会科学方法论》(1936年)〔英译本于1944年出版〕。

予施穆勒学派的地位,却是一个非常次要的地位。[①] 施穆勒在他所编的《年鉴》中,对门格尔的这本书恶意地评论了一番,门格尔则在一本题曰《历史主义的错误》[②] 的小册子中反唇相讥,并发泄愤怒,这自然又惹起施穆勒的还击。这样一来,不仅恶感泛滥,而且带来了一长列文献,如是数十年,才逐渐平息。尽管在澄清逻辑背景方面多少也有点贡献,然而这么一大堆文献的历史实质上是浪费精力的历史,大好光阴,本来是应该更好地加以利用的。

既然不论是关于在一个论述历史过程的科学中历史研究的根本重要性,还是关于发展一套用以处理资料的分析工具的必要性,都不存在什么大问题,因而这场论战,就像所有这类论战一样,对我们来说,可能是完全不得要领的。如果我们愿意,我们就会看到,在争吵的振振辞令与口号的冲突外表之下,没有任何一方曾经真正地全面分析过对手方的见解,这个明摆着的惊人事实使得刚才说的那个印象更为加深。这次争吵是关于先后次序以及相对重要性的争吵,只要承认各种类型的工作都自有其份所应有的位置,这个问题本来是早就可以解决的。为什么争吵双方在如此长的时间之内竟没有任何一方认识到应采取这样的观点,对社会学和科学(任何一种科学)的历史来说,是一个很重要的问题,需要明确地阐述一下。

首先应注意的是,在科学派别间所进行的所有论战中,夹入了

---

① 此后不久,门格尔的追随者(为首的是庞巴维克,他在《美国政治与社会科学学会年刊》(1890 年)上发表了一篇文章,题目是《政治经济学中的历史方法与演绎方法》)以及一些并非门格尔理论的追随者、却是其反对者的德国理论家(特别是 H. 迪策尔,他在《国民经济学年鉴》(1884 年)发表了一篇《经济学方法论》,另外还有一些别的有关出版物)也都采取了实质上相同的立场。

② 这本小册子名叫《德国国民经济学中的历史主义的错误》(1884 年)。

大量的相互误解。这个因素，即使在最先进的科学中，也同样存在，这样的科学领域里，即使研究工作者所受的训练是完全相同的，具有准确陈述的习惯，能力水平一般较高，也不能指望这些条件就能排除这个因素。就所有这些方面的条件来说，有的科学（例如经济学）的情况就远远比数学或物理学的情况要差，人们往往摸不透别人思虑的真髓何在。因而，战场上战士的炮火大都朝向他们想象中的敌方堡垒纷飞，而过后一看，所击中的只不过是好端端的风车而已。

第二，由于事实上方法论上的冲突常常就是气质与智能癖好的冲突，情况就更加恶化。我们所论究的这个论战就是此种情况。事实上是存在着历史气质与理论气质这样的东西。也就是说，有的类型的头脑就是喜欢五光十色的历史过程与各式各样的文化类型，而另一种类型的头脑却对谨严的定理比对其他任何东西更感兴趣。我们对两者不分轩轾，但它们却是生来就彼此不赏识。自然科学中也有与此类似的情况：实验家与理论家往往不是至交。再说，当没有哪一方能够凭借令人信服和激动人心的可观成就而称雄时，事情就更加难办。此外，每一个兢兢业业的工作者都酷爱他的工作。仅此一点，对于我们当中的某些人说来，就意味着可能会完全不凭理智只凭冲动就对别的“方法”表示厌恶。

第三，我们一定得记住，真正的学派是社会学上的实体——活生生的存在。它们有自己的结构——领导者与追随者之间的关系——它们有自己的旗帜、战斗口号、精神状态、人情味过浓的兴趣。学派之间的对抗属于集团对峙与派别斗争的一般社会学范畴。胜利与征服，失败与丧失阵地，这些事情本身对这些学派来说是很重要的,与它们的生存休戚相关。它们都力图把受人尊敬的标签插在自己头上——在我们论述的事例中,学派双方都自我标榜为“经验主义的”、“现实主义的”、“当代的”、“精确的”,对于敌方的著作,则给贴上贬损性的诸如“冥思玄想的”、“没有用处的”、“没有什么重要性的”之类的标签。这类标签本身可能不值一谈,但是它们却永世长存,并使论战无止无休。所有这些因素使得个人的狂妄自大、个人兴趣与癖好尽情泛滥,而所争夺的却可能超出了解决真正问题的目标(就像国内政治与国际政治中的情况那样)——事实上甚至达到淹没了真正问题的地步。

〔(d)“最新的”历史学派:斯皮索夫、桑巴特与马克斯·韦伯。〕就像所有这一类的论战那样,这场论战也终于平息下来,历史专题研究的热情恢复了常态。但是施穆勒学派的研究工作仍然在施穆勒的后继人物的新的领导下继续开展,这些新人物,在他们的思想形成时期,深受施穆勒教导的熏陶,尽管他们与施穆勒之间以及他们相互之间,不论在目标上,研究方法上,实际表现上都有所不同,但却始终忠于施穆勒曾经最先坚持的基本原则。我们未尝不可称其为“最新的”历史学派。其中最杰出的成员是斯皮索夫、桑巴特和韦伯①。

① 尽管他们的工作,特别是他们的影响,部分地属于下一时期,但是,为了方便起见,我还是把他们放在这里来叙述。

阿瑟·斯皮索夫曾经长期担任施穆勒的助手(在他正式出任《施穆勒年鉴》的编辑以前很长一段时间内,他就已经是这个季刊的事实上的编辑了),其后又在波恩大学担任教授,他在经济周期领域的研究工作中所取得的出色成就使他赢得了国际声誉。且不说他早期在这方面以及就同类主题(特别是资本理论)所写的纯理论性质的那些论文,在这里,我们只消提到他所写的一篇题为《危机》的文章就够了(这篇文章发表在1925年《政治科学手册》第四版第六卷上),这篇文章形式简练,内容却极丰富。斯皮索夫还在《施穆勒年鉴》(1932年)上写过一篇论文,题为《作为历史理论的一般国民经济学:

就专门性的训练而论，斯皮索夫根本不是历史学家。但是，施穆勒的基本教条的影响，在他对问题的探讨中，仍然是存在的。当斯皮索夫从事前面提到的那些重大研究项目中的每一项目时，他首先要准备一套概念工具（主要着眼点是适应各该项研究的需要，而不是为了使概念工具本身细致严密）。运用这样的工具以及暂定的分析观念或假设，他挑选出来一些有关的事实，并对这些事实进行细密的分析研究，有时甚至对某个公寓或特定企业的经济状况进行分析；结果，不需借助于任何精心设计的方法，就能得出某个研究类型的一般特征，他最后对这些一般特征加以叙述，假如这些一般特征正好适合于所要解决的问题，那就是他的"理论"结果。我

论经济类型》，在这篇论文里，他提出了他的非常令人感兴趣的科学信条，他认为，存在着许多经济生活的历史"范型"，要认识这些范型，除了属于"普遍理论"的概念与命题的共同依据之外，还需要分别针对每种范型的理论。斯皮索夫实际上已远离了施穆勒的立场，然而他还是说得好像是在某个方面发展了它。他的研究方法的特征，在他所写的《土地与住宅》一书（研究的是房租定价与城市土地的地租问题）以及由他精心指导并参加编辑的两种丛书（由他的学生出版的）即《波恩市调查》与《经济周期论集》中，都可以得到说明。

〔熊彼特 1925—1932 年在德国波恩大学执教期间，与斯皮索夫相结识，成为互相敬重、共同切磋的同事与密友。熊彼特去世后，斯皮索夫与埃里希·施奈德一起，筹备在德国出版（并编辑）熊彼特早期发表的长篇与短篇论文集，共分三卷，第一卷将在 1952 年问世。〕

魏尔纳·桑巴特（1863—1941 年），无论作为一个人还是作为一个学者，在各方面都与斯皮索夫正好相反。这两个人的名声不同——不但对一般公众而言是如此——这提供了社会学这门科学在这个题目上思索的材料。唯一值得在这里提及的桑巴特的著作《现代资本主义》（1902 年第二版，1916—1927 年的版本是大为增订了的），由于经常显示出不得要领的诡异色彩，使许多专业历史学家为之震惊。他们发现在这部书里并没有什么值得称为真正的研究的东西——这部书中所用的材料事实上全是第二手的——因而对这部书中的许多疏漏之处大张挞伐。然而，从某种意义上说来，这部书却又要算是历史学派的最高成就，就连它所包含的那些错误，也是极富刺激性的。

马克斯·韦伯（1864—1920 年）是历来登上学术舞台的角色中最有影响的一个。他的领导作用的深刻影响——大部分来自于他具有堂吉诃德式的勇武热情——对于

敢断定,读者们不会觉得这样的研究程序有什么新鲜之处,显然未超出常识的范围。但是,他的程序之严谨,各个步骤之间层次之分明,以及对各个步骤之同等重视,却很引人注意。同时斯皮索夫也成功地发展了某种类型的"现实主义理论",尽管他没有吵吵嚷嚷地渲染这种理论。应该看到,虽说他是一个学识渊博的人物,然而他始终是一个恪守经济学传统疆界的研究工作者。他不想把经济学融入包罗万象的社会学中。在这方面,他没有学施穆勒的样子。

但是,桑巴特可不一样。他丝毫不考虑专业职能的界限,他甚至比施穆勒还施穆勒。他所著的《现代资本主义》(他的确是从远为广泛的含义来确定这个书名的)代表第三种类型的历史学派的

他的同事与学生来说,与他作为一个学者的活动倒没有太多关系,然而却是一种不可忽视的活力(与其说是学派的形成力量,毋宁说是社会环境的形成力量)。他早期的某些研究成果,例如他的《罗马农业史》(1891年),就是以内行的眼光来看,也是多少有成绩的,这和桑巴特可不一样。在正文中,由于我不得不遗憾地将我的叙述局限于论述重大成果的纯粹分析方面,因而语焉不详,为了弥补这个缺陷,在这里补充说明一下他的下列著作。(1)《新教伦理与资本主义"精神"》(发表于《社会科学与社会政策文库》(1904—1905年),后来又在《宗教社会学全集》中重新发表,英文译本是由T.帕森斯翻译的,1930年出版)。在这本著作中,他提出了影响深远的著名理论,这个理论认为,新教由以产生的宗教革命是形成资本主义精神的强有力因素,因而也是形成资本主义制度本身的强有力因素。这本著作比起此后在上述文库中相继发表的对于各主要宗教的社会学研究成果来,引起了更大的注意,并引起了所有国家的社会学家都投入其中的一场辩论。(2)《论罗雪尔和克尼斯与历史的国民经济学的逻辑问题》,发表于《施穆勒年鉴》(1903—1905年),这是他关于"方法论"的研究成果中最为重要的一本著作。(3)《经济通史》,这是他逝世前一年在慕尼黑大学讲课的讲稿,主要根据其学生的笔记汇编而成。英文版的译者是具有同样权威地位的经济学家弗朗克·奈特。(4)《经济与社会》,这是《社会经济学大纲》一书的一部分,《大纲》包括许多卷,有许多著者执笔,首卷出版于1914年,是韦伯倡议并编辑的。尽管我们在此只是顺便提到它,它却是德国经济学发展道路上的重要里程碑。(5)《劳动力中的适应与淘汰》,这是社会政策协会的一个调查报告,由韦伯建议并领导进行的,社会政策协会的《文献丛书》中所发表的只是这个调查报告的一些片段。我在这里提到它,只是为了把它作为他的思想独出心裁并独具一格的例子,同时也用作随时可以触发他思考的那类问题的一个例子。以后我们讨论美国的制度主义时,这个例子还会有用处。

综合研究，它既不同于一般的经济史，也不同于施穆勒的《一般国民经济学大纲》。桑巴特对历史过程的研究所追求的是，既要有艺术性，又要由于史实丰富而得以进入科学领域，同时还要能利用基本的分析图式去加以表述。他的著作是理论化的历史，重点在于推理，同时又是系统化的历史，强调体系，有如社会形态的连环画的那种体系。桑巴特的关于工业资本的早期积累来源于地租的理论——尽管它溯源于马克思，而在第二版中又放弃了它——就是这种历史理论的一个突出例子：全是从事实联想出来的一些解释性的假说。不过，桑巴特的理论并非全部属于，甚至不是主要属于经济的。他所作的那种尝试完全蔑视了分门别类的研究。所有一切在历史过程的整体中起过作用的因素，都一股脑儿进入研究，而且必然一股脑儿进入：战争与犹太人问题的比重和储蓄或黄金发现的因素不相上下。这是完全可以的，只要我们记住：(1)这样的综合仅是那一类科学努力的特权；(2)这种科学努力的存在，必须依靠别种研究工作来喂养，否则它就会流于不负责任的浅薄或外行；(3)桑巴特的成就与他个人的各种才能的齐备是分不开的，一般说来，要具备这些才能，又要具备这些才能的不可少的高度，是少见的，而且这样的才能，也并不是想具备就能具备的——鉴于桑巴特的著作具有广泛国际影响，强调一下这一点也是应该的。

桑巴特在"方法论上的"表现过于追随时髦，因此没有什么令人感兴趣的地方。最初，他明确表示瞧不起那些"利用鲁滨逊来进行操演"的人物(参阅下面第六章第1节)。及至风尚转变，他又急欲挤入理论家之列，把在某些方面应用了"演绎法"的功劳写在自己名下。考虑到桑巴特的著作与美国的制度主义有关，应该提请注意他在态度上的此种转变。不过,更为重要的是要注意,在韦伯的著作中,同样看不到对于(狭义)经济理论的敌视,同时,韦伯关于社会科学的逻辑过程的性质的观点也更加有意义得多。①

韦伯并不局限于以泛泛的言词来表达他自己在方法论方面的信念。他踏实地对这个问题进行了研究,并分析了在他的理解范围内实际上被应用的思想方式,主要是历史学派经济学家和社会学家们应用的那些思想方式。通过辛勤的工作,他提出了他的明确的学说。这个学说的核心是两个概念:"理想的典型"和"内在的含义"。他认为,社会科学的研究工作与自然科学是完全不同质的。在自然科学中,解说就是如实描绘,此外别无他物。对于社会科学来说,解说中却包含着对其"文化内容"的理解,包含着对其"内在含义"的诠释:"诠释的社会学"这个专门名词就是这么提出来的。关于一块石头向下坠落,只须说明它坠下的定理就可以了,若还要追问石头向下坠落是怎么回事,就毫无意义了。可是追问消费家庭的情况却有意义。为了推进后一种分析——为了推进对所有社会现象的分析——观察者必须了解他的研究对象,可是,对一块坠落的石头,却不能也无需这样地去进行了解。为了这个目的,观察者必须创造典型,尽管不一定就是有如经济人那样纯粹的典型,但却是抽象了的,因而此种典型只具有本质的特性,而没有非本质的特性,是逻辑的假想的典型。我们力图了解这样一个典型的言行及感受,不是要细究这些言行及感受对我们观察者意味着什么,而是要细究这些言行及感受对研究中的这个典型意味着

① 韦伯从事方法论研究工作的时候,利用了他认为可以从同时代的哲学著作中汲取的助力(尽管利用得并不总是很到家)。特别是,里克特和文德尔班的学说对他的影响有时显得非常突出。

什么，或者换个说法，我们力图发现这些典型想要赋予它们自身及其行为以什么样的意义。如果读者对此多少能够体会，他就将看到，这个关于社会科学的逻辑的理论——且不去管这个理论有什么价值或局限性以及它在哲学上的渊源如何——对各种分析活动来说，是完全中立的。它特别不排斥传统意义上的经济理论。对于一个理论家的实际工作来说，不管名唤方法论者的那位老兄对他说，他在考察获得最大利润的条件时，主要是在细究一个"理想典型"的"内在含义"，还是主要在探索"规律"或"定理"，全属一回事，没什么两样。实际上，在韦伯的思想已极成熟之际，他未始不可宣称，在原则上他并不反对经济理论家们实际上所应用的方法（按他的想法，细究理想典型的内在含义与探索规律，几乎完全没有什么区别，这就使他能够作出此种判断），尽管他并不同意这些理论家对他们自己的工作做法的看法，也就是说并不同意这些理论家对他们的研究程序所作的认识论的解释。①

老实说，韦伯根本不是真正的经济学家。如果学术界的气氛不为经济学各种不同见解所搅混，显然应该称其为社会学家。他的著作与学说，与作为对经济制度进行分析的一门学科来说的"经济社会学"的兴起很有关系，承认经济社会学是一个独特的研究领域，足以澄清许多"方法论"方面的争执。

① 正是出于这一动机，马克斯·韦伯才约请两位极力维护马歇尔学派所认许的经济理论的人物来为他的《社会经济学大纲》撰写"理论"部分以及学说与方法史的概述。也就是由于这个缘故，他有时被说成是制度经济学的提倡者。〔这里提到的两位维护"理论"的人物就是本书著者约瑟夫·A. 熊彼特和弗里德里希·冯·维塞尔。学说与方法史的概述即指《学说史与方法史的分期》，从某种意义上说来，这部《经济分析史》就是从它衍生出来的。〕

以上我们所论究的是德国特有的现象,这些现象根源于德国,并显示着德国型的优点与弱点。当然,在用以说明德国历史学派的兴起的因素中,有一些在别处也是有的。此外,在每个国家中,还有一些别的因素促进了类似的运动——孔德的实证论就是其中最为重要的一个。最后,德国学派的著作太重要了,它们不会对其他国家情势的发展过程不产生影响。虽然如此,重要的还是要看到,这些类似的运动,尽管相似,实质上还是有区别;它们从德国的先例中所获启示并不像人们所可能想象的那么多,此外,除了美国的制度主义可能算个例外之外,在这些类似的运动之中,没有一个强大得足以冲破传统并使研究工作改换方向,部分原因是传统较为牢固,被维护得较为得力。

在意大利,德国的发展引起了一些人的共鸣,就像德国的社会政策受到一些人的赏识一样。但是,这些影响并没有能够推翻当时的既存形态。意大利的经济学一向讲求"实际",历久不衰。似乎没有谁想到过要改弦易辙。尽管有一些有威望的学者——例如埃瑙迪——曾把一些精力或大部分精力放在了经济史领域,但是几乎没有谁说起意大利有过作为独树一帜的科学派别的历史学派。

法国的情况亦复如此。法国的历史编纂工作的伟大传统自然没有中辍,由于时尚所趋,经济史更加受到了重视。有好些经济学家都从事历史研究,在此只提一位勒瓦瑟作为代表。① 随后还有些人做了一些受到了桑巴特启发的工作,例如亨利·西伊即是。在

① 皮埃尔·埃米尔·勒瓦瑟(1828—1911年)的最重要著作是《从恺撒入侵起到大革命止的法国工人阶级史》(1859年)和《从1789年至今的法国工人阶级史》(1867年;这两本著作第二版的书名都加上了"和工业的"字样)。但是,他不曾想到他(在方法论方面或任何其他方面)退出了下面第五章中所要提到的那个集团,这一点在他所著的教科书中是反映得很清楚的。

西伊之前，还有一些卓越的历史学家或历史社会学家，例如希普莱特·泰恩或阿历克西·德·托克维尔也是这样，他们的著作成为每个有教养的人的"必读"书籍，这些著作的经济色彩相当浓厚，但都没有驱使专业经济学走上新的发展道路。① 可是西米安的著作以及他的方法论信条却不然。尽管他没有受到德国的什么影响——如果说他的著作有什么过去的渊源，那个渊源就是孔德——但他对传统理论的看法（想以**实证理论**去取代它），他反驳传统理论的论点（认为是冥思玄想的空中楼阁之类），却和施穆勒如出一辙。所不同的只是还没有在他的旗帜下纠集起来一个集团。②

① 有的读者可能对比利时经济学家埃米尔·德·拉弗莱（1822－1892年）的名字记忆犹新。他是一个具有很多优点的人物，他生前当之无愧的国际声誉，使他名垂身后。把他当作德国历史学派之一员或者把他当作并不存在的法国历史学派之一员，其唯一的理由不过是他写过一本书，名为《论所有制及其原始形式》（1873年），这是一本对私有财产权进行历史的以及人类文化学的分析的著作。他还写过一本基础教科书《政治经济学原理》（1882年），这本书既不引人注意也没有什么与众不同之处，就其分析方法而论，它并没有远离前人踏出的道路（该书有英文译本，序言出自F.W.陶西格的手笔，1884年出版）。

② 弗朗索瓦·西米安（1873－1935年）在他所著《经济科学的实证方法》（1912年）中系统阐述了他的方法论信条，在我看来，在欧洲所有讨论方法问题的著作中，这是最能代表制度学派观点的著作。他的那些批评（由于夹有很大成分的误解，没有给人留下什么印象）以及方法论上的考虑，在积极建议的方面，往往很有价值，在他仅有的我就要说到的另一著作《工资、社会进化与货币》（三卷，1932年）中，他也花了不少篇幅在这方面。在这部著作中，他身体力行了他的方法，特别值得注意的是，他使读者看到，他的分析的每一步都是小心翼翼地展开的。尽管结果也许并不怎么令人鼓舞！而且，那种水平的结果，似乎不必花费那么大的力气也可以获致，但是这部著作之相当值得重视，确是值得让更多的人知道它，就在于它的小心从事。在我的这个如此简短的注释中，还写上这一点，就算它可能因此会受到过分的重视，这样做难道是不公正的么？西米安教授（在上引书第二卷第544页以及其他的一些地方）对最低生存工资理论表示了极大的蔑视，事实上，这个理论确是手法拙劣的极好例子（尽管在对现代理论的批评中，的确也不必提它）。但是，西米安却没有看到，这个理论的不完善，除了它不太容易使人理解以外，并不证明它有与任何一种研究方法相违背的地方。他也没有看到，这种缺陷之所以产生正是由于18世纪和19世纪初的一些经济学家遵循了西米安教授所提倡的那种方法：他们确认了一个当时看来是明显的事实——那就是，工人们所赚的钱一般仅足糊口——配上一个假设，然后让这个假设为事实所证实，于是理论就建立起来了。倘使他们的理论水平稍高一些，他们可能就不至于那么盲信那个事实了。

〔**(e)经济史与历史经济学在英国。**〕现在来谈英国,首先值得注意的是,有一些经济史学家的著作的质和量在该时期达到了新的水平,而且奠定了在我们这个时期取得更大成就的基础。坎宁安的著作足为例证。[①]他做了不少工作,而且自认为他所从事的工作对"经济科学"来说,一向就具有根本的重要意义,而"经济科学",正如他在所著《英国工商业的成长》(第一卷第 18 页)中所说的那样,"主要是分析的"。他希望他所从事的这种工作的成果能被理论家们所利用,并坚持要求在培养经济学家的课程表中,这种工作成果应占有一席地位。他表述过一种信念,那就是,分析经济学的概念工具难以用来研究资本主义时期以前的情况,但他认为,此种概念工具不可能被得自历史研究的概括所代替。

这种为经济史争地位的要求没有遇到任何值得注意的对抗。有几位经济学家,例如罗杰斯,[②]就他们的研究工作而论,主要地

① 威廉·坎宁安(1849—1919 年)是一位多产著述家。对于我们的目的来说,这里只提及他的以下名著就够了:《英国工商业早期与中期的成长》(1882 年第一版,1910—1912 年第五版是大加修订了的)以及《从经济的角度论西方文化》(1898—1900 年)和《英国资本主义的发展》(1916 年)。

这里似乎也应当提到诸如莱昂·莱维的优秀著作《英国商业史……》(1872 年,第二版 1880 年)或阿诺德·汤因比(1852—1883 年)的名著《英国工业革命演讲集》(这部著作是在他死后的 1884 年出版的)。这些著作在未被芒图的《十八世纪的工业革命》(1905 年)所取代以前,一直是该主题的权威性著作。由于这个概述的范围所限,不可能对此类历史著作一一论述,仅仅罗列著者姓名与书名又无济于事。最近三十年的主要经济史学家不再一一介绍,即以此故。

② J. E. 索罗尔德·罗杰斯(1823—1890 年)曾两度出任牛津大学经济学教授,他的主要著作是《1259—1793 年英国的农业与价格史》,此书共七卷,第一卷出版于 1866 年。他的另一著作《六个世纪的劳动与工资》(1884 年)更为著名。他还为《国富论》编了一个新版本,写了一本不甚出色的《学校用政治经济学手册》(1868 年),另外还有一些别的著作。他曾花费许多精力去大力宣传科布登—布赖特的思想。但是他的学者声誉完全来自上述那本历史著作。

是经济史学家。艾尔弗雷德·马歇尔比起后来非难他的经济学为非历史的、冥思玄想的等等的大多数人来，在历史学的造诣上其实倒更高一筹。光是他的《工业与贸易》一书就可证明这一点，尽管他的历史学识的深度与广度，直至凯恩斯所写的传记体裁的文章发表之后，才为其圈子以外的人们所了解。

在此种环境之下，作为一个为别树一帜的纲领而奋斗的科学派别的历史学派，显然没有建立的可能。实际上只有算不上一个学派的一些散兵游勇。曾经有过一个"先驱者"琼斯。[①]后来，当施穆勒学派在德国得势之时，又有几个英国经济学家明白表示信奉与之多少相同的原则。其中最值得记住的人物是阿什利、英格拉姆以及克利夫·莱斯利。[②]

① 理查德·琼斯(1790—1885 年)，继马尔萨斯之后而任海利贝里大学教授，是一个信念坚强、精力充沛的人物。其余经历，姑置勿论。他不赞成李嘉图学派的经济学，极力反对仓促的概括，主张耐心地作事实的探究，认为事实探究之结果终将取代现存"体系"之暂时结构。他心目中所想要做的，他在自己所著《论财富的分配与租税的来源》(1831 年)一书的第一编也是唯一完成的一编——论地租——中提供了一个实例。这样，他就很不错地扮演了注定要他扮演的经济史学家的角色，虽然还很难肯定说他所宣布的纲领或他所树立的实例究竟有多大价值。他针对李嘉图的那些反对意见并不都是很得体的，更重要的是，其中有许多乃是任何一个理论家都可以横加于任何别的理论家之身的批评。譬如，李嘉图曾经提过的农业中的报酬递减律为技术进步的事实所否定，李嘉图是预料到了的，并且他自己就批驳过这个规律，可是琼斯还是照样非难。此外，琼斯在讨论"早期政治经济学"(这在前面第二编，第七章，第 3 节中已提到过)的时候，他的议论都是从他当时的观点出发的，缺乏尊重学说的历史相对性的思想意识。尽管如此，他的纲领性论述和他的范例著作还是显示了历史学派的观点。他的那些引人注意的讲稿和论文，由 W. 惠厄尔编辑出版，题为《文献拾遗》(1859 年)。

② 威廉·詹姆斯·阿什利(1860—1927 年)无疑是上述三位经济学家中最具有学术威望的一个，是伯明翰大学的教授，英国约瑟夫·张伯伦倡导的贸易保护主义运动的学术领袖，他比英国的任何其他经济学家更顺应当时德国的经济学。他早年曾受到经济史学家和法律史学家的影响(特别是汤因比和梅因的影响，后来又受到德国经济

尽管这三个人都名噪一时，备受人注意，但没有谁搞成一个集团，更不用说富有战斗力的集团了。直到 70 年代，情况仍然如此。及至马歇尔的领导脱颖而出，大多数经济学家(以及几乎所有才识之士)才去集于他的麾下。异议不是没有，但只不过是方法论方面

学家的影响)，在他的那些优秀的工业专题论文以及他的成功之作《英国经济史及经济理论导论》(共两卷，分别于 1888 年及 1893 年出版)中，在他的方法论的论述中，在他对德国的社会政策和经济国家主义表同情的共鸣中，无不贯穿着那种精神。由于他曾经在英国环境中饱受熏陶，因此在立论上得免于像在德国原型中所出现的那种粗枝大叶：没有哪个在英国居住过的人会像施穆勒在其事业的早期那样，对经济理论理解得那么偏误。

约翰·凯尔斯·英格拉姆(1823－1907 年)是另一类型的人物。他的文化修养很渊博(他是哲学家和诗人，1866 年应都柏林大学之聘，任该校希腊文的皇家讲座教授，并写过一些关于莎士比亚和丁尼生的文章)，但是很难说他曾做过什么经济研究工作。他的《政治经济学史》(最初发表于《英国百科全书》(1885 年)，1888 年单独出版，1915 年最后一版增补了 W. A. 司各脱所写的一章)可以确证他具有渊博的哲学知识(特别是孔德主义的)和很深的史学造诣，同时也暴露了他技术经济学方面的素养较差。因此之故，自然就使得他比具有这种素养时更易于去侈谈属于未来的“新经济学”(譬如，他于 1878 年在都柏林举行的英国科学促进协会的一次会议上就作了一次题曰《论政治经济学的现状及其前景》的演讲)，借助于这种纲领性的声明，英格拉姆的名字就和新经济学联系起来了。高尚的情操与道德的风范——在这方面马歇尔很快就要与他并驾齐驱——反对把经济学与其他社会科学的研究工作隔离开来，强调(孔德式的)进化和历史相对性，重视归纳法甚于演绎法，都是他引人注意的主要特征。

托马斯·E. 克利夫·莱斯利(1826－1882 年)之所以名垂后世，并不是由于他的那些“描述性的”学术著作——尽管其中有一些质量很高，例如他的有关爱尔兰、英格兰及欧洲各国的土地制度的著作即是——也不是由于他的那些论述当时政策问题的文章(其中有一些是具有说服力的优秀作品)，而是由于他所提倡的历史方法，既审慎又讲求实际，能够给人留下印象。代表他的方法论(他却宁愿称之为社会科学的哲学)的两篇论文(重载于他的《政治与道德哲学文集》，1879 年出版；第二版出版时，他已去世，略有增删)，读起来，仿佛就像在重新系统地阐述施穆勒学派的纲领。鉴于这两篇论文首次发表的日期(1876 年及 1879 年)，它们的独创性是不容置疑的。莱斯利断言：经济学家必须经常从事实出发，并用事实去检验由演绎得出的推论，如果我们考虑到诸如西尼尔之流的理论家所作出的那些轻率的陈述，我们甚至可以从这样一个并没有什么惊人之处的论断中发现某种功绩。

的观点不尽相同。可以提到的有霍布森和韦布夫妇。[①] 为数不多的辩论文献不需在此赘述。但是,我们必须提及约翰·内维尔·凯恩斯的优秀著作,[②] 它解决了大多数方法论争端,立论公允合理,经济学界感到满意。此书保持应有的权威地位,达二十年之久。由于它写得成功,具有价值,虽时至今日,仍值得推荐细读。

〔这一章的原稿到此结束。关于美国的制度主义一节显然没有着笔。〕

① 约翰·A.霍布森(1858—1940 年)与马歇尔学派的经济学相对立,主要不在方法论方面。他诚然反对当时他的同行的种种理论,但他始终是以理论对理论,并未对与那些理论相连的方法提出挑战。尽管在这种对抗中依然有方法论的一面。譬如,霍布森坚持消费者的行为是无理性的,坚持这种行为决定于制度的因素,不决定于“理性的选择”,这里面就确实包含有一种历史——社会学的研究纲领。之所以有必要认识到这一点,是因为这是霍布森与美国制度主义相关联的一个方面。

比阿特里斯·韦布(1858—1943 年)和悉尼·韦布(1859—1947 年)之所以必须在此处提及,第一是因为他们的研究的性质对于英国的经济史学家们的成就作出了实质性的贡献(特别请参见《工联主义史》1894 年及《采邑与自治市》1908 年);第二是由于他们运用了对舆论的重大影响,支持了那些与德国的历史学派相类似的方法论观点。这至少是我从悉尼·韦布在伦敦经济学院所作的关于方法论的那些演讲中所获得的印象。

② 约翰·内维尔·凯恩斯(1852—1949 年),是凯恩斯勋爵的父亲,著有《政治经济学的范围与方法》一书,第一版出版于 1891 年。有些虽然较为次要但也颇值得注意的贡献,由于此书的卓越成就,其光辉遂为所掩。其中值得提出的有白哲特及卡尔尼斯二人的著作。沃尔特·白哲特的强劲之笔屡屡触及方法论问题。他并不怀疑李嘉图的做法的有效性,但他倾向于将其适用范围局限于资本主义企业的文化模式,认为历史的研究应作为它的自然补充。特别请参阅他再次发表于 1880 年《经济研究》上的题曰《英国政治经济学的公设》的那篇文章。

约翰·E.卡尔尼斯所写的《政治经济学的性质及逻辑方法》(这是他 1856 年的演讲稿,发表于 1857 年)一书,不论在当时还是以后,从未得到应有的重视,原因是,正如他的前人西尼尔一样,他用“政治经济学”一词来表示绝大多数人看作是“政治经济学”或“经济学”中的那很小一部分,即通常称为“纯理论”的经济合理性的逻辑图式。他自己的著作足可证明,他不相信这种逻辑图式(读者可以忆起,这种图式甚至也不是我们所理解的经济理论的全部)包含我们关于经济事物的所有知识。但是,由于误解(他本人对于这种误解的产生也要负一部分责任),后来他被(譬如英格拉姆和施穆勒等人)视为“演绎法”的顽强拥护者的代表,对任何实况的研究都采取一概抹杀的态度。然而,他对那个图式的性质的分析却是一种真正的贡献。那个图式的纯假设性质,它的不现实的假定,它与可观察的经济现象之间的鸿沟,要想用统计的数据或其他根据观察取得的证据去对它所包含的那些命题加以检证是很困难的(他甚至认为根据这样一些证据去建立或否定“经济规律”是不可能的),所有这些,在卡尔尼斯的口上和笔下,都体现得比他的前人更加清楚,他只差没有这么明明白白地断言:这样的图式根本不能得出任何“规律”,而只能当作一种工具来加以利用。

第五章　这一时期的一般经济学:人物与派别

1. 杰文斯、门格尔、瓦尔拉
2. 英国:〔马歇尔时代〕
   〔(a) 埃奇沃思、威克斯蒂德、鲍利、坎南和霍布森〕
   〔(b) 马歇尔及其学派〕
3. 法国
4. 德国和奥地利
   (a) 奥地利学派或维也纳学派
   (b) 元老们
   (c) 代表人物
5. 意大利
   (a) 元老们
   (b) 潘塔莱奥尼
   (c) 帕累托
6. 荷兰和斯堪的那维亚各国
7. 美国
   〔(a) 奠定基础的人们〕
   〔(b) 克拉克、费雪和陶西格〕
   〔(c) 另外几位重要人物〕

8. 马克思主义者

〔(a) 马克思主义在德国〕

〔(b) 修正主义和马克思主义的复兴〕

1. 杰文斯、门格尔、瓦尔拉

社会改革的呼声为经济学界注重实际的兴趣创造了新的焦点；但是它虽然影响了调子和方向，却并未影响分析工作的技术。历史学派的确想变革这门科学的方法，然而这场革命甚至在德国也是以妥协告终。就这些影响所及而言，一般经济学在范围与方法上仍旧大体保持以前的老样子。不过它的分析核心——价值与分配一词即因此而愈益流行——却经历了一场自身革命，这场革命在 1900 年前后慢慢平息了下来，形成了典型的古典派情势，构成了那个时期我们这个领域的第三个重大事件。按照大家所熟悉的、便于着手论述的传统方式，这场革命的中心是边际效用价值论的兴起，这一理论是同杰文斯、门格尔和瓦尔拉这三位领导人的名字联在一起的。我们谨向他们致敬。①

威廉·斯坦利·杰文斯(1835－1882 年)，在其作为公务员和教师的为人谦恭的一生中，从未获得能同其重大成就相称的名声。在他一生中，他的出名更多是由于他所写的有关货币、金融以及当时大家感兴趣的其他实际问题的著作——甚至更多由于他的太阳黑子经济周期论或收获经济周期论(参阅后面，第八章)——而较

① 先驱者将在下面第六章第 3 节论及。

少由于足以使他不朽的成就。此外，在英国，他留下的名声还为马歇尔的强有力领导所掩盖，马歇尔一贯低估“杰文斯革命”。这是有许多原因的。杰文斯几乎没有留下嫡系门生。这不仅由于缺乏机会(他从没有在重要的地方教过书)，而且由于他的秉性谦和或缺乏自信(这跟他坚决主张自己的看法具有革命性的新东西这一“可作补偿的”习性是完全一致的)。然而他在经济理论方面的著作还欠缺最后加工，也是真的。他的成果和他的想象力不能相比。卓越的构思和深邃的见解(特别是他所倡导的数学的思想方法、他的价值理论、他的资本与利息理论)，从没有得到很好的发挥；它们被写成像概要那样的东西，并且那么严重地同旧材料混在一起，以致看起来似乎很肤浅。此外的原因则是马歇尔对他采取的很明显的小气态度。因此，在英国，他从未得到他所应得的东西。特别是他的创造性从未按其所应得的得到人们的承认。因为毫无疑问，他是古往今来真正最有创造性的经济学家之一。像杰文斯那样难以论及“根子”的情况，很少有别的例子(另一个是约翰·雷)。他总是事后才听说有谁是先驱者。就他的特殊情况说，这是情有可原的，尤其因为当他随后果然发现有这种人的时候，他就不吝把功劳归于别人。也许他应该感谢穆勒〔指约翰·斯图尔特·穆勒——中译者〕比他自己意识到的为多。他对自己在教学中不得不采用穆勒的《原理》抱强烈的反感；然而穆勒的前后矛盾作为打靶目标是如此之好，对他还是颇有教益。不过，除此之外，他似乎完全用自己制造的材料来建立其学说的要点。他的纯理论方面的研究成果大部分包含在他的《政治经济学理论》中(1871 年第 1 版；然而，确定他关于“最后一级效用”概念在时间上居先的日期则为 1862 年，该年他在英国科学促进会剑桥会议第五组上宣读了《政治经济学的一般数学理论评介》这篇论文)。他在货币和经济周期领域的著作，则大部分由福克斯韦尔教授收集在名为《通货与金融研究》(1884 年版)一书里。这些是任何一个经济学家都不应不读的。此外，杰文斯既是一个经济学家，又是一个逻辑学家。这里我举出他的《科学的原理》(1874 年版)一书，这是一本真正具有杰文斯式气魄和创造性的著作，而在我看来，该书并没有得到它所应该得到的认可。1886 年，W. S. 杰文斯夫人编辑出版了杰文斯《通信与日记》一书，后面附有书目。H. S. 杰文斯教授和夫人为《计量经济学》1934 年 7 月号写了一篇介绍杰文斯生平和著作的短文。①

卡尔·门格尔(1840—1921 年)，经历一段短暂的公务员生涯之后，受聘主持维也纳大学法律系所设的两个政治经济学讲座之一，他在余下的公职岁月(1873—1903 年)里一直担任这个职务。这个职位并不很理想，这既因为这个职位不要说没有博得世界重视，就是在当地这门课也没有传统地位；又因为作为他的听众的未来律师和未来公务员对他所要讲的问题也不太感兴趣，因为只要你精通民法和公法，即使你的经济学考试不及格，也没什么可怕。但这些吓不倒这个倔强的人，最终他还是维护了自己的权利，找到师承自己才学的嫡传弟子，并且创立了学派，虽则并非没有经历一段艰苦奋斗的时期。这个学派虽然缺少取得成就所通常需要的各种

① 也许这是我的最好机会来提一下现在被人们遗忘但却得到杰文斯和马歇尔两人称誉的一个人的著作，即在墨尔本大学任教的 W. E. 赫恩所写的《对财富的科学研究》(墨尔本 1863 年版；伦敦 1864 年版)。这本书未能给我很深的印象。但书中有几个部分读起来怪像是杰文斯派。不过，就效用一点而言，这本书的出版日期足以证明杰文斯的独立思考。

手段和有利条件，还是显示了生命力和团结力，并且产生了国际影响，直到二十世纪三十年代出现(暂时?)分散为止。他的边际效用基本原理(主观上)是他所自创的，虽则在再发现上当然是杰文斯在时间上居先。钻研这个原理的过程中所出现的许多定理，无论主观上还是客观上，也都是他自创的。门格尔是一个很少失误的细心思想家，鉴于他缺少适当的数学工具，他的天才就更突出地给人以深刻的印象。他的学说的最后渊源是赫尔曼和杜能达于顶峰的德国理论传统。但是斯密、李嘉图，特别是约翰·穆勒的影响，也很明显。和杰文斯一样，在门格尔看来，他想要变革的正是上述这些人的学说。正是因为这一点，他们才在某种意义上是他的老师。他的《国民经济学原理》(1871 年第 1 版；1923 年第 2 版，是他老年的著作，并没有加进什么重要的东西)以及他的其他著作，由伦敦经济学院重印成四卷本(1933—1936 年出版)，其中有些著作我们以后还要论及。F. A. 冯·哈耶克为这部《全集》所写的导言(见《全集》第 1 卷)是有关这位人物、这位思想家的最好参考资料。此外还可参阅 H. S. 布洛克在《政治经济学杂志》1940 年 6 月号发表的《卡尔·门格尔》一文。〔附有 F. H. 奈特写的导言的《经济学原理》的一个英译本，是在 1950 年出版的。〕

像前面着重指出过的，经济学有如一部大型公共汽车，载有兴趣与能力各异的许多乘客。不过，就纯理论而言，瓦尔拉在我心目中是所有经济学家中最伟大的一个。他的经济均衡体系其实就是把"革命的"创造性和古典的综合性统一起来，是经济学家所写的不亚于理论物理学成就的唯一著作。同它比起来，那个时期以及那个时期以外的大部分著作，无论其本身多么有价值，有多大主观创造性，看上去都好像一艘巨轮旁的一叶小舟，像是力不从心的拙劣尝试，想要领悟瓦尔拉发现的真理的某一方面。它是经济学想要取得严密科学或精密科学资格所走道路上的显著界标，现在虽然已经过时，仍不失我们时代许多最优秀理论著作的后盾。不幸的是，瓦尔拉本人同样看重他那还有问题的关于社会正义的哲学、他那土地国有化方案、他那货币管理计划，以及其他同他在纯理论方面的宏伟成就毫不相干的问题。这些都使他失掉许多有资格的评论家的好评，我甚至认为，还考验了许多读者的耐心。总之，不言而喻，上述赞语只是针对他的纯理论而言。

马利·埃斯普里·莱昂·瓦尔拉（1834—1910 年）是法国人，这不仅是指他的出生地点而言。他的推理方式和所取得的成就的性质都是典型法国式的，正如拉辛的戏剧和 J. H. 庞加莱的数学是典型法国式的那样。他的成就的根子也都源于法国。他强调自己受父亲奥古斯特·瓦尔拉和库尔诺的影响。但是，如前所述，我们还必须加上他的真正前辈萨伊的影响。而且在萨伊的身影背后，还隐约可见整个法国的传统——孔狄亚克、杜尔阁、魁奈、布阿吉尔贝尔——不论他自觉地从这个传统吸收的东西是多还是少。他对亚当·斯密表示通常的敬意。其余的英国大人物则对他毫无意义。

他的生涯典型地表现了天生的思想家在处理私人生活实际问题上的无能。在求学时期，他的独到见解太多了，以致学习成绩不佳。他所受的采矿工程师的训练——他的数学素养应归功于此——没能使他找到一碗饭吃。他改行去当自由记者，去发展他对社会改革的种种思想，也就是他那时代法国中产阶级激进派典型的思想，然而毫无所成。① 可是他碰到了好运气，使他的天才从濒于白白糟蹋掉的危险中得到拯救。1860 年，他参加在洛桑举行的讨论赋税问题的一次国际会议，在会上宣读了一篇很受欢迎的论文。与会的听众有 M. 路易・吕尚内，后来当了沃州的教育局长，并于 1870 年在洛桑大学法律系开设了一个政治经济学讲座，请瓦尔拉任教。瓦尔拉于是找到了自己所需要的安身立命之所，便开始工作，并终身工作下去。他的创作年代约略同他担任教授职务的年代(1870—1892 年)相一致。他的全部重要著作以及若干不重要的资料(其中大部分从 1873 年开始曾以回忆录和论文形式发表过)，最后汇编成三本书：《纯粹政治经济学要义》(1874—1877 年第 1 版；1926 年最后修订第 5 版)、《应用政治经济学研究》(1898 年第 1 版；1936 年第 2 版，由勒迪克教授主编)和《社会经济学研究》(1896 年第 1 版；1936 年第 2 版，由勒迪克主编)。第一本书(第 5—34 讲)包括了他的重大成就。第二本书是补充部分，其中有些也具有头等重要性，特别是那些有关货币与信用的部分。在我们看来，第三本书没有什么意思。可以参阅刊登在《经济学家杂志》1908 年 12 月号上他的《自传》，刊登在《公法与政治学评论》1897 年 5 月及 6 月号上他的《书目》，刊登在《经济学家杂志》1874 年 6 月号上他同杰文斯的通信，刊登在《政治经济学杂志》1935 年 4 月号上威廉・贾菲所写的《莱昂・瓦尔拉的未发表的论文和信函》，以及刊登在《计量经济学》1934 年 10 月号上 J. R. 希克斯所写的《莱昂・瓦尔拉》。

时至今日，在很难找到有哪个自称不受瓦尔拉影响的理论家

① 不过在 1866—1868 年，他担任了合作运动的机关刊物《劳动》杂志的编辑，时常为这个杂志写稿。

的时候，说瓦尔拉当时没有形成自己的学派，听来确实令人诧异。然而事实却是，他的科学启示却几乎不能为那些有机会在洛桑大学听他讲课的法律系学生所接受：他的教授席位给他带来了宁静和安全，可是产生的影响却很小。与他同时代的经济学家大都对他采取漠视态度或敌视态度。在法国，他在生前实际上没有得到人们承认，虽然有像奥皮蒂特这样的少数追随者。在意大利，巴罗尼是一个早期的皈依者。潘塔莱奥尼也是最早理解瓦尔拉著作的重要性的人之一。我认为，正是通过潘塔莱奥尼，他才得到了出色的学生和继承者帕累托的。[①] 正是后者在当时的情况下创造了"洛桑学派"，该学派与其说是瓦尔拉的毋宁说是帕累托的。不过，作为一个有凝聚力的学派，这只限于意大利，或者说差不多只限于意大利。在英国，在鲍利教授以教科书(《数理基础》，1924 年版)形式介绍瓦尔拉—帕累托体系的精髓之前，和它同时但势力大得多的马歇尔学说一直排斥它的任何直接影响。德国人(包括奥地利人)从瓦尔拉著作中仅仅看到用特别讨人厌的数学外衣装饰起来的奥地利派学说。在美国，瓦尔拉得到两位第一流的追随者，费雪和穆尔，但实际上却为其余同行所不睬。当然，一直有零星的崇拜者。然而他之得到他所应得的声誉，却是在二十世纪二十年代，也就是说，在他的思想已流行很久而且他去世也有十多年以后。他曾写信给一个朋友这样说[②]："要是一个人想很快得到收获，那他就种胡萝卜

① 关于瓦尔拉对奥皮蒂特、巴罗尼、潘塔莱奥尼以及帕累托的影响，请参阅下面第 3 节及第 5 节。

② 引文摘自艾蒂安·安东内利教授的《资本主义纯经济学》(1939 年版)一书的序言〔熊彼特译〕。

和莴笋;要是一个人怀有种橡树的雄心,那他就要用这样的心情宽慰自己:前人种树,后人乘凉。"①

现在,我们暂时不去追究杰文斯—门格尔—瓦尔拉"革命"到底意味着什么,不去追究这一革命究竟能否成功地创造出一部新的分析机器,而继续从事人物和派别的论述,以便对这个时期普通经济学的情况有一个初步了解。也像第三编第四章一样,这一综论将按国别进行。

2. 英国:〔马歇尔时代〕

在 1885 年以前,即在 A. 马歇尔在剑桥大学发表就职演讲这一值得纪念的年份之前,英国的情况有如下述。既有许多优秀的流行著作,尤其是研究实际问题的著作,如纽马奇的著作,又不鲜见像在白哲特或克利夫·莱斯利著作中所看到的那样偶然迸发的火花,再就是称得上高举大旗的源自约翰·穆勒、卡尔尼斯、福西特等人的有权威的学说。然而除杰文斯的言论之外再没有不同凡响的东西了,而这在当时,就理论而言,却不过像茫茫林海里发出来的叫声。1876 年,一位餐后演说家讲到下面这些话时令人赞叹地表达了一个很普通的感觉:②虽然在发展和应用现有学说的路途上还有许多事情有待经济学家们去做,但**伟大的工作却已经完成**

---

① 〔请读者记住,J. A. 熊彼特原打算把所有的传记性特写(连同许多有关参考书)用小号字来排印,从而实际上可以把它们当作脚注来看待。〕

② 参阅 W. S. 杰文斯:《政治经济学的前途》,载《双周评论》,1876 年 11 月号。

了。改变这一切并使其出诸幽谷、迁于乔木的，正是马歇尔。在英国，这个时代显然就是马歇尔时代。如果考虑到一门科学不可避免地会随着其技术的发展而渐渐变得愈益为一般大众所不易接受，同时马歇尔在政治上又无胜券可操，譬如自由贸易的鼎盛时期已过，那么则可以说，马歇尔的成功之巨大，可以同亚当·斯密相埒。

〔**(a) 埃奇沃思、威克斯蒂德、鲍利、坎南和霍布森。**〕马歇尔的形象不仅使那些仍旧属于穆勒以后的分析界的英国经济学家如西奇威克和尼科尔森等人黯然失色——虽然这些人并不是毫无功绩，[①]而且也使埃奇沃思和威克斯蒂德黯然失色，后者无论对历史抑或对当代事实，确是缺少马歇尔所具有的渊博理解力，也缺少马歇尔所拥有的魅力，然而单就理论家的本行论，他们却是同马歇尔才智匹敌的人。

弗朗西斯·伊萨德罗·埃奇沃思(1845—1926 年)，继西尼尔在牛津大学主持政治经济学讲座的人之一(1891—1922 年)，又是《经济学杂志》的编辑与共同编辑(1891—1926 年)，出身于盎格鲁—爱尔兰上流社会家庭，除运动外在一切方面都是古典牛津教育的典

① 这里所要提到的亨利·西奇威克(1838—1900 年)的唯一著作是他的《政治经济学原理》(1883 年初版，1901 年第 3 版)。这本书基本上遵循了穆勒派的传统，用自己在概念化上的简练改善了这个传统，并且在好些方面提出许多有价值的意见，这甚至包括不能贯彻自己意见或不能正确贯彻这些意见的方面，譬如国际价值理论方面。其中对货币与利息的论述特别值得注意。他那老式的探索字义的方法，前面已经提过。

从 1880 年到 1925 年一直担任爱丁堡大学教席的约瑟夫·希耳德·尼科尔森(1850—1927 年)在货币方面写过杰出的著作，但这里我们只提及他的《政治经济学原理》(1893 年、1897 年及 1901 年版)。这部著作虽然完全没有首创性，并因马歇尔的著作而相形见绌，但仍不失为一项可嘉的成就。

型产物。有两位大师已描写过这位人物和思想家的形象,即凯恩斯在《经济学杂志》(1926 年 3 月号;该文重刊于《传记集》第 267 页及以后各页)和鲍利在《计量经济学》(1934 年 4 月号)上发表的文章。我觉得提一下这两篇文章就够了。然而为了确定他在经济分析史上的地位,还有几点必须在这里讲一讲。首先,我要讲一下他的功利主义。这自然就表现得很强烈(见《伦理学的新旧方法》,1877 年版),可是在一个这么"有修养"的人身上看起来,又是那样不相称;这种功利主义对经济学同边沁派哲学保持——极无必要的——非神圣联盟起了很大作用,这一点是我一再作过评论的。然而让我重说一遍,就埃奇沃思而言,像在杰文斯那里一样,我们从他的经济学著作中完全剔除功利主义,丝毫不会影响这些著作的科学内容。其次,埃奇沃思的名字在统计学史上也将永垂不朽。这里我还不是主要指他关于"指数"的著作(参阅下面第八章第 4 节),而是指以他的"误差的一般定律"为中心的关于统计方法及其基础的著作。第三,他关于经济问题的论文可以列出很长的一张单子,其中有些篇,其强大创造性为离奇古怪的表达方式所掩盖(不是每个人都像我一样,觉得这种表达方式讨人欢喜),除少数几个人以外,别人从没给过充分的好评。就其对经济学的分析工具所作的其实是新的贡献而言(诸如无差异曲线、收缩曲线、报酬递减、一般均衡等等),它们不亚于甚至还超过马歇尔《原理》所作的贡献。第四,这位伟大人物的光辉为什么被马歇尔完全掩盖了呢?答案好像是这样(这个答案从科学的社会学观点看,是很有趣的,特别涉及这样的问题:什么能成功,怎样成功又为什么能成功):埃奇沃思缺少撰写一鸣惊人的论著和聚集信徒的力量;他和蔼而又宽厚,[①]从不坚持自己的任何主张;他一方面过于敏感,另一方面又过于谦虚;他甘居他所奉若神明的马歇尔之后;他言语迟钝、精神不集中达到病态的程度,是再坏也没有的演讲人和讲课者,就个人说是无能的——我认为,应该说是成不了领袖的。他的《政治经济学论文集》(三卷集,1925 年版)连同他的《数理心理学》(1881 年初版,1932 年伦敦经济学院重印本)实际上包括了他在经济理论方面的全部著作。《埃奇沃思对数理统计学的贡献》是鲍利教授概括出来的一本小册子,在皇家统计学会赞助下于 1928 年出版。

我希望篇幅允许我详细谈一谈菲利普·亨利·威克斯蒂德(1844—1927 年)的性格,因为 1906 年我在万塔吉他的住宅前的草坪上同他作了一小时交谈,有幸了解了他的性格。他镇静但并非冥顽不灵,他慈善但并非软弱,他质朴却又同他的精细配合得那么完美,他谦逊、不摆架子却又不失尊严。事实上,我只能作以下记录,这位神学家在大学里讲授有关但丁的课程,多少置身经济学界之外——这是他那在教学法方面特别卓越的著作为什么没有产生明显影响的原因之一。人们也许不会相信,他的最具有创造性的一部著作《论各种分配规律的协调》(1894 年版,1932 年伦敦经济学院重印本)几乎一直无人过问,只卖出去两本;不会相信,甚至直到今天,施蒂格勒教授还是我所知道的、唯一按这部著作的真正价值作出评价的经济学家。他的《政治经济学常识及其他》(1910 年初版;1933 年新版,连同《论文及评论选集》,并附有莱昂内耳·罗宾斯教授写的导言)包含种种有创造性的论点,远不只是当时已确立的学

① 我想每一个熟悉埃奇沃思的人都会赞成"宽厚"这个字眼。然而他的宽厚是很奇特的,完全偏向马歇尔以及李嘉图—穆勒的遗产一边。人性的可悲一至于此!他对奥地利学派、对瓦尔拉、对威克斯蒂德,以及由于种种我所不能理解的原因对 H. L. 穆尔,却显然是不宽厚的。

说的通俗本。特别在基础问题和概念的批判说明问题上(例如,他在《经济学季刊》1889年4月号上发表的《论杰文斯在〈政治经济学理论〉中说过的几段话》一文,大大向前推进了维数理论),他的思想远远超越了他的时代。他的理论体系在外观上是杰文斯式的——事实上他是唯一有名望的杰文斯派理论家,但是他抛弃了许多信守杰文斯说法的旧东西,添上了许多修正和发展(部分是受奥地利学派的影响),以至我们可以说他写出了近乎他自己的见解,虽则当然还是对边际效用体系的修正。

威克斯蒂德与其说是马歇尔的对手毋宁说是独立于马歇尔的人物。独立性的程度相同而作为对手的程度较小的,则为伦敦经济学院的鲍利教授;他的前半生经历正处于现在要论述的时期之中,当时他发展了可以称为他所特有的科学风格,这为日后计量经济学会章程(第一节)中关于活动范围的陈述预先提供了蓝本:"从经济理论与统计学和数学的关系方面来提高经济理论。"鲍利在一系列出版物中所要实现的这个纲领,在当时是新颖的,并且占有与众不同的地位,但是当时并没引起人们注意,并且,由于鲍利没有利用什么方法论上的政策宣言来发扬这个纲领,就更少引人注意。另一位具有"独立性"而且作为马歇尔对手的程度又较大的人物是坎南。他是一位生气勃勃的教师,也在伦敦经济学院任教,当时无论在经济学界还是在学生中都比较出名。① 我们应该提到

① 本书读者从埃德温·坎南(1861—1935年)的《1776—1848年的生产与分配理论史》(1893年版)早已知道这个人了,本书第三编就一再引证过这部著作。这部书、坎南对亚当·斯密著作的编纂和他的《英国地方税史》(1896年版)是他的主要学术成就。然而精读过他关于货币和货币理论的简短生动的论著的人,没有一个不感到愉快和受益匪浅。当然这一点还不足以正确评价这位教师、这个人物的,不能正确说明他的常识、他的可爱的爽直和他的说服力——从和我们自己不同的观点看,这些优点足以弥补他缺乏分析上的精细性而有余。

但为篇幅所限不能一一提到的还有其他许多人。也有反对派，而且相反的意见还不仅来自那些坚持旧思想方式的人。当然，还有像霍布森[①]那样的“异端”。更重要的是，还有像悉尼·韦布那样反对搞理论的人；凡是精细的分析都会引起这些人的藐视。[②]然而并没有来自任何比较有资格作为分析家的人的反对意见。马歇尔实际上控制了整个舞台，其程度远较李嘉图所做的为甚。这位尊贵的大师，又是一个有主宰能力的人——对有些人说来仿佛是个教主，他几乎使整个年青一代的英国经济学者全成了他的学生和追随者。

① 约翰·A.霍布森(1858—1940年)有幸在马歇尔学派称霸的全盛时期使自己成为大异教徒并且一直活到这种身份成为光荣标志的时期。在许多方面他是一个很有趣的人——生气勃勃、多才多艺、积极进取。就受过古典教育一点而言，他是一个受过教育的人，又是一个易动感情的激进派——这二者相结合产生了当时许多英国社会科学文献。他的经济学是自学出来的，这使它既能理解受过训练的经济学家不肯去理解的问题，又理解不了受过训练的经济学家认为理所当然的问题。他怎么也不理解，为什么职业经济学家都不喜欢他的言论。而且，像他那种类型的许多人一样，他决不讨厌那种使自己感到安慰的解释，也就是，他的马歇尔派对手之所以打倒持异议的人，如果不是受阶级利益的驱使，便是受好追究的脾气的驱使。无论人们怎样常常向他指出，他怎么也想不出有这样的可能性，即由于他所受的训练不充分，他的许多命题，特别是他的批判，很可能可以证明是错误的，而错误不是由于别的，只是由于他理解不了。主要由于他的消费不足学说，他在凯恩斯时代得到承认很迟。我们将在下面第八章里谈到这个学说。关于他所写的许多书和小册子，只要提一提下列几本就够了：《工业生理学》(与A.F.马默里合著，1889年版)，《现代资本主义的发展》(1894年版，也许是他最好的作品)，《工业体系》(1909年版)，《黄金、物价、工资及其他》(1913年版)，《失业经济学》(1922年版)。但是，谁想要了解这位人物，以及附带地了解这位经济学家的错误喜剧(或悲剧)，谁就不应该错过他所写的那本讨人喜欢的《一个经济学异教徒的忏悔》(1938年版)。

② 悉尼·韦布于1906年或1907年在伦敦经济学院开了一门方法论讲座，我听了其中的一讲。如果从这一堂课及其气氛作出概括靠得住的话，他想必是要在这个讲座中提出差不多是德国讲坛社会主义者所提出的东西。这位讲课人一点也没有提到马歇尔及其学说。然而言外之意却是强烈反马歇尔的。分歧主要不在政治方面——马歇尔基本上同情费边主义者(依其当时的面目)，分歧主要在科学方法方面。

〔(b) **马歇尔及其学派。**〕马歇尔创立了一个真正的学派，其成员依据一种明确的科学推理方式来思考问题，并以马歇尔强有力的凝聚力加强了这种结合。他的剑桥大学讲座的继任者皮古教授，和皮古的继任者罗伯逊教授，以及凯恩斯勋爵——这里只提这少数几个大家所最熟悉的名字——就是用他的学说组织起来并且从他的学说起步的，不管他们会越过这个学说走出去多么远。1930年之后，凯恩斯本人以及大部分可以称之为第三代的人物确是丢弃了对马歇尔的忠诚。然而就纯粹科学分析而言，其实际意义并不像表面上那么大。而且，虽然他们当中有些人逐渐变得不喜欢马歇尔，不仅不喜欢他的思想方式，而且不喜欢他的个人气味，可是他的特征仍然印在所有这些人的身上。①

这个学派过去是——在某种意义上现在还是——某一个国家的学派，并且活生生地表现出自己所特有的英国特征。我曾把马歇尔所取得的成功同亚当·斯密比较。事实上，前者比后者更自然、更直接:《原理》受到普遍的鼓掌欢迎，对《国富论》起初十分冷淡的新闻界竞相用隆重的书评来恭维《原理》。然而不足之处是:在国外，马歇尔的著作从未取得像亚当·斯密著作那样的成功。原因并不难想象。马歇尔的启示归根到底是对经济学界的启示，不管他多么喜欢这样一个想法:书要写得使"工商业者爱读"。而且对经济理论毫无成见的各国经济学家，到1890年，实际上已发展或接受了在基本思想上实质上类似于马歇尔的理论体系，不论这些体系在技术上是多么拙劣。总之，马歇尔是这个时期伟大的

① 希克斯教授的情况则与此不同，他的学说基础与其说是马歇尔学派的，还不如说是瓦尔拉学派的。这一事实比起凯恩斯学派之惊人地背弃马歇尔，更为有意义。

英国经济学家,他自己也感觉到这一点。然而这并没有改变下述事实:马歇尔的伟大著作是这个时期古典学派的成就,也就是说,是比任何其他著作更全面地体现了1900年前后出现的古典学派局面的著作。我认为,凯恩斯勋爵将《原理》的出版列为1890年——"英国经济学的新时代"应该从那一年算起——三大事件中的第一件大事,便是要表达同样的评价。[①]虽然我们这一编的论述不得不通编循其轨道进行,但先在这里总的归纳一下马歇尔著作的主要论点,还是有好处的。

艾尔弗雷德·马歇尔(1842—1924年),这位人物,这位学者、导师和思想家,曾由凯恩斯勋爵用无可超越的明快笔调加以描绘(见《艾尔弗雷德·马歇尔》一文,载《经济学杂志》1924年9月号,重刊于《传记集》,1933年版);对于他的守护神、马歇尔夫人的描绘也是如此(见《玛丽·佩利·马歇尔(1850—1944年)》,载《经济学杂志》1944年6月号),对她的纪念同对马歇尔的纪念是分不开的。此外再着重介绍两篇参考文献请读者注意:一篇是《艾尔弗雷德·马歇尔纪念集》(A. C. 皮古编,1925年版):另一篇是马歇尔学派的另一位主要人物G. F. 肖夫先生所写的论文——《马歇尔〈原理〉在经济理论中的地位》(《经济学杂志》,1942年12月号)。一篇广泛又大体上完全的详列马歇尔著作的目录,由凯恩斯发表在《经济学杂志》1924年12月号上面,又重刊于《纪念集》这本书里。然而马歇尔已发表的研究成果则大部分见于《经济学原理》(1890年第一版,

① 《经济学杂志》1940年12月号,第409页。另外两件大事是:皇家经济学会《英国经济学会》的创立和帕尔格雷夫的《政治经济学辞典》的完成。〔关于后一件大事的日期,凯恩斯搞错了。帕尔格雷夫的《辞典》完成于1893年,出版于1894年。帕尔格雷夫所写的序言的日期为1893年圣诞节。〕

直到 1910 年第六版为止都算作第一卷;下面引文均根据 1898 年的第四版),见于《工业与贸易》(1919 年版),见于《货币、信用与商业》(1923 年版)。这三部书全都很重要——谁要是只晓得有《原理》这本书,谁就没认识马歇尔。《正式论文》(1926 年版)这部遗著则是对这三部书的补充。至于其余著作,只要再举下面几本就够了:他的《对外贸易的纯理论》和《国内价值的纯理论》(1879 年私人印行,1930 年伦敦经济学院重刊本,第一版);他和他夫人合写的《工业经济学》(1879 年版),这是《原理》的一块最重要的垫脚石;以及最后,发表在《经济学季刊》1897 年 1 月号上的《旧一代经济学家和新一代经济学家》(1896 年),这是一篇颇有启发性的演讲。

马歇尔同亚当·斯密除在获得成功方面和在经济学史的地位方面有类似之处外,还有更多共同点。不计若干受时间条件限制的差别,我们还发现,在对变化过程的想象或一般构思方面,特别在对经济发展的想象或一般构思方面,有极大的类似。我们也发现,二者对“理论”与“事实”之间分量的分配也几乎相同,虽则马歇尔有较高超的艺术,能够成功地从《原理》的篇幅中排除单纯的叙事,从而对忽视《工业与贸易》一书的读者来说,他的论述的“纯理论化”看起来比其本来面目更甚,也远比亚当·斯密的著作为甚。但是类似还不仅如此,还更进一步扩大到著作的目的、计划(我指的不是非本质的东西诸如题目的顺序等)和性质。马歇尔是意识到这一点的。有人讲,听他说过,“这全是亚当·斯密书里的”。这句话,不仅仅承认今天的著作必定要从昨天的著作发展出来,而且承认二者有类似之处。最后还有一点类似之处:《国富论》和《原理》之成为《国富论》和《原理》都因为,或者至少部分因为,它们都是几十年工作的成果，而且是完全成熟的成果，都是那种无限小心、耐心劳动而不计较岁月流逝的精神的产品。这一点尤其值得注意，因为亚当·斯密和马歇尔都极其急于宣传他们的宏论，急于影响政治实践，然而他们谁也没有让自己的著作在手稿完善得自己认为业已尽可能完善之前就仓促付印。①

我相信，给《原理》从头至尾写一个读者指南是多余的。于是只要说一说下面这些就够了。第五编（供求均衡的理论）包含分析成果的核心。第六编论分配是第五编所作的分析的扩大应用。第一编首先提供了“一课经济史”，压缩得那么厉害以至保留下来的那部分读起来像一连串琐事，几乎完全没有反映出实际包含于其中的研究的广度与深度；其次提供了经济学史的概略，褊狭得几乎难以置信。第二编若干基本概念，是十九世纪任何凡夫俗子都写得出来的。第三编（欲望）和第四编（生产要素）包含一些新东西，偶尔也有一些深入的见解（例如第十二章第11节和第12节），但全为一大堆有可能加以删节而使其完善的东西所掩盖。

透过高度修饰过的外表——在那上面，好像一切都被简化成为普通常识——来洞察的读者，首先会得到这样的印象：被技术高超的匠师调理得井井有条的分析与事实细节极其丰富，而这位匠师却从没有想到，企图把一本书写得太容易读反而会使它变得很难读。在庞大的结构中有关的一切都各得其所，而且在被摆置到适

① 在我看来，这完全是一种美德。对此持不同看法的理由，见凯恩斯的论著。但是凯恩斯勋爵的议论读起来像一篇 oratio pro domo〔家庭讲话——中译者〕。虽然马歇尔在货币问题上确是丧失了他可能享有的在时间上的某种居先地位，但是说延期出版剥夺了他在《原理》中所研究的任何课题在时间上的居先地位，就不对了。就这方面看，即使《原理》在1880年问世，它的地位也不会有丝毫差别。

当位置之前,一切又都由艺术家用简洁而经济的概念进行解释,从分析上将其雕琢成型。其次,上述读者还会发现一种几乎导致马歇尔配称不朽的首要品质,即在马歇尔身上所看到的不仅是有很高权威的技术专家,不仅是学识渊博的历史学家,不仅是稳健的说明性假设的制订者,最重要的还是伟大的经济学家。马歇尔不像今日的技术专家,他了解资本主义过程的运行,尽管今日的技术专家,就理论技术而言,比他高明,就像他比亚当·斯密高明一样。特别是,他比其他大多数经济学家,包括那些本人就是工商业者的经济学家,更透彻地了解工商业、工商业问题和工商业者。他对经济生活的内在有机必然性的理解,甚至比他对这些必然性的表述更为深刻,因而他是作为一个有权威的人来讲话的,而不是像新闻记者或是像只不过是理论家的理论家那样讲话。恐怕这种造诣,连同他对争论得很热烈的实际问题所抱的高傲态度,部分地说明了为什么今天他的名字不受欢迎;虽则这种造诣在一个主要在学术界活动因而在很大程度上具有学术界人物的偏见的人身上,是多么了不起。

第三,看得更深一些、懂得怎样去观察细皮嫩肉里面的分析骨骼的读者,则会看到我们现在称之为局部分析的工具,也就是那套目的在于分析经济中较小部门的现象而打造出来的工具,这些部门是那些规模过小、在社会总体中(尤其在实际国民收入及货币国民收入中)不能通过其本身在生产、价格和对生产要素的需求上的变动而引起反应的个别"产业";因此凡是属于这些部门以外的事物都可以作为给定的事物来看待(参见下面第七章第6节)。第五编就是这种局部分析的古典派杰作,曾被一些人推崇得那么厉害,又被另外一些人批评得那么厉害。这方面所涉及的问题我们以后还要讨论。眼下引起我们注意的则是另一个问题。局部分析的观点在马歇尔的书里从头到尾是那么显著，他所创造的或新提供的有关局部分析的很称手的概念是那么普遍地被吸收到当代学说中去，以致使那些在马歇尔身上只看到局部分析大师而看不到别的什么的人，有了某些借口。但这不足以公正评价马歇尔思想的深度和广度。这不仅是说，有关一切经济数量的普遍相互依存的较广概念在《原理》中时常受到注意，实际上，马歇尔在该书附录的注 14 和注 21 里就系统阐述了这个较广概念，虽然还不成熟，但还是很明确。而且《纪念集》里载有一段（第 417 页）肖夫先生在论及上述问题的文章中强调得很恰当的引文。这段文字说："我毕生都努力于，而且今后还要努力于尽可能用现实的形式来表达我在注 21 中所提到的看法。"所以，既把马歇尔列作边际效用分析的建立者，又把他列作一般均衡体系的建立者，看来是公允的。

还有另外一种缩小马歇尔成就的意见。他的理论工具严格说来是静态的。这并没有妨碍他去研究那些用静态方法难以驾驭的经济生活的发展现象，甚至可以说，研究经济生活的任何现象。正如凯恩斯在他所写的《货币论》（第二卷第 406 页）里所指出的，马歇尔"有时有点想用许多精巧而深刻的附言来论述动态问题以掩饰其均衡理论本质上的静态性质"。但要做到这一点，他就不得不离开他的分析机器的驾驶座，因为这部机器对这些问题鞭长莫及。也就是说，《原理》的范围远比这部著作所阐述的理论的范围为广，而这理论本身则被支配着它的调子所削弱，特别是在涉及平均成本递减现象方面。

第四,没有一个不抱成见的读者会看不出我们下面就要充分讨论的一对孪生事实:马歇尔的理论结构,除了它技术上的优越性和细节上的种种发展以外,基本上和杰文斯、门格尔,尤其是瓦尔拉的理论结构相同;但在这座新房子的各个房间里却不必要地乱堆着李嘉图的传家宝,而且这些东西所受到的重视远远超过了它们的实际价值。由此完全可以理解,为什么有些英国作家以及大多数非英国作者把马歇尔视作折中主义者,认为他试图调和英国"古典学派"(指李嘉图主义)的分析原理和"边际效用学派"(主要指杰文斯和奥地利学派)的分析原理,并使二者结合起来(或者使二者妥协)。同时也不难理解,为什么马歇尔本人和马歇尔学派很恼火地拒不接受这种解释。他们是对的。马歇尔的有威力的分析机器——虽然今天看来可能是陈旧了——是创造性努力的结果而不是综合性努力的结果;特别是那些像我一样低估其中李嘉图主义的重要性的人,必须承认这一点。不过,这一点又引出马歇尔著作的渊源及其创造性的问题。讨论这些问题不仅仅是翻陈年旧账。要搞明白经济学史上的一个重要阶段,就必须回答这些问题。

马歇尔著作的渊源很容易探明。作为经济学家,他是按照亚当·斯密、李嘉图和约翰·穆勒的传统受到训练的,或者毋宁说是按照这种传统自行训练的。特别是,他是在 1867－1868 年间读了约翰·穆勒的著作才开始熟悉经济学的(《纪念集》第 10 页)。他对约翰·穆勒毕生保持着可以说是子女对父母般的尊敬,虽然他对后者在学术上的才能并未产生错觉。另外,《原理》第一版序言对库尔诺和杜能的影响也给以了谨慎的承认，这也是明白无误的。除了这五个人之外，他未谈到在基本观点上受过任何其他经济学家的影响，甚至未谈及杰文斯、杜皮伊和詹金；[①]虽然他承认，有个别次要观点曾受过许多人的影响。但是最后形成的画面是完全合理的。前面我们曾谈到约翰·穆勒论著的特点，它徘徊于李嘉图和萨伊之间，需要进行矫正和重新表述。像马歇尔这样的人，受过数学和物理训练，对他说来，极限概念，从而边际原理的形式部分，就像早餐肉一样，熟悉得很，只需要在约翰·穆勒的不够严谨的论述上自己开动一下脑筋，并为这些论述炮制精确的模式（公式体系），就可以达到使人看到《原理》的纯理论部分的境界。于是，在他看来，偶尔的革新，自然只是作为对约翰·穆勒的发展而非对约翰·穆勒的"革命"了。而且，确信自己属于受过训练的多数派的坚强领袖，无论在科学方面还是在政治方面，一般都不搞革命，而是实行圆滑的领导，把纷扰与革命留给少数派集团去干，他们为了使意见有人听不得不大喊大叫。我认为这十分符合马歇尔派所信

① H.C.弗莱明·詹金（1833—1885年）是一位较重要的经济学家。他的主要论文按编年说属于前一个时期，但我们留到这里来讨论。这是因为这些论文在四个重要方面构成约翰·穆勒和马歇尔之间的一块明显的垫脚石：他是讨论需求函数的第一个英国人，其条理清晰与维里及库尔诺几乎相同；他不但提出了消费者地租这一概念，而且把它应用于赋税问题；他原则上采用了图解表达法，像马歇尔后来所做的一样多；他大大改进了工资理论，特别是关于工会对工资率影响的问题。另外，他像西斯蒙第一样，建议实行计时劳动制，实质上是"保证工资"制，但讲得远为巧妙。他是一个工程师，先是搞实际工作，而后搞学术工作；他对经济学的贡献几乎未受到人们的注意。但是马歇尔提到了他。参阅科尔温和尤因合编的《文学与科学论文集》，附有一篇大名鼎鼎的R.L.史蒂文森写的传记。不过，现在有了一本伦敦经济学院重印的詹金经济论文集，书名为《供求规律的图解表达法及其他政治经济论文集，1868—1884年》（1931年版）。

奉的看法。① 无论如何,这就是我把创造性成就归诸马歇尔(当然要记住,限于纯理论范围)的理由。

承认了这一点,我们就已经对首创性问题预先作了判断。虽然马歇尔从不怀疑下列看法,即认为他自己没有受杰文斯的任何恩惠,更不用说受奥地利学派和瓦尔拉的什么恩惠,但在《纪念集》、凯恩斯的《传记集》和肖夫的论文发表之前,他要求把主观首创性完全归之于己这一点则尚未闻于世。毫无疑问,我们在这里是承认他的这种要求的。当然,这并不触及客观的首创性或时间上的居先。即使 1890 年出版一本"边际派"论著——或者就此而言,说是 1880 年——能改善或发展当时的学说(马歇尔肯定做到了这一点),它也不能从根本上揭示新的真理。根据我认为是科学的历史编纂法的通常标准,重新发现边际效用原理的功绩应归于杰文斯;一般均衡体系(包括易货理论)应归功于瓦尔拉;替代原理和边际生产力理论应归功于杜能;供求曲线和垄断的静态理论应归功于库尔诺(价格弹性这个概念亦然,虽则字眼不同);消费者地租应归功于杜皮伊,或者再加上詹金。如果这一点始终为人们所明确了解,那就没有更多的话可说了。② 然而它并未为人们所普遍了解,

① 如果我把——我想我会的——肖夫先生的文章当作马歇尔集团的正式声明,那到目前为止,分歧之点只剩下一个了。肖夫先生认为,马歇尔著作的基础不应从约翰·穆勒那里去找,而要从李嘉图那里去找,他用引语来证实自己的说法。就肖夫先生对李嘉图及约翰·穆勒所作的解释——它缩小了他们之间的分歧——看,这是没有什么大关系的。就我对二者之间的关系所作的解释看,分歧就很大了——它大体上等于承认或不承认 J. B. 萨伊对马歇尔派经济学的出现所起的重要作用。李嘉图和马歇尔中间并没有什么实实在在的桥梁,虽然毫无疑问,人们可以建造起一座桥梁。但约翰·穆勒(或甚至亚当·斯密)和马歇尔中间却已经存在有一座桥梁了。

② 自己明知有些成果先前已经见诸文字,却自称这些成果是自己独立发现的——即使只是言下之意,这种做法是否正当,是我们每个人必须自行解决的问题之一。有些人是不屑做这种事的。

也许甚至到如今还未为所有经济学家所了解,①其结果则是别人的名誉受到损害,而许多人头脑中则留着一幅历史学家有责任去更正的、关于那个时代科学形势的图画。这个责任是令人头痛的,因为造成这种样子的看法,其原因概由于马歇尔本人的错误。奥地利学派与马歇尔(及埃奇沃思)对比的情况以后将要详论,从而这里无需触及。同马歇尔对待李嘉图及约翰·穆勒过分宽厚相对照,很显然,他对待所有那些在贡献上和他本人的贡献有密切关系的人,却不那么宽厚。但有一个例外,那就是杜能;杜能的著作之得于恰当承认,不仅依通常方式见之于《原理》第一版序言,而且见之于谈到"杜能的伟大的替代规律"那一段话(第一版第 704 页)。但是库尔诺仅得到一般的承认,而且在我们料想会特别提到他的地方,即主要在垄断理论方面,却没有提到。不过,我们并非要指责马歇尔对别的作者没有充分表示感谢——凯恩斯和肖夫已经为他基本解脱了这种责任——而是认为他对一些作者在时间上居先承认得不够。杰文斯的例子就是最明显的一个。而瓦尔拉的例子就更坏。在一切人之中,像马歇尔那样受过数学训练,像他那样对自己的注 21极为重视的人,不可能既看不到瓦尔拉的成就在时间上居先,又看不到这一成就的伟大。可是在《原理》一书中,瓦尔拉的大名

① 几次三番,下列事实给我们很深的印象:好些有资格的或甚至著名的经济学家竟然常常盲目地把在"客观"意义上应归功于别人的东西(甚至"马歇尔派"的需求曲线!)归功于马歇尔。然而我们用不着走出剑桥大学的圈子。在《传记集》第 222 页及以下各页,凯恩斯就企图"借助于埃奇沃思教授所提供的注释"来列举包含在《原理》一书中的某些"对知识的显著贡献"。所列举的六项贡献(除了有关历史性介绍的评论)显然都被认为是客观上的新东西。可是其中没有一项能不提及别人的著作而可以承认是新东西,虽然在一部为范围较广的读者写的一般论著中,它们当然还是够新颖的。

仅仅出现在与这一成就丝毫无关的三个不重要的场合。[①] 就较不重要的杜皮伊和弗莱明·詹金二人来说,情况也完全相同,他们都仅仅在脚注中得到承认,而且这种承认还不是在适当的地方。我要立即着重提一下情有可原之处。其中一个已由凯恩斯勋爵加以表述:马歇尔看出了杰文斯和奥地利学派著作中的技术性错误及其他不足之处,除非远远避开这些犯错误的作者,这些错误和不足之处就很可能有损于新研究法的成功。还有另外一些情有可原之处。分析工作的连续性是非常宝贵,而新理论体系的首创者,或者至少说杰文斯和奥地利学派,并无必要加宽使他们自己与其前辈相分离的鸿沟。而且马歇尔很清楚自己起着民族领袖的作用。他可能认为保持民族传统是他的责任。

可是,很幸运,我能够用较愉快的调子来结束这一节。关于马歇尔伟大著作的最伟大之处还有许多话好说。在伟大成就的背后还有更伟大的启示。马歇尔比任何其他经济学家——也许帕累托是例外——更多地指出自身以外的东西。他自己没有创立垄断竞争的理论,但他通过研究厂商的特殊市场而指向了这个理论。前面讲过,他的纯理论是严格静态的,但也讲过他还指向了动态经济学。他没有作计量经济学方面的研究工作,但他推理时总是注意对经济理论作统计方面的补充,并且尽力提出适于在统计上运用的概念;在他所作的关于《旧一代和新一代的经济学家》的演讲中,他概述了现代计量经济学纲领的主要部分。自然,他的著作是过

① 埃奇沃思对瓦尔拉以及对奥地利学派,也不宽厚到了可悲的程度。但是他的不宽厚多少有些像溺爱孩子的母亲或忠实的妻子那样不宽厚得可爱——在她们自己认为完全可钦佩的儿子或丈夫的对手身上,看不见任何优点。就我所知,埃奇沃思从来没有对自己不宽厚。

时了；然而在这部著作里面，却有一种防止它腐烂变质的青春活力。

3. 法国

1870年到1914年法国的形势确实很奇怪。瓦尔拉在工作（到1892年或这一年左右），库尔诺也从默默无闻中冒了出来。在事实分析领域，有勒普莱及其学派、西米安、勒瓦瑟、芒图、马丁以及其他许多人。[①]要是只计算最高成就，我们似乎会倾向于把法国经济学摆在所有国家的首位。但是除了事实领域的那些最高成就之外，别的最高成就几乎完全未产生影响，而且几乎没有那种范围较广的活动的任何征象，而这种活动在我们时代却有很快收回失地之功。[②]不过，那个时期法国学院派经济学的声誉不高，并不是由于它在"纯理论"领域的缺欠——而且就应用领域而言，轻视它更没有理由——而是由于别的一些原因，这些原因会妨碍越出常规的现代激进派对它的承认，也就是说，由于格拉德斯通派所说的自

① 关于勒普莱，参阅前面第三编第四章；西米安和勒瓦瑟，已在本编第四章中讨论过。

② 但是我们必须提一下奥皮蒂特的瓦尔拉派著作，和劳伦特及安东内利介绍瓦尔拉派或帕累托派学说的教科书。艾伯特·奥皮蒂特的《货币的一般理论文集》（1901年版），是一部至今还值得一读的、质量颇高的早期著作，标志着货币理论发展的并非不重要的一步，但这里之所以提到它是因为它还在另外一方面具有更为重大的意义，即它对瓦尔拉派均衡理论作了较早的重新表述。赫尔曼·劳伦特（1841—1908年）写了一个关于瓦尔拉—帕累托理论的虽然简单但却非常好的摘要（《数理政治经济学简论》，1902年版）；而艾蒂安·安东内利教授在私立社会科学院冒着很大风险开了一门讲授瓦尔拉的课，后来在1914年，他把讲授这门课的讲稿以《纯经济学原理》一书发表——真可谓是一项开创性工作。"数理经济学"的著作有许多种，有的以后还要提到。它们的影响不大。

由主义。法国经济学家的主要派别的政治渊源是那么明显，他们的政见支配他们所写的一切是那么全面，以至在这个速写的其余部分，我们除了采用政治标准就别无他途了。

因此，我们首先看看放任主义的激进分子，他们以巴黎派闻名，因为他们控制了《经济学家杂志》，控制了新词典，控制了巴黎的中央职业组织、法兰西学院和其他机构以及大部分宣传工具——控制得那么厉害以至他们的政治上和科学上的对手开始染上一种怕迫害的过敏症。甚至在时隔很久的今天，要给这个按我们看法也算一个学派的派别以公正的评价，还是极其困难的。我将只提几个人的名字，循着这些名字凡是感兴趣的读者都能找到这个派别的著作；我还打算只用较少的篇幅来刻画一下整个学派的特征而不准备详论个人。那么，最出名的人物是：保罗·勒鲁瓦—博留、库塞尔—塞纽尔、又一次碰到的勒瓦瑟、孜孜不倦的古斯塔夫·德·莫利纳里、伊维·居奥、莫里斯·布洛克[①]和莱昂·萨伊。他们都是反国家主义者，也就是说，他们迷于这样一种信念，其大意是：经济学家的主要任务是驳斥社会主义学说，是反对一切社会改革计划和任何一种国家干预计划中所包含的恶劣谬论。特别是他们坚定地站在正在没落的无条件自由贸易和放任主义旗帜这一边。这很容易说明为什么他们不受社会主义者、激进派、天主教革新派、社会连带主义者以及其他一些人的欢迎，虽然这一点对我们关系不大。对我们关系大的则是下面这个事实：他们的分析从方

① 勒鲁瓦—博留和库塞尔—塞纽尔，前面第三编第四章业已论及。莫里斯·布洛克的概论性著作《亚当·斯密以来经济学的发展》(1890年初版；1897年再版，两卷本)则是作为这个学派所想象的抽象分析著作的鲜明标本来提出的。对勒鲁瓦—博留的《论财富分配》(1881年版)也不应不予注意。

法论上看就像他们的政见一样反动。他们简直不关心我们所谈的问题的纯科学方面。J. B. 萨伊和巴师夏，以及随后稍稍冲淡了的边际效用理论，便满足了他们的科学口味。某些同情这个派别的政见的人则飞得较高，做了值得注意的工作，虽则他们不是这个派别内圈的成员，从而意味深长地很少被提及。下面两个无论何时都应算作著名经济学家的人尤其如此，这就是科尔森和谢松。注意下面一点也并非不重要：他们两人全是训练有素的工程师，在这个方面他们又都继承了带有杜皮伊的名字、现在比过去任何时候都更为有生气的法国传统。如果我愿意对学派一词采用本书所采用的意义以外的任何其他意义的话，我肯定应当把公用事业部门中这些聪明的法国工程师算作一个学派，他们这些人对科学的经济学过去作出了，而且现在仍正作出巨大的贡献。①

然而甚至另外一些人，他们不能说是飞得很高，却也有一个很大的优点。他们的哲学是很可怜的，他们的理论是软弱无力的，但当他们写实际问题的时候，却像他们的先辈一样，像马歇尔一样，

① 克莱门特·科尔松(1853－1939年)并未从事他曾经受过训练的职业，但他是一个公务员——就这个名词的最广义和最受尊敬的意义说。我们不能详述他的许多活动——包括教学活动——和功过。只要提一提下列两本书就够了：他的《运输和运费》(1890年版)，这本书至今仍有一读的价值；他的《政治经济学教程》(1901－1907年版)，并非各个部分全都同样值得介绍，但有些地方，特别在运输方面，则达到较高水平。

埃米尔·谢松(1836－1910年；《选集》，1911年版)是另一个有许多优点的人。我只想提一下他主持的一个讲座，其讲稿后来以《统计几何》为题于1887年发表。这本书充满了有关统计需求、收益及成本曲线、位置及运费(他提出一种运费无差异曲线)、工资(他在这里发展了现在通称为“蛛网”的模式)、作为工资函数的销售、对原料来源的合理选择、质量、产品变异、利润最高化等等意见，有些具有很强的首创性。我要感谢H.施特尔博士向我指出这个把各种工具和概念糅在一起的令人惊奇的集合体，不然就会忽略它。

知道自己在写些什么。也就是说,他们的生活和思想极其接近于工商业和政治的实际,他们大多数是从切身经验中而不是从报纸上认识这种实际的。他们的著作充满现实主义和机敏的气氛,由此而部分地弥补了科学灵感的不足。①

政治家们很少会喜欢一个不是维护自由贸易就是沉迷于不切实际的自由主义的派别。因此,当政府开始在法国的所有大学的所有法律系设立经济学教授职位的时候(1878 年),就尽力使新教授不全是带有巴黎派政治色彩的人物。当然,这造成了变化,但是,除了把经济学的光辉带到直到那时还不得不为黑暗所笼罩的最不幸的地方,这种变化在开始时便是政治性质多于科学性质。但是,这些自己觉得不仅在一个意义上是新人的新人,聚拢起来,创办了“非正统”的《政治经济学评论》(1887 年)。他们之中的大多数对助长放任主义的自然法抱怀疑态度,对正在得势的保护制度多少更为偏爱,并使自己成为较缓和的社会改革纲领的俘虏。从科学上看,因是而生的结果起初很小。但从任命这些教授算起,在三十五年的过程中,不仅由于这些新教授本身的作用,而且受时代精神之赐,还是取得了许多巨大的进步;巴黎的气氛活跃起来了,虽然一小撮放任主义的忠实分子还是像李奥倪大的斯巴达人之在德摩比利那样坚持到底,其坚强信念之惊人不亚于其寿命。

① 因此,地位较高的理论家和反自由主义者双方对这一派别的直言不讳的藐视,是不公正的。以伊维·居奥为例,一位杰出的理论家曾把他叫做“可怜的”居奥。这位理论家如果头脑里有了比方说帕累托作为对比的标准,那他或许是对的。但是我必须补充说,如果我是工商业者或者是政治家,为了了解比方说今后六个月内就业或金属价格的变化情况,我宁愿请教居奥——他在诊断实际问题方面,是一个奇才——而不愿请教帕累托。我们所有的人全都应受“可怜的”这个形容词的讥讽,如果我们不得不去应付远非我们本行的工作的话。

至于代表人物的名字，只要提下面几个就够了：P. L. 科魏斯，与其说是位经济学家，毋宁说是位法律学家，受德国社会政策和德国历史主义的影响，即使不是一个了不起的科学经济学家，也是一个有思想、有能力的人物；查尔斯·季德和查尔斯·里斯特，是后来出名的；① 还有两个人，兰德里和阿夫塔利昂，② 他们的成就也居于法国经济学家的新纪元的最前列。就我所知，所有那些阐述社会改造体系的派别，包括社会主义者和社会连带主义者在内，没有一个作出值得经济分析史加以注意的贡献。③

4. 德国和奥地利

我们知道，在德国，社会政策和历史学派著作对普通经济学的影响较任何其他国家为甚。这种影响既未完全破坏传统，也未完全摧毁普通经济学的“理论”部分。但在某些方面，却几乎做到了这一点。虽则到 1900 年，开始出现反作用，到 1914 年且日趋强烈，但那时二十几岁的人实际上没有受过掌握分析工具的技术的

① 查尔斯·季德（1847—1932 年）在分析史上没有任何重要地位，但他却起了一种极有用又极值得赞扬的作用。他是个全才，没有偏见，同情一切正在发展中的事物，而且天生适于把这种同情传达给别人。他撰写了那个时期最成功的教科书之一，又同里斯特一道合写了一部更为成功、至今还被广泛采用的《经济学说史》（1909 年第 1 版；1947 年第 7 版；英译本 1915 年版；1948 年又附有法文第 6 版及第 7 版的增订部分）。在这个领域，还有另外几个人的著述（佩兰、埃斯皮纳、德尼、杜波伊斯、朗博、戈纳德）。

② 阿道夫·兰德里：《资本的利息》（1904 年版）。阿夫塔利昂和朱格拉将在第八章他们的著作所属的领域里提及。

③ G. H. 布斯凯教授的《论经济思想的发展》（1927 年版）、加埃唐·皮罗的《经济学说》（1925 年版）和季德及里斯特合写的著名的《学说史》，可以对上面的概述作有益的补充。

训练,其中有些人实际上把"理论"看成由社会主义或个人主义以及其他类似的哲理和关于"方法"的争论所组成的东西——他们并没有把理论视为"工具箱"。概括说来,真正土生土长的理论是既不足道又很虚弱的,唯一跳动的脉搏是奥地利学派和马克思学派。事实上,像这样被彻底分散的形势——较前一时期更甚——是难以用简洁的速写来描绘的。我打算作如下极端简化的处理:首先考察一下奥地利学派;而后看一看几个代表性人物,他们只是在下述意义上才说得上组成一个派别,即在前一时期奠定了自己声望的基础,并且作为"元老"对我们正在研究的时期产生相当大的影响;最后,在把马克思主义者保留到本章之末来单独论述的同时,我们将再加上一些代表性人物的名字,这有助于使从前一章就开始描绘的德国经济学者的"生平与著作"这幅图画得以完成,就像可以把印象派画家的几抹颜色说是使图画完成一样。在下面三小节里,我们始终牢记的宗旨是:不惜以对许多个人欠公允这一相当"痛苦的代价"来画出一不过分拥挤的画面。①

(a)奥地利学派或维也纳学派。　存在奥匈帝国和德国之间的紧密文化关系并没有阻止在奥地利出现一个我们所涉及的领域中完全不同于德国的科学形势。这主要是由于两件涉及个人的事实:其一,由于卡尔·门格尔是一位具有异乎寻常力量的领袖;其

① 在这方面,我特别愿意接受批评,因为我不能以不了解那些我很熟悉的情景的细节作借口。但是我的说明中的某些脱漏可以由许多著作来填补,特别可以由下面两本纪念集来填补:(1)1908 年的施穆勒纪念集:《十九世纪德国国民经济学的发展》;(2)1925 年的布伦坦诺纪念集:《战后的经济科学》,特别是安蒙博士的文章《纯理论的地位》(第 2 卷第 3 篇);这两本纪念集说明了我们所论述的这个时期的特点,虽然只有一本在这个时期问世。

二，由于他得到了庞巴维克和维塞尔这两个门徒，他们在学术上跟门格尔相匹敌，他们完成了门格尔的业绩。他们实际上不能叫做第二代，而是有资格被看作一个学派的共同奠基人，这个学派在许多方面将是一个具有惊人重要性和持久性的学派。此外还有几位相当值得注意的追随者（诸如扎克斯和楚克坎德尔），当然在这个时期确也兴起一个第二代。不过我认为把这一小节限于介绍这两位[①]领袖和另外两个人即奥斯皮茨和利本，不但恰当而且能给人以正确的印象；后二者，从个人方面看而不是从学说上看，似乎离得远些而且从未获得他们所应得的声誉。

欧根·冯·庞巴维克（1851—1914 年），就其经历来说，主要是一个公务员。在评价他的科学著作时我们必须记住这一点，就像要想公正评价李嘉图时必须记住他的职业一样。摆在我们面前要读的书并不是庞巴维克心目中认为已告完成的著作——已发表的著述的某些部分是仓促写成的，庞巴维克从没有机会对其结果加以补救。为了说明这一点，让我们从他一生以下列品质著称的记录中摘引几件有关的事实——这些品质包括一心一意忠于职守、完全公正无私、在学术上极度努力、在文化上兴趣广泛，为人坦率、纯朴，所有这些品质完全不是装出来的，也完全不是出于喜欢自我表现。他的早年科学发展谅必受到一读完普通法科就去当文官这一经历的严重妨碍，我们知道，这样就不能给经济学留下什么余地。他被任命在因斯布鲁克大学教学的时候才三十岁，在那里任教八年就是他能够在自己精力最充沛的时候从事科学的经济学研

① 冯·菲利波维奇将要在下面提到。L. 冯·米塞斯则要在我们讨论货币的一章中提到，他的论货币的著作是这个时期末问世的。

究的全部时间。他是一个刻苦努力、有条不紊、效率很高的工作者,也许,我们也无需因为他从事教学工作而对他蕴藏的精力作很大的扣减。不过,他的精力更多地用在了在各种论战上面,通过这些论战使他成了门格尔学说的最最杰出的拥护者。[①] 其余的精力则用于撰写他一生的主要著作《资本与资本利息》(第一卷,1884 年初版,1921 年第四版;英译本 1890 年版;第二卷,1889 年初版,1921 年第四版;英译本 1891 年版):第一卷《资本利息理论的历史和批判》,英译本作《资本与利息》;第二卷《资本实证论》,英译本用了同名。第一卷包含对利息理论的一系列批判。第二卷包含他自己的创造性贡献。但由于预料到为了准备 1896 年财政大改革他要重新参加财政部工作,第二卷的写作不得不压缩,并且这一卷书不得不在作者写作过程中一部分一部分地仓促付印。结果,各种独特的想法只是很不完善地被拼凑在一起;在写作过程中作者对若干实质问题改变了自己的观点;因而书中同时存在着几种不同的思想倾向;有决定意义的后几章坦率地说只是未定稿(参阅第二版未修订本的序言),只达到了他所达得到的水平,而未达到他想要达到的水平。紧接着从 1889 年到 1904 年,又有一段辉煌而又非常有趣的经历,在这期间他三度入阁,除了从公务繁忙中抽出的短暂休假和零星时间——特别是在清晨——以外,再无更多的空闲。但即使如此,他还是同大学教学保持着外围关系(他仍担任维也纳大学名誉教授,偶尔指导一个研究班)。他也还能够写一些论战性质或说明性质的文章。特别是,他写出了批判马克思理论体

① 他的这些补遗以及以后的补遗均由其最能干的学生之一弗朗兹·X. 韦斯教授编在《全集》(两卷本,1924—1926 年)中重新出版。

系的那部著名著作。[①]但是他不能再写什么有创造性的著作了。1905 年终于有了空闲,当时他拒绝了国王授予的最有利的要职,而接受了维也纳大学"常任"(专任)教授的聘任。这就等于说,除了自愿承担的工作以外可以摆脱一切,也摆脱现代生活的无谓烦恼,因为当时环境之下的所有"当道者"都对这位声誉卓著的枢密顾问官无限尊敬。然而他的脑力和体力都比他的年龄更显得苍老了。虽然他一直指导他那出名的研究班到死(1914 年),他的创造能力却早用光了。他固然对《资本与资本利息》做了一些修改工作,并且增写了庞大的附录,但再不可能有什么真正的进步了。《资本与资本利息》的增订第三版于 1909—1914 年份三卷出版〔第二卷扩大成两卷:第二卷上和第二卷下〕;没有更动的第四版则附有冯·维塞尔的一篇导言,于 1921 年出版。

我们先不管庞巴维克对于边际效用原理的倡导,先不管他对马克思的批判以及其他可以提及的事情,而来探究一下他的主要贡献的性质与意义何在。大多数人给予的回答很可能是:他的贡献主要是利息理论和与之有联系的"生产周期"。这一回答极不全面。庞巴维克的利息理论,以及附带地,庞巴维克的生产周期,只是经济过程的综合模式中的两个要素,该模式的根子可以溯诸李嘉图的著作,又和马克思的模式相类似。很自然,它的一部分是完整的分配理论——而不单是利息理论,这个分配理论在"完全发达的资本市场"中达到了顶峰(参阅《资本实证论》下册第四编,第三版及第四版),在那里存货、周转期、工资和利息同时得到决定。对

① 《马克思理论体系的终结》(1896 年版),英译本作《卡尔·马克思及其理论体系的终结》(1898 年版)。〔新版(附有希法亭的答复),由 P. M. 斯威齐编辑并作序,1949 年版。〕

于他在经济学史上的地位，如果我们想加个标签的话，那最好把他叫做资产阶级的马克思。①

因此，庞巴维克的成就带有李嘉图的根子，②虽然他自己完全没有意识到这一点。他同样也没有认识下面这个事实：在一极为重要的方面，约翰·雷抢在了他的前面。③最后，更加明确得多的是，杰文斯也抢在了他的前面——他跟杰文斯的关系和马歇尔跟杰文斯的关系没有什么不同。在这一点或那一点上常常还有另一些人领先于庞巴维克；我们知道，在一点上，西尼尔处于领先地位，在另一点上，纽科姆的《原理》处于领先地位。然而，主观上，庞巴维克是门格尔无比虔诚的门徒，以至几乎没有必要再寻找其他影响了。这还不仅是说，他在价值及价格问题上追随了门格尔；甚至连下列两个命题，即能够通过延长生产周期来增加一定"数量"资本的生产力，和相对眼前的快乐而言，我们习惯于低估将来的快乐，也都是门格尔早已指出过的；④可是我们将要看到，这两个命

① 读者读到这一段话时可能会感到惊奇，其理由有好有坏。好的理由是，马克思远不只是一个经济学家。当然，我的说法只是指马克思所提出的资本主义过程的经济理论而言。坏的理由是，每当想到马克思的时候，我们脑子里就习惯地含有那些从本书观点看是非本质的东西，诸如宣传鼓动者的姿态、预言家的怒气等。把这些放在一边而去注意其下面的冰冷的分析钢架，读者就不会觉得我的说法那么惊人了。庞巴维克的边际主义不过造成了技术上的不同；边际主义作为一件效率更高的工具，从庞巴维克的道路上清除掉了马克思在其道路上所遇到的那些假问题。

② 奈特教授和埃德尔伯格博士都曾一再指出这一点(参阅前面第三编第四章第2节)。

③ 在写那本富有独创性的著作时，庞巴维克对约翰·雷的了解仅限于约翰·穆勒所引用的雷的文字，而这些文字并没有揭示雷的分析的核心。庞巴维克在第三版中引用了雷的文字。关于这一点请参阅C. W. 米克斯特的文章(《庞巴维克论雷》，载《经济学季刊》，1902年5月号)，不过，他过于夸大了约翰·雷的影响。

④ 这一点尤其值得注意，因为门格尔非但不喜欢把那个理论看作是对自己意见的发展，反而从一开头就严厉地谴责它。他有一次用他那有些夸张的语气对我说："人们迟早会看清楚庞巴维克的理论是人们有史以来犯的最大错误之一。"他在自己著作的第二版中删去了这样的暗示。

题正是庞巴维克所特有的资本与利息理论的两块基石。正是这一点，而不是杰文斯在时间上的居先，使人对庞巴维克的首创性产生了疑问。有人会争辩说：有本事把处于胚胎状态的启示发展成为一个壮观的有机整体的人，是根本不需要什么启示的。实际上没有必要作这种争辩。使庞巴维克成为经济科学的伟大建筑师之一的，正是上面粗略描绘的庞巴维克的经济过程模式或庞巴维克的经济过程图式，而这个图式既完全出乎杰文斯的想象力范围之外，又完全出乎门格尔的想象力范围之外。

我们这个领域中的几个最杰出人物，特别是维克塞尔和陶西格①，事实上就是这样看待他的。但多得多的人却从一开始就批评他和诋毁他。这是由于，第一，庞巴维克一贯很谨慎，虽然他有极多的学生，可是他的这种态度却妨碍他像马歇尔那样把这些学生变成门徒，因此他从没有获得一批为捍卫他而随时准备冲锋陷阵的科学卫士。第二，这位著名辩论家积累了有些人不想慢慢跟他算账的许多争端。② 第三，像前解释过的，庞巴维克的著作不是一部成熟的著作：它实质上（而非形式上）是一部初稿，没能发展成为更完善得多的东西，而且后来也再没有继续发展。加之，由于技术原始，特别是由于缺少数学训练，庞巴维克究竟能不能完善其著

① 这位著名人士（陶西格）有一次（我想是在1914年春天）告诉我说，他认为庞巴维克是一切时代最伟大的经济学家，只是还赶不上李嘉图（或者甚至说，他认为庞巴维克跟李嘉图不相上下，是两个最伟大的经济学家。我不记得这两个说法究竟是哪一个了。）

② 让我们顺便注意一下，有人例如马歇尔在批评中常常加给庞巴维克的那种不公平指摘。我认为这种指摘，就所提出的而言，是没有根据的。但是庞巴维克的头脑是一个辩护士的头脑。除了对手议论的文字以外他看不见任何东西，而且好像从没有反问过自己，冒犯他的文字究竟有没有包含真理的某些要素。这往往损害他的批评论据，尽管如此他的批评仍然是现有进行那种理论思考的最佳训练。于是，不同情他的读者有时就会得到那种指摘所表达的印象，这是可以理解的。

作,也是很可怀疑的。于是,他的著作除使人很难理解之外,还充满了招致批评的不当之处——例如要按他的论述,“生产周期”几乎等于废话——并且妨碍读者进一步深入到他的思想核心。其结果,对他的个别论点的批评往往很成功,而这样零零碎碎地吃败仗又损害了整体的名誉。他甚至受到欧文·费雪这样出名公正的人的批评,后者甚至从没有意识到自己的《利息论》有多少应该归功于庞巴维克,虽然费雪肯定比所有的人都迫切希望,或甚至过于迫切希望能公正对待他所能发现的前辈。到凯恩斯写《货币论》的时期,人们已普遍认为,庞巴维克的理论只不过是个离奇的错误,不必加以认真的讨论。可是他的思想还是继续起作用,并使人们,包括那些批评者与诋毁者在内,都从中受到教益。事实上,他的思想自始就是这样起作用的:虽然庞巴维克很少赢得敬意,信徒也很少,但他过去是,而且现在仍是经济学界的伟大导师之一。①

弗里德里希·冯·维塞尔(1851－1926 年)则是一个完全不同的人。他是一位天生的思想家。青年时期一度短暂地担任文官和六十多岁时更短暂地一度入阁,是他一生在布拉格和维也纳所过的既平静又无变故的学术生涯的唯一中断。然而,这位思想家的特征是难以描述的。他的伟大之处是具有深入到事物内部的广阔想象力。但是他没使这种想象力很好地发挥作用,因为他不仅像庞

① 这种说法的正确性,与伴随着二十世纪三十年代初期冯·哈耶克教授的经济周期理论的巨大成功而来的庞巴维克的复活无关。奈特教授在 1933 年(《资本主义生产、时间和报酬率》,载《纪念古斯塔夫·卡塞尔的经济论文集》)和 1934 年(《资本、时间和利率》,载《经济学》,8 月号)猛烈攻击了庞巴维克的学说,他这样做并非是在同假想的敌人战斗,这一攻击引起了一场热烈争论(主要文献见 N. 卡尔多的《最近关于资本理论的争论》,载《计量经济学》,1937 年 7 月号)。不幸的是,庞巴维克启示的精髓只是偶尔受到注意,或者只是在这种文献中一掠而过。

巴维克一样缺少必要的技术训练，而且还加上他缺少炮制有力论点所需要的天赋才能。我们已经提到他的社会学(《公理与强权》，1910 年版；《权力的规律》，1926 年版)，对这种社会学本应给予更多的注意。他对货币理论的重大贡献将在适当的地方提到。在他关于一般理论的三部伟大著作当中，第一部《论经济价值的来源和主要规律》(1884 年版)除具有重新强调和发展门格尔关于价值的理论的功绩(他创造了 Grenznutzen〔边际〕一词)外别无其他，虽然单是这一点在当时也是了不起的；第二部《自然价值》(1889 年版；英译本 1893 年版)完成了奥地利学派的成本与分配理论(他创造了 Zwrechnung〔归属〕一词)，对这些理论门格尔仅仅略述梗概，而且，尽管有门格尔的概述，尽管有显著的技术上的错误，仍应该把这部著作列为一项首创性成就；第三部《社会经济理论》(见 M. 韦伯的《社会经济学概论》第一卷，1914 年版；英译本作《社会经济学》，1927 年版)，虽则实质上没有增加什么新的东西，却是对他一生经济思想的总结，给人留下了很深的印象。历史上——但是，各个历史学家对他的看法却大不相同——主要把他看作是完成奥地利学派理论结构的人物，虽然他的有些看法和瓦尔拉的看法更类似而不是和门格尔的看法更类似。对于他作为理论家的意义的最高评价可以在施蒂格勒教授的书中找到，这本书只在这里提一下就算了。[①]他的《论文集》(1949年版)则由冯·哈耶克教授编辑并

① 乔治·J. 施蒂格勒：〔杰文斯、威克斯蒂德、马歇尔、埃奇沃思、门格尔、维塞尔、庞巴维克、瓦尔拉、维克塞尔、J. B. 克拉克的〕《生产与分配理论》，1941 年版。这位有才能的理论家所写的这部优秀著作，也许是现有对那个时期领袖人物的理论著作的最好概述，因而是我们要大力推荐的。这种推荐并不意味完全同意书中的每一件事实或每一点评价。

作传。

为篇幅所限只能简略地提一提下面两个著名人士的著作;这两个人是:鲁道夫·奥斯皮茨(1837—1906年)和理查德·利本(1842—1919年)。前者是一个同卡特尔作斗争的工业家——尽管卡特尔增加了他的利润(他把增加的利润转给了他的雇工),又是和别人共同提出采用累进所得税法案的政治家。后者是前者的亲戚,又是他科学上的合作者,是一个有艺术欣赏力的私营银行家。他们写出了这个时期杰出的理论著作之一,《价格理论研究》(1889年版;第一部分于1887年单独发表;法译本1914年版)。从技术上看,他们远远优于他们本国人;而由于这一点,还由于他们把局部分析问题摆在最显著的地位,他们的著作表面上看起来没有那么多"奥地利学派"的色彩。这部著作颇受埃奇沃思的赏识,并得到欧文·费雪的更大赏识,但在本国却默默无闻。他们的总供求和边际供求曲线(他们没有使用平均曲线)在当时是首创性的贡献,附录中那个根本没人注意的一般理论也是如此。

上面我把奥地利学派说成是德国一般经济学中两个能起作用的势力之一。但是这个势力直到1900年以后才显著表现出来,而且甚至再晚些时候德国人对它的态度也不那么友善。[①]之所以如此有几点理由。第一,主要对自己那时代的实际问题和历史著作感兴趣的人们,自然不会欢迎他们认为基本是错误的或者至少不感兴趣的那一种研究的复兴。第二,除了施穆勒——他后来坦率地

① 甚至直到1918年,G.卡塞尔的《理论社会经济学》之获得巨大成功,还是既由于这部著作作为一本教科书很有用处,同样也由于它在表面上既对奥地利学派怀有敌意又对瓦尔拉学派怀有敌意。

承认了自己的错误——之外,许多人都把理论同“曼彻斯特主义”,也就是同无条件的放任主义联系起来。因此他们认为,他们所看到的不仅是他们所不喜欢的那种分析的复兴,而且是他们所憎恶的那种经济思想——或政治经济学——的复兴。第三,当时大多数理论家不是受马克思的影响——而马克思主义者在新理论中当然除了资产阶级的新辩解之外看不见其他——就是英国“古典派”的忠实信徒:他们之中有些人对李嘉图和约翰·穆勒的钦佩较之马歇尔有过之而无不及,但是不像马歇尔,他们坚决不肯超越这两个人。[1]各式各样的游击战士——他们独自试作新的开始——也不想接受这样一种分析图式,这种分析图式尽管非常简单,但若未受过某种理论训练,是无法体会它的。在英国,刚开头的进展很快就碰上马歇尔学派这座堡垒,它“巍然高耸”在奥地利学派这间茅屋之前。在美国,许多经济学家豪爽地承认了奥地利学派。但是,由于这个国家有本国的“边际”学派,又由于若干最负盛名的美国经济学家,特别是欧文·费雪,追随瓦尔拉,而不是追随奥地利三人同盟,其形势就跟英国没有多大区别了。在法国,奥地利学派的学说正好同该国的传统相一致,而又比瓦尔拉的数理派学说更易于接受,因而取得了很大的进展,勒鲁瓦·博留、季德、兰德里、科尔森(虽然他较偏向于瓦尔拉派)以及其他许多人都或多或少对他很殷勤。在意大利,起初有很大成功。但是奥地利学派的冲力不久就逐渐消失,或者说被帕累托的学说所湮没。奥地利学派最早而又

① H.迪策尔(下面要讨论到)比任何人都走得更远:他实际上认为保留整个“古典派”结构是可能的。这种看法竟然在1921年提出!(见《从价值理论的理论意义说起》,1921年版)

最持久的成功是在荷兰以及斯堪的纳维亚半岛国家。

(b)元老们。 庞巴维克有一次告诉一个浮躁而又执拗的青年人说，科学只有等到老教授们一个个死去才会进步。可是，在他们死去而科学取得进步之前，这些老教授仍是场上人物，其中有些人我们必须提到。我选择了罗雪尔，他一直活到 1894 年，还有克尼斯、舍夫勒、施泰因，这些人我们在前面都提到过，他们都有过重大的影响。

关于罗雪尔，无须再多说什么了。卡尔·克尼斯(1821—1890 年)主要是一位伟大的教师，他把海德堡变成学习与研究中心，在那里各式各样的人都受到欢迎并被聚集在一起工作。在他的许多著作当中，我只提一下他的主要著作《货币与信用》(1873—1879 年出版)。阿尔伯特·舍夫勒，是施瓦本激进派——如果他活到今天，并且活在美国，我们就要把他说成是“新政实行家”或甚至“只会空谈的温和激进派”了；他在 1871 年当了奥地利内阁部长，随后在他的家乡小城过了三十多年悠闲的学者生活；他很少有教学机会，但是作为作家却产生了潜移默化的影响。但是，除非他那雄心勃勃的《社会机体的结构与生命》(1875—1878 年出版)一书里有比我所能从中找到的更多的东西，否则就不能认为经济分析有多少要归功于他。他在赋税方面的著作将在适当的地方提到〔第六章中关于赋税的一节没有写完——编者〕。洛伦茨·冯·施泰因(1815—1890 年)是攻读法国社会主义的学生，1855—1888 年在维也纳大学当教授，成为公共行政与财政学的权威。他的经济学教科书并不足道，我之提到他只是因为从整幅画面中略去一位无疑是杰出的人物，似乎不太合适。

(c)代表人物。　当人们想到我们所概述的时期中德国经济学家的时候，首先浮上脑际的学术领袖名字当然是前一章业已提到的那些人，特别是布伦坦诺、比歇尔、克纳普、施穆勒、桑巴特、瓦格纳和M.韦伯了。为了说明多方面的情况，我还挑选了博特基威切、迪尔、迪策尔、劳恩哈德、莱克塞斯、菲利波维奇和舒尔茨—格弗尼茨等几个人。但是，我应该到此为止。许多成功的教师，诸如约翰尼斯·康拉德——他是许多美国来访者的热心顾问——或古斯塔夫·科恩、波勒、赫尔德，以及杰出的纳塞或赫克纳等，则应略而不论。

在第一批人里面，只有阿道夫·瓦格纳(1835—1917年)还需要补充几句。我们已经知道，他是一个为社会政策而斗争的领袖，又是——政治上的——保守的改革家。此外，他在货币方面还有使他增光的有内容的作品，将在第八章加以评介。我们也要介绍他在财政学方面的著作(《财政学》，四卷本，1877—1901年出版)。推想得出，在历史上他的声誉所依据的正是这些成就。而在这里，我们则要把他看作一般的分析经济学家。他觉得自己是在反对历史主义这个意义上是“理论家”。然而，他虽然决不拥护施穆勒派，却通过他那——如果不是完全新奇的——对(制度上的、行为规范上的和过程上的)历史—法律范畴和经济范畴所作的著名区分，强调了历史相对性，这种区分也许是无须再作解释的。他经常说，洛贝尔图斯和舍夫勒是使他受益最多的两位经济学家；他也一直表现出对李嘉图怀有批判性的兴趣，对他说来，后者永远是他所认为的“那种”理论家。对于他那时代的著作，他仅仅吸取了表面上的意思，虽然对许多外国经济学家，特别是对马歇尔和陶西格，他也给予了承认——仅仅是在形式上承认,实际上没有什么意义——并且反过来也得到他们的承认,特别是得到马歇尔的承认。除货币领域外,对于他在分析经济学方面的首创性甚或他在这方面的能力,是不能给以很高评价的。可是他的名字却远比许多专门分析家要流传得更久。在他那受系统化狂热病影响而简直令人不能忍受的浩瀚著作中,这里要提到的只是他的《原理》(《政治经济学原理》,1876 年第一版)一书,这本书后来被他和别人合写的巨著《手册》(《政治经济学手册》)所取代。

上面所说的第二批人是由成分很复杂的人组成的。拉迪斯拉斯·冯·博特基威切(1868－1931 年)是一位受过正规训练的数学家和物理学家,① 并且是地位很高的莱克塞斯派统计学家。作为理论家,他主要作为对马克思② 和庞巴维克的最有力的批评家之一而著名。就经济理论而言,他那从本质上说好挑毛病的倾向妨碍他写出有创造性的著作。这还不是一切。他的批评每涉及细节的时候也是最精彩的时候——从某种意义上说他是着意"寻章摘句"的人,而对于理论模式的更广方面和更深意义,却不放在眼里。博特基威切自称是马歇尔派。但这不过是说,他喜欢马歇尔《原理》中某些最不令人钦佩、最不进步的东西。然而,如果他不是站在侧线位

---

① 他和汉诺威工艺学院教授威廉·劳恩哈德(1832－1918 年)都具有这个特征;后者的《国民经济学体系的数理基础》(1885 年版)虽然实质上是瓦尔拉派的,并因有许多不妥之处而减色,我们还是要把这本书列为著名著作,而且在某些方面要把其列为首创性的著作(尤其就运输与选址而言)。这样,德国并不是完全没有"数理经济学"。叫人难以理解的是,明明有某种类型的研究,可世人却对其视而不见,这正是我们这个研究领域的特有情况。

② 关于这一点,参阅 P. M. 斯威齐前引书;他完全接受博特基威切对马克思的价格理论的修正。

置——因施穆勒和瓦格纳而大为逊色，如果他当教师不是那么不成功，那么，他是有可能在柏林产生有益影响的。

相反，卡尔·迪尔（1864－1943年）则没有站在侧线上；他在弗赖堡占据了德国经济学最著名的讲座之一——其所以著名，部分由于在他以前就著名，也部分由于他的缘故。他又是一个非常有影响的教师，虽然在讲堂上不及在研究班上表现得那么出色，他的研究班组织了并鼓舞了很多的学生。他具有强烈的制度主义倾向——尤其是主张一切都具有历史相对性。然而这并不妨碍他成为一个真正的"理论家"，也就是说，成为一个在同某些哲理打交道，在作概念上的争论时候并不放弃理论，而把理论作为手段来解决问题的经济学家。他的理论既不是首创的又不是很现代的，也不是很精细的——其根源出诸英国的"古典派"，①但是这种理论仍不失为有用的理论，在当时的形势下具有很大意义。

海因里希·迪策尔（1857－1935年），另一个（在波恩）担任主要教授席位的人，是另一种类型的人。他也主要是理论家，在严密逻辑方面胜过迪尔。但是，作为教师，无论就脾气说，还是就科学讲演内容的异常贫乏说，都是效果不太好的。他"浅尝辄止"，并且在学术上停留在他早年所处的地位，即"古典派"地位。虽然他在"古典派"路线上做了某些还算不错的工作，并为瓦格纳的《手册》写了关于理论的有趣的一卷（《理论的社会经济学》；主要讲方法问题），但除了他同庞巴维克的论战外，人们似乎不会想起他。

① 他的《从社会经济学角度解释大卫·李嘉图的基本规律》（见前，第三编第四章），是他在这个领域的主要学术成就。但是他的不朽的《原理》（《理论的国民经济学》，四卷本，1916－1933年出版）也是一本至今还值得一读的很好著作。他的论普鲁东的著作已在前面提过了。

瓦格纳和迪策尔的例子表明,造成这样一种分析工作乍看起来好像黯然失色的,乃是他们所传授的理论的性质,而不是社会政策,也不是历史主义;虽然这种分析工作本身也许没有什么了不起,但对其他分析工作却似乎还有必要。威廉·勒克塞斯(1837—1914年)这位大统计学家的例子,则从稍微不同的角度表明了同样的情况。勒克塞斯的确在许多领域都写出了很高水平的著作,尤其是在货币政策与对外贸易方面。当《资本论》第三卷问世的时候,他又成为抨击马克思主义体系的著名批评家之一。但是所有这些著作在理论方面都表现有弱点,这些弱点就一位无疑有异常敏锐的才智的人来说是出人意外的。不过,他的教科书解开了这个谜,从他的教科书中可以看得很清楚,勒克塞斯对于改善分析工具的工作毫不感兴趣;他是在反对理论的气氛中成熟起来的,根本不能理解在他中年时期突然冒出来的新思想在科学上的可能性。由于他纯学术上的兴趣是在统计理论上面,他甚至丝毫没有想到可以用数学来为他的经济学服务,而数学是他不必付出艰苦努力就能够掌握的。

我们绝不应该略而不提欧根·冯·菲利波维奇(1858—1917年);而且我们在下文中还将不得不再次提到他,以用他那著名的教科书来作为典型范例,说明"大学生所得到的"是什么。他是这个时期最伟大的教师之一,是才智很高的人物,对于他那个时代的社会与经济问题深感兴趣,又是一个细心的思想家,易于接受他所能理解的科学经济学方面的各种思潮。这些优点,尤其在科学趣味上的这种宽宏大量,使他成为迫切需要调解时的一个理想调解人。他公平对待施穆勒和门格尔两人以及他们所支持的一切;他衷心赞同新政型的社会政策；虽然他本身不是“理论家”——他本人的研究完全是“实用”性的——但他却在影响所及的范围内努力使分析技能不跌到一无所有的水平。他跟德国经济学的精神发生关系比其他奥地利学派人士早得多——他在维也纳当教授，正是由于他的影响，而且主要通过他所写的教科书，才使边际效用理论渗入到德国学生中间。

格哈特·冯·舒尔茨—格弗尔尼茨（1864－1943 年）是另一种类型的人的极好例子。就技术经济学而言，这位弗赖堡教授几乎根本不能称作经济学家。但他的身份多得很；他是一个道地的社会哲学家，又几乎是一个我想称之为社会神学家的人，同时还是一个并不缺乏现实感的政治观察家。因此他写出了范围很广的著作，[①] 不管我们对这些著作的认识论立场会抱什么看法，它们除在各自所属的领域是杰作外，还都各有自己的地位。这些著作的写作是有目的的，是要宣扬一种社会福音。但除非有一个出色的技术家从旁指导，光宣扬是不够的。他似乎从来也没有认识到，如果我们想要把我们的推理应用到社会问题和国际问题上，我们就不仅需要有社会眼光、理想和事实，而且还需要有一定的技术，因为我们并不是拉普拉斯式的天才。由于没有把最低限度的技术经济学交给他的学生（以及，为了这个目的，自己先去学习这门知识），他也就不知不觉地使他的学生受到了损害，而他们之中有些人后来成了很有名的人物。

① 这些著作使我们想起阿道夫·赫尔德的《英国社会史的两本书》（G. F. 克纳普编，1881 年版）。他是我所不愿略掉的另一个那种类型的人物。舒尔茨—格弗尔尼茨的两本最重要的、也是我认为最能表现他的特征的书，是《为了社会自由》（1890 年版，其副标题的译文是：“十九世纪英国社会政策教育的描述”）和《不列颠帝国主义与英国自由贸易》（1906 年版）。

甚至在马歇尔所在的英国,也出了几个像霍布森的人。然而在德国和奥地利,在像我试图用"几抹颜色"来描绘的形势下,全体专业经济学家的全面才能不会很高,从而批评的水平也不会很高,像霍布森这样的人必然会得势,自由骑士式的经济学家也必然会很多。在当时的那种训练水平下,即使受过训练的人也常常会把创造能力用错地方,这完全是由于未能理解或未能掌握现有科学工具的缘故。于是,甚至很有才能的人也大大失策,看错了问题,把自己的错误当作发现。其结果,我们就有了一张很长的名单,在那上面列着许多人,他们即使在经济学界获得了成功,并占有相当的地位,但却很难从专业观点描述其特征。我将要提一下这类作家里面最出名的几位:埃弗茨、戈特尔、利夫曼、奥本海默和史盘;其中有的人以后就不再提了。用这种方式来处理这样的人,使我们有责任说明这样做的理由。

这一责任是不能履行得很恰当的——这需要一整卷的篇幅。我只能讲一讲我的理由,而不能予以证明。奥托·埃弗茨是上述名单中唯一没有获得大学教授职位的人,是多少具有悲剧性色彩的人物;他写了一部著作,《劳动与土地》(1890—1891 年出版),这本书就其最终形式——这一形式同其最初形式有很大差别——说是以《经济学上的对立》(1906 年版)这个书名用法文出版的。该书典型地说明了一个能干的人若不晓得怎样着手去干会出现什么样的情况。我在后面的报道中把埃弗茨略去的理由是:去掉可以证明的错误,他的议论就变成平淡无奇的大白话。要想知道不同看法,请参阅法文本的序言。评价 F.冯·戈特尔—奥托利林费尔德教授的唯一方法,恐怕是读一读他的书,① 这位教授占有显著的地位并有许多信徒,不然的话,我就有理由不提他了。罗伯特·利夫曼(1874—1941 年)是一位有功绩的经济学家,特别是在卡特尔问题上。我们感到麻烦的是他的理论(例如,在《国民经济学基础》

① 不过这样做的精神代价可以通过改读冯·哈伯勒教授对戈特尔以《经济抑生活》为题于 1925 年重新发表的方法论著作的评论而大大缩小(评论载于《国民经济学杂志》1929 年 5 月号,标题为《对戈特尔方法论著作的评论》)。但戈特尔的其余著作则无类似的助读文章可供参考。

一书1922年新版中所总结出的理论），该理论表现出一个很有意思的特征。他所讲的用货币表示的边际报酬均等化这一基本原理（以及他的全部"主观"价格理论），只不过是（漏误除外）奥地利学派理论主要内容的一种特别不方便的表达而已。但他在独立发现这个理论之后，坚决否认与奥地利学派理论有任何类似之处。他浪费了许多卓越才能进行论战，坚持种种谁也不会认真看待或者说谁也不可能认真看待的主张，其余则是关于一些假想问题的毫无意义的言论，诸如价格理论中的"主观主义"和"客观主义"（或"唯物主义"和"自然主义"）等等。除了他关于卡特尔的著作，他所作的与本书目的有关的净贡献等于零。弗朗兹·奥本海默（1864－1943年）是一个很有名的人，是犹太复国主义运动的一个重要人物，是在"实证主义"社会学思想历史上可能将占有永久地位的社会学家，是一个有很大影响力的教师，造就了许多人才，并且对于通过富有生气的辩论使经济理论的旗帜继续飘扬，作出了很大贡献。他对土地私有所持的亨利·乔治式的态度① 本身并不足以说明我何以不肯详细研究他的学说。我之所以不肯这样做的理由是，他的分析工具的情况（他的"客观"价格理论）是无法补救的，或毋宁说，因为补救办法只有一个，那就是，进行理论上的训练。但他并不是无见识的人，他提出了许多很好的意见。特别是，他看出了概念的用处，并且创造了"比较静态学"一词（见下面第七章第3节）。② 奥恩默·史盘教授，③ 前面已多次提到过了，他（从1916年起）在

① 奥本海默是谈到土地垄断的许多作家之一，他们中间有亚当·斯密和西尼尔。然而，我在正文中所说的土地私有却不是土地垄断的意思。奥本海默又是那些为数较少的作家之一，这些作家像亨利·乔治（以及我们在第三编业已提到的一些作家）一样，把在他们看来背离资本主义机器正当运行的所有现象，都归因于地产或归因于工人不能自由支配土地（土地封锁），这当然包含下面这个命题，即私有制是致使土地成为稀缺要素的原因。取消这种土地封锁（实质上）就是他所说的那种博得许多人好评的自由社会主义。

② 根据我们的目的，在奥本海默的许多著作中，我们只需要提一下《理论经济学和政治经济学的理论》（即他那无所不包的《社会学的体系》的第三卷，1924年修订第五版）和《价值与资本利润》（1922年第二版）。艾尔弗雷德·安蒙教授对奥本海默理论结构所作的精辟的批判性分析或许是很有用处的（载《国民经济学与社会政策杂志》，1924年）。有关奥本海默的文献浩如烟海，其中我只提一下刊在《社会研究》1944年2月号上E.海曼所写的《弗朗兹·奥本海默的经济思想》。读者如果参考这篇文章，就会发现，虽然海曼教授赞扬奥本海默是一位社会哲学家和政治思想家，并且就一篇纪念性文章所做得到的，极度表彰奥本海默学说的优点，但对于他的纯分析著作的含蓄评价，本质上跟上面所讲的没有什么不同。

③ 例如参阅他的《国民经济学基础》（1923年第三版）。

维也纳大学的教学工作获得了很大成功,他形成了一个我们所说的真正学派。这里要讨论的既不是他的社会哲学,也不是他的方法论或社会学。我们所关心的只是他的理论。而在这一方面却毫无成果。他的财政学著作或周期论著作或任何其他自称应用了理论的著作所具有的特征,只不过是使用了若干特有的词语而已。①

5. 意大利

就是最有善心的观察家也不会怎样恭维十九世纪七十年代初期的意大利经济学;就是最有恶意的观察家也不会否认到1914年它并不逊于其他国家的经济学。这个的确惊人的成就中的最显著部分无疑是帕累托及其学派的著作。但是必须再一次着重指出,占统治地位的学派并非统治着经济学。帕累托学派连同其联盟者及同情者并没有统治意大利的经济学,就像李嘉图学派并没有统治英国经济学或施穆勒学派并没有统治德国经济学那样。真正值得注意的事情恰是其反面:即使没有帕累托,意大利经济学也在各个方面和在所有应用领域中达到了很高水平。特别是在货币银行学、财政学、社会主义和农业经济学方面有一些优秀著作,后面我们将提及它们,但未能使之突出到其应达到的程度。甚至一般经济学方面的各种各样思潮,也不能获得恰如其分的评价;尤其那些导源于历史著作或其他写实著作的思潮最不能获得恰如其分的评价,而在意大利,它们实际上丰富了一般经济学,而且不像在德国那样与"理论"发生矛盾——这种一般经济学可由卢依季·埃瑙迪

① 戈特尔·奥本海默和史盘的学说或影响在二十世纪二十年代以前尚不成熟。我利用这个机会讨论他们,是想减轻第五编的负担。至少这些作家的思想的形成阶段是在我们现在所论述的时期之内。

的著作为代表,尽管直到 1914 年,他才上升到主要地位。我们将把我们的速写分成三部分,分别名之为元老们、潘塔莱奥尼和帕累托。下面脚注中则提一下在我们这幅不免过于简单化的图画中要落选的一个有趣人物,即阿希尔·洛里亚。①

(a)元老们。 像前面所说过的,意大利经济学生气勃勃的复兴经常同费拉拉、梅塞达格利亚② 和科萨③ 的学说联系在一起。社会学上的良心迫使我们强调下面这些事实:只要环境变得较为有利,意大利就必定会恢复它在这个领域的光辉传统;国家的统一带来了这样的环境,并且另外产生了本国的新问题和新机会;虽然意大利经济学所能支配的财产并不太多,可是待遇很差的教授席位却很多。不过,这些事实并无损于这些伟大导师以及那些要追

① 阿希尔·洛里亚(1857—1943 年)的著作是创造能力与很差的分析训练相结合的奇怪产物。但是这种很差的训练本身就是一种很奇怪的事,虽然在经济学中常出现这种事。他并非无知,相反地,他甚至非常博学。他几乎能熟记英国的"古典作品",他也能熟记马克思的作品,只稍为不那么全面。他也很精通历史和哲学。但是,他要不就是没有学习过经济分析的艺术,要不就是对这种艺术不感兴趣。此外,只要涉及自己得意的看法,他就根本没有自我批评精神。这样,就使得他像许多较老的作家一样,毫无根据地极度重视自由土地的存在与否的解释价值,以至使其成为他的经济思想和社会学思想的基调。他把这种看法同李嘉图价值论的完全站不住脚的发展结合起来,又把它同马克思的非工资收入——这种收入又可分成利息(利润)和地租——的一元论概念结合起来,并且用这些要素建立了一个"地产经济学体系",这个体系以一种和奥本海默的体系不同的方式,在概念和含义上,都和马克思体系相类似——马克思主义者会说这是对马克思体系的丑化。他相信自己创立了一个学派。但根据当时的文献所能确定的只是:他引起许多与他同时代的人的兴趣并且刺激了他们;从他们当中有些人身上,他也得到这样一种承认,在这上面很难区别究竟是礼貌还是致谢,是致谢还是效忠。

② 关于费拉拉和梅塞达格利亚,参阅第三编第四章第 6 节。

③ 路易吉·科萨(1831—1896 年),是帕维亚的教授。他首先是一个伟大的教师,是下面这类人中间的一个:他们不需要现代美国教师所获有的机会却好像有魔术似的,能从一大班一大班兴趣淡薄的学生中间挑选出少数准备接受从私人谈话中产生的生动影响的人。其次,他是一个很有学问的人。他的《政治经济学学习指南》(1876 年版;英译本 1880 年版)的确是一本指南,但它是一本通过使初学者认识过去作家的方法来指导的指南。法文译本的书名(这本书被译成好几种文字,读的人很多)为《经济学说史》(1899 年版),实际上更能说明它的内容。这本书以富于创造性的研究为基础,作为一部经济学史享有很高地位。〔法译本和新的一种英译本(1893 年版)是根据题名为《政治经济学……介绍》的意大利文第三版(1892 年增订版)翻译出来的。〕

随他们的人的功绩。在说明成就的时候,个人因素显得很突出:非常之多的非常能干的人确实充分利用了这些客观机会。讲授科学、传播学术精神、从对政策——特别是放任主义和社会政策——永无休止的争论中解脱出来、并使年青的一代发现还有严肃的工作可做的,正是科萨和梅塞达格利亚的特有功绩。虽然他们只取得了部分的成功——又有谁能比这做得更多呢?——虽然老一套论战不仅毫无掩饰地继续进行着,而且还在关于"自然法"的貌似科学争论的幌子下继续进行着,但他们不仅刺激了研究,而且还帮助创造了研究的气氛。就一般经济学而言,这种研究无疑是从仿效外国的例子,特别是从仿效历史学派和奥地利学派的例子开始的。但是,通过开展富于创造性的工作,通过批判工作,这种研究迅速"民族化了"。许许多多的人对这种激励成功地作出了反应,因而应提及许多人,诸如萨皮诺或里卡—萨莱尔诺,后者是科萨的学生,又是洛里亚、科尼格里尼、格拉齐阿尼的老师。但是我们应该适可而止。

(b) 潘塔莱奥尼。[①] 《纯经济学原理》(1889年版)一书可以

① 马费奥·潘塔里奥尼(1857—1924 年)是一个从事许多种活动的人,即使我们撇开所有非科学性的活动不计,也仍然是这样。他在意大利经济学方面享有的盛名,是从正文提及的那本书开始的,然而他在意大利经济学界所享有的盛名则是从 1900 年他受聘就任帕维亚大学教授开始的,或者毋宁说是从 1902 年他接替梅塞达格利亚就任罗马大学教授开始。在《原理》(英译本 1898 年版;这个译本译自 1894 年第 2 版)之前,他写过另一本很重要的论赋税归宿的书(《赋税的转移理论》,他的硕士论文,1882 年版)。但是他的全部影响和首创性不能单就上述任何一本著作来评价。他的意见是在无数篇论文中发表的,其中最主要的重刊在《经济论文集》(1904—1910 年出版)和《经济学概论》(1925 年版)上面。他发表在《1925 年经济学年报》上的《1905—1907 年的危机》一文,虽然是替政府写的一篇调查报告,但对周期变动理论却有重大的贡献。这篇著作以及其他探讨实际问题的著作——其中有些对于统计理论有重要意义——在对这个人物、这位学者进行评价时,是必须加以考虑的:无论如何,他绝不是一个"纯理论家",虽然他对"纯理论"理解的深度,只有少数人达得到。他去世以后,许多著名的意大利经济学家为他写了颂词,发表在 1925 年《经济学家杂志》上(并附有一篇小传)。还请参阅 G. 皮罗:《潘塔莱奥尼和经济理论》一文,载 1926 年《政治经济学评论》。

作为界标。这本书，基本上属于奥地利学派或“奥地利—瓦尔拉学派”，并拥有马歇尔分析对外贸易和国内贸易的工具(取自他在1879年私人印行的一些小册子)，起了重要的带头作用，把视线从旧事物转向了新事物。这本书的重要性也就在这一点，因为它虽然写得很漂亮——埃奇沃思毫无过誉地把它叫做一部“精选作品”，也还值得一读，可是其中却没有什么完全首创性的东西。潘塔莱奥尼的首创性思想散见于他的一些论文和演讲里面。我们只提下面几点：他是第一批试图研究定价问题的理论家之一；他对产业联合理论作出了贡献；他并非一点也不成功地玩弄了满足的集合最大限这个微妙的概念；他富有启发性地论述了在没有价格的情况下对资产进行估价的问题；而最重要的则是，像穆尔所承认的，他是第一个描绘出内因变动理论的轮廓的理论家。他对这些问题研究得都不是很深。但他发表了许多意见，推动了对这些问题的研究。他还向帕累托介绍过瓦尔拉的著作。

这里也应该提到许多人的名字。不过，我只提三个人的名字。第一个是巴罗尼，① 他在十九世纪九十年代初叶开始发表著作。正是他告诉了瓦尔拉怎样可以不用不变生产系数；正是他指出了马歇尔的部分分析的有效性的限度；正是他在某些方面超越了马歇尔，在另一些方面(在财政理论方面)超越了埃奇沃思；而且他还——无疑是在帕累托所提供的基础上——描绘出了社会主义经济学的理论轮廓，其描述方式我们时代的著作并没有作重大的改

① 埃里科·巴罗尼(1859—1924年)是军人，政治家，又是教师，受过良好的数学训练。所发表的文章大部分见于《经济学家杂志》。其中有几篇以后还要提到。他的《政治经济学原理》一书最初发表于1908年。我始终无法理解这位杰出经济学家的贡献何以在本国没有得到更多的承认。

进。只有这最后一项功绩，连同他写得很好的教科书，得到了人们的充分承认。但是他比起我下面要提到的第二个人，即 G. B. 安东内利，还算是幸运的，后者的卓越功绩根本没有受到人们的注意。①要提到的第三个人是马尔科·凡诺，②他的早期著作属于这个时期。

(c)帕累托。 我们终于逼近了一位显赫人物，即帕累托。如果我们随着其门徒的说法谈论帕累托时代的话，我们应该说这个时代开始于 1900 年左右，像我们已经指出过的，正是在 1900 年他开始表明自己的立场，开始形成自己的学派。像所有真正的学派一样，这个学派也有一个核心，也有同盟者或同情者，还有国外势力范围。许多作家属于上述这几种人中的一种。但如果我们对当时或以后获得国际声望的意大利经济学家作一调查，就会发现严守教规的追随者——那些构成"核心"的人——只是极少数。我想凡是熟悉 1910—1940 年科学形势的人都会想起下面这些人的名字：阿莫罗索、布雷希亚尼—图罗尼、德尔—贝奇奥、埃瑙迪、凡诺、吉尼、德·皮埃特里—托尼里、里奇。其中只有阿莫罗索和德·皮埃特里—托尼里属于帕累托学派的核心。③埃瑙迪和他的学生则

① G. B. 安东内利：《论政治经济学的数理理论》(1886 年版)。在我看来，这本小书在一些重要方面预示了日后的研究工作。

② 特别参阅凡诺的《对联合成本理论作出的贡献》，载《经济学家杂志》，1914 年 10 月增刊。

③ 罗马大学教授卢伊季·阿莫罗索的贡献包含在许多篇论文里面，但我们现在只提一下他的《数理经济学讲话》(1921 年版)。同样，威尼斯大学教授阿方索·德·皮埃特里—托尼里的首创性贡献也必须从他的论文中去找。不过，我们要提一下他的专著，即《理论经济学简论》(1927 年版)，其第三版已有法文译本。要注意，这里法文**理论**一词，意思不过和**纯**相同。

对帕累托敬而远之，保持自己的立场。所有其他的人最多只是下面这个意义上的“同盟者或同情者”：他们承认帕累托的显赫地位，在个别论点上肯接受他的影响，虽然实质上还是各行其是——也许“同盟者”一词还是太重了。为了评价帕累托的国际势力范围，读者必须区别四个方面不同的情况。第一，帕累托的社会学在国际上获得了成功，而且在二十世纪三十年代很短的一段时间内还掀起了一股有限的帕累托热，例如在美国。第二，帕累托提出的那条著名的（统计上）收入分配定律在世界范围内引起了很大兴趣和很多批评，其中大部分是怀有敌意的。[①] 第三，当艾伦和希克斯发展了帕累托的理论（无差异曲线方法，见后面第七章附录），慷慨地把功劳归给他的时候，帕累托就作为一个“纯”经济学家在英美两国变成人们熟悉的人物了。不过，这种情况只限于二十世纪三十年代。第四，在德语国家尤其在德国，除了有人对帕累托的垄断理论作某些反面批评之外，他的经济学的其余部分实际上仍然很不出名。在法国，情况对帕累托较为有利（但在二十世纪二十年代后期以前并非如此），布斯凯支持他的学说，迪维西亚和皮罗也注

① 帕累托在他的《教科书》（1896－1897 年出版）和《文集》中发表了他那按收入大小进行分配的统计定律，后者由洛桑大学法律系在 1896 年举行瑞士国民博览会期间出版，标题为《财富分配的曲线》。该定律的发表所引出的大量文献（现在仍在涌现），确实证明了它的重要性和刺激作用。这种讨论令人不愉快地为批评者与支持者双方的政治偏见所歪曲。但从长长一张既严肃又够水平的投稿单子上，下面两篇稿子是可以介绍给读者（作为导论）的：D. H. 麦克格雷戈尔的《帕累托定律》，载《经济学杂志》，1936 年 3 月号，和 C. 布雷希亚尼—图罗尼的《论衡量收入不平等的几种方法》，载 1938 年埃及杂志《埃及季刊》。E. C. 罗德斯的《帕累托的收入分配》，载《经济学》，1944 年 4 月号，虽则写得也极好，但未学过数学的人读起来却有些困难。就我所知，在英国，这个定律对于我们对资本主义社会的收入结构的看法所具有的实际或想象中的含义，是皮古教授在《财富和福利》（1912 年版）一书里第一次认真加以讨论的。他的讨论虽然很认真，但仍可看出感情上的偏见。

意到了他的学说。[①]

维尔弗雷德·帕累托侯爵(1848—1923 年),父亲是热那亚人,母亲是法国人,受过工程师训练(在他壮年时期一直从事工程师工作)。这不仅意味着他在数学方面受过良好的训练。他那善于思考的头脑,远远超出应用科学的范围,进入极其一般的纯粹概念的王国:很少有人能够像他那样强烈地体会到,归根到底,所有精密科学或这些科学的各个部分基本上是一个东西。他早年对经济理论的兴趣可从 1877 年他在"卓尔戈菲力皇家学院"所作的一篇关于"新经济学派"的逻辑的演讲[②]中看出来。但更明显的则是他早年对经济政策的兴趣。这一点需要谈一谈,因为帕累托的正当影响由于有那么许多读者对他的政见抱有反感而缩小了:在他们看来,他很像一个信奉放任主义的盲目极端自由主义者(至少在他的一般社会学,即《一般社会学简论》于 1916 年发表以前是这样)。但是,在经济上和政治上,他的自由主义是一种独特的自由主义,有其独特的根源。他是一个极其热情的人,这种热情实际上使一个人只能看见某一政治问题的一个方面,或者,就那一点说,只能看见某种文化的一个方面。他所受的扎实的古典教育又加强了而不是削弱了这种倾向,这种教育使得他熟悉古代世界就像熟悉他自己的意大利、熟悉法国一样——似乎世界的其余部分只是为他而

① 特别参阅 G. H. 布斯凯:《纯经济学教科书》(1928 年版),还可参阅同一作者的《论经济学概念的发展》(1927 年版)及《经济科学概要》(1930—1936 年出版)。弗朗索瓦·迪维西亚:《理论经济学》(1928 年版);G. 皮罗:《经济均衡理论:瓦尔拉与帕累托》(1934 年版)。

② 前面所说的潘塔莱奥尼的影响必须限定在这一范围内。提到这一点的是德·皮埃特里—托尼里教授在意大利科学进步学会所作的纪念帕累托的演讲,分三个部分发表在 1934—1935 年的《政治经济学评论》上,一并介绍给读者。

存在。他怀着满腔怒火注视着政治家们在意大利与法国自由民主制度下的所作所为，受愤慨与失望的驱使，采取了反国家主义者的态度；正如后来发生的事情所表明的，这种态度其实不是他自己的。除此之外，他（像马克思一样）同时又是他所憎恨的文化的产物，因此（也像马克思一样）他又是一个实证主义者和世俗主义者，这样你就会理解他的早期作品的自由主义外貌了。

他在四十五岁那年，接受了由于瓦尔拉退休而空出来的洛桑大学的教授职位，离开了意大利，也放下了实际业务。身体不太好，又继承了一笔不小的财产，促使他岁数不算大就退休，到日内瓦湖畔的塞里格尼去养老；在那里，在他前面还有差不多二十年思考问题和不倦写作的岁月，他可以从容不迫地来充分发挥自己的天才和彻底实现自己在学术上的雄心。在那里，他逐渐变成了“塞里格尼的孤独思想家”，人们用近乎敬畏的眼光把他看成是古代的圣人。值得注意的有趣事实是，一个住在一间猫儿很多、不便于人们造访的陋室里（后来被称为安哥拉别墅）、过着虽然好客却坚持隐居生活的人，居然能够产生这样大的影响。①

如果我们撇开他的社会学，也撇开帕累托定律，他的成就的确实巨大之难以解说，就一如其成就的根源之易于指明。费拉拉和别的人，其中包括库尔诺，可能对他有所启发；然而他的著作，由于是在洛桑成形的——在那里他第一次把全部心思放在分析经济学上面——所以完完全全导源于瓦尔拉体系，以至要是提别的影响

① G. H. 布斯凯教授在他的《维尔弗雷德·帕累托，其生平与著作》（1928 年版；英译本，同年版）中栩栩如生地描绘了这位著名人物和这位思想家的形象。这里顺便提一下这同一作者的《维尔弗雷德·帕累托作品研究引论》（1927 年版）。

就只会使人产生误解。这一点对非理论家表现得不及应有的那么明显,因为帕累托的理论是散见于不仅跟瓦尔拉的看法有所不同、而且跟后者的看法完全相反的社会学、哲学和方法论之中的。但是作为纯理论,帕累托的理论却属于瓦尔拉学派——无论在基本原理上,还是在大部分细节上。当然,就帕累托的直到1900年为止、以《政治经济学教科书》(1896—1897年出版)为中心的著作而论,谁也不会否认这一点。这简直就是一部精彩的瓦尔拉学派论著。后来帕累托抛弃了瓦尔拉学派的价值理论,并把自己的价值理论建立在埃奇沃思所发明、并由费雪加以完善的无差异曲线这个工具的基础之上。他也仔细检查了瓦尔拉的生产和资本化理论,并在货币及其他问题方面离开了后者的学说,而加上他自己的种种发展。这个新体系见之于《政治经济学教程》(1906年版),这本书的数学附录在法文本(《教程》,1909年版)中有了很大改善。[①] 然而即使是法文本的《教程》——始终撇开他的社会学——最多也不过是瓦尔拉著作的改写,这一点只要描绘出这两位作者的精确模式就能够证实了。可是,改写得却是那么有说服力而又才气横溢,以至可以当之无愧地称为新的创造,虽然对这一成就打某种折扣也是可以的,例如这本书和瓦尔拉的体系对比,在某些并非不重要之点上,还是后者来得优越。不过,承认帕累托的创造的质量并不

① 已经提到了《一般社会学简论》(1916年版)之后,就本书的目的来说,我们只需要在《教科书》和《教程》之外,再加上下列出版物:《社会主义制度》(1902—1903年出版)和载在法文版《数理科学百科全书》(1911年版)上的"数理经济学"词条(载在较早的德文版上的这一词条是不重要的)。十九世纪九十年代发表在《经济学家杂志》上的许多篇文章,虽然并非没有意思——它们应该重刊——但从帕累托自己的观点看,却到1900年就已过时了;以后属于纯理论领域的文章,则只是《教程》或《百科全书》上的词条等一些零星而不重要的文章而已。

就是原谅帕累托对瓦尔拉学说采取的欠厚道的态度,他对瓦尔拉的学说所保持的距离,超过了实际需要的距离。①

6. 荷兰和斯堪的那维亚各国

以下两个事实可以说明这个时期之初在荷兰占优势的科学形势,一是以诸如米斯这样的人很好地保持的旧传统为基础,在我们这个领域有很高水平的能力与修养;二是国内对科学革命没有推动力。荷兰经济学家对"方法之争"采取了超然态度,无论是历史主义还是该时期任何其他新倾向都对他们的影响很小。他们照常进行关于社会主义、社会政策、货币、自由贸易等等的讨论,然而总的说来,情况是很平静的。这样他们就能够接受"新理论",也愿意接受"新理论"——不是瓦尔拉版或马歇尔版的新理论,而是奥地利学派版的新理论,这不过是因为门格尔的学说早在别的学说之前就以有用的形式存在了。这个时期的主要荷兰经济学家皮尔逊把这种学说吸收到自己的学说之中,并且创立了②一个学派,这个学派在诸如韦里吉恩·斯图尔特及德·弗里斯等领袖人物的支持

① 就个人气质说,作为贵族的帕累托和作为资产阶级激进派的瓦尔拉相互是没有什么好感的。

② 尼古拉斯·杰拉德·皮尔逊(1839—1909年),主要是一个公务员——早年是荷兰中央银行的董事;后来担任这家银行的行长、财政部长、首相,并以议员终其身。这种生涯并不会妨碍像他这样才智高强而又具有巨人般的工作能力的人,成为一个著名的科学经济学家——事实上他是一个多产作家,发表了大约一百种书籍和论文;然而这种生涯却会耗尽那产生有独到见解的创造性的精力的源泉。他的主要著作《国家经济学教科书》(1884—1890年出版),有英文译本(《经济学原理》,1902—1912年出版,译自原文第2版)——按这个时期的学说发展看,该书完成了类似潘塔莱奥尼的著作所完成的任务。

之下，一直维持到二十世纪二十年代，此时它没有发生严重的决裂就和更新的倾向同化了。①

至于斯堪的那维亚各国，我们几乎可以完全重复上述各点，无须多作变动；就我们的目的来说，我们可以把这些国家看作是一个单位。可是我只想提一提伯克(哥本哈根)、戴维森(乌普萨拉)和卡塞尔(斯德哥尔摩)② 等人的名字，而后就迅速转到维克塞尔这位北欧的马歇尔，他的著作形成我们这时代的经济学的最重要因素之一，不仅在瑞典是如此。

为我们这个领域增光的，再没有比维克塞尔头脑更聪明、品格更高尚的人了。如果其思想的深刻性和首创性不够突出的话，那

① 参阅例如 C. A. 韦里吉恩·斯图尔特的《……基础》〔《……基础》〕，1920 年版。

② 就经济理论而言，L. V. 伯克教授(1871—1933 年)的地位可以和皮尔逊相埒。参阅他的《边际价值理论》(1922 年版)。戴维·戴维森教授之所以出名，主要在于：他撰写了瑞典中央银行的历史，他对货币理论作出了贡献，他又是维克塞尔的善意批评者。但他也是一个显要的理论家——我是从他关于资本形成的著作作出这种推断的(不过，由于我阅读瑞典文的能力很差，不能自己真正了解这部著作)。参阅布林利·托马斯先生为广大英文读者解释瑞典派学说所写的优秀著作(《货币政策与危机：对瑞典派经验的研究》，1936 年版)。古斯塔夫·卡塞尔教授(1866—1945 年)的国际声誉是基于他在第一次世界大战期间及战后对货币政策讨论的贡献和他在这方面所起的作用(见下，第八章)，也基于他那本教科书，《理论社会经济学》(1918 年第 1 版；英译本书名为《社会经济学理论》，1923 年版)。但他是从《价格理论大纲》(载《综合政治科学杂志》，1899 年)一文开始成为理论家的，这篇论文——重要的是考虑它的发表时间——试图重新系统阐述瓦尔拉派的方程式而不使用效用概念。他的题为《利息的性质及其必要性》(1903 年版)这本书是富有新意的，而且不仅是在一个意义上富有新意，是一部值得重视的著作，值得当作对二十世纪三十年代逐渐流行的利息理论的一种解毒剂来阅读，尽管书中有某些批评是没有根据的，而且对首创性的要求更没有根据。作为一个理论家，卡塞尔在这方面是得心应手的，因为他也是完善杰文斯—门格尔—瓦尔拉结构的第二代作家之一。只不过他追随的是瓦尔拉而不是门格尔。他的教科书在基本概念上，主要是瓦尔拉学说(减去效用)的转述——或大众化，尽管瓦尔拉的名字并没有在书中出现。卡塞尔是一个很有影响、很能激励人的讲师，在纯理论方面，现代维克塞尔派的某些见解，仍可以溯源到他的学说。

只是由于他那可爱的谦虚,使得他——半含糊地——把新颖的东西仅仅说成是改善现有工具的小小建议,由于他那可钦佩的诚实,这是他对待他的先辈瓦尔拉、门格尔和庞巴维克的一贯态度,虽则比起别的人来,他有更多得多的理由把自己的分析体系描述成实质上是自己创造的体系。

克努特·维克塞尔(1851—1926 年),像马歇尔一样,是一个受过训练的数学家。他又是他那时代的激进派,懂得怎样宁愿自己陷于困境也绝不为了自己的情感而牺牲自己相信是科学真理的东西。在这方面,他类似于约翰·穆勒,应该把穆勒列入对维克塞尔著作产生规范性影响的人当中,并且他特别是跟穆勒一样,狂热信仰新马尔萨斯主义。① 除了这一点,他的生活就可以说是一个恬静的退休学者的生活了。他在晚年才获得教授职位(隆德大学),而且只担任了比较短的几年时光。不过,他的影响仍然靠其自身具有的力量而蔓延开来,特别是在他退休之后,此时他比以前更加积极地参加了当时进行的讨论。他有许多质量很高的学生。实际上,今天所有出名的瑞典和挪威经济学家差不多都是他的学生。不过,他的国际声誉却与他的成就不相适应,直到二十世纪二十年代后期和三十年代初期,经济学界才开始意识到,维克塞尔已在很大程度上预见到了在现代有关货币与利息的著作中所有那些最有价值的东西。他在这方面的著作,以及他关于税收的著作,我们以后再讨论。在本章及下面两章里,我们主要论及他在“一般理论”方

① 维克塞尔本人把很大精力花在了人口问题上。但在本书的这一编里,我们只是从外围对这些问题感兴趣,从而不能公正评价他在这方面的著作。只要提下面一点就够了:维克塞尔总是把限制出生率看作是决定工人阶级未来的一个主要因素,总是像约翰·穆勒会做的那样,无条件地欢迎在他那时代开始出现的出生率下降趋势。

面的成就。埃米尔·萨马林教授所写的标准传记(《克努特·维克塞尔的毕生著作》,载《国民经济学杂志》,1930 年 10 月号)很引人注意,它仔细分析了维克塞尔的著作,可惜至今还没有英译本。

他第一次发表的经济理论著作《论价值、资本与利息》(1893 年初版;1933 年伦敦经济学院重印),是一位四十二岁成熟的人的著作,包含了他的《讲义》第一卷的骨架(1901 年初版;1913 年德文版;1934 年英文版,附有罗宾斯教授写的卓越引言和两个重要附录)。《讲义》第一卷包含了他在这个领域的大部分贡献,虽然还要加上几篇论文(例如,他的最后一篇著作,关于利息理论的论文,即《利息理论》,载在 H.迈尔编的《现代经济理论》第三卷上面,1928 年版)。他的《讲义》用不着附什么读者指南,学经济学的学生没有整本读完这本书就等于没有完成他的训练,虽然其第一部分只是基本原理,而且对我们来说,之所以有价值,主要在于其目的是要消除一般有关效用理论和“边际主义”的错误观点,不论新的还是旧的。他的主要首创性贡献在罗宾斯教授写的引言里都指出了。

7. 美国

人们所熟悉的下面一些事实充分描绘了美国约从 1870 年到 1914 年个人成就的背景。在这个时期内,美国经济学界不但在国内而且在国际上确立了自己的地位。它在大学里以及在整个国家里获得了明确的地位,有了一个组织,以及科学知识的一个已确立的部分所必需的一切工作条件,并且日益得到国内其他职业的承认 。美国的经济学教授职位也日益增多。但是1870年几乎是从零开始的这些发展,以这样的加速度进行,以至完全够水平的人员的成长落后于被开辟的机会。进入这个新职业的人们中间有许多是实际上没有受过训练的;他们脑子里装满了不准备在分析工作方面经受磨炼的先入为主之见来参加他们的专业活动——甚至旧的社会科学运动的精神还继续重新表现出来,且和制度主义的成功有很大关系。因此,许多经济学家同情民粹主义。另一些经济学家在国内没有找到自己所需要的东西,就继续信赖欧洲的思想和方法,虽然不再唯一信赖英国的思想和方法——特别是,向德国取经对于那些能够这样做的人说来几乎变成了他们生涯中一件很平常的事,有些像古时候的骑士旅行一样。当他们找到了个人方向之后而碰在一起时,便感到彼此难于互相了解,也难于判明彼此的观点,姑且不说理解彼此的观点了。因而意见不一致主要是由误解造成的。人们看到,差别惊人的学术水平——不仅就科学工具而言——同时并存,因为无论专业训练还是一般教育都没有一致性。在很长一段时间内,一直没有公认的专业标准,而且不一定都能保证够水平的教学。大多数人在研究有关本国利益的实际问题时都尽了自己的努力,这些实际问题是他们学着去彻底掌握的,也正是通过这种类型的努力才取得了第一批成就。然而,从一开头,"理论"就不为大多数人所欢迎,似乎还招致了和日益增强的德国影响完全无关的反对,且早在这种反对得到解释并用语言加以表达之前人们就不欢迎理论。这一切既有其不利之处,又有其明显的有利之处。而且,经过长期、艰苦、消耗很大但又并非不光荣的奋斗,这一切都及时地自行矫正过来了。

使读者回忆他们应该很熟悉的许多人物——只有一两个例

外——的最好方法还是采用类似前此为我们服务过的格式。(1)首先我们将要看一看少数几个为十八世纪九十年代以来的发展奠定基础的人们。这些人并不完全等于我们前面所说的"元老们"。他们只是高明的经济学家和高明的教师,这些人无论在这些发展开始以前还是以后,都支持正确的看法,并有助于从各个方面提高标准。(2)随后我们要组成一个由克拉克、费雪和陶西格构成的派别。(3)我们要把某些有代表性的人物归并成一个最后的派别,这些人的名字是我们在作一般性论述时无论如何要提及的。

但是我们绝不能把亨利·乔治[①]这位经济学家轻轻放过去,他一个人的成就就大于我们名单上所有其他人的成就。这个人与分析史有关的各点有下面这些。他是一个自学成才的经济学家,然而他确是一个经济学家。在他一生中,他取得了通过当时大学教育所可能取得的大部分知识和应付经济论战的大部分能力。在这方面,他跟大多数卖万灵药的人不同,这对他有利。除去他的万灵药(单一税)和与之相关联的词汇,他是一个非常正统的经济学家,在方法上又极端保守。这些方法是英国"古典学派"的方法,他所特别喜爱的人是亚当·斯密。他没能了解马歇尔和庞巴维克。但是他彻底精通科学的经济学,一直到约翰·穆勒的论著,并包括这部论著;他一点也没沾上当时流行的、对这种经济学的误解和偏见。甚至那副万灵药——不是土地国有化而是通过征用税使

① 亨利·乔治(1839—1897年)是我们极熟悉、不需要再介绍的人物。除了《进步与贫困》(1879年版)之外,这里只需要提一提他的遗著《政治经济学的科学》(1897年版)。他的《全集》,附有一篇《传略》,系由其子所编(1906—1911年出版)。关于乔治派学说的全部背景及其渊源的学术评价,可以从E.泰尔哈克的《美国经济思想的先驱》(1936年版)第三章中看到。

地租国有化——也因为他是合格的经济学家而受益匪浅,因为他开"药方"时很小心地力求最大限度地减少对私人企业经济的效率的损害。那些把注意力集中于单一税建议,而全盘否定亨利·乔治学说的专业经济学家,是很难公正地对待他的。这个建议本身——它是魁奈的"单一税"的许多衍生物之一——虽然由于它同站不住脚的理论,即同认为贫困现象完全是由于剩余[1]全被地租所吸收的理论相关联而有损身价,但从经济学角度看却并非毫无根据,只是这个建议对单一税所能带来的收入抱有盲目乐观的看法。不过,无论如何,我们不应当把这个建议看成是毫无意义的。如果李嘉图对于经济发展的想象是正确的,那么亨利·乔治的建议显然就是富有智慧的。事实上,乔治在《进步与贫困》(第九卷第一章)中关于免除财政负担会取得经济效果的说法——如果免除财政负担行得通的话——显然就是富有智慧的。

〔**(a) 奠定基础的人们。**〕关于我们所说的第一类人的著作和贡献,可以举邓巴、哈德利、纽科姆、萨姆纳、沃克和韦尔斯的名字作为例证。

查尔斯·F. 邓巴(1830—1900 年)不是大学温室的产物。他作为真正美国人的一生——美国人一词的意义在今天只是一种追忆——先是搞工商业、农业、法律、新闻、报纸管理,而后担任哈佛大学第一任(正规的)经济学教授,并精力充沛地参与大学的行政管理,且非常成功地编辑出版《经济学季刊》,这个刊物是他在 1886 年创办的。我们不要期望他做过什么有创造性的研究。那么,怎

---

① 完全像穆勒〔指约翰·穆勒——中译者〕一样,他把企业利润分解成风险的酬金、工资和利息,因而他没有把它们看作是可以支配的剩余。

么又说任何一部美国经济学史要不提到这个人就不算完备,而学生们从他那里又能得到什么呢?这两个问题可以同时回答:他从第一手经验中了解经济学的主题;他的头脑清楚而又敏锐;他的著作也许还不能算具有严格意义的"学者风格",然而任何学者都可以从这些著作学到东西(而且今天还能如此);[①]他的行政能力使他有可能充分利用当时存在的机会在我们这个领域组织各种研究;而且,那个时期科学工具的主要内容毕竟不是那么复杂,能干的人——一个直觉地知道事情本质的人——仍可以在很短的时间内掌握它们。因此,他纵然不是一个合乎本书要求的伟大经济学家,但在上帝眼里却不失为一个伟大的经济学家。

阿瑟·T.哈德利(1856—1930年),主要是个纯粹的学术界人士,虽然与其说他是个教师或学者,毋宁说是个行政人员。这里之所以提到他,完全是因为他写的那本《经济学》(1896年版)。读者实在应该看看这本书。读者会发现一个虽不十分精练但却极为有用并具有现实意义的理论核心,该理论包含在对(充满了政策和策略的)制度结构所作的有利说明中——哈德利在相当高的水平上对制度结构作了十全十美的全面介绍;这种介绍正如他的一般学说那样,由于他那善于措词的天赋而增色不少。在那个水平上,谁又能比得上他给递增成本和递减成本所下的定义呢?按他的说法,如果一个生产者规定了一个价格,按这个价格他愿意出售一定数量或少于这个数量的产品,那你就会看到递增成本;反之,如果

① 他的最佳著作都收在他的《经济论文集》(O. M. W. 史普拉格编,附有F. W. 陶西格写的引言,1904年版)里面。但是他的《银行论》(1885年私人印行;1891年第1版;1929年由O. M. W. 史普拉格编成《银行的理论与历史》,作为第5版出版),至今还值得一读。

他愿意按这个价格出售一定数量或多于这个数量的产品，那你就会看到递减成本了。

西蒙·纽科姆（1835—1909年）是一位著名的天文学家，他也教过经济学并且写过关于这方面的论著，但还不足以形成他所应有的影响。在人们记忆中，他主要是个主张健全货币的人，是个极端放任主义者，但他的名字之在这里出现则是由于他的《政治经济学原理》（1885年版）。这是克拉克—费雪—陶西格以前时期美国一般经济学中的杰出作品。他并未"达到"到杰文斯—门格尔—瓦尔拉水平，而且他的分析实质上还是"古典派"的。然而他的表达却很高明，又非常有启发性，有几个论点还具有首创性。但其中并不包括费雪归功于他的交换方程式；他的交换方程式只不过是对当时就是老生常谈的论点的表述。

威廉·G.萨姆纳（1840—1910年）完全是一个学术界人士，又是一个健全货币论者和极端放任主义者，① 但在其余方面则属于另一种人。他是一个著名的社会学家（对"社会习俗"的分析作出了极大的贡献），他的关于货币和金融历史的著作可以跟美国经济学的最高成就相提并论。② 但这不是这里提到他的原因。除此之外，他还是一个很有影响又很能鼓舞人心的眼界宽阔的教师，曾从耶

① 虽然我们所提到的人物的"政治见解"与我们无关，但就纽科姆和萨姆纳来说，却可以说，他们的极端自由主义太严重了，以至在理论上和事实上使人们对他们作为科学的经济学家所作的论断产生了争议。对于现代欧洲人来说，也是如此。但不应该忘记，在那个时代美国的环境下，纽科姆和萨姆纳的态度或许会得到某些事实的支持，这些事实也许会给具有历史感的马克思本人以深刻印象，但却不会给予比方说M.德·莫利纳里的经济自由主义以任何支持。

② 他的主要成就是《美国通货史》（1874年版），继之是《美国银行史》（1896年版）。

鲁大学的讲座上传播了具有很高学术水平的启示。他,一个历史学家和社会学家,竟然能促使欧文·费雪注意到数学理论所能起的作用!

弗朗西斯·阿马萨·沃克(1840—1897 年),阿马萨之子,像邓巴和哈德利一样,主要是个行政人员(麻省理工大学)。有一个时期,他还是一个地道的军人,一个出名的(税收、普查)公务员。然而他那孜孜不倦的勤奋劳作也使他赢得了学者的盛名。这名声的获得主要依靠他所写的关于货币和通货政策的著作(见下面第八章),不过他在一般经济学领域也表现得很出色。① 他是这样一种人,不管接触什么事情都会想法加以改进,而他的许多活动又使他高高地出人头地——特别是,他是美国经济学会的第一任会长,美国统计学会会长,和国际统计学会的会长之一(或"副"会长)。因此,作为科学的经济学家,无论在他那时代还是在历史纪录上,他总要博得一些不虞之誉。特别是,他本身对经济理论的贡献(剩余额权利工资理论,对企业家作用的强调,对工资基金论的批判),比起这些贡献要是出自较不出名的人物之手来,恐怕要引起人们更大的注意。但我之所以说这些话,目的是要保护别人的声誉——以及那个时期美国经济学的历史地位——而不是要贬低这样一个人的贡献,这个人的名字在我们这门科学的历史上肯定是应该永垂不朽的。

大卫·A. 韦尔斯(1828—1898 年)这个人我们前面已经接触过。这里再提到他是为了在读者心目中留下印象,体会到对实际问

① 特别参阅《工资问题》(1876 年版)和他所写的《政治经济学》教科书(1883 年版)。能够使人了解他的活动范围的书目,已被收编在 1897 年 6 月的《美国统计学会》出版物里面。

题的研究在整个美国的经济学研究中，以及在美国一般经济学的发展中，是多么重要。他的名著《近代经济变化》(1889年版)，是现代每一个学经济学的学生都必须研读的一本书，绝妙地说明了我的意思。韦尔斯在这里可以代表人数很多的一类人。卡罗尔·D.赖特(1840—1909年)也几乎可以同样代表这类人。但是我们这个速写不应该兼收并蓄，蜕化成为一篇目录。

〔**(b) 克拉克、费雪和陶西格。**〕关于克拉克和陶西格在本世纪头十年在美国经济学中所占有的实际地位，无论在信徒还是在反对者中间，都不会有多大的意见分歧；虽然关于费雪在那个时期的地位可能还有不同的意见。困难在于评价他们在美国经济学史上所占的地位。这三个人具有很不相同的性格。他们的共同点只是都享有盛名，再就是他们全是纯粹学院式的经济学家。不过，也许还有别的共同之处。他们三个人全是出色的严格意义上的经济学家；还有就是，他们全都毫不迟疑地接受了他们那个时代他们那个国家的最主要的平凡事物：他们三个人全都典型地具有美国人的率直精神。然而甚至那些诽谤他们的人也不会否认，不管受时代之赐有多大，他们毕竟是那个时期最伟大的美国经济学家。

约翰·贝茨·克拉克(1847—1938年)，是许多声称独立发现了边际分析原理的人士中的最后一位，又是为这个原理建造了最重要的理论结构之一的建筑师，直到1895年受聘于哥伦比亚大学的时候才占据了一个适当的讲坛。他在哥伦比亚大学一直工作到退休(1923年)为止，在那里，他目睹自己的学说风行一时，可以说从1895年一直持续到1910年。但是他的理论体系的基本要素都是先前就制定的,我认为,主要是在十九世纪八十年代就制定的,虽然有一些似乎在十九世纪七十年代初叶在他访问欧洲之前就曾在他脑子里出现过。这有一部分表现在他在十九世纪八十年代所发表的论文中,要是篇幅许可的话,倒可以把这些论文指给大家看,以显示他的思想非常有意思的各个发展阶段。这些论文也证明他说自己独立发现了边际分析原理是有道理的,因为它们揭示了他研究边际生产力分配所走的个人路线:他所做的事就是把"李嘉图派"的地租理论——就李嘉图说,这个理论除了把地租当作一种边际内剩余从价格问题中删去之外,再也不起别的作用——转变成为一个可以一般地应用于各种竞争性收益的原理("三种租金定律"),**而不使该理论在这一过程中变为同义反复**——沿着这条路线,边际效用(和负效用)也就极其自然地被引进来了。一方面,尽管杜能在时间上居先;另一方面,也尽管杰文斯、门格尔和瓦尔拉在时间上居先,这仍是具有头等重要性的成就,并且我们现在可以补充说,这仍是具有主观首创性的成就。当然,这并不是他的唯一成就。除了他的资本理论外(见下面第六章第20节),他还朝着提出令人满意的、关于企业家作用与企业家利得的理论,跨出了很大一步,并且与此相联系,还朝着澄清谅必由明白区分静止状态和发展状态二者所造成的各种经济问题,跨出了很大一步。诚然,他把这一点同静态与动态之间的区分等同起来了。但这没有多大关系。他看到了建造静止状态模型所包含的基本要点,并为描述这种模型的特性而创造了"同步性"这个概念。因此,简单地把他称作美国边际主义大师,等于说没能全面理解他关于分析的启示。如果说他的成就在某些方面还不及庞巴维克、马歇尔和瓦尔拉等人的成就，在另一些方面，则要超过他们的成就。①

但是，过去和现在，他正是主要作为美国边际主义大师，而知名于美国经济学界以及全世界的。②大概因为读者经常听人谈论克拉克学派或边际学派，以至对于我在采用这个术语时所感受的困难会觉得惊奇。对经济理论稍感兴趣的所有美国经济学家和许多外国经济学家，当然都受到克拉克的很大影响，并且从他那里得到教益。谁也不会怀疑这一点。"同盟者和同情者"的圈子是非常之大的，而且肯定还有一个"国外势力范围"。但是他的影响的精确范围很难确定，因为，就他的分配理论而言，这种影响是和类似体系的所有其他建立者的影响混在一起而纠缠不清的。甚至在美国，人们为了搞清楚某个作家究竟是从克拉克那里还是从马歇尔抑或奥地利学派那里获得边际生产力理论，也必须十分仔细地观察这个作家——例如观察他的理论格调。更重要的是，没有可以明显识别的"核心"，也就是，没有像李嘉图或马歇尔所拥有的那种包括许多忠实门徒在内的核心。严格意义上的克拉克派论著是很罕见的，而看得出受到克拉克影响的论著却多得很。在重要的理

① 克拉克的第一本书《财富的哲学》(1885 年版)，虽然极好地说明了这个人的特征和他的世界观——也许还说明了某一环境下的精神——却除了我在本书里将要讲到的一点以外，同我们的目的完全无关。然而，这本书对于树立他的声誉却起了很大作用。他的著名的《财富的分配》一书，于 1899 年问世，提出了有关静态过程的理论，其中所有基本原理都是前此发表过的。就个人方面而言，这个日期之引起误解，有如对马歇尔而言的 1890 年。他的《经济理论精义》(1907 年版)具有几乎同样的重要性。他的其他著作，只有《托拉斯的统治》(1901 年版；1912 年与其子合作重写)和《垄断问题》(1904 年版)有必要在这里提及。但是我们也不要忘记他关于实际问题的著作，主要是和卡耐基基金经济学与历史小组合写的著作。还请读者注意在 1938 年由私人印行的、由他的孩子们编纂的纪念这位伟大而可爱的人物的富有魅力的《纪念集》。

② 关于这一点，请参阅保罗·T. 霍曼的《当代经济思想》(1928 年版)中论克拉克一章。

论著作中间，一部最接近于对克拉克派学说有所发展的著作是卡弗的著作，[①] 此外，除了教科书，我就不知道还有什么别的了。

不过，边际主义还是很快就被认为是一个独具特色的学派的标志。不仅如此，它甚至具有了政治上的含义，在一些人的眼中，它逐渐变成了一个反动的怪物，随时准备挺身捍卫资本主义、随时准备破坏社会改革。在逻辑上，这是毫无意义的。边际原理本身仅仅是一种分析工具，一旦分析达到成熟阶段，人们就会自行使用这一工具。马克思如果晚出世五十年，也会理所当然地使用这个工具。边际原理之能用以说明一个经济学派的特征，只不过像微积分之能用以在数学或物理学方面说明一个科学学派或派别的特征一样。时至今日，人们仍在使用边际主义这一名词，这表明人们对这个原理的性质仍抱有错误的看法。更不用说，它不会对政策或社会哲学产生任何影响了：在英国，这一点可以看得很清楚，在那里没有哪一个激进派或社会主义者对边际原理动怒。仅仅是对边际分析的结果所作的政治上或伦理上的解释才会产生这种影响。像前面所指出过的那样，克拉克也并非没有过错。当然，在论《财富的哲学》这样一本书中，他是有权阐明他的伦理评价的，虽然这种评价易于触动激进派的神经。但是他又进一步断言按照边际生产力“规律”进行分配是“公平”的。正是这一点在大多数成员对

① 即托马斯·N.卡弗的《财富的分配》(1904 年版)。这里我顺便提一下一个独立地发展了克拉克边际主义理论的美国经济学家的名字——斯图尔特·伍德；这是惊人的“主观创造性”的又一例子。事实上，在 1889 年以前，伍德就独自发现了整套的瓦尔拉派体系，以及各种可变的生产(代替)系数。就理论基础而言，他是可以写出马歇尔派的论著的。参阅 G.J.施蒂格勒：《斯图尔特·伍德和边际生产力理论》，载《经济学季刊》，1947 年 8 月号，特别是第 644 页。

理论无论如何也不抱好感的经济学界的心目中，把"克拉克的边际主义"和为资本主义的辩护这二者联系在了一起，尽管以下事实驳斥了这种联系，即撇开技术上的差别不谈，这种"边际主义"在诸如兰格和勒纳教授等信仰社会主义的科学经济学家的推理中所起的作用和在克拉克那里所起的作用完全相同。①

弗朗克·威廉·陶西格(1859－1940 年)，是我们下一个要考虑的人。由于我限于篇幅而无力描绘像他这样一位人物的完整形象，他要比无论克拉克还是费雪更得不到很好的描绘。他之跃为著名人物要比克拉克为晚，而他的影响直到他于 1917 年就任新设立的关税委员会主席的职位，以及在大战期间他担任各种各样其他公职——由此他的声誉和权威不断增加——的时候，还在继续增长。除了这一段插曲之外，他成年以后的整个生涯全是在哈佛大学当教师，而且肯定是迄今最伟大的经济学教师之一。他的课堂讲授、他的辅导报告，以及最后但并非最不重要的，他的以身作则，造就了无数青年人，而且他对该时期经济学水平的稳步提高作出了最大的贡献。然而，除在国际贸易领域，他并未组成我们所说的学派。按工作时间计算，他所研究的主要是实际问题：特别是，在国际贸易方面，尤其在关税方面，他是这个国家的伟大权威。即使在这个领域，也是谈事实在先，谈理论在后——前一方面的较早

① 为了不再回到这个题目，让我们借此机会提及另一个使这种联系继续存在的因素。改革家，和别的人一样，也是会犯错误的。指出这些错误恰恰是专业经济学家的责任。但如果经济学家在指出这些错误时使用了"边际"方法，受批评的人的愤慨，从人性所能理解的角度看，往往采取下面这种抱怨形式，说他受到了叫做边际主义的这个反动怪物的攻击。如果事实上在他那方面确有逻辑上的错误，一般可以不必使用这件朴实的工具就能使他知道他有错误。但由于他不懂理论，他意识不到这一点，自然而然他就要回击批评者论点中他所最不理解的那些部分。

期出版物后来发展成为他的经典著作《美国关税史》(1888年版),后一方面的著作则是《国际贸易》(1927年版),不过他是一位具有高超艺术、能把实际问题分析和理论分析融合在一起的大师。他还把兴趣扩大到经济社会学方面,并在这方面取得了重要的成果。他的《发明家与货币制造者》(1915年版)和《美国工商业领袖》(与C.S.乔斯林合著,1932年版)两本书便是主要例子。他的理论渊源可以从李嘉图和庞巴维克身上找到,他们的影响很清楚地表现在他那雄心勃勃的理论冒险工作《工资与资本》(1896年初版;1932年伦敦经济学院重印本)上。受旧传统的熏陶,他对较新的学说——庞巴维克的资本理论除外——表现出一种叫人难以理解的抗拒,这也许就是为什么在所有这些学说的倡导者中间,马歇尔最投合他的心意了。但是这种抗拒却在逐渐消失,到末了除了一些正式保留之外什么也没有剩下,而这些保留也并非完全不像马歇尔的。他的《工资理论大纲》(载《美国经济学会会刊》,1910年4月)一文,直言不讳地接受了边际分析,标志着一个转折点。无疑会有人从技术观点针对他所讲授的一般经济学提出一些批评,其中有些甚至到1900年以后还是有根据的。但他不仅仅是理论家、历史学家和经济社会学家。最重要的,他还是一个伟大的经济学家。他所写的《经济学原理》(1911年版)的第一版,能够帮助我们了解他那个时期"学生到底学到了什么"。①

欧文·费雪(1867—1947年)自始至终是个耶鲁人,是给耶鲁

① 由于不可能在本书范围内对这位伟大人物给以完全公正的评价,还请读者注意发表在《经济学季刊》1941年5月号上,由他的某些同事所写的一篇纪念文章。〔这篇文章是熊彼特在阿瑟·H.柯尔和爱德华·S.梅森协助下写出的。〕

大学的科学纪录增光的两颗一等明星之一,另一颗为威拉德·吉布斯,一个伟大的物理学家。费雪是训练有素的数学家,甚至教过一年天文学。我们略去他的科学与宣传活动中所有那些同经济分析无关的活动(诸如禁酒、优生学、卫生及其他),并且还暂时略去他关于货币与经济周期的著作,这些将在本编最后一章提及。同时我们也不能涉及他在统计理论方面所作的相当大的贡献(指数、已分配的滞差[①]及其他),只是强调指出,在他看来,统计方法是经济理论的一部分而不再仅仅是经济理论的附属品——换言之,他实质上是一位可以同配第和魁奈并列的计量经济学家。我们下面的论述仅限于他在一般理论方面的三部主要著作。第一部著作是他的学位论文《价值与价格理论的数理研究》(1892 年初版,1926 年重印本),该书对瓦尔拉派的基本原理作了最精彩的表达。不过,费雪(至少[②])为瓦尔拉派的基本原理作出了两项具有头等重要性和首创性的贡献:一是他指出了衡量收入的边际效用的方法(后来他在发表于 1927 年出版的《纪念约翰·巴蒂斯·克拉克经济论文集》的一篇论文中对这个方法作了发展);二是他在《数理研究》

① 不过,应该看到,把一个干扰作用分配给受影响的变量的几个随后产生的数值这一想法,对于经济理论具有极大的重要性。很明显,说发生于 t 时间的某一变量 x 上的一个干扰将恰好只能在 $t+n$ 时间而不能在其他时间影响 x 的值(或任何其他取决于 x 的变量的值),是不现实的,实际上是采取了无所作为的态度。我们全都知道,比方说,一种价格或一组价格的猛烈变动会在一个或长或短的持续时间内,并以在这个时间内发生变动的强度来影响这个价格或别的许多价格随后具有的数值。未考虑到这一点的经济推理就说不上已经脱离幼年阶段。然而费雪是第一个面对这个问题并试着去创造一个可以从统计上来处理它的方法的。这个方法(由弗朗兹·L. 阿尔特加以改善)还不很完善。不过它毕竟是一个随着日月推移会开花结果的拓荒事业。读者可以从阿尔特的论文,即刊于《计量经济学》1942 年 4 月号上的《已分配的滞差》中,找到一切有关资料。

② 还有其他贡献。但我想把要讲的限于今天大家普遍承认的这两个贡献。

的第二编里——在那里，他(像埃奇沃思所做过的那样)把每件商品的效用看作是所有商品的数量的函数——发展了无差别曲线分析的基本原理。第二部著作是他的《资本与收入的性质》(1906年版)。这是一部大受帕累托赞扬的著作，除提出了有关会计学的第一个经济理论以外，还是(或者说应该是)现代收入分析的基础。① 在第三部著作《利率论》(1907年初版，后来重新改写，1930年以新形式再版，书名改为《利息理论》)里，② 他对雷及庞巴维克在时间上居先的慷慨承认使得他自己的作品的巨大首创性没有突出的像它所应有的那样。"无耐性"利息理论只不过是这部书的一个组成部分。如果这部书采用这样的标题，如"关于资本主义过程的另一种理论"，可能会把其性质表达得更加清楚得多。在许多新颖的细节中间，资本的边际效率这一概念的引进(他把它叫做超过成本的边际收益率)，特别值得注意。③

上述这点，连同费雪在货币与经济周期领域的著作，将证实下

① 这又是该书的主要内容。附录则包含有很多提示，甚至对并不赞成费雪的所有研究成果的人，这些提示也有刺激作用。

② 这部书包括了《资本与收入》的很大部分，但还不够多，还包括了费雪的论《增值与利息》这本小册子的要旨，见《美国经济学会出版物》，1896年8月。

③ 这里应该顺便提及两点。第一，费雪学派的概念同凯恩斯学派的资本边际效率完全一样，曾得到凯恩斯(和卡恩)的承认，但为凯恩斯的某些追随者所否认，尤其是为勒纳教授所否认。第二，在强调费雪给庞巴维克著作以慷慨承认的时候，我并无意使这个提法同前面第4a节中的说法相矛盾。费雪并没有完全认识到庞巴维克的成就所达到的广度，而是过分受到了后者所作表述的表面缺点的影响。这一点同下述显而易见的事实毫不矛盾，即费雪确实慷慨地承认了他在庞巴维克著作中所看到的一切。要是有人叫我举例说明我所说的"充分承认"是什么意思，费雪、凯恩斯和维克塞尔这三个人就是我所要列举的三位作者。事实上，这三个人具有的意义超出了我的原意：他们都喜欢发掘前驱者，在某些方面甚至做得太过分了，以致模糊了事情的真相，因而应该保护这三个人，使其免受这种做法的损害。

面的说法，即某些未来的历史学家可以很有理由地把费雪看作迄今最伟大的美国科学经济学家。但这并不是他的同时代人的看法。就我们目前所论述的时期而言，在经济学界以及就整个世界范围看，费雪直到成为提出“补偿美元”的费雪，才得到广泛的承认，而“补偿美元”一词，却是大多数人所不喜欢的。甚至后来，仍是“稳定货币”和“百分之百的存款准备”等等，转移了人们对他的真正科学工作的注意。在这些以及其他事情上，费雪，这个最高尚、最纯正的改革家，是从不计代价的，甚至不计那些带来最大痛苦的代价，包括被人们看成是有点怪的人，因而他作为科学家的名誉也相应地受到了损害。此外，他的成就的性质也不利于迅速获得成功。当然，《数理研究》实际上并未受到人们的注意，只是当其内容除了历史意义以外不再具有任何意义时，才得到了应有的评价。《资本与收入》的内容被大多数人看作不过是精巧而琐碎的玩意。《利率论》一书，无论在国内还是在国际上，遭遇较好，但在1930年重写的修订本出版之前，究竟是否完全传达出了其要旨，却很值得怀疑。

〔**(c) 另外几位重要人物。**〕经济学界的状况，往往使外界人士联想到通天塔的样子〔喻混乱——中译者〕。可是，我们业已在某种程度上看到，而且下一章还将在更大程度上看出，经过较为仔细的实地考察，这种印象不仅比较容易解释，而且也不像表面看到的具有那么多理由。在本小节里我们将提及另外几位较重要的人物以进一步推进我们的描述工作。这些人物是从不断发展壮大的美国经济学家大军的各个队伍中涌现出来的，这支大军在当时就像现在一样，杂乱无章地汹涌而来。我们再一次要求读者记住，我们在前一章里已经提到了制度主义运动中①的几个人物(特别是凡勃伦和康芒斯),我们在概述该时期应用领域②的著作时将提到另外几个人物。但是读者还要记住,适合于我们目的的观点要求我们把下面这些人排除在外或者推到后台,这些人虽然对经济学和他们的学生作出了无法估量的贡献,但他们却没有做过这里所讲的那种工作,也就是说,他们既没有对我们所说的分析工具的发展作出贡献,又未能证明自己能熟练使用这种工具。我列举下面几位受人尊敬的名字为例:亨利·C. 亚当斯、伊利、霍兰德、劳克林、西格尔和塞利格曼。③

事实上为创建这些队伍之一出力不少的弗兰克·A. 费特教授(1863—1949 年),在这个世纪头十年就已升至领导地位。他主要是——虽然并不仅仅是——一个理论家,一个主张科学进步的人,

① 〔应该记起,熊彼特原打算在第四章里写一小节论述美国的制度学派,但这一打算未能实现。〕

② 即使不谈不可能对应用领域的分析工作作出完全公正的评价,这种做法无疑还有其不利之处。为了说明这些不利之处,让我们选威廉·Z. 里普利(1867—1944 年)为例。此人著书论述过欧洲的人种,并著书和发表讲演论述过铁路及劳工问题(而这还远不足以全面描述他的活动),但肯定不能用他在这些领域中的某一方面或一切方面的著作来说明其特征。他在哈佛大学教过的一些学生告诉我说,他们从他身上得到的启发比从任何人身上得到的都多,而那时这个学系拥有陶西格、卡弗及扬这些人。因此不管他在技术分析方面是多么不足,却肯定应该把他列在"一般经济学"的人物之中。这一点同样适用于许多他那种类型的人。

〔对该时期应用领域的分析工作的概述(第六章第 6 节),不幸没有写完。〕

③ 读者若想弄清提及这些名字所含的暗示,可以很容易地做到这一点。特别应该参看伊利这位身为美国人的卓越的德国学派教授的讣闻(H. C. 泰勒所写,载于《经济学杂志》1944 年 4 月号)和塞利格曼这位和善可亲的领袖人物和勤勤恳恳的工作者的讣闻(G. F. 希拉斯所写,载同一刊物,1939 年 9 月号)。不过,霍兰德论述李嘉图的著作前已提及,劳克林论述货币的某些著作,亚当斯和塞利格曼论述财政的某些著作也将在适当的地方提到。卡弗这个人已在前面提到过。

且绝不赞同理论上的抱残守缺。他有时被归入“奥地利学派”，但这并不完全正确。诚然，在那个时期，凡是对理论作认真努力的人，都不得不从杰文斯、门格尔和瓦尔拉所奠定的基础上开始，而且，在这三个人当中，非数理学派人士还可能更喜欢门格尔的看法。诚然，费特也不喜欢马歇尔，因为后者试图保留过时的历史遗产，或许两个人彼此都有不喜欢的感觉。然而所有这一切并不足以使一个人成为门格尔的追随者。在杰文斯、门格尔和瓦尔拉所奠定的基础之上，费特建造了一座无论从整体看还是从许多细节上看，诸如“心理收入”等，都具有他本人特色的建筑物。他的批判功绩使美国经济学界重新对理论发生了兴趣，这种影响是无论怎样估价都不会太高的。①

弗雷德·M.泰勒（1855—1932年）是每当我们觉得可以对美国的经济分析的现有水平鼓起足够的得意情绪来自庆的时候，就会想起的另一个名字。他是一位著名的经济理论教师——不仅讲授理论，而且还讲授理论推理的细节——造就了许多人才，其中有些是当今最杰出的经济学家：的确有一个泰勒学派，不过不是那种只有一个导师和一个学说的学派。他的著作得益于教学，又用于教学，可是他对发表著作却犹豫不决。但他的《经济学原理》（1911年初版；1925年第9版）终于问世后，却取得了巨大的成功。这本

① 光阅读费特的《经济学原理》（1904年版）对于证实上述诸点还是很不够的。但是这本书提供了那个可以称之为费特体系的全部要点。我们以后还会遇到他的某些论文。其中一篇谈地租与利息关系的论文表明，费特的学说和费雪的学说有类似之处，这一事实使费特影响的界线变得模糊不清了。另一篇论《旧〔李嘉图学派〕地租概念的消逝》的文章，是费特最直接反对马歇尔学派的作品。我不知道马歇尔是怎样接受这个——完全有根据的——责难的。但我的确知道，埃奇沃思就根据不很令人信服的理由，说他不喜欢采用这样标题的论文，以此表示自己的不满。

书虽然在技术上尚有许多可以提出不同意见的地方,可我奇怪的是现在的学生究竟为什么不深入到泰勒的问题世界中去很好地补充一些知识,当然这些问题也像那个时期大多数理论家的问题一样,现在看来是很遥远的。泰勒对社会主义经济理论的极重要贡献,将在别的地方提及。

当该时期快要结束的时候,非数理派理论家发现自己面前摆着一个愈来愈困难的任务。这就是泰勒的窘境,也是他的不足之处的主要根源。赫伯特·J.达文波特(1861—1931年)的情形也是如此。不过,如果我们要评价这些人以及其他类似的人的历史地位和他们所作的贡献,那就一定不要使用严格的现代标准,因为在那个时期,那些人还不懂在今天看来是初等的东西,诸如连续性、增值量、决定性、稳定性等等,是情有可原的。结果当然是,他们一方面同现在看来似是虚构的困难作斗争,另一方面又看不见使我们伤脑筋的问题。① H.J.达文波特是他那时代的卓越理论家和伟大教师,就他费尽无限心机来解决他那时代的基本理论问题而言,经济学界受他的恩惠是很大的。②关于他,另外还有一点很有意思。

① 这很好地说明了究竟在哪一种意义上即使在经济学中也可以谈论“进步”,究竟在哪一种意义上说某一发展状态“低”于我们自己的发展状态是有意义的。但对一般“经济思想”却不能这样做。那个时期的经济学家对社会政策及经济政策所抱的看法跟现时流行的看法有分歧。但是这种分歧是社会条件和时代精神造成的,如果我们觉得自己比他们优越或者说取得了进步,那实际上是毫无意义的。但就分析而论,只要我们试图去做的事情与那个时代的理论家试图去做的事情一样,那就有可能谈论从一种较低的技术到一种较高的技术的进步,恰如谈论我们时代的牙科医术或运输比1900年的优越,是有明确意义的那样。

② 特别参阅他的《价值与分配》(1908年版),这是一本肯定既会使读者厌烦、又会使读者获益的书,其中若干论点至少具有主观上的首创性。他的《企业经济学》(1913年版),虽然较注意的是建立新理论而不是批判已有理论,可实际上首创性却较少。我听说了,但没有见到他那部论述马歇尔理论体系的手稿《艾尔弗雷德·马歇尔的经济学》(1935年版)。他所写的教科书并不出名。但是他的几篇文章,如果篇幅许可的话,倒是应该谈一谈。

他是一个热诚的凡勃伦派分子，又是中西部类型的极端激进派分子，这种人认为邪恶的反动精神笼罩着经济学界和整个国家，却没有作出任何努力——显然也无必要——来证实其存在。从而达文波特提供了一个例子，说明全神贯注于那个时代的理论与同情制度学派是完全相容的。

上述这些人以及另一些人的著作，渐渐与当代的著作融合在了一起，中间没有发生严重的中断，当代的著作可以由J. M. 克拉克、H. F. 奈特、J. 维纳和A. A. 扬这样一些人著作来代表。有这条线索就够了。① 我们应满足于先看一看那个时代的画面上最鲜艳的“一抹颜色”即帕顿，而后再看一座孤立的顶峰即穆尔。

如果想象力就是一切，那从历史角度看，就要把从1888年到1917年一直在宾夕法尼亚大学教书的西蒙·帕顿看作是人中佼佼者，即使有人能与其匹敌，为数也很少。而如果技术就是一切，那他就要名落孙山了。实际上，他介于二者之间，和二者都有距

① 虽然没有必要像介绍前面三个人那样来一一“介绍”这些著名人物，我还是要借此机会谈谈阿林·A. 扬（1876－1929年）。这位伟大的经济学家和卓越的理论家有被遗忘的危险。他的论文集《新旧经济问题》（1927年版）及《美国银行统计资料分析》（1928年版，最初发表在1924－1927年的《经济统计评论》上面），虽然是他所发表的主要著作，却丝毫没有表达出他思想的深度和广度，更丝毫也没有表达出他对于美国经济学以及对于他的许许多多学生起了什么作用。但是窥一斑而知全豹，也就是说，读者可以从一只爪子，即他发表在《经济学杂志》1928年12月号上的论文《报酬递增与经济进步》，而形成对这头狮子的某些概念。他最先看出了1900年以后开始的经济分析的转变阶段，最先据此塑造了自己的学说，这种学说，就我所能理解的而言，可以说是马歇尔和瓦尔拉的混血儿，而又掺进了他自己的许多见解。他的名字之所以只是那些与他有私交的人还记得，其原因之一就在于他习惯于隐藏自己的观点，而不习惯于强调自己的观点：举例来说，一个人不仅必须是一名专家而且还必须是一个很细心的读者才能看出，在他对国家银行统计资料的简明而又恰当的分析中，珍藏着他的大部分货币信用理论。

离,立脚点基本上是他自己的。人们之所以还记得他,主要是因为他拥护保护主义——单是这一点就使他和经济学界的大多数人有了隔阂——还因为他的所谓“丰裕经济”的概念,在这种经济中,无论是收益递减还是节俭都不再那么重要了。这一点一方面带有业余爱好、浅尝辄止的意味,另一方面又显露出被成功地预见到的日后思潮。这两个印象没有一个是完全正确的,但当时经济学界倾向于采纳前一种观点,虽然它并非没有认识到帕顿思想的那种所谓潜在的重要性,更没有小瞧这位精力充沛的教师和讨人喜欢的健谈家——跟他一道吃早点很快就会消磨到吃午饭的时间。

亨利·勒德韦尔·穆尔(生于 1869 年)在经济学史上的地位之牢固,就像帕顿在其同时代人中间享有牢固地位那样。在我们这门科学的未来历史纪录中,忘记穆尔就像忘记威廉·配第爵士一样,不那么容易。这无论对于那些赞赏他所写的一切的未来经济学家来说,还是对于那些不赞成他所写的一切的未来经济学家来说,都是如此。因为他的名字和现代计量经济学的兴起结下了不解之缘,不管我们喜欢不喜欢,计量经济学都必然不可避免地要日益成为技术经济学的同义语。他能享有不朽声誉,是因为他的著作是二十世纪三十年代初期涌现的那股统计需求曲线潮流的科学源头,而这仅仅是他最微不足道的贡献。他的伟大贡献在于他敢于试图用许多精巧的设计来创立一个可以在统计上运用的比较静态学(见下面第七章)。这一冒险尝试——体现在他的一系列论文之中,他于 1929 年把这些论文汇集成了《综合经济学》一书——是那些划时代的成就之一,这些成就不管我们是否加以利用,都必定巍然屹立在那里。因此,无论是为了描绘该时代的科学状况,还是为了描绘科学的社会学，都有必要在这里花一点笔墨来解释一下为什么这么有才干的一个人未获得较大的声誉。因为，虽然他由于他那统计需求曲线而获得了某些声誉（主要仰赖于他的追随者亨利·舒尔茨），并且因为他那收获经济周期理论（杰文斯派理论的改进版）而令世人刮目相看，他却始终未享有其在今日所应享有的声誉。

第一个原因当然是他的著作的性质。试图使瓦尔拉派的理论体系能够在统计上加上运用，这似乎完全超出了那个时代的科学水平。[①]第二个原因在于他是一个既很谦逊，同时又很敏感的人。他的研究纲领如果得到强有力宣传的推动，并被描绘成一项对现有——“正统派”——理论进行革命的纲领（就某种意义说，它确是这样一种纲领），是有可能为人们所理解的，甚至有可能得到某些机构的支持。然而穆尔不是运用这种战术的人：得不到反应，他就缄默不语了；他这个人与拼命推销货物的推销员完全不同。[②]但是还有第三个原因。穆尔的确发表了一系列本应使经济学界熟悉其思想的论文。可是，他的第一本书非但没有引起有资格的鉴定人的注意，反而吓住了他们。为了按其真正价值来评价他的富有独创性的《工资规律》（1911 年版）、他的《经济周期规律及其原因》（1914 年版）或他的《经济周期的发生》（1923 年版）等书，我们必须承认开拓性努力的特殊功绩。在某些方面上，这也适用于《综合经

① 他的《对棉花产量和价格的预测》（1917 年版）则不然。但是理论家还没有发现这就是经济理论。

② 我很感谢 F. C. 米尔斯教授对穆尔的性格与作风的描绘。这跟我自己 1913 年在哥伦比亚会见穆尔时所得到的印象是一致的。〔1951 年年底，穆尔还活着，过着完全隐居的生活。〕

济学》,虽然这本书在国际上受到了注意。可是,这本书所开辟的路线不仅艰难,而且在那个新方法不断涌现的年代,也是不受欢迎的。不过,所有现代分析家仍然应该仔细研究这本书,虽然这样做了之后他们很可能会赞美穆尔而不是追随穆尔。

8. 马克思主义者

我们已偶尔提到,那个时期的许多经济学家是激进派——按我们今天所用的这个名词的意义。社会主义一直被人叫做学术上变幻无常的海神,那些激进派有多少应该叫做社会主义者,至少是潜在的社会主义者,就很难说了。但是,只要不牵涉分析方法上的分歧,或说得更生动些,只要牵涉的仅仅是资本主义经济和文化的不同目标、同情和评价,而不牵涉有关经济过程的不同“理论”,他们的激进主义和社会主义就不关我们的事。假如我们提到过激进派或社会主义者的信念,那也只是为了消除人们对那个时期的科学工作所广泛抱有的偏见。例如,在我们看来,费边派是一个作过经济研究的派别,没有理由因为他们是计划者或者按照某种定义说是社会主义者就把他们跟做同样工作的其他人区别开来。在本节里,我们只对那些自称信奉另外一种特别的社会主义科学经济学的社会主义者感兴趣。在这些人中间,马克思主义者远较任何其他人更为重要,以至根据我们的目的,可以把他们当作我们唯一感兴趣的人。但是我们自然也要接触到他们的社会主义批评家,这些批评家的著作只有同被批评的理论体系联系在一起时才有意义。

马克思主义者并非仅仅在一种意义上是一个派别或宗派。但除此之外，他们还是一个科学学派，因为，像前面所讲过的，对某一信条的依赖并不会破坏某一派别著作的科学性质，虽然这种依赖性有可能影响这种性质。这里之所以提及马克思主义者，只是因为他们形成了一个我们所说的科学学派——作为一个派别，其成员做过分析工作，承认一个导师和一个学说，并且工作联系很紧密，尽管并非总是很和谐。马克思主义的其他方面——或许还是本质的方面——则必须略而不论。只是，按照马克思主义路线所写的科学著作，甚至对马克思著作的科学内容的全面掌握，直到1930年左右还主要限于德国及俄国的作家，以至为了集中注意力，根本用不着提及其他国家的作家。① 还有，也像前面所指出过的，只有在德国和俄国，马克思主义才对非社会主义经济学家的著作产生了强大的影响：有一个时期，在这些国家，具有理论头脑的经济学家几乎没有别的选择，只能转到马克思方面（或在德国，转到洛贝尔图斯方面）。

马克思主义能征服俄国知识分子中的社会主义者，并不完全是由于德国文化的强大影响，在某种程度上还由于马克思的思辨

① 就英国说，很明显，迄今还没有谁认为H. M. 海德门和他那一派人对经济分析作出过贡献。这种说法并不意味着否认马克思主义对英国知识界产生过某些影响，虽然众所周知，当时这种影响很小。也没有人否认马克思主义后来变成了英国经济学中的一股势力。但是就拉丁语国家说，主要由于社会主义者及其他人所写的关于马克思主义历史理论的著作，类似的提法却要加上附带条件。不过，承认马克思主义思想在法国、意大利和西班牙比在英国更为人们所广泛认识和仔细说明这个事实，是不含任何条件的，因为这指的并不是技术经济学中的分析工作。日本的马克思主义也是晚些时候的事。美国的情况也是如此；但是丹尼尔·德·莱昂的著作也许应该算作例外。例如参阅他的《改良还是革命?》(1899年版)。

和俄国人的心思正对劲。但是这种征服主要还是由于德国的影响,而且直到列宁逝世为止,或者甚至说直到托洛茨基被击败为止,就个人关系说,俄国马克思主义者和德国马克思主义者之间的关系一直是很密切的(虽然并不总是很友好的)。从已完成的分析工作的观点看,在许多严格的正统派作家中间,这里只有必要提一提普列汉诺夫和布哈林。[①]但是,一定不要忘记,马克思主义对该时代的几乎所有俄国经济学家产生了最为重要的建设性影响。马克思是他们真正试图掌握的作家,所受的马克思主义教育甚至在那些非难马克思主义的人的著作中也是显而易见的。这些半马克思主义的马克思批评家中最著名的人物,就是下面要加以讨论的杜冈—巴拉诺夫斯基。

① G.V.普列汉诺夫(1855－1918年),俄国的小小马克思主义政党的老领袖,并且直到本世纪初叶还是这个政党的领导人物,同我们在这部历史中所能分配给他的地位比起来,在另外一种历史中会获得极其不同的地位。但他还是一位学者,一个思想家。他虽然不是了不起的经济学家,但是作为一个马克思主义的社会学家,尤其作为一个社会心理"上层建筑"的分析家,却享有很高的地位。至少,这是我从直接间接看到的他许多著作中所得到的印象。特别参阅他的《马克思主义的基本问题》(英译本,1929年版)。我所知道的N.I.布哈林(1880－1938年)——被斯大林所消灭的一个顽固坚持自己主张的人——的著作只有《帝国主义和资本积累》(1926年版)和《有闲阶级的经济理论》(写于1914年;英译本,1927年版)两本,前者严重依赖于将要提到的德国人的著作(实际上是对德国马克思主义者所讨论的问题的总结),后者则是首创性更少的著作。有些读者也许感到不应漏掉列宁的名字,他的浩瀚的著作,大部分属于我们正在概述的时期。但列宁是一个实行家,是古今最精明、最敏锐的策略家之一。但如果像他的俄国崇拜者和其他国家的崇拜者所做的那样,坚持认为,现在被神圣化了的列宁也是一个伟大的思想家,那就错了。也许他对于政治思想确实作出了某些贡献,不过我所能看到的列宁所写的一切论点在马克思的著作中都能找到;只有一个例外,那就是,他坦率地承认了马克思所从未看到或从未承认过的一点,即无产阶级的"解放"绝不能单独由无产阶级本身来完成,就其全部含义来说,这是政治社会学的一个巨大进步。参阅例如《国家与革命》(英译本,1919年版)。他对于马克思本人或德国马克思主义者未曾预示过的经济分析,没有作出任何贡献。托洛茨基也是这样。

〔**(a) 马克思主义在德国。**〕马克思主义能在德国取得成功，依靠的是以下两个事实：其一是社会民主党取得了巨大成功；其次是这个党正式采纳了马克思主义（爱尔弗特纲领，1891 年）。这两个事实都提出了一些我们在这里无法探讨的最有意思的政治社会学问题。但必须强调指出的是：一方面，从正统马克思主义的观点看，这两个事实实际上是一回事，因为任何真正的社会主义政党都必然是信奉马克思主义的——这或许是"辩证的"必然；另一方面，从正统马克思主义以外的任何其他观点看，一个正在迅速向执政方向迈进的政党采纳这样一种放弃在资本主义社会中执政要求的信条，显然不是唯一可能采取的方针，而且正相反，是极令人吃惊的方针，这种方针必然会引起党内的意见分歧，削弱党的力量，就像事实上该世纪结束前所出现的情况那样。可是，实际上，这个政党的确有决心走马克思主义的道路，它的庞大组织仅向正统的马克思主义者提供鼓励、支持和就业（实际上是正式的职业），而至少在原则上不把这些提供给其他社会主义者，无论他们是多么忠诚，多么激进。在这个基础上，形成了一支既庞大又能干的信奉马克思主义的知识分子大军，产生了一大批正统文献。除了党报，该党还有一个"有分量的"杂志《新时代》——后来还有奥地利文的杂志《战斗》，以此作为发表文章的园地。研究这些刊物也许是熟悉这个派别的著作的最好方法。非马克思主义的社会主义者有点像被遗弃的人，要进行一场相当艰苦的斗争，而社会民主党有足够的力量打败他们。这是问题的一面。在观察问题的另一面之前，我们要先看一下，经济分析究竟有什么结果。在上述情况下，文献必定具有辩解和解释的性质，这是自始就很明显的；同样明显的是,除了小心地重复解释“导师”的意思以外,不可能有什么实质性的新东西,也不可能有什么实质性的异议。

直到(1895 年)逝世为止,弗里德里希·恩格斯,作为这个政党的伟大元老,一直大权在握,这种权力固然有时受到挑战——例如罗莎·卢森堡的挑战——但这种挑战从未成功,或者说除了战术方面从未成功。学说上的领导权(不包括实际政治方面的领导权)转到了卡尔·考茨基(1854—1938 年)手里;他认识马克思,并天生胜任祭司长的角色,这在不小的程度上是因为他并不绝对僵硬,懂得怎样在党内作家的核心圈子里在个别论点上对异议作出让步。[①]他编辑出版了《剩余价值学说》〔解放前出版的郭大力译本,作《剩余价值学说史》——中译者〕(1905—1910 年出版),撰写了可以说是对伯恩施坦的批评作出了正式答复的文章以及另外许多篇属于辩解和反批评的文章,写出了具有很高学术水平的讨论经济史观的文章,并且解决了若干理论应用方面的问题,尤其是有关社会主义农业政策的问题,由此而在这一点或那一点上甚至对马克思主义学说的发展也作出了贡献。所有这一切并没有什么很大的首创性。他从一开始所采取的立场的性质,即便他有创造性的火花,也会把这种火花扑灭。然而从整体上来看考茨基的著作,我

① 考茨基同马克思和恩格斯的结合以及他那无比的忠诚并非使他能担当这个任务的唯一品质。无疑,谁也不能毕生踩高跷而不显得做作。而且,他在原则上拘泥信条的每一个字,他事实上只允许自己以及别人去重新解释信条,这些都降低了他在那些一心想表现自己才能的热忱追随者心中的威望。还有,他虽然主要是一个理论家,可实际上却不是出色的理论家,也不能与这个学派最富有才智的人相匹敌。然而,这些丝毫也不能贬低他的高尚品质和能力,丝毫也不能贬低他对马克思主义所作出的贡献,以及通过马克思主义,他对整个社会科学所作出的贡献。

们可以有把握地说，他取得了具有历史意义的成就。[①]在激烈的论战中间，或多或少在马克思主义学说中发掘出一些新东西的作家，通常被称为新马克思主义者。虽然他们大多数人的写作年代是在我们所概述的这个时期里面，可是他们的许多出版物却属于下一个时期。不过，我们还是采用我们在别的一些问题上也遵循的同一做法，那就是，把我们的概述延续到现在，以便减轻第五编的负担。为了举例说明，我挑选了鲍尔、库诺、格罗斯曼、希法亭、卢森堡和施特尔伯格。

这一选择所略掉的人物中，我最感遗憾的是马克思·艾德勒。[②]但是这位显赫人物由于参加党务活动和从事律师业务而耗费了大量精力，以至从未充分发挥自己的天赋，虽然他是马克思主义理论家组成的威尼斯小组的一个重要成员。奥托·鲍尔（1881－1938年），一个具有非常才能而品格又异常高尚的人，甚至在他升到领导地位之前，就已在某种程度上处于领导地位。但是，除了前面已经提过的关于农业政策的书以外，至少可以提一提他发表在1912－1913年出版的《新时代》上的《资本的积累》一文，作为他对分析的有力的和富有创造性的贡献；还有其他许多著作对研究马克思主义政治思想的学者

① 他的《农业问题》(1899年版）一书也许比他的任何其他著作包含有更多的他自己特有的东西，在这本书里，他试图把马克思的集中规律扩展到农业上面。他在自己的阵营中就遭到了批评，奥托·鲍尔所写的《社会民主党的农业政策》(1926年版）就跟考茨基的观点有很大距离。但是他的著作带动了一批文献，其中鲍尔的书就是最值得注意的作品。考茨基的并非不成功的对伯恩施坦的答复《伯恩施坦和社会民主党纲领》(1899年版)，《唯物史观》(1929年第2版)，《爱尔弗特纲领》评注(1891年版；以《阶级斗争》为名的英译本，1910年版）和论《危机理论》的文章（载《新时代》，1901－1902年）等著作，也许是应该提到的其他出版物。

② 不要跟维克多·艾德勒以及弗里茨·艾德勒混淆起来；前者（有一个时期）统一了奥地利社会主义的不同民族分支；后者为维克多之子，是第一次世界大战期间及战后一位声名狼藉的人物。

也很有裨益。鲁道夫·希法亭(1877—1941 年),鲍尔的亲密朋友和同盟者,写了一部很著名的答复庞巴维克对马克思的批判的著作(《庞巴维克对马克思的批判》,1904 年版,英译本附有 P. M. 斯威齐写的导言,1949 年版),还有其他著作,这些都是更全面的评论所不能轻易放过的,但我们在这里提到他,主要是因为他写出了新马克思主义派别的一本最著名的著作,即《金融资本论》(1910 年版)。无论对这本书第一章中相当老式的货币理论和第四章中的货币危机理论有什么看法,这本书的中心命题(即银行倾向于取得对整个工业的控制,并把后者组织到垄断性的康采恩里边去,这种康采恩会给资本主义带来日益增大的稳定性),虽然只是根据德国某一阶段的情况草率作出的概括,却是很有趣也很有首创性的(特别参阅第三章),并且对列宁也有某些影响。H. 库诺(1862—1936 年)所写的一本同马克思主义理论有关的著作,是他发表在 1898—1899 年《新时代》杂志上的一系列论文,题为《论崩溃理论》。罗莎·卢森堡(1870—1919 年)的《全集》出版于 1925—1928 年,但是她对马克思主义理论的最重要贡献还是《资本的积累》(副标题是:"为对帝国主义作经济上的解释而作",1912 年版)。〔P. M. 斯威齐曾告诉我,同一标题的书还有第二本(但副标题不同),是为回答大战期间她入狱时人们对她的批评而写的,发表于 1921 年。编者〕H. 格罗斯曼(《资本主义制度的积累和崩溃规律》,1929 年版)和弗里茨·施特尔伯格(《帝国主义》,1926 年版)则代表较年轻的一代。前者主要是马克思主义学者。后者则不那么关心马克思主义理论,而毋宁说试图写出他认为马克思如果活到今天会写的东西;他最近发表了一本获得高度成功的著作(《即将到来的危机》,1947 年版)。他们的著作同马上将提及的马克思主义的复兴是一致的。

上面所提到的书名大都指向了新马克思主义者所共有的一个目标,尽管他们之间还有激烈的争吵。按照真正的马克思主义精神,使思想和行动、理论和政见一致起来,他们所感兴趣的,主要是马克思主义体系中跟社会主义者在那个他们认为是资本主义的最后阶段——"帝国主义阶段"——中的战术有直接关系或者仿佛有直接关系的那些部分。[1]因此，他们对黑格尔辩证法、劳动价值论以及诸如究竟是否有可能把马克思所说的价值转变为“生产价格”而不改变剩余价值的总和等等问题，不那么感兴趣。他们感兴趣的是“帝国主义”，是资本主义的崩溃问题，从而是积累理论、危机理论以及日益贫困化理论。要对这许多个别作者的多少有些独创性的理论体系所具有的大不相同的特征作公正的评价，是不可能的。非常概括地说，我们所得出的结论有如下述。他们较为成功地阐述了有关保护政策的经济理论，较为成功地阐述了有关资本主义社会真的是或据说是有日益倾向于进行战争的趋势的经济理论。在这里我们既不能试图作出解释，也不能试图作出批评。[2]但是那些往往对这种理论过分严厉的批评家应该记住，这种理论所要取代的都是些什么样的论点：这种理论也许是错误的，但它却是以某种科学精神来观察这种现象的最初尝试。日益贫困化不是被悄悄地放弃了，就是被推迟到无限遥远的将来，推迟到缓和贫困的因素耗尽力量的时候（例如，对照一下施特尔伯格的“封锁时期”理论，在这种时期，贫困化趋势将中止）。积累方式和崩溃理论二者提供了进行最热烈辩论的战场。这里最轰动一时的事件是希法

① 这一点适用于所有他们这些人，虽然在程度上有很大差别。这一点又是他们同列宁派学说与托洛茨基派学说的接触点，这两种学说的矛头完全是对着帝国主义的。比方说把鲍尔与希法亭的看法跟列宁在《帝国主义论》（英译本，1933 年版）中所阐述的看法作一比较，是富有启发意义的，由于在其他方面新马克思主义者是反布尔什维克的，这种比较就更富有启发意义了。

〔熊彼特用德文撰写了两篇长论文（原文发表于 1919 年及 1927 年），其中第一篇论文抨击了这些新马克思主义者的观点，两篇均已译成英文出版，标题为《帝国主义和社会阶级》（1951 年版）。〕

② 读者在前已提及的 P. M. 斯威齐的《资本主义发展的理论》一书中可以找到关于这个推理路线的极端正统的说明。

亭坦率地放弃了崩溃理论:他甚至主张,如果听其自然,资本主义社会就会日益加强其地位并且僵化成一种封建的或"等级森严"的组织。自然,这是对某些人的叛变。但甚至那些拒绝接受希法亭理论的人或其中某些人,也对马克思所说的大崩溃——因为,如果文字有什么意义,马克思所设想的正是崩溃——打了折扣,转而认为资本主义社会仅仅是没有能力来保持它的传统的积累率,而这只不过意味着陷于李嘉图所设想的静止状态,这很难同"崩溃"一词所提供的概念相一致。①

〔(b) 修正主义和马克思主义的复兴。〕 在继续论述下去之前,让我们先看一看问题的另一面,即"修正主义"。如前所述,不能期望这样大的一个政党,这样一大批外围同情者,会无条件地接受严格的马克思主义者坚持要强加的那种教义。爱尔弗特决议能获得通过,是因为人们对哲学上和理论上的细节漠不关心,而不是因为人们接受了这些细节。伯恩施坦② 对教义则不是漠不关心,而且认为马克思主义者的信条对党是有害的,一旦像他这样足够重要的人物下决心去作正面攻击,报应就来了。"辩证法"、历史唯物主义、阶级斗争、劳动价值论、日益贫困化、集中、崩溃(包括革命的意识形态)等等,全在他手中受到了全面的谴责。我们对于随后的争吵或是奥古斯特·倍倍尔所采取的策略并不感兴趣。倍倍尔是当时掌握最高指挥权的人物,他作为一名优秀的策略家,先是表

① 关于希法亭与卢森堡的著作,爱德华·海曼在《经济学说史》(1945 年版)中作过虽则简略但令人钦佩的论述。

② 爱德华·伯恩施坦(1850—1932 年)是个学者,是个讨人欢喜的人,并是个举足轻重的老近卫军战士,此外还是个久经考验的社会主义者。但是多年的流放并没有使他变成激进派,而是使他变成了费边派。他的许多著作中,需要提到的只是他在 1899 年写的一本书。这本书已有英译本,书名为《进步的社会主义》(1909 年版)。

现出必要的愤慨,而后接受了正式的投降而没有采取极端措施——虽然对一些次要人物以各种方式给予了惩罚——最后则默认了下面这种状态,即允许修正主义留在党内,其条件是不再进行积极的敌对活动。我们对于下面这些事实也不感兴趣:有几位杰出的社会民主党人是修正主义者或变成了修正主义者;社会民主党的这一翼有了自己的刊物《社会主义月刊》和自己的作者。因为,虽然这些作者里面有一些人写出了有价值的著作,特别是在个别实际问题方面——例如,像席佩尔在对外贸易政策方面所做的那样——但这种著作都不可避免地没有什么显著的特色。我们感兴趣的只是有关修正主义的论战究竟对马克思主义的分析产生了什么净结果。可以有把握地说,伯恩施坦的攻击具有刺激作用并在许多地方对马克思主义作出了较高明又较仔细的阐述。也许它还同马克思主义者日益准备抛弃有关贫困化和崩溃的耸人听闻的预言有某些关系。可是,从总体上说,就马克思主义者的科学地位而言,对这些结果是不能作过高评价的。因为,伯恩施坦的攻击对马克思主义的分析所产生的影响,要比对社会民主党和一般公众产生的影响弱得多。伯恩施坦是令人钦佩的人,但他不是深邃的思想家,尤其不是理论家。在某些问题上,特别是在经济史观和经济力量的集中这些问题上,他的论点是特别浅薄的。在其他方面,他只是提供了任何资产阶级激进派都有可能提供的常识。至于考茨基,只能说,对于回答伯恩施坦,是胜任有余的。而且,如果不是因为他所受到的注意具有政治含义的话,马克思主义者也就无需为他大为烦恼了。

我们接下来评述属于以后时期的两个现象。在1914年以前,马克思主义的分析几乎未呈现出衰弱的征象。当然,也有人往往持相反的看法,然而只有那些一相情愿的作家持相反的看法。但在二十世纪二十年代,我们看到一个现象,这个现象从科学上说要比修正主义重要得多:我们发现为数日多的社会主义经济学家——其中有些人在政治上十分激进但却不全是政治意义上的修正主义者或"工党分子"——他们在表示自己对马克思极端尊敬的同时,还是开始认识到他的纯经济学业已变得陈腐了。马克思主义仍是他们的信条,马克思主义者仍是他们所誓不辱没的称号,但在纯经济学问题上他们开始像非马克思主义者那样进行论证了。换句话说,他们搞通了这个真理:经济理论是一种推理的技术;这种技术天生是中立的,认为为马克思主义价值理论而斗争或为反对边际效用价值论而斗争会给社会主义带来某些好处,是错误的;任何技术都免不了要过时;以及,用文字来捍卫社会主义事业有可能由于墨守已经破旧的工具而丧失效率。这对于真正的科学经济学的发展所具有的重要性是无论怎样估计也不会太高的:下面这一点,即存在着一块有可能在那上面建造客观的科学结构的土地,终于得到最不乐于承认这一点的派别的承认。就二十世纪二十年代说,这种趋势可以用莱德勒和多布的名字为代表,这两个人又都说明了这样一个事实,即承认上一点丝毫也不会减弱政治热情:①对

① 埃米尔·莱德勒(1882—1939年),在其一生的最后几年,是纽约的新社会研究学院政治与社会科学研究生部的成员之一,可以说是二十世纪二十年代德国的主要学院式社会主义者,并且是海德堡大学和柏林大学的有影响的教师。他的薄薄一本教科书(《经济理论纲要》,1922年版)很好地表现了这里所说的倾向。莫里斯·多布从未受过马克思主义的熏陶;我们必须考虑到英国的环境。然而他在学术上和其他方面,显然是同情马克思而不是马歇尔或费边派。不过,就经济分析而言,则不能说他是马克思主义者。参阅他的《资本主义企业与社会进步》(1925年版)。

这两个人来说这都没有冲淡实际问题,对这两个人来说这都是逻辑问题。在二十世纪三十年代的动荡岁月里,所取得的这种进步也没有完全丧失掉。我们还可以断言,尽管有我们所看到的马克思主义的复兴,但除了在经济社会学方面,受过科学训练的社会主义者都不再是马克思主义者了。O.兰格与A.P.勒纳的名字可以援引来作为例证。[①]

我们必须评述的另一现象,便是马克思主义的复兴。这一现象的社会学太显而易见了,无需我们停下来加以说明。但从我们自己的观点看,马克思主义的复兴有三个值得注意的方面。第一,虽然刚才所说的那种倾向使分析取得的进步近来并没有完全丧失——像我们的例子所表明的——但却丧失了一部分:一些地位很高的经济学家转变成了马克思主义者,但这不是说他们接受了马克思的社会或政治启示——这是他们自己的事;不是说他们(像兰格那样)接受了马克思的经济社会学的大部分或其全部——这是能够加以辩护的;最后,也不是说他们尊敬马克思在历史上的伟大地位——关于这一点,很少有人会同他们争论;而是说他们实际上试图重新赋予马克思的纯经济学以生命,从而与残存的新马克思主义者联合在了一起。突出的例子是P.M.斯威齐和J.罗宾逊。[②]第二,有人试图将马克思凯恩斯化,或将凯恩斯马克思化。

① O.兰格在他发表在《经济研究评论》1935年6月号上的《马克思主义经济学与现代经济理论》一文中,把上述立场说得很清楚;请读者参考这篇论文。

② 我曾大力推荐斯威齐的《资本主义发展理论》(1942年版),认为它极好地介绍了马克思的(和大多数新马克思主义者的)经济思想。这里应给予注意的事情是,斯威齐博士认为,该书所介绍的理论是至今仍真正有用的理论,并且认为这种理论所使用的技术不仅跟比方说兰格所使用的技术不相上下,而且还比后者优越。更加值得注意、而且有些像心理学之谜的,则为罗宾逊夫人的《论马克思主义经济学》(1942年版)。关于后者,请参阅肖夫先生的文章《罗宾逊夫人论马克思主义经济学》,载《经济学杂志》,1944年4月号。

这些尝试同流行的意识形态很有关系，但也表明对纯分析工作有所认识。事实上，这两位作家确实可以相互取长补短，虽然就分析上具有决定意义的问题来说，他们处于相反的两个极端。但是这些尝试，就我所知，从未试图复活马克思的理论工具。① 第三，虽然马克思之风行于英美两国在某种程度上不过是移民涌入的自然结果，但这还有另外的含义。对英美学经济学的学生来说，马克思的学说作为某种新鲜的东西刺激了他们，这种东西不同于流行的东西，扩大了他们的眼界。② 这种刺激本身虽然确有可能白白耗费于从科学上看是毫无价值的感情之中，但也有可能证明是有结果的。无论如何，马克思的影响都应列在今日科学形势的诸因素之中。

① 这些尝试中最有趣的一个是 S. 亚历山大的论文，题为《凯恩斯先生和马克思先生》，载《经济研究评论》，1940 年 2 月号。

② 之所以会如此的一个原因是，在各门课程里，特别是在各门理论课程里，以前没有教过马克思的学说，现在也没有教过它。而之所以不讲授马克思的学说，一个原因是，很难把它归入哪一门课程。由于他的优点也由于他的缺点(例如，由于他所写的东西冗长而又重复，使得“留作业”很困难)，他不是被教师们觉得应该讲的其余教材排挤掉，就是相反地把这些教材排挤掉。

第六章　一般经济学:性质与内容

1. 前言
    (a) 一般经济学的社会学结构
    (b) 人口
2. 想象、企业和资本
    (a) 想象
    (b) 企业
    (c) 资本
3. 价值和分配理论的革命
    (a) 交换价值理论
    (b) 成本、生产、分配
    (c) 相互依存与均衡
4. 马歇尔的态度和实际成本
5. 利息、地租、工资
    (a) 利息
    (b) 地租
    (c) 工资
6. 实用领域的贡献
    (a) 国际贸易〔只有标题;本节未写。〕
    (b) 财政学〔未写完。〕

(c) 劳动经济学

(d) 农业〔只有标题;本节未写。〕

(e) 铁路、公用事业、“托拉斯”和卡特尔

1. 前言

(a)一般经济学的社会学结构。[①] 如我们已经知道的,在我们考察的这个时期内,经济社会学,特别是关于社会制度的历史的和人种学的知识,获得了最令人满意的发展。但我即将讨论的一般经济学,几乎没有受到这种发展的影响。它的组织结构实际上未被触及,也就是说,它仍然处于英国“古典学派”,特别是约翰·穆勒所遗留下来的形态中。国家仍然是个人无定形的聚集。社会阶级不是生活和战斗的实体,而只是贴在经济职能(或按职能划分的类别)上的标签。个人本身也不是生活和战斗的实体;他们仍然只是晒衣绳,用来悬挂有关经济逻辑的命题。而且,随着表达方式的日益严谨,这些晒衣绳比在前一个时期的著作中更显眼了。[②] 批

① 我再次提请参考 P. T. 霍曼的《当代经济思想》(1928 年)。该书所论述的,正是我们现在讨论的这个时期的思想,而不是 1928 年“当时”的思想。应当再提到的另一本一般参考书是 G. J. 施蒂格勒的《生产与分配理论》(1941 年)。

② 这可以说明为什么下面两个概念会保存下来,而且甚至被更经常地利用,这两个概念特别有效地激起了批评者的欢笑或愤怒。第一,为了在某些方面显示选择的纯逻辑性,有些理论家使用了与世隔绝的人这一古老概念,并称其为“鲁滨逊”。批评者对理论家正在从事的工作知道得愈少,他对经济学家试图通过“训练鲁滨逊”来解决社会问题的情景,就愈感到有趣。第二,为了在另一些方面显示经济行为的纯逻辑性,有些理论家例如帕累托使用了经济人(homo oeconomicus)这个概念。他们实际使用这个概念并没有什么不对,但批评者并不注意这一概念的实际使用,而只注意那可笑的漫画本身,认为这就是经济学家对人性的看法。虽然某些大经济学家,特别是门格尔和马歇尔已把防止误解所应该说的话都说了,但仍有人出来作蹩脚的辩护,结果

评者则嗤之以鼻。他们把所有这些都看作是可怜的社会学和甚至更为可怜的心理学。同其十九世纪上半叶的前辈一样，他们没有看到，在问题的一定范围内，这同时也是正确的方法论。由于所涉及的解释问题具有重要意义，我拟暂时脱离主题，试着再一次阐明这一问题。

特别是马克思主义者，但也有另一些人，指责边际效用理论家过于注重心理因素，也就是指责他们完全不理解经济学的实质问题，经济学的所谓实质问题就是分析社会生产过程中的客观事实，并指责他们用个人的心理反应或主观态度等完全次要的问题来代替那些客观事实（例如参看 K. 考茨基对奥地利学派的评论，载于他为马克思的《剩余价值学说史》第一卷所写的前言，第 IXX 页，1905－1910 年版）。奥地利学派及另一些派别，就他们错误地把重点放在"心理"量值上而言，招致这种错误的反对意见，只能怪他们自己；但如果反对者是马克思主义者，则只要指出"新"理论并不比马克思的理论更注重心理因素，就可以消除这种反对意见，因为马克思只要觉得方便，就毫不迟疑地求助于资本家的心理（例如在资本积累问题上）。不过，还有越来越多的批评者反对的确实不是心理本身，而是享乐主义的或其他不健全的心理，人们认为许多经济理论家就是从这种心理中推导出其命题的。这些反对意见将

反而把事情弄得更糟。马歇尔说，经济学家所研究的是过正常商业生活的人，这句话说到了点子上，在某种程度上指出了阐明这一问题的正确方向。此外还有两点必须加以注意：第一，德文 Wirtschaftssubjekt 这个词虽然常被译成经济人，但与经济人这个词并不是同义词；第二，我们可以很方便地避免使用经济人这个词而不改变出现这个词的陈述的意思——我们可以不说经济人将做这做那，而总可以说这种或那种行动或许会使例如满足或利润最大化。

在另一地方简单地谈到(参看下面第七章)。这里,我们关切的是批评或误解的另外三个来源,为识别方便起见,我们将分别称之为“政治上的个人主义”、“社会学上的个人主义”和“方法论上的个人主义”。

所谓“政治上的个人主义”,我们是指经济政策问题上的自由放任态度。这种态度在德国被谑称为“斯密主义”或“曼彻斯特主义”。无论哪个经济学家,只要他根据有关单个家庭和企业行为的假设来建立其理论结构,就会被怀疑在颂扬他所描述的个人私利相互自由作用的结果。在批评者的眼中,这种怀疑似乎已为以下事实所证实,即那些理论家中的许多人实际上正是那个意义上的经济自由主义者,而其中有些人,例如早期的帕累托,确曾用其理论来为极端自由主义政策效劳。但这只不过意味着,该时期理论家中的自由放任主义者正如其他每一个人一样,具有这样的坏习惯,即一谈到实际应用问题,其政治倾向便占上风。但正如前面指出的,大多数人已不再坚持无条件的自由放任主义,自由放任主义已随着时间的推移发生了变化。英国人和奥地利人接受了社会政策和累进税制。马歇尔声称赞成社会主义的最终目的,不过他表达这个意思时给人一种屈尊俯就的感觉,结果只是使人感到愤怒。瓦尔拉被尊称为半社会主义者,而维克塞尔则被称为资产阶级的激进分子。但更重要的是认识到,该时期的理论家所实际信奉的政治上的自由主义,与他们的边际效用理论毫不相干。马克思主义者深信,这些都是为了社会辩护的目的设想出来的。但“新”理论是作为纯粹的分析事件出现的,与实际问题毫无关系。而且同旧理论相比,它们并不能更好地为辩护出力。事实上,相反的观点倒更容易站住脚(例如,边际效用递减"法则"具有平均主义含义);正是"资产阶级"经济学家,在那个时期提出了有关社会主义经济的合理理论(参看下面第七章第5节);正是马歇尔、埃奇沃思和维克塞尔,把自由与完全竞争可以使所有的人获得最大满足这一学说降到了无关痛痒的泛泛之谈的水平。①

所谓"社会学上的个人主义",是指十七和十八世纪广泛流行的观点,认为自我控制的个人构成社会科学的基本单位;认为所有社会现象都可分解成为个人的决定和行动,而对个人的决定和行动不必也不可能用超个人的因素作进一步的分析。这种观点就其隐含有一种社会过程的理论而言,当然是站不住脚的。但并不能因此而认为,为了特殊的研究目的,也不允许从个人特定的行为着手研究,而非得研究影响这种行为的因素不可。我们可以分析家庭主妇在市场上的行为,而不研究影响这种行为的因素。由于不同社会学科的分工不同,人们会自然而然地这样去做,而不一定含有任何关于"社会"和"个人"的理论。由此我们便谈到了"方法论上的个人主义"。那么,这个概念是怎样应用于那个时代的一般经济学的实际过程的呢?

一方面,固然环境、集体态度、集体评价等影响个人行为

① 新的价值理论实际上与政治偏好毫无关系,这一点可以从瓦尔拉和帕累托那里看得很清楚:在理论问题上,帕累托完全是瓦尔拉的追随者,对瓦尔拉的体系作了许多技术上的改进;但在政治上两人则有很大分歧。

的因素,完全是按约翰·穆勒①的方式加以考虑的,而这正是历史学派为什么相比之下如此强调"伦理"问题的原因之一。马歇尔虽然在这方面比任何其他有影响的理论家做得更多,但仍停留在根深蒂固的传统之内。固然理论家未能超越旧传统这一事实,在他们论述许多"纯经济"问题时表现了出来——就像现在的情形一样,但另一方面,可以证明,在主要使他们感兴趣的问题的范围内,也就是在有关经济机制的逻辑性的问题的范围内,那个时期的理论家所采用的方法,可以作为方法论上的个人主义来加以辩护,而且他们的研究成果,就其本身而言,实质上并没有受到这种方法所固有的限制的损害。

(b) 人口。 我们知道,人口理论,主要是马尔萨斯的理论,是前一时期一般经济学的不可缺少的组成部分。这不仅意味着,经济学家为人口压力而担心,这方面的忧虑影响了他们对社会未来的展望,影响了他们对经济政策的看法,而且意味着,有关人口实际增长率和预期增长率的假设,正像报酬递减律那样进入了他们的理论体系,因而假如没有这些假设,他们的理论分析就会是不完全的。所以,西尼尔把稀释的马尔萨斯主义包括在经济理论的基本假设之中,是完全正确的。需要掌握的基本之点是,在我们考察的这一时期内情况发生了变化。没有一位譬如说在 1890 年写作的理论家,会想到要做西尼尔曾经做过的事情。很显然,这主要并不是因为为人口压力担心的直接原因不复存在了,而是因为边际

① 关于这个范围内的问题,特别是与马歇尔有关的问题,塔尔科特·帕森斯教授作了富有启发意义的分析,读者可参看他 1931 年 11 月和 1932 年 2 月在《经济学季刊》上发表的两篇论文(《马歇尔思想体系中的欲望与行为》和《经济学与社会学:马歇尔与他那个时代思想的关系》)。

效用体系不再依赖有关出生率或死亡率的特殊假设,而能够考虑一位作家认为适当的任何假设。因此,一般经济学的人口分支趋于枯萎,在它的位置上出现了一个不必由经济学家单独培育的人口研究的特殊园地。由于我们不能适当考察这一特殊园地,所以我们也就不再特别关注人口问题,在此仅作以下三点评论。

第一,虽然人口问题不再对一般经济学具有重要意义,但由于它曾经在如此长的一段时期内具有重要意义,因而人们是不会马上放弃它的。值得注意的是,大多数有影响的经济学家都继续以这种方式或那种方式接受马尔萨斯的论点,至少就不确定的未来而言是如此:庞巴维克、马歇尔、瓦尔拉(在某种程度上),特别是维克塞尔[①]都对马尔萨斯的论点表示敬意,尽管他们的分析结构的任何部分都不再以此为根据了。至于"马尔萨斯法则"是否适用于除不确定的未来以外的情况,则教科书中和专题论文中赞成意见和反对意见相持不下,讨论没有结果。[②]

① 维克塞尔特别强调人口增加是对工人阶级生活水平不断提高的主要威胁——他如此强调这一点,以致触犯了瑞典政府。让我们顺便提一下:他复活了最优人口概念。关于这一点,参看 L. 罗宾斯的《最优人口理论》(见格雷戈里和多尔顿编辑的《纪念埃德温·坎南伦敦经济学论文集》,1927 年)。关于《帕累托论人口》,参看 J. J. 斯彭格勒教授 1944 年 8 月和 11 月发表在《经济学季刊》上的两篇具有启发性的论文。

② 也许我应该提到以下非同一般的论文:F. A. 费特的早期论文,Versuch einer Bevolkerungslehre(1894 年);F. 奥本海默的《T. R. 马尔萨斯的人口原理》(《人口原理》,1900 年);和 A. 洛里亚的《马尔萨斯》(1909 年)。关于一般性的考察,参看戈纳尔的《人口学说史》(1923 年)和 F. 比尔希利的《人口问题》(1924 年),即使仅仅为了说明经济学家的思想发展过程,也应该指出,有关人口问题的讨论最近曾突然闪出光亮,随即又很快地熄灭,叫人无法理解(《经济杂志》1923 年 12 月号)。在大量粮食和原料卖不出去的时期即将来临的时候,凯恩斯就认为,从本世纪第一个十年的某个时候起,"自然"对人类努力的反应就开始没有以前那样慷慨了——这是对当时农产品价格上升的一个很有意思的错误解释——并甚至认为人口压力是第一次世界大战的原因之一,也是俄国革命的原因之一(原文如此!)。为此,威廉·H. 贝弗里奇爵士以常识的名义对他进行了攻击。但凯恩斯毫不退缩,(在一个时期内)继续宣称,马尔萨斯的幽灵再次登场了。但必须补充一句,在这件事上,几乎没有经济学家效法凯恩斯。固然大多数经济学家也为此感到忧虑,但他们很快就开始为相反方向的事情操心了。

第二，出生率的下降先是出现于高收入阶层，然后也出现于低收入阶层；先是在城市中出现，然后也在乡村中出现，先是出现于某些国家，然后出现于几乎所有工业化国家。出生率的下降在随后的时期内导致产生了马尔萨斯主义的反面，即经济学家开始普遍担心，假如出生率和死亡率继续像二十年代那样变化下去，最终将出现什么样的经济后果——这种推论方法，除细节和技术外，同马尔萨斯的方法论如出一辙，只不过方向相反。[①] 在我们讨论的这个时期内，这种情况还只是初露端倪。此外，不断下降的出生率本身——或者更确切地说，出生率下降的显而易见的直接原因即避孕的动机——提出了一个解释上的问题，人们试图以各种各样的观点解答这一问题。这里我只提出一个我所认为的该领域的最重要的成就，那就是蒙伯特的不断下降的出生率的"繁荣理论"，虽然它也属于下一个时期。[②]

第三，该领域内所取得的真正有价值的进展，是整理和解释人口统计资料的方法所取得的伟大进步。这一成就对创立上面提到的新专业起了极大的促进作用，并使人口问题不再仅仅是经济学家权限范围内的事。[③] 当然，这并不是说，人口问题不会再进入一

① 例如参看伊德尼·查尔斯:《祖先的曙光》(1934 年)。对经济学家的这个新烦恼最有力的陈述，参看 R. F. 哈罗德的杰出论文:《现代人口趋势》，载于 1939 年《曼彻斯特学报》，以及约翰·朱克斯教授对这篇论文的批判:《人口恐慌》，载于 1939 年 10 月号《曼彻斯特学报》。

② 这一时期有许多先行者——例如，L. 布伦坦诺——但我们抽不出时间来对他们加以考察。关于保罗·蒙伯特，参看他为 M. 韦伯的《原理》写的文章(《人口论》)以及他的《人口发展与经济形势》(1932 年)。

③ 如果我们能研究这个时期的文献，则在纯统计方面我们应当提到莱克塞斯、纳普、尼布斯和皮尔逊等人。为了给读者一点线索，我还将提到卡尔—桑德斯的《人口问题》(1922年)，H. 赖特编写的教科书《人口》(1923年)，R. R. 库钦斯基的《人口增长

般经济学领域。长期停滞理论或“成熟”理论在其一系列基本假设内就保留有关于人口的假设,这说明本小节所提到的趋势具有逆转的可能性。

2. 想象、企业和资本

我们即将评价的经济理论“革命”,除了未影响到一般经济学的社会学结构外,对一般经济学的另一些东西也未产生影响。请勿将这句话理解为一般经济学中未受影响的那些部分没有取得进步。进步是很大的——这一点我们在下文中会看到,特别是在我们讨论那一时期的货币和循环理论时会看到。只是这种进步与价值和分配的“新”理论没有实质性的联系,没有后者的帮助,也照样会取得进步。在这一节中,我们将按照尽可能严格的经济理论的定义,考察一些未被“革命者”——当然还有并不认为自己是革命者的马歇尔——论及的题目。

(a)想象。首先要提到的是经济学家对经济过程的想象。我们已熟悉了这一概念,熟悉了想象在任何科学努力中所起的作用(参看第一编),因而无需再介绍这一概念。显而易见,那个时期的所有大经济学家如杰文斯、瓦尔拉、门格尔、马歇尔、维克塞尔、克拉克所想象的经济过程和约翰·穆勒所想象的一样,甚至和亚当·

的度量》(1936 年)以及 L. I. 达布林(编)的《美国和加拿大的人口问题》(1926 年)。我列出上述著作只是认为这些著作可以使人很方便地了解这个问题的历史。我想其他人也许会列出另一些著作。我尚未提到的该时期的成就之一,是历史学家对以往人口问题的研究,只要提到朱利厄斯·贝洛赫(《希腊—罗马世界的人口》,1886 年),人们就肯定会承认这方面的成就,我认为此人是该领域最杰出的人物。

斯密所想象的也一样；也就是说，对于经济过程中发生了什么事情以及这个过程一般是怎样运转的这些前一时期的概念，他们没有增添任何新东西；或者换句话说，他们所看到的经济分析的题材，需要加以解释的事物的总和，完全和斯密或穆勒所看到的一样，而所有这些努力的目的都在于把它们解释得更令人满意。这个时期创造的概念没有一个来自于新事实或新观点，这可以用他们有关竞争的论述来说明。他们的经济世界同“古典学派”的一样，是一个由许许多多独立的商号组成的世界。令人惊奇的是，他们不仅仍然把竞争状态看作是理论家为了某种目的而建立的有用的标准状态，而且还把它看作是现实的正常状态。甚至自有自营的商号在经济理论上远比在实际生活中生活得更好。不过必须记在他们账上的巨大功绩是，他们以远较“古典学派”为优的分析补充了这种想象。如我们将看到的，他们越来越成功地解释了竞争，越来越成功地分析了竞争的运行方式；他们还提出了有关其他情形如独头垄断、寡头垄断等等的理论；而且，马歇尔看到了这样的情况，即一些商号的成本曲线在不断下降，因而明确指出了在本世纪二十年代和三十年代引起理论家注意的一系列现象。但从根本上说，该时期分析者的想象仍停留在穆勒的水平上。尽管他们远比前人关切“托拉斯”和卡特尔，但他们却把这些看作是例外情况，或至少看作是偏离事物正常发展轨道的现象(参看下面第七章第 4 节)。

我们还知道，与想象关系最密切的问题是经济的发展，或正如那个时期的几乎所有非马克思主义作家继续称呼的，是经济的“进步”。在这一概念范围之内，没有发生任何变化。读者如果仔细读一下瓦尔拉的《纯粹政治经济学基础课本》[①]（1926 年）的第 36 课，便可以明白这一点。马歇尔的进步理论，要比其同时代人或前辈的进步理论丰富得多，但归根结底，结论是一样的：人口增加，资本积累继续进行；市场因而扩大；而这又导致内部和外部的节约（即生产组织与生产技术方面降低成本的改进）。在这些结果之上，我们还必须加上刚刚发生的非引致性的或革命性的发明所产生的结果——所有这些都会受到粮食和原料生产过程中报酬递减规律作用的干扰，只是在可计算到的未来不一定如此。从根本上说，所有这些并未超越约翰·穆勒，甚至没有超越亚当·斯密。特别是，这种进步被认为是一种连续不断的、几乎自动的过程，而不含有它自己的任何现象或问题。

(b)企业。在大多数人的心目中，经济发展这个概念，是和企业这一概念联系在一起的。在这里，分析上的进展虽然很大，但主要仍然是沿着旧路线取得的。毫无疑问，企业家与资本家在被分开，企业家的利润与利息在被分开，而且随着时间的推移，区别愈来愈明显了。但大多数贡献只不过是详尽阐述了穆勒的利润三要素或曼戈尔特的能力地租概念，而解释上的差异，主要是着重点或表述上的差异。在这种情况下，简要考察一下便够了。杰文斯以及除庞巴维克外的奥地利学派，对这个问题几乎没有发表什么意见。庞巴维克的理论可称为摩擦理论或不确定性理论，读者选择哪一种名称都可以。根据这种理论，企业家之所以获得利润，是因

① 我们现在感兴趣的论证方法，由于插入了边际生产率方面的考虑，特别是由于插入了可变的生产系数，而被弄得模糊不清了。但是其余的方法——尽管有经济的与技术的进步两者之间的区别——可能已为约翰·穆勒写出来了，请特别参阅第 383 页上的定理。

为事情没有按原计划发展,而如果一个公司连续不断地获得利润,则是由于该公司具有高于正常水平的判断力。注意,这种显而易见的常识性解释,很容易掩盖其不适当性。[①]瓦尔拉的贡献虽然是消极的,却很重要。他把既不赚钱也不亏本的企业家的形象引入了他的体系。而由于这个体系实质上是一种静态理论体系——尽管正像下一章将指出的那样,其中也有一些动态因素——因而他表达了这样一种信念:即只有在静态均衡所要求的条件得不到满足的情况下,才有可能出现企业家利润,而随着完全竞争的流行,公司在均衡状态下将不赔不赚——所有关于利润的清晰见解都起源于这一命题。[②]不过,马歇尔在仔细分析管理收入时,比大多数经济学家都走得远。他的分析大大扩充并加深了穆勒的监督工资,以至实际上由此产生了新的东西。他还提供了另外一些有益的启示。一个是他接受了曼戈尔特的能力地租概念,虽然他没有将其用于解释利润这一特殊目的上,而是较为普遍地用它来解释个人努力的所有超常报酬。另一启示包含在他的准地租概念

① 让我们立即指出,庞巴维克把这种(企业家利得意义上的)利润理论同一种在李嘉图和马克思看来仍然是利润理论的利息理论联系了起来。这一点我们将在下面加以讨论。

② 对瓦尔拉来说,这当然仅仅意味着,公司(“企业家”)获得的剩余不会超过以下三项之和,即它们拥有的资本的现时利息,它们拥有的自然生产要素按市场率计算的地租,以及它们按经理劳务(包括自有自营经理的劳务)的通常价格支付给经理人员的工资。而且,这种情况会具有限制状态的性质:即使这种限制状态真的出现,企业家也仍希望得到更多的剩余,因为现实并不是静止的。因此,埃奇沃思以既不赚也不赔的企业家会失去前进动力为理由来反对这种企业家概念,是毫无道理的。不过,另外一种批评却很有力:瓦尔拉(在上述意义上)假定(剩余)利润为零,但他并没有作为一项定理来证明利润具有趋于零的倾向。不过,在他的其他假定下,这样做并不困难。因此,这种批评虽然在逻辑上是正确的,却纯粹是形式上的。参看下面第七章第 7 节。

中。[①]克拉克的贡献是所有贡献中最具有深远意义的：他第一个奏出了新曲调，把企业家的利润看作是超过利息（与地租）的一种剩余，并把它同将技术的、商业的或组织的改进成功地引入经济过程联系在了一起。

在其余的作家当中，许多作家发展了穆勒的（或亚当·斯密的）风险因素。[②]这方面做得最成功的是霍利，特别是奈特教授。奈特教授的贡献首先是，他强调了可保险的风险与不可保险的不确定性之间的区别，这是很有用的；其次是，他的利润理论把这种不可保险的不确定性一方面与经济的迅速变化——除了非经济的干扰外，这种变化是上述不确定性的主要来源——联系了起来；另一方面与经营能力的差异——这种差异在经济迅速变化的情况下显然远比在相反情况下与利润及亏损的解释更有关系——联系了起来。他由此而得到了一种综合性理论，该理论不易遭受通常的风险理论所受到的那种攻击。多布朝着同一方向迈出了另一步。[③]这里我们不能深入研究有关这个题目的大量文献。在我们讨论的这个时期，很大一部分分析上的进展都与这一题目有关，接着在本

① 当然，我的意思并不是说准地租与企业家的利润是一回事，或二者有独一无二的关系。但准地租概念可以在企业利得的分析中很方便地起作用。还有一个启示或许也可以归功于他。剑桥的经济学家在二十世纪二十年代和三十年代，把正常利润与产生于操纵货币制度的意外利润区别了开来。我们尚不准备讨论这个问题。但我们可以指出，马歇尔关于信用与价格循环变动的附言，包含有这种意外利润理论的萌芽，正如他有关管理收益的论述，包含有正常利润理论的实质一样。

② 反对意见前面已经提到了。正文内容涉及的是 F. B. 霍利的《企业和生产过程》（1907 年）和 F. H. 奈特的《风险、不确定性和利润》（1921 年）。虽然后一本著作在年代上不属于我们考察的这个时期，但和其他著作一样，这里提到它是为了照亮开始于本时期的一条重要的分析进展路线。

③ M. 多布：《资本主义企业与社会进步》（1925 年），前面引述过该书。

世纪二十年代,人们就这一题目取得了一些最辉煌的成就,最后,就其理论部分而言,人们渐渐失去了对该题目的兴趣。① 收集事实的工作在这一领域遇到了特殊的困难,因而只是刚刚起步。成功的研究实际上开始于本世纪二十年代,特别是在美国,在这里,缺乏资料曾是几乎不可克服的障碍。②

不过,还有一点不能不提到。上面提到的所有关于企业家活动和企业家利得的理论,都是职能性的。也就是说,这些理论的出发点都是认为企业家在生产过程中执行一种必不可少的职能,并进而用成功地执行这一职能来解释企业家的利得。毫无疑问,不同的作家是以不同的方式给这种职能下定义的。但多布先生晚近的说法,即企业家("企业经营者")是经济生活中作出主要决策的人(前引书,第54页),完全可以作为他们的共同格言。当我们把

① 不过,在这个脚注中我将提到另外几篇文章,这几篇文章由于这种原因或那种原因可以认为是具有代表性的。美国对这个问题的研究可以说开始于F. A. 瓦尔克尔(《工资问题》,1876年,《商业利润的来源》,载于《经济学季刊》,1887年4月)。新近一篇有名的文章是C. A. 塔特尔的《企业家的职能》,载于《美国经济评论》,1927年3月(并参看他的研究文章《从经济文献中看企业家的职能》,载于《政治经济学杂志》,1927年8月)。德国对这个问题的研究只是继续老的传统,例如参看维克托·马塔雅的《企业家利润》(1884年)以及比这更早的一本著作,即J. 皮尔斯托夫的《企业家利润的度量》(1875年)。一个有意思的问题是,为什么这方面的文献大都出自美国人或德国人之手。也许是因为那时企业家的形象在美国和德国比在英国或法国更高大?或者同时也许是因为至少英国的经济学家认为企业家的职能与企业家的利润是理所当然的,马歇尔的分析已经足够了,不必再作更多的分析——正如他们中的大多数人认为利息问题已经圆满解决了一样?但是我借此机会提请读者注意一篇重要的文章,虽然这篇文章谈的不是企业利润这个问题,但它却涉及到了这方面的问题,因而要在这里提到它:F. 拉文顿:《商业风险理论入门》,载于《经济杂志》,1925年6月。

② 出现这种情况的原因之一是,总的说来,美国的企业直到1907年危机时才采用适当的折旧方法和成本会计。所以有关利润真实情况的调查研究,只能依据一些很容易引起误解的粗略指标。

有关这个主题的论述说成是该时期经济分析的主要贡献之一时,我们便也采取了与他们相同的立场。[①] 不过,由于这里讨论的事情牵涉到资本主义经济的中心人物,而且由于大多数经济学家很难获得有关这件事情的可靠的事实资料,因而很自然地,任何职能性理论都必然会被怀疑带有意识形态偏见,并迟早必然会遇到同样可疑的相反的理论。这种相反的理论是要向人们证明,企业家根本没有执行"生产性"职能,而只是掠夺他人生产活动的成果。这样的理论在我们时代的通俗经济学中广泛流行。我们要问的第一个问题是,有没有著名的经济学家持有这样的理论?

读者也许会想到马克思和马克思主义者。如果是这样,那他就搞错了这里争论的要点。在整个这一时期,有很大一批经济学家没有将企业家与资本家区分开来,没有将企业家的利得与资本家的利得区分开来。所有这些经济学家基本上仍然把企业家看做是亚当·斯密和李嘉图意义上的资本家。因此,对他们说来,所要解释的主要东西是资本的报酬。在持这种观点的所有经济学家当中,马克思主义者作为一个派别是最重要的。因此,马克思主义的剥削理论是资本剥削劳动的理论;所以,按照过去和现在的通常做法,把这种理论列入利息理论中是正确的。毫无疑问,在马克思的剧本中是有企业家的。但他是躲在幕后的,他的利得不是一个马

① 不过,必须立即着重指出的是,为了使那些有关企业家活动的理论——或其中的某些理论——站住脚,只要坚持以下命题就够了,即企业家的活动执行的是资本主义社会所不可缺少的一项职能。在其他社会组织中,例如在社会主义社会中,类似的职能是怎样、由谁以及以什么样的效率来执行,则是个完全不同的问题。不论哪个时期的作家怎样看待这一问题,他们的理论作为工具应用于资本主义过程所具有的价值都不会受到丝毫影响。

克思主义的问题。只有对它作非马克思主义的再解释，才能把它插入马克思主义的体系中。甚至在马克思对集中过程的描述中，也是大资本家掠夺——“剥夺”——较小的资本家。一旦我们认识到这一点并因此而把马克思主义者以及其他采取类似观点的作家排除在外，①我们便很难找到一个真正鼓吹我们所谓的企业家利得掠夺理论的作家。凡勃伦是一个最接近的例子。虽然即使就他而言，也应附加某些限制条件，但我们也许可以把他看作是上面提到的通俗理论的科学祖先。但现代科学社会主义者却不够格——这可以从兰格和多比的著作中看出来。

在这种情况下，也就不值得提出以下问题了，即有关企业家的作用与利得的职能上的解释是否受到了意识形态的污染，或者是否应该以解释者具有辩护意图为理由而对他们的解释打折扣。②不幸的是，这并没有解决问题。因为首先，职能性理论不包括商业惯例所熟悉的损益项目的全部内容。之所以如此，不仅是因为这个项目还包括自有生产要素的报酬——某些职能性理论，特别是较老的职能性理论，仿效J. S. 穆勒的做法，是把这种报酬计算在内的——而且还因为企业家，甚至纯粹的经理，特别是自己经营自己企业的人，都处于(正的或负的)“剩余物”(leftovers)的接受者的地位。所以，同有其他人有权要求分享总收入的情况相比，用余额(reriduel)这个词来指企业家的利润，在这里具有更确定的意义。而且，处于商品市场与生产要素市场之间的企业家或自营人，有更

① 基于同样的理由，我们特别排除了各种各样的讨价还价理论，这些理论也主要用于解释资本利润。

② 当然，这并不排除这样的可能性，即在有关经济过程的想象中出现意识形态偏见，从而使经济学家在历史发展的分析中牺牲其他方面而强调职能方面。

多的机会利用有利的形势，[①]同时也比任何其他人更易受到别人采取同样行动的损害。因此，在企业家的个人所得报表上，利得项目下所谓的净利润总额，是一个由许多性质完全不同的因素组成的总体，这些因素并不像其他人的总收入与其“职能性”收入具有密切关系那样，与我们根据某种理论可以想象为“纯”利润的任何东西也具有密切关系。这个差别是很大的，并构成了为什么我们不说企业家利得具有均等倾向的一个原因，虽然不是根本性的原因。

根本性的原因是，企业家的利得并不是永久性的报酬，而只有当——采用奈特—多布理论使用的语言——企业家在变化不定的情况下作出的决定证明是成功的时候才出现，与所运用的资本的多少没有确定的关系。换句话说，企业家的利得，虽然像技术性失业那样总是存在，但和技术性失业一样也产生于一连串的事件，而每一事件由于是独特的，因而其本身并不引起永久性的利得或失业。除处于零的水平外，并没有一种机制来使这种“个别的、暂时的”利得均等。但那个时代的许多理论家都明确认为或暗中认为存在着这样一种趋势。他们这样认为，只是因为他们没有完全把企业家的利得与资本的利得分开来，而如果将风险考虑在内，资本利得确实显示出这样一种趋势。这个题目很难弄——虽然与当前

① 这种情况的一个特例是罗伯特·A.戈登教授所谓的“地位利得”，即公司管理部门的成员可能得到的收益。参看他的《大公司的业务领导》(1945 年)，第 272 页。不过在上面正文内，我指的是可以用同样的术语来称呼但范围要远为广泛的一类利得，即不是执行企业家的“职能”获得的利得，而是执行这种职能的人获得的利得。我想可以很公平地说，这里讨论的经济学家确实认识到了这种现象。他们确实很难不这样。

不懂数学的学者搞现代理论所遇到的困难有所不同——这里不能作进一步的探讨。但我要补充的是,部分地由于这一原因,我们也不应谈论“经营才能的供给”。英国的作家和另一些人之所以谈论经营才能的供给,是因为他们倾向于把他们所谓的管理收益与工资等同起来。这种说法虽然有道理,但我们不应因此而为企业家的劳务描绘供给曲线,尽管我们相信其他种类的工作有供给曲线。

其次,应该注意到,不管企业家的利得在其他方面的性质怎样,它们实际上总是与垄断价格的形成有某种关系。不管这些利得是怎么产生的,竞争者至少暂时肯定不能与其拉平,因为如果他们能与其拉平,便不会出现超过成本(包括企业家的“工资”)的剩余。成功地引入一种新商品或新牌子,也许是对此最好的说明。此外,还有一些可供成功的企业家使用的方法——专利、“策略”等等——来延长他的垄断的或半垄断的地位,使竞争者更难赶上他。很明显,这可以用某种方式与前一段简略叙述的情形中的因素联系起来,从而产生一种真实图景,就实用的目的而言,该图景几乎无异于纯粹的掠夺理论所描绘的图景。不容易做到的是,经济学家既适当注意到这一系列事实,又不过分强调它们。正是在这里而不是在所涉及的理论这样的根本性问题上,显露出了意识形态偏见与政治利益。原则上,职能性理论的鼓吹者可以依照自己的意愿自由地强调掠夺行为。① 但是 1914 年以前从事写作的大多数

① 这是他优越于掠夺理论的鼓吹者之处,因为如果掠夺理论的鼓吹者要使其理论有别于其他理论,他们就必须认为,企业家对于现代工业机器的出现,除了掠夺它和破坏其运行外,便无事可做:这当然很容易为理论的和历史的分析所驳斥。

经济学家也许没有充分利用这种自由,正如他们的许多后继者滥用这种自由一样。然而,不要忘记,对大企业和“托拉斯”的普遍仇视,就其具有的分析意义而言,确实意味着对上述事实的同样普遍的承认。

(c) 资本。我们必须再一次谈到进步,但是这种进步几乎完全与价值和分配方面的“革命”无关。[①] 在整个这一时期,所有国家的经济学家都表现出一种倾向,即力图通过探求字义的方法来解决问题,并死抱着这种可悲的“方法”不放。关于资本这一概念,有过一次或者毋宁说有过几次争论,特别是其中一次的主要人物是庞巴维克,另一次的主要人物是欧文·费雪。[②] 所有这些不应使我们看不到以下事实,即实际上还是做了严肃而并非无结果的分析工作,部分工作甚至是利用那个不讨人喜欢的“方法”完成的。我们简略提出以下主要之点。

第一,正如我们所知道的,费雪把资本定义为任何时刻都存在的财富的存量。分析常常在以下两方面得益于这一定义:当重点特别放在基金与流量的根本性区别上时,分析总是获益匪浅;在这个特殊事例中,正如费雪的论证所表明的,分析受益之处是,在经

① 该时期有关资本形成(储蓄和投资)的分析,将在下面第 5 节及下一章中讨论。

② 庞巴维克对这一活动的贡献,见《资本与利息》第二卷,费雪的贡献见《资本与收入的性质》,其他人的贡献,见这两位作者在这两本著作中所引证的所有著作。与这种有关资本的争论平行的是有关收入的争论(有关收入的争论在我们的时代曾奇怪地复活过)。德国人的贡献特别多,但我只提 R. 迈耶的《收入的性质》(1887 年)。至于其他人的贡献,则请读者参阅费雪的著作。由于收入在当时还没有起到在当今的收入分析中所起的作用,所以我们不打算进一步讨论这一概念。不过,让我再提一下费特的“心理收入”概念(《原理》,第六章)及费雪对这一概念的发展(前引书,第十章)。

济学家的资本概念与会计师的资本账户之间有了一座桥梁。固然,大多数经济学家仍把资本定义为存货,即定义为一种特殊的货物而不是存货总量。①

第二,虽然“物质的”概念仍较为流行,但非物质的概念已开始介入了。资本逐渐变成了一种基金或一笔由货币构成或用货币估价的资产。这个趋势在门格尔的著作中表现得很清楚,他先是在他的《国民经济学原理》中把资本定义为“较高级的财货”,但后来(在他 1888 年 7 月在《国民经济学杂志》上发表的一篇讨论资本理论的论文《论资本理论》中)又把资本定义为“生产性财产……〔看作是〕生产上使用的一笔钱”。这预示了后来的发展趋势,但我们不打算进一步说明这种观点是怎样在这里或那里冒出来的,因为当时这种观点除了在无关紧要的事例中外,并没有产生多大影响。②庞巴维克和费雪的著作发表以后,人们开始把资本看作是预期报酬流量的贴现价值,也就是说,资本这一概念开始以资本价值的外貌出现,而不是直截了当以资本的外貌出现。但应该指出,这并不像后来的某些作家认为的那么重要。③

① 还有许多人为社会资本和私人资本之间的区别操心——我认为这是不必要的。

② 不过,我们可以顺便指出,资本的货币概念无疑地具有一个小优点,即它们与资本主义有一定的关系,而物质概念本身则没有这种关系。在马克思主义者和多少受到马克思主义理论影响的经济学家的圈子以外,几乎不使用资本主义这一名词。我们知道,马克思把物质资本为工人以外的人所有的经济定义为资本主义经济。人们也许认为,这一定会促使非马克思主义经济学家也去寻找资本主义经济的特点。但情况并非如此,我们只能见到私人企业经济或私有财产经济这样一些标签,而这些标签与马克思主义的标签并没有多大差别。

③ 也许是由于庞巴维克的表达方式不够恰当,以致他的批评者常常没有注意到,这个思想——即资本价值是一贴现过程的结果(特殊意义上的“资本化”)——是他的资本理论的主要论点之一。

第三，大多数作家都坚持生产三要素的看法——“资本”是其中的一个要素——并坚持生产三要素与三种基本收入（企业家的收入除外）之间的平行。这也适用于马歇尔，虽然他曾正式提出第四个要素，即组织。

因而，所有坚持生产三要素说及那种平行论的分析者，事实上都有强烈的分析兴趣——称其为政治兴趣，则是荒谬的——来这样解释资本，使其在生产与分配中能与劳动要素及土地要素处于同等地位。他们还有一种确实较弱但仍很强烈的分析兴趣，把资本看作是同质的量，其增加和减少具有明确的意义。某些分析家是用不很符合逻辑的方法做到这一点的，即用元来表示资本要素，而用劳动小时表示劳动要素，用英亩表示土地要素——这种做法的例子，甚至在本世纪三十年代还能见到。[①]不过，无论如何，应该看到：在原则上，只要资本是指物质货物——工厂、机器、润滑剂、原料等等——的集合，则上述任何使资本数量化的作法都是很难接受的。绝不能把这种货物的集合看作是通常意义上的量，而只能看作是以下意义上的量，在这种意义下，矩阵可以称为“复合量”。[②]事情还不止于此：这也适用于土地要素和劳动要素，因为这两者也不是同质的量。而且这还不是全部。这三个“复合量”或矩阵的元素，不是彼此截然分开的，而是互相渗透的。铁路虽然是由人建造的，但其作用却和自然力一样；律师的技术是——或可以

① J. B. 克拉克作出了更为复杂的努力来使资本数量化，我们马上就将提到他的这种努力；这里不讨论它，是为了不分散读者的注意力。

② 为了理解这一点，不懂数学的读者只须看一下博歇的《高等代数入门》第 2 章第 1 页及第 6 章第 1 页，这两章第 1 页以后的内容，则不必费神阅读。不要把这里所用的复合一词同它在“复数”这一用语中所具有的意义相混淆。

看作是——“投资”的结果,等等。在我们这个时代,所有这些都由奈特教授以无比强大的力量使我们深切地感到了,他因此而把“‘生产要素’的整个概念”说成是“经济分析的一个沉重负担”,“必须尽快地从经济讨论中剔除掉”。① 我们同意他的观点,但在以下两方面持有保留意见。首先,奈特断言他对这件事情的看法是完全正确的,他这样做对过去的成就是严重的不公正,而且没有必要这样做。前面已经说过,生产三要素说是许多学说中的一种,引进它,分析便向前迈进了一步,虽然在稍后的分析阶段上,消除它,分析可以向前迈进另一步。② 其次,完全消除生产要素这个概念,是很不容易的。因为奈特教授对它的谴责可以表述为:他认为有无数种生产要素,③它们在经济上并无重大差异。但是,撇开采取这种观点在表述上引起的困难不谈,在生产要素的世界里,确实存在着重大的差异,其真实性和重要性并不因为它们之间没有明显的界线而减少。甚至力图用以下方式来考虑这种差异,即想象一种纯得很理想的(与同质的)劳动,想象一种纯得很理想的(与同质的)自然力,并想象一种纯得很理想的(与同质的)资本货物——例如说彼此完全相同的铁铲——,也将几乎不得不列入理论家冒犯现实主义的最可恶的行为中。不过,读者应细心地看到,上述论证

① 引文摘自《计量经济学》,1938年1月,第81页。

② 奈特教授应当是第一个认清这一点的人,因为生产三要素说的最早鼓吹者J.B.萨伊使用它正是为了坚持生产要素的多元性,并坚持奈特教授本人所采取的分配观点,即“分配”就是给生产性劳务定价。生产三要素说用于这些目的也许是个粗糙的工具,但毫无疑问是很管用的。我们马上将提到另外一些严重不公正的例子,它们出现在奈特紧接着对庞巴维克学说的批判中。

③ 按严格的逻辑来说,这些要素的数目必然是无穷的,因为在概念上它们构成了一个闭联集。

并不是想把我们带回到本段开头引述的经济学家的观点上去。我想传达的意思只不过是:不一定要反对把物质资本货物同劳动和土地分开来,把它们分开有助于分析经济内部的结构关系。我不想为在那些经济学家的头脑中占首要地位的特殊目的而辩护。他们的特殊目的就是建立一个叫作(物质)资本的实体,其服务的价格构成利息,正像劳动服务的价格构成工资,自然力服务的价格构成地租那样。我们暂不忙于讨论利息。① 但是为了避免误解,我要马上说明的是:我认为这种利息理论是根本站不住脚的,② 而三要素说,就其服务于这种利息理论而言,是令人非常遗憾的。

不过,虽然大多数经济学家坚持三要素图式,但甚至在鼓吹"物质"资本概念的人中也出现了背离它的趋势。在这方面经常被提到的,是门格尔的"较高级的"财货(消费品是最低级的财货)概念。但对三要素说最猛烈的攻击来自庞巴维克。他不仅以他许多批判尝试中最漂亮的一次尝试摧毁了上面提到的利息理论,而且还同这样一种观念展开了斗争,即"物质"资本是一种独特的生产要素,能够在与"原始"要素即劳动与自然力③ 相同的水平上加以

① 正如冯·哈耶克教授(《资本纯理论》,第 5 页)所指出的,由于过分重视利息问题,资本分析一直残缺不全,因为利息问题往往排挤有关物质资本的所有其他问题。在《资本纯理论》中,读者可以看到有关这些其他问题的许多例子。

② 当然,在经济体系中,各种事物都是互相关联的。所以上面的陈述不等于说:称之为物质资本的集合的结构与利息没有关系。

③ 因而令人遗憾的是,像卡尔多这样有地位的理论家,竟然以显然违背庞巴维克分析的字面意义和精神实质的语句,发表与庞巴维克的资本理论完全相反的观点(《计量经济学》,1938 年 4 月,第 163 页)。而且令人惊讶的是,他竟以下面这个问句来支持这种观点:"如果这〔指资本是一种独特的生产要素,资本和利息可以在与劳动和土地相同的水平上进入生产和分配理论的框架〕不是这个理论的目的所在,那么它的目的是什么呢?"作为冯·哈耶克教授的一个同事应当不难回答这个问题。至于其他问题,我谨提醒卡尔多先生注意这样一个事实,即庞巴维克是这样一种利息理论的创立者,该理论最恰当的称呼是贴水(Agio)理论。

处理。虽然把三要素说压缩成为二要素说的分析动机和智慧都值得怀疑,但就其所产生的影响而言,它确实使三要素说丧失了信誉。当然,必须把这种二要素说与另一种不同的二要素说区别开来,后者较为符合奈特教授的观点,而且随着那个时期的消逝愈来愈受欢迎:愈来愈多的经济学家决定把自然力与资本货物等同起来,理由是前者即使有任何特质,也不足以成为单独处理的根据。①

最后,我们必须提到所有力图把物质资本数量化的尝试中最为勇敢的一次尝试,即J. B. 克拉克的尝试。他也把土地包括在资本货物的概念里。但在这一概念旁边,他树起了另一概念,即"纯资本"概念,用以表示抽象生产能力的储备。如果他用货币(或任何价值)来解释这种纯资本,则其意义本来是很容易理解的。但他把它看作是物质的东西,力图用类推的方法来表达其意义。瀑布在某一瞬间是由一滴滴水构成的,而这一滴滴水不停地往下流,不停地被另外的水滴所代替,但瀑布还是瀑布。同样,纯资本在某一时刻是由各个资本货物构成的,这些单个的货物(或它们中的大多数)确实不断被摧毁,不断被另外一些资本货物所代替,但纯资本仍是纯资本(或仍处于稳定状态)。当然,只要人们不自己欺骗自己,认为这种方法可以解决所有问题,人们就可以用这种方法来表

① 这种做法根据目的的不同可以是方便的,也可以是不方便的。对于这种做法,应该说的仅此而已。实际上,经济学家曾进行了一场旷日持久的讨论,辩论把土地包括在资本内是"正确的"还是"错误的",宛如所涉及的是一真实问题。不过,关于这场讨论所值得注意的唯一的一件事,是经济学家——在这个事例中正如在其他许多事例中一样——对一个完全假想的问题表现出来的兴趣,因而我们不必停下来考察正面论点或反面论点了。

示任何如像人那样可以自行新陈代谢的集合。①不过,克拉克却自欺欺人地深信自己证实了一种能产生净收入的永久性生产要素的存在。

第四,该领域内在国际上最引人注意的并一直是争论与积极工作的丰富源泉的事件,是庞巴维克的资本理论的发表。因为在主要观念上,杰文斯领先于庞巴维克,所以我们还是从杰文斯论述资本理论的那一章(《政治经济学理论》,第七章)着手为好。在那一章中,杰文斯宣称他将遵循"古典学派的"(李嘉图的)传统,并声称他的看法与古典学派基本上是一致的。②不过,他——像马克思那样——注意到了,李嘉图的资本概念内包含着这样一些根本不相同的事物,一方面是工资财货,另一方面是厂房、设备以及原材料,因而他提出资本这个名词应该只指工资财货,其理由显然与马克思把这种作为可变资本的工资财货从其他财货即不变资本中分离出来的理由相同。当他自问最好怎样来给这种工资财货资本的特殊职能下定义时,他很自然地想到了一个决非新颖的答案,即这种资本是用来养活劳动的③——如果他愿意的话,他同样也可以说是用来剥削劳动的——以使劳动有时间完成工人实际被雇用来做的工作。但在这里,另一种观念闯了进来,这种观念在李嘉图派

① F.迪维西亚称这种集合为可更新的集合。

② 鉴于整个这本书实质上具有随笔或"小品文的"性质,因而我冒昧地提出以下假设:即杰文斯着手写资本这个题目时,他认为该题目与他自认为已彻底改造了的那部分理论毫不相关。所以他实际上想按照"古典学派的"路线来处理资本这个问题。随着其思想的发展,他不会没有注意到他正在提出新的思想。但是由于他一向粗心大意,他没有修改这个尚未深入考虑这一题目时所写的引言。

③ 仅仅是劳动——极为仇视劳动价值论的杰文斯在这一论证中竟然忽略了生产的所有其他要素,不能不说是一叫人不可思议的失误。

的论证中是见不到的。①杰文斯这样告诉我们:资本"使我们能够预先使用劳动"。所以掌握工资—财货资本是"使商品的供给得到改善,从而延长自从事劳动到取得最后结果或达到最终目的的平均时间间隔"的先决条件(第 248 页;着重号系杰文斯所加),例如建筑一条铁路。所以我们能够"通融"的时间——在杰文斯的论证中,这也就是我们有足够的工资财货来养活直接和间接雇用来建筑铁路的劳工的时间——即是限制我们在各种生产方法之间作选择的条件之一,因而是最后所得到的产品的一个决定因素。不过,应该想到,这种既进入了生产过程又进入了资本概念的时间,不仅包括建筑和生产的时间,而且在产品是耐用品或一连串货物的情况下,还包括"未投资"的时间。这样,我们便必须把"所投放的资本量"与"资本投资量"区分开来。后者是由"某一时刻投放的资本的每一部分乘以这部分资本停留在投放中的时间长度"决定的(第 249 页)。接着便是那些有名的解释性图解和解释性例证。这是关于生产机器的时间结构的一种新观念,或者说暗示了一种新观念。读者最好自己仔细读一读杰文斯的著作。此外,我冒昧地向读者提出以下两个要求:放弃细节,把注意力集中在基本观念上;并承认这种观念本身并不是明显而十足的胡说八道。②

前面已经说明为什么应该把庞巴维克的资本理论看作是主观上独创的理论。但最好还是把庞巴维克的理论看作只不过是对杰

① 不过,这种观念也可能是另一些作家如赫恩提出来的,因为杰文斯在其著作的第七章和其他各章中都曾引述过赫恩的《富证论》。

② 这一要求也许令人觉得奇怪,但它是深受本世纪三十年代的讨论所提供的某些论证的影响而提出来的。我甚至还可加上另外一个要求,就是承认我们在正文中说明的那一意义上的"持续时间",不仅仅是一个与经济无关的技术细节。

文斯派观念的详尽阐述。①

首先，我们不得不克服产生于以下事实的困难，即虽然庞巴维克的生存基金所起的作用和杰文斯的工资—财货资本所起的作用完全一样，②但庞巴维克却把他的资本定义为中间产品。我们接受杰文斯的概念，但不能草草了结这一点，而不强调庞巴维克把中间产品（诸如工具与原料）看作是成熟过程（陶西格的“未完成的财富”）中的消费品这一概念所具有的深度，在杰文斯那里是见不到的。③

其次，回想一下杰文斯十分强调他的工资—财货资本允许我们“通融”的时间与较优生产方法的采用之间的关系，我们会发现庞巴维克在其“迂回的生产过程”概念中更加强调了这种关系，所谓迂回的生产过程就是通过生产中间货物来生产消费品。较优技术的额外生产力与插入新的生产阶段关系如此密切，而新增的生产阶段又与延长一定的投资被搁死的时间关系如此密切，以致我们怀疑，撇开较不重要的例外（他不嫌麻烦地承认了这些例外），庞巴维克是否能够承认缩短那种时间而非延长那种时间的改进的出

① 不过，该理论与李嘉图派和马克思派的观念也有明显的亲缘关系（参看上面第五章第4节）。

② 庞巴维克的生存基金甚至具有这样的缺陷——该缺陷后来被维克塞尔所消除——即：它仅仅是养活劳动（被想象为与李嘉图的完全一样是同质的）的基金，并不为自然力（也许还有资本本身）的服务提供报酬。但之所以如此的原因，只是因为他想简化事实上已耗尽了他的技术才能的一个问题。

③ 还应从另一角度谈谈庞巴维克。他的中间产品是未完成的消费品。但从另一面来看，它们则是积累起来的生产性服务（也就是“古典学派”所谓的贮藏起来的劳动）。这确实提出了资本“溶解”为“两种原始要素的服务”的问题，庞巴维克很重视这个问题，而他的批评者更重视这个问题。由于从猩猩时代以来，事实上没有哪种中间产品是单独由劳动和自然力的作用生产出来的，因而这样一种溶解也许是不能容许的。但正如本节末尾将表明的，这也并非必然如此。

现。① 于是他假定,一定量的“劳动”所生产的产品随着杰文斯的“资本投资量”的每一次增加而增加。但他还假定这种增加按递减率进行。② 这等于提出了一条(物质)报酬递减规律,形式上与任何其他要素的边际生产力递减规律相似:在庞巴维克用来说明其思想的算数表中(例如参看《资本与利息》第三版,Ⅱ,第 463 页及以下各页),可以说他把连续的时间单位“应用”在了一定量的资源上

① 鉴于庞巴维克在这一问题上不断受到批评,有两点必须牢牢记住。第一,如我们即将看到的,庞巴维克以一个不表示纯时间的数字来表示他的迂回的生产过程的特性。当生产过程所花费的时间不增加时——这是“扩展”而非延长资本结构的情况——甚至当生产过程所花费的时间减少时,他的“生产时期”可以增加。第二,庞巴维克应当说明,他的推理只适用于从一开始即在生产者的技术水平之内的“改进”。应把提高这一水平的发明排除在外,正像一般的生产理论总是把它们排除在外那样,因为对于这种理论来说,技术水平(“技艺状态”)是个已知数。但正是发明的闯入——即新的生产方法的闯入,所谓新并不是说以前没有使用过,而是说以前没有听说过——经过仔细观察可以看到,会提供这样一些事例,在这些事例中,“较优”技术的采用往往伴随着“生产时期”的缩短,即使是庞巴维克意义上的生产时期也不例外。只要我们生活在一定的和不变的技术水平之下,庞巴维克的假设就决不是荒谬的。为了表明这一点,让我们从这样一种情况着手,即经济处于完全(竞争)均衡状态;仅仅为了简化论证,让我们进一步假定生产资源是给定不变的,并(这确实是一句多余的话)得到了最优分配。在这种情况下,虽然有可能出现一些新的生产方法,它们优于正在使用的生产方法,但却不会被采用,其所以如此的唯一原因,显然是这些较优的方法无法得到杰文斯—庞巴维克意义上的“资助”。但是,因为在这些假设的条件下,工资—财货资本得到了充分的和最优的利用,因而较优的方法得不到资助的唯一原因便是这种方法会在过长的时间内“搁死”过多的资本。现在假设工资—财货资本增加,所有其他要素保持不变。大家会同意,这首先将有利于向“时期”较长的生产增加投资。所需要的就这些。新增资本的一部分将被工资所吸收,因而用于直接消费品的生产,这非但不与庞巴维克的工资理论相对立,反而是该理论不可缺少的一部分。为减轻批评者的罪过,应该承认,第一,1888 年印刷所的学徒曾等在他家的门口索要新手稿,因而他从一开始便没有作出令人满意的论证;第二,当批评向他涌来时,他又时常防守不当(特别是在发明这一问题上)。

② 若用 P 表示物质产品,用 $a,b,c,\cdots$ 表示生产手段,用 t 表示时间,则有 $P=f(a,b,c,\cdots,t)$,也就是说,这种概念实际上是把某种时间因素引入了生产函数(见下面第七章第 8 节)。庞巴维克的假设是(1)$\frac{\delta f}{\delta t}>0$;(2)$\frac{\delta^2 f}{\delta t^2}<0$。

（实际上是一个月的劳动）。虽然由此而受到的限制强烈了些，但对庞巴维克来说，这使得事物的发展比没有这种限制容易多了。不过，在评价这个假定的地位时，我们绝不应忘记物理学家从实践中得到的教训：一个假定正确与否，不仅取决于观察到的事实，而且还取决于它带来的结果。

最后，杰文斯的"资本投资量"——有时间维量——除以他的"所投放的资本量"——没有时间维量——便得出了有名的庞巴维克"生产时期"。这个量可以用单独一个数字来表示生产结构的特征，如果可能，还可以用来表示整个国民生产结构的特征，并可以充当资本理论的基本变量。在形式上，它代表地心引力中心。假设质量为 $m_1, m_2, \cdots, m_n$ 的 n 个粒子排列在一条直线上，以这条直线为轴，并用 $x_1, x_2, \cdots, x_n$ 来表示这些粒子在该轴上的坐标，则引力中心的坐标 X 为

$$X=\frac{m_1 x_1+m_2 x_2+\cdots m_n x_n}{m_1+m_2+\cdots m_n}$$

现在令 m'_s 不表示粒子的 n 个质量，而表示物质资源的 n 个数量，这些物质资源在 n 个时点 $t_1 \cdots t_n$ 上，连续不断地被用于生产某种消费品，这种消费品在储藏了一段时间后，①便出售掉并消费掉。这种布置不可避免地迫使我们有必要将这些物质资源视为一单一的同质的生产要素——庞巴维克一如杰文斯选择了同质的劳动单位②——或者假设这些资源，由若干不变的组合所构成。至于坐标轴，我们现在选择时间而非距离，轴上的零点则选择消费品

① 这与庞巴维克的布置稍有差异。

② 严格地说，应该把"口粮"看作是同质的量。不过，很明显，他并不想走这么远。

出售时的时点。显然,t_s 全部在零点左面,因此为负号,而且从第一个投资行为 t_1 向右移动到零点,t'_s 在数目上会递减。公式为①

$$T=-\frac{m_1t_1+m_2t_2+\cdots m_nt_n}{m_1+m_2+\cdots m_n}$$

这就是庞巴维克的生产时期,仅有一个时间维量(因为资源维量被约掉了)。这是一个非常不恰当的用语——很难想象还有比这更不恰当的用语——在很大程度上,正是由于这一用语,招致了批评的泛滥。但是事情本身的意义则很清楚:它是从出售全部"已投入的劳动"单位的产品算起的时间间隔的平均数。②

奈特教授是这一资本理论的批判者中最杰出的一位,由于他承认,在庞巴维克所作的所有假设之下,这一理论是正确的,③ 因

① 这个式子前面加上一个负号,就变成正的了,因为 t'_s 在式子中是负的。读者将看到,从"投资者"的立场来说,把"投资"看作本质上是负的量是很合理的:因为这是他放弃的东西。不过 T 本身应该是正的。

② 费雪在他的《利率》一书中提出了这样的问题,即为什么应该把加权平均数看做是度量生产时期的"正确"方法。这个问题显然极大地困扰了庞巴维克(参看《资本与利息》第 3 版与第 4 版第 2 卷,附录Ⅲ),但这应该是容易回答的。实际上,根本就不应该提出这样的问题,因为这个公式仅仅是给庞巴维克的所谓生产时期下了定义。

③ 当然,这种抄近路的作法是有其危险的;而且它还剥夺了读者从较为充分的讨论中在推理技巧方面可能获得的收益。为了弥补这一点,我建议读者参阅卡尔多先生的评论性文章,《最近关于资本理论的争论》,载于《计量经济学》,1937 年 7 月。这篇文章的头三个脚注提供了一份有关本世纪三十年代的文献目录,其中当然包括积极参加争论的奈特教授的论文。对于这个目录我只须加上(除了奈特的《答复》和卡尔多的《反驳》外,前者载于《计量经济学》1938 年 1 月号,后者载于《计量经济学》1938 年 4 月号)F. 伯查特的《庞巴维克和马克思的静止循环模式》(载于《世界经济文献》,1931 年 10 月及 1932 年 1 月);W. 欧肯的《资本理论研究》(1934 年);以及 J. M. 汤普森的《经济学中生产阶段的数学理论》,载于《计量经济学》,1936 年 1 月。冯·哈耶克教授在其《资本纯理论》一书中不仅提出了自己最近的观点,而且还(在第一编中)对这场有关资本的争论作了很有意思的说明。早期的批评,我只提费雪在他的《利率》一书内表述的观点以及冯·博特基威切的《庞巴维克利息理论的主要缺陷》(见《施莫勒年鉴》,1906 年)。关于后者,有意思的是它对庞巴维克表现出一种不妥协的敌视态度,这与他在批判马克思的那些著名文章中所表现出来的态度,迥然不同。庞巴维克对这二者并非完全恰当的答复,见《资本与利息》第 3 版和第 4 版。

而(除了那些已作的评论外)评论这一理论的必要性大大减少了。首先，必须再次强调指出，我们在这里关心的不是庞巴维克的利息理论，也不是他的资本理论的任何组成部分对这种利息理论的影响。这一点很重要。举例来说，让我们来看这样一种论点，即在一所有要素都协调得很好、生产与消费同步向前不断发展的过程中，生产时期这个概念便不再具有任何重要性或意义了，因而可以把生产看作是没有时间性的。固然在这样一种过程中，生产时期在解释利息方面不再具有任何重要意义了。[①] 但这并不等于说这一概念在该过程中就没有用处或没有意义了。举例来说，即使就极为平稳地流动的克拉克的瀑布而言，我们也可以确定每一滴水从顶部流到底部所平均需要的时间，这也许是描述瀑布的某些性质的一种方法，虽然是一种很不完善的方法。同样，如果接受庞巴维克的假设，则他的生产时期也可以表示出经济过程的最有意义的特性之一，而不管它多么“缺少循环性”。马尔沙克教授对庞巴维克的资本理论并没有作出太多的建设性贡献，但他在一篇文章中却说明了这一点。[②]

其次，我们必须记住庞巴维克技术上的无能，以致他的思想受到了许多形式上成功的攻击，而假如他在较坚硬的盔甲之下提出自己的思想，本来是不容易受到这种攻击的。不过，这种盔甲已由

① 虽然我在40年前就已提出了这一点，但我现在认为它并没有得到很好的理解。

② 雅各布·马尔沙克：《略论生产时期》，载于1934年3月号《经济杂志》。他的推理似乎是从价值方面进行的，但是在现有商品存量的总价值与制成消费品流量的价值之比中，价值维量被约掉了。

几位作家,特别是吉福德[①]和马尔沙克弄得更坚硬了。第三,除去技术上的缺点外,不应忘记庞巴维克构想的生产时期这个概念,只是一种方法用来表现经济过程的一个方面,而忽略了所有其他方面。维克塞尔说庞巴维克的资本理论如此“抽象”,以致连初步近似于现实都谈不上,便是这个意思。由于这两个原因,整个结构虽不能说畸形,但无疑显得很单薄。

不用费很大力气就可以把造成这种印象的某些特征消除掉。杰文斯很明白,在可以立即消费掉的制成的消费品出现以前,是不能把劳动加在不断增加的中间产品上的。前面已经指出,他把“非投资”过程包括在内,这样,他的时期就不仅仅是生产时期了。庞巴维克本人受到雷氏的启发,加上了逐渐消耗掉的耐用消费品。维克塞尔说明了自然力的服务是如何与劳动共同起作用的。他的学生阿克曼教授也受到雷氏的启发,在该领域最重要的一本著作中讨论了固定资本问题,而叫人不可思议的是,在庞巴维克的图式中竟没有固定资本。[②] 在批评者看来,庞巴维克图式中最为荒谬的一个地方是,他的生产时期似乎开始于这样一种状态,在该状态中,所有生产不需要任何工具或原料,人们可以徒手捕鱼。一旦我们认识到所有的经济理论都是计划理论,从而不可避免地把过去

① C. H. P. 吉福德:《生产时期长度的概念》,载《经济杂志》1933 年 12 月号。马尔沙克:前引书。

② 古斯塔夫·阿克曼:《实物资本与资本利息》(1923—1924 年)。参看维克塞尔对此的评论,再版于他的《演讲集》附录 2 中,并参看阿克曼本人在 Om den indus triella rationaliseringen……(1931 年)一书中所作的部分重新表述。埃里克·林达尔的论著(有英文本,名为《资本在价格理论中的地位》,作为他 1939 年发表的《货币和资本理论研究》一书的第三编而出版)从另一种观点出发,补充了这一点,该观点比较接近于瓦尔拉的观点。

的成果——厂房、设备和原料都包括在内——看作是已知数，我们便可以消除批评者的上述看法。于是我们也就不再试图建立初始的经济过程，我们将只是向前看，不考虑“资本投资量”，而考虑“即将投放的量”。① 顺便提一句，这还会消除将所有资本货物“溶解”为“劳动和土地”或单独劳动一项的那些动机之一。同样，我们可以消除庞巴维克生产图式的“直线性”——也就是消除这种思想，即所有产品都是作为生产过程的结果而出现的，在生产过程中，除劳动外，每一中间阶段对前一阶段的结果不增添任何东西。在我看来，也并非不可能从个别公司的“时期”推导出庞巴维克理论所需要的社会生产时期。但是就我所知，对另一种反对意见，却没有令人满意的答复。为了使庞巴维克的资本结构概念服务于他的分析意图，该结构必须是一物理实事；不同的时间结构所生产出来的不同产品数量，必须在物理上是可以比较的。为了满足第一个条件，我们确实需要一种物理上同质的资源，其组成部分，除了时间维量外，没有其他任何不同。为了满足第二个条件，庞巴维克表中的产品在种类和质量上必须是相同的，除物理量外没有其他任何不同。除特殊情况外，这两个条件没有一个能得到满足。正是由

① 一个颇为有意思的问题是，为什么庞巴维克没有这样做。我想问题的答案可以在奥地利学派的成员所共有的一种奇怪态度中找到。他们从不满足于用一种过程的前期状态来解释该过程的后期状态。他们认为这样的论证会陷入循环推理——或至少会用未经证明的基本假定来推理。任何真正的“说明原因的”解释都必须是“创始的”，必须揭示事物的（逻辑）起源。因而必须从没有资本的状态阐述资本概念。事实上，庞巴维克为了得到一适当短的时期，利用了这样一个特别的假设，即：当我们追溯某一产业过程的历史时，过去使用的但现在仍存在于该产业过程中的资源（一把现代的小折刀中仍可能有罗马时代开采的铁矿石），其数量随时间流逝而减少的速度，要比资源增殖所需时间的增加快得多。

于这一原因,庞巴维克的资本理论变成了对现实的一个侧面所作的不起作用的说明,该理论所具有的分析价值仅此而已。[①]但是,读者也许会问,如果我们承认所有这些,如果我们引入所有那些修正,庞巴维克的资本理论,特别是他的生产时期会剩下些什么呢?可以说,除了那一基本概念外,什么也不剩。而这一概念却具有持久的生命力,这可以用它所引起的每一条批评意见和每一部建设性著作来证明。[②]

3. 价值[③]和分配理论的革命

在这一节里,我们将试图极为简要地说明这场所谓革命的内容是什么以及它对经济分析产生了什么影响。为达到这个目的,我们将采用原始的、不加任何批判的边际效用理论的用语。而且我们将主要采用该理论的奥国版本,因为奥地利学派(门格尔,维塞尔,庞巴维克)虽然有技术上的缺点,但却比杰文斯或瓦尔拉更清楚地说明了该理论的某些基本观点。为了进行富有启发意义的对比,我们还将在本节和下一章引入马歇尔的教义。在下一章中,

① 在经济学中,这样的情况要比人们想象的多些。马克思的体系就提供了若干例子。另一个例子是皮古教授的所谓"资源磅",他先是引进这一概念(《财富与福利》第 1 版),然后又放弃了它。还有一个例子是马歇尔在他的国际贸易理论中使用的一筐筐的货物。也许这个问题并不是不可解决的。(例如参看里昂惕夫的文章:《复合商品与指数问题》,载于《计量经济学》杂志,1936 年 1 月。)无论如何,上面所引证的例子表明,劳动已陷于困境的论点并不一定没有价值。

② 我们尚未提到,最近 J. R. 希克斯在其《价值与资本》(1939 年)一书的第 17 章中重新解释了庞巴维克的思想,很有启发意义。希克斯的解释并不符合庞巴维克的精神实质,但却证明庞巴维克的思想困扰着希克斯教授。道格拉斯教授在其《工资理论》(1934 年)一书第 128 页上的图 9 中,不自觉地为庞巴维克竖立了一块纪念碑。

③ 除了使用这一传统用语外,我也许还可以使用"交换比率"或"相对价格"这两个用语。对于那个时期的理论的大多数意图而言,这三个术语指的是同一事物。

我们将转而讨论瓦尔拉的较高级的理论。①

边际效用理论本身及其后继者的历史将在第七章中讨论。但我们现在需要说明它的若干要素。门格尔从他所设想的人类需求的明显事实开始，他是这样叙述的：第一，人们有各种不同的需求、爱好或欲望，如对吃、穿、住等等的需求，这些不同的需求给货物(Goods)这个概念下了定义，并可以按一确定的(主观)重要性的次序予以排列。第二，在每一种需求内，作为一心理实体，对每种货物增量的欲望，都有一确定的次序，这是当我们连续消费这些增量时所能体验到的。门格尔用一数字表说明了这一点(施蒂格勒教授在《生产与分配理论》的第144页复制了该表)，并仔细讨论了一大堆与这个数字表有关的问题——例如尽管人类需求具有扩张性及适应性，究竟在多大程度上可以把它们看作是已知数。撇开这些问题，让我们径直来看以下假设或"定律"，该假设是"新的"或"心理的"价值理论的基础：随着我们所获得的每种货物的数量不断增加，我们对每增加一"单位"的欲望的强度则不断下降，直至达到零点——然后可以想象降到零点以下。或者，用一连续曲线或函数来代替门格尔的不连续的数字，并用"边际效用"来代替"想再得到一个单位的欲望"②这一短语："一件东西对任何一个人的边

① 我们将仅仅讨论若干主要之点，不打算系统地复述和批判各个作家的观点。较全面的分析，读者可参看施蒂格勒教授的著作《生产与分配理论》(1941年)。

② 门格尔不说单位(Unit)，而说Teilguantität，正如施蒂格勒教授指出的，他指的是一微小但有限的增量。如果为了分析方便，我们采用连续的与解析的函数，则我们系指无穷小的增量。严格说来，"单位"这个词并不正确。"边际效用"(Grenznutzen)是维塞尔的用语。杰文斯说"效用的最后限度"(Final Degree of Utility)，瓦尔拉说rareté。后一个词可以很有把握地译为稀缺(scarcity)，由此而可以看出，像卡塞尔那样的反对者是毫无道理的，他们想抛弃效用但保留稀缺。费雪的措辞是"想再得到一个单位的欲望"，他还使用过"可要性"(Wantability)一词。帕累托引入了Ophelemité élémentuiŕe一词；克拉克引入了"特殊效用"(Specific Utility)一词。

际效用,随着他所拥有的数量的每一次增加而递减”(马歇尔:《原理》,第 168 页)。撇开各种反对意见,我们可以用这(作为一个总数或整体)来解释“总效用”这一概念,然后也可以说一件物品对任何一个人的总效用,随着该物品数量的每一次增加而增加,直至达到满足点为止,但其增加率是递减的。

无论哪种形式都是马歇尔的所谓“欲望满足法则”(the Law of Satiable Wants)或奥地利学派的所谓“需要满足法则”(Gesetz der Bedurfnissättigung)。为了纪念最重要的“先驱者”,也称其为“戈森第一法则”。[①] 我们要立即加上一个称为——或应当称为——“戈森第二法则”的命题。与第一个法则不同,第二法则不是一个假设,而是一个定理:为了从任何一能满足不同欲望的货物(包括劳动或金钱)中获得最大的满足,一个人(或家庭)必须这样分配该货物,即使其在每一用途上的边际效用相等。[②] 乍一看,这两个陈述都不过是对微不足道的平凡小事所作的某种技术上解释。但我们不应忘记,正是本身索然无味的平凡小事支撑着最值得骄傲的知识大厦。牛顿第一定律说的是,静止的物体如果没有某种东西(一个“力”)推动它,它将保持静止,还有比这更平凡的吗?那就让我们来看一看竖立在这些平凡小事上的大厦吧。

(a) 交换价值理论。杰文斯、门格尔和瓦尔拉——还有戈森——用边际效用这个工具解决的第一个问题是物物交换问题。和他们的“古典学派”前辈一样,他们知道交换价值的中心位置,不

① 参看下面第七章的附录,“有关效用的注释”。

② 门格尔曾说,一货物可以“在相同的水平上”满足各种不同的欲望。这一论点本身是对的。但值得注意的是,许多作家对这第二法则犹豫不决。

过也和这些前辈一样，他们没有向读者充分说明这一点，而且也许他们自己没有充分认识到，交换价值只不过是一通用变换系数的特殊形式，经济现象的全部逻辑即从这个系数导出。① 他们的物物交换理论，或者再一次使用惠特利的用语，他们的贸易论（Catallactics），就技术的完整性及正确性而言有很大不同。这个时期的最高成就，包含在瓦尔拉的《纯粹政治经济学基础课本》的第 5—15 课中。② 但是他们——还有戈森——瞄准的是同一目标，即试图证明利用边际效用原理便足以推出竞争市场上自行确立的商品间的交换比率，并推出可能出现的交换比率必然为唯一确定的交换比率所替代的条件。换句话说，他们证明了亚当·斯密、李嘉图和马克思认为不可能证明的事，即交换价值能用使用价值来解释。③ 杰文

① 结果，侧重于历史或社会学的批评者对这些经济理论家所从事的工作就更不理解了。由于他们只是看这些经济理论家赖以引入其主题的简化图式的表面价值，并例如发现这些图式所讨论的是数量一定的消费品的物物交换，因而他们弄不明白，这种分析与社会生活方面的重大问题，与生产和分配这样真正令人感兴趣的纯经济问题究竟有什么关系。凡勃伦的《边际效用的局限性》（再版于《科学在现代文明中的作用》，1919 年）一文充分说明了这种态度。

② 在这三个人中，只有瓦尔拉讨论了三种和三种以上商品——包括间接交换——的情况，只有他从过度需求这一角度谈到了勉强令人满意的均衡条件。杰文斯讨论"交换理论"的那一章则要逊色得多。门格尔对这个问题的论述，就其本身而言，是正确的，但不够深入。庞巴维克试图详细阐述自己的理论时，就立即暴露出了技术上的不足，他的有名的马市场恰好成了埃奇沃思的批评对象：后者最重要的贡献在《数理心理学》一书中，并散见于他的许多论文中。我要特别提到刊登在 1891 年 3 月号《经济学家杂志》上的一篇论文，读者还可以在该杂志 1891 年 6 月号上看到阿瑟·贝里写的一篇很有意思的文章。马歇尔的《经济学原理》包含了读者应该知道的、十九世纪末以前形成的所有物物交换理论（主要参看第 414—416 页及附录，注释Ⅰ、Ⅱ和Ⅻ）。

③ 用马克思主义的术语来说，这意味着，从根本上来说，"交换经济"（Tauschwertwirtschaft）也就是"使用经济"（Bebrauchswertwirtschaft），这是马克思主义正统思想原则上予以否认的。当然，不管我们采取什么观点，对社会主义而言，既无所得，也无所失。但是双方，或至少马克思主义者这一方认为这个问题具有实际意义。也许有必要指出，这个问题同现代通俗经济学中是为使用而生产还是为利润而生产的问题，在逻辑上没有什么关联。

斯、门格尔和瓦尔拉都会赞成这个说法。他们声称发现了(交换)价值的"原因",就是这个意思。不过,即使如此,就其本身来说,也没有什么了不起,特别是因为我们知道,"价值悖论"在此以前已经解决了十多次了。[①] 较为重要的是,"新的"交换理论比旧的交换理论更具有普遍性,[②] 而且更富于产生结果——其中许多应归功于埃奇沃思——甚至在旧理论所适用的领域,也是如此。但这仍然不是主要之点。主要之点是,在"新的"交换理论中,边际效用分析创造了一种适用于所有经济问题的分析工具。[③] 随着讨论的深入,这一点将越来越清楚。

(b) 成本、生产、分配。边际效用概念和总效用概念涉及的是消费者的欲望。因而它们所具有的直接意义只涉及能满足消费者欲望的货物或劳务。但是门格尔接着说,生产资料——或像他那

① 例如参看上面第二编第六章第 3 节。然而,针对一种不公平的批评,有必要着重指出,A. 斯密、李嘉图或 J. S. 穆勒蔑视这种分析经济现象的方法,并不是因为该方法太显而易见了。事实上,他们只看到"使用价值"是"交换价值"存在的一个条件,而不知道如何用"使用价值"来解释"交换价值"。

② 与交换价值的劳动数量理论作一番比较,可以最深切地理解这一点。我们已经看到,后者并不像革命者特别是奥地利学派经常说的那样,是"错误的"。较为具有启发意义的说法是,它涉及的仅仅是一个特例。商品"价格"往往与商品内所包含的劳动数量成正比例这一定理,即使就其正确的部分而言,也只是说出了均衡价格的一个性质而已。它没有描述建立均衡价格的过程,因而根本不能称为价格理论,与此相同,说在一定条件下价格水平将与货币数量成比例,即使就这种说法的正确部分而言,也不能称其为货币理论;同样,说在一定条件下实际工资将等于最低生存需要,即使就这种说法的正确部分而言,也不能称其为工资理论。就此而言,革命者并没有变革已经存在的理论结构,而是建立了一个以前不曾存在的理论结构。

③ 革命者自己感觉到了这一点,但没有给予适当的说明。其部分原因是,最大化行为理论这一普遍适用的工具,是以特例的形式出现在交换理论中的。在 P. A. 萨缪尔森的《经济分析的基础》(1947 年;第一、二、三章)出版以前,从未有人去除其所有非本质的部分(包括边际效用本身),归纳出其逻辑上的基本之点而把它展现在人们面前。

样称之为“较高级的货物”——也包括在经济货物的概念范围之内，因为它们帮助生产能直接满足消费者欲望的东西，从而也满足消费者的欲望，虽然只是间接地满足。让我们暂且停下来考虑一下这种分析方法的意义，该方法看起来极为简单，甚至很平庸，但却是真正的天才之举。[①] 它使我们能够把铁、水泥或肥料——以及所有不被直接消费的自然力和劳动的服务——看作是尚未完成的可消费的货物，从而将边际效用原理的应用范围延伸到生产与“分配”的整个领域。生产条件、生产要素或生产手段被认为具有使用价值：它们具有了经济意义，从而根据同一边际效用原理也就具有了交换价值，边际效用原理使它们具有了经济意义，从而也解释了它们的交换价值。而生产要素的这种交换价值或相对价格就是生产厂家的生产成本。这一方面意味着，边际效用原理现在适用于成本现象，从而也适用于资源分配（生产结构）的逻辑，因而适用于经济问题的供给方面，只要所有这些都根据经济方面的考虑而决定。另一方面意味着，就生产厂家的成本是家庭的收入而言，在相同的限制条件下，同一边际原理也自然而然地适用于收入形成现象或“分配”现象。实际上，分配已不再是一独立的题目了，当然，为了论述的方便，仍可单独处理。这样，纯经济学的全部研究方法，便在其前所未有的意义上统一在了一个原理之下。

产生于该体系的大多数问题，只能在瓦尔拉熟练掌握的水平上加以讨论。虽然我认为是杰文斯首先看到了上述事实，果真如此，则他便处于领先地位，但却是奥地利学派，特别是门格尔，在我们现在理解的水平上系统地阐述了该理论。门格尔的《原理》包含

① 在此之前，戈森已使用过这种方法的初期形式。

了该理论的所有要点。诚然,施蒂格勒教授指出了门格尔的论述中存在的许多“裂缝”,并正确地认为,出现这些裂缝,是由于他把注意力都放在了临界问题上,即只讨论可直接消费的货物。事实上,正是由于这一原因,使人觉得他忽略了成本方面的问题。但是据施蒂格勒自己说,门格尔得出了所有主要结论。而且我们不应忘记,门格尔的《原理》与马歇尔的《原理》迥然不同,它在某种意义上只是一个绪论。事实上,奥地利学派的成本与分配理论是由维塞尔明确阐述的。但他是奥地利学派三巨头中技艺最差的一位。他的读者——特别是维克塞尔——都非常不喜欢他的独特的研究方法,以致损害了真实伟大的成就所应产生的效果。庞巴维克阐述、发展并捍卫了门格尔的价值理论。但在这一领域内,他既没有也不曾声称他有任何创见。后来是由维克塞尔对奥地利学派的学说作了最完美的表述。

如果对生产资料的交换价值所作的解释依赖于它们对最终产品的消费者所具有的间接效用或使用价值,也就是说,如果它们的经济意义来自它们各自对消费者的满足所作的贡献,那么,便自然而然地产生了这样的问题,即:既然所有“要素”对最终产品都是同样“必不可少的”,既然完全抽出任何一种要素,在大多数情况下会使产品等于零,那我们怎样把每一种要素的贡献分离出来呢。德国的某些批评者一直认为,这个问题是无法解决的,并认为由于无法解决这一问题,因而边际效用理论除了适用于评价可用一定数量表示的消费品外,不适用于评价其他任何货物,从而也不适用于评价生产。这一事实足以表明,这里确实存在着一个真正的不小的困难。消除这一困难是使这一基本概念在分析上起作用的先决条件。门格尔消除了这一困难,所使用的方法同他用来解决价值矛盾的方法相类似。他承认不可能把各个生产要素对合作生产出来的产品所作的贡献分离出来。但是他指出,消除这一困难,只要测定它们的边际贡献(即维塞尔的 Grenzbeitrag)就够了。① 测定边际贡献的方法很简单:只要连续不断地、一点一点地抽出某种生产要素,而使其他生产要素的数量保持不变,弄清由此而使消费者的满足遭受多大损失就行了。

关于这一方法的某些技术问题,②将在下章予以讨论。但必须立即指出,正是通过这一方法奥地利学派重新发现了边际生产力。不过,他们的边际生产力略有不同。为了澄清这一点,让我们回忆一下边际物质生产力与边际价值生产力两者之间的一般区别 。某一“要素”的边际物质生产力,是该要素无限小的增量所导

① 不过,这应当使边际学派和他们的批评者认识到,边际效用收入形成理论本质上是不能为资本主义的分配方法“辩护”的。因为很明显,即使相对于其他要素的可用数量而言,劳动者的人数非常多,以致他们的边际贡献很小,劳动要素的功绩——道德的或其他方面的——也不会受到影响。

② 有意思的是,某些麻烦是由于奥地利学派本身及其批评者缺乏运用有关概念的经验而引起的。例如,奥地利学派内部曾就门格尔把某种要素的小量损失导致的消费者满足的损失当作分析的基础是否正确展开过一场讨论:有人认为,我们应该观察的是某种要素的小量增加可能产生的利得。假如要素的减少是不连续的,则确实还会出现一次要的问题。但是只要我们理解边际效用原理的基本含义,我们就不必为这一问题操心,因而这方面的所有疑虑都仅仅是由于不理解无穷小这一概念而引起的——甚至本世纪二十年代仍可见到这样的例子。另外,很早就出现了这样一种反对意见,即如果以一正在运行的、技术上调整得很好的企业中抽出少量某种生产要素,则将造成失调,其严重程度不会小于再抽出少量该种要素所造成的失调,相反,它将严重打乱生产计划,致使该要素留下的部分几乎无用,从而致使生产要素的生产力随着其数量的不断增加而递减的学说成为一种空想。奇怪的是,这种反对意见和类似的反对意见没有得到答复,原因是一些边际效用理论家不知道如何答复,而另一些知道的人,却认为不值得答复。

致的产品的增量。对一厂家来说,[①]某一“要素”的边际价值生产力,是该物质增量乘以该厂家因此而增加的总收入或毛收入。这两个概念确实都进入了奥地利学派的理论。但它们不是奥地利学派基本理论的组成部分,而它们的发展也与该学派的基本理论无关。[②] 从根本上说,奥地利学派的边际生产力实际上是价值生产力,只是不含有产品价格。它不是物质边际生产力乘以任何价格,而是物质边际生产力乘以消费者的某种边际效用。正是在这一基础上,他们提出了他们的理论,该理论同时也是生产和分配理论。于是他们早先为物物交换理论铸造的工具便派上了用场,补充了该理论,并说明了该理论在私有财产经济中是如何起作用的。

很显然,这样看待边际价值或效用生产力,只在鲁滨逊经济中有意义。的确,我们可以合理地设想,鲁滨逊是根据所获得的满足来估价他的各种稀缺的生产手段的,而他知道这种满足取决于对生产手段的占有。用维塞尔的话说,确实可以假设他把这些满足归因于生产手段(他自己的工作能力只是这些生产手段中的一种),因此,实际上可以假设他完成了一下意识的归属过程。但是,

① 无论是物质生产力还是价值生产力,其意义都首先与单个厂家有关。但奥地利学派,特别是维塞尔和 J. B. 克拉克关心的是整个社会过程,因而企图直接进入社会生产力、社会价值、社会边际效用的研究。这便造成了早期分析所特有的另一类困难,而马歇尔和维塞尔则很好地避免了这种困难。不过,有关社会价值的讨论并没有产生多少结果,所以我们不准备深入讨论这一问题,而只是指出,正是这种想从社会角度进行推理的愿望,使维塞尔和克拉克的理论具有了奇妙的半社会主义性质;在他们两人的理论中,社会本身起着指挥者的作用。

② 由于这一原因,在该事例中我们见到的是另一些前驱者:在边际效用问题上,前驱者是杜皮伊和戈森等人,而在这里,前驱者则主要是朗菲尔德和杜能。也是由于这一原因,虽然门格尔实际上熟悉杜能的著作,但却没有在他的著作内发现任何与自己直接有关的东西。

如果我们一定要认为相似的归属过程也是“营利社会”（托尼语）的机制的最深刻含义，那么就必须认为厂商代替别人进行了这种归属，因为厂商在心理上不会体验到消费者的满足，而只是想最大限度地赚钱。证明这一点，至关重要。就能够证明这一点而言，我们只能采用以下证明方法，也就是证明自由市场的物物交换或价格机制的运行肯定会产生这样的结果，即如果我们像鲁滨逊那样估价生产要素的话，那么生产要素的效用价值转变为交换价值的方式，将同消费品的效用价值在单纯消费品市场上转变为交换价值的方式一样。① 这显然不是无足轻重，毫无意义的问题。仅仅提出这一问题，就是一项了不起的成就。但门格尔和维塞尔除了技术上的缺点外，却几乎完全解决这个问题，从而解决了资源的分配（生产）以及资源的定价（分配）等基本问题。

不过，应用这种归属方法所涉及的推测，不仅远远脱离了决策者的实际思维过程——这关系不是很大，因为其他许多科学推测中也有“假设”——而且也是不必要的。为了决定生产要素的价格以及它们的分配份额，我们不必先知道它们的效用价值。我们需

① 某些批评者直截了当地断言，奥地利学派的价值理论是估价消费品的理论，不适用于估价那些不是为满足自己的需要而是为市场而生产的人们的行为。毫无疑问，这表明他们根本没有能力理解门格尔的推理。另一些人在上述命题内发现了循环推理，因为为市场而生产的人是为了他们所希望得到的货币而估价产品的，这含有预期价格的观念，而这正是要解释的事情。包含在该论点内的错误应该是很清楚的。借此机会我还要提一下（常常是由奥地利学派自己的成员）归咎于该学派理论家的另外两个循环论证，虽然下文还将再一次提到它们。一个是：我们只能从一个人的行为（即实际选择）中来了解在货物的不同数量中，哪一数量是他最喜欢的；所以，用他的偏好来解释他的选择，便是循环论证。另一个是：我们是为了货币所能购买到的货物而估价货币的；因此，在用货币购买货物的情形下，认为价格取决于两种交换物的效用价值，便是循环论证。

要知道的仅仅是消费者的爱好、生产的技术条件以及“要素”所有权的初始分配状况;然后,最大净收入原理,也就是最低成本原理,就可说明其他一切了。但奥地利学派却坚持每一步都要体现他们的基本思想,而且为了做到这一点,他们认为必须把产品的使用价值在要素之间加以分配,正如出售产品的收入实际上要在要素之间加以分配那样,他们认为前一过程(方法论上的一种虚构)会给后一过程(一种现实情况)以解释。所以,他们的归属(Zurechnung)问题便采取了以下形式:从消费品的给定效用函数中求得生产资料的效用函数。由于他们技术上存在不足,归属问题被大大地复杂化了,由此而产生了卷帙浩繁的文献,既有肯定性的也有批判性的,其始祖是门格尔、维塞尔和庞巴维克的有创见的著作。这些文献探索了各种各样的死胡同,而产生的热却比光多。不过,我们不必深入研究这些文献。① 但是无论我们怎样看归属理论技术上的优缺点,它都表达了一个深刻的真理,而这一真理不是简单地说生产与分配是估价生产性服务的根据所能传达的。而且它还产生了一个令人满意的成本理论。

如果根据归属理论来讨论生产手段的边际效用,则很显然,这种边际效用是与生产要素及其替换使用的互补性和可替代性② 相

① 施蒂格勒教授特别强调了与此相同的看法。不过,他开列了一份不长的书单,列举了这方面的某些文献(前引书第 5 页注释)。他认为有关这个题目的某些专著蹩脚得很,他的判断也许是完全正确的。

② 杜能当然熟悉可替代性这个概念。不过,是门格尔第一个明确表述了这一概念:“可以肯定,不仅固定数量的较高级货物在生产中可以像我们在化学产品中所观察到的那样组合起来……〔而且〕一般经验告诉我们,一定量的较低级货物,可以由较高级货物的很不相同的组合生产出来。”(《原理》,第 139 页〔熊彼特译〕)。至少可以这样说,这预示了“可变比例法则”(law of variable proportions),甚至预示了“等产量曲线”(equal product curves)这个概念。而且,该表述要优于后来马歇尔的“替代原理”。

关联的。通过这个途径，奥地利学派建立了所谓替换使用成本理论或机会成本理论[①]——这种关于成本现象的哲学可用通俗易懂的话表述为：一件东西使我们付出的真正成本，是我们因为生产该东西不生产其他东西而牺牲了后者的效用。

该成本理论过去偶尔出现过，特别是在J. S. 穆勒的《原理》中，但只是用来解释嵌不进旧图式的特殊事例。作为一般性理论并作为对成本的基本社会意义——不论是在资本主义社会或在社会主义社会——的解释，它都是新的。而且毫无疑问，还由此而产生了一个完美得多的分配理论。但我要特别提到一个事实，即该成本理论所强调的一种现象，在马歇尔的分析中却几乎不存在。让我们来看一看在只有两种商品的经济中某种生产要素譬如说劳动的分配。当我们不断增加商品A的生产所使用的劳动，不断减少商品B的生产所使用的劳动时，商品A的边际效用将下降，而商品B的边际效用将上升。我们也可以这样来表达，即生产商品A所得到的效用报酬在递减，或生产商品A的成本在递增；由此我们便根据边际效用原理得到了一个新的“报酬递减法则”，该法则与任何递减的自然法则无关，甚至面对报酬递增的自然法则，它也仍然起作用。

(c) 相互依存与均衡。如果我们注意到芸芸众生是为了生活而劳动和做生意，则我们确实可以不费劲地把他们的活动与追求

---

① 后一个——很恰当的——名词是D. I. 格林创造的，参看他的《痛苦成本和机会成本》，载于《经济学季刊》1894年1月号，该词在美国由于奈特教授的大力倡导已被广泛使用。关于这一问题的最详尽的论述，参看H. J. 达文波特的《价值与分配》(1908年)，他喜欢使用替代成本(Displacement Cost)这个意义相同的名词。

利得和财富联系起来。但是我们却不清楚,产生实际收入的过程,就其形式逻辑而言,是否能够用某一简单的原理圆满地加以描述,或者它是否具有某种内在的逻辑。这方面的分析努力史是人们的认识不断深化的历史,人们先是部分地,后来越来越全面地认识到,经济过程是有其内在逻辑的,这种认识首先在坎梯隆、魁奈、A.斯密、萨伊以及李嘉图等人的著作中得到了自觉的表述。但直到我们现在讨论的这一时期,人们才充分认识到,经济宇宙是一由相互依存的量组成的系统,才理清了该系统的所有问题(尽管还没有十分令人满意地解决它们),才把这些量间的一般均衡概念确立为纯理论的核心。

这是瓦尔拉的成就。一旦我们认识到真正重要的事情是一般均衡体系,我们就会发现边际效用原理本身并不像杰文斯、奥地利学派和瓦尔拉本人相信的那样重要。但分析一下瓦尔拉的图式便可发现这样一个事实,即边际效用是瓦尔拉借以爬上一般均衡体系水平的梯子。尽管在达到这一水平以后,边际效用原理便不再那么重要了,但就其所具有的启发意义而言,它仍是十分重要的。我们因此而可以从新的角度理解杰文斯和奥地利学派的成就。他们也发现了这个梯子。有缺陷的技术只是阻碍了他们爬到它的顶点。但他们确实达到了他们的技术所允许达到的高度。换句话说,我们必须在杰文斯—门格尔的效用理论中看到一般均衡理论的萌芽,①或至少看到是边际效用这一统一原理的一种特殊形式支撑着一般均衡体系。虽然主要由于他们不理解联立方程组的意

① 这在维塞尔的《自然价值》中特别明显。

义,他们没有充分明确地表达上述意思,虽然他们在边际效用中只是看到了他们革新的精髓,而没有把它看成是一个具有启发意义的、有用的方法论上的工具,但他们正像瓦尔拉那样仍然不失为现代理论的奠基者。J. B. 克拉克的情况也是如此。后来的批评者如此沾沾自喜于自己的技术改进,如此迫不及待地否认与杰文斯和奥地利学派有任何关系,以致他们完全没有觉察到这一点。

是在什么意义上发生了一场革命?这场革命是否产生了一种有关经济过程的新理论?

对第一个问题的回答,将取决于我们对革命这个被严重滥用的词作何解释。如果我们指的是彻底的、间断性的变动,则我们就应该承认,现代理论的这些开路者有权宣称他们使经济学的纯理论部分发生了革命。因为,虽然 J. S. 穆勒的不稳定的结构,招致了人们按照杰文斯、门格尔和瓦尔拉所实际采用的方法加以重建,虽然可以说马歇尔通过改革而不是革命做了大致相同的事情,但那个时代的争论有力地证明曾发生过断裂。戈森曾自夸完成了哥白尼式的业绩,我们往往嘲笑他的这种自夸。但这种自夸并不像初看起来那么不合理。日心说取代地心说和边际效用理论取代"古典学说",是同一种类的业绩:两者实质上都是通过简化和统一来改造原有的理论。这种对比使我们感到荒谬,只是因为天文学和经济学的知识地位不同。同样,当我们得知黑人军人——政治家图森·路韦蒂尔(1743—1803 年)曾把自己称为圣多明各的波拿巴时,我们也会发笑。但这是因为法国在世界上的地位比圣多明各重要得多的缘故,而不是因为就他们各自所处的环境而论,他们两人之间有什么荒谬可笑的不相称。①

这与特别是在美国形成的、把“边际学派”理论称为新古典理论的习惯有关。如果考虑到“边际学派”在很大程度上采用了旧的结构和旧的观念，那我们或许会同意上述叫法。马歇尔为保持连续性——特别是在外观上——所做的努力，进一步怂恿了人们不明确评价或在某种程度上贬损革命者的成就。但就纯理论而言，把杰文斯—门格尔—瓦尔拉的理论称为新古典理论同把爱因斯坦的理论称为新牛顿理论一样，是毫无意义的。前面已提到，用“折衷学派”这个词称呼马歇尔及其追随者，更容易引起误解。不过，这只能怪马歇尔自己。

第二个问题，按其提问方式来说，当然必须作否定的回答。就纯理论而言，没有哪一理论能对其所涉及的现象作全面的分析。符合事实的假定是和从这些假定中提取结果的分析工具同样重要的。②而且，经济生活是一独特的历史过程，我们的作家所具有的解释经济变动的图式，完全是从A.斯密那里继承下来的；即使他

① 分析一下这两个人的生涯，我们可以看到，从他们叱咤风云的青年时代到凄惨的晚年，两人有某些惊人的相似之处，因而我实际上认为，我们不能断言图森·路韦蒂尔的成就所包含的个人努力和天才比拿破仑的少。但经济学之于天文学，正如圣多明各之于法国。

② 边际效用理论家(像迄今为止的大多数理论家一样)只是部分地意识到了其分析的规范性。由于他们全力研究他们的所谓心理事实，因而他们认为，他们所讲授的经济现实远远超出了现实世界的真实情况。我借此机会再谈一谈那场毫无意义但却被许多能人才子认为很重要的争论，即一般地说，在纯理论中，或个别地说，在价格理论中，到底有多少主观主义和客观主义。事实上，“主观的”理论要产生具体结果，必须经常求助于“客观”事实(数据)；而“客观的”理论则必须经常提出或含有关于“主观”行为因素的基本假设或命题。换言之，任何完善的主观理论也必须是客观的，反之亦然，该方面的所有差异，只能归因于分析者的强调重点不同。然而，科学界的争论各方却认为该“问题是实际存在的问题”，而郑重其事地就此展开了讨论。

们有自己的图式,他们的效用理论对它也完全是中性的。最后,他们并没有比其“古典学派”前辈更明确的动态图式,因而他们必须像其古典学派前辈那样克服由此而造成的许多缺陷。情况似乎是如果加上这三个限制条件而重新提出我们的问题,则其答案就应该是肯定的,因为边际效用理论家似乎确实成功地建立了一个自圆其说的、属于经济静态学范畴的使用价值图式。不幸的是,我们还要加上另一限制条件。并非所有纯理论问题在边际效用理论内都能得到唯一的解决。前面已经举出了例证,如企业理论和资本理论:就这些例子而言,边际效用理论完全——而且很自然地——没有能够限制不同意见的出现。边际效用原理的统一力不起作用的另一个例子是利息理论。这就是为什么我们最终将不得不单独讨论分配份额的主要原因,虽然我们还将利用那一机会谈到其他一些问题(参看下面第 5 节)。在这样做以前,讨论一下马歇尔对杰文斯—门格尔分析的态度,是有益的。

4. 马歇尔的态度和实际成本

请读者回忆一下前一章谈到的马歇尔对同时代及较早时期与其观点基本相似的著作所抱的态度。鉴于前一节对奥地利学派的著作作了彻底的非马歇尔的解释,在较轻程度上对杰文斯的著作也作了非马歇尔的解释,[①]因而有必要看一下马歇尔对这种著作

① 这里应再次强调一下特别重要的一点。我们在第五章第 2 节已经看到,《原理》附录中“注释 XXI”的内容构成了马歇尔理论分析的核心。该注释勾画出了一般均衡体系的轮廓。我们在前一节已经指出,奥地利学派的理论分析也等于是萌芽状态的——有许多缺陷的——均衡体系。

所作的不同评价和他用以支持其评价的某些论点。①

我认为,尽管马歇尔偶尔插进一些限制条件,但读了他的《原理》的人一定会得到以下印象。马歇尔坚持认为,(1)虽然英国"古典学派"的分析在某些方面需要进行修改并予以重新解释,但它并没有根本性的错误;(2)杰文斯和奥地利学派之所以批评它,主要是由于他们未能正确地理解和解释它;②(3)杰文斯和奥地利学派的积极贡献,在于说明了市场现象的需求方面,当然,李嘉图也并非全然不知道这些相当明显的事情;(4)杰文斯和奥地利学派在过分强调需求方面所犯的错误,至少同李嘉图和穆勒在相反方向所犯的错误一样严重。这些见解必须从以下三个不同角度来考察。第一,关于杰文斯和奥地利学派对李嘉图的批评,马歇尔的愤怒虽然部分是没有道理的,③但并非不合情理。我们可以很容易地承认尼古拉斯·库桑纳斯和哥白尼并没有证明地心说是"错误的",而只是对它作了一些修改。第二,关于杰文斯和奥地利学派的成就,马歇尔由于先天的本性与后天的素养,都不能不严厉地对待他们可怜的技术。这里我们就不再谈这一点了。不过,第三,关于该项成就的基本意义,马歇尔的解释,可以说是严重的,虽然不是有

① 为简略起见,马歇尔对杰文斯的批评也将看作是针对奥地利学派的,反之亦然。读者将很容易看到,这在所讨论的例子中是允许的。

② 埃奇沃思附和马歇尔的意见,用以下名句再充分不过地说明了这一点,他说,马歇尔驱散了一度布满"天穹"的"短命批评"之雾。

③ 这可以从第三编的讨论中看得很清楚。但我们也知道,就对穆勒的批评和对李嘉图的批评而言,马歇尔对前者的愤怒比对后者的愤怒无理成分要少些。虽然马歇尔没有用很多话承认这一点,但他却可以为我们的观点作证:他从未支持过"古典"结构中特别属于李嘉图的部分,例如劳动数量价值理论,相反,他暗中对该理论作了如此大量的修改,以至它已不再是李嘉图的理论。

意的误解。正是在这一点上,我们对前面几节的论证,需要作些反批评性质的补充说明。

马歇尔用一著名的比喻说明了他为什么要批评他所认为的对需求的过分强调。“生产成本原理”和“最后效用”原理无疑是那个统管一切的供求规律的组成部分;① 两个原理可以比作是一把剪刀的两个刀片。当我们握住剪刀的一片而移动另一片剪东西时,我们可以脱口而说东西是第二片剪的;但这种说法是不能摆到桌面上来仔细推敲的。② 即使我们把奥地利学派的分析归结为这一特定之点——这样做意味着忽略它的所有较广泛的方面——我们仍必须承认,它的主要成就正是它所产生的供给与成本的新理论。正是应该在这个意义上来理解杰文斯的以下说法:“价值完全依赖于效用”(《理论》,第 1 页)。因此,指控杰文斯或奥地利学派力图尽量贬低他们首先合理地演绎出来而为维塞尔称之为“成本法则”的那个定理的重要性,是没有意义的。他们不需要马歇尔来告诉

① 读者应当注意到,这种说法虽然可以认为是符合穆勒的教义的,但却完全是非李嘉图式的。它属于马尔萨斯式的说法。

② 《原理》,第 569 页。这段话几乎是第 428 页另一段话的照抄,后者引出了这样的说法:“一般说来,我们所考虑的时期愈短,我们就必须愈注意需求〔效用〕对价值的影响;而所考虑的时期愈长,生产成本对价值的影响便愈重要”(第 429 页)。严格说来,这种说法当然既正确又陈腐,然而就其一般意义而言,它却树立了一个错误的榜样。这可以用以下类推方法加以很好的说明:说在纸币流通的情况下,汇率是由供给与需求决定的,在金本位制度下汇率是由黄金机制决定的是错误的;正确的说法应该是,在任何情况下,汇率都是由供给与需求背后的因素决定的,但在金本位制度下,黄金机制一般会阻止黄金平价脱离黄金输送点。同样,无论就长期来说还是短期来说,边际效用原理在任何情况下都可以应用于价值问题的需求方面和供给方面。生产成本原理在长期内并不单独起作用。但根据情况变化起作用的边际效用原理,在长期内却会(在一些假定下)使交换价值等于成本。马歇尔学派中有造诣的成员会认为这个注释是多余的。但这方面的误解我听到的太多了——而且经常是对马歇尔的误解,有些甚至来自像博特基威这样优秀的经济学家——以至我自己不认为该注释是多余的。

他们一把剪刀有两个刀片。他们力图说明的是，剪刀的两个刀片是由同一种材料制成的——需求与供给两者(不管是交换现存的商品还是生产商品都没关系)都可以用“效用”来解释。

至少从表面上来看，马歇尔对杰文斯和奥地利学派的定理的另一种表达方式，提出了更严厉的实质上相同的指控。杰文斯和奥地利学派习惯于用因果链条表达他们的定理，其因果链条的方向是从消费品的价值到资源的价值，也就是说，先是一定数量的消费品的效用被单独决定，然后作为结果，这种效用又决定生产消费品的生产资料的价值，技术较为熟练的经济学家一眼就看得出，这是不可能的，因为消费品的效用取决于其数量，而其数量又取决于其成本。马歇尔嘲笑杰文斯和奥地利学派是小学生，还要由老师告诉他们“当A、B、C三个球在碗内靠在一起时……它们的位置是在地心引力的作用下互相决定的”，而杰文斯和奥地利学派却坚决认为“A决定B，B决定C”(《原理》，第567页)。但洞察一切的马歇尔应当认识到，这种批评利用了杰文斯和奥地利学派技术上的缺陷，特别是利用了他们对相互依存逻辑的一窍不通，因而完全误解了所批评的观点的实质。仍拿马歇尔的比喻来说，杰文斯和奥地利学派的实际意思，并不是那段文字强加在他们头上的意思，他们的意思与此大相径庭。他们发现的恰恰是，球的位置可用单独一个原理来说明，就力学来说是引力，就经济学来说是效用。只要马歇尔把给予李嘉图的宽宏大量分一半给杰文斯和奥地利学派，他就可以看到隐藏在那蹩脚技术后面的伟大成就，而把批评压缩为这样一点，即杰文斯对数学所知不多，奥地利学派则一无所知。这一点本来是可以正当地提出来的，但马歇尔却从未提出来。①

这方面我们必须给予注意的唯一另外一点是马歇尔的所谓“实际成本”。假如奥地利学派使用这个词的话，他们指的一定是当我们决定生产某些消费品时我们所牺牲的其他消费品有别于消费这些商品所提供的满足。马歇尔指的则是“生产某种商品所直接或间接地付出的各种劳动，以及为节省出生产该商品所使用的资本必须进行的节欲，或更确切地说，必须进行的等待”(《原理》，第 418 页)。我们之所以在这里提出这一点，是因为当时人们也是在一般地争论价值或成本的性质、原因或“最后标准”时讨论这一点的。这场争论完全是门格尔挑起的。因为鼓吹“新”价值理论的其他人，如戈森、杰文斯、奥斯皮茨、利本以及克拉克——虽然瓦尔拉不在内——大都对让劳动的负效用(杰文斯语)与节欲进入他们的分析结构，不感到忧虑。由于所有这些作家都无意于通过限定成本的独立作用，或通过任何其他方式来复兴“古典学派”，因而这足以表明，承认负效用和节欲并不损害边际效用的立场，也不意味着采取另一种立场。但奥地利学派的看法不同。庞巴维克确实作出了艰苦努力，力图尽量降低负效用和节欲的重要性，他显然认为，忠于边际效用理论就不得不这样做。让我们揣度一个与此有关的问题。

固然，节欲对每一个持节欲利息说的经济学家来说都很重要。但是，虽然主张节欲利息说必然会把节欲引进价值的一般理论中，

① 因为马歇尔自己有时也陷入同样的错误之中，所以他的严厉就更是多余的了。在《原理》第 440 页上，我们可以看到这样的字句：“在静止状态下，简明的法则是，生产成本决定价值。”

可这个问题一向主要是在利息理论的范围内讨论的,因而我们也将这样来做(参看第 5 节)。至于劳动的负效用,我们可以作以下选择:或者把(给定人口下)可获得的劳动时数看作是已知数,例如看作是已由制度固定的数;或者把它看作是待定的变数,在这种情况下,我们的系统便多了一个"未知数",多了一个独立方程式(也就是说,对每一个工人而言,劳动的边际负效用在均衡状态下必定等于他的工资收入的边际效用)。我们作哪种选择,取决于我们对现实情况的考虑和对分析方便的考虑。[①]但重要的是,无论作哪种选择,都不会对我们的理论型式产生多大影响。因为负效用这一因素只是通过它对所提供的劳动数量(可能)产生的影响来影响产品的价值,并不触动机会成本原理(该原理的作用是分配所提供的劳动数量)。最重要的总是后者,而负效用则是次要的。再者,如果把价值理论完全建立在效用的基础之上,那我们要做的便只是用闲暇的效用来代替劳动的负效用。[②]因此,庞巴维克并没有因为在尽量降低负效用的重要性方面取得了有限的成功而得到多少好处。马歇尔也没有因为引入"实际成本"而得到多少好处:除了在他的利息理论中可以考虑节欲所起的特殊作用外,在其他地方可以完全不考虑节欲——更不要说生产某种商品所"直接或间接

① 读者也许知道,凯恩斯勋爵基于对现实情况的考虑抛弃了负效用方程式,庞巴维克也基于对现实情况的考虑抛弃了负效用方程式,不过庞巴维克的考虑与凯恩斯的不同,他认为每个工人必须遵守规定的工作日,不能随意改变他所提供的劳动量。但是,只要庞巴维克愿意,他就可以插入负效用方程式,而凯恩斯勋爵则由于其分析结构的缘故必须抛弃负效用方程式。

② 我建议在任何情况下都这样做。解释负效用起作用的某些问题,例如为什么工资率增加有时反而导致所完成的工作量减少,如果我们采用闲暇这个概念(并以无差异曲线图上的一个轴代表闲暇,另一个轴代表货币工资或实际工资),这类问题甚至更容易解释。

引起的”所有负效用与节欲之和这一概念所固有的困难了。因此，从这一离题论述所得到的结论，与我们考察马歇尔的偏离（他认为自己的分析在一些根本点上不同于杰文斯—门格尔—瓦尔拉的分析）所具有的性质和重要性时得到的结论是一样的：即节欲和负效用是无足轻重的。[①]

5. 利息、地租、工资

任何纯理论都需要事实来产生具体的结果。之所以要重复这一简单的道理，是因为经济学家习惯于把某些特殊事实包括在他们的所谓纯理论中。例如，他们常谈论最低生存工资“理论”，尽管只要引入有关工人行为的符合事实的假定，就可以从任何一般工资理论中推出最低生存定理。但是，如果要把边际效用理论运用于具体的事例，则不仅需要用特殊的事实来补充它；而且如果要产生一般性的理论命题的话，还需要用更多的材料来补充它。在第3节末尾我们已指出，虽然边际效用理论本身对地租与工资提供了适当的解释，但它本身却没有产生任何一般性的利息理论。由于引起麻烦的是利息，我们就先来讨论该时期的利息理论。

(a) 利息。我们已经知道，那个时期的经济学家更加明确地把企业家利得和利息区别开来了。但是他们当中的大多数人仍持有这样的观点（该观点我们已追溯到尼古拉斯·巴尔本那里，见第二编，第六章第7b节），即：利息构成企业利得（business gains）的

① 另外，难于理解的一点是，马歇尔究竟为什么认为（假设他真的这样认为），引进这种实际成本有助于完善李嘉图的观点。

大部分——使用物质资本而产生的那部分企业利得，是对物质资本的报酬，正像地租是土地的报酬，工资是劳动的报酬那样。在这方面，具有重大意义的事情是，庞巴维克在他批判性的利息理论史中，虽然讨论了李嘉图和马克思的"利润"理论，却没有提出这样的问题，即该意义上的报酬是否就是"利息"。假如他提出这一问题的话，他也许会像A.斯密或J.S.穆勒那样来回答。对他来说，货币利息仍然仅仅是由于提供物质财货——资本家实际上拥有的便是物质财货，虽然可能以货币形式出现——而赚取的利息的影子。尤其值得注意的是，庞巴维克自己的著作特别有助于阐明这个图式。

首先，人们没有充分认识到，庞巴维克对当时有关利息的各种解释所作的批判，唤醒了对利息理论问题的新认识。基本上可以这样说，前一时期遗留下来的所有利息理论，当时都依然存在。甚至像帕累托这样的大理论家都毫不犹豫地宣称，(物质)资本产生利息正像樱桃树结樱桃那样，是理所当然的。① 这类朴素的理论，虽然过去常常使大多数经济学家感到满意，但在我们所讨论的这一时期，某些这样的理论却声望骤跌。几乎没有作家仍然认为，因为使用耙比不使用耙能生产更多的小麦，所以使用耙必然产生净报酬。庞巴维克告诉我们，物质资本的生产力不足以证明它的价

① 这里应谈一下帕累托的另外一种意见。他认为，寻求利息的"原因"本身便是一个错误。利率是一般均衡体系中许多因素中的一个，当然是和所有这些因素同时决定的，因而寻求"引起"利息的任何特殊原因是毫无意义的。指出这种看法所包含的错误，只要——正像马歇尔用碗内三个靠在一起的球所作的比喻中包含的反对意见那样——记住以下一点就够了，即"利息取决于一般均衡体系的所有条件"这个命题，并不能证明正利率的存在。均衡体系的运行为什么会产生正利率，仍是一个需要解答的问题。正像马歇尔碗内球的位置那样，上述问题也需要用一原理来加以解释。而仅仅这一事实，即所有经济量值之间存在着一般相互依存关系，并没有提供这样的原理。所以，庞巴维克把利息存在问题与决定利率的因素区别开来，还是不无道理的，尽管乍看起来作这种区别似乎很荒谬。

值生产力,这一告诫即使没有一举摧毁生产力利息理论,也大大削弱了这一理论的说服力。[①] 同样,庞巴维克成功地证明,利息的“使用理论”(鼓吹这一理论的有克尼斯、门格尔、瓦尔拉)本身是无用的。毫无疑问,房屋、机器等耐用财货提供的服务是可以标价的,它们的价格乘以它们的数量,就是拥有这些财货的人应得的报酬;但是,由于这些财货必须保险和分期偿还,因而在未考虑其他有关因素的情况下,不能说上述报酬是净收入。暂且不考虑遭受庞巴维克致命打击的其他许多理论,我们可以大致这样说,仍在苟延残喘的仅仅是马克思的剥削理论,节欲理论以及水平显然低得多的各种讲价能力理论(bargaining power theories)。至于新出现的理论,我们将只评介庞巴维克的理论和费雪的理论。

从实质上说,庞巴维克对马克思理论的批判是成功的。然而后者仍存在于马克思主义正统派的圈子内,只是最近已不再是马克思主义者的社会主义理论家们才悄悄地抛弃了它。前面已评介过了马克思的理论(见第五章第 8 节),这里我们径直来看节欲理论。在这方面,庞巴维克的攻击是不成功的。这不仅是指这一攻击未能使别人信服,而且也指它本身就缺乏说服力。[②] 马歇尔借助

① 〔熊彼特原想在这里写一个长注释,并准备在注释中提到维塞尔、克拉克和奈特。〕

② 庞巴维克力图证明,求助于节欲会导致“双重计算”。他也许真的认为,储蓄者都要在现在的享受和未来的享受之间作出选择,并认为,如果根据时间间隔对未来的享受打折扣,便无法来补偿节欲。但他不应否认,如果对储蓄的未来收益不打折扣,是有办法补偿节欲的。事实上可以认为,强调储蓄的牺牲,正是持节欲说的理论家赖以引入时间偏好因素的方法,可庞巴维克拒绝承认这一点。他实际上发现,当持节欲说的理论家把节欲连同生产资本货物所涉及的劳动都看作是成本时,他们作了重复计算。我一直未能理解这一点。上述应予以考虑的各点并没有拯救节欲理论,而且我提出它们也并不是要拯救该理论。但它们却使人们不能再指责节欲理论犯有逻辑错误,并且再次证明了节欲理论具有我们所谓的逻辑力量。但一种理论也可以因为逻辑错误以外的原因而是错误的。

于节欲[①]毫不费劲地提出了一种有关利息的解释,而没有逻辑上的缺陷。事实上,他还成功地复活了生产力理论,方法是把该理论同节欲因素联系在一起。如果物质资本不仅产生报酬,而且还产生净报酬,那么一定会有某种东西阻止物质资本的生产量超过其收益刚好偿付其成本的那一点。节欲——在逻辑上——有资格充当这种东西。我们可以像西尼尔那样把它叫做一种成本,于是运用资本便产生一种超过其他成本因素的报酬。或者我们可以说,节欲像制动器那样阻止资本货物的生产达到那一点——这正是卡弗的看法。[②]我认为庞巴维克对这两种看法的攻击,都没有取得成功。[③]在利息问题上或多或少接近于庞巴维克观点的经济学家——如在他之前的杰文斯和在他之后的费特——大都没有对节欲提出异议,只有费雪是例外。

我已经说过,讲价能力理论是较低级的理论分析。事实上没有一个一流理论家持这种理论。原因很简单。如果要用讲价能力来解释被称为利息的这种剩余,那么具有讲价能力也就是占有某种生产要素。在这种情况下,求助于该要素的所有人的讲价能力是无用的,因为产生净报酬的真正原因仍必须从该要素在经济过程所起的作用中去寻找。因此无论是马克思还是庞巴维克都没

① 我们知道,他使用的是"等待"这个词,我认为他使用这个词的理由并不充分。这个词是 S. M. 麦克文首先使用的(见《生产成本分析》,载于《经济学季刊》,1887 年 7 月)。

② 参看卡弗的《财富的分配》(1904 年),以及他的早期论文《节欲在利息理论中的地位》,《经济学季刊》,1893 年 10 月。

③ 这又是因为他试图证明它们在逻辑上有错误。但我们不应因此而加入这样一些批评者的行列,这些批评者指责庞巴维克聪明用错了地方,专作无谓的分析,爱搞形而上学,滥用心理学,等等。无疑,如果认真看待经济理论的话,就应该欢迎一切试图澄清这个问题的努力。问题并不会因为我们感到厌烦而得到解决。

有求助于资本家的讲价能力,虽然在他们两人的理论中很容易识别出这一因素。相反,两人都力图说明,资本主义的市场机制是如何产生这种剩余或升水的,而这不是仅仅用“讲价能力”这个词所能解释的。或者认为,讲价能力并非是对某种要素的占有,而是其他东西。例如,讲价能力可能是为资本家课税的权力。但在这种情况下,则必须证明这种权力的存在,并证明其存在足以解释利息现象,没有哪个自知之明的理论家愿意承担这一任务。① 我们只举这种理论的一个例子来看一看,这个例子就是莱克塞斯的成本加成理论(the mark up theory)。根据该理论,之所以存在利息,是因为商人能为其出售的商品索取高于成本的价钱。如果我们认为成本就是费用,这当然是对的,但这并未证明,除了费用和对自有要素(按均衡价格估价自有要素提供的服务)的补偿外,还有剩余存在。为了证明这样一种剩余的存在(其一般性足以说明利息这一现象),无疑有可能要求助于竞争的不完全性;但这又暗含有这样的命题,即在完全均衡和完全竞争的条件下,是没有利息的,而这一点同样需要加以充分证明。②

在利息问题上,庞巴维克取得了该时期最卓越的成就,他的成就成了人们讨论的中心,甚至对许多最严厉的批评者也产生了巨大影响。我们已经着重指出(见前面第2c节),该成就的核心是

① 例如,毫无疑问,特别是可以用美国农业集团的政治力量来解释罗斯福为什么在其执政早期为了农场主的利益引入加工税。可以认为,这种税增加了农场主的“利润”或“地租”。但很明显,不能用这种税来从根本上解释利润或地租。这同样适用于保护关税。

② 也许没有必要再讨论有关净报酬(不管是利息还是地租)的各种理论。之所以会出现这些理论,只是人们滥用垄断概念的结果,也就是人们认为,只要某种生产要素处于稀缺状态,就会产生垄断利得,其理由是,在资本主义社会,并不是所有人都能得到稀缺的生产要素。

一高度简化的图式,即如果劳动和生存资料的供给量是一定的,那么利率和工资率就是同时被决定的,而利率和工资率又决定资本的有机构成。① 我们还着重指出,这个核心图式在某种程度上与庞巴维克对利息存在原因的解释无关,同时又部分地虽不完全地与这种解释相协调,这一事实我们认为是他的著作没有写完造成的。我们现在关心的就是这种对利息存在原因的解释。庞巴维克是用商品来解释利息的。他坚信,货币在利息问题上只是起一技术装置的作用,而该技术装置有时还会出故障。② 他的基本命题是,利息产生于用现在的消费品交换将来的消费品,本质上是前者的升水。如果这样解释,那问题便在于说明,为什么市场会这样运行,即用现在的消费品交换将来的消费品(即交换索要未来消费品的权利),一般会产生这样一种升水,或者换句话说,为什么人们为获得现在的货物,一般乐于答应在未来某一时刻提供更大数量的同种类同质量的货物。③ 读者也许知道,庞巴维克举出了以下三个原

① 马克思的这个概念用在这里很合适。"资本"这个词在这里也采用的是马克思赋予该词的意思。我认为,同庞巴维克自己的术语相比,这更好、更简明地传达了他的思想。而且,我们由此可以看出这两个图式的相似程度,并看出庞巴维克由于论述了马克思没有明确论述的一个问题而在多大程度上超过了马克思的图式。不过,必须指出,第一,为公平处理这个问题,需要有一个比庞巴维克的体系复杂得多的关系体系;第二,假如我们明确引入耐久性的厂房和设备,则我们立即会认识到,庞巴维克的图式实质上是一长期图式,因为在短期内厂房设备和自然力一样是给定的,可以确定其边际生产力,尽管不是杰文斯—庞巴维克意义上的边际生产力,而是普通意义上的边际生产力。

② 更精确地说,他主张的是一种原始的数量理论:全部货币(计入流通速度)购买全部货物。这个命题与以下命题如出一辙:全部生存基金购买全部劳动供应量。这两个命题使人想起"古典学派"的理论(数量理论和工资基金理论),尽管所想起的不是古典学派理论中的精华。不过,不用费很大劲,就可以对其进行必要的修正。

③ 再重复一遍,用这种方式提出利息问题不管有其他什么可以反对的地方,如果是因为涉及心理学而加以反对,则是毫无意义的。如果我们以此为根据而抛弃庞巴维克的论证,则我们也必须抛弃凯恩斯勋爵的论证甚或马克思的论证(例如参看马克思关于积累动机的论证)。

因。第一，人们乐于答应还给贷方比所借款多的金额，是因为人们预料自己将来的处境会更好些。① 第二，人们乐于答应偿还比所借款多的金额，是因为大多数人更真实地感受到的，是现在的享受而不是未来的享受。② 在这方面，各个人、各个阶级和各个民族之间是有很大差异的，在感受未来的强度方面所具有的这种差异，是决定他们命运的最重要的因素之一，这一真理给现代经济学家留下了极为深刻的印象。但是庞巴维克像在他以前的边沁和杰文斯一样，认为在这个意义上对未来的某种程度的低估是普通人的一般特性。有关实际行为的观察资料，特别是有关公共部门的观察资料，非常有利于这一论点。③ 第三，人们愿意为现在的货物多支付

① 该原因说明的问题要比批评者惯于承认的多得多。它不仅适用于有心地善良而身体虚弱的姑母的学生；在一个不断向前发展的社会里，大多数人都会正确地预测到将来的收入会增加；至于走下坡路的社会，庞巴维克的以下设想实质上也是对的，即虽然人们会正确地预测到收入将渐渐减少，但任何精神正常的人都不会认为，收入的减少将使上述升水变为负数。所以，即使在收入减少的情况下，也仍会有升水，仍有人愿意支付它。

② 在第一种情况下——即在预期处境将进一步好转的情况下——相对于现有的货物而言，借款者往往低估未来货物的价值，因为他们预期同一条收入边际效用曲线将下降。在第二种情况下——即在有意低估未来享受（可以预料，如果未来的享受变为现在的享受，则它将给予相同强度的快乐）的情况下——借款者现在的收入边际效用曲线与随后各个时期的收入边际效用曲线是不同的。

③ 只有通过广泛讨论历史证据，才能证明这一点，而限于篇幅，我们无法这样做。因为，的确，我们的共同印象，即现代社会中存在着对未来的普遍低估，部分地可能完全是利息存在的结果，因而不好证明还有能“引起”利息的单独低估，特别是由于有不少与此明显矛盾的证据。而且作这样的讨论，还要考虑许多已经提出来的反对意见。不过，这里应提及一特别有意思的反对意见。某些作家似乎认为，如果存在着对未来的有意低估，则社会将不得不为经济崩溃或总破产作准备。而这恰恰是社会实际上所做的事情，经济分析中最深奥的问题之一就是说明，在这种情况下，为什么资本设备不萎缩反而扩张。这个问题常常由于人们作以下假设而被掩盖了起来，这个假设就是，经济发动机由其他东西维持其不停地运行或自己不停地运行是天经地义的。

费用,是因为掌握了现在的货物,就可以进入物质生产力更大的生产过程,庞巴维克认为,这种生产过程需要“更长的”生产时期(现在的消费品具有技术上的优越性,见前面第2c节),由此可见,现在储存消费品,意味着将来获得更多的消费品。亲眼目睹俄国五年计划的一代人应当毫不迟疑地对这个论点至少给予有限的信任。当然,我们应该比庞巴维克更加强调“进入”这个词,①他在论述这“第三个原因”时,犯了几个错误。因为如果我们不这样做,我们就可能会陷入同步论证。庞巴维克的第三个原因本身并没有能够说明为什么不断重复一定“长度”的生产过程会持续地产生剩余,因为一旦引入这一过程,整个经济就会与其相适应;只有当生产时期不断“延长”时,才会不断产生利息,即使没有其他任何理由来说明利息的存在。②

① 这些错误大都已为维克塞尔及其门徒纠正过来了(特别参看维克塞尔的论文:《论利息理论(庞巴维克的第三个原因)》,见《现代经济理论》,第3卷,1927年)。不过,一般说来,人们却过于放任了这些错误。与马克思、李嘉图或凯恩斯的表现出同情的批评者不同,庞巴维克的批评者从未努力去把他的主要思想与其剪裁不当的外衣区别开来。我借此机会谈一谈我在试图公正地介绍他的学说时遇到的两个困难。第一是篇幅不够。第二是我不同意庞巴维克的观点,是基于一个理论工作者所能具有的最充分的理由,那就是我有我自己的利息理论。但我不想把我的观点强加给读者,也不想根据我自己的观点来批判庞巴维克。所以我接受了他对这个问题的看法,只是在他的叙述或分析根据他自己的观点可以证明是错误的或不适当的时候,我才说其是错误的。〔熊彼特曾在1913年的《国民经济、社会政策和管理杂志》上,就动态利息理论问题与庞巴维克展开了一场有名的争论。〕

② 也可以用类似的论点为节欲理论辩护,反驳以同步性为理由提出的反对意见。不过,在这两种情况下,都有一些较为微妙的问题需要考虑,而我们却不能讨论它们。但我将简要地谈一谈其中的一个问题,该问题既困扰着庞巴维克本人,又困扰着他的追随者和批评者。他们都拿不准这“三个原因”的相互关系。乍一看,这三个原因是相互重叠的,因为它们都是相对于现在的面包而低估未来的面包的原因。但这并不是事情的全部。如果我们这样来表述第三个原因,说人们之所以会低估未来,是因为掌握了现在的消费品,一个人未来的处境就会更好,那么,我们便可以认为,第三个原

事实上,没有一个著名的经济学家接受这种对利息的解释。甚至维克塞尔也给它加了许多限制条件和新内容,以致严格说来,连他也不能算作庞巴维克的追随者。不过,庞巴维克的利息理论不仅引起了讨论和激发了思考,而且还产生了比这远为直接的影响。其所以如此,是由于这样一个事实:即该理论可以被简化,从而使人们接受它而不必去注意庞巴维克分析结构的细节。简化后的理论是:利息产生于("心理上的")时间偏好与投资的物质生产力之间的相互作用。这一简化了的庞巴维克的利息理论,不仅成了当时许多利息理论中的一个,而且成了所有利息理论中最为广泛接受的一种,尽管每一作家都给该理论加上了自己的观点,而这些观点一般又不为其他作家所赞同。这方面有许多例子可以引证。[①]但其中最有分量、最辉煌的成就却是欧文·费雪的"无耐性利息理论"(Impatience Theory of Interest)。[②]这一用语不解自

因和第一个原因是一样的,尽管要考虑到,对于第三个原因来说,占有现在的商品是未来处境得到改善的一个条件,而对于第一个原因来说,情况则不是这样。但在这两种情况下,我们都应进一步考虑到以下事实,即如果第二个原因起作用,则未来较多的财富就应"在心理上打一折扣"。如果发生这一情况,则支付升水的第一个和第三个动机就将被第二个动机所削弱。而且,从表面上来看,这三个原因中的每一个,即使没有另外两个原因,也能单独产生升水,条件当然是我们相信这三个原因。庞巴维克力图证明:(a)如果没有第三个原因,前两个原因并不一定产生升水(参看他对费雪的观点所作的驳斥,《附录》Ⅻ,第3版),但(b)第三个原因是可以单独产生升水的。

① 例如,对马歇尔谨慎地提到资本的"生产性和预期性"(《原理》第142页),就可以这样来解释。所以,凯恩斯勋爵把我所谓的简化的庞巴维克理论看作是1936年仍被普遍接受的一种理论,是很正确的(见《通论》第165页)。更有意思的是,凯恩斯本人接受了这一理论。的确,他宣称该理论是不完全的,但这只是意味着需要用流动性偏好因素(见前引书第166页)来补充它。对于凯恩斯本人来说(虽然不是对他所有的追随者而言),这并不等于抛弃这个理论,而只是对之加以修补而已。

② 费雪先是在《利率》(1907年)一书中详尽阐述了该理论(在这本书中他还没有用无耐性这个词代替"升水"或时间偏好),然后在《利息理论》(1930年)一书中以另一种形式提出了该理论。他在《利息理论》一书的前言中不无道理地写道,他的理论"在某种程度上是每个人的理论"。更为合乎情理的,是他把该书题献给了约翰·雷和欧根·冯·庞巴维克,他的题词是:"他们奠定了基础,我则在此基础上努力建造。"

明。但它过多地指向了庞巴维克的"第二个原因"。在费雪的理论中并非没有第三个原因,它是以"投资机会"(Investment Opportunity)的形式出现的。"投资机会"这个词虽然缺少庞巴维克的某些特征,但实质上却远为优雅地表现了相同的事实。[①] 而且,费雪比庞巴维克本人更清楚地阐明了后者的利息分析的一个方面,也许是最重要的方面。

我们已经知道,那个时期的大多数非马克思主义作家仍然把利息看作是与地租和工资处于同等地位的一种收入,是对物质生产要素(厂房、设备,等等,或换一种说法也可以称为节欲)的服务给予报酬,而这些物质生产要素的服务,在生产领域内又与自然要素和劳动的服务处于同等地位。而贴水或升水利息理论涉及的则是与此完全不同的概念。依照这种理论,利息是一种普遍的贴现,适用于得自所有种类的生产性服务的报酬,因而利息掠夺的实际上是所有报酬,对物质资本货物服务报酬的掠夺,并不少于对任何其他服务报酬的掠夺。所以,利息在性质上不同于所有严格意义

① 因而叫人难解的是,费雪为何在同一前言中竟写道:"就我所知,没有哪个论述过利息问题的作家利用过收入流量及其差异(income streams and their difference),或超过成本的年报酬率(rates of return over cost per annum)。"如果庞巴维克的数字表不是用来表示收入(产品)流量及其差异的笨拙方法,那我就真不明白它们究竟代表什么了。我借此机会还要谈一次要问题。某些批评者和追随者(包括维克塞尔和皮尔逊在内)都力图把庞巴维克的利息理论解释为生产力理论,庞巴维克出于无奈,终于提出了反驳,但反驳得软弱无力(《历史和批判》,第3版第705页注释)。如果说他的理论是生产力理论,那么所有利息理论包括马克思和凯恩斯的利息理论在内,也都是生产力理论。因为利息是每一价格的组成因素,而每一价格都可以看作是需求与供给的结果;不管我们怎样解释资本,生产方面的目的总是引致资本需求的重要因素。然而从任何并非不重要的意义上来说,庞巴维克的理论都不像是严格意义上的生产力的理论,而是与生产力理论正相反的理论,我们马上就要谈到这种理论。

上的生产力报酬,[1]不仅不同于自然要素的地租和劳动的工资,而且不同于资本货物的生产力报酬。庞巴维克没有说清楚这一点,虽然他的"资本化"理论(该理论说明了如何确定土地和资本货物的价值)[2]足以证明,这实际上正是他的观点。但费雪运用自己的一套术语却说清楚了这一点。为了突出这一新颖的观点,让我们再一次指出,该观点在这方面与马克思的剥削理论有密切关系。在一定的意识形态——和表达方式——下,可以把它看作是一种新颖的剥削理论。

由此而带来的一个次要结果是:人们不能再以巴贲创立而亚当·斯密赞同的方式,把产生于物质资本货物的报酬看作是利息了。若干因素凑在一起,表明这种报酬与自然要素的地租具有同一性质(见下面第(b)小节)。比这重要得多的结果是,利息以全新的方式进入了地租理论和工资理论。事实上正是由于这一最重要的原因,我们才不得不再一次讨论这些问题,而不是满足于仅仅

① 我之所以说"严格意义上的生产力报酬",是因为"生产力"这个词和"生产条件"这个词一样,其意义不明确,有可能使人看不清我要说明的问题。从某种意义上说,时间也是一生产条件,因而也是生产性的。在资本主义社会,货币也是如此。因而为了某种目的,边际生产力这个概念也适用于时间和货币。但说这两者是生产条件并具有生产力,其含义不同于说劳动、土地或铁铲是生产条件并具有生产力。庞巴维克正如马克思可能会做的那样,主张他的生存基金在第一种意义上而不是在第二种意义上具有生产力。但是他本人及其门徒和批评者却把这两种意义搞混了。

② 这个理论是由维克塞尔和费雪提出来的,但却具有非常强烈的庞巴维克色彩。在他之前,有关这个问题的论述着重在成本方面。固然,在商业实践中早已对房屋、机器采用了折旧方法。但正是庞巴维克把这一做法引入了经济理论并对它作了理论上的解释,正如马歇尔引入主要成本和补充成本这两个概念一样,虽然每个商人早就熟悉它们,但在经济分析中却是新事物。

提及归属理论或边际生产力理论。①

(b) 地租。我们将撇开次要的问题和各种无谓的讨论，而分三步考察该领域内的发展。第一，我们将考察地租理论，该理论所要解释的是由于拥有自然要素而获得的收入，不管这种要素是可以毁灭的，还是“不可以毁灭的”。第二，我们将考察人们根据地租理论而对地租概念所作的某些延伸。第三，我们将谈到这样一种趋势，就是人们往往利用地租这一概念来为各种完全不同的目的服务。在这三个标题的每一标题下，我们都将看到旧观念与新观念之间的斗争，这种斗争是犹豫不决、模糊不清和弄虚作假的一个重要原因，如果不是唯一的原因的话。②

第一，就自然要素的地租而言，很显然，杰文斯—门格尔—瓦尔拉的分析对这种地租现象提供了一种完美的解释，而且如果适当地补充以具体事例，他们的分析还预示了我们所需要的所有关于地租的“法则”或命题。我们所要做的，仅仅是从萨伊或坎梯隆那里得到一点启示，即承认地租只不过是给这些生产要素定价、把边际原理应用于其价格的形成的问题。再考虑到庞巴维克的时间偏好，就可以得到如下结论：自然要素的地租有与其边际产品的贴现价值相等的趋势。该理论自动考虑到了同种类的自然要素在质

① 换句话说，“地租与利息之间的关系”对 J. S. 穆勒而言，现在已不再是需要讨论的问题了。特别参看 F. A. 费特教授 1904 年 2 月在《美国经济学会出版物》第 3 辑第 5 卷上就这个题目发表的论文。马歇尔经由另一条路线杜撰了准地租这个概念，该概念部分解决了利息问题。而且他承认，利息这一概念只适用于新的(预期中的?)投资；已经投放于厂房设备中的资本产生的不是利息，而是准地租(《原理》第 605—606 页)。

② 就马歇尔的学说而言，其犹豫不决与模糊不清已由 F. A. 费特作了无情的分析，见《旧地租概念的消逝》，载于《经济学季刊》，1901 年 5 月。我们可以使费特教授的论证一般化，以适用于许许多多经济学家。

量上的差异。如果这样解释,则地租进入不进入产品的价格,就完全和工资一样了。事实上,这个意义上的地租和工资是类似的现象。两者之间纯经济上的差别主要是:任何自然要素的总供给量,在许多情况下,可以看作是固定的,因而对其价格的变动不会作出反应,而劳动的总供给量对其价格的变动反应更小。但是这个差别不会影响所涉及的解释原则,该原则对两者仍同样有效。而且,这种差别同把某种可用于一种以上用途的自然要素的可用供给量分配给某种特殊用途无关。[①]当土地也可用于生产棉花时,有多少土地,按每单位多少地租用于生产蔗糖,这仅仅是机会成本问题。

不过,由奥地利学派和瓦尔拉提倡的这种理论,虽然简明实用,但并没有像我们想象的那样被立即或普遍地接受。之所以出现这种情况以及"李嘉图派"的地租理论之所以仍然存在,是由于以下两个原因。[②]一方面,许多经济学家在感情上不能接受这样的理论,这种理论似乎同等看待地主的"不劳而获的收入"和工人的血汗报酬,这种感情是毫无道理的,因为该理论丝毫不妨碍经济学家随心所欲地依据道德方面的或政治方面的原因来区分地主的收入和工人的工资。[③]但这种感情是有作用的,它有利于"李嘉图派"理论的存在,因为"李嘉图派"的理论似乎——虽然实际上并非如

① 也许没有必要说明如何处理只有一种用途的自然要素的情况,也没有必要说明如何处理具有类似困难的情况(例如葡萄园同时也可当作牧羊的草场)。

② 马克思和洛贝尔图斯的地租理论并没有因为许多经济学家不喜欢边际生产力理论而得到多少好处,虽然前者仍存在于马克思主义正统派的圈子内。L.冯·博特基威切几乎没有必要对这两者进行毁灭性的批判,来使经济学家相信它们确实是有缺陷的,参看他的论文《洛贝尔图斯的地租理论和马克思的绝对地租学说》,收入《社会主义和工人运动历史文献集》,1910—1911年。这里之所以要提一下这篇论文,是因为它是已经完全过时的一类理论著作的极好范例。

③ 例如,尽管瓦尔拉支持生产力地租理论,但他却是个坚定的土地改革者。

此——非常有助于对土地地租作相反的价值判断。另一方面,我们知道,在我们考察的整个时期内,"古典"学说在许多经济学家的思想中仍占有牢固的地位。在这些学说中,没有一个比"李嘉图派的"地租理论传播得更广泛或享有更高的声誉。而且,同"古典"分析的其他部分相比,为它辩护比较容易,因为如果表述得好,该理论并没有明显的错误之处。门格尔对该理论的批判(《原理》第144—145 页)虽然言之成理,但也仅仅是等于说对如此重要的一类现象有必要建立一单独的理论工具,这种必要性本身证明了"古典"分析是有缺陷的。[①] 所以,辩护者处于比较有利的地位。最杰出的辩护者是 A. 马歇尔,他竭尽全力为李嘉图作最后的辩护。[②]

无论如何,"李嘉图派"的理论一直是讨论的中心,一直吸引着甚至其反对者的注意力。并不是所有反对者都来自边际生产力阵营。当一般价格分析获得了极大改进时,垄断地租理论便不可避免地衰落了,但它并未完全消失。[③] 虽然也尝试了其他分析方法,

① 换句话说,这种批判只是意味着,对于杰文斯—门格尔—瓦尔拉的分析而言,李嘉图的理论是多余的。而事实也是这样(参看上面第三编第六章第 6 节,关于地租理论在李嘉图派体系中所起的作用)。更直率地说,"革命者"能够把李嘉图《政治经济学及赋税原理》的整个第二章删去,而只保留第二段的第一句话。

② 马歇尔在这方面作了冗长论述,尽管(暂且不谈其他有关的一切)他对分配理论的精彩概述不容置疑地表明,他已接受了边际生产力地租理论。在这种情况下,马歇尔派也许会原谅某些读者在阅读那一冗长论述时可能产生的厌烦情绪。但马歇尔拒绝承认自己已同李嘉图的一般理论决裂了,反而例如抨击杰文斯(他实际上对"李嘉图派的"地租理论是特别温和的),说他主张"地租进入价格"(《原理》,第 483 页注释),好像在杰文斯的意义上,该命题肯定是错误似的。读者可以很容易地证明——这实际上是个很好的练习——事实并非如此。经过马歇尔修正的表述(引号内的话)虽然没有什么错误之处,但也没有推翻受到抨击的杰文斯派的命题。况且,J. S. 穆勒早就预见到了杰文斯派的命题,只是没有预见到其重要性而已。

③ F. 奥本海默的著作《李嘉图的地租理论》(1909 年,第 2 版,1927 年)可以作为一个例子。

但没有一个很成功。①

第二,由于很难在自然要素和非自然要素之间划一逻辑上站得住脚的界线,换句话说,也就是人们很难就自然要素的规定性特征取得一致意见,因而上述地租概念便很自然地有所延伸。例如,马歇尔违背其原来对地租所下的定义(得自占有土地和其他自然赠与的收入,《原理》第150页),否认矿山使用费是地租。②而给其他作家留下较深印象的则是矿山使用费和地租的相似性。但马歇尔丝毫不反对将地租概念从农村土地延伸——如果这也能称为延伸的话——至城市土地。③不过,远比这重要的是,他非常恰当地创造了准地租这个概念,所谓准地租就是"从人类已经制造出来的生产工具中获得的收入",这意味着承认了以下两个对新利息理论具有特殊重要意义的事实。一个事实是,支付给资本货物的服务的价格非常类似于支付给自然要素的服务的价格;另一个事实是,这种类似特别适用于短期,其适用性随着所讨论的问题涉及的时间不断延长而递减。④

① 例如参看阿希尔·洛里亚的著作《地租……》(1880年)。

② 而且他这样做所依据的理由是站不住脚的,他的理由是,矿山使用费进入所开采的矿石的价格,其意义不同于农业土地的地租进入农产品的价格。

③ 并参看埃奇沃思有关这个题目的著作(再版于他的《论文集》第1卷)及维塞尔的《城市地租理论》(1909年)。后者读起来似乎是李嘉图农业地租理论的应用,只不过李嘉图的边际土地被"边缘"城市土地代替了,这种土地用于建造房屋所产生的地租,并不高于用于最有利的农业用途所产生的地租。

④ 当然,在准地租与地租本身之间并没有明显的分界线。如果我们假定地主的收入大部分也是准地租,则我们可以说,在任何特定时刻,资本家的(马克思意义上的)收入大部分也是准地租。同样,在准地租与工资之间也没有明显的分界线。医生的收入部分是准地租,却通常归入工资一类。一块由所有者自己耕种的土地所产生的地租或准地租,至少部分具有工资的性质。略微思考一下就会明白,这并不仅仅是在玩弄概念游戏。

另一类延伸是直接从李嘉图那里产生的。一个人如果仍然认为李嘉图强调“级差地租”是有意义的,那他就会像贝利那样,发现这种差别不仅仅限于土地。前面曾提到,①穆勒、曼戈尔特和瓦尔克尔把企业家利得解释为差别能力地租(rents of differential ability)。马歇尔为后一概念提出了一般性的例证,可是我认为,这只是暴露了这一概念的空洞。②同样,一个人如果染上了李嘉图的习惯,喜欢从物质上的“土地报酬递减规律”推演出地租,那他可以很容易地发现,只要将某一生产要素的数量予以固定,而将其他要素应用于这种数量固定的要素,便普遍存在地租现象:③这等于使李嘉图派的报酬递减一般化来使李嘉图的地租概念一般化。如果数量固定的要素是厂房设备——厂房设备在短期内确实可看作是固定的——那么在达到某一点以后,我们便可看到,随着在短期内数量可以变动的那些要素的“剂量”不断增加,厂房设备的物质报酬将递减,所以,马歇尔派的准地租酷似“李嘉图派的”土地地

① 〔关于贝利,参看上面第三编第四章第3c节;关于把企业家利得解释为差别能力地租,参看上面第2b节。〕

② 《原理》第六编第五章第7节及第八章第8节。正文中的说法,需要谨防两点误解。第一,不要以为我的话是针对刚刚引述的两段话的全部内容而说的,这两段话含有许多深刻的见解。第二,不要以为我的话意味着否认人类在“天生”能力方面存在巨大差异的重要性——相反,我认为这种差异对经济学和社会学的分析具有极为重要的意义。我的意思仅仅是,地租理论丝毫无助于我们理解超常能力的作用,把这种能力产生的收益叫作地租也没有任何好处,而只是使我们能够证明——这正是贝利的用意——不同土地的不同肥沃程度,在自然要素所有权的收入理论中,也完全是多余的。

③ 让我们再说一遍,J. B. 克拉克正是采用这种方法,找到了通向边际生产力分配理论的道路。这一点至少可以很自然地从他的《由地租法则决定的分配》一文中推断出来,该文载于《经济学季刊》1891年4月。但是为了沿着这条路走下去,他必须与李嘉图分道扬镳,因为对李嘉图的学说而言,至关重要的一点是,坚持地租是土地要素特有的现象。

租。①

第三，②对具有政策头脑的经济学家来说，“李嘉图派”地租理论最吸引人的方面，是剩余（Surplus）或余额（Residual）这类词给人的启示。严格说来，在杰文斯—门格尔—瓦尔拉的分析中，这两个词应用于自然要素的地租时，已丧失了其意义，因为他们的分析已无需将地租解释为特殊的“剩余物”，而能够根据解释其他种类的收入所依据的基本原理来直接解释它。但经济学家很快就发现，他们仍可以保留地租的剩余面。地租可以解释为支付给生产要素的服务的报酬，但要引起相应的服务，并非必须支付这种报酬，虽然对于资本货物和劳动的服务来说，必须支付这种报酬——这一事实对福利经济学方面的问题和税收方面的问题似乎是重要的。马歇尔把重点移向了地租的这种剩余面，首先提出，自然要素的服务是“无成本的”，意即为了得到自然要素的服务，社会无需负担“实际成本”（即劳动与储蓄的负效用）。③ 但是如果我们仔细分析

① 更准确地说，马歇尔派的准地租酷似李嘉图派地租的所谓第二种情形。所谓第二种情形不是指把资本和劳动投放在愈来愈贫瘠的或愈来愈远的土地上，而是指连续不断地把资本和劳动投放在同一块土地上。不过，应该注意，准地租概念的真正重要意义与这种相似性是完全无关的。

② 我不打算在这里讨论“心理地租”，这种地租产生于边际效用递减“规律”或边际负效用递增“规律”。心理地租中的一种是消费者地租，后面（第七章第 6 节和附录）将讨论这种地租。另外，我们也可以说有储蓄者地租，如果我们愿意，我们可以从以下事实中推导出这种地租，即储蓄者的行为可以用再多储蓄或消费一元钱资源所带来的利益在边际上相等来描述，因而边际内的钱具有剩余利益；还可以说有劳动者地租（即马歇尔的生产者地租），同储蓄者地租一样，劳动者地租产生于再多一小时闲暇或工作所带来的利益在边际上保持平衡，这意味着边际内的工作小时具有剩余利益。这些概念妥当不妥当是一个问题，有没有价值则完全是另一个问题。不管怎么说，一定不要把这些地租混同于那些与物质报酬“规律”相联系的地租。

③ 读者应注意到，这不同于说支付给这种服务的报酬不“进入产品的价格”。

地租的这种不劳而获的剩余面，则可发现两件事。

第一，正如我们以前从另一观点所发现的那样，我们发现，解释为一种“剩余”的地租并不比解释为生产力所得的地租更多地局限在自然要素范围之内。类似的剩余，即超过引起货物与劳务的相应供给所必需的报酬的差额，分布在整个经济有机体之上。许多劳动者，不单单是电影明星，所得到的收入远远超过诱使他们从事他们实际所做的工作所必需的数额，在许多情况下，如果减少每单位服务的报酬，他们反而会提供更多的服务。即使我们尽可能地根据完全竞争假说进行分析，只要不荒谬地脱离事实，就仍会有许多或长或短的有利形势，使人可以赚得这种剩余。在垄断竞争的条件下，更不用说完全的垄断了，[①]这种有利形势必然更常出现。最后，还有产生于以下有利形势的收益，这种有利形势是“共谋”(人为制造的稀缺)或*特定的*[②]制度形式所造成的。我们的时代已表现出这样一种趋势，即把所有这样的剩余都列在地租这个标题之下。虽然得自自然要素所有权的收入也包括在内，但这种

① 读者还应注意到，把垄断收益归入这种剩余之列和把土地地租解释为垄断收益这两者之间具有本质上的区别：两者没有任何关系。但读者认识到这一点也许有困难，无论困难是大还是小，都证明不宜于把这种剩余称为地租。这实际上是不必要的混淆的典型例子，之所以会出现不必要的混淆，只是因为人们偏爱像地租这样已具有贬义的词语。假如不是由于这个原因，则人们很容易看出，“剩余”已做了所有需要做的事情，“地租”这个词在这里是多余的。

② 我强调“特定的”这个词，是想表达这样的意思，即如果某一经济学家仅仅提及资本主义社会的一般制度，例如私有财产制度，那多半是表明他无法解释某种报酬，而不是表明他能够提供解释。正是由于这一原因，使某类批评者感到很不愉快的是，各个时代合格的经济学家总是瞧不起那些不加批判地使用制度地租(Institutional Rent)一词的著作。当然，在特定制度因素的存在及运行方式能被充分证实的地方，情况是不同的。保护关税(包括某些州采取的、实际上等于保护关税的措施)、最近劳动立法的某些特征等等都是例证。

收入只是这个意义上的地租的特例，其理论与我们在这一分节的第一部分所讨论的地租理论几乎没有共同之处。

不过，第二，我们也发现，上述剩余的一部分可以分成两类，这两类之间在分析上有重要的差别。让我们来看这样一种自然要素，它是完全同质的，完全可分的，而且在它可以被利用的各种用途（工业）之间是完全可以转移的。让我们假定存在着完全竞争。于是每种用途便受我们所谓的机会成本支配。因而该要素的使用者必须按该要素提供的服务对使用者具有的全部价值支付报酬，在这种情况下，使用该要素便不产生任何剩余。① 而该要素的所有者从各类使用者那里得到的报酬也就会相等。他们得不到超过机会成本的剩余，虽然他们收入的总额在另一种意义上也许是超过马歇尔派实际成本的剩余。② 在另一类情况下，则不是这样。我想没有必要来举例说明，生产要素（不管它们是不是自然要素）的所有者都能赚得超过机会成本的剩余利得："把储蓄转变为"某些类型的资本货物在技术上存在的困难，足以为资本货物的所有者创造超过机会成本的利得，这种利得同时也是超过实际成本的利得。至少在短期内，即使竞争不受任何阻碍，也不足以消除这种利得。③ 一种剩余利得既超过实际成本又超过机会成本，另一种

① 如果边际内的"剩余"被支付给其他要素的报酬所吸收，那这就不适用于边际数量。〔熊彼特对这个注释及其适用的句子曾表示怀疑。〕

② 这个但书足以打消任何利用机会成本来作辩护的念头。

③ 这句话系受帕累托的《政治经济学讲义》中一段话的启发而写出来的（第二卷，第 745 节及该节后面的各节）。帕累托对旧地租概念的这种一般化（这种一般化在我们时代的英美文献中是很常见的）所作出的贡献，还是值得一提的，虽然人们尽可以怀疑由此而完成的分析上的进步。这并不是因为帕累托派的地租理论所考察的事实不重要。但我认为没有必要把它们移植到与此完全不同的、已由边际生产力理论圆满描述的事实上去。不过，还是请参阅一下帕累托的一个门徒 G. 森西尼教授的著作：《La teoria della'rendita'》（1912 年）。

剩余利得只超过实际成本而不超过机会成本,这两者之间具有重要差别,应引起读者的注意,特别是因为前者在资源分配过程中不起重要作用,而后者则起重要作用。①

(c) 工资。在十九世纪八十年代和九十年代,朗菲尔德和杜能的旧边际生产力工资理论是新鲜事物,在该时期剩下的日子及以后的日子里,至少主要的理论家接受了这一理论。庞巴维克对该理论的修正是:在完全均衡和完全竞争的条件下,实际工资率应该等于"劳动的贴现边际产品",而不是等于"劳动的边际产品",1910 年以后,这一修正在美国得到了某些人的赞成,这主要是由于具有权威地位的陶西格对其投了赞成票。② 对于边际生产力分

① 特别参看琼·罗宾逊:《不完全竞争经济学》(1933 年),第八章。我们可以把罗宾逊夫人看作是我们粗略谈到的"新"地租理论的首要权威。关于本小节的主题,可以加上以下四份参考文献,使感兴趣的读者得以填补我们这个概述的许多缺漏之处:A. S. 约翰逊《现代经济理论中的地租》,载于《美国经济协会出版物》,第三辑,Ⅲ,1902 年 11 月;B. 萨姆森诺夫:《地租通论提要》(1912 年);有关土地地租的论文,特别参看 F. X. 韦斯:《效用体系中的地租》,载于《当代经济理论》(第 3 版,汉斯·迈耶,1928—1932 年);格哈特·奥特:《以新研究方法分析差额收益》(1930 年),该书澄清了许多模糊不清的地方,并附带证实了差额地租概念的空洞,由于作者是在无意中证实这一点的,反而显得特别有力量。

② 庞巴维克对工资理论的修正,正像他对地租理论的修正那样,仅仅是其利息理论的一个结果。因此,由同时性得出的论点究竟在多大程度上使庞巴维克的修正失去了效力,并不是孤立的问题:一旦我们回答了利息方面的问题,也就回答了这个问题。但这里还有另外一个问题,即应该在多大程度上把庞巴维克的(和陶西格的)工资理论看作是工资基金理论的复兴?固然,我们可以把两者说得极为相似(陶西格是倾向于这样做的),而且可以在很大程度上根据李嘉图、麦卡洛克和 J. S. 穆勒的观点来解释它,使他们成为庞巴维克工资理论的"前驱者"。但总的说来,我倾向于认为,这会模糊而不是清晰地显现学说发展的基本轮廓。在庞巴维克的结构中,"资本"起着与工资极为不同的作用,它与工资基金理论家未看到的许多因素共同起作用,因而虽然在庞巴维克工资理论与工资基金理论之间确实存在着微弱的亲缘关系,但如果一味强调这种亲缘关系,则非但不会给人以启发,反而会把问题搅混。总之,如果我们认为把杰文斯和雷氏称为其前驱者还不够,那么我们就应该强调其与西尼尔和马克思的亲缘关系,而不是强调其与严格意义上的工资基金理论家的亲缘关系。

析流行以前的各种类型的工资理论，我们无需多加讨论，这部分是因为它们大都算不了什么，部分是因为我们对它们已经有了起码的了解。① 因此，我们只要回忆以下两点便够了，一点是，这些工资理论家大都拒绝承认工资基金理论——其中有些人错误地认为他们因此而为劳工赢得了一份，另一点是，他们实际上一致认为，工资不是从资本中支付的，而是从消费者的所得中支付的（乔治、瓦尔克尔、西奇威克、布伦坦诺和其他许多人）。虽然如我们所知该

① 我们在第三编（参看第六章，第 6 节）论述这一问题时曾说明，有关工资基金的争论一直延伸到我们现在考察的时期。关于马克思主义的工资理论，参看第三编，第六章，第 2 节和第 6 节。解释工资时利用讨价还价力量因素，当然同解释"利润"时利用讨价还价力量因素是一致的。虽然边际生产力理论家以外的工资理论家不时也提出了一些有价值的论点（例如他们仔细考察了工资及工作时间和工人所完成的工作这两者之间的关系；参看 L. 布伦坦诺的颇有影响的著作，英译本的书名是《工作时间和工资与生产的关系》，1894 年），但他们大都仍在讨论"古典学派的"问题。不过，有两本美国人写的著作水平比较高。一本是 F. A. 瓦尔克尔的《工资问题》（1876 年），该书阐述了"剩余请求"理论。固然，该理论并不是什么新东西，实际上西尼尔在他之前就已提了出来（《大纲》，第 185 页及以下各页）。但是，瓦尔克尔完成了该理论，并在其流行一时的教科书中宣传了它。该理论最好是同李嘉图的理论相对照来加以说明。我们知道，李嘉图先是把地租从价格问题中排除出去，只剩下"利润"加工资。然后他单独确定工资（使其仅仅能维持最低生活的需要），而把利润留下来作为剩余（的确，我们可以把节欲理论归功于他，但我们现在还不想这样做）。同样，瓦尔克尔单独确定其他因素在分配中所占的份额，而把工资留下作为剩余。反对者（例如陶西格）指出，这不符合现代工资契约的实际情况。但是，具有决定意义的理论上的反对理由是在该理论所涉及的方法论方面，即该理论试图单独确定一由相互关联的因素组成的体系中的因素。

另一本著作是 F. W. 陶西格的《工资与资本》（1896 年，伦敦学院于 1932 年重印）。之所以要在这里提到该著作，而不把它列入美国作家对边际生产力理论的贡献中，是因为该书作者在 1896 年尚未接受边际生产力理论。实际上，就这本书而言，陶西格甚至没有谈到边际生产力理论，在书中连杜能的名字都没提。该书之所以在分析史上享有重要地位，是由于陶西格在很大程度上开创性地试图把庞巴维克的学说移植到"古典学派的"体系上。但提请读者注意该书还有另外一个原因，即该书是一部能充分说明一种已经完全不时兴的理论推理方式的杰作。仔细读一读这本书，读者除了能学到许多东西外，还可以了解这种推理方式在其最盛行的时期是什么样子。

论点产生于对工资基金理论的误解,但应该指出,该论点虽然不是有意地但事实上却为边际生产力理论的建立铺平了道路。

让我们暂且撇开所有次要之点,而粗略地看一下这种分析应用于工资问题时所取得的成功进展。首先必须提到的是杰文斯在其《政治经济学理论》一书具有辉煌创造性的第五章中所作的陈述。[①]门格尔的表述虽然不全面,但丝毫也不逊色于杰文斯的表述。瓦尔拉的早期表述在某种程度上被以下事实损害了,即他的不变的生产系数和维塞尔的生产系数一样,排除了考虑劳动和其他生产要素之间在每一企业内相互替代关系的可能性。马歇尔在英国首先用边际生产力理论分析了工资,其分析的完善程度超过了他原来的设想。但我们也不应忘记埃奇沃思的各种贡献(特别参看他 1904 年发表的论文):《分配理论》,重印于《政治经济学论文集》第一卷。特别是,埃奇沃思利用这种新理论讨论了工资决定的特殊情况。他的另一特别突出的贡献是,他借助于国际价值理论来阐述雇主与雇工之间的关系——把他们比作彼此进行贸易的不同国家——或非竞争性工人集团之间的关系。随后,威克斯蒂德,特别是维克塞尔极大地改进了奥地利学派的理论。

边际生产力理论在美国的发展基本上与它在欧洲的发展无关。该理论很现成地从斯图尔特·伍德的头脑中产生了出来。伍德的边际生产率理论很先进,充分考虑到了生产要素间的替代关系,“与现代边际替代率概念非常接近”。他的两篇关于这个问题的论文奠定了他在分析经济学历史上的地位:[②]一篇的标题为《对

① 不过,应该指出,他的陈述没有为劳动的边际产品引入任何时间折扣。

② 施蒂格勒教授对伍德的功绩作了恰如其分的评价(《斯图尔特·伍德和边际生产力理论》,载于《经济学季刊》,1947 年 8 月),上面引号内的话即引自他的著作。

工资理论的新看法》(载于《经济学季刊》,1888 年 10 月和 1889 年 7 月),另一篇的标题为《工资理论》(载于《美国经济协会出版物》,第四卷,1889 年)。与伍德的第二篇论文一道(即在同一卷《美国经济协会出版物》中),J. B. 克拉克也发表了自己的边际生产力工资理论,他的论文的标题是《发现科学的工资规律的可能性》。1892 年,H. M. 汤普森的《工资理论》发表了。陶西格于是加入到这些“边际主义者”的行列中,把庞巴维克的修正引入了美国的工资理论(《工资理论纲要》,载于《美国经济协会学报》,1910 年 4 月)。

至于其他著作,我只提以下三本当代的权威性著作,这三本著作都是以当时的边际生产力理论为依据写成的。第一本是 P. H. 道格拉斯的《工资理论》(1934 年),该书还将作为计量经济学方面最富于探索精神的一本书再次提到。第二本——它的伟大价值由于作者未能十分恰当地运用理论工具而受到了某种损害——是 J. W. F. 罗的《实践中的工资和理论中的工资》(1928 年)。第三本是 J. R. 希克斯的《工资理论》(1932 年),就理论而言,该书是马歇尔派在该领域内最重要的成就。这些踏脚石将把读者带到凯恩斯派论战的源头。

因为有关边际生产力的一些较为微妙的问题需留待下一章讨论,所以上面的叙述实际上就是眼下所要说的一切(不过请参阅下面论述劳动经济学的小节)。但由于人们至今仍对特别应用于工资的边际生产力分析的性质和价值仍存在着许多误解,因而读者也许会根据具体情况原谅或欢迎以下解释性的评论,尽管其中有些评论同上文有重复。

第一,让我们回忆一下上面谈到的朗菲尔德及杜能的边际生产力和杰文斯及门格尔的边际生产力之间的区别。朗菲尔德和杜能的概念被斯图尔特·伍德所复活,是当今普遍采用的概念。现在的教科书只是说,在完全均衡和完全竞争的条件下,每一种劳动的货币工资率,等于所使用的劳动的"最后"增量所产生的产品的物质边际增量(劳动的边际产品)乘以该产品的均衡价格。但对于杰文斯和门格尔,还有马歇尔来说,这并不是基本的概念。他们的基本概念是个别消费者从产品的增量中所体验到的满足的增量。[①]只有采用这个概念的理论才是真正的归属性的工资理论,这种理论实际上应该与不采用这个概念的简单的边际生产力理论区别开来。但两者自然会产生同样的结果,而且,如果我们不去注意杰文斯和门格尔所相信的归属理论所显示出来的"更深一层的含义",我们不采用那个概念也可以为竞争性的工资率推演出通常的公式。[②]在许多重要的实用工资理论中,甚至不需要这个通常的公式,而可以简单地把工资率的决定看作是受供给和需求的支配。而这就是为什么现在要把弗莱明·詹金加进现代工资理论建立者

① 如果用 Ui 表示消费者 i 的总满足程度,用 Xj 表示消费者所消费的商品 j 数量,用 L 表示生产该商品所消耗的劳动,则上述概念可表示为 $\frac{\delta U_i}{\delta xj} \quad \frac{\delta xi}{\delta L}$。如果去掉偏数(partials),这便是杰文斯的表达式,该式子也曾在马歇尔的《原理》中出现。应再次着重指出的是,这里所涉及的边际效用和边际物质产品是个人的边际效用和个别企业的边际产品。没有社会评价的问题来增加我们的麻烦,虽然维塞尔和克拉克的阐述似乎涉及社会评价问题。我们也不必讨论像边际社会产品那样的东西。固然,皮古教授引入了这个概念,作为其福利经济学的一个工具,而且埃奇沃思教授也讨论过这一概念(参看他的论文:《经过修正的边际社会产品学说》,载于《经济杂志》,1925 年 3 月)。但这是为了特殊目的所提出的特殊概念,在我们现在讨论的解释性的工资理论中没有它的地位。

② 当然,这个通常的公式(边际物质产品乘均衡价格)只适用于所有生产要素市场和产品市场均享有纯粹的或完全的竞争的场合,而不适用于任何其他场合。参看下面第七章。

的名单的原因(第三编第六章第 6f 节)。他只使用简单的供求工具——认为该工具后面的一切都是不说自明的——却能够得到一些重要结论,例如能够预料到工会可能采取哪些政策。但是应立即指出他的重大成就有一很大缺陷,特别是因为这一缺陷传给了马歇尔派的工资分析。使用简单的供求工具的分析,实质上是"部分分析",也就是说,这种分析把决定供求表的因素看作是单独给定的。我们将看到,整个说来,就经济体系中像劳动这样重要的因素而言,是不容许这样做的。为了说明这一点,让我们看一下其最明显的实际含义。如果需求表和供给表是给定的,也就是说,即使工资率变动,需求表和供给表也不变动,那么我们一般将有一单一的均衡工资率,只要该工资率上升,就会创造(或增加)失业。事实上,这个时期的所有经济学家都会同意后一命题,即使工资率普遍上升,亦复如此。①

第二,回想一下前面所说的边际生产力理论的实质,让我们提出这样的问题,即这个理论究竟在多大程度上为工资率提供了"因果"解释。一方面,很清楚,为了使这个理论能够解释我们在某时某地观察到的某一工资水平,必须将该时该地的特定事实输入该理论;在这种情况下,便是这些事实,例如补充因素的可用数量,而不是生产力的边际,可称为那一工资率的真正的或最终的原因。另一方面,同样清楚的是,工资率作为一相依数量体系中的因素,

---

① 对于这种理论,庞巴维克派有以下独特的表达方式,即:如果在均衡状态下强行使经济体系的工资率上升,则另一种较长的生产"时期"将变得非常有利可图;然而,如果采用这种较长的生产时期,则现存的生活基金便只能供较少的工人使用,因而其余的工人便会失业。请注意,这个论点要比单纯的供求论点强得多;同时也请注意,该论点只适用于强迫性的工资增长,而不适用于生活基金增加所导致的工资增长。

是与所有其他因素同时决定的，因而就是在纯理论中——也就是说，暂且不管任何特殊事例的实际情况——也不能说工资率取决于生产力的边际，即不能把生产力的边际看作是终极原因。然而，当马歇尔说工资率是*在*边际*上*决定的而不是*被*边际所决定的时候，他实际上就是主张生产力的边际是终极原因。但这个论点完全类似于马歇尔关于边际效用——关于在一个碗里三个挨在一起的球——的论点，因而可以对它作类似的回答。① 不管怎么说，该论点并没有把边际生产力理论的价值降低为解决工资问题的一个工具。②

第三，当然，谁要是想把劳动边际生产力当作解释性原则，当作解决工资问题的一个工具，谁就必须理解它，必须获得有关它的一些经验。如果他不能满足这些条件，困难就会向他涌来，出于人的本性，他会把这些困难转变为反对的理由，特别是如果他怀疑有辩护的陷阱，③从一开始就不喜欢这个理论的话。但是在我们所讨论的这一时期内，人们却有理由不喜欢这个理论。这个理论不仅没有——例如像在希克斯的《工资理论》(1932 年)中那样——以显示其有用性的方式发展，而且在许多情况下还被表述得错误百出。一些经济学家甚至分不清劳动的边际产品和边际(效率最

① 作为一个有益的练习，具体的回答留待读者去完成。

② 例如参看皮古在《财富与福利》(1912 年)一书中有关最低工资问题的论述。

③ 我想，没有必要再深入讨论这一点了。不过，我也许应加上一句：绝大多数为货币工资率的提高而辩护或反对降低货币工资率的经济学家，都不怕承认这个理论的正确性。因为一般说来，他们的论点所依据的论据与边际生产力理论没有任何关系。一旦人们清楚地理解了该理论在每一个别事例中的具体含义，就不会有人再支持真正与该理论相抵触的论点了。再者，只有对于完全均衡和完全竞争条件下的工资率，才能使用边际生产力理论，这一事实本身足以表明，该理论留下了辽阔的未开垦的土地。

低的)劳动的产品之间的区别。另一些经济学家则似乎认为,如果工资收入的增加或工作时间的减少可以提高劳动效率,则边际生产力工资理论就会不攻自破。①

第四,由于这个缘故,我们发现,许多劳动问题人们仍用"古典学派"使用的工具来处理。特别是对机器问题是如此。当时机器问题受到人们充分的注意,但对这一问题的分析却很少超过赞成或反对"补偿理论"的旧论点。尽管如此,有关技术性失业的这种讨论却为凯恩斯学派的指控提供了一个答案。凯恩斯学派认为那个时期的理论家,除了"摩擦性"失业外,不知道还有其他的失业。就任何个别的机械化行为而言,尽管技术性失业实质上是暂时性的,但通过不断的再创造,它显然可以变为一种永久性的现象。②有关完全均衡和完全竞争条件下的充分就业的纯理论问题,将在下一章讨论,对于前面有关劳动供给问题的论述,也没有什么可补充的了。

6. 实用领域的贡献*

我们已一再指出,这个时期的经济学家或这个时期的大多数

① 尽管有马歇尔的阐述,但甚至到这个时期结束时,替代理论仍远非是人人皆知的理论。由于这一原因,尽管查尔斯·J.希洛克的《生产力变动》一文有各种缺陷,但仍应该把它看作是一重大贡献而记录下来。

② 当然,我们可以根据自己的意愿把摩擦性失业这一概念定义得极为宽泛,让它包括技术性失业以及可以辨认出来的其他类型的失业——所谓其他类型的失业,主要是竞争不完全造成的失业;货币金融方面的原因造成的失业;以及经济波动造成的失业,而不管经济波动是由什么原因引起的。不过,这样一来,凯恩斯派的指控便失去了其力量,因为如果这样定义,摩擦对所观察到的失业事实便显然不再是不适当的解释了。特别是,这个指控不应该指向皮古的《失业论》(1933年)。关于这个时期的情况,请特别参看W.H.贝弗里奇的《论失业》(1909年)。

* 〔下面一节熊彼特临终时没有完稿,也没有打字。〕

经济学家,开始以新的态度对待经济政策问题或许多经济政策问题。在本节内,我们将不再详细讨论这一事实,而将探寻由于他们专心研究实际问题而对分析作出的贡献。在所有情况下,专心研究实际问题主要是通过增加对事实的了解来增进科学知识的。分析工具方面的进步,虽然并非一点没有,但却远远小于本来应该取得的进步。我们将简略考察较有前途的领域(除将在第八章中考察的货币与循环外)。

但我们将不考察商业经济学(商业管理,私人经济学)领域内的发展,其中包括会计学和"保险统计学"。从一开始我们就一直强调,把商业经济学和一般经济学分开来的唯一原因是,绝大多数经济学家认为自己只应关心国家事务,所以他们往往认为家庭和企业的具体经济生活在他们的研究范围之外,或许还稍稍低于他们的研究范围。实际上,一旦经济学家超出有关个人行为的最幼稚的假设,家庭和企业的经济生活便会成为他研究的基本资料,因而商业经济学与一般经济学之间的合作对两者都是极为必要的。但在我们考察的这一时期内,两者之间的合作却如此之少,以至我们能够做的,只是列出商业经济学家在研究商业惯例方面所取得的成果,而这些成果丝毫未能给一般经济学家以启发,正如经济理论的发展丝毫未能给商业经济学家以启发那样。[①] 不过,让我们指出,马歇尔通过广泛研究商人的行为,率先把商业经济学和一般经济学的主要部分结合在了一起;欧文・费雪则(在《资本与收入》

① 最能说明这种状况的事实是,经济理论中的某些命题(例如关于平均成本递增和递减的命题)实际上是由商业经济学家独自"发现的"。

中)第一个协调了经济学家和会计人员的工作。①

(a) 国际贸易。〔只有标题,本节未写。〕

(b) 财政学。〔未写完。〕从第二章关于这个题目的论述,我们可以回想到,该时期显然是我所谓的财政宽裕的时期——这一方面是财富增加和环境较为和平的结果,另一方面是中产阶级影响公共支出和税收的结果。因而经济活动所受的压力很轻——轻得可以把它从对经济过程的决定因素的一般分析中排除出去。前面还指出,该时期快结束时,在政治方面出现了一种新的潮流,这种新潮流在经济学家的著作中也有所表现。诸如马歇尔这样的大学术权威不仅开始赞成当时认为过高的直接税——包括遗产税在内——而且还开始甘冒违反格拉德斯通派财政精神的大罪,而拥护这样一种政策,即征税不仅是为了获得财政收入,而且是为了改变("纠正")收入分配状况。德国的阿道夫·瓦格纳和英国的A. C. 皮古都可作为鼓吹这种政策的例子。反对这种政策的人则认为,高额累进税制会对勤奋努力和资本形成产生有害的影响,通俗些说就是,高额累进税制无异于杀鸡取蛋。出现这种论点是很自然的,由于几乎所有有地位的经济学家都赞成储蓄,出现这种论点就显得更加自然了。

更多的分析努力被用在了必将得益于新理论的两个古老论题上。一个是"正义"。伦理要求当然是随时代而变化的,"按能力纳税的原则"和"社会税收理论"——其中包括特种特权税,这个词的

① 应当立即提到的一个稍晚的但很重要的反应是 J. B. 坎宁教授的《会计经济学》(1929 年)。

含义日趋扩大——开始获得了信仰者。[①]但我讨论的并不是这些和另一些正义原则本身,而是由于鼓吹这些原则所取得的真正的分析上的成就。提出正义原则可以是,也可以不是经济学家的事,但分析这些原则的含义,从而合理地说明它们却无疑是经济学家的事。这方面究竟有多少事情要去做,可以从以下事实看出来,即当时许多经济学家对均等的、按比例的、最低限度的牺牲等这样一些概念的含义糊里糊涂。有些经济学家认为(我认为最先犯这个错误的是穆勒),均等的牺牲就是最低限度的牺牲;另一些经济学家则认为,只要所得边际效用递减"法则"起作用,就可以根据均等牺牲原理推出累进税制。[②]这类问题以及其他一些问题,已被一些作家澄清了,我特别要提到埃奇沃思、巴罗尼和皮古等人的卓越贡献。[③]

① E. R. A. 塞利格曼的《理论上的和实践中的累进税制》(第2版,1908年)一书足以代表所有国家的一大批文献。但是,我还要提到维克塞尔的博士论文《财政理论研究》(1896年),这一方面是由于显赫的名声,另一方面是由于是他第一个想到了应使租税具有半自愿性质。这篇论文中的一些思想已被E. 林达尔发展了,参看他的《税制中的正义》(1919年)。

② 如果所得的边际效用下降率大于丹尼尔伯诺里的假设所提示的比率(见前面第二编第六章第3b节),则情况确实如此。如果下降率比较小,那么根据效用均等牺牲的原理,较高的所得就应比较低的所得缴付较低比率的所得税(虽然绝对数额肯定较大)。

③ F. Y. 埃奇沃思关于税收问题的论文,重印于《政治经济学论文集》(1925年)第2卷中,其中有一篇论文具有十分重要的意义。埃奇沃思论述税收问题的方法与论述其他问题的方法是一样的,请允许我把它称之为拣选葡萄干式的方法,例如他提出了这样一些命题:如果对两种相关商品中的一种征税,则两种商品的价格都会下跌;如果对两者都征税,则会使其中一种商品的生产者获得净利益。由于他采用了这种论述方法,我们便很难窥见其理论体系的全貌,而实际上正是他的整个理论体系才是该时期、该领域的最高成就。E. 巴罗尼的《财政经济研究》,是一篇比埃奇沃思的论述更为全面的论文,载于《经济学家杂志》,1912年4—5月,6月和7—8月。这篇论文分为三部分,各自独立成篇,其观点新颖独创,且具有很大的说服力。A. C. 皮古的各种贡献最终反映在其《财政研究》(1928年)一书中。

另一个论题是转嫁与归宿。〔该小节没有写完。〕

(c) 劳动经济学。在第二章中，我们考察了那个时期的政治形势，当时的政治形势不可避免地大大推动了有关劳动问题的研究。在第四章中，我们列举了社会政策、尤其是社会政策的精神对经济学界产生的一些影响。在本章第5c节中，我们考察了经济理论对劳动经济学作出的贡献。劳动经济学的描述性，或“实用性”或制度性部分，还有待简略地加以介绍。由于具有政策头脑的经济学家厌恶“理论”，因而当时劳动经济学的描述性部分与分析经济学的关系，一般并不比现在好。① 总的来看，我们可以这样说，我们所讨论的这个时期奠定了现代劳动经济学的所有主要基础。虽然当时劳动经济学还不像在美国现在的教学与研究活动中那样被普遍承认，享有独立学科的地位，但专门研究它的人却在迅速增多。这些专家主要是力图对法律制度和管理方法作切实的改革，而对于“把理智应用于人类事务”则有自己的看法。但这种讲究实际的做法和他们提出的建议，对一般经济学还是不无裨益的。兹以英国济贫法委员会中的少数派于1909年提出的报告为例。这份富有启发性的报告，是对英国1873至1898年间的严重失业作出的一个过迟的反应，它得出了这样一条许多经济学家需要知道的

① 不应把过失都归之于一方。固然劳动经济学家是过于厌恶精细的分析了，是过于不相信理论家分析工资的神秘公式了。固然他们认为理论上的论证根本不值得考虑，试图以此使事情对他们容易些。但理论家们也并不总是以适当的合作精神来考虑劳动经济学家所要解决的问题。理论家们并不是总想利用劳动经济学家搜集的事实和提出的建议来充实自己的分析。而有些理论家同大多数劳动经济学家一样，也应受到这样的指责，即他们根本不把别人的论证放在眼里。但也有例外，一些突出的例子将在正文中提到。不过，总的说来，合作与随之而来的相互补充和受益显然少于相互对立。

教训:即失业有时很少受工人所控制的因素的影响。无论如何,该报告是或应该是一般经济学家能对其运用分析能力的重要原料。

此外,有关劳动问题的专著和论著开始日益增多。比阿特里斯·韦布和悉尼·韦布合著的两部有名的专著和赫克纳的论著或教科书,就是迅速增多的劳动经济学文献中大家所熟悉的样本。[①]统计方面的研究受到材料不足的限制,但在各国,人们仍作了不少努力。[②]正如马歇尔《原理》的每一位读者所知,一般性论著都给劳动经济学及其纯制度方面的论述留出了愈来愈多的篇幅。在这方面,冯·菲利波维奇的教科书大大超越了以前的教科书。在结束以上评论的时候,我们也许应再次提到人类在劳动经济学方面所作的最伟大的冒险,这便是主要作为理论家的皮古教授所撰写的《财富与福利》(1912 年)一书。[③]

(d) 农业。〔只有标题,本节未写。〕

(e) 铁路、公用事业、"托拉斯"和卡特尔。我在劳动经济学那一小节的开头所说的话,几乎完全适用于本小节所讨论的这类领

① B. 韦布和 S. 韦布:《劳力市场的公共组织》(1909 年)和《工会运动史》(1920 年修订本)。H. 赫克纳:《劳动问题》(1894 年);特别建议就这本书的内容与方法和美国任何现代劳动经济学教科书的内容与方法作一比较。

② 就英国而言,除了博思的调查报告《伦敦人的生活与劳动》(1889—1891 年出版了两卷;1903 年已出版了十七卷)以外,还可参看例如罗伯特·吉芬于 1883 年和 1886 年在皇家统计学会上宣读的论文(《近半个世纪工人阶级的进步》和《再论近半个世纪工人阶级的进步》)。1895 年,鲍利开始发表其一系列论述英国工资问题的无与匹敌的论文。其中第一篇题为《1880 年至 1891 年联合王国平均工资的变化》,发表在 1895 年《皇家统计学会杂志》上。完整的目录,请参看鲍利的《1860 年以来联合王国的工资与收入》(1937 年)所附的参考书目。美国也有许多著作试图克服统计资料不足这一巨大困难,这里我仅提其中的一本,就是斯科特·尼尔林的《1908 年—1910 年间美国的工资》(1911 年)。

③ 这部著作中的论点实际上就是作者以前的一部著作《劳资和睦的原理与方法》(1905 年)中的主要论点。《福利经济学》是皮古继《财富与福利》之后出版的一本著作,皮古的劳动经济学见该书第三编和第四编的第一、五、七、十三章。

域在该时期内的发展情况。而且，经济思想史学家不仅应该注意到新的问题，而且还应该注意到处理这些问题的一种新精神。经济分析史学家可以报道的，只是当时涌现出了大批历史性的和"描述性的"著作，其中一些著作直到今天仍具有重要意义。至于其余部分，我们只能作些简单的评论，借以勾勒出基本轮廓。

任何像样的成本和价格理论，都应该能够对铁路经济学作出有价值的贡献，而作为回报，铁路经济学则应该能够为一般经济理论提供令人感兴趣的特殊模式与问题。前面已指出，经济学家与工程师之间存在着合作的巨大可能性；而且几乎没有哪个部门比铁路部门更明显地具有这种可能性。我们已发现了一些合作的例子，但不是很多，尽管还可以从专业杂志中再发现一些。我可以举威廉·朗哈德的著作作为这方面的例子。朗哈德不仅考察了倾斜度及弯曲度对营运成本的影响，而且还提出了一种有关铁路运输费的理论。该理论特别提出了这样一个定理——他主张铁路国有化就是以此为根据的——即：只有当铁路运费不高于——我们所说的——边际成本时，得自铁路的社会利益才最大。由此得到另一个结论：即铁路的全部管理费用应由政府的财政收入来负担——自从这个定理在我们的时代被霍特林教授再次单独发现后，人们已对它进行了非常广泛的讨论。① 该定理要比大量出版的泛

① W.朗哈德：《铁路营运费用……》(1877年)。上述定理见他的《国民经济学的数学基础》(1885年)的第203页，该书就基本理论而言，采用了杰文斯和瓦尔拉的原理。不过，朗哈德声称，他单独发现了与杰文斯和瓦尔拉的原理"相类似的方法"，对此我们应予以承认，因为我们已经承认了其他人的类似主张。朗哈德的论述有某些独创性的观点，这全得归功于他单独发现的方法。但他却近乎无情地利用特殊形式的函数，由此而得到的是不相协调的确定性结果(results of disconcerting definiteness)。对于他的这种做法，我们应加以研究和改进，而不是一味地予以谴责。我还要提到他的《交通路线的商业专线》(1872年)一书。朗哈德是汉诺威工程技术学院的教授。无论是帕尔格雷夫的《词典》还是《社会科学百科全书》都没有提到他的名字。

泛主张国有化或国家管理的著作有意思得多。

不过,铁路经济学方面的研究工作大部分是在法国完成的,朗哈德的著作只是这种研究工作的一个例子。法国在这方面所取得的成就,只要提到谢松、[①]皮卡尔和科尔森的著作就够了。我认为,该时期英国铁路经济学的最高成就,是阿克沃思的描述性分析和那本薄薄的教科书。不过,皮古教授有关铁路运费率的论述却更富于一般经济学方面的成果,[②]特别是有助于解决服务成本原理和服务价值原理("最大运输量")之争。该时期美国出版了大量铁路经济学方面的著作,但其数量恐怕与其质量很不相称。甚至一些重要著作也有严重的分析错误,尽管在其他方面它们有值得称赞的地方。这些著作现在大都已湮没无闻了。哈德利[③]的教科书是不太多的例外之一。在这本教科书中,有关这一主题的所有问题,不管是历史方面的还是制度方面的,都得到了充分论述。此外,该书在分析上也具有很高的正确性;没有哪个人能像他那样以极为生动的例子透彻地说明这样一个真理:即差别待遇可以而且常常会使所有有关方面获益,其中包括正在受到差别待遇的一方(假设有两个出产牡蛎的村庄,如果其中一个支付的运费率不高于

① 埃米尔·谢松。他的那篇充满了创见的讲演稿的标题是《几何统计学》(1887年),很容易使人产生误解。他用名副其实的计量经济学方法讨论了好几个问题,铁路成本和运费率只是其中一个问题。但《社会科学百科全书》谈到他时却说,他没有对社会学或经济学作出任何新的贡献。A. M. 皮卡尔:《论铁路》(1887年);C. 科尔森:《运输和运费率》(1890年;英译本,1914年)。

② W. M. 阿克沃思:《英格兰的铁路》(1889年)、《苏格兰的铁路》(1890年)——甚至从"纯"理论的观点看这两本书也值得一读,以及《铁路经济学原理》(1905年第1版)。皮古教授的贡献是在《财富与福利》一书的框架内作出的(见《福利经济学》第二编第十八章)。

③ A. T. 哈德利:《铁路运输》(1885年)。

另一个,则它们便无法向某一内地市场供应牡蛎)。不过,他把这种情况看作是一种罕见的例外,而不是从较为普遍的情况进行推论,把没有差别待遇看作是一种特殊(或有限的)情况,这表明他的分析仍处于较落后的状态。

像铁路一样,公用事业本来也应当成为理论家的一个重要应用领域,成为向理论家提供特殊模式的一个重要源泉。然而,①能与杜皮伊的早期贡献②相媲美的成就却少得可怜。欧洲就国有化和市有化展开的讨论,从我们的观点来看没有多大意义。美国有关费率管理的讨论,也没有给经济学的分析工具带来什么益处。这场讨论集中在"财产的公平价值是否可以赚取合理的报酬"这一问题上,美国最高法院认为,应允许公用事业赚取合理的报酬。法学家提出了评价赔偿、税收和费率管理的各种理论,这些理论荒谬离奇,逻辑上很混乱。许多经济学家为消除这种混乱作了一些有益的工作,经过半个多世纪的努力,似乎已使法学家们相信,由于财产价值本身便得自预期的报酬,因而根据财产的价值来规定"合理的"报酬率,实际上是循环论证。但这一点本身也充分说明了经济分析的这一分支的水平。

① 我可以用马歇尔的匹兹堡煤气案例来说明我想见到的那类事情。参看 A. 斯密西斯:《生产函数与效用函数的边界》,收入《经济学探索》(1936 年),第 328 页。马歇尔的论著中包含很多类似的提示,可一直未得到应有的重视。

② 特别参看:《论公共工程效用的计量》(1844 年)和《通行税对交通线效用的影响》(1840 年),这两本书在下面第七章中还要提到。

第七章　均衡分析*

*〔以下是编者对第四编第七章加的按语。虽然熊彼特动笔写均衡分析这一章时精心作了计划,但在他逝世时却没有最后定稿。我们所发现的是一大堆零散的片断,有些已打字,有些则仍是手稿。偶尔,同一个题目有几种不同的稿本。整个这一章很早就有一简略的稿本,我之所以没有采用它,是因为我认为,这里发表的较为详尽的稿本已取代了那一早期稿本。开头的四节很久以前就写好了,但第 3 和第 4 节尚在修改过程中。最后两节和本章的附录“有关效用的注释”,写于 1948 至 1949 年。第 7 节(“瓦尔拉派的一般均衡理论”)的大部分尚未打字。第 8 节(“生产函数”)和“有关效用的注释”虽然已打字,但熊彼特未能阅校前者和修改后者。从某种意义上说,本章各节都是未完成稿,因为熊彼特曾在一张用速记法写的纸条上说,他还想修改正文并增加一些脚注。

我非常感谢理查德·M. 古德温,是他首先为我把本章的各部分串了起来。古德温是我丈夫的学生和受尊重的同事,曾同他一道研究这些问题,因而也许比任何其他人更适于做这一工作。

我基本上是按照古德温的意见编排这一章的,但也增添了一两份他去欧洲后发现的原稿,并撤除了若干“可替换的稿本”,撤除了本按语第一段提到的整个这一章的早期稿本。感兴趣的学者可以在哈佛大学的豪夫顿图书馆看到本章的早期稿本和手稿的其余部分。〕

4. 竞争假说与垄断理论

(a) 竞争假说

(b) 垄断理论

〔(c) 寡头垄断与双边垄断〕

5. 计划理论与社会主义经济理论

6. 部分分析

〔(a) 马歇尔派的需求曲线〕

〔(b) 弹性概念〕

〔(c) 有助于一般分析的概念〕

7. 瓦尔拉派的一般均衡理论

(a) 瓦尔拉的概念化

〔(b) 交换理论〕

〔(c) 简单交换的确定性与稳定性〕

〔(d) 瓦尔拉的生产理论〕

〔(e) 资本形成的引入和货币的引入〕

8. 生产函数

〔(a) 概念的含义〕

〔(b) 概念的演变〕

〔(c) 一阶齐次性假设〕

(d) 报酬递增与均衡

〔(e) 零利润趋势〕

第七章　附录　有关效用理论的注释

1. 本时期经济理论的基本一致性

甚至在前一个时期，我们就能觉察到，人们对经济分析的主要内容意见基本上是一致的，事实上，当时一般经济学在某种程度上已具有了正态系统或模态系统，偏离这一系统的程度愈大，偏离的次数就愈少。对于现在这个时期，我们可以更有把握地断言，1900年前后虽然尚未出现统一的经济科学，但已存在一种理论上的分析工具，其基本特征在各处是相同的。这一点在上一章的考察中就已说得很清楚。但是鉴于表面上的混乱给人留下了各种不同的印象，鉴于许多历史学家持有不同意见，再一次指出这一点，也许是有益的。

谁也不能否认，尽管在细节上有许多不同之处，但杰文斯、门格尔和瓦尔拉所传授的，实质上是相同的学说。杰文斯和马歇尔的分析结构虽不尽相同，但其差异实质上并不大于脚手架与盖好的房屋之间的差异；而马歇尔《原理》附录中的注释 21 则确凿地证明，他的模式与瓦尔拉的模式基本上是相同的。维克塞尔的动人的坦率，使最粗心的人也能看出他的大厦拱门的两根支柱：一根是瓦尔拉派的，另一根是庞巴维克派的。J. B. 克拉克的蓝图虽然是独自设计出来的，但它所包含的原理实质上却与马歇尔《原理》第六编中的原理相同。帕累托和费雪完成并发展了瓦尔拉的理论。就专业理论而言，这些人写出了我们可以称之为这个时期“一般理论”的几乎所有主要著作。正如前两章所指出的，他们的学说影响了该时期几乎所有次要的或派生出来的著作，只有马克思主义者的著作除外。

那么，为什么这些大经济学家的分析结构看起来如此不同呢？为什么我们当中的许多人虽然看到了这些分析结构的基本相同之处，却要否认那个时期“一般经济学”的基本一致性呢？对第一个问题的回答是：因为在技术上、细节上以及对个别问题的看法上存在着许多差异，还因为这些大经济学家与其追随者都过分强调了这些差异。技术上最重要的差异，在于使用不使用微积分学和联立方程组。同一“理论”披上这件外衣与不披上这件外衣，看起来是完全不同的——特别是对于不熟悉前者的人来说更是如此。有关“实际成本”（参看上面第六章第 4 节）的争论，是在细节上存在差异并过分强调这些差异的一个例子。而资本理论上的差异和对部分分析(参看下面第 6 节)的不同态度,则是在对个别问题的看法上存在差异的例子。马歇尔详尽阐述了部分分析,帕累托则装出一副不屑一顾的样子。① 这类差异——以及由此而产生的争论——正是每一个知识领域的主要活力,但如果我们允许这些差异掩盖基本原理的相同,则我们便不能说有方法上和基本结论上是一致的学派,甚至不能说有马克思主义学派。

关于第二个问题,则必须记住,我们有关经济理论基本一致性的命题不适用于这一时期的前半部分,而只适用于 1900 年左右出现的"古典学派局面"(Classical Situation)。在那之前,同 1850 年前后相比,主要理论家之间的分歧当然不是较少而是较多。十九世纪七十年代和八十年代由杰文斯、门格尔和瓦尔拉建立的、而在马歇尔的《原理》(1890 年)中得到最完美表述的那一体系,当时还是大多数理论家所不熟悉的事物。事实上,没有什么比该体系所遭到的抵抗更令人信服地证明,尽管有上述前驱者,但它仍是新事物。虽然战斗在继续,不断有人皈依这一新的体系,但穆勒的经济学——再一次挑选穆勒作为代表——仍缠附着许多人,新体系的出现只不过又增加了一个分裂因素,使上一个时期结束时已经四

①马歇尔和帕累托——后者不仅对"文人型经济学家"("literary economists")是如此,而且对瓦尔拉也是如此——是过分强调细节的恰当例子。由于他们过分强调细节,使人感到存在着根本不同的"体系",而且不仅仅是外行人有这种印象。但突出的例子还是卡塞尔:他的分析结构的轮廓基本上是瓦尔拉派的。然而他在其《社会经济学理论》(1918 年德文第一版;1927 年修订第四版;1923 年与 1932 年英文版)一书后来的版本中,连瓦尔拉的名字都不提。他在其第一篇有关一般经济理论的论文(《Grundriss einer elementaren precslehre》,载于 Zeitschrift fiir die gerxamte Slaatswiscenschaft,1899 年)中,提出了一种简化了的瓦尔拉体系,他声称这种简化了的体系完全是新颖的,理由是这种体系中没有边际效用价值论,虽然它用不同的术语保留了该理论所有必不可少的东西。而他的这种主张却被广泛地接受了!

分五裂的局面更为严重了。这也说明了这一事实，即相对于变革不那么剧烈的情况而言，为什么抱着旧学说不放的守旧派甚至在新学说取得了巨大胜利以后，人数仍很多，仍很受尊敬。所以，如果对整个这一时期的经济学家——甚或理论家——作随机抽样调查的话，则本节提出的命题就很可能遭到否定。此外还有大量的“门外汉”，他们尽力维护自己的理论体系，而谴责专业理论，根本不想掌握专业理论。而且，经济学家还有另外一些事情要做。同往常一样，当时大多数经济学家也都埋头于研究各公共政策部门的事实和实际问题。他们以及历史学派和制度学派几乎不需要“理论”，因而也不欢迎什么新理论。他们从未把“边际主义”看作是一种研究工具，而把它看作是一种思辨哲学，看作是一种新的“主义”，而他们的任务正是用他们所谓真正科学的、现实主义的研究去消灭这种主义（见上面第四章）。因此，无论是在有关方法论的宣言中还是在纲领性的宣言中，他们都对这种理论作了各种彻底的批判。从表面上看，一片混乱，特别是在德国和美国——各种学说纷至杂陈，所有这些似乎都证明经济学已处于绝境。读者一方面必须明白，出现这种情况是很自然的。另一方面也必须知道，实际情况并不像表面上看来的那样。[①] 在被术语所搅乱的表面之下，并非无路可走。

① 经济理论只不过是一种分析工具这一真理，一直很少有人理解，而当时和现在一样，理论家自己也把这一真理弄得模糊不清，因为他们对实际问题往往浅尝辄止。但马歇尔却强调了这一真理，他在剑桥就职演说（《经济学现状》，1885 年）中说了这样一句名言：经济理论并不是普遍真理，而是“可以用来发现某一类真理的通用机器”。

2. 库尔诺和“数理学派”:计量经济学

正是在我们所考察的这一时期发生了不可避免的事:数学推理方法开始在经济科学的纯理论方面发挥重大的,甚至决定性的作用。当然,在经济分析的初期阶段,就曾有人用数字或代数式来表述自己的思想并进行数字计算:有政治算数家、重农主义者以及许多孤立的事例,如布里斯科、塞瓦、H. 劳埃德、孔迪亚克,这些人我们都已在适当的地方介绍过了,还有两个被 E. R. A. 塞利格曼发掘出来的湮没无闻的作家。[①]但是使用数字——李嘉图使用了大量数字来说明问题——或使用公式——如我们在马克思的著作中所见到的——甚或以代数形式重新表述某些非数学性的推理结果,并不就是数理经济学:只有当产生结果的推理本身具有明显的数学性质时,才会显现出数理经济学的特征。[②]不过,运用这种方法的人,就我所知,在冯·杜能和库尔诺以前只有两个明显的例子,即 D. 伯诺里和贝卡里亚,如果我们认为哪怕是仅仅瞥见了均衡体系的人也值得一提,则还有伊斯纳尔。[③]不懂数学的读者也许

① 《经济学论文集》,第 82—83 页。一位是匿名作家“E. R.”,他在其《论政治经济学的某些一般性原理》(1822 年)中论述赋税归宿问题时使用了代数;另一位是萨缪尔·盖尔,他著有《论公共信用的性质和原理》(1784—1786 年)一书。

② 这就是为什么不把 N. F. 卡纳德(《政治经济学原理》,1801 年)和威廉·惠厄尔(《某些政治经济学学说的数学表述》,载于《剑桥哲学汇刊》,1829、1831 和 1850 年)算作数理经济学家的原因。不过,也许应该把惠厄尔看作是一个中间的例子。他根本不值得杰文斯贬损。

③ 关于杜能,参看前面第三编第四章第 1 节;关于 D. 伯诺里,参看前面第二编第六章第 3 节;关于贝卡里亚,参看前面第二编第三章第 4d 节;关于伊斯纳尔,参看前面第二编第六章第 3 节。

杰文斯开列的参考书目(见他的《理论》附录 I)和费雪开列的参考书目(见库尔诺《研究》一书英译本的附录)都不很全面,但另一方面,这两份书目却太琐细,把所知道的每一本著作都列了出来,而有些书充其量只不过是个符号而已。

欢迎我们较为详细地说明数学是如何帮助该时期的经济理论家的。

〔**(a) 数学给予经济理论的帮助。**〕　我们即将谈到数学在统计资料的处理方面提供的帮助。这里我们要讨论的是数学在数量的而非数字的理论分析中的用途。现在，外行人一听到把数学应用于经济学，首先便想到使用“高等”数学的技术操作（“计算”），而所谓高等数学则是只有大学生才懂的高等代数和解析几何，不懂数学的凡人对此只能望洋兴叹。的确，最近25年来，经济学家不得不运用真正高深的数学方法，这些方法即使是专业数学家也认为是“很难的”或是“很专门的”。然而，1914年以前，情况却不是这样。1940年以前出版的经济学著作很少要求其读者——甚或其作者——精通技术性数学，所需要的只是代数和解析几何的基本原理，外加微积分知识，而即使是这些，也只需要一般的概念或逻辑，而不是较复杂的技术，例如积分法。巴罗尼在1908年曾说：虽然数学正日益成为理论家必不可少的工具，但每一个智力正常的、受过中等教育的人，都能够在大约6个月业余时间内学会所需要的数学。他说得很对。

微积分学的逻辑可以用以下为数不多的概念来表达，如变量、函数、极限、连续性、导数与微分、极大与极小。就事物之间数量关系的理论图式所带来的问题而言，熟悉这些概念——以及熟悉方程组、确定性、稳定性等概念，所有这些概念都只需要给予简单的解释——会完全改变一个人对这些问题的看法：问题获得了一种新的确定性；它们失去确定性的那些点，都会清楚地显现出来；证明与反证明的新方法出现了；最大的报酬可以从我们所知道的那点关于变量间关系的知识中提炼出来;无穷小的逻辑,自动解决了许多有争议的问题,而没有它的帮助,这种争论将阻碍分析向前发展的车轮,[①] 如果篇幅允许,则我们可以证明,那个时期的大部分争论,实际上是缺乏强有力的思想工具的人和具有这种工具的人之间的争论。上一章已举出了一些例子,本章还将举出一些例子。

因为数学提供的帮助只在于磨快我们分析的工具,而并不一定涉及复杂的计算,所以一个人的数学知识并不一定表现在论证的表面。虽然数学理论不仅仅是把非数学理论翻译成符号语言,但所得到的结果一般却能翻译成非数学语言。正是由于这一原因,不懂数学的大多数经济学家从未充分认识到他们从受过数学训练的少数经济学家那里得到的好处,举例来说,普通理论家从未认识到,他并不完全了解马歇尔,因为马歇尔已仔细地把他的数学从论证的表面剔除了。在这种情况下,这一多数派便很容易把那些炫耀数学知识的数理经济学家看作是对整个经济学无关紧要的一个宗派或学派。但是,就学派这个词的实际意义而言,数理经济学家之没有形成学派,正如意大利经济学家没有形成学派那样:我们能够设想的存在于经济学家之间的所有不同意见——只是不包括某一类错误——都确实存在于受过数学训练的经济学家之间。而受过数学训练的经济学家对该时期占支配地位的分析结构所作出的贡献,则要比现在人们所认识到的大得多。让我们想想看,在上一节中,我们曾提到九位与那一结构有关的经济学家,他们是杰文斯、门格尔、瓦尔拉、马歇尔、维克塞尔、庞巴维克、克拉克、帕累

① 就技术而言,"新的"价值理论和分配理论对经济学来说实际上就等于发现了微积分——这本身便足以表明,在原则上反对"边际主义"是多么荒谬。

托和费雪。这里数理经济学家与非数理经济学家的比例是 6∶3。而如果我们加上(而且也应该加上)冯·杜能、库尔诺、杜皮伊和戈森,则是 10∶3。即使我们考察较大范围的 1914 年以前写作或开始写作的经济学家,情况也不会发生变化,因为这将不得不包括 F. 詹金、埃奇沃思、奥斯皮茨、利本、穆尔、鲍利、卡塞尔以及潘塔莱奥尼等人,而就一流成就而言,非数理阵营内的经济学家是很难与这些人相匹敌的。对于不懂数学的读者来说,至少假如他还年轻的话,这确实是个值得深思的教训。①

但是,因为完全不懂“高等”数学的经济学家也发现了边际效用和边际生产力理论的基本内容,所以这些经济学家和经济学界的非数理多数派便很自然地认为,也许除了若干不必要的细节上的改进外,数学推理并没有给经济学增添什么东西。由于他们不知道自己作品的缺点,反而在某些较重要的事例中利用这些缺点,因而他们就更容易采取这种观点了。② 在这种情况下,我们便可以理解,1900 年左右甚至 1900 年以后处于领导地位或具有影响力的人士——也就是中年人或中年以上的人——为什么可以毫不费

① 上面提到的经济学家所掌握的数学知识是有很大差异的。就前面六位而言,我们感到杰文斯知道的很少——远比他需要的要少。瓦尔拉、马歇尔和维克塞尔受过正规的数学训练,马歇尔所掌握的数学知识远比他所表现出来的多,瓦尔拉知道的则比所需要的少。帕累托和费雪是有成就的数学家。一直到今天,经济学家所掌握的数学知识仍存在着与此相类似的差异。无论是过去还是现在,与训练上的差异同样重要的,是天赋能力上的差异。庞巴维克没有受过数学方面的训练,但他与李嘉图一样,天生就是数学家。

② 这方面一个有趣的例子是,奥地利学派圈子内的人普遍认为,奥地利学派的非数理理论,从“因果关系”上解释了价格现象,而瓦尔拉派的单纯“函数性的”价格理论,则只解释价格之间的关系,价格被认为是已经了解的。如我们已经看到的,在马歇尔看来,在效用、成本和价格之间建立因果链条是失策,但在奥地利学派看来,则等于创立一不同的——而且优越的——理论。

力地为自己找到不学习那门技术的理由，他们一方面认为这门技术艰深、乏味；另一方面认为它最终将被证明没有什么价值。并且不难理解，他们为这种态度辩护，提出了一些方法论上的论据，例如他们认为，把物理学的工具数学应用于社会科学从逻辑原理上来说是一个错误，以及另外一些类似的论据，这些论据在今天看来已不值得详尽讨论了。[①] 它们已站不住脚了，虽然那种态度本身依旧存在。但在该时期内，数理运动获得了很大发展，以至表现出成功的重要征象，即出现了一小批派生性——解释性的和介绍性的——著作。[②] 至于不利的征象，则可以指出一些著名数学家[③]所表现出来的漠不关心甚或敌对的态度，以及这一事实，即一些经济学家虽然精通数学，却对"数理经济学"怀有敌意——突出的例子

① 当时人们认为，在政治经济学中应用数学方法是不可想象的，但埃奇沃思在帕尔格雷夫的《词典》中，欧文·费雪在其《价值与价格理论的数学考察》一书的附录三中则提出了赞成应用数学方法的理由。读者在费雪的《价值与价格的数学考察》中还可看到精选出来的赞成与反对应用数学方法的论点，其中一些论点很好地表达了当时经济学家的普遍态度。但是，在赞成应用数学方法的论点——在赞成的同时，也抱怨这太难为经济学家了——中，最早提出来的而且也许表达得最简洁的论点，则见于杜皮伊的《公共工程效用的计量》(1844 年)，这篇论文后来和杜皮伊的其他论文重印于《朱尔·杜皮伊论效用及其计量》(贝纳蒂编，1933 年)一书。

② 就我所知，最早的数理经济学教科书是 W. 朗哈德的《国民经济学的数学基础》(1885 年)，该书讲授的是杰文斯和瓦尔拉的学说以及作者本人的一些独到见解，特别是有关交通运输的独到见解(参看上面第五章第 4 节)。H. 坎宁安的《几何政治经济学》出版于 1904 年；A. 奥索里奥的《交换数学理论》出版于 1913 年；W. 策瓦德斯基的《应用于政治经济学的数学》出版于 1914 年；J. 莫雷的《在政治经济学中如何使用数学》出版于 1915 年。还有其他一些著作，但没有哪一本能够与鲍利 1924 年出版的《数学基础》(参看第五章第 1 节)相媲美。

③ 突出的例子是 J. 伯特兰在《学者杂志》1883 年 9 月号上对数学科学的这一新分支所作的攻击。这种攻击立即被那些既不懂数学又不懂经济理论的人奉为权威性的判决，因而受到了过分的关注。伯特兰的责难虽然有些很有道理，但大部分都言过其实，其部分原因是他并不太熟悉有关的经济学。

是莱克塞斯。

在年代上属于上一个时期的数理经济学领域的一些成就，前面已经提到了。但其中最伟大的成就，即库尔诺的成就，则一直拖到现在才考察，这是因为他的成就在此以前一直湮没无闻，而只是在我们现在考察的这一时期才获得了决定性的重要意义。

〔**(b) 库尔诺的贡献。**〕　安东尼·奥古斯丁·库尔诺(1801—1877 年)[①]在高等师范学校经历了一段成功的生涯以后，作为大学教师及行政人员，也取得了同样的成功：1834 年他被任命为里昂大学的分析与力学教授；1835 年被任命为格勒诺布尔大学校长；1838 年被任命为研究总监察；1854 年被任命为第戎大学校长。我提这些毫不相关的事实，是因为他的一些美国崇拜者大大误解了法国文职人员的心理，表现出这样一种倾向，即认为《研究》一书的失败使库尔诺成了殉难者。但几乎可以肯定，库尔诺只把这个失败看作是其光辉灿烂一生中一个小小的令人不愉快的意外事件。而且，

① 库尔诺的经济学著作已被许多作家，其中包括埃奇沃思(见帕尔格雷夫的《词典》中“库尔诺”条)评价过了。最近，人们常常追念库尔诺其人以及他在经济学方面所作的研究工作。特别参看 H. L. 穆尔：《库尔诺的品格》，载于《经济学季刊》，1905 年 5 月；雷内·鲁瓦：《库尔诺和数理学派》，载于《计量经济学》，1933 年 1 月，以及《奥古斯丁·库尔诺的经济学著作》，同上，1939 年 4 月；A. J. 尼科尔：《库尔诺一生的悲剧》；费雪：《四十年前的库尔诺》，最后这两篇文章都发表在《计量经济学》杂志 1938 年 7 月号上。

《财富理论的数学原理研究》发表于 1838 年；N. T. 培根的英译本出版于 1897 年，欧文·费雪为它撰写了一篇传记性前言，1927 年出第二版时又增添了一有用的附件，题为《库尔诺数学注释》。我们将只讨论这部著作(以下简称《研究》)。但库尔诺后来再度两次进入经济理论领域，却没有取得任何引人注目的成就：他在 1863 年发表了《财富理论原理》，在 1877 年发表了《经济学说简评》。这两本书并非不重要，但都避免使用数学。《研究》一书中的数学(尽管有某些错误，其中有一处是严重错误)具有专业水平，但却很简单，甚至连行列式都没有，微积分也没有超过泰勒的定理。

他有一切理由为他自己所——几乎再次可以肯定地——认为的真正重要的著作得到世人承认而庆幸。在这些著作中，我要提到他的《或然性和盖然性理论的表述》(1843 年)，这是一部杰出著作，在当时和以后都受到了应有的重视；①还要提到他在哲学或认识论方面的三部著作，这三部著作是他研究理论物理学的成果，而且都将在 1900 年左右受到人们欢迎，它们是《论人类认识的基础》(1851 年)、《论科学和历史基本思想的连贯性》(1861 年)以及《论现代思想和事件的发展》(1872 年)。

库尔诺对经济学是相当有研究的。不管是什么原因使他接受了斯密、萨伊或李嘉图的观点，有一点则是可以肯定的，即纯粹是科学方面的兴趣使他拿起了自己的笔。他心目中并没有实用的目的，而只是急于想使读者明白，“不应把**理论**同体系〔我想是政策规则体系〕相混淆，虽然在所有科学的初创时期，体系都出于本能必然试图描绘理论的轮廓。”他所要研究的许多问题，都特别适合于由“任意函数构成的那一分析学科来处理，而这种函数仅受某些条件的约束”(见《研究》一书的前言)。其目的既不在于体系的完成，也不在于原理的新奇，而且实际上也没有达到这些目的。他只是以较严格的方式简洁地重新表述了一些已经存在的、但表达得模糊混乱的概念和命题。**但历史上的所有伟大成就恰恰在于是否能出色地实现这一不高的纲领**。

《研究》一书的头三章具有导论的性质，其中(论述价值的“相

① 这当然是一个外行人的称赞。但已故的维也纳大学教授 E. 齐伯尔也称赞了这本书。齐伯尔是概率方面的权威，四十年前，我正是听从他的意见，研读了这本书。我想，齐伯尔听都没听到过《研究》那本书。

对”变动和“绝对”变动的）第二章表明库尔诺在某种程度上受到了李嘉图的影响；第三章提出了外汇代数学，其重要性（杰文斯没有看到这一点，而瓦尔拉不但看到了其重要性，而且还获益匪浅）在于它描述了一般价格机制代数学的细节：正是由于这个原因而不是由于外汇理论本身能给我们带来巨大利益，我们才认为该章具有不容忽视的价值。第四章到第九章是有名的篇章，后来成了马歇尔的部分分析的核心。这几章论述了需求函数、垄断理论（其中包括大家熟悉的对垄断商品课税的定理）、完全竞争理论，最后论述了寡头垄断和一种特殊的双边垄断，对最后这两个问题的论述，已成了《研究》一书的替罪羊（见下面第 4 节）。第十章虽因犯有一严重错误而受到了损害，但本应受到人们更多的注意。第十一章和第十二章被绝大多数批评者认为不值一提，这在某种程度上是正确的。但至少第十一章具有历史意义，因为其论证领先于后马歇尔派的（即凯恩斯派的）以收入分析来补充部分分析的思想：库尔诺当然认识到，“要全面而严密地解决与经济体系的某些部分有关的问题，就必须考虑到整个经济体系”（前引书第 127 页），而这正是瓦尔拉要做的。但是正如后马歇尔派中的凯恩斯集团那样，库尔诺认为，“这将超过数学分析的力量，超过实际计算方法的力量”，他因而预见到也许可以用一些总量来处理这些问题，在这些总量内，社会收入及其变动将居于重要地位。他没有作很深入的讨论，但我们似乎应该注意到，正是他第一个对一种旧方法作了明确的改造。关于这一点，后面还要予以讨论。

为了全面评价库尔诺在我认为最有名的几章中，特别是在（有关需求法则的）第四章和（有关垄断的）第五章中所取得的成就，我们必须提醒自己,当时“从事写作的经济学家”在表述后来人们非常熟悉的“马歇尔需求曲线”所表示的那种简单关系方面遇到了极大的困难;并提醒自己,假如我们忽略维里的已被人遗忘的贡献,则可以说库尔诺首先提出了需求理论;还必须提醒自己,库尔诺有关垄断问题的论述是更为引人注目的成就,因为在马歇尔发表其库尔诺理论的精巧改写本以前,没有一个人就垄断定价问题发表过有价值的看法。如果再加上库尔诺的竞争机制理论和成本理论,则我们确实可以认为,他死后从几乎湮没无闻的境地上升到现在的崇高地位,是当之无愧的。这一地位无疑地是属于这位部分分析大师的,他还第一个说明了数学对我们的用处。但我认为,他仅仅提出了有关一般均衡的模糊不清的、非实用性的概念,如果认为他作出了比这更大的贡献,那是不符合历史事实的。

至此,我们讨论的是数学在我们所考察的这一时期向所谓纯理论开始提供的帮助。当时计量经济学特有的大纲——数学理论加统计数字——还在努力奋斗,力图形成自觉的理论体系,但除了一些即将提到的重要例外,这一工作并没有取得很大进展。配第和达文南特所要传达的思想仍未被人理解。甚至大部分同时从事统计工作的理论家,也未打算把两种研究工作结合起来。最重要的是,我们一方面应粗略看一下经济学家与统计学理论之间的关系;另一方面应粗略看一下计量经济学所取得的进展,虽然当时尚未出现计量经济学这一名称。

关于第一点,让我们回忆几个事实。高等统计学源于概率理论。在我们这个简要叙述中,我们有充足理由首先提到雅克·伯诺里的定理,该定理引出了一系列研究成果,其顶峰便是A. 德·穆瓦夫勒、拉普拉斯以及高斯等人的贡献。后者的误差律和最小二乘法——克韦特勒特曾极力提倡在社会科学中采用它们——成了半个多世纪内应用统计学引以为自豪的规律和方法，同时也成了应用统计学的祸根。①正像普瓦松和库尔诺的研究成果那样，所有这些都属于前一个时期。我们现在所考察的这一时期几乎是与莱克塞斯的新发现同时开始的，莱克塞斯的发现最初几乎未动摇高斯的误差律的地位。但后来，在十九世纪结束以前，统计学理论获得了蓬勃发展。为使读者了解统计学理论的成就，只需提到费克纳、蒂勒、布龙斯、皮尔逊、埃奇沃思和沙利耶等人的名字就够了。虽然莱克塞斯和埃奇沃思②是经济学家，但分析经济学在该时期从他们两位对统计方法论所作出的贡献中获得的益处却很少——少得无法与天文学、心理学或生物学获得的益处相比拟。

关于第二点，计量经济学研究成果的一个重要类型，可以再一次用“恩格尔定律”③来说明。该定律发表于1857年，但直到我们

① 之所以说其为祸根，是因为它附带使人产生了这样一种信念，即统计资料和误差律之间的偏差，完全是观察资料不足造成的。

② 让我们利用这个机会顺便提一下埃奇沃思对“经济理论与概率”这一主题的贡献。我不赞赏他把先验概率引入纯理论推理的那种方式。不过，他的《测量概率和效用的方法》(1887年)一书也许尚未受到足够的重视。并参看他的论文《概率计算的各种应用》，载《皇家统计学会学报》，1897年和1898年。其中最有意义的，是他试图用概率来确定银行的最佳现金准备额，其次当然是他利用概率来计算指数(参看下面第八章第4节)。

③ 欧内斯特·恩格尔(1821—1896年)，普鲁士统计局局长，主要是个行政官员，而且是个政绩卓著的行政官员。但他活跃的头脑，使他从事了一些行政工作以外的事情，发表了一些具有永久性价值的著作，例如论劳工契约的专著发表在1867年的《工人之友》杂志上、《大城市的工业》(1868年)、《人的成本价值》(1883年；这是《人的价值》一书的第一编，其余各编则一直未出版)以及另外一些著作。他最初发表那一“定律”的论文题为《萨克森王国生产与消费的关系》(载《萨克森王国内政部统计局杂志》，1857年11月)。该论文1895年再版于《比利时工人家庭的生活支出》一书和同年的《国际统计学会公报》上。

现在考察的这个时期才引起国际上的注意。尽管引起了国际上的注意,但无论是恩格尔本人还是任何其他人似乎都没有认识到它对经济理论具有的意义。该定律指出(对于爱好基本相同而又面对相同价格的一组家庭来说),食物支出所占的百分比一般说来是收入的递减函数。我们已见过这种可以插入经济理论的统计"规律"的另一个例子,即帕累托的按家庭人数多寡分配收入的定律。

实际上前面讨论过的费雪和穆尔的著作,就具有真正的计量经济学的性质,而且可以说,现代统计需求曲线的洪流,正是导源于穆尔的决定性推动。

关于这一题目,有几份参考书目,它们对感兴趣的读者也许是有用的。例如,路易斯·O. 贝尔考在其《价格分析》(刊载于 1934 年 10 月号的《计量经济学》杂志)一文中提供了一份参考书目,该书目列出了 1927—1933 年发表的著作,并提到了另外几份参考书目,它们所列出的著作出版得更早。正如读者所知,亨利·舒尔茨的《需求理论与测量》(1938 年)一书是有关这个主题的权威著作,可惜我们不能在本书中讨论它。不过,到 1914 年,除穆尔的著作外,还有另外几本著作问世,其中有莱费尔特的《小麦的需求弹性》,载于《经济杂志》1914 年 6 月号。就我所知,莱费尔特是格雷戈里·金的第一个现代追随者。

不管人们对这许许多多已经建立起来的需求曲线的直接实用价值有何看法,有一点则是可以肯定的,即试图解决在建立与解释需求曲线过程中遇到的问题,是发展我们的分析能力的最好方法之一。所以,正是对于理论而言,统计需求曲线这一主题具有极为重要的意义。不过,这类研究工作的历史几乎完全属于当前这个时期。需求理论以外的研究成果,特别是统计生产函数、统计成本和统计供给函数等领域的研究成果,也是如此。关于这方面的初步研究,读者可参阅 H. 舒尔茨的《需求与供给的统计法则》(1928 年);J. 迪安的《成本的统计决定》(1936 年);W. A. 特威德尔和理查德·斯通的《成本研究》,刊载于《计量经济学》杂志,1936 年 7 月;计量经济学会由 E. H. 费尔普斯·布朗领导的一个委员会的报告,刊载于《计量经济学》杂志,1936 年 4

月和7月；以及莱因哈德·希尔德布兰特的《对工厂赢利状况的数学图形分析》(1925年)。仔细读一读这些书籍和论文，读者可以了解许多方法、问题和结论，由此可看到未来经济学理论的重要组成部分。

但正如我们已经知道的，虽然1914年以前我们刚才粗略考察的那些领域几乎没有取得什么进展，但有关农业技术，特别是有关植物和土壤肥力——有关土壤肥力的调查研究对经济理论中诸如收益递减规律这样的老课题是十分重要的——以及有关牲畜饲养的调查研究，却在我们所考察的这一时期达到了很高的发展水平。上述费尔普斯·布朗委员会提出的第一份报告，其特别值得称赞的地方是使读者深切认识到了这些研究成果在理论上的重要性，并消除了这样一种看法，就是认为边际生产力理论只不过是坐在安乐椅中空想出来的东西。

但该时期的理论不适宜于插入这种研究成果。大多数理论家，其中包括一些最伟大的理论家，完全没有意识到有可能建立这样一种理论，该理论最终会得出数字性结论。因而他们从未想到这样来设计自己的图式，以使其能够接受统计方法的处理：这个想法在他们看来似乎是荒唐的。不过也有例外。库尔诺和杰文斯两人就隐约看到了未来的那种可能性。帕累托和马歇尔则意识到了它的存在。马歇尔的题为《老一代经济学家和新一代经济学家》(1896年)的演说，是大理论家发表的赞成计量经济学纲领的第一篇宣言。更重要的是，马歇尔为使其概念能用数字表达而进行了理论推理，而他偶尔采用统计数字①也不仅仅是为了用实例来说明问题。制度学派的批判者对他这样做的用意没有作出公正的判

① 例如参看他根据阿肯萨斯实验站的报告编制的、有关不同犁耕和耙耕次数对产量的影响的数字表(《原理》第232页)。

断。不过,如我们所知道的(例如参看谢松的成就,或就铁路运输问题写作的作家取得的成就,见上面第六章第 6 节),某些特殊领域的个别研究工作者,确实取得了一些进展。

3. 均衡概念*

(a)静态学,动态学;静止状态,进化。我们现在回到前面我们从 J. S. 穆勒手上原封不动地接过来的那个主题上。为使读者易于了解本节的论述,我将首先重述一下本书所采用的定义,并略加解释性评注。头两个定义是拉格纳·弗里施提出来的。

所谓静态分析,是指处理经济现象的一种方法,该方法试图建立经济体系各要素——商品的价格与数量——之间的关系。所有这些要素都有同一的时间下标,也就是说都指向同一时点。每本教科书上所讲授的、单一商品市场上的一般供求理论,采用的都是这种方法。这种理论叙述的只是某一观察时刻需求、供给与价格之间的关系——而不考虑任何别的因素。

但在某一时点相互作用的经济体系中的各要素显然是以前构形的结果,而各要素相互作用的本身,同样明显地受到人们对未来构形的预期的影响。因此,还用上面那个例子,我们可以想象,市场上的情况,系由生产者以前作出的决定所确定,或至少受其影响。这种决定不能从所选定的观察时点的情况来理解,而只能从

* 〔熊彼特留下了本节的一个早期稿本(已打字)和三个未完成的"替代本"(手稿)。此处发表的是后三个稿本中的两个,分别记为 a 小节和 b 小节。另外两个稿本则连同本书手稿的其余部分一并藏在哈佛大学的霍顿图书馆。〕

作出那些决定时的情况来理解。于是我们不得不考虑变量的过去值和(预期的)未来值,不得不考虑时滞、顺序、变化率、累积量、预期等等因素。力图做到这一点的方法,便是动态经济学。

静态和动态理论之间的关系,可以用两种不同的但相互关联的观点来说明。一方面,静态理论涉及的是较高水平的抽象:动态模式也是从许多事物中抽象出来的;但静态模式略去了更多的现实特征,也就是略去了上一段末尾列举的那些特征,因而比动态学更接近于经济量的纯逻辑。另一方面,静态理论可以说是较为一般的动态理论的一个特例:这可以从以下事实看出来,即只要使动态模式中的"动态化因素"等于零,就可以得到静态模式。①

刚从火星上来的观察者会不无理由地认为,既然人类的头脑受经验的影响,因而它一定是先分析较具体的事物,然后随着较为微妙的关系不断显露出来,再分析较抽象的事物,也就是说,先分析动态关系,然后再分析静态关系。但无论在科学研究的哪一领域,情况都从来不是这样。② 历来是静态理论先于动态理论,其原因既显而易见又简单明了,即建立静态理论比建立动态理论容易得多;其命题更容易证明;而且静态理论似乎更接近于(逻辑的)实质。经济分析的历史也不例外。

所谓静止**状态**,顾名思义,指的不是分析者所采取的某种方法

① 在我们所举的例子中,尽可能简单的模式是使 t 时的供给量(S_t)不取决于 t 时的价格,而取决于以前某一时刻的价格。如果把这个"生产时滞"看作是时间单位,而 t 时的需求量(D_t)取决于 t 时的价格(P_t),则我们可以用以下两个等式表示这种模式:$D_t=f(P_t)$ 和 $S_t=F(P_{t-1})$。使时滞等于零,我们便得到静态模式:$D_t=f(P_t)$ 和 $S_t=F(P_t)$。

② 举例来说,在力学中,就先是弄清静态关系,然后才弄清动态关系的,正是拉格朗日把静力学看作是动力学的一个特例。

或分析者的精神状态，而是指分析对象的某种状态，也就是指按平均速率运行的一种经济过程，或者更准确地说是指仅仅进行自我再生产的经济过程。不过，如果这样来理解，则它只不过是方法论上的一种假设而已。实质上，它是一种简单化手段，但也并不仅仅是这样。当我们试图想象这种过程的样子，想象该过程中会有哪些现实现象时，我们便可发现该过程中缺少哪些现象。由此我们便获得了一种分析工具，可帮助我们找到漏掉的现象——这一贡献的重要性是毋需强调的(但不幸的是没人强调)。[①] 进化这个词有广义和狭义两种用法。从广义上说，它包含所有使经济过程脱离静止状态的现象。从狭义上说，它包含上面广义中所提的那些现象，但减去在制度、时尚或技术水平不变的构架中可以称之为速率的连续变动的那些现象，这些现象将包含在成长概念中。

读者应注意到，至少从逻辑原理上说，一方面是“静态学”和“动态学”，另一方面是“静止状态”和“进化状态”，它们彼此是互不相关的。我们可以用动态模型来描述静止过程：当我们使某一时期某一过程的静止状态取决于该过程以前的状态时，情况便是这样。我们也可以用一连串的静止模型来描述进化过程，例如我们可以这样来描述某一状态的扰动，即指出某一扰动影响该状态以前的静态关系，并指出该扰动平息后的静态关系。[②] 这后一种方法

① 这里我们忽略了一类问题，在这类问题中，静止状态——如“长期停滞”状态——这一概念获得了另一意义，即不远的将来有可能真正出现的一种经济社会状态。这一意义在一些经济学家的思想中占据着突出地位，这些经济学家可以简略地按以下顺序排列：A. 斯密—李嘉图—穆勒—凯恩斯—汉森(参看第五编第五章)。

② 例如，旧货币数量理论就是这样做的，该理论包含着这样的命题，即：在其他条件不变的情况下，货币数量的增加会使价格水平按相同比例上升。很显然，这是假定“过渡”现象可以忽略，因而直接指向由经济有机体以前状态的扰动所引起的过程的“最后结果”。这个例子充分表明，这种方法是很成问题的。

称为"比较静态学"。就我所知，这个词最先是由F.奥本海默[①]在《价值与资本收益》(1916年初版，1922年第二版)一书中使用的。

最后，读者还应该注意到，上面简要叙述的那些概念工具，与自然科学中使用的与此类似的概念工具毫不相关。人们广泛具有的相反的印象是以下两个事实造成的。第一，虽然这些概念工具所包含的只不过是像普通逻辑那样司空见惯的人类思维习惯，但正是由于这一原因，每当所分析的事实显示出其相类似的性质时，人们便采用这些概念工具，或采用类似的概念工具。因为自然科学特别是力学在技术上远远领先于经济学，所以自然科学家在经济学家之前便有意识地给这些概念工具下了定义。在这种情况下，一般受过教育的人士在熟悉经济学以前，便已从力学中知道了它们，因而很容易认为它们是不正当地从力学那里借来的。第二，由于在概念不严密的经济学领域内人们尚不熟悉这些概念工具，于是某些经济学家特别是I.费雪便认为，通过与力学相类比来把这些概念工具的意思传达给未受过教育的人们，是个好主意。但至此便应止步。我们知道，静态经济学这个概念实际上可以追溯到动物学而不是力学，更重要的是，自从有经济分析以来，人们便一直以原始方式不自觉地运用着它。

在澄清了以上基本问题以后，我将尽力说明：(1)经济学的分析工具正在我们所讨论的这一时期，实际上或潜在地慢慢得到了

---

① 应该明确指出，正如定义所表明的那样，动态理论本身与历史分析毫无关系。动态理论中的时间下标不是指历史上的时间——我们用作例子的那个简单模型并没有告诉我们供求曲线是在华盛顿总统时代获得的，还是在罗斯福总统时代获得的；其顺序是理论上的而不是历史上的，或者我们也可以说，它使用的是理论上的日期而不是历史上的日期。

改进,但改进的速度却没有快得——或剧烈得——让它们在1914年以前对分析者的实践产生充分影响;(2)后一事实延缓了进步并说明了实际取得的成就为什么存在着一些极为严重的缺陷。

(1)我们知道,静止状态这一概念在前一个时期人们就已十分熟悉了。但当时是用它来指未来可能出现的一种实际经济状态,而不是指方法论上的一种假设。只有马克思曾在后一种意义上充分利用了它,称其为简单再生产。不过与马克思无关,在我们所讨论的这一时期,人们开始用它来为初步的经济分析挑选出一些特别简单的问题。例如马歇尔就认为它很有用,[①]说它是"有名的'静态'假设"——虽然作为方法论上的一种假设,静止状态在1890年并不有名——并一再使用它,而且就我所知,他第一个指出,为了不同的目的,我们可以给它下不同的(或者较严格些,或者不那么严格的)定义,从而增加其在分析上的有用性。他还率先扩展了这个概念,使其适用于均衡发展,这种做法后来为许多人特别是卡塞尔所仿效。[②]所谓均衡发展就是这样一种社会状况,其人口与财富按基本相同的比率增长,其"生产方法和贸易状况几乎不发生变化,最重要的是,人类本身的性格是一个常数"——由于这个概念不仅在停滞经济的模型中,而且在扩张经济的模型中都与充分就业问题有关,因而它在当今更具重要意义。[③]对静态概念作了这种

① 参看《原理》,第439页及以下各页。该分析领域的最高成就,自然是皮古教授的《静态经济学》(1935年)。分析这个工具的第一个方法学家我认为是J. N. 凯恩斯,参看他的《政治经济学的范围与方法》。

② 参看《社会经济学理论》,第一章第6节。马歇尔的指点在《原理》第441页上。

③ 因为这一点,指出三本现代著作将是有用的。这三本著作反映了自那时以来我们所走过的路:E. 龙德伯格的《经济扩张理论研究》(1937年);R. F. 哈罗德的《动态理论短论》,载于《经济杂志》,1939年3月;E. 多玛的《资本扩张、增长率及就业》,载于《计量经济学》杂志,1946年4月。

延伸后，狭义的进化现象就应清晰地展现在人们面前，而实际情况也确实是这样。但对该时期所有的大经济学家来说，这意味着把这些现象束之高阁，而不是创立一有关这些现象的综合性理论。

无论是瓦尔拉还是马歇尔都能把静态理论与静止状态理论区别开来。瓦尔拉使用的是“静态观点”这一用语，马歇尔使用的是“静态方法”这一用语。但大多数作家都把两者混淆在了一起，“静态”这一用语的日益流行，①就是这种混淆的标志。不过，静态经济学体系确实是在该时期出现的，而且确实是该时期的一项伟大成就，尽管它是人们清晰地想象出来的，而没有严格的定义。但是，关于动态经济学的性质，连清晰的想象也没有——有些人把动态经济学等同于历史变化理论或等同于趋势理论；另一些人把它等同于与局部现象的部分分析相对立的一般相互关连理论；还有一些人把它等同于与中世纪的传统经济相对立的现代经济的理论；少数人则干脆把它等同于经济数量的微小变动理论。② 许多人，庞巴维克便是其中一个，根本不承认有静态学和动态学——对他们来说，只有一种理论，这种理论虽然无疑地可以有不同的抽象程度，却不能有逻辑上不同的“方法”。还有这样一些人，在他们手里，整个讨论退化成了有关词义的争论。所有这些都表明，即使对于纯粹的实用目的来说，逻辑严密的定义也具有重要意义。如果

① 对 J. B. 克拉克来说，静态学只不过是静止社会的一个模型；动态学则是发展进化的模型（特别参看他 1907 年出版的《经济理论纲要》）。卡塞尔（见前引书）相互交替着使用静态和静止状态这两个词。

② 我想，这就是瓦尔拉下面一句话的意思，他说，有时会出现“动态阶段，在这种阶段，已知量的变化使均衡状态连续遭到破坏”（《要义》，第 302 页）。毫无疑问，这也是巴罗尼在他的重要论文“Sul trattamento di guistioni dinamiche”中的意思，载于《经济学家杂志》，1894 年 11 月。

当时静态学的性质受到严格的分析,动态学的问题便会自行显现出来。但也并不全都是混淆。我们也可以见到一些指向当代动态学的启示,但仅仅是启示而已,有时只不过是附带的提示。这里只能谈谈其中(相对来说)最清晰、最重要的启示,它们都是潘塔莱奥尼提出来的。[①]

(2)　正因为连那个时代最进步的思想家都没有明确的动态图式或方法来帮助他们,所以他们未能认识到他们的静态图式或方法的严重局限性。这种局限性只有借助于动态方面的考虑才能显现出来。结果,他们常常不知不觉地非法超越静态学的范围。人们普遍对静态理论与静止——或半静止——状态理论的混淆,更进一步恶化了形势。

〔该稿本到此中断,显然没有完成,但有三行速写指出论证应该怎样进行。〕

(b)确定性、均衡和稳定。从瓦尔拉那里产生的经济世界的静态理论,是经济要素或变量(消费性的和生产性的货物或劳务的价

① 关于这一点,他有两篇论文是十分重要的,一篇是"Caratteri delle posizioni iniziali e influenza che eserctano sulle terminale",载于《经济学家杂志》,1901 年 10 月;另一篇是"Di alcuni fenomeni di dinamica",这篇论文是他 1909 年 11 月在意大利科学促进协会上发表的演讲词。两篇论文都于 1925 年再版于 Erotemi di economia 第二卷。其主要之点是:(1)潘塔莱奥尼提出了这样的问题,即所观察到的经济体系各要素的构形与时间上的(而不仅仅是逻辑上的)初始条件具有什么样的关系;提出了这个问题,也就提出了动态学的根本问题。(2)虽然潘塔莱奥尼给动态学下的定义并不十分令人满意(Erotemi,第 79 页),但他理解得很透彻,从而认识到静态经济学只不过是动态经济学的一个特例(同上,第 76 页)。(3)他认识到有两种动态模式:一种模式导致均衡状态,另一种模式则仅仅带来无休止的波动(同上,第 77 页)。H. L. 穆尔对潘塔莱奥尼的这些看法有极深刻的印象,这些看法对一般理论的重要性,他也许是第一个认识到的。不过,他的方法实质上是比较静态学的方法。

格和数量)之间的大量关系(方程),这些关系被认为是彼此同时确定的。这个伟大业绩一完成,也就是说精密经济学的大宪章一写成(下面将较详细地研究它),就立即产生了一种瓦尔拉以前的经济学闻所未闻的研究方法。纯理论便从此或几乎从此出现了。但它的技术却很简单。不过,瓦尔拉的联立方程组带来了一大堆逻辑上的或数学上的问题,其微妙复杂程度远远超过了瓦尔拉或其他任何人的想象。它们主要涉及确定性、均衡和稳定等问题。[①]对于我们来说,它们太深奥、太专门了。但如果我们要了解那个时期成就的性质,了解现代著作是如何与其衔接的,我们就必须弄清有关这些问题的若干基本之点。

为此,让我们看一下那个时期分析方法的一个突出特征,该特征既表现在庞巴维克著作的批判性部分,也表现在建设性部分。他一心要"解释"或"理解"利息现象。在他看来,这项工作牵涉到两件不同的事情。首先,很明显,必须发掘出利息的"原因"或"来源"或"性质"。其次,在找到了利息的原因并用其他"理论"作了批判性的检验后,便出现了这样的问题,即利息率是由什么确定的。数理经济学家,特别是帕累托对这种方法嗤之以鼻。但在某种程

① 不过,不懂数学的读者可以从希克斯教授的《价值与资本》一书中对这类问题有一了解;懂数学的读者可以参看《价值与资本》一书的数学附录,参看 A. 沃尔德教授的论文《关于数理经济学中的几个方程组》,载于《国民经济学杂志》,1936 年 12 月(该文总结了他以前写的两篇技术性较强的论文中的观点);P. A. 萨缪尔森教授的《均衡的稳定:比较静态学与动态学》,载于《计量经济学杂志》,1941 年 4 月,以及《均衡的稳定:线性系统与非线性系统》,载于《计量经济学杂志》,1942 年 11 月;J. 冯·诺伊曼的《一般经济均衡模式》,载于《经济研究评论》,1945—1946 年(译自早期德文本)。这些材料可以很好地互相补充。并参看 R. 弗里施的《论均衡与失衡概念》,载于《经济研究评论》,1936 年 2 月。

度上,可换一种说法来拯救它:因为不能把经济体系看作是未经界说的东西的集合,所以我们事实上必须首先给它的要素(其中包括利息)下定义,然后我们才能够借助于所涉及的函数(关系)的某些性质来确切说明它们是如何被确定的。接下来便要证明,问题实际上是能够解决的(即证明有解),最后便是探讨解法所显示出来的(解法的性质)"规律"。当我们完成了所有这些以后,我们便可以说,我们已经"解释"或"理解了"我们要"解释"或"理解"的某一要素或某些要素。

一般说来,同时也是简单说来,假如我们能够指出一组变量所必须服从的关系,而这些关系又限定这组变量的值域,则我们便可以说,这组变量的值被确定了;假如这种关系只确定一个值或一个值序列,则可以说它是唯一确定的——这当然是特别令人满意的情况,不过,这种关系常常确定不止一个值或值序列——这便不那么令人满意了,不过总比什么也不确定要好。特别是,这种关系可能只确定一个值域。① 根据前面一段的论述我们知道,"确定"一组变量,按照我们使用这个短语的意义,实际上并不是"解释"某种现象的全部工作。但我们也认识到,它是这项工作必不可少的重要组成部分——或更精确地说,是必不可少的步骤。这就回答了人们经常以嘲笑口吻问的那个问题,即为什么理论家对"单纯的确定

① 举例说明:假设我们必须与这样的人们打交道,他们增加一块钱收入,就会借入另一块钱,并立即把这两块钱都花掉(用凯恩斯的话说,就是边际消费倾向等于 2);如果这样继续下去,则经济体系的货币值将膨胀至无穷大,但其过程是完全确定的。读者应该记住这一点,因为我们常常看到有人把确定性和均衡混淆在一起。再者,读者很容易证明,垄断者对其产品订两种以上的价格,照样可获得最大利润。最后,一般说来,在双边垄断的情况下,价格是不确定的。但它是在完全确定的范围内不确定的。

性"那么不惮其烦。

如果由考察一种现象的"意义"所得到的关系可以确定一组变量值，而这些变量在那些关系本身所包含的事实的唯一影响下，并不呈现变动趋势，则我们便可以说，这些变量处于均衡状态，或者说那些关系限定了均衡条件或平衡位置，或者说有一组变量值满足均衡条件。当然，情况并不一定如此——并不一定只有一组变量值满足某一组关系，而可能有几组值或无穷组值满足某一组关系。多种均衡不一定是无用的，但是从任何精密科学的观点来看，存在"唯一确定的均衡（一组值）"当然是最重要的，即使要作限制性很强的假设来证明它；如果无论以多高的抽象水平也无法证明存在着唯一确定的均衡——或者无论如何，证明存在着若干种可能的均衡，那么我们所研究的现象便真是一片混乱，无法加以分析了。由此我们便回答了外行人提出的问题，即我们如此关心"确定的均衡"是想得到什么好处——同时也回答了以下较为专门的问题，即为什么均衡概念在瓦尔拉和马歇尔的思想中起着如此重要的作用。①

我们从之开始的那些关系，看它们是把带有相同时间下标的要素联系在一起，还是把带有不同时间下标的要素联系在一起，便可用来给静态均衡或动态均衡下定义。那个时期的经济学界领袖

① 它在奥地利学派，特别是维塞尔的思想中的作用，实际上是同样重要的。假如它没有明白地表现出来，这完全是由于他们技术上的无能。技术上同样无能的历史学家称"均衡论者"（原文如此）为一个学派或宗派。不过事实上，被冠以这种称呼的作家只是更清楚地说出了这个时期——实际上还有前一个时期——的所有理论家所探索的东西。

只使用了前一概念——至少在他们的数学结构中是如此——似乎没有明确想到与后一概念有关的问题。所以,除了对静态均衡分析的说明与批判迫使我们涉及动态问题外,我们将只讨论静态均衡。正如在本节第一部分讨论"静态"与"动态"这两个名词本身时所强调的那样,均衡概念,不论是静态的还是动态的,都绝不是正当地或不正当地从那些具有类似概念的自然科学中借来的。均衡概念属于逻辑范畴,因此一如逻辑本身那样,具有一般性。因为从事自然科学和社会科学的人们具有相同的人类头脑,所以均衡概念既出现在自然科学中,又出现在社会科学中。

不管是静态的均衡或动态的均衡,都可以是稳定的、中性的或不稳定的。在我们深入讨论这个问题以前,最好先简要地——而且很肤浅地——谈一谈联立方程组的意义以及一组变量被同时确定的概念。我们曾经把精确的分析过程分成四个步骤,在经济学史上,这四个步骤第一次是在瓦尔拉的著作中清晰地辨认出来的。现在我们再从这四个步骤的前两个步骤开始,即探究我们所要研究的现象的性质,并根据我们对它们的性质的了解,发现我们认为存在于它们之间的关系。用方程表示出这些关系后,我们便可采取第三个步骤:即将这些方程纳入一个体系(即一个理论"模式")中,看看作为变量(或"未知数")出现在这一体系中的要素,是否有唯一的一组值来满足所有那些必须同时存在的方程——联立方程这一术语即由此而来。到此为止,一切都很顺利。但要回答上述问题——在大多数情况下,当然是否定的回答——是极为困难的。普通常识告诉我们,假如有唯一的这样一组值——即一种"解"——存在的话,那就必须满足某些条件。例如,方程必须是真正的方程，而不能是纯粹的恒等式（例如 x 等于 x）；[1]它们必须在以下意义上是独立的，即没有一个方程一定要隐含在另一个方程，或另几个方程，或所有其他方程之中；[2]它们必须有足够的数目；当然，它们彼此不得相互矛盾。[3] 但只是在特别简单的一类事例中，上述条件才是充分的，易于检验的，而瓦尔拉的体系并不属于这类事例。要解决我们将在第 7 节简略谈到的那个问题，需要运用复杂的现代数学工具，进行很高深的论证。瓦尔拉和马歇尔远未解决那一问题——原因之一是，在他们写作的时代，没有所需要的某些数学工具——他们甚至未能弄明白那一问题的性质及困难所在处。但是，也如我们将要看到的，瓦尔拉不仅仅是“计算了方程”。[4]

〔该稿本也未完成。下面我们从他的早期稿本（见附录）中单独摘引一段话录在这里，因为这段话很简明地给稳定均衡、中性均衡和不稳定均衡下了定义。这些概念在本章后面各节还将提及。〕

这样，我们便可以来考察静止过程和进化过程了，并可以用静态方法或

---

① 但是，如果恒等式表示这样的事实，即方程组其余部分的 x 和 y 是真正恒等的（$x \equiv y$），那么便可删掉这种恒等式中的 x 或 y，因而这种恒等式可以对确定性作出和方程式一样大的贡献。本身为恒等式的命题和可以用来确定均衡值的命题两者之间的混淆，是经常出现错误与争论的根源。参看 J. 马尔沙克：《经济学中的恒等式与稳定：概括性研究》，载于《计量经济学》杂志，1942 年 1 月。

② 不过，必须把独立与自主区别开来。在上面的论证中，所要求的仅仅是，在数学上没有一个方程产生于别的方程。在这里，一个或更多个方程的成立是否在经济上取决于其他方程，并不重要，虽然这在其他方面很重要。自主这个概念——系由弗里施所提出——远远超出了我们的讨论范围。

③ 应该顺便提一下后面这一点（它还表明，这种纯逻辑问题会直接影响人们热烈讨论的实际问题）的极端重要性。假如某一正确反映资本主义社会基本特征的体系或模式包含有相互矛盾的方程式，这便证明资本主义制度具有固有的障碍——证明存在着真实的而非假想的“资本主义矛盾”。

④ 参看马歇尔：《原理》，数字附录，注 11 结尾。

动态方法来分析这两种过程了。现在我们引入均衡这一概念。对大多数目的来说,最简单的、同时也是最重要的情形是静态均衡。假设我们已经解决了以下问题,即在经济世界中我们想确定的是什么要素,确定这些要素的是哪些已知数和关系。于是便出现了这样的问题,即这些被认为同时成立的关系(联立方程)是否足够多,恰好能确定那些满足这些关系的要素(变量)的值。也许没有这样的值,也许有一组这样的值,也许有一组以上这样的值,而即使有几组这样的值,也不能由此得出结论说我们的系统是没有价值的。但最为有力的、同时也是每个理论家所渴望的情形,自然是只有唯一的一组这样的值。我们把这样的值或几组这样的值称作均衡值,如果我们系统中的变量取这样的值,我们便说该系统处于均衡状态。不用说,如果这种值是稳定的而不是中性的或不稳定的,则它们对我们将是非常有用的。所谓稳定的均衡值是指这样一种均衡值,它如果发生小的变化,就会产生一种作用力,该作用力会使它恢复原来的值;所谓中性均衡值是指这样一种均衡值,它没有上述那种作用力;所谓不稳定的均衡值则是指这样一种均衡值,它如果发生变化,就会产生一种作用力,该作用力会使整个体系愈来愈远离均衡值。第一种情况可用碗底的球来说明;第二种情况可用弹子台上的球来说明;第三种情况可用倒着的碗上的球来说明。很自然地,为了理解经济系统的逻辑,弄清确保稳定的条件,弄清产生不稳定的条件,具有特别重要的意义。正是在这一意义上,我们曾在前面说,我们的定理产生于稳定条件。

4. 竞争假说与垄断理论*

前面已指出,该时期的经济学家实际上保留了他们"古典派"前辈的习惯,把"竞争"看作是正常的情况,以此进行他们的一般分

* 〔这一节共计四部分,其中三部分是打字稿(每部分各编有单独的页码),一部分是手写稿,未编页码。各部分似乎是连贯的,只是最后一部分很短,显然是很早以前写成的。手写的那部分论述的是寡头垄断,显然没有完稿。还有另一更短的论述,标题为"垄断、寡头垄断、双边垄断",很可能是一初步研究(未打字),与本书原稿的其余部分一并存放在哈佛的霍顿图书馆。〕

析；[①]前面还指出，同那些前辈一样，他们过高估计了这种分析的适用范围。事实上，我们可以举出许许多多把竞争视为正常情况的作家；他们或者认为竞争遍及大部分实际商业活动（瓦尔拉、奥地利学派）；或者认为虽然偏离竞争图式的情况时常发生，但偶尔承认这一点也就行了（马歇尔、维克塞尔）；[②]或者认为竞争“应当”是正常情况，“应该”而且能够通过适当的政策予以加强（克拉克）；或者认为实际体系虽然从局部看是非竞争性的，但就整体而言，却似乎是竞争性的（卡塞尔）。而且，虽然他们不都是竞争的盲目颂扬者（参看下面第5节），但他们几乎都易于屈从经济理论家的特殊偏好，即对易于处理的模式的偏好，这种偏好与政治偏好无关。很自然地，理论家对经济行为的一般性描述被以下假定大大简化了，他们假定，所有产品和“要素”的价格，在可以感觉得到的范围内，都不受个别家庭和个别厂家影响，因而在价格理论内可以看作是给定的（视为参数）。[③] 于是这些价格一般是由“市场”上所有家庭和所有厂商活动的总结果决定的，而只要各个家庭和厂家除了使它们想买或想卖的商品与劳务的数量适应通行的价格外，别无其他选择，这种市场的机制就比较好描述了。我们可以把这称为“排除策略原则”（the Principle of Excluded Strategy），因而说

① 但也可以与前面提到的穆勒的限制条件和告诫对照比较一下，这些限制条件和告诫一直没有受到人们的适当的重视。我们也不应忘记，库尔诺的分析是建立在垄断的基础上的。

② 但帕累托断然否认，竞争实际上“统治”我们的社会。见《讲义》，第2卷，第103页。

③ 有意思的是，希克斯教授在1939年正如J. S. 穆勒在1848年那样深信，成功的理论分析实质上应局限于竞争状态：放弃竞争假设，“大部分经济理论……就有崩溃的危险”（《价值与资本》，1939年版，第48页）。

这个时期的大部分纯理论是排除策略的静态均衡纯理论。科学严密性水平的全面提高,终于产生了我们现在称之为纯粹竞争或完全竞争的实质,虽然当时还没有这个名称。①

(a)竞争假说。这个概念,库尔诺在其《研究》一书第七章的结尾与第八章的开头已经明白地论述过了。他从纯粹垄断的情况(下面将讨论这种情况)着手论述,然后他先是引入另一个卖者,接着便引入更多的卖者,直至他们的数目无限增加,最后达到“无限”(illimited)竞争的状态。在无限竞争的条件下,任何一个生产者所生产的数量都小得不足以对价格产生可以感觉得到的影响或容许采取价格策略。②杰文斯加上了他的“无差别法则”(Law of Indifference),该法则给完全市场概念下了定义,在完全市场上,每一同质的商品在任何时刻都只能有一种价格。我认为,这两个特征——即排除价格策略原则和无差别法则——所表达的正是瓦尔拉的所谓“自由竞争”。帕累托的定义(《讲义》,第一卷,第 20 页)归根结底说的也是同一种东西。不过,这并没有消除隐藏在竞争市场概念背后的所有逻辑上的困难,③有些困难必须立即简要地

① 本书将采用纯粹竞争这个词,该词系 E. H. 张伯伦教授在他的《垄断竞争理论》一书中提出来的(第一版序言注明写于 1932 年,但其所有主要内容却包含在 1927 年提出的未出版的博士论文中)。参看下面第五编第二章。

② 这种方法的优点是,它突出了以下事实,即纯粹竞争产生于某些条件:这比假定纯粹竞争是制度上的事实要好得多。此外,库尔诺还强调(前引书,第 90 页),每一生产者所生产的数量,“不仅相对于总产量 $D=F(p)$ 而言必须小得难以察觉,而且相对于导数 $F'(p)$ 而言也必须小得难以察觉,这样,从总产量 D 中减去〔每一生产者的〕部分产量,就不会使商品的价格发生任何可以察觉到的变化。”

③ 第一个感到他人处理这个概念的方法在逻辑上有毛病的作家是 H. L. 穆尔(《竞争悖论》,载于《经济学季刊》,1906 年 2 月,以及《综合经济学》,第 11—19 页),但他自己处理这个概念的方法也并不更令人满意。

谈一谈。

纯粹竞争机制被认为是通过每个人想获得最大净利益(满足或货币所得)的愿望起作用的,而每个人获得最大净利益的方法,则是使买进或卖出的数量最恰当地与通行的价格相适应。但尽管你只要愿意就可以排除价格"策略",可是仍然存在着这样的事实:即这种适应将随着当事人对市场情况了解的不同、所作决定的快慢以及"理性"的多少而产生不同的结果,还将随着当事人对未来价格变动的预期不同而产生不同的结果,更不必说他们的行动还受到另外一些限制,即受到他们过去的决定为他们自己创造的处境的限制。如我们在下面将看到的,瓦尔拉对这些困难是非常敏感的,在一些地方(例如,在《要义》第35讲最后一段)他清楚地看到,为了对付这些困难,将来也许必须建立动态图式。然而,对他自己,他也同样清楚地看到,在专心从事建立经济过程的基本数学理论这一开创性工作的时候,他只能大刀阔斧地简化,别无其他选择(《要义》,第479页)。因此,他(首先)假定,进入每一单位产品的生产性服务的数量(生产系数),是不变的技术数据;没有不变成本这样的东西;在同一工业部门内,所有厂商用同样的方法生产同样数量的同种产品;生产过程不费时间;选址问题可不予考虑。在这种情况下,很自然地,他便进一步利用或滥用开创者的特权,把所有可能的反应简化为一种单一的标准类型。① 对我们来说,便出现了这样一个问题,即他到底想在多大程度上把上述假定包括在他的"自由竞争"之内?有人(特别是奈特教授)认为,瓦尔拉以及

① 不过,他在一些地方确实利用了定义很不精确的"大数法则"(Law of Great Numbers)。在这点上,他是按库尔诺的建议做的。

那个时代的理论家一般都想使纯粹竞争具有“全能”、完全合乎情理、反应迅速等特性;偏离这一模式的所有现象,都将在一个叫作“摩擦”的实体的宽阔的褶皱中找到自己的位置,因而这一实体将成为纯粹竞争的帮手,其任务是捡起后者所拿不了的东西。但我认为,没有必要使纯粹竞争负担过重,在解释那个时代的作家时,完全可以把上段界说的、他们关于纯粹竞争的概念,与他们为了一般的或特殊的目的而就上文提到的对市场的了解、决定的快慢、行动是否符合理性以及其他事项所作的进一步假设区别开来,即使他们自己没有作这种区别,我们也可以把它们区别开来。①

不过,马歇尔并没有采取这条路线。正像瓦尔拉比任何其他经济学界领袖具有更大的决心,决意剔除他认为对自己的理论图式不重要的每件东西那样,马歇尔则追随英国的传统,决心尽力抢救现实生活中的每一片断。关于我们现在所讨论的问题,我们发现他并未试图彻底搞懂竞争的逻辑。在其《原理》的开头几页,他强调的是经济自由而不是竞争,没有给竞争下严格的定义。而且,在整个《原理》这本书中,他主要讨论的是个别厂商的问题——即个别厂商是如何占领它们将活动于其中的“特定市场”的,它们又如何失去这些市场,以及由此而带来的某些后果。我认为,这不仅仅是不喜欢赤裸裸的抽象,而是意识到了后来发展成为(张伯伦的)垄断竞争理论或(罗宾逊的)不完全竞争理论的那些问题,无

① 举例来说,这一点的重要性可由以下说法来说明:按照凯恩斯以前的理论,在完全竞争条件下,除了“摩擦”型失业外,不可能有非自愿失业(凯恩斯:《通论》,第 16 页)。只要记住“充分就业”不是纯粹竞争本身的性质,而是纯粹竞争条件下完全均衡的性质,就可以完全消除这种隐含的批评。但如果纯粹竞争含有极为迅速地适应的意思,那么一般说来,充分就业和完全均衡实际上就必须总是同时出现——允许有“摩擦”——而这事实上便证明,这种理论是不切实际的。

疑，该理论的守护神马歇尔已意识到了这些问题。但是，在他与该理论的现代倡导者之间，对这些问题的态度却有某种不易言传的微妙差异。

如果我们一方面认为，在无数种市场型式中，纯粹或完全垄断和纯粹或完全竞争由于某些特性——其中最重要的特性便是两者都适宜于用较为简单和（一般说来）唯一确定的合理图式来处理——而显得很突出；另一方面认为，实际出现的大多数情况只不过是上述两种情况的混合物或混血儿，那么，我们似乎就会很自然地承认纯粹垄断和纯粹竞争是两种真正的或基本的型式，就会很自然地进而考察它们的混血儿的情况。这正是垄断竞争或不完全竞争理论家们的态度。但我们也可以不把混血儿看作是偏离基本型式的情况或掺假的基本型式，而把混血儿看作是基本型式，把纯粹垄断和纯粹竞争看作是极限情况，其中的实际商业行为内容已被提炼走了。这很像马歇尔采取的路线。如果读者感到我在极力表达一种没有区别的区别，则读者最好问问自己，上面对竞争所下的定义是否确实符合我们谈论竞争性企业时所要表达的意思 。难道我们指的不是某一工商企业为了比隔壁同行干得更好或至少取得更大成功而必须有自己的机动、决定和行动；难道我们不正是把"竞争性"企业的技术效率和商业效率归因于这种情势；难道这种行为方式不正是在纯粹垄断和纯粹竞争两种情况下所完全没有的；难道我们不应该因此而把纯粹垄断和纯粹竞争称为退化状态而不是基本状态？[①] 假如我们没有弄错的话，这正是现在人们开始普遍感

① 这个故事的教益当然在于，把一种现象分解成各个逻辑的组成部分，并求出每一部分的纯逻辑，会使我们要理解这一现象反而失去了这一现象：一种化合物的本质系在该化合物中，而不是在它的任何一个要素或所有要素中。

到的——因此而开始寻求一种"可以运用的"竞争概念(J. M. 克拉克),在这样做的时候,本可以从分析马歇尔的论证着手。然而,马歇尔的这部分教义特别不走运。无论理论家或仇视理论的制度学派都没有看到他们可以发挥的那些提示。

(b) 垄断理论。我们已考察了该时期的经济学家就垄断、寡头垄断以及垄断行为的实际问题所作的研究工作和发表的观点。大规模商业活动的发展,使他们不得不注意这些问题。现在我们应该转而看一看他们为这一领域提供的理论工具了。关于垄断理论的发展,有几部杰出的批判性著作,我们因此而可以只作最一般性的概述。①主要的成就是属于库尔诺的,所以可以说这个时期的研究工作一部分是为发展他的纯粹垄断静态理论所作的一系列成功的尝试;另一部分则可以说是为了发展并纠正他的寡头垄断和双边垄断理论而作的一系列不那么成功的尝试。二流荣誉可以平分给马歇尔和埃奇沃思两人。②

为了正确评价库尔诺的成就,有必要回忆一下以下事实:即我们曾不无惊讶地指出,尽管大家都谈论垄断理论但实际上在库尔诺以前并没有任何垄断理论,甚至他论证的起点,即"马歇尔派的"

① 例如参看加斯顿·勒迪克:《垄断价格理论》(1927 年);E. H. 张伯伦的《垄断竞争》(1946 年,第 5 版)一书的第一章和第三章,读者在此书中还可以看到一份几乎完整的参考书目;F. 佐滕:《垄断与经济战争问题》(1930 年);H. 冯·施塔克尔贝格:《市场形式与均衡》(1934 年,第五章);J. R. 希克斯:《垄断理论》,载于《计量经济学》杂志,1935 年 1 月。

② 瓦尔拉的贡献是微不足道的。不过,除库尔诺外,我们还可以提到杜皮伊和埃利特。埃奇沃思的一些贡献见《数理心理学》(1881 年),其余贡献,特别是他的重要论文《纯竞争理论》(载于《经济学家杂志》,1897 年 7 月)见他的《政治经济学论文集》。并参看皮古:《财富与福利》(1912 年)和《福利经济学》(1932 年第 4 版,第二编第十五章);以及鲍利的《数学基础》(1924 年),尽管该书出版得较晚。

需求函数(借方法则)在1838年以前也没有正确地界说过。让我们首先指出,需求函数 $D=F(p)$,因而总收入函数 $pF(p)$ 以及边际收入函数 $F(p)+pF'(p)$(《研究》,第53页),对垄断者来说都是宏观地给定的,垄断者一方面可以随心所欲地利用这一给定的需求表;另一方面却不能例如通过广告宣传或通过把自己产品的新用途告诉给顾客的方式来使需求表发生有利于自己的变化。这样,垄断的定义便以暗示的方式第一次向我们提出来了,尽管这个定义排除了我们在实际生活中所能看到的大多数"单个卖者"。[①]库尔诺于是使这一给定的收入函数与总成本及边际成本曲线相交,[②]以便诱导出现在为每一个初学者非常熟悉的那个定理:即如果垄断者制定的价格恰巧使边际收入与边际成本相等,则(瞬时)所得便会最大(前引书,第57页)。这一定理严格说来当然是静态的,是属于部分分析领域的(参看下面第6节)。而且它还完全有赖于微积分所提供的极大值判别准则,也就是说,要证明极大值的存在与唯一性,证明成本的微小变动是以确定的方式影响垄断者的最优

① 然而,大多数经济学家直到今天仍然接受这一具有很大局限性的定义,但却坚持把垄断这个词及库尔诺的垄断理论应用于单个卖者的所有情况。P. M. 斯威齐曾分析了库尔诺理论的逻辑含义,参看他的《论垄断的定义》一文,载于《经济学季刊》,1937年2月。这是张伯伦的孤立垄断(Isolated Monopoly);他的纯粹垄断是……〔注释未完〕。

② 一如他对收入函数的看法那样,他不认为这些成本曲线与垄断者的行动无关。他特别指出,当一个垄断者控制几个工厂时,他会仅仅经营那些能最经济地经营的工厂,而相互竞争的公司则只要能从经营中赚得利润,就会经营所有工厂(第87页)。还应该指出,他讨论了边际成本递减的情况——因而也是以暗示的方法提出了"成本递减"的正确含义,大约在六十年以后,埃奇沃思才阐述了成本递减的含义。最后,他强调了这样一个事实,即总成本中的不变要素不影响价格,并认为如果整个成本都是不变的,因而边际成本等于零,便无需特别考虑成本。

价格的。[①]但是,尽管有这些缺陷以及其他一些不能在此提出的缺陷,[②]该定理仍不失为一项辉煌灿烂的成就。对于这项成就,一如对在垄断条件下生产的商品课税的论述(第六章)那样,我们应致以最崇高的敬意。

马歇尔在其《原理》第五篇第十三章中用自己的技术重新进行了这种分析,虽然并非每一个人都认为他的技术优于库尔诺的技术。[③]但他添加了某些确实是他自己的东西。库尔诺固然认识到,垄断者的成本结构也许比竞争性行业的成本结构有利。但却要留待马歇尔来指出这一可能性的全部重要意义,要由马歇尔充分运用其实际智慧把它表述出来。他的论证实际上等于否认存在以下推论,即同"自由竞争条件下"的情况相比,通常由现代工业垄断企业制定的价格较高,而由其生产的产品数量则较少。另外,库尔诺

① 微积分提供的判别某一变量的连续函数是否有唯一的极大值的准则是,函数的一阶导数应该为零,二阶导数应该为负;这些准则仅能回答一个小区间的问题,而不能确定该函数在那个小区间以外是否有其他极大值。然而,库尔诺在假设总收入和总成本函数的形状时,却设想只有一个极大值。但他的证明,即边际成本的少量增加会提高垄断者的最优价格,虽然按照需求曲线的形状,价格提高的幅度有时比成本增加额大得多,有时比成本增加额小得多,则严重受到以下假设的限制,即成本与价格的增量是如此之小,以至它们的平方(与高次幂)与乘积可以忽略不计。库尔诺在第五章第32节试图摆脱这种限制,摆脱限制的方法是,如果这两个增量不太小的话,便把它们分解成微小元素,以此从旧的成本数字转向新的成本数字,而他的证明便可以应用于每一微小元素。为什么不能采用这一方法,读者也许看得很清楚。

② 特别是,库尔诺在第 87—89 页上对以下命题所作的证明是有问题的,即垄断者的最优价格总是高于纯粹竞争下的价格,尽管对于相等的总生产量来说,相互竞争的生产者的成本总是大于垄断条件下的成本。

③ 马歇尔是用垄断者的净收入总额而不是边际收入来推理的("垄断收入表",《原理》,第 539 页)。这就是为什么 1930 年左右的经济学家把张伯伦和罗宾逊重新描述的"边际收入曲线"看作是新奇事物的原因。

当然知道，但却未能强调指出，垄断价格的确定与竞争性价格的确定是有不同意义的：在纯粹竞争条件下，厂商必须接受通行的价格；而垄断者则不受这样的强制，他们或者出于策略上的考虑例如为了自己的利润，或者出于其他方面的考虑例如为了他人，特别是顾客的利益，可以把价格定得低于瞬时最优价格。马歇尔认识到了这意味着什么。一个重要现象与问题的广阔而变化多端的前景便这样展开了，[①]可是不久又消失在了意识形态的迷雾中。[②]但是，同库尔诺一样，他没有适当注意垄断策略的一个很重要方面即“价格差别”(Price Discrimination)。在他以前，杜皮伊、瓦尔拉[③]和埃奇沃思就已初步提出了价格差别理论。皮古在《财富与福利》一书中对这类问题的陈述，表明了该时期的经济学家对价格差别这一问题的理解程度。但是我们不要忘记，实用领域特别是运输领

① 参看论述垄断的那一章第6—8节，特别是参看马歇尔对他所谓的调和利益(compromise benefit)的论证(第549页)。我们再一次指出：马歇尔在这一章中对库尔诺的分析骨架，即使增添了新东西，也增添得很少；但是正如在其他许多方面一样，他却以他特有的广泛而深刻的洞察力，由此而展开了一种经济分析，使库尔诺的分析骨架以及后来采用较优越的技术取得的成就，不免相形见绌。他甚至清晰地看到了垄断理论的统计补充部分。

② 不过，即使马歇尔对他那个时代的垄断和半垄断现象的广泛而深刻的理解未能结出果实，他作为经济学家在历史上的崇高地位也是很突出的，因为他在这些现象中看到的不仅仅是不起作用的贪得无厌的结果，或正如我们时代的一位大理论家所说的，他看到的不仅仅是生产者追求舒适生活的结果。

③ 《要义》，第382—384节。瓦尔拉认为，在“自由竞争”条件下，价格差别也是可能存在的。但瓦尔拉指的不是在纯粹竞争的完全均衡条件下有可能存在价格差别——这是个有趣的例子，表明必须仔细地把限定竞争的特性、限定均衡的特性以及限定竞争性均衡的特性区别开来。不过，瓦尔拉并没有犯错误，他认识到，只有在垄断因素出现的条件下，价格差别才不违反均衡条件。

域的专家们要比这走得更远。①

〔**(c) 寡头垄断与双边垄断。**〕　不过,库尔诺还留下了另外两项遗产。一项遗产是寡头垄断理论,②或者就讨论最多的特殊情况来说,称其为双头垄断(duopoly)理论。如上所述,他是在以下过程中与寡头垄断相遇的,他从垄断着手,然后引入一个、两个、三个……规模基本一样的相互竞争的公司,直至达到"非限制性"竞争,关于这种非限制性竞争,他正确地诱导出了另一个现在为每一个初学者所非常熟悉的定理,即在纯粹竞争的均衡中,价格等于边际成本。他的论证,在起点和终点是正确的。因而把这同一推理

①　我找不出存在以下情况的证据,在这种情况下,价格差别可以改善所有有关方面的处境,包括受到差别待遇的一方。但哈德利的牡蛎事例却提供了一个有趣的实例,表明有可能出现那种情况。假设装满一节货车的一批牡蛎在内地市场 A 可以卖得 150 美元,A 地与牡蛎养殖场 B 有铁路相通,这节货车的最低运费为 20 美元。B 地的生产者只愿意按 62.50 美元的价格每日供应半货车牡蛎。但是由于他们必须支付整节货车的运费,所以这笔交易会使他们净损 7.50 美元(62.50+20−75)。但附近另有一个产牡蛎的村庄 C,其居民也愿以 62.50 美元的价格出售半货车牡蛎。从 C 地到 B 地的铁路运费为 5 美元。很明显,如果这 5 美元运费能由 C 地的生产者与 B 地的生产者分摊,这笔交易便可成交,所有各方——A 地的消费者,C 地与 B 地的生产者以及铁路方面——都会受"益"。分摊运费的工作由铁路方面来做,只要对相同的服务向 B 地的生产者和 C 地的生产者收取不同的运费就行了。(阿瑟·T. 哈德利:《铁路运输》1885 年,第六章,第 116 页及以下各页。)

②　这个名词是由托马斯·穆尔爵士(参看上面第二编第六章)引入的,后来,卡尔·施莱辛格尔(《货币经济和信用经济理论》,1914 年)、U. 里奇(Dal protezionismo al sirnadacalismo,1926 年)和张伯伦(前引书)再次引入它,但在我们所讨论的这一时期著作家们没有使用它,因为他们只是研究双头垄断的情况。由于库尔诺用"非限制性竞争"来指我们所谓的"纯粹竞争",因而"限制性竞争"这个词的使用也许可以归功于他。皮古使用的是"垄断竞争"这个词。"不完全垄断"这个词有时是指这样的情况,即几个竞争者中的一个控制了某一工业的很大一部分产量,以致他能够通过单独的行动影响价格,而其他竞争者必须接受他"定"的价格。例如参看卡尔·福希艾默尔:《不完全垄断理论》,载于《施莫勒年鉴》,1908 年。这种重要的领先定价情况,并没有表现出"真正的"寡头垄断所具有的问题,因而实际上被大多数论述这一主题的作家默默地排除了。

也运用于中间状态，便是再自然不过的事情了。于是，为了简单起见，假设只有一个竞争者，同样为了简单起见，不考虑生产成本，① 在这种情况下，他便很自然地这样来论证，这个竞争者发现有一个垄断者，于是立即向市场——假定是一个完全的市场——提供一定数量的(完全同质的)商品，以使自己获得最大的收入，而原垄断者的产量则保持不变。原垄断者将因此而根据新的形势调整其产量，新来者也将同样行动，如此等等，价格不断下跌，就如同两位垄断者把每次调整后的总产量拿出来拍卖那样。而且库尔诺用他的"反作用曲线"工具精巧地证明，② 在他的假设下，这种一步一步调整产量的做法将产生一种独特的稳定均衡状态，在这种状态下，两个垄断者将出售同等的产品量，售价将低于垄断价格，而高于竞争价格，如果出现偏离，会有一连串强度递减的反作用来重新建立均衡(前引书，第 81 页)。

① 库尔诺所举的例子是两眼矿泉，它们产生品质完全相同的矿泉水，这个例子所包含的假定在后来有关双头垄断的讨论中已几乎被普遍采用，也就是假定，两个垄断者的成本结构是完全相同的。这似乎道出了双头垄断局面的纯逻辑。实际上，该假定给一种很特殊的情况下了定义，并表明了双头垄断局面的一个要素，该要素对较为一般的寡头垄断情况具有特别重要的意义，而且使我们能经常缩小不确定性的范围。作为开路者，库尔诺这样做是情有可原的。但是在他以后研究这个问题的人士则应该认识到，如果他们也作同样的假定，那他们将有所失，而不是有所得。事实上，似乎只有马歇尔充分意识到了这一点。

② 若以直角坐标系的 x 轴表示双头垄断中的一个垄断者即原垄断者的产量，以 y 轴表示另一个垄断者的产量，则这两条反作用曲线便描绘出两个方程，代表这两个垄断者获得最大收入的条件〔举例来说，对于垄断者 I 来说，如果 D_1 和 D_2 代表两人所提供的数量，$f(D_1+D_2)$ 代表价格，则 $f(D_1+D_2)+D_1 f'(D_1+D_2)=0$〕。也就是说，垄断者Ⅱ的反作用曲线表示的是，若垄断者Ⅰ提供一定的数量，垄断者Ⅱ将提供多大的数量(前引书，第 81 页以及图 2 和图 3)。这两条反作用曲线都凹向原点，并相交于一点，正是这一点满足稳定条件。关于全面的解释，还可参看费雪的引论性的文章《简评库尔诺的数学》注 17。

因为这个结果——不管是被攻击还是被接受——成了以后所有论述寡头垄断的著作的支柱,成了持续到二十世纪三十年代的那场讨论的起点,所以为了吸取这个故事的教益,[①]我们将首先弄清我们自己对库尔诺的解答的看法,弄清在没有历史资料的情况下,我们自己希望它朝哪一方向发展。首先,应该明确,库尔诺的解答并不荒谬。有一点是不正确的,即认为那两个垄断者是根据对彼此行为的假设行事的,也就是每一方都假设另一方提供的数量是不变的,尽管他不能不看到另一方在不断调整其供应量,事实不断否定其假设。实际上不存在这样的假设。所需要的只是,每个垄断者都选用这种特殊的方法来发现另一方怎样作出反应,或者每个垄断者都暂时将另一方的产量看作是给定的,看作是指导自己下一步行动的指南。不过,应该同样明确的是,库尔诺所选择的行为并不是唯一可能的行为,甚至不是"正常的"行为。这两个垄断者可能同意合作。或者,即使不达成公开的或秘密的协议,他们也可以共同制订垄断价格。[②]或者,他们共同战斗,以驱逐或收

① 这比对之作详细的阐述,更富有启发意义。关于与此有关的问题,我再一次提请读者参看冯·施塔克尔贝格的《市场形式与均衡》(1934 年)第五章,虽然我不能完全同意他对双头垄断问题的研究史所作的叙述,也不能完全同意他自己的双头垄断理论。参看里昂惕夫教授评论冯·施塔克尔贝格的著作的文章:《施塔克尔贝格论垄断竞争》,载于《政治经济学杂志》,1936 年 8 月。

② 库尔诺当然知道两个垄断者有可能联合在一起,而他为了讨论双头垄断而排除这种可能性,是有道理的。他也知道两个垄断者有可能单独决定收取垄断价格,但他排除了这种可能性,理由是,在任何给定的时刻,两个垄断者中的一个都会被暂时的利益所诱惑而沿着库尔诺的反作用链条采取进一步的行动(前引书,第 83 页)。库尔诺这样做就不那么有道理了。因为两个垄断者具有完全同等的理性,都面对一个非常完全的市场,在这个市场上,顾客随着价格的微小变化而转移,在这个市场上,两个垄断者出售的货物没有任何差别,甚至路程的远近或服务态度也一样,因而哪一方都不可能控制或失去一半以上的市场,即使暂时控制或失去也不可能,这样,我们便几乎不

买竞争者,或使竞争者遵守他们规定的行为型式。在这样做时,任何一方或两方都可能采取虚张声势的策略。无论采取上述哪一种行动,最终都可能导致稳定局面的出现。但并不保证一定出现稳定局面,而且即使出现,在大多数情况下,也是通过破坏双头垄断特有的型式而出现的。因此,到目前为止,如果不引入另外的假设,关于稳定局面我们所能说的仅仅是,似乎没有一般的解。[①]不过,我们会立即看到,虽然双头垄断者或寡头垄断者所选择的行动部分取决于他是什么样的人——就此而言,我们所能做的仅仅是列举可能的行为类型——但也部分取决于一般的经济形势,取决于该公司相对于其竞争者所处的地位,特别是取决于它自己的及其竞争者的成本结构。而这便开辟了一条摆脱困境的道路,得到特殊情况所特有的许多结果,但这时常不过是缩小"不确定性"的范围而已,尽管如此,这并非没有意义。

我们已经知道为什么库尔诺忽视所有这些:他在概述定价理论时显然希望,从纯粹垄断着手,不改变任何因素,而只改变竞争者的人数,沿着一条不中断的推理路线,最后达到纯粹("非限制性")竞争状态。在这条路线上,他所遇到的只是使供应量适应价

可能从库尔诺的一般告诫中得到安慰,库尔诺告诫我们,"在精神领域内",并不会因为在他的假设下所涉及的错误极为明显,"人们就能不犯错误"。或者实际情况不能满足某些或所有那些条件,于是库尔诺的全部推理便不适用了。读者应该注意以下有趣的事实,即只要两个垄断者之间没有协议,便有可能在垄断价格那一点得到唯一的、稳定的解。如果他们真正合作,便会出现如何分配他们共同获得的垄断收益的问题,对于这个问题是没有唯一的解,或根本没有解的。但如果他们单独行动,便不会出现这样的问题。

① 这时常用以下说法来表达,即一般说来,这个问题是不确定的。但是,正如帕累托所指出的,只要没有解是由于两个垄断者的目的不一致造成的,则毋宁说这个问题的确定性过大了(《提要》,第597页)。

格的问题,因而对他来说,这种图式便很自然地成了最基本的图式。所以,可以对他提出的批评是,他忽视或忽略了这样一个事实,即当我们离开纯粹垄断状况时,不存在于这种状态中的因素便会显现出来,而当我们接近纯粹竞争时,这些因素又会消失,换句话说,从垄断到竞争这条不中断的路线是一条不可靠的路线。因而——从十九世纪八十年代经济学家发现了库尔诺的解,开始对它感兴趣的时候起——分析工作的下一步本来是应该认识到这种情况,识别出那些影响价格策略的因素并提出有关这些较重要因素的理论——所有这些本来应该为探讨现代工业的定价问题,特别是为探讨"到货价"(delivered prices)或地区价格差别(locational price differentiation)等问题创造一种有利的环境。这将使理论上的分析与"制度方面的"事实相结合,从而产生一种较为充实、较为有用的价格理论。

实际上,在半个多世纪后的今天,我们已或多或少达到了这一境地,虽然还有很多工作尚待完成。张伯伦教授的著作就可以说是耸立在这条道路上的一块里程碑。① 但是在我们考察的这个时期,却没有什么值得记载的、预示这一发展的东西。作为例子,我可以提一下,马歇尔经常强调以下事实,即如果双头垄断者(寡头垄断者)可以在"报酬递增规律"下单独行动,则那个能以最大的比较利益扩张的垄断者便有可能"把他的所有竞争者驱逐出这个领

① 张伯伦的《垄断竞争》一书的最重要之点,在我看来,似乎并不仅仅在于讨论了纯粹寡头垄断的问题。在第三章中,他还依照"双头垄断不是一个问题而是几个问题"这一格言讨论了纯粹寡头垄断问题。也就是说,他认识到,必须对所有可能的行为类型进行系统的分析。我不明白为什么冯·施塔克尔贝格把张伯伦的这种看法称为折衷的看法。他自己的看法虽有所不同,但就这一点而言,最后所得到的仍是相同的结论。

域”,这意味着马歇尔识别出了一种特别重要的领先定价类型,①虽然他没有这样说。②我还可以提一下,埃奇沃思③曾试图把双头垄断看作是对被垄断商品的相关需求的一种极限情况。然而,至于其他人,他们的大部分工作却可归结为是对库尔诺解答的徒劳无益的批评或同样徒劳无益的辩护。就我所知,J.伯特兰是第一个攻击这个解的人士,在原则上对它提出了挑战,但他却攻击得很不恰当,④以至我怀疑,如果马歇尔、埃奇沃思、费雪、帕累托⑤以及其他人士没有完全或部分为了其他原因而否定库尔诺的解,伯特兰的攻击是否会给人造成很深刻的印象。到这一世纪末,在经济学界的领袖中,只剩下了维克塞尔⑥还在为他辩护,而到1912年,皮古在其《财富与福利》一书中便可以这样写道,“现在数理经济学家已承认了”不确定性,或更确切地说,承认了在双头垄断的

① 如果强大的公司不能或不想将它所有的竞争者驱逐出去,其结果便将是领先价格代替垄断。这表明,在讨论寡头垄断时,不考虑不完全或部分垄断是不明智的,虽然在逻辑上是无可非议的。

② 出现在第一版第485页注释中的那段话,后来被多次修改。假如这意味着马歇尔对它不十分满意,则我们只能表示同意。

③ 见他的论文《纯垄断理论》,载于1897年的《经济学家杂志》,译文见《政治经济学论文集》,第一卷第111页及以下各页。

④ 《学者杂志》,1883年9月。伯特兰认为库尔诺提出了以下假设,即每个双头垄断者都企图以低价挤垮对方,这误解了库尔诺的论证,而且所得到的结论比库尔诺的还要糟。

⑤ 《讲义》第一卷,第67页,与此不同的论述参看《提要》,第595页及以下各页。他在给《百科全书》写的论文中重复了后一论述,该论述只不过等于“证明了这个问题具有太强的确定性”,这一点前面已提到过了。但是(《提要》,第601页及以下各页)帕累托确曾指出有可能存在多种类型,其中有些是确定的,我们现在认识到,帕累托的这种看法有资格被看作是现代寡头垄断理论的先驱。

⑥ 参看他在《讲演集》第1卷第96—97页所作的简短论证,并参看他在评论鲍利的《数学基础》的论文中所作的较为细致的论证(Economisk Tidskrift,1925年,德文译本刊于1927年10月号《社会科学和社会政策文献》〔附有熊彼特的引言〕)。

情况下,生产资源的数量在一定范围内是不确定的。虽然当笼统地讨论这个问题时,也就是当不知道任何其他情况,而只知道有几个卖者(或买者),他们中的每一个都可以严重地影响价格和产量时,上述观点实际上是可以接受的,但读者应该认识到,这只不过是第一步,应根据更多的资料(假设)进行进一步的分析。所以,读者获悉以下情况是不会感到惊奇的,即由于对库尔诺的批评具有根本性的缺陷,而且未产生任何结果,因而库尔诺的解在本世纪二十年代曾一度复活,后来便融入了前面所描绘的局势中。

〔手稿到此中断。因为熊彼特在本小节(4c)开头说库尔诺留下了另外两项遗产,其中一项是寡头垄断理论,所以从逻辑上说,接下来应该是以下三段有关双边垄断的论述。这个简短的论述是很早以前写的,已经打字,并有许多铅笔速写注释。〕

342 库尔诺还留下了另外一项遗产。在《研究》一书的第九章,他讨论了一种与双头垄断不同但与其有基本相似之处的情况,就是两种不同的商品,分别为一个垄断者所控制,同为生产第三种商品的各个相互竞争的厂家所需要,此外则别无其他用途。这种情况,为我们尚未深入探究过的工业结构,展开了一个广阔而多样化的前景。而且,库尔诺的论述使我们懂得了两件重要的事情,一是如何处理这类问题,二是能进行哪些有用的简化作为权宜之策来深入研究这类问题。这两项功绩具有头等重要意义。但至于其他方面,库尔诺的论述,则正如他有关纯粹双头垄断问题的论述一样是容易遭到反对的。他假定那两种商品的价格仅仅取决于每个垄断者为最大限度地增加净收入所作的努力,这次库尔诺假定的是另一方的商品价格不变。也就是说，他所假定的行为只是许多种可能的行为中的一种，而且即使出现这种行为，也并不是总会导致稳定均衡状态的出现。埃奇沃思、鲍利和维克塞尔是推进这一讨论的最重要的作家。但对这类问题的最有价值的分析，还是应该到马歇尔的《经济学原理》一书的第五篇中去寻找。

关于双边垄断，我们有一理论上的原型，即孤立交换理论（the theory of isolated exchange）。十八世纪的一些作家例如贝卡里亚，是非常了解孤立交换的不确定性的。卡尔·门格尔以及追随他的所有奥地利派经济学家都强调这一结论，因为该结论是他们论证竞争性均衡价格的确定性的一部分。彻底搞清楚这一点的最简便的方法，是看一看庞巴维克的马市场事例，在这个市场上，一匹马的价格在买者和卖者对效用的估计中是不确定的，直到买者和卖者的人数逐渐增加，最后把不确定的范围缩至一点为止。[①] 埃奇沃思在他 1881 年发表的《数理心理学》一书中[②]远为正确而优雅地表达了奥地利学派想要表达的意思。在这本书中，他使用无差异契约曲线（indifference and contract curves）这个工具，正是为了分析双边垄断中不确定性的范围。马歇尔用他的苹果与坚果市场将这一结论通俗化了（《原理》，第 416 页及附录注释 12）。他还加上了贝里的结论，[③]即如果在被交换的两种商品中一种商品的边际效用不变——如果该商品是货币，这便是一个具有一定价值的、可近似说明实际情况的实例——则另一种商品的购买量将

① 在以马这样大的单位做交易的市场上，严格说来，不确定的范围当然不会缩小到一点。但读者会欣然同意，这在原则上并没有多大关系。

② 并参看他发表在 1891 年 3 月号《经济学家杂志》上的论文。

③ 《经济学家杂志》，1891 年 6 月。

唯一地“被物物交换开始的路线”所确定。①

双边垄断或寡头垄断理论与孤立交换事例之间的这种关系，使我们明白了，主要问题在于找出那些限制不确定性范围的要素。然而，关于这一点，孤立交换理论所能告诉我们的确实太少了。在所有出现于现代工业，特别是现代劳工市场的这类事例中，预期交换比率范围的确定——有时甚至是个别交换比率的唯一确定——都将取决于有关事例的具体条件，而这些条件则要由特殊的假设来引入。成功的关键在于我们是否能够找到这样一些假设，它们虽然不适用于所有事例，但却适用于很大一部分事例，或可以用来描述特别重要的个别事例。但是，正如在双头垄断和寡头垄断事例中那样，我们再次遇到了两个巨大困难；在实践中，人们的行为不仅受有关某种局势的可观察到的数据的影响，而且还受在资本主义的混乱发展中迅速变化的预期的影响；即使情况不是这样，我们也绝不可能根据有关某种局势的客观因素来充分了解人们的行为，除非我们考虑到这样一类人，他们大权在握，而在大多数情况下，他们的人数如此之少，以至使最常出现的行为都靠不住。

① 然而，一般说来，情况并非如此。在分析现实的市场时，我们必须考虑到以下事实，即市场形成时完成的交易，将影响以后在这同一市场上所交换的商品的价格和数量。这适用于纯粹竞争，正如其适用于双边垄断或寡头垄断一样。在许多情况下，这一点的实际重要性被以下事实所大大降低，即在正常情况下，每一项交易都是一稳定关系链条中的一环，这种稳定关系使每一方熟悉了所有其他各方采取行动的条件，尽管如此，为了得到竞争性市场上唯一确定的价格和数量，仍有必要作某些初看起来很不自然的假定。瓦尔拉派的“汇票”(bons)和埃奇沃思派的“再减缩”(recontract)便都是这个意思(参看N.卡尔多:《对均衡的确定性的分类说明》，载于《经济研究评论》，1934年2月)。指出以下一点也许并不多余，即双边垄断或寡头垄断明白无误地显示出了某些渗透于整个市场理论的逻辑上的困难。

5. 计划理论与社会主义经济理论

我们已经知道，那个时期的大多数一流理论家并不像某些人断言的那样，是自由放任的酷爱者。然而，为了本章的目的，更为重要的是强调指出，他们也并不都是纯粹竞争的无条件的颂扬者。瓦尔拉确实重述过这样一个老命题，即纯粹竞争的均衡状态可以充分保证所有有关方面获得最大的满足，虽然他的土地国有化计划是对此的一个修正。但他是以一种新颖而严谨的方式重述这一命题的，该方式把有关的一切假设都暴露在了光天化日之下，虽然他似乎没有认识到，他因此而多么严重地降低了该命题的实际重要意义。马歇尔则确实认识到了这一点。他不仅指出了这样一个不甚重要的事实，即上述命题假设“有关各方之间在财富上的所有差异可予以忽略”(《原理》，第532页)，而且他还进而指出，即使我们不考虑那不甚重要的事实，①我们也不能断言，与其他安排下可能产生的价格与数量相比，纯粹竞争均衡状态下的价格与数量必然会产生最大的总满足——为了便于论证，假定这个概念是有意义的。他用以说明这一点的事例是：补贴那些扩大生产会带来最

① 正如马歇尔所深知，这一不甚重要的事实所具有的意义，实际上比初看起来具有的意义要小得多。因为他没有考虑到不平等对社会红利(the Social Divident)将产生的影响，而如果从长期来考虑后者的发展，这一点可能是很重要的。正像在说明自由贸易论点时所做的那样，我们必须把某一时点的福利效果与历史发展上的福利效果区别开来，因为后者会受到社会安排的阻碍，尽管社会安排在给定的社会红利水平上可以增加“福利”。但是，只要分析工作严格地局限在静态范围内，它就会忽略上述差别，而过分强调某一时刻的局势。(参看下面本章附录中对“福利经济学”的讨论。)

大节约效果的工业,可以增加"福利"。[①]我们将在本章附录中重新讨论这一主题及与此有关的主题。同时,我要指出,马歇尔设想的那类措施,是包含在有关计划工作的所有合理的定义之内的。毫无疑问,他只触及了其表面。但是,只要断言一项计划可以"改善"完全竞争的运行,便意味着古墙上出现了裂口,因而也就具有重大的历史意义。仅仅从伦理或文化的角度批判资本主义——不管这种批判在其他方面多么重要——是无论如何做不到这一点的。另外一些人,特别是埃奇沃思和帕累托,毫不迟疑地扩大了这一裂口。[②]

具有远为重大意义的是另一项成就。冯·维塞尔、帕累托和巴罗尼这三位完全不赞同社会主义的领袖,创立了实质上是有关社会主义经济的纯理论,从而对社会主义学说作出了社会主义者自己也从未作出的贡献。我们知道,马克思本人从未试图描绘他自己设想的未来的中央集权制社会主义的运行方式。他的理论是

① 该表述与琼·罗宾逊夫人的表述(《弗雷泽先生论租税与报酬》,载于《经济研究评论》,1934 年 2 月)及 R. F. 卡恩的表述(《略论理想的产出量》,载于《经济杂志》,1935 年 3 月)相一致。马歇尔自己的表述(前引书,第 533—536 页)在某几点上是容易遭到反对的(特别是从那些厌恶使用消费者剩余概念的那些人的观点来看),但我认为,上面正文中的陈述表达了他的真正意思,一般的批评对他是不公平的。这种批评的主要矛头,最初不是针对他而是针对皮古对他的学说所作的表述,是由 A. A. 扬在一篇题为《皮古的财富与福利》的文章中提出来的,该文载于《经济学季刊》,1913 年 8 月。扬所批评的是马歇尔的以下建议,即补贴给在扩展中可以(相对于其他工业而言)获得大规模节约效果的工业的款项,可以有利地通过对"服从报酬递减规律"的工业的产品课税来筹集。扬的批评在静态理论范围内是有效的,但可以用静态理论范围之外的理由来反驳它。

② 维克塞尔也攻击了最大满足学说。但他认为(《讲义》第一卷,第 141 页及以下各页),"在正常情况下,自由竞争是确保最大产量的充分条件"(着重号系我所加)。这也是不正确的,虽然错误的程度要视我们对"正常情况"作何解释。尽管如此,他的见解还是远远优于瓦尔拉的见解。

对资本主义经济的分析，这种分析无疑是按照以下思想进行的：即资本主义将不可避免地“崩溃”，从这种崩溃中将产生“无产阶级专政”，由此将产生社会主义经济；但到此却戛然而止，没有提出任何与社会主义经济这一名称相符的理论。① 我们还知道，他的大多数信徒都回避而不是正视这个问题，虽然某些信徒，特别是考茨基，确实觉察到了这一问题的存在，指出在革命胜利以后，社会主义政权可以利用以前资本主义的价格制度充当暂时的向导——这个意见所指出的方向是正确的。

当时，奥地利学派惯于用鲁滨逊经济模式来解释经济行为的某些基本性质。所以，他们自然而然地意识到，他们关于价值及其派生物如成本和估算报酬等的基本概念，并不是资本主义所特有的概念：这些概念实际上是一般经济逻辑的构成要素；也是经济行为理论的构成要素。经济行为在集中指导的社会主义经济模式中，比在资本主义的外衣下，可以更为清晰地显现出来，因为在资本主义的外衣下，只有那些具有资本主义世界的历史或当前经验的人才能观察到经济行为。例如，当我们试图说明鲁滨逊如何分配其稀缺资源以最大限度满足他的需要，或换句话说，当我们试图说明鲁滨逊依据哪些准则来把稀缺资源转变成为满足其需要的物品时，我们会立即发现，他的经济可以用某些“转换系数”(coefficients of transformation)来说明，这些转换系数所发挥的作用，正

① 从马克思的著作中，确实可以收集到许多他那个时代的话语中所没有的暗示，例如，他暗示，社会主义共和国必须建立一种精致的会计制度。但实际上，他经常说的仅仅是这样一些话，例如，当然，工人们会急于最有效益地从事生产，我们因此而不得不推论说，实际上将根本不存在稀缺问题(即不存在“经济地使用”生产要素的问题)。

是价格在竞争性资本主义制度下发挥的作用。如果考虑的是社会主义经济,我们会更为清楚地看到,若要获得最大限度的满足,则要求每对消费品的边际效用的比率必须对所有的同志都一样;同时要求每一行业的生产必须组织得能在技术上最有效地利用所有生产手段;并要求所有稀缺性的生产手段的边际价值生产力必须在所有用途中相同,或者无论如何,在每种用途中的边际价值生产力至少不小于在另一种用途中的边际价值生产力。但所有这些却等于说,任何想要发现经济行为的一般逻辑的努力,都会自动带来一个副产品,即社会主义经济理论。第一个明确认识到这一点的是冯·维塞尔(《自然价值》,德文第一版,1889 年)。

帕累托在其《讲义》(1897 年)的第二卷中,[①]如果说不在洞察力方面,也在表述的清晰与技巧方面,超过了维塞尔,因而他比任何其他人都更有资格被认为是现代社会主义经济纯理论的创始人。[②] 不过,实际上,他的贡献已被巴罗尼的贡献夺去了光彩。巴罗尼在一篇著名论文中,全面论述了这一主题,其主要论点,直至今日仍未被超越。[③] 当今的许多经济学家为其增添了一些细节,并作了一些深入的发展。我可以提到 O. 兰格和 A. P. 勒纳,至于其他人,则读者可参看 A. 伯格森的论文《社会主义经济学》。

概括地说,巴罗尼的成就在于:他按照瓦尔拉派的方法,[④]先

---

① 例如参看第二卷第 94 页。他在其《提要》(1909 年)一书的第六章第 52—61 节大大向前推进了自己的论证。

② 艾布拉姆·伯格森在他的论文《社会主义经济学》(见《当代经济学概述》,H. S. 埃利斯编,1948 年)中,极全面地描述了社会主义经济理论的发展。

③ 埃里科·巴罗尼:《集体主义国家的生产部》,载于 1908 年的《经济学家杂志》,英译本见 F. A. 冯·哈耶克编写的《集体主义经济计划》(1935 年)一书。

④ 不过在某几点上,他是有创见的,下面将谈到其中的两点。

是提出了描述私有财产制经济中纯粹竞争条件下经济均衡的方程组,接着他又为某种社会主义经济提出了类似的方程组。在私有财产制经济中,收入以及该系统中的所有其他变量,是同时被经济过程本身所决定的——以至正如前面所说的,生产与分配只不过是同一过程的不同方面——而在社会主义国家,则存在着单独的分配问题。也就是说,社会首先必须通过一单独的条例,例如通过宪法中的一项条款,来决定每个同志的收入或在社会产品中的相对份额应该是多少。然后便可以建立一中央社会机构或生产部来管理经济过程,并引入一种记账单位。可以把一定数量的记账单位分配给每个同志,而每个同志则可以根据自己对消费品的喜好自由地使用所分得的记账单位,或者把它们"储蓄"起来,也就是说,把它们归还给生产部以期因为推迟消费而得到利息。

这样,我们便得到了消费品的需求函数,得到了劳动与储蓄的供给函数,读者便不难看出,生产部在这些函数及自己的技术知识的指引下,将如何使人生产出适当数量的消费货物和投资货物。这当然不是唯一可能的安排,而可以在许多方面作变动。例如,我们可以假设,投资资金不受同志们的支配,而是受生产部的支配,或者像国防开支那样,受国会的支配。而且,我们既可以向同志们提供相等的"收入",然后假定他们必须接受生产部关于他们必须做的工作的种类及数量的指示,也可以另外设计一种差别收入率制度,以使人们自由决定向每一行业提供工作的种类与数量,从而引进"工资"和劳力市场。巴罗尼草拟的社会主义国家理论假设,人们在消费、储蓄(投资)以及就业等一切方面均可以进行自由选择。不管我们是不是采用巴罗尼的假设,社会主义社会中事物的秩序与完全竞争的资本主义社会中事物的秩序都在形式上显示出强烈的相似性。甚至在独裁的社会主义制度下,这种相似性也不会消失:完全的独裁者实际上会按照鲁滨逊经济模式行事。但非独裁的社会主义国家也可以按照消费者主权原则以外的原则行事。例如完全可以想象,同志们有可能得不到自己实际上想得到的东西,而只能得到某些专家或官僚认为他们应该得到的东西。然而,无论在上述哪种情况下都不会发生理论上的困难,只有在联邦制社会主义制度下才发生理论上的困难。在联邦制社会主义制度下,没有中央机构,每一行业都独立地被本行业的工人所控制,在这种情况下,问题便像寡头垄断那样不可确定了。

巴罗尼的研究或任何与此相类似的研究的主要结果是,无论对于哪种中央控制的社会主义,均存在这样一组方程,这组方程具有一组唯一确定的解,其意义与条件一如完全竞争的资本主义,[①]而且享有相似的最大性。[②] 用技术性不那么强的话来说就是,就其纯逻辑来说,社会主义计划是有意义的,不能认为它必然招致混乱、浪费或无理性而予以摒弃。这不是件小事,我们有权再次强调以下事实的重要性,即对社会主义学说的这种贡献,是由一些本身并不是社会主义者的作家作出的,这雄辩地证明了经济分析的独立性,证明它是不受政治倾向或政治偏见影响的。但与此同时,事情也就到此为止。我们不要忘记,正如竞争经济的纯理论一样,

① 参看下面第 7 节。实际上可以证明,在某种程度上,中央集权的社会主义要比私有财产制经济,即使是完全竞争的私有财产制经济,更容易获得唯一的确定性(当然含有一致性的意思)。

② 当然,就竞争体制不能获得真正的最大值而言,社会主义计划也必将偏离竞争模式。

社会主义的纯理论也是高度抽象的，其“可行性”要比外行人（有时还有理论家）所想象的小得多。特别是，关于社会主义经济均衡所具有的解的最大性的命题，当然是与其制度数据有关的，该命题并未回答以下问题，即这种纯粹形式上的最大值是否高于或低于与此相对应的竞争经济的最大值——特别是如果我们不愿探究以下深一层的问题，即是否这种或那种制度结构较少偏离自己的理想值或更有利于“进步”。这些问题在实践中要比确定性或“合理性”问题重要得多，以至有时不易说出后来批评社会主义计划的人，特别是冯·米塞斯，[①]是否真想否定帕累托—巴罗尼结论的正确性。因为一方面可以接受它，同时又可以认为，由于所牵涉的行政困难或由于一长串原因中的任何其他原因，社会主义计划在以下意义上“实际上是不可行的”，[②]即不能指望它的效率能与资本主义社会总产量指数所显示的效率相比拟。不过，虽然纯理论对解答这些问题没有什么贡献，[③]但它却有助于我们正确地提出这些问题，从而缩小正当的意见分歧的范围。这样我们便得到了与非社会主义计划情况下相同的结论；自马歇尔以来，从理论上说通过

① L.冯·米塞斯：《社会主义国家的经济计算》，载于《社会科学和社会政策文献集》，1920年；英译本见F.A.冯·哈耶克编的《集体主义经济计划》（1935年）。

② 参看A.伯格森：前引书。虽然我们不能深入探究这些问题，但必须指出，也有一种反社会主义的纯理论上的论点（为冯·米塞斯、冯·哈耶克和罗宾斯等教授所提出），即尽管描述社会主义国家静止状态的方程有一组确定的解，但由于生产手段不属于私人所有，却没有实现这组解的机制。该论点肯定是错误的。这组解可以用下述“试错”方法来实现。

③ 然而，它实际上是有所贡献的。首先，它消除了一种反对论点，依据这种反对论点，批评者会根本不讨论社会主义计划的实际细节。其次，它澄清了社会主义计划的某些性质，举例来说，社会主义计划不会有不完全竞争状态如寡头垄断者之间的经济战所固有的那种浪费。

公共政策来改进纯粹竞争机制的可能性,已不再是可争论的问题了。但是,当然仍然可以——马歇尔很明白这一点——因为不信任从事计划工作的政治机关或行政机关而批评个别措施甚或批评整个计划观念。(似乎只马歇尔一个人了解这种情况。)

6. 部分分析

各个家庭和公司的预算是由无数个量——再次借用费雪的术语,对这种量的分析叫作微观分析——构成的,这些量组成的庞大体系需要进行简化,简化的方法可以是把这些量合并成少数几个综合性的社会总量——对这种量的分析叫作宏观分析。但还有另外一种方法,对于某些目的来说,该方法可以收到与上面那种方法同样有效的简化效果。如果我们感兴趣的是那些在小的经济部门如中等规模的个别"产业"中所能观察到的经济现象,以及在极端情况下,是那些在个别家庭或公司中所能观察到的经济现象,我们便可以假定,在这些小部门中发生的事,不会对经济的其他部门产生任何重大影响。该假定不一定含有经济的其他部门保持不变的意思,虽然这正是我们使用假如其余情况均保持不变这句话时的意思,但该假定确实意味着,如果我们所考察的小部门受到外部的影响,则该部门会自动调整,转而只会对经济的其余部门或这些部门的任何组成部分产生微不足道的影响("间接影响的可忽略原则")。例如,某一小部门工资率的变动,不管是由本部门的条件所致还是仅仅由外部条件所致,都可以假定它丝毫不影响国民收入或市场需求表。这一假定正是"部分分析"方法的实质。虽然很久以来人们就一直使用这种方法，但它却在库尔诺、冯·曼戈尔特以及我们所考察的这一时期的马歇尔等人手中，获得了新颖的明确性和自己的分析工具，而且正如我们已经指出的，对许多经济学家来说，马歇尔已成为并仍旧主要是部分分析的大师。[①] 这种方法符合我们的常识，常识告诉我们，只要我们满足于近似值，我们在原则上就不必考虑例如说大头针产量的微小变动对国民收入并通过国民收入对汽油需求的大部分影响和反影响。但同一常识也告诉我们，该假定虽然是一强有力的简化工具，但却严重地限制了部分分析方法的应用范围，而且实际上一笔抹杀了所有那些在小经济部门中观察不到而只能在整个经济中观察到的关系。[②] 所以，一方面可以理解，部分分析一直被而且仍在被广泛地使用；另一方面同样可以理解，从一开始它就受到严厉的理论家，特别是瓦尔拉和帕累托的谴责。[③]

① 除了提出适当的概念工具外，马歇尔还提出了有关该方法的一般哲学，而这种哲学所依据的正是间接影响的可忽略原则。特别参看《工业与贸易》，第 3 版，附录 A，第 677 页。他在那里毫不迟疑地求助于牛顿和莱布尼茨等权威，并以《航海天文历书》为佐证。马歇尔试图以这一事例向人们表明，科学方法在其所有应用领域都具有密切的关系，对于马歇尔本人以及这种令人钦佩的努力，我们应表示敬意，但我们却不能否认，前面提到的赞同那项原则的理由，在经济学中的分量并不像在天文学中那么重。

② 工资率问题说明，忽视这些限制会产生错误和无谓的争论。采用部分分析方法考察小部门中工资率的变动所产生的影响，其考察的结果完全不适用于大部门或整个经济中工资率的变动。对小部门是正确的命题，对整个经济而言，却可能毫无意义。

③ 瓦尔拉在一篇论文中攻击了库尔诺、冯·曼戈尔特以及奥斯皮茨和利本(《价格理论研究》，1889 年，该书第一章在 1887 年就已付印并发售，书中的工业总成本曲线和支出曲线是与它们的导数曲线画在一起的)的部分分析。这篇论文后来作为《要义》第 4 版的附录Ⅱ而重印。瓦尔拉在这篇论文中指出，作为单独一种商品价格的函数，无论是代表需求量的需求曲线还是代表供给量的供给曲线，都不能认为是正确的，因为变动一种商品的价格等于扰乱整个现存的均衡状态，其中每一个要素都必须相应地重新加以调整；并指出，如果我们坚持把这种方法当作求近似值的方法，我们就会遇到这样的困难，即为此目的而必须作的那些假定，从严格的逻辑上说，是相互矛盾的。帕累托着重重复了这些论点。而且这些论点后来被一而再再而三地强调。

〔**(a) 马歇尔派的需求曲线。**〕 部分分析的标准工具是库尔诺或马歇尔的市场需求曲线。它代表买者在某一给定价格下所愿意购买的某种商品的数量，所购买的数量仅仅是该价格的函数，①所有影响他们购买意愿的其他因素，特别是他们的收入，都反映在需求曲线的形状上。而且，当买者沿着需求曲线移动时，收入单位对买者所具有的边际意义(“货币的边际效用”)，被认为是不变的，结果，他们以任何价格 P_0 购买的数量，都不会对他们以任何较低的价格 $P_i < P_0$ 增加购买量的意愿产生影响。如果人们对每单位收入赋予的意义，因其他原因而不是随着人们对有关商品所花钱的多少而变动，那么，个人和市场的需求曲线就会改变位置和(或)改变形状(也就是“发生移动”)。马歇尔在其《原理》(第 171 页及以下各页)一书中，仔细论证了有关这种需求曲线的理论，实际上奠定了未来需求研究的整个基础。但是，他没有充分强调，这种需求曲线的有效性是受到严重限制的，即使是作为求近似值的方法，其有效性也受到严重限制。实际上，这种曲线只适用于不那么重要的——只吸收很小一部分买者总支出的——商品，只适用于价格变动很小的重要商品。②只有在这样的事例中，才可以把个别

① 通常我们都把自变量(在这里是价格)放在直角坐标系中的 x 轴上，把因变量(在这里是购买量)放在 y 轴上。事实上，在法国文献中，通常都是这样做的。但马歇尔却选择 x 轴代表购买量，y 轴代表价格，这通常是英美文献中的做法。

② 马歇尔自己当然知道以下事实，即由于人们用在某种商品上的货币量是不断变化的，因而一般说来，“货币的边际效用”不是不变的。这可以从《经济学原理》附录中的数学注释Ⅱ与注释Ⅵ以及该书的正文(特别参看第 207 页)中清楚地看出来。但是在第三编的第三、四两章中，他却是根据不变的假定进行论证的(在这两章的某些地方，他虽然认为“货币的边际效用”会变动，但那是因为人们的货币收入发生了变动)。但这并不含有任何重大的错误，因为他经过深思熟虑选择了茶叶作为抽象推理与具体说明的标准例子——茶叶这种商品的重要性小得符合充当例子的条件，就这个例子而

家庭的需求曲线看作是效用递减法则转换成价格的"表现形式"(前引书,第169页),而不必为每一价格都绘制需求曲线,而且也只有在这样的事例中,马歇尔对杜皮伊的发明即消费者地租的发展,才具有其真正意义。

〔**(b) 弹性概念。**〕 消费者地租这一概念将在本章附录中讨论。我拟在此介绍马歇尔的需求的价格弹性(我们已经知道,这一概念是在库尔诺和穆勒的论著中萌芽的)。任何微分连续"曲线"在某一点的变化情况,都可以用那一点的斜率或微分系数来表示;如果纵坐标(在这里是价格)用 y 来表示,横坐标(在这里为购买量)用 x 来表示,x_0 代表所讨论的那一点,则表达式为 $\left.\frac{\mathrm{d}y}{\mathrm{d}x}\right]x=x_0$。若要得到更精确的值,可用更高阶的导数来求。但这与我们讨论的问题无关。不过,我们的表达式是有缺点的,那就是它不是一个纯粹的数,它的值就计量价格 x 与数量 y 的单位来说,并非是不变的。简单的补救方法是,增量 $\mathrm{d}y$ 和增量 $\mathrm{d}x$ 用各自所指的价格与数量来除。这样我们便得到:$\mathrm{d}y/y\div\mathrm{d}x/x$ 或 $x\mathrm{d}y/y\mathrm{d}x$,这称之为价格的灵活性(the flexibility of price)。不过,如果我们希望表达需求的数量对价格的微小变动敏感程度,则我们最好选用其倒数,即 $\mathrm{d}x/x\div\mathrm{d}y/y=y\mathrm{d}x/x\mathrm{d}y$,这便是"弹性"(elasticity)。因为这一表达式实质上是负的,原因是价格上涨时,需求量便下降,价格下降时,需求量便上升,所以至少对马歇尔派的需求曲线来说,我们可

言,部分分析,即使按最严格的意义来说,也是一种说得过去的求近似值的方法,它实际上仅仅忽略了次小的数量。赞成者和批评者都忽视了这一点。顺便提一下,他们还忽视了,要求商品的重要性较小这一条件,实际上总可以通过充分缩小商品定义的外延来实现:如果肉类的重要性不够小,则我们可以考察对羊排的需求。

在其前面加上一个负号,以便得到正数:于是 $-ydx/xdy$ 便是马歇尔所谓的需求弹性,用更精确的术语来说,也就是现在所谓的需求的价格弹性。如此平凡的一项贡献,竟受到那么多人的颂扬(例如参看凯恩斯勋爵在其《传记论丛》第 228 页上所作的颂扬),这样的事例恐怕是不多见的。我们最好还是继续讲述"弹性"概念——这个词是不恰当的,因为它会使初学者产生毫无道理的联想——的历史,以免在第五编中又得回到这个题目上来。

第一,马歇尔的需求弹性系指需求曲线上的一点——可称作"点弹性"(point elasticity)——所以只适用于价格与数量的无穷小变动,而且其不精确性也不断增加。所以,人们便希望有一个尺度可应用于需求曲线的有限长度上。这一"弧弹性"(arc elasticity)问题,首先是由 H. 多尔顿先生提出来的,后来便成了经济学家讨论的一个题目,A. P. 勒纳教授对于这一问题的研究作出了最重要的贡献,参看他的《需求弹性图解》一文,载于《经济研究评论》1933 年 10 月号(并参看 R. G. D. 艾伦教授的分析性论述及勒纳的答复,《需求的弧弹性概念》,Ⅰ和Ⅱ,载于《经济研究评论》1934 年 6 月号)。但不要忘记,点弹性尚可适用于百分之几的价格变动,而本拟用于较大变动的弧弹性,则很可能突破部分分析所受的限制。

第二,用弹性来推理,在马歇尔派需求曲线中所具有的优点,在许多其他事例中也同样具有。因而我们便获得了一大批弹性概念——其中有总成本函数、平均成本函数以及边际成本函数的弹性;需求量的收入弹性;替代弹性(希克斯,J. 罗宾逊);等等。收入弹性提出了一个新问题:当我们要表达某个人对某种商品的需求相对于这个人的收入的弹性时,不发生任何问题,但如果我们要表达某种商品的总需求相对于国民收入的弹性，我们便不得不面对这样的事实，即国民收入的某一变动会对需求量产生不同的影响，究竟产生什么影响，取决于国民收入的增加额或减少额在买者或潜在的买者之间的分配方式。这个问题已由马尔沙克教授和 P. 德·沃尔夫先生论述过了（例如参看沃尔夫先生的《需求的收入弹性》，载于《经济杂志》，1941 年 4 月）。最后，我们还可以提到 R. 弗里施的"弹性微积分法"（参看 R. G. D. 艾伦：《经济学家的数学分析》，1938 年，第 252—253 页）。

第三，在引入收入弹性这个概念时，我们已经超越了马歇尔派需求曲线的领域，但并没有脱离部分分析的领域。当我们使用"部分弹性"例如说部分价格弹性这个概念时，我们也未脱离部分分析领域，或至少我们在进行部分分析，认识到所研究的部门实际上是一更为广泛的体系中的一个因素。实质上，我们在该事例中所作的让步，只是用偏微分系数取代了弹性表达式中的一般微分系数，以表明我们并不是简单地"冻结"其余的经济部门，而只是使其构成要素固定在某一水平上。但一旦我们达到这个地步，我们便可以同样恰当地表达某种商品的需求相对于任何其他商品的价格变动的弹性（"交叉弹性"），或某种商品的需求相对于所有商品，不论是生产因素还是生产品的价格变动的弹性。H. L. 穆尔已有计划地这样做了（参看他的《综合经济学》，1929 年），替代弹性方面的研究工作是由希克斯和艾伦做的（参看艾伦在《经济学家的数学分析》第 503 页及以下各页中的说明）。在这些事例中，弹性概念成了一般分析的工具，也就是说可以用这种工具考察这样一些经济关系，对于这些经济关系我们之所以感兴趣，主要是因为它们也出现于整个经济之中。

〔(c) **有助于一般分析的概念。**〕　由此可以看出,部分分析与一般分析并没有鲜明的分界线截然分开,而是随着那些本来是为部分分析设想出来的概念的范围不断扩大,部分分析逐渐变为一般分析。说明这一点的最好实例是马歇尔《经济学原理》一书的第五编。该编是部分分析的经典之作,主要提出了有关单个行业的理论,所谓单个行业就是相对于整个经济而言很小的行业。① 在那里,行业需求曲线是与行业供给曲线相配的,但却认为它们是彼此独立而互不影响的。② 马歇尔的供给曲线理论是从库尔诺的成本理论发展来的,所受到的限制比部分分析加诸需求曲线的限制还要严重。③ 但马歇尔却给自己的图式装饰了许许多多华丽的细节,使它具有了名不符实的重要性,并使它成了研究所有非总量工业

① 这当然意味着市场是完全的——在这种市场上,所有买者都面对一种价格——因而意味着"每种商品"都具有明确的定义而且是完全同质的。每种商品的生产决定每个"行业"的性质,而每个行业都面对一定的市场需求曲线。马歇尔和所有与他同时代的经济学家都未充分注意到这些概念所固有的困难,正是由于具有这些困难,张伯伦教授及其他一些人才完全放弃了"行业需求曲线"这个概念。但马歇尔等人对这些困难并非一无所知。

② 间接影响的可忽略原则要求,任何一个行业产量的变动,都不严重影响该行业所挣得的收入,因而不会移动其产品的需求曲线,更不用说移动所有产品的总需求曲线了。

③ 正是由于这一原因,巴罗尼(为了澄清所牵涉的问题,比其他任何人所做的工作都多)没有像马歇尔那样毫无顾忌地使用产品供给曲线。相反,他只谈论个别生产要素的供给曲线,以避免作这样的假定,即生产要素的价格是给定的,不因我们沿着产品供给曲线移动而彼此相对变动。该假定只适用于特殊情况,而不适用于一般情况。参看《动态问题研究》,载于《经济学家杂志》1894 年 11 月。皮古也根据自己的观点,比马歇尔本人更清楚地认识到了这种限制。特别参看他的《供给分析》一文,这篇论文迟至 1928 年 6 月才发表在《经济杂志》上。

过程的支柱，直至我们的时代，它仍在扮演这一角色。① 不过在这样做时，他也提出了一些对一般分析有用的概念，或用前面的话来说，这些概念可用于考察出现在整个经济中的那些关系。准地租概念便是一个例子。所谓准地租指的是这样的事实，即“人造的工具”可在或长或短的时期内完全像自然要素那样起作用。虽然马歇尔是在其部分分析中提出这一概念的，但它在瓦尔拉式的一般分析中具有完全相同的重要性。② 但最重要的例子还是“替代原则”。所谓替代原则，就是生产者往往用较便宜的生产要素组合替代较昂贵的生产要素组合。该原则是非常羞怯地、悄悄地登场的（《原理》，第420页），但最后却上升到了“杜能的伟大替代法则”那一崇

① 在提出这个图式时，马歇尔使其肩负的担子，无疑地大于它的实际承受能力。此处可以谈一谈这方面重要的例子。当一小行业产品的单调下降的市场需求曲线与一个在有效区间单调上升的行业供给曲线相交时，该图式运行得最好。但是马歇尔显然不愿局限于这种构造，因为它似乎没有考虑到这样一个事实，即公司与行业的供给曲线实际上在大部分时间内都是下降的。所以他承认了这种下降的供给曲线，并为解释它们引进了他的著名的内部经济与外部经济的概念。但很明显，描绘这种现象的供给曲线所涉及的是不可逆的过程，所以完全不同于公司可以在其上自由移动的普通供给曲线。它们是以一般化的方式描绘历史过程。这对某一行业在纯粹竞争条件下是否能达到均衡提出了大家所熟知的疑问：当下降的供给曲线从下面与需求曲线相交时，也就是说，当在交点的左边，边际成本低于各数量的需求价格，在交点的右边，边际成本高于各数量的需求价格时，马歇尔就会说交点是稳定的均衡点，但很显然，任何公司都不可能停留在那一点上，除非我们承认存在某种垄断因素。不过，完全没有必要提出这种疑问。无论是在内部经济的情况下还是在外部经济的情况下，行业供给曲线的位置都会移动（向下移动），因而把描绘这种位移的曲线称为供给曲线是毫无意义的。

② 马歇尔对这一概念的处理，正如他对地租概念的处理一样，多少受了前后矛盾的损害。但正如我们已经知道的，这是他为了解决“时间因素”固有的困难而提出的最重要的工具之一。同样，他的长期与短期的理论，产生于对小行业，甚或对个别公司的考察，但也具有一般的适用性（参看《原理》，第 519 页）；在马歇尔的期待（例如参看《原理》，第 422 页和第 446 页）与风险理论中，这一点更加明显。

高地位，这个法则渗透和控制着整个经济过程，并为承认各个经济量的普遍相互依存开辟了几条可能的道路中的一条。[①] 在马歇尔那里，这种普遍的相互依存，是从部分分析观点出发，而且在部分分析的范围内，通过研究以下两种理论而得到证实的，一种是有关联带与复合需求及供给的理论，另一种是有关一般相关商品价值的理论。对这两种理论的研究，产生了《原理》第五编中某些最具有启发性的段落，后来埃奇沃思又深入进行了这种研究。经济体系各要素之间普遍相互依存的概念，虽然内容广泛，但外表却消瘦苍白，很容易引起人们的讥笑，说它主张每一事物都依赖别的事物。实际上，很自然地，这一概念可以用牛肉与羊肉价值之间的关系或茶与糖价值之间的关系——也就是"竞争性"商品或"完成中"商品(费雪语)价值之间的关系——等具体实例来向许多人阐明。而这样做并不破坏部分分析方法所固有的限制。在这些事例中，我们有时确实会对严密的逻辑性有所忽略，注意力超出直接的影响的范围，把间接影响也考虑在内；但我们这样做，仍只限于小部门，它们对整个经济不会产生严重影响，至少其影响不会严重得影响像国民收入那样的决定小部门营业环境的经济量。在这些事例中，可由部分分析来处理的小部门中的关系，在一定程度上可用来

① 如果除了《原理》第420页上引入的技术性替代即要素替代，再加上消费者经常做的更加基本的产品替代，那么这一点就很明显了。虽然马歇尔也承认后者，但他从未像在他以前的卡尔·门格尔那样充分地将这两者协调起来。结果，马歇尔的替代原则在他自己的著作以及他的信徒的著作中从未以真实面目出现，也就是说，从未作为边际效用理论中的一个特殊命题而出现。正如后来卡塞尔的情形那样，无论马歇尔如何强调替代原则，该原则也始终是被添加到基本的价值与成本理论上的一个辅助性原则，而不是从这一基本理论诱导出来的原则。

说明整个经济世界中的关系。①

但他们只能在某一范围之内这样做。超过这一范围，部分分析的方法与结论仍是不适当的，甚至可能使人产生误解。马歇尔认识到了这一点。每当他的论证升入“一般”分配理论的领域时，他都特别小心谨慎，注意到这一点是很有启发性的。②不过，从他的附录（注 21）看得很清楚，假如他深入地研究，他会在瓦尔拉的一般微观分析方法中，而不是在自成一体的总量分析（即宏观分析）中寻找部分分析的必要补充物。

我们将看到（第五编第五章），当代许多经济学家，特别是凯恩斯派成员欢迎的是后一种解决方法。他们把经济理论分成了个别公司理论和宏观经济理论，后者讨论的是消费总量、投资总量、就业总量等等之间的关系。所以值得我们指出的是，第一，在这方面，马歇尔和他的二十世纪三十年代的叛逆精神极强的追随者之间存在着历史的联系；第二，在我们所考察的这个时期，已有人在某种程度上把个别公司理论与宏观分析理论结合了起来。

① 埃奇沃思在这方面的贡献很多，也就是说，在许多场合，他本来是讨论部分分析的事例，但却由此而说明了一般的关系，这里我只提其中的一个贡献，即他的著名的赋税悖论，关于这种理论，读者最好读一下 H. 霍特林教授的文章，题为《埃奇沃思的赋税悖论及需求与供给函数的性质》，载于《政治经济学杂志》，1932 年 10 月。部分分析和一般分析在正文解释的意义上究竟可以合作到什么程度，这一点在马尔科·凡诺的以下两篇文章中表现得很清楚：一篇题为‘Contributo alla teoria dell’ offerta a costi congiunti’，载于《经济学家杂志》，1914 年 10 月，另一篇题为‘Contributo alla teoria economia dei beni succedanei’，载于《经济学年鉴》，1926 年。

② 特别参看《原理》第 587 页以下各页以及他在第 609 页和第 611 页上得些“一般定理”的方法。关于第 587 页上的那段文字，值得注意的是，他没有假定存在社会生产函数（即适用于整个经济的生产函数），但在完成了对个别行业甚或个别公司的分析后，他却指出，“问题的实质在每一行业内都是一样的”（第 588 页）。我们在第 8 节还将回到这个题目上来。

关于第一点,我们要说的是,虽然马歇尔在其《原理》的第五编中最爱谈论的是小行业,但我们不应因此而忽略另一个同样重要的事实,即在大多数情况下,他实际上是从个别公司的角度进行行业分析的,①而且,除了这一事实具有的含义外,马歇尔实际上还准备好了建立个别公司理论所必需的所有"砖瓦",其中甚至包括妨碍纯理论的一般性结论成为现实的那些具体情况。马歇尔相当全面地列举了这些具体情况,并一再引证它们来反对他自己得出的一般性结论(特别参看《原理》第六篇第八章以及该章特别是第696页与第700页上提出来的正常利润概念)。所以,一旦行业这个概念在现代批判的浪潮下坍塌,把经济理论划分成个别公司理论和宏观经济理论的那种方法便会应运而生,而热衷于另一种划分方法的便显然只有马歇尔的弟子,而不是瓦尔拉的弟子。

关于第二点,我们要说的是,马歇尔本人在宏观分析方面没有起任何带头作用,这一点无论重复多少遍也不过分。但宏观分析本身以及宏观分析与微观分析的结合却是古已有之的。魁奈的《经济表》从宏观分析角度对经济生活的静态循环作了描述,而且正如我们已经看到的,魁奈还对《经济表》作了补充,提出了有关交换的微观分析理论。在接下来的时期内,李嘉图做了大致相同的事情:他的分配份额是总量,但分配份额为什么会像人们所设想的

① 小行业理论和个别公司理论之间的桥梁是他的"代表性公司"(后来被皮古表述为"均衡公司")。在用从个别公司的经营活动中发展出来的概念描述工业过程时,会遇到一些困难。马歇尔是想用代表性公司这个奇怪的构想来解决或克服这些困难,这是一种令人非常感兴趣的尝试。代表性公司既不是一般的公司,也不是勉强经营的公司,或经营最好的公司,而是这样一个公司,其状态和结构反映的是所在行业在某一给定时刻的状况,以至某些对该公司有效的命题,对实际存在的公司或整个行业却是无效的。由于马歇尔高居经济学导师的权威地位,人们便机械地接受了这个概念。但这一概念既没有受到应有的批评,也没有得到应有的发展。

那样变化，其原因则是从零零碎碎的微观分析中得出的。在我们考察的这个时期内，庞巴维克也做了大致相同的事情：他先是提出了有关个人行为的理论，然后在此基础上提出了交换理论；但在其建筑物的最高层，则只有工资财货总额（的价值）、总产量（的价值）以及总和式的“生产时期”等一些总量。同样，维克塞尔也是依据社会生产函数进行推理的，而没有对这种推理方法表现出任何异议或不自在。毋庸赘言，魁奈—李嘉图—庞巴维克—维克塞尔采用的这种方法也是凯恩斯勋爵采用的方法。

7. 瓦尔拉派的一般均衡理论*

在本节中，我们将分析瓦尔拉体系的逻辑结构，瓦尔拉的体系

* 〔论述瓦尔拉派的一般均衡理论的这一节，写于作者去世前最后一年（也可能是最后几个月）。(a)、(b)和(c)三小节已经打字（但未经熊彼特校改），而(d)和(e)两小节尚未打字。熊彼特也许原打算只分四小节，因为(b)小节包含了现在(c)小节的内容。原稿没有编页码，各小节也没有标题，但编排意图一目了然，似与瓦尔拉的目录表（《要义》，第489—491页）的次序完全一致。熊彼特没有来得及像这类著作通常需要的那样作一些必要的小修小改，但最后写成的这部稿子充分表明，作者知道自己想要说的是什么。在撰写最后这部稿子以前，他还曾作过其他许多次尝试，但都中途放弃了。

然而，关于标题及简短的引论，他却没有拿定主意。至少有三篇未完成的引论，其中一篇我们引录在下面，另一篇即正文的前两段。他还提出了三个不同的标题：一个是本节实际采用的标题，另一个见下面的引文，第三个是“一般分析：瓦尔拉派体系”。

下面未完成的引论可能是最后一篇：

“7. 瓦尔拉派的微观分析。在本节中，我将概略地叙述瓦尔拉派体系的主要特征，为叙述方便，我将用自己的话表述瓦尔拉的一些论点，其他许多论点留待第8节及本章附录作较详细的考察。对于包含在方程组中的这个体系，我将按照其字面含义进行讨论。作完简短的评述后，我们将假设完全竞争是普遍存在的。

“我们将考察一闭关自守的地区，它既不影响外部世界，也不受外部世界的影响。在该地区，家庭出售生产性服务（为简洁起见，我们可忽略被直接消费的服务，如自我服务，但不包括服务者以闲暇或娱乐方式消费的服务）而购买产品；企业则购买生产性服务而出卖产品。但是，虽然家庭只向企业出售服务，但企业却不仅仅是向家庭出售产品，有些企业还生产某些产品（原料和设备）出售给其他企业。为了使主要问题鲜明突出，我们先不考虑这些中间产品，而假设企业只是把劳动和自然要素组合成为产品出售给家庭，然后引入……”〕

是由许多条件或关系(方程)构成的,这些条件或关系确定了所有经济变量的均衡价值,也就是确定了所有产品和生产要素的价格以及所有家庭和公司在完全均衡和纯粹竞争的条件下的产品购买量和要素购买量。让我们立即指出,因为产品购买量和要素购买量被确定也就意味着个人收入以及团体收入和社会收入被确定,所以瓦尔拉的理论也就包含了"收入分析"这个概念所包括的所有内容;并指出,所要考察的这些条件或关系,虽然实质上具有微观分析的性质(即它们涉及的基本上是个别家庭和企业的购买量和售出量),但也包含了一些宏观分析的内容,例如涉及社会的总就业量。我们要不厌其烦地强调,不应该把例如凯恩斯式的收入分析或宏观分析与瓦尔拉式的微观分析放在一起进行比较,好像后者只不过是忽略了收入分析或宏观分析,只要把这种分析补充上就行了。

我们还应该立即注意另外三点。第一,我在上面曾经谈到产品和生产要素的价格。但瓦尔拉的定价理论在第一层次主要是指产品和生产要素的服务价格。这等于仅仅指只能使用一次的产品和要素的价格。至于所有其他产品和要素,其定价问题则与此截然不同,如我们将看到的,这是应该在第二层次解决的问题。不过,在不必担心发生误解的地方坚持这一点,则是卖弄学问。第二,我已经谈到"在完全均衡和纯粹竞争的条件下将要支付"的价格。这种说法不是瓦尔拉的说法。瓦尔拉一如J. B. 克拉克,认为这种均衡价格在正常情况下是实际存在的水准,在现实生活中,价格便围绕这一水准摆动,① 这涉及一个我不愿提出的主张。第

① 同克拉克一样,他用湖的"水平面"作比喻来传达他的概念——亚当·斯密的老概念。

三，瓦尔拉将他的生产性服务分为土地提供的服务、劳动提供的服务和“严格意义上的资本”提供的服务，[①]但这并不意味着他接受了古老的生产三要素学说。实际上，瓦尔拉认为有无数种生产手段和服务。〔此稿到此中断。〕

(a) 瓦尔拉的概念化。瓦尔拉用方程式对其经济模式所作的描述，见《要义》[②]第17—19讲。第35讲提出的《经济表》对这种经济模式的运行作了进一步的说明，在这一讲中，他还阐述了自己对围绕均衡状态的摆动的意见。[③]他引入了企业家的概念，并对简化的会计制度作了最有用的分析，从而引入了典型企业的经营结

① 如我们所知道的，瓦尔拉在广义上把资本定义为可使用一次以上的“货物”，在狭义上把资本定义为人工生产出来的耐用货物(即狭义资本)。他称资本提供的服务为收益，不管它们是被资本所有者所消费(例如，在“个人资本”事例中的闲暇：这种闲暇仍然是劳动〔travail〕)还是用于生产。这种概念安排是瓦尔拉从他父亲安图瓦纳·奥古斯特·瓦尔拉(1801—1866年；《社会财富理论》，1849年)那里得来的，后来(实际上)为欧文·费雪所采用，它有其逻辑上的优点，但对我们来说，它的重要性仅仅在于，如果我们要正确理解瓦尔拉的推理，就必须记住它。由于同一原因，我重复一下，资本除了提供直接消费掉或转为产品的服务外，还提供一种给养服务(a service d'approvisionnement)，而这种服务也可供消费或生产之用。瓦尔拉在《要义》第18和19讲中详细描述了其企业的生产过程的结构和会计制度，可惜这些事情没有受到人们应有的注意。

② 《纯粹政治经济学要义或社会财富理论》(1874—1877年第1版，1900年第4版)；除特别提到者外，本书引用的都是1926年的最后一版。

③ 这些观点与亚当·斯密的观点没有本质上的不同。瓦尔拉用被风吹动的湖面同市场均衡作类比，突出地表明他坚信价值均衡水平的真实性——甚至正常性。后来J.B.克拉克也一再作这种类比。应再一次着重指出的是，这种盲目的、当时显然普遍持有的信念，是不可靠的；但应该强调指出，这个事实并没有使有关均衡水平性质的分析成为不必要的或毫无用处的工作(参看上面第3节“均衡的梦境”)。还应该强调的是：瓦尔拉(例如参看《要义》，第370页)虽然确实低估了他的理论与资本主义现实之间的距离，但并非不知道二者之间有距离。而且在这方面也根本不能对帕累托提出指责。

构这一概念。这种分析与一份资产表[①]紧密结合,决定了瓦尔拉理论体系的大部分内容,如果不是全部内容的话。对于我们当前的目的来说,指出或者说再一次指出该资产表的显著特征,是有用处的。我们知道,瓦尔拉派的企业家是这样一个角色(一个自然人或一个公司)[②],他(或它)从其他企业家那里购买原料,从地主那里租赁土地,从工人那里雇用个人才能,从资本家那里租用资本货物,同时为自己出售由以上要素的服务的相互合作或组合所产生的产品。[③]对于这一点,对于既不赚钱也不赔本的企业家概念的意

① 如果我们能使经济过程暂时停一下,并将其中的每一个要素列举出来,则每一应从经济学角度加以考察的事物,甚至"劳动力"(马克思)或个人资本(瓦尔拉),都可以看作是一项资产。当基金与流量之间的差异表现出来以后,瓦尔拉立即使这一过程开始运动,并告诉我们这些资产如何不断地再生产出自己。共计有十三种资产:为直接消费(包括闲暇)提供"服务"的"资本"(即所有可以使用一次以上的东西,其中包括土地、劳动力和人工生产的资本);提供生产性服务的"资本"(土地、劳动力以及厂房设备等人工生产的资本);除此六种资本以外,还有在生产者手中待出售的、尚未提供服务的人工生产的资本(厂房和设备),即新资本;消费者只使用一次的消费品存货;生产者手中即将使用的原料和半成品;生产者手中待出售的(暂存的)消费品和原料存货;最后是三种货币存量,即消费者持有的用来购买消费品的货币、生产者持有的用来购买生产资料的货币以及被储蓄的货币。凯恩斯派的争论使表达最后一种货币的意思成了一件微妙的工作。我认为,把最后一项说成是"专门用于投资的货币",最接近于瓦尔拉所要表达的意思。

② 虽然瓦尔拉责备英国经济学家混淆了企业家职能与资本家职能,责备法国经济学家混淆了企业家职能与劳动职能(企业家所做的工作也是一种劳动),但他的企业家理论并不比J. S. 穆勒或J. B. 萨伊的企业家理论深刻多少。他所做的只是更明确地把"组合职能"分离了出来。他的企业家职能指的是一般的例行业务工作,大致相当于马歇尔的第四个生产要素即组织,这一点可由以下事实来证明,即他把公司也纳入了企业家的圈子。

③ 由于瓦尔拉对资本即使用一次以上的货物(包括劳动力)和服务(或收益)两者作了严格区分——但对只使用一次的货物却没有作这种区分——因而瓦尔拉的定价理论便分为两个层次:在第一层次,我们立即要解决的只是服务的定价问题(其中包

义，毋需再深入研究了。不过，重要的是指出另外三点。

第一，瓦尔拉很仔细地——其仔细程度远远大于其他作家——从理论上建立并在实践中识别各种各样的“市场”。他的经济机制正是通过这些市场起作用的，而这些市场的相互作用又构成了他的分析原则。尽可能地加以简化合并后，我们得到了两种基本市场：即产品市场和生产性服务市场，此外还有决定资本价格因而决定新收益率的市场以及支付手段市场。读者对我强调这种看起来微不足道的事情，可能有点意外。但瓦尔拉论证方法的一个主要特征，就是把论证的每一部分都同一个与此有关的市场紧密联系起来，即使在最高的抽象水平上也是如此。在他所讨论的四种情况中，无论哪一个他都是先对均衡问题提出理论上的解，然后便考察“在实践中”这种理论上的解在与此相对应的市场上是如

括暂存性货物的定价问题)。在另一层次，我们便遇到这些资本本身的定价问题(除被奴役者的劳动力外，劳动力的定价问题实际上当然除外)。一切收入都毫无例外地得自出售服务，这一概念安排，就“土地”(永久性要素)和劳动来说，还是讲得通的，但对于随着时间的推移不断被损耗的、人工生产的耐用货物来说，却等于主观地假定存在着某种净收入，为什么这样说，后面我们将加以解释。这里我们再一次指出，瓦尔拉实际上认为有无数种生产性服务，虽然他依照传统做法把它们分成了土地、劳动力以及人工生产的资本提供的不同服务，似乎接受了古老的生产三因素说。我们还必须指出，是他预见到了后来的发展，在《要义》第197页上指出，只有土地和劳动力(外加厂房和很少几种设备)是以实物形式租用的。大多数耐用生产工具，是企业家以(资本家积蓄并贷出的)货币形式而不是以实物形式租用的，尽管在把货币引入生产过程以前，瓦尔拉曾允许资本货物以实物形式借出。由此而涉及的贷放货币与贷放资本货物之间的对应，似乎要比我们将看到的、瓦尔拉准备承认的对应更严格：实际上，他的资本家有钱而没有货物借给企业家；只有在纯粹竞争的完全均衡下，这一过程的运行才被认为好像是资本家拥有人工生产的耐用货物。我们必须记住这一微妙之点——在数学上，这一微妙之点把恒等式与平衡条件截然区别了开来——特别是如果我们想了解瓦尔拉派体系与凯恩斯派体系之间的密切关系的话。

何实现的。①

第二,仔细看一下瓦尔拉的资产表,我们会注意到,他非常注重存量或存货(stocks or inventories):有新资本货物存货,有家庭和企业占有的消费品存货,有生产者和用户占有的原料存货,而且正如我们已经看到的,还有各种各样的货币存量(库存现金)。因为这些存货的存在是以有关人员过去的某种行为为先决条件的,因为它们当前的再生产是以某种预期为先决条件的,所以瓦尔拉体系——即使是完全静止的——仍描绘出一种时间的过程,因而也许可以称之为"隐含的动态"过程。如果瓦尔拉不这样认为,如果我们同意他称其为静态的,那只是因为他的论证方法虽然也许适宜于展示经济生活的逻辑骨架,但却很虚假:从一开始他就假设均衡状态是这样建立起来的,即所有现有的货物和生产过程都会平稳而迅速地与当时的一般状态相适应。他的家庭不当场购买消费品或出售生产性服务。他的企业(企业家)也不当场购买生产性服务和供应产品。它们都只是按随意开的价,也就是按市场上的某个人试探性地开的价格,宣布各自想要买卖(生产)的东西。如果这些价格证明不是均衡价格,则他们可以改变主意,于是价格便会发生变化,便会签订新的买卖(和生产)合同——这种合同没有任何约束力——直到均衡价格出现为止。所谓均衡价格是这样一

① 四个问题中的每一个——产品的定价、生产性服务的定价、资本货物的定价以及"货币的定价"——都这样解两次:在每种情况下,都是先证明存在着平衡解,然后证明这个解是市场机制在纯竞争下趋于建立的解,或用稍微专门一点的话来说就是:在这四种情况中,无论对哪一个,都要进行两种性质不同的证明,一是证明存在着平衡解,一是证明有趋于这种解的趋势。因为后一个证明含有这样的意思,即一旦得到平衡解,没有新增力量的干预,就不会脱离这种解,所以我们便可以认为,证明有均衡趋势,也就是证明平衡解具有稳定性。

种价格,即所有愿意支付这种价格的需求和所有愿意接受这种价格的供给都会得到满足。瓦尔拉所承认的对试探性价格的变动作出反应的唯一机制是,当按照这种价格需求大于供给时,便提高商品或服务的价格,当按照这种价格供给大于需求时,便降低商品或服务的价格。[①] 我不想停下来提出一些显而易见的论点,来反对这种很有勇气的推理方式。

〔显然,熊彼特没有讨论他所说的需要注意的“另外三件事”中的最后一件。〕

〔(b) 交换理论。〕 因为消费品和服务这两个基本市场的均衡以及它们相互联结的方式——彼此同时决定——对瓦尔拉派体系的力量具有决定性的重要意义,所以我们现在就来考察这两个基本市场。为了这个目的,我们将忽略储蓄和新资本的生产,[②]这种做法包含着这样的假定,即人工生产的资本正像“土地”那样是永存的、不可毁灭的。而且,为了强调这种做法中的各个步骤,我们将引进一种计价商品——即一种标准商品,所有交换关系都将用它来表示——但不引进实际流通或持有的货币。[③] 有些问题若给予回答,会阻碍我们的论证,因而将留待第 8 节来讨论。

我们已经知道,瓦尔拉的体系是以一精巧的交换理论为基础

① 埃奇沃思是以“再订约”的方式得到均衡价格和均衡数量的,这种方法得到的结果,当然与瓦尔拉得到的结果相同。

② 为简洁起见,我们还假定,企业相互之间不购买原料,它们都只是把“服务”组合成产品出售给家庭。令人遗憾的是,我们不能同样处理提供服务的人自己直接消费的服务。

③ 不过,无论对于瓦尔拉本人来说,还是对于我们自己的表述来说,都不应把这种简化方法理解成这样的理论,即货币不进入决定价值的基本过程,而仅仅是一种技术装置或一块“面纱”。我们的意思仅仅是,我们将单独处理这个问题,同时保留放弃或修改我们现在正试图得到的结论的权利,假如货币的介入确实需要我们这样做的话。

的。该交换理论担负着两项不同的任务:第一,它要描述经济逻辑的基本特征,对于瓦尔拉来说,所谓经济逻辑就是一般竞争市场的基本机制;第二,它要得出家庭行为方程(最大化方程)。就第一项任务而言,瓦尔拉的经济逻辑理论,演变成了对经济价值的边际效用解释,这种解释的历史地位将在本章附录中加以讨论。瓦尔拉说边际效用是价值的"原因",此处我们对这种说法是否有道理不感兴趣,因而将径直讨论瓦尔拉派交换理论的第二方面。我们之所以能够这样做,是因为,正如帕累托所指出的,[①]只要我们只想表述均衡条件,边际效用与总效用的概念就是多余的。尽管如此,谈一谈瓦尔拉派交换理论的其他特征,仍是必要的。

瓦尔拉充分利用我们刚才认为是多余的那些概念,第一个出色地提出了有关两种商品的(竞争)交换理论。需要指出的一点是,他充分认识到,这个问题可能没有解,或可能有多种均衡。在他的体系中,这种均衡归并为两三个稳定均衡和一个不稳定均衡。然而一般说来,是不会出现这种情况的,如果市场上有许多种商品,实际上总会出现唯一的均衡价格。

〔此稿到此结束,但下稿似乎与此相接,论证没有严重中断。〕

〔(c) 简单交换的确定性与稳定性。〕 因为交换理论除了对消费者(家庭)的行为作理论上的描述外,还展示了一般经济行为(选择的逻辑)的基本性质,所以这里有必要提出完全竞争市场上简单交换的确定性和稳定性的问题。在这样做时,我们将适当考虑间接

① 毫无疑问,安东内利、博南瑟尼等人也看出了这一点。关于帕累托的论述,例如参看《提要》第 542 页。那页上的方程式 9,不但没有边际效用,而且也没有"指数函数"。《提要》附录的前 76 段是帕累托对瓦尔拉的第 5—16 讲所作的解释。

交易(套购),引入标准商品(计价商品),但不引入货币。① 除了即将提出的一点外,我们将在与瓦尔拉相同的意义上提出这些问题。

设有 n 个人,都具有明确的爱好,并拥有任意数量和种类的界线分明的商品,设其总量为 m,这些人来到市场上,是为了利用市场的便利条件,来增加他们原来拥有的商品提供的满足。② 因而我们便接受了瓦尔拉的说法,即所有参加者都有力图获得最大满足的倾向。③ 我们还接受了有关连续性和可微性的一般假定,至少对于所得到的市场"曲线"是如此。最后,我们像瓦尔拉那样暂且假定,每一位参加者对每种商品的边际效用函数不仅存在,而且仅仅是这种商品数量的函数,也就是说与他拥有的其他商品无关。它们都是单调递减的。于是我们便得到 $n(m-1)$ 个行为方程式,这些方程表示n个参加者在某一交换关系(或以计价尺度表示的价

① 套购交易被认为是用计价商品进行的。但应该再次指出,套购交易被认为并不使任何数量的标准商品偏离其作为商品的用途。标准商品只要被人们**持有**,就会转变为货币。

② 加入市场的每个人最初拥有的商品量应为已知数,并受以下条件的限制:例如最初拥有的商品总量不能是负数,至少有一个参加者的数量大于零,以及最初的分配不应违反纯粹竞争假说。至于其他条件,瓦尔拉在第 14 讲中证明,在充分均衡的条件之下,在参加者之间重新分配商品时,只要每个参加者拥有的商品量按计价商品计算仍和以前相等,价格就不会发生变化(这就是所谓"等量分配定理")。由于篇幅限制,不能深入讨论这一定理,这里提到该定理,只是要说明瓦尔拉知道必须用形式**证法**来证明他的图式中的每一个论点。正是因为知道这一点(不管他的证明是成功的还是有缺点的),才使他成了未来所有理论家的导师。

③ 前面已经指出,并不一定每个人都是如此。但这种说法却是瓦尔拉那一代经济学家普遍采用的,其中不仅有埃奇沃思和马歇尔等数理经济学家,而且还有奥地利学派的成员,最为突出的是庞巴维克。我们当前面临的问题,并不会因为我们采用原始的效用理论而受到影响。我们指的不是可测量性,使满足指数最大也能达到我们的目的。

格)体系之下所让出或获得的数量(包括零数量),他们连续不断地进行这种交换,直到进一步的交换不能增加他们每个人的满足为止;① 有几个方程式表示各个参加者获得和让与的数量,如果用负号表示让与的数量,用正号表示获得的数量,则每一数量乘以用标准商品表示的价格,乘积加起来必将等于零(个人均衡方程式);最后,还有 m 个方程式表示,就整个市场而言,每种商品让与的总量必将等于获得的总量(市场均衡方程式)。② 这就是 $m(n+1)$ 个条件或方程式。但很明显,它们当中的一个,例如市场均衡方程组中的最后一个,可以证明产生于其余的市场均衡方程式和家庭均衡方程式,所以不能看作是独立的方程式而必须予以剔除。这样,便剩下 $m(n+1)-1$ 个独立方程式用来决定各个变量或"未知数",也就是用来决定 m 个均衡价格以及家庭所交换的 mn 个数量,现在,我们既可以说,因为计价商品本身的价格必然总是等于 1,所以只有 $m-1$ 个价格待决定;也可以说,因为头两组方程(行为方程与家庭均衡方程)就其本身而论,其价格具有零阶齐次关系,所以我们能够决定的只是交换比率而不是绝对价格,虽然我们能够用计价商品—价格恒等式把交换比率转换为绝对价格。③ 读者

---

① 我们知道,这意味着,他们将连续不断地交换,直到用一单位计价商品所能换得的全部商品的数量对他们的边际效用(如果计价商品是香烟,单位是包,则就是每包香烟所能换得的商品具有的边际效用)相等为止。

② 最后一组方程所证实的价格,是市场均衡价格。我们也可以用瓦尔拉所预示的、希克斯最后确定的术语这样来表示这最后一组方程,即对每种商品而言,过度需求一定等于零。

③ 如果 λ 为任意正的常数,如果当自变量乘以 λ 得到 $x_1=f(\lambda x_2,\lambda x_3\cdots\lambda x_r)$ 时因变量保持不变,则函数 $x_1=f(x_2,x_3\cdots x_r)$ 便称为零阶齐次方程。设 λ 等于 $1/x_2$,则得到 $x_1=f(1,x_3/x_2\cdots x_r/x_2)$,也就是说,其关系为前面的 r 个自变量被 $r-1$ 个比率所替代。

应明白，这两种表达方式是完全相等的，还应该明白，说在该体系内绝对价格（或"价格水平"）是不确定的，是有特殊含义的。①

现在我们要问：这些条件是否足以决定这些变量的值？再重复一遍，在数学的意义上，这就是是否"存在"一组满足这些条件的值的问题。这个问题等同于以下问题，即包含这些条件的方程式是否能够被同时解出来。但却不是问，如果的确存在这样的值，市场是否会趋于这种解，也不是问这些解或均衡值是稳定的还是不稳定的。

在所有那些指向瓦尔拉的不公正的甚或毫无意义的反对意见之中，最不公正的也许便是说他认为，只要我们数一下"方程式"和"未知数"，发现它们的数目相等，上述存在问题就得到了回答。我们已经知道，他还明确提出了另外一个先决条件，即方程式是否独立。当我们分析他的论证时，我们进一步发现，虽然他掌握的数学知识无疑地是不足的，但他却天才地看到或意识到了所有或几乎所有与此有关的其他问题，而且事实上总是得出正确结论。虽然他未能令人满意地回答所有问题，但仅仅提出这些问题便立下了不朽的功绩。虽然他的研究成果不是这类分析的顶峰，却肯定是这类分析的基础。

他知道，他的方程组有可能根本没有解。他还知道，并甚至证明了，这种解即使存在，也有可能不是唯一的。他所主张的仅仅

① 这仅仅意味着：虽然使计价商品的"价格"P_n恒等于1，也就是$P_n-1\equiv 0$，似乎是很自然的，但我们也可以使它等于任何其他数字而不改变这个体系中的任何其他因素。瓦尔拉很仔细地讨论了计价商品理论，特别提出了把用一种计价商品表示的价格转换为用另一种商品表示的价格的规则（《要义》，第150页）。很显然，这个规则不适用于货币，或者只是在完全不符合实际情况的假定下，才适用于货币。

是：在正常情况下存在着解，如果市场上的商品很多，则一般会有一个唯一的解(《要义》，第163页)。因为在他的图式中需求量与供给量是价格的单值函数，又因为他的边际效用函数是单调递减的，所以很显然，即使有唯一的解，它也不一定有经济上的意义，即现实的体系不一定与它相符，对于这一点，瓦尔拉没有予以强调，或许也没有充分意识到它。①

我们还可以进一步提出这样的问题：即我们不能比那做得更好些吗？这个问题可以分为两部分来回答。首先我们要问，在瓦尔拉派假设的范围之内，我们能否更为严格地陈述解的存在，特别是唯一解的存在所依据的条件？回答是肯定的。事实上，沃尔德教授已作了这种较为严格的陈述。②我们不必讨论瓦尔拉在其才华横溢的著作中提出的一些微妙问题(也不必赞成其中的每一句话)，而只是指出，瓦尔拉的分析在沃尔德那里实质上未受任何损害。③但是，其次我们要问，如果我们像不得不做的那样，使总效用

① 例如市场上的某些参加者无法得到饥饿点以上的"最大满足"就是这种情况，我们可以把这种情况看作是瓦尔拉体系在经济上(如果不说是在数学上)陷于崩溃的一种特殊形式。不过，一个只表示某些关系的逻辑的体系，在没有更多的资料的情况下，不能告诉我们用货物表示的份额的大小，是非常自然的。而且我们要不厌其烦地强调，因为瓦尔拉仅仅按同时决定变量的纯逻辑来处理问题，从而忽略了例如所有滞后情况，所以他的这部分论证在解释上所具有的价值，仅仅在于澄清了纯理论必须论述的许多问题中的一个问题。

② 参看亚伯拉罕·沃尔德(1902—1950年)发表在'Ergebnisse eines mathematischen kolloquiums'(第6卷和第7卷，1935年和1936年)上的论文，并参看他的非技术性的研究报告《论数理经济学的某些方程组》，载于《国民经济杂志》，1936年12月。为纪念沃尔德，该文已被译成了英文，载于《计量经济学》杂志，1951年10月。

③ 沃尔德攻击瓦尔拉试图证明稳定性的方式，是有道理的，但这是另一个问题，我们马上就讨论这一问题。我与沃尔德不同，认为将这一点同上述解的"存在"问题混淆在一起，是不正确的。我还认为，瓦尔拉在《要义》第163页上提出的理由，毫不逊色于沃尔德的较严密的叙述。瓦尔拉依据那一理由预期，如果市场上有很多商品的话，解一般将是唯一的。沃尔德的较严密的叙述是：如果边际效用函数使效用价值(边际效用乘以数量，这个概念来自冯·维塞尔和费雪)成为数量的递增函数，则将存在唯一性。并参看瓦尔拉《要义》第125页。

和边际效用成为进入家庭预算的所有商品的函数，那么存在定理是否仍然有效。实际上，这才是困难所在。但是在似乎可以容忍的限制条件下，即使在这种情况下，回答仍是肯定的。阿莫罗索教授已作出了这样的回答。① 从需求理论的观点对整个这个问题的论述，读者可参看沃尔德教授的权威性著作。②

我们现在来讨论稳定性问题，我们将把趋向于（理论上的）唯一解的问题也包括在稳定性问题之内。③ 瓦尔拉的最大功绩之一，是把“存在”问题与“稳定性”问题区别了开来，既论证了前者，也精细地论证了后者。不过，他是以一种独特的方式论述稳定性问题的，因为对他来说，稳定性问题是与一个从严格的逻辑意义上来说完全不同的问题联系在一起的，即他的方程式的数学解与现实市场过程的关系问题：首先，他想说明，市场上的人虽说显然不是在解方程，但却用不同的方法做着与理论家解方程相同的事。或者换句话说，用于完全竞争市场的“经验”方法与观察者的“理论的”或“科学的”方法趋于产生同样的均衡结构。提出这个问题后，稳定性问题便很自然地处于突出地位，即竞争市场的机制如何驱使

① 也就是说，阿莫罗索证明（我看不出他的证明方式有任何严重的错误）：在给定价格下，一个人离开市场时所拥有的商品量，是唯一确定的，当然，并非总是唯一确定的，而只是在可以接受的假设之下才是唯一确定的。这只是证明材料的一部分，但在边际效用为偏微分的情况下，是很重要的一部分。参看‘Discussione del sistema di equazioni che definiscono l’equilibrio del consumatore’，载《经济学纪事》，1928 年。

② 赫尔曼·沃尔德的三篇（英文）论文：《纯粹需求分析的综合》，载于《Skandinavisk Aktuarietidskrift》，1943—1944 年。

③ 我要再次强调指出，一般说来，把“趋向”问题与“稳定性”问题等同起来，在我看来似乎是一个错误：如果没有人打，草地上的高尔夫球是不会滚到适当的洞穴中去的，即使有人打，有时也不会滚入适当的洞穴。但如果有人把它放入洞穴，它就会停在那里而处于稳定均衡状态。由此可以看出为什么要把这两个问题区别开来。但在我们的事例中，导致均衡处于稳定状态的那些因素，同时也是使各个变量趋于均衡的“力”。所以我们放弃我们的反对意见，因为它只对进化过程是重要的。

该体系趋于均衡并使它保持均衡。

从一开始就说得很明白,现实生活中的市场是绝不会达到均衡的,所以只能对观察者高度抽象地想象出来的市场提出均衡问题。开始时,拥有一定数量的商品并具有明确的边际效用表的人,来到市场上所面对的价格,是某些人随意喊出的价格。他们决定按照这种价格卖出和买进一些商品。但是正如我们所知,他们并不是真的这样做,而只是把他们想按照那种价格“买进”或“卖出”的商品记在票据上,或者,签订买卖合同的话,他们保留重新订立合同的权利。不难看出,如果不需要重新订立合同,如果票据得以兑现,则包含在方程式中的条件实际上就会得到满足。否则,便需按不同的价格重新订立合同;重新订约的价格究竟是高于还是低于原先的价格,取决于各种商品是有正的过量需求还是有负的过量需求,一直到所有商品的需求量与供给量都相等为止(《要义》,第 133 页)。无论我们从现实主义出发对此抱有什么看法,[①] 凭直觉一眼就看得很清楚,**只要我们不考虑其他反应机制而只考虑瓦尔拉提出的那种反应机制**,则在上述那些假设之下,便可达到均衡;一般说来,这种均衡将是唯一的和稳定的;而且这种均衡中的价格和数量就是我们从理论解中得到的那些价格和数量。[②] 不过,

① 再次参看尼古拉斯·卡尔多:《均衡确定性的分类注释》,载于《经济研究评论》,1934 年 2 月。

② 这种表面印象可以说明为什么即使现在理论家仍不大为由此而提出的问题担忧。我们可以把 m 种商品的需求与供给合并成 m 个方程式,其形式为 $D_i(P_1 \cdots P_m) = O_i(P_1 \cdots P_m)$。在这些方程式中,我们可以去掉一个,因为它是从其他方程式推出来的,在 m 种价格中,我们也可以去掉一个,因为它们具有零阶齐次关系。确保稳定的条件是:一旦价格高于均衡价格,就会出现负的需求余额,一旦价格低于均衡价格,就会出现正的需求余额,这是瓦尔拉小心维护的一个条件。只要理论家不对瓦尔拉体系所特有的假设感到不安,所有那些真正困扰理论家的疑问,就只有在引入真正的货币时才会出现。

瓦尔拉本人却在很重要的一点上表现得犹豫不定，而沃尔德教授却一再强调这一点（《国民经济杂志》，前引文，第653页），即完全竞争市场上的均衡价值是通过反复试验建立起来的——价格被调整后，数量跟着也被调整。为清楚起见，假设除一种价格外所有其他的价格都能使需求量和供给量相等。通常的做法是修正那一不能使供求相等的价格。但是如果真的这样做的话，就会因此而破坏所有其他部门的均衡，这些部门的价格就不再是均衡价格了，因为它们能使供求相等，只是由于存在那一不能使供求相等的价格。所以我们便不得不调整其他价格，而瓦尔拉预料新的结构比原有的结构各方面更接近于均衡的唯一理由是，这是“很有可能的”，因为调整原先失调的价格而对有关商品的过量需求产生的影响，是直接的、强烈的，而且都是同一方向的，而不得不调整其他价格所产生的影响，则大都是间接的、微弱的，而且不都是同一方向的，因而部分被相互抵消了。实际上，瓦尔拉一方面想证明市场有趋于均衡的趋势；另一方面想证明市场能够保持均衡的稳定，很显然，他的这种证明是缺乏严密性的。这一点近来已被愈来愈多的人认识到了，但迄今还没有人提出完全令人满意的解决办法。[①]〔本小

① 对这些微妙问题有足够兴趣的读者，可能欢迎这条道路上的以下路标。首先我们要指出，帕累托并没有改进瓦尔拉在这一方面的论证，只是更明确地承认，围绕均衡价值的摆动，既可以导致接近均衡价值，又可以导致偏离均衡价值。第二，从帕累托到希克斯，虽然其他方面取得了很大进展，但这方面的进展却很小。系统地表述稳定条件的是希克斯教授，其后，另外一些作家，特别是萨缪尔森和梅兹勒作了一些改进。我认为，萨缪尔森第一个指出，若不采用明确的动态图式，也就是说，若不详细说明市场如何对偏离均衡的情况作出反应，就根本不能提出稳定问题。第三，我们的叙述表明，瓦尔拉确实提出了这样一种动态图式：他详细说明了市场走向稳定均衡的一连串步骤，但他却没有得到应有的荣誉。该图式所包含的只是一种特殊情况，但可以对这种特殊情况作较严格的证明，尽管他自己未能这样做。

节未完。〕

〔**(d) 瓦尔拉的生产理论。**〕 现在我们来看瓦尔拉的经济过程纯理论的第二个部分,即生产理论。我们知道,该理论只不过说明了纯粹竞争机制是如何分配自然要素、劳动力以及人工生产资料的所有不同种类和性质的"服务"的。① 这一分配理论和有关这些服务的定价理论是一回事,因为在经济过程这一巨大的拼板玩具中,正是价格机制使这些服务处于适当的位置,并使它们保持在那里不动。最后,当我们作以下陈述时,其含义同上面的陈述是相同的,即瓦尔拉的生产理论告诉我们,在消费其产品的未来消费者的嗜好为已知以及这些消费者作为生产性服务的"所有者"的倾向为已知的情况下,每个企业将生产什么产品、生产多少以及购买什么样的生产性服务、购买多少,因此,生产性服务的总量,即在一定时期内可以得到的生产性服务的数量是给定的,因为它们的来源是给定的。但是它们不一定完全被生产所吸收,如果它们不能完全被生产所吸收,也不一定被浪费掉。因为瓦尔拉图式的一个重要特征是:所有生产性服务都可以被其所有者直接消费掉。② 因此,

① 记住,这些人工生产资料,在我们目前的讨论层面上,是以实物方式出租的,而且是无限耐用的,这两个假定马上就将被抛弃。

② 在瓦尔拉看来,既然生产性服务是用于生产的,因而它们对其"所有者"也就具有使用价值。由此而产生的困难,对于某些特殊的生产工具例如机器来说,特别明显。说一部机器至少潜在地能按其所有者的意愿立即变成一把安乐椅,这种假设的确太过分了。该假设在新资本理论中只是部分地有所放松。但是当首先要解释的是资本货物存量的逻辑结构时,该假设则是有其功效的。为了使该假设较容易地被人接受,我们可以采用以下说法,即某一资本家过去就如何使用自己实际拥有的资本货物所作的决定,决定了他现在实际拥有什么样的资本财货。这种想要挽救局势的企图理所当然地完全摧毁了该理论的静态结构。无论是马歇尔还是奥地利学派都没有作这样的假设,但这只是由于他们不像瓦尔拉那么严谨而已。让我们利用这个机会再强调一下:在严密得多的水平上,瓦尔拉实际上重新表述了 A. 斯密、J. B. 萨伊以及 J. S. 穆勒的生产理论。穆勒的生产理论并非完全包含在他的著作的第一编中。

生产性服务的总量以及拥有生产性服务的人消费它们——甚至为了消费获取更多的生产性服务——或卖掉它们的倾向，构成了第二组已知件。瓦尔拉所要说明的是，这些已知件如何与第一组已知件即消费者的嗜好相联结，从而产生一组不矛盾的量与值。①

我们立刻发觉，瓦尔拉为这个问题寻求的解答，同他先前在有关物物交换的一般理论中得出的解答，是完全对称的。实际上，他的生产理论可以说是这样一种尝试，即试图按照 J. B. 萨伊那种态度把生产分解成为服务与货物之间的交换，而且归根到底，要分解成服务之间的交换。他知道这样做要付出的代价，而且愿意为此付出代价。首先，虽然他确实把并非仅仅是资本家的企业家引入了他的机制，但正如我们看到的，他却把企业家降格为毫无自己的主动精神（或收入）而仅仅是购买生产性服务②和出售消费品这样一种纯粹形式上的角色。③为了强调这一点，我们将用非人称名词“企业”来代替“企业家”这个词。很显然，在瓦尔拉的思想中，家庭才是真正的行为者，家庭作为产品的买者和服务的卖者，决定着经

① 帕累托在他的《提要》中改进了瓦尔拉的这一理论，提出了有关嗜好和障碍的一般性理论，该理论实际上导向了更高的抽象水平，特别有助于更清晰地显现出隐藏在该理论中的逻辑问题。帕累托的这种一般性理论的实际价值表现在它很容易地包容了社会化经济。但它对于我们目前这一水平的讨论却帮助不大。

② 我们已经看到，瓦尔拉充分意识到了一些企业家从另一些企业家那里所购买的原料和半成品的存量和流量的重要性。但他在提出根本的生产问题时（第 20 和 21 讲），却对这种存量和流量采取了漫不经心的态度，仅仅指出——如果我们忽略所有顺序或时滞，这种做法的确是不负责任的——一些企业家从另一些企业家那里购买原料和半成品，是一过程的中间步骤，略去这些中间步骤，并不影响对该过程的了解。

③ 让我再一次强调指出，在纯粹竞争过程的均衡状态中，由于谁都不能对服务或产品的价格施加影响，因而每个企业家实际上都是既不赚也不赔的企业家：这既不是自相矛盾的陈述，也不是同义反复的陈述（也就是说，它不是定义的结果），但在瓦尔拉的假定下，却是一个均衡条件（如果你愿意的话，或者可称之为一个可证明的定理）。〔在这点，在下一节（8）将作更深入的讨论。〕

济过程。其次,瓦尔拉当然知道生产和生产的适应性变化牵涉到时延(delags),但他最初却完全忽略了这种时延(《要义》,第 215 页),而直到最后论述流通与货币的那一节,才部分地承认时延的作用。我们也做同样的事情,甚至暂且接受以下显然不真实的假定,即生产系数为常数,① 没有管理费用,以及每一行业中的所有企业生产的产品数量完全相等。② 如我们以前在多种商品的物物交换情形中所做的那样,我们首先要问,在采用了所有这些"简化方法"——其中有些简化方法最后发现反而把事情弄复杂了——之后,对于一组既包括消费者行为又包括生产者行为的方程,或者对于一组可以说是代表了经济生活框架的方程,是否存在唯一的一组解。

我们直觉地感到,倘若我们接受在多种商品交换的一般情形中我们必须接受的那些限制条件,倘若我们接受瓦尔拉为了处理生产问题而作的另外一些假设所强加的进一步的限制条件,则对上述问题的回答将是肯定的。我们可以对这些假设表示怀疑。我们可以怀疑只是在某些条件的限制下才成立的理论的价值,因为指出这些限制条件似乎就等于驳斥受其限制的理论。③ 但是,如果我

① 这实际上包括两个截然不同的假定:(1)这些系数,即进入每一单位产品的服务总量,在技术上是给定的,或者说,对每一种产品而言,在技术上只有一种可能的生产方法;(2)这些系数在产量函数上是不变的,或者说,并没有规模的经济或不经济。后来瓦尔拉自己对这一假定作了修改。这些问题将在下节讨论。

② 瓦尔拉似乎没有注意到后来人们时常强调的那一点,即:这虽然不会使每一行业的产量处于不确定状态,却会使企业的数目处于不确定状态。由于这对我们现在的论证不重要,这一点也将留待下一节去考察。

③ 那些像我一样对问题研究不深的人,必须高度评价这种开创性工作本身,必须认识到瓦尔拉的功绩之一就是开创了尚待未来完成的工作(部分工作现在仍有待于完成)。

们接受这些限制条件与假设，则几乎找不出瓦尔拉的解有什么错的地方。瓦尔拉的解可以归结为：在瓦尔拉的体系中，提供服务的家庭对于出售这些服务具有确定的单值意愿表。这种意愿表一方面取决于家庭如何评价直接消费这些服务所得到的满足；① 另一方面取决于家庭如何看待从所挣得的收入中得到的满足。在瓦尔拉的体系中，收入是用计价商品表示的，是家庭按照消费品和服务的某组价格所能挣得的。因为消费品的"价格"与服务的"价格"是同时决定的，是彼此相关联的：例如，相对于用计价商品表示的工资，每个工人都要决定每天或每周提供多少小时的劳动，工资则是与用计价商品表示的所有消费品的确定的价格联系在一起的，而消费品的多少又取决于在这一工资率下工人提供的劳动总量。用数学方法表达则是：把每个人提供的自己拥有的每种服务看作是（消费品和服务的）所有价格的一个函数，而根据同样的理由，把每个人对每种商品的需求看作是（服务和消费品的）所有价格的另一个函数。每个人对计价商品的需求仅仅取决于每个人的平衡方程式，而这种方程式，因为我们迄今仍把真正的货币与储蓄排除

① 卡塞尔对瓦尔拉体系的通俗解释缺少这个特征。结果，卡塞尔不得不使（潜在地）现有服务量等于均衡状态下用于生产的服务量。先是维克塞尔，后来是冯·施塔克尔贝格（《对价格理论家古斯塔夫·卡塞尔的两条批评意见》，载于《国民经济杂志》，1933 年 6 月）都指出，一般说来，若生产系数保持不变，这个平衡条件就不可能得到满足。这倒关系不大，因为只要我们引入可变的生产系数，也就是引入替代性（参看第 8 节），困难就会消失。但是如果我们一方面接受系数不变的假设；另一方面却不接受瓦尔拉的部分服务由其"所有者"直接消费的理论，那么一般说来，就会有一些服务由于没有必要的补足物而得不到雇用。于是这些未被雇用的剩余服务就会寻求雇用，从而压低已被雇用的同种类的服务的工资，但工资的降低却几乎无助于（即，几乎无法通过降低那些吸收剩余服务较多的产品的价格来）减少未被雇用的服务，因此，由于平衡条件不相容，整个体系的稳定便会受到破坏。这种情形并不重要。但当凯恩斯派的某些人认为有可能出现失业性均衡时，他们想到的也许就是这种情形。

在外与多种商品物物交换情形中的平衡方程式是完全相同的，只不过在现在的情形中，所供给的是服务，需求指的才是商品。[①] 从个人的这些需求与供给，我们便可以得到市场上服务的总(净)供给和产品的总需求，总供给和总需求则是服务总价格与产品总价格的函数。但该体系的其余部分，则由于假设——显然是为了把注意力集中在同时影响消费与生产的最后因素之间的大的社会关系上——生产系数在技术上是固定不变的而受到了损害，根据该假设可以很容易地得到决定价格所必需的其余限制条件。为了决定价格，方程式的数目必须等于服务的数目，也就是说，各行业使用的服务数量加起来必须等于这些服务的总供给量，而且方程式的数目必须等于产品的数目，也就是说，每一行业使用的服务的生产系数，乘以这些服务的价格，必须等于该行业产品的单位价格，或者说，所有行业的平均成本，即瓦尔拉所谓的边际成本，必须等于价格。

可以很容易地证明，待决定的变量的数目应与方程式的数目相等。对于以下数学问题，即含有这些变量的方程式是否能解——是否"存在"一平衡解——我们只能说与从前大致相同的话：虽然瓦尔拉没有提出可以满足现代数学家的答案，但却可以证

① 瓦尔拉时常由于他的教学的粗陋与乏味而受到责难。不过，一般认为，他在解决"理论"问题的第20讲所作的论证，特别是就服务的供给如何产生于边际平衡条件所作的论证(前引书，第210页)，还是优雅的。在我看来，某些批评家，其中包括某些数学方面的批评家，仍有必要向瓦尔拉的论证方法学习。为了教学上的方便，当前的做法是把个人对产品的需求仅仅看作是产品的价格和"所得"的函数。虽然这种做法有其优点，特别是它可以帮助学生理解凯恩斯派经济学与瓦尔拉派经济学的关系，但它却弄混了瓦尔拉的基本概念，最后使问题变得更复杂了。

明,[①]他看到了并越过或绕过了妨碍作出肯定回答的所有障碍物。当然,我们必须再次指出,在与前面相同的意义上,存在一组解甚或一组非负的解,并不一定意味着存在经济上有意义的——也就是,实际上可能的、"可容忍的",等等——解。但在他的假设和已经提到的那些限制条件下,肯定的回答是站得住脚的,而对此之所以会出现反对意见,与其说是由于瓦尔拉的错误或忽略所致,还不如说是由于批评者未能理解瓦尔拉。[②] 而且可以十分肯定地说,就瓦尔拉的这部分分析而言,我们的结论是或接近于是理论家的共同意见。[③]

在经济过程中,是否会出现均衡价格与均衡数量,如果出现,它们是否趋于稳定,这些问题当然也受到我们难于接受瓦尔拉假设的影响,而且所受的影响要比在多种商品物物交换的情形中所

① 限于篇幅,我们不能这样做。我们只能再次指出,他的假设,即服务对于其"所有者"具有使用价值,事实上避免了隐藏在不变生产系数背后的严重困难。在现在讨论的情形中,除了多种商品物物交换的情形中的那些困难外,只增加了这一个困难。当然,不言而喻,只有当边际效用完全是与之相对应的商品数量的函数时,正文中的陈述才绝对正确。

② 其中一条反对意见这里值得提一下,当然,这条反对意见绝不是数理经济学家提出来的。适当消去一些项后,我们可以把产品的总价格和总数量表示为服务价格的函数。应该清楚的是,这种形式上的真理并没有使后者成为前者的"原因",因为服务价格本身的决定是严格考虑到相应产品的价格的。然而,有些经济学家,特别是奥地利学派,则根据所有价格的这种普遍而同时的相互关联性推论出,瓦尔拉派体系根本未能解释任何价格。有时为了把瓦尔拉派体系与奥地利学派的"因果"关系体系区别开来而称其为"函数"体系。我深切希望,在我们的时代就不要深究这一点了。

③ 严格的证明,读者可参看沃尔德的论文(《国民经济杂志》,前引文)。固然读者从这篇论文中得到的印象也许不大好,但他应该注意到,沃尔德教授所讨论的是卡塞尔的体系而不是瓦尔拉的体系。沃尔德在第 640 页上提到了佐滕和 K. 施莱辛格尔的修改意见,虽然这种修改有其自身的优点,但并不需要用它来驯服瓦尔拉的体系。

受的影响更加严重。① 我们不得不再一次采用票据方法(the method of bons)。但在现在的情形中,如果最初试着确定的(随意喊出的)价格证明(没有出现奇迹)不是均衡价格,那么为了达到均衡,就得同时重新调整所有包含在票据内的有关产量的暂时决定,这要比仅仅重新调整有关获取或放弃现有商品的暂时决定困难得多。而且,即使所有企业和所有拥有生产性服务的人都能成功地进行这种再调整,他们也仍然必须花一定时间执行现有的生产计划,在此期间是不容许作任何变动的。正像在多种商品物物交换的情形中那样,瓦尔拉本人也提出以下问题,即他的理论问题是否就是在服务市场上实际解决的问题;他采用同样的推理方法得出了同样的结论,即:若在纯粹竞争条件下采用试错法并只允许有一种反应机制——哪里有正的过量需求,哪里的物价就将上升,哪里有负的过量需求,哪里的物价就将下降——那么就"大致"可以保证调整的每一步都确实通向均衡而不是偏离均衡。我认为有必要向读者讲清楚这件事。为了使瓦尔拉的体系不因其脱离现实生活过程太远而被读者抛弃,我要问一问读者是否看到过被拉拽时不增加长度的有弹性的东西,是否见过没有摩擦的运动,或是否见过理论物理学中经常使用的其他概念,他是否由于没有见过这

① 不过,如果我们接受瓦尔拉的假设,稳定性便可以比在物物交换的情形中得到更令人信服的证明。希克斯教授(《价值的数学理论》,1937年)以及其他经济学家,特别是L.M.库特(《企业家需求与供给函数的古典派不变稳定性》,载于《经济学季刊》,1941年11月)都曾在允许替代的模式中做过这种证明。两人都把我们消去的企业家重新引入了自己的模式,所以他们的证明都采取了库特论文的标题所表明的那种形式。从历史上说,指出下面一点是很重要的:即不管这些和其他一些贡献在技术上多么优越,它们都只不过是表述了在瓦尔拉的分析中已经出现的思想(虽然其中一些思想是很含蓄的)。

些东西就认为理论物理学是没用的。在下面的脚注中，我要再发表一点看法来减少读者的疑虑。不过，有一点仍是正确的，即无论是瓦尔拉本人还是其追随者都大大低估了在瓦尔拉理论能够经受一般商业经验事实的检验以前有待于完成的工作。①

〔**(e) 资本形成的引入和货币的引入。**〕 本节的其余部分可以看作是对以下问题的一个回答，即资本形成的引入和货币的引入是怎样影响——或者也许破坏——消费者行为和生产者行为的基本图式的。虽然这两个主题在前一章已有所论述并在下一章还要

① 首先，读者应注意到，主要是因为自己太熟悉经常为技术革命所干扰的经济过程，才对瓦尔拉的理论产生了疑虑。在并非严格静止但至少离静止状态不太远的经济过程中，家庭和企业都积累有可靠的日常经验，会有效地帮助他们完成那些乍看起来似乎无法完成的工作。它们在制订试验性生产计划与消费计划时所依据的，实际上并不像瓦尔拉所说的那样是随意喊出的试验性价格，它们依据的是有根据的推测，虽然这种推测还要作较小的调整和修正。只是为了说明导出需求与供给函数的逻辑或原理，瓦尔拉才拒绝利用这个事实。我们可以从马歇尔那里学到如何给瓦尔拉的骨架添上血和肉，虽然较为符合实际情况的理论的确会提出许多新问题，是瓦尔拉（以及马歇尔）所从未涉及的。第二，瓦尔拉图式中的现实因素，确实被另外一些在适当的时候应加以消除的因素所掩盖了。但这些现实因素即使采取用票据进行反复试验那样的新奇形式，也仍是可以被观察到或可以得到证实的。第三，我们不应该说，在瓦尔拉的体系内，一切适应性变化的负担都落在了价格上。正如价格适应于数量那样，数量也适应于价格；之所以会造成上述那种印象，只是由于采用了简略说法的缘故。第四，在瓦尔拉体系的一些最出乎意料的项目中存在着现实因素。例如，稍加思索即可看出，工人对自身劳动力“服务”的需求（即对闲暇的需求），实际上是影响生产过程的一个很重要的因素。在现代，否认这一点将是荒谬可笑的，但即使是过去，也没有哪个时代这种需求完全不起作用。劳动者不得不接受他无力改变的固定工作日（当代的一位经济学家说：“劳动者必须接受固定工作日，否则就得死”）这一表面上的事实，与瓦尔拉的分析体系相矛盾的程度，比初看起来要小得多。最后，教学中的经验诱使我加上这样一点，即成本法则或在完全竞争条件下的充分就业等命题，实际上是处于完全均衡状态的瓦尔拉体系的特征。但是如果正确理解了这些命题的话（关于充分就业的命题，参看本节末尾的论述），对它们就不会有什么反对意见了，最为重要的是，这些命题是这样一些定理，它们产生于界说瓦尔拉体系的假设，而不是产生于强加给瓦尔拉体系的假设（这样的假设会带来超定问题）。

予以讨论，但在这里仍有必要对它们加以考察，以使读者能够看清瓦尔拉体系的整个结构，并认识到他在这些领域的某些方面在多大程度上预示了现代的研究工作，在另外一些方面在多大程度上为其奠定了基础。

在瓦尔拉的体系中，资本形成理论一方面是利息理论的基础；另一方面其本身又依赖于资本货物价格理论。首先，我们只考虑人工资本货物的价格。到此为止，我们只有关于它们的服务的价格理论，甚至这一理论也是借助于我们现在必须抛弃的一个假设而获得的。这个假设是：人工资本货物的数量是永远不变的，它们既不会慢慢损耗掉，也不会因意外事故而消失。因此，我们现在要扣除折旧费和保险费。① 剩下的就是资本货物所产生的“净收益”。我们在前面已经指出，瓦尔拉把扣除折旧费和保险费后存在这种剩余额看作是不可否认的事实，没有努力去加以证明。② 不过，如果我们为了论证上的方便接受这一事实，我们就可以立即着手为资本货物建立理论市场。依照瓦尔拉的值得称赞的做法，我们需要这种市场来决定资本货物的价格。③ 在这种市场上，资本家——并不是企业家(即厂商)——对新资本货物的需求，可以从生产资本货物的厂商那里得到满足。

人们现在需要的并正在生产的新资本货物，对于因意外事故

① 瓦尔拉把两者看作是在技术上被确定的常数。这当然是不能令人满意的，但应当看作是先行者的另一项特权。

② 不论是帕累托、巴罗尼还是这条线上的其他直接继承者，都没有作这样的努力。但维克塞尔和费雪却用庞巴维克的资料填补了这个空白。

③ 我们现在描述的市场只不过是理论家想象出来的东西，瓦尔拉自己后来也放弃了这种市场，而代之以股票市场。批评这种理论工具缺乏现实性，往往会招致误解。

或耗损而损失的现有资本存量，可能不足以进行补偿，或刚好能进行补偿，或补偿这种损失而有余。这三种情况中的最后一种称为储蓄。这种储蓄用计价商品表示，是净收益超过消费的部分，所谓净收益就是家庭出售的服务的净值总额，消费则是家庭购买的产品的总值。因此，正像在凯恩斯的《通论》中那样，现时储蓄便等于现时“投资”。储蓄这个词在这里只是表示一种特殊的需求，即对资本货物的需求。到目前为止，“储蓄的供给量”这个短语，除非我们想用它表示用于交换资本货物[①]而非面包或啤酒的那部分家庭服务，否则它是没有任何意义的，而且说现时储蓄可以与现时投资不一致，也就等于是说储蓄可以与它自身不一致。所以，现时储蓄与现时投资相等是一个恒等式，而不是一个平衡条件。平衡条件是，某一时期内的储蓄总量，应等于生产资本货物的厂商在该时期(生产和)销售资本货物的成本，因为这些厂商与所有其他厂商一样，都受瓦尔拉的成本法则的支配。

到这里，瓦尔拉的体系便同凯恩斯的体系发生了差异，在瓦尔拉的体系中，资本家需要资本货物的唯一动机，在于从资本货物中取得净收益，不管这种净收益是存在于所得到的耐用品对资本家的使用价值中，还是存在于将它们租给厂商(或租给想直接消费其服务的人们)而获得的用计价商品表示的收益中。由此便出现了另一个平衡条件，该条件必须由资本货物的价格来满足，也就是说，资本货物的价格在理想的条件下必须与其净收益成比例，否则就会出现套利交易，迫使资本货物的价格与其净收益成比例，这也

① 请记住：资本货物是使用一次以上的货物。更为正确的定义是，资本货物是这样的货物，它们(或它们的一部分)在某一会计期内不会耗损完。

可以说成是：我们的资本货物市场实际上是永久性净收益不断流动的市场，从这一观点来看，无论资本货物采取哪种物质形态，它们都具有相同的关系。为了突出这一点，瓦尔拉创造了一种理想的或假想的商品，用来代表“永久性净收益”。这一新发明物——纯理论的另一产物[①]——使我们得以使每个家庭相对于“永久性净收益”而言都具有边际效用和需求函数，[②]并使我们得以用单一价格来代替资本货物的所有(未知)价格，从而帮助决定资本货物的价格。所谓单一价格就是每单位时间每单位“永久性净收益”的价格——这可以说是分析棋盘上深谋远虑的一招。这种单一价格产生于上面提到的资本货物的价格与其净收益成比例的条件，该条件可以改述为：新资本货物(完全等于储蓄)的总需求必须在生产这些新资本货物的产业之间加以分配，使得每单位成本(用计价商品表示)[③]的净产值(用计价商品表示)相等。因此，这种单一价格就是“永久性净收益”率的倒数，而永久性净收益率是一比例

① 帕累托、巴罗尼和其他一些人接受了这种理想的或假想的商品，干脆把它称之为“储蓄”。请注意，这个思维的产物也可运用于瓦尔拉以外的理论图式。正如我们即将看到的，甚至在瓦尔拉的图式中，当瓦尔拉引入货币时，它也获得了一种新的——更符合实际的——含义。目前这个概念只是指用计价商品表示的所有新资本货物的总量，只是用来分离出资本货物的一个方面，并不能单独存在。不过，如果瓦尔拉谈到计价资本市场的话，这种市场——不同于我们尚未引入的货币资本市场——并非不同于资本货物本身的市场。

② 正像所有其他商品那样，这种理想商品的边际效用函数被认为仅仅是其数量的单调递减函数。而这种理想商品的需求函数，也正像所有其他商品那样，是所有产品和服务的总价格的函数。请注意，这意味着，它们也是收入的函数：在这方面，瓦尔拉的理论与凯恩斯(《通论》)的理论之间的差别，不是瓦尔拉忽略了收入的影响，而是凯恩斯忽略了产品价格的影响。

③ 请记住，对瓦尔拉来说，边际成本与平均成本必然是相等的。如果不是这样的话，则很显然，瓦尔拉的理论就必须加以修改。

因子，为所有资本货物的价值所共有，很容易——只要没有货币——证明与利率是一回事。

瓦尔拉无比小心谨慎地（这里我们无法详细讨论他是怎样这样做的）提出了有关以下两种人工耐用品的理论，一种是像住宅那样其服务被直接消费的人工耐用品，一种是用于生产的人工耐用品，同时他还提出了有关静态均衡①的边际效用（极大化）条件，并就确定性和稳定性得出了与在多种商品交换及生产的情形中相似的结果。如果篇幅允许，我们在这里所作的评述，一定同在多种商品物物交换的情形中所作的评述相类似。这里我们仅仅不加证明地指出，瓦尔拉的体系并没有——此处的分析仍把真正的货币排除在外——被他的所谓资本形成事实所破坏，也没有因为他的资本形成理论涉及到不“前进”就“倒退”的即非静止的状态而遭到破坏。但还是让我们总结一下到目前为止我们获得的其他东西吧。

第一，我们获得了一种有关资本货物价格（用计价商品表示的价值）的理论，这是我们以前所没有的。最初，这是一种有关新资本货物定价的理论。但随后，该理论便很容易地被运用于现存人工资本货物的情形以及非人工资本货物（“土地”；瓦尔拉甚至将其运用于劳动力）的情形，其方法很简单，就是把出现在资本货物情形中的“永久性净收益的（或利息的）② 比率”应用于这两种情

① 当然，他认识到，在有正的储蓄的条件下，所研究的经济就不再是静止的了。但他也认识到，如果储蓄倾向和消费倾向在某一时期之内保持不变，则有关这种经济的理论仍可以是静态的（《要义》，第 244 页；这也许是最令人信服的一段话，表明瓦尔拉完全知道静态理论与静止过程之间的区别，参看上面第 3 节）。

② 让我们指出，认为永久性净收益率与利率相一致——这意味着深信，“永久性净收益率”的存在是不可否认的事实，既不需要加以证明，也不需要加以验证——的最重要的现代经济学家，是 F. H. 奈特教授。

形。① 第二,作为资本货物价格理论的一个副产品,我们获得了有关利息的理论,现在利息已进入了所有需求与供给方程式。于是,从这两种理论中,便获得了有关利息在经济中的作用的综合性理论。② 资本货物本身的价格没有进入瓦尔拉派体系的任何最后方程式,而只是进入了那些描述产品的供给与需求条件的方程式。第三,因为储蓄仅仅是许多种需求中的一种,所以毫无疑问,可以通过变动利率或其他因素来使其需求与供给相等。利用平衡条件而平衡的东西——并不仅仅是使其重复相等——是人们所决定的储蓄和投资的数量以及新资本货物的成本。如果这种平衡不能实现,就意味着新资本货物的价值将高于或低于生产它们的成本,因而将促使厂商扩大或限制生产。但这里还有另外一方面的问题。假定新资本货物的价值已上升到高于其成本的程度。如果为了论证的方便我们假定资本货物的预期净收益没有变动,这便意味着,永久性收益的比率已经下降,换言之,就意味着每单位永久性净收益对购买资本货物的资本家而言比以前更贵了:正是新资本货物用计价商品表示的价格的这种上涨,使资本家深切地感到了其净收益率的下降。再换句话说,并不是利率的下降起着任何直接的因

① 由此可以推论出,虽然不那么十分肯定,瓦尔拉是把利息这个事实与"前进的"社会联系在一起的,而且他知道,在后退的(如果不说静止的话)社会中利息可能会消失。我借此机会请读者参看 C. 布雷希亚尼—图罗尼教授的杰出论文《储蓄理论》,载于《经济学》,1936 年 2 月和 5 月,该文对储蓄理论及其历史作了很多说明。

② 这实在是天才之举。但它妥当与否当然取决于瓦尔拉的利息概念。暂且不遵守我曾立下的那条在本书中不表露自己意向的原则,这里我要指出,虽然我经常对瓦尔拉的分析的独创性和伟大表示赞赏,但不应因此而认为我在每一方面都赞同瓦尔拉的分析。

果作用，而是资本货物价值的上升（重复地）降低了利率。[1] 当然，一旦利率进入全部产品与服务的需求与供给函数中，它也就因此而开始发挥积极作用。但应该指出，在这种分析中，利率最初所起的是消极作用，因为在该分析中，可以对利率在经济过程中的意义作不同的理解，特别是可以对资本家作出的反应作不同的理解：资本家是对自己所需要的某种货物的价格上涨作出反应，而不是对他所提供的服务的价格下跌作出反应。[2] 最后，从前面的论证可以看出，瓦尔拉的分析坚决抛弃了对杜尔哥—斯密储蓄理论的忠诚，而像庞巴维克的分析那样得出了这样的结论，即根据这种分析所作的假设，消费品的价格和资本货物的价格在原则上是按相反方向变动的。

最后，我们引入货币和货币交易。我们将在下一章讨论瓦尔拉在货币理论和货币政策领域取得的其他成就，这里我们要考察的是，他是如何把货币引入经济过程图式的，他是如何决定用计价商品表示的和用货币表示的绝对价格的，以及他宣称货币经济享有与计价商品经济相同的确定性和稳定性是否正确。为此，我们只

① 若个别资本家发生亏损，该资本家当然可以部分地、全部地或者超过全部地用从已经保有的资本货物存量中获得的利得来补偿。这个事实虽然在其他方面很重要，但却与这里的问题无关。

② 卡塞尔没有提及瓦尔拉，但他采取了同样的观点——对他而言，储蓄也存在于对资本货物的需求中，存在于把生产性服务运用于生产中。但他未能理解，瓦尔拉在引入了真正的货币以后，如何急剧地改变了自己的观点，这一点我们马上就将看到。另一个问题也可以在这里提一下。人们比较容易忽视的是服务价格的下跌或上涨，而不是将要取得的资产的价格上涨或下跌。据此便可以反驳现在非常流行的一种观点，这种观点认为，利率的适度变动似不会产生任何显著的影响。还有，因为资本家使用资产在于获利，所以瓦尔拉派理论承认，资本货物价格的上涨有可能扩大资本货物的需求，正如……〔注释未完〕。

要做以下两件事就行了,一是考察一定数量货币的情形,做成这种货币的材料的使用价值可以忽略不计,[①]二是简单地指出,瓦尔拉在《要义》第一版(1874—1877年)中是依据经济"对货币的需要"[②]这一概念进行货币分析的,在第二版中则采用了"人们愿意持有的现金数量"[③]这一概念,不过,直到第四版(1900年)问世,这一概念才成为其一般均衡纯理论的重要组成部分,才与这种理论完全融合在一起。[④]正是在第四版中,瓦尔拉的纯理论的整个结构,才充分表现出逻辑上的优美。

该结构的第一层是消费品"市场"理论。第二层是生产和生产

① 如我们在下一章将要看到的,瓦尔拉还分析了单本位制、复本位制以及通过发行辅币来"调节"的单本位制等情形。但他最主要还是分析了一定数量纸币的情形。应该立即注意到,这仅仅意味着,做货币的材料没有使用价值,而不是说货币本身没有使用价值,我们马上就将解释这一点。但还应该注意到,在讨论基本原则时,不考虑货币材料作为商品所具有的价值,作这种简化的代价是,不得不假设货币的数量是任意确定的。从这种细微的意义上说,我们的问题已得到了回答:既然货币的数量是任意的,绝对价格就不可能是唯一确定的。但我们所问的并不是这样的问题,我们问的是,当货币的数量已经确定时,该体系中的价格水平以及所有其他货币的和非货币的数量是否是唯一确定的。

② "起连接作用的流通"(circulation à desservir)——是个古老的概念,已为配第所熟悉。瓦尔拉本人(前言,第Ⅸ页)是从重农学派那里借用这个概念的。"人们愿意持有的现金数量"这个概念首次出现在《货币理论》(1886年)一书中。

③ 我们习惯于把这种"现金余额法"同马歇尔联系起来,因为马歇尔在十九世纪八十年代就独自提出了这个概念。关于这种方法的意义和与此有关的问题,参看马吉特教授的《莱昂·瓦尔拉以及用于解决货币价值问题的现金余额法》,载于《政治经济学杂志》,1931年10月,以及《瓦尔拉派体系的货币方面》,同上,1935年4月。

④ 或者更确切地说,是在他把其论文《流通方程》(1889年)发表在《澳洲自然科学协会公报》上以后。有人认为,这要比马歇尔取得大致相似的结果晚得多(参看凯恩斯的马歇尔传,见《传记论丛》,第196—206页)。但直到瓦尔拉的论文发表二十年后,马歇尔才发表这些结果,不仅如此,而且他从未像瓦尔拉那样那么严谨而完整地表述这些结果的逻辑。应该记住,从原则上说,所有据此而得出的结论不仅适用于瓦尔拉派经济学,而且也适用于马歇尔派经济学。

服务“市场”理论，该市场与第一个市场不是相互分离而是连成一体的。第三层是资本货物“市场”，同样与另外两个市场连成一体。第四层是“流动资本”市场，该市场也与另外三个市场连成一体，所谓“流动资本”就是企业运转所必需的存货，即生产厂家待售的新资本货物，以及各种生活资料和生产资料储备。①

因此，瓦尔拉在他的生产理论中先是决定了消费品和生产性服务的（用计价商品表示的）均衡价格和数量——只要正在生产货物，所有这些一经决定便保持不变——随后他便假设这些服务和（等量的）货物的实际交货立即开始，也就是假设在按照“原则”决定的生产计划付诸实施以前就开始交货。当然，这必须预先假定，家庭和厂商从一开始就有存货（储备），存货现在也被引入了一般均衡问题的资料中。②如我们已经知道的，瓦尔拉对存货的处理在形式上与他对资本货物的处理是一样的：除了有存货外，还有存货

① 为了便于数学处理，瓦尔拉扩充了生产系数的含义，扩充的方法很有意思，因为最近里昂惕夫教授在他的投入—产出分析中采用了与此相类似的方法。简要而具体地说，如果我们有产品（A），该产品相对于资本货物的服务（K）而言有生产系数 a_k，则这个 a_k 不仅将包括生产每一单位（A）所必需的（K）的数量，而且还包括如果（A）的生产增加一个单位，则为了相应增加生产者的存货所需要的（K）的数量（瓦尔拉：《要义》，第 298 页；W. W. 里昂惕夫：《投入与产出分析……》，载于《美国经济学会报告论文集》，1949 年 5 月，第 219—220 页）。

② 这些存货当然是以特殊形式存在的，如地窖中的酒或工场中的手锯。事实上，在某一时刻，这些特殊货物不一定是下一时期最大化条件所需要的货物。所以，在我们看来，这里实质上便遇到了动态问题，即经济过程如何适应这样一些局面，这些局面是过去遗留下来的，要对它们作出反应时，它们已经过时。但瓦尔拉略去了这个问题，他大胆地假定，像资本货物那样的存货，过去生产它们时，就考虑到了现在的条件。这就是从一开始建立均衡体系他使用存货这个词的含义。我们可以这样说，他创造了一个经济世界，在这个经济世界内，每个要素都刚好嵌入自己的神龛，尽管生产是花费时间的，因而生产每一种要素时，谁也不知道神龛是什么样子。瓦尔拉作这种假定是有意义的。但同其他假定一样，这只是漫长道路上的第一块里程碑。

经常提供的服务,即给养服务。因此,必须对存货和存货提供的服务分别定价,但每种存货的价格与其服务价格的关系,正如每种资本货物的服务价格与资本货物本身的价格的关系一样。[①]应该指出,瓦尔拉正是通过引入存货与存货服务使经济过程在时间上取得一致的:支付了服务价格之后——也就是支付了所包含的流通资本的利息之后——家庭便立即可以把生产性服务"转换成"消费品。这显然不是一般均衡体系的简单细节,而是该体系的本质特征,关于这一点,瓦尔拉在他的生产理论中已预先有所论及(《要义》,第 215 页)。

瓦尔拉在引入存货的同时,还引入了货币。货币只不过是存货表中的一个特殊项目,也提供给养服务。货币提供的给养服务同其他服务一样,是根据其边际效用函数得到价格的。[②]这种价格

① 这一概念安排的先决条件是,每种给养服务都有净价格。人们反对这种概念安排的理由,同反对资本货物净收益假设的理由是一样的。然而,一旦我们承认存在着这种能够获得净价格(即超过存货的耗损及保险费的价格)的给养服务,则我们便不能以重复计算为理由来反对把存货和服务区别开来。事实上,因为瓦尔拉是通过利率从存货的服务价格推出存货的价格的——即用一种相当于贴现的方式——所以瓦尔拉的图式与庞巴维克的图式有着明显的相似之处。可悲的是,这两位伟人彼此完全误解了对方。但是如果我们采用以下说法,这种相似之处就会更加明显:家庭立即而不是在生产期的终了接受它们所需要的产品,同时为此而支付利息。参看正文中的下一句。

② 不要把这种价格与货币本身的价格混淆。令 p' 代表用计价商品表示的货币价格,π' 代表货币提供的给养服务的价格,i 代表利率,则根据计算不耗损的资本货物(如土地)的价值的法则,便得到 $\pi'=p'i$。如果货币充当计价商品,则 $p=1,\pi=i$。

不过,关于货币和一般存货服务的边际效用曲线,则应该指出,它们被"给定"的含义不同于啤酒或面包的边际效用曲线被给定的含义:用弗里施的术语来说就是,它们的自动程度不如后者,它们只对经济过程本身不断改变的生产结构支付习惯有效。瓦尔拉看到了这个困难,但他自我安慰地指出,在实践中,家庭和厂家通常都"基本上"知道自己需要多少周转货物和周转资金。实际情况确实是这样,但利用这一事实的理论家实际上不得不像瓦尔拉那样指出,他用特殊的假说排除了不确定性。我们可以附带

出现在一个特殊的市场上，瓦尔拉称之为资本市场——以区别于资本货物市场——是所有生产性服务市场的“附属部分”（《要义》，第 245 页）。现在服务的供给者得到的报酬是货币，并用货币购买产品。资本家的储蓄方式不再是用生产性服务交换资本货物，而是用货币进行储蓄，因而除了家庭和厂商手中的那两个交易货币（流通货币）量外，我们又有了一个称作储蓄货币的量。厂商借入货币，购买新的资本货物。在这个市场上，这种“商品”的均衡价格，即货币给养服务的均衡价格，取决于以下条件，即人们对这种服务的需求——用他们愿意持有的现金数量来表示——等于现有货币总量。该均衡价格被决定后，我们便可以用货币本身来代替计价商品，于是可以把决定均衡价格的条件改述为：利率应该能够使人们愿意持有的现金数量等于现有货币总量。①

到此为止，对于瓦尔拉派体系来说，货币的引入丝毫未影响唯

地指出，瓦尔拉因此而不自觉地枪毙了后来的一种理论（J. R. 希克斯），该理论认为，若没有不确定性，就没有必要持有现金，所以货币现象的存在依赖于不确定性。瓦尔拉在他的图式中没有来得及详细讨论不确定因素的重要性。但他指出，应付不确定性对于货币的流通与持有并不是必不可少的，所以没有理由认为货币经济必然是动态的。这并不等于否认所有关于货币的真正难题是在进化过程中出现的。

① 我们突然发现与凯恩斯的利息理论（“自有利率”理论，参看《通论》，第 223 页）靠得很近，我们不应对此感到惊奇。如果我们注意到，在瓦尔拉的图式内，只能容纳凯恩斯的持有现金的三个动机中的第一个即交易动机，而不能容纳另外两个即“预防”与“投机”动机（参看《通论》，第 170 页），那么瓦尔拉的理论与凯恩斯的理论的相似之处就显得更为突出了——不同之处也是如此。所以，在资本市场上，储蓄表与供给表是一致的。不过，另外两个动机可以很容易地加进瓦尔拉的图式。如果我们这样做，储蓄表便不再与可贷资金供给表一致了。但这并不会使瓦尔拉派理论失效，而只是等于用新的假说来补充它。关于这一点，参看 O. 兰格：《利率与最佳消费倾向》，载于《经济学》，1938 年 2 月，并参看弗朗哥·莫迪格利亚尼：《流动偏好与利息和货币理论》，载于《计量经济学》，1944 年 1 月。这些作者的论证受到了 D. 佩廷金的批判，参看佩廷金的《相对价格、萨伊定律和货币需求》一文，载于《计量经济学》，1948 年 4 月，但他们的论证并没有因此而失效，虽然还可以从其他方面对其进行批判。

一的一组解或平衡值的“存在”。这方面的情况,包括限制条件在内,仍与我们在计价商品经济中所见到的情况一样。这是可以证明的,但也可以从以下事实中直觉地感觉到,这个事实就是,瓦尔拉引入货币时,把货币的给养服务仅仅看作是另一种用于交换的(没有直接效用的)服务——它显然不会比引入任何其他商品或服务更多地改变瓦尔拉这部分理论的逻辑。① 不过,应该加上一句,由于货币提供的服务所具有的性质,这种服务的价格是以特殊方式进入决定所有其他商品与服务的需求与供给方程的。只要注意到以下事实,就可以很容易地理解这一点:货币服务价格——或者,如果用货币取代计价商品的话,可以说是利息——的变动会直接影响资本货物和存货储备的价值,并由此而影响该体系内的所有其他价格和数量,其中包括像工资、劳动的需求量和供给量那样的生产性服务的价格。应该记住:任何价格的任何变动都会影响所有其他价格、供给量和需求量,但货币价格的变动还产生另一种特别重要的影响。因此,货币价格不单纯是把用一种非货币的计价商品表示的价格转换为用另一种非货币的计价商品表示的价格:货币价格与计价商品价格并不成比例;货币价格是与新条件相适应的价格,这种新条件就是使瓦尔拉的资本市场保持均衡的条件。我们仍然可以像前面所做的那样,把这种货币均衡条件表述

① 近来人们一直否认这一点,理由是瓦尔拉把货币从具有边际效用函数的物品或物品的服务中排除了出去,也就是把货币从称得上商品的那些物品中排除了出去。但人们的这种看法完全是误解造成的,瓦尔拉起初之所以考察一种其材料作为商品没有价值的货币(《要义》,第303页),为的是推迟考察如果货币是由消费和生产中具有明显价值的材料如黄金或白银所做成而出现的问题。这个问题与另外两个密切相关的问题毫无关系:(a)“货币服务”这个概念是否可取;(b)对于货币过程和“实物”过程的相似之处,瓦尔拉到底是太强调了,还是太不强调了。

为:人们愿意持有的现金总量应该等于现有的货币总量,但我们必须牢记,人们愿意持有的现金数量取决于交易的计价商品价值总额,而后者又取决于货币服务的价格,如果货币服务的价格——利率——发生变化,交易的计价商品价值总额是不可能保持不变的。换句话说,把现有货币数量和人们愿意持有的现金总量看作是给定的,认为只要利率适当变动就可以实现货币均衡,这并不能满足货币均衡条件。如果瓦尔拉认识到了这个事实,并据此而行动,我们实际上就可以断言,瓦尔拉的论证所决定的不仅是前后一致的相对价格,而且还有货币价格,如果愿意的话,也可以称为价格水平。

瓦尔拉确实认识到了这种情况,所以应该把创立货币理论的功绩归于他。这个理论是完整的、前后一致的,而且依据其所作的假设,完全可以决定用货币表示的绝对价格。① 但是在关键的地方,他却未能贯彻到底。他认为,利率变动对交易总量的影响,从而对人们愿意持有的现金数量的影响,仅仅是“间接而微弱的”(《要义》,第 311 页),以此为理由,他决定完全忽略利率变动的影响,然后着手把他的大部分关于实用货币理论的推理建立在假设不存在利率变动的影响这样的简化之上。暂且不讨论作这样的假设是否真有道理,只要把它看作是瓦尔拉的严格理论的一部分,就会改变整个局面。② 于是,正如瓦尔拉自己所指出的,货币流通方

① 该理论尤其不用害怕那个稻草人,这是某些当代经济学家给萨伊定律起的名称。该理论也不受需求与供给函数的零阶齐次性的影响,虽然在瓦尔拉的理论中一如在任何其他理论中一样,不管人们是用元计算还是用分计算,都肯定还是毫无关系的。

② 在我看来毫无疑问,作这样的假设一般说来是没有道理的。不过,却可以为了某些特殊目的而作这样的假设。

程式实际上就将“处于决定经济均衡的方程组的外部”(前引书),因而也就有理由说,瓦尔拉的体系实质上是一个“实物”体系或计价商品体系,该体系本身是完整的,“货币这块面纱”只是作为一可与它分开的装饰物披在了它上面(不过,请参看下一章)。① 这样,货币利息和货币价格就不再与相对价格同时被决定了,因而一般说来也就与相对价格不一致了。② 不过,从瓦尔拉原文的精神和措辞来看,更为自然的说法是,为了实用货币理论,瓦尔拉决定放弃他的一般分析方法而采用部分分析方法。这意味着,他决定采用一种近似法,这种方法是不符合严格分析的标准的。③

但稳定性问题(以及该体系内的要素是否趋于均衡值的问题)却比以前更难回答了。这并不是由于引进货币后该体系的逻辑发生了任何变化——该体系的逻辑和在计价商品经济中大致一样——而是由于在货币经济中更难于接受瓦尔拉的有关经济过程的一般图式。对于这一点,瓦尔拉是完全知道的。证据是他强调了银行信用的不稳定性(例如参看《要义》,第 353—354 页)。除此以外,货币资本市场的引入,很自然地增加了经济发动机发生故障的

① 这个假设是第二个理由(第一个理由是瓦尔拉在《要义》第 203 页上漫不经心地说,应把货币看作是一种本身没有效用的物品)可用来支持那些这样理解瓦尔拉的作家。还有第三个理由。瓦尔拉的表述做到了尽可能不用货币,因而给人的印象是,先是建好一座大厦,然后把货币理论涂抹上去。但更为仔细地分析后,我们可以看到,这不过是一种表述方式,是他的分析方法的一部分,他所采用的分析方法是,在表述交换理论时,不考虑生产方面的事实。我们不应在这方面怀疑这位“普遍相互依存”的大师。

② 这是很明显的。如果利息的变动至少在原则上引起该体系内的所有实物量和货币量的重新安排,那么假设人们愿意持有的现金数量仍保持不变,就等于引入了另一个条件,该条件一般说来将使该体系成为超定体系,从这个意义上说,也就产生了矛盾。

③ 主要的动机似乎是想获得一种简单的“数量理论”。

机会，而这种故障在计价商品经济中是不会发生的。我们可以遵照瓦尔拉的指示排除不稳定性，但如果一种“商品”像货币那样变换不定，一接到通知就可以立即改变方向，那我们就不得不考虑不确定性了。在这种情况下，虽说我们仍然可以得到最后的结论，但其实际价值，却无疑地大大减低了。总而言之，无论是对于计价商品经济来说还是对于货币经济来说，瓦尔拉的有关经济过程的体系都是确定的和稳定的，但他未能严格地证明这一点；对于一个静止的经济过程来说，也就是对于一个仅仅向传统行业进行正投资或负投资的经济过程来说，它在上面规定的那种意义上是不会发生故障的，而且资源的充分运用实际上是它的一个特征。除此以外的结论，只能通过引入与瓦尔拉的假设不同的假设才能得到。[①] 即使瓦尔拉的体系归根到底也许只不过是一个庞大的研究

① 这可以用在均衡状态下是否有可能出现就业不足的问题来加以说明，这个问题一直是凯恩斯派争论的焦点。在瓦尔拉派体系中，这种就业不足只有在这样的情况下才会出现，也就是瓦尔拉派的劳动供给条件被以下假设所代替，即工资率是以高于瓦尔拉派的均衡价格“严格下降的”。但我们可以加上另一个假设，即哪怕刚性被消除，由此而造成的工资下跌也不会达到均衡水平，因为这种下跌会大大减少厂商的收入，即使不减少厂商的收入，也会使人产生极为悲观的预期，致使生产全面萎缩，结果，不断下降的工资率永远赶不上不断下降的均衡水平。如果工资具有一定的刚性，同时假设资本家一心致力于储蓄而不考虑收益，假设他们不愿接受当前的投资收益，而宁愿以“直接的、流动的支配形式（即以货币或其等价物的形式）”持有他们决定储蓄的全部金额（凯恩斯：《通论》，第166页），那么我们可以得到与上面相同的结果。不管我们怎样看这些假设的实际用处，我们都必须记住，即使接受这些假设，它们也不会使瓦尔拉的理论在他的假设的范围内失效。特别是，它们不会证明，瓦尔拉派的“充分就业条件”——这不是一个假设而是一个定理——会使瓦尔拉的体系成为超定体系，因而在这个意义上，显得自相矛盾。还应该补充一句，想要证明资本主义经济必然产生长期失业的经济学家，丝毫不必害怕这样的证明，即在很高的抽象水平上，完全竞争状况下的完全均衡会带来充分就业。而这种证明本身也丝毫不必害怕在一个从来没有过完全均衡和完全竞争的世界上失业的普遍存在。

计划,但由于它是高超智力的结晶,它仍然为我们时代几乎所有最优秀的分析工作奠定了基础。

8. 生产函数

关于该时期较高水平的理论分析工作,剩下来所要说的可以很方便地归结为两个题目,一个是生产者视野内的消费者的给定嗜好,另一个是生产者视野内的给定的技术可能性,这两个题目是1900 年的古典派神殿的两大支柱。前一题目将在本章附录中讨论,后一题目则在这里讨论最为合适。关于这两个题目,我们将仅仅补充我们在不那么严密的分析水平上已经知道的内容。关于这两个题目,我将把故事叙述到现在的情况。关于这两个题目,我将尽可能简略地叙述。①

〔**(a) 概念的含义。**〕 我们先回忆一下当今普遍使用的生产函数这个概念的含义。假设实业家 A 打算建立一个工厂,生产明确限定的商品 x,每单位时间生产 $\overline{x}$ 量。因而每单位时间将需要唯一的一组投入率——例如同样明确限定的服务 $V_1, V_2, \cdots V_n$ 的 $\overline{V}_1, \overline{V}_2, \cdots \overline{V}_n$——这种投入率和瓦尔拉的生产系数一样,在技术上是不变的,因而对我们经济学家来说,便规定了唯一可用的生产"过程"或"方法"。不过,一般说来,是有几种甚或无数种可用来生产$\overline{x}$的

① 对于这两个题目中的无论哪一个,我的叙述都不能同时做到既简洁,又抓住要点,又正确,这一点我是在最后写完本章的附录及这一小节以后才充分意识到的。这里之所以要强调这一点,是因为它非常生动地说明了这两个领域内的情况,在这两个领域内,研究者之间相互误解——伴之以不必要的相互怨恨——而且几乎都不愿意齐心协力地朝一个方向努力,因而蹒跚的进展时常被中断。概念的混淆达到如此地步,以致有时很难弄清例如他们在谈论边际生产力理论时说的究竟是什么。

生产过程或方法的。还是对我们经济学家来说，其中每一种都有自己的一组投入率。如果两种或两种以上的技术不同的过程使用相同的投入率来生产 $\overline{x}$，则对我们来说，它们就是相同的过程。A先生将在这些可能性之间进行选择，以期把生产 $\overline{x}$ 的总成本减至最低限度，因而从一开始他就排除了所有那些使用较多的（稀缺性）服务 $V_1, V_2, \cdots V_n$ 的过程。在剩下来的我们可以称之为合格的可供选择的过程中，他将根据所预期的生产要素市场在他所计划的生产时期的价格情况来进行选择。

A 或他的顾问工程师是非常熟悉所有那些合格的可供选择的过程的，这些过程的完整清单便限定了 A 或他的工程师的技术水平（technological horizon）。[①] 令 $\overline{V}'S$ 连续而平滑地变动，[②]令 $\overline{x}$ 也连续而平滑地变动，我们便可以把一个人的技术水平表示为变换函数，其形式为 $x=f(V_1, V_2, \cdots V_n)$，这种变换函数我们称之为生产函数，它可以把任何一组 $V_i'S(i=1, 2, \cdots n)$ 与此人用这组 $V_i'S$ 所能生产出来的 x 的最大值联系起来。技术水平的任何变动，例如由新过程的发现引起的变动，或甚至由于某一个已知的过程成为可作商业利用的过程而引起的变动，都会破坏这个生产函数而为另一个生产函数所代替。所有这些都非常简单，我们应赋予不同抽象水平上的生产函数以什么样的性质，也很明显。不同的抽象水平是由我们要考察的不同问题所规定的。因此，当我们高高地处在稀薄的空气中，搜寻生产逻辑的“最纯的”特征时，我们将像

① 应该把技术水平与厂商的（或某人的）时间水平区别开来，所谓时间水平就是制定了计划的那段时间。时间水平这个概念是丁伯根引入的。

② 连续函数没有跳跃，平滑函数没有纽结。

刚才所做的那样假定,生产函数是连续的,并假定它们在所有方向都可以微分两次。① 现时则时常不符合这些假设。但只要我们关心的是生产的纯逻辑,这便不成为反对的理由。只有当我们把由此厂而得到的结果应用于不连续的、不存在一阶和二阶偏导数的图式和问题时,它才成为反对的理由。无论是宣称所有图式和问题都是连续的,可微的,还是宣称所有图式和问题都是不连续的,不可微的,这两种说法都没有任何意义。直到今天,忽视这一平凡的真理,仍是多得令人难以置信的无谓争论的源头,并仍然阻碍着分析的进步,其阻碍分析进步的方式,在研究"科学进步"和"人类思维方式"的学者看来,是特别令人感兴趣的。为了说明这一点,最好还是先简略地谈谈目前这方面的一些问题,以此为我们叙述历史的发展做好准备(或做好部分准备),并以此使读者了解一些情况,这将有助于他对问题的理解。下面的脚注列出了生产和成本(主要为静态方面的)理论的一些现代表述,仅供读者参考。②

(1) 现在我们该怀疑明确限定的商品或服务这样的概念了。而且,厂商一般也不仅仅是生产一种商品,而是生产许多品种的商品,在选择生产设备时,厂商考虑的一件重要事情显然是,能否比

---

① 也就是说,我们将假设,V_i 和 V_j 是具有代表性的生产性服务($i,j=1,2,\cdots n$),因而其所有表达式$\frac{\delta x}{\delta v_i}$,$\frac{\delta^2 x}{\delta v_i{}^2}$,和$\frac{\delta^2 x}{\delta v_i \delta v_j}$都是存在的,而且是连续的。

② R. G. D. 艾伦:《经济学家的数学分析》(1938年);关于生产函数和不变产出曲线,特别参看第284—289页,不懂数学的读者也可以很容易地看懂这几页,读了这几页将大大有助于理解本节的内容;J. R. 希克斯:《价值与资本》(第2版,1946年),特别参看第二编;P. A. 萨缪尔森:《经济分析的基础》(1947年),特别参看第四章,读该章虽然需要一些数学知识,但需要得很少;E. 施奈德:《生产理论》(1934年);格哈特·廷特纳:《论非静态生产理论》(该文还很出色地概述了静态理论),载于《数理经济学与计量经济学研究》(H. 舒尔茨纪念集),1942年。

较容易地从一种商品的生产转向另一种商品的生产。[①] 最后，生产性服务组合的变动，会时常影响厂商所生产的商品的质量甚或种类。在某些程度上考虑到这一点的方法是，让许多商品($x_1, x_2, \cdots x_n$)进入生产函数，并把生产函数写成隐函数，$\phi(x_1, x_2, \cdots x_m; v_1, v_2, \cdots v_n)=0$。艾伦、希克斯、里昂惕夫、廷特纳等人已经做了这项工作。

(2)如果我们想把生产理论建立在杰文斯、庞巴维克、陶西格等人的"迂回"生产理论之上，则我们可以明确引入时间因素，把生产函数写成 $x=\psi(v_1, v_2, \cdots v_n; t)$。维克塞尔在论述资本问题时曾极力主张这样做，当代的一些作家已采用了这种做法。(例如参看艾伦：前引书，第 362 页。)[②]不过，很显然，厂商的技术模式，除投入率与时间外，还有另外一些特性：投入率的变动率，其中一些是滞后的，另一些则是累积的(积分)，所预期的较远而不是较近的未来的产出，这些都可能很重要。我们不拟深入讨论这些问题，而只提及把移动参数($a, B, \cdots$)插入生产函数的做法，插入移动参数后，生产函数就变成了这个样子：$x=f(v_1, v_2, \cdots v_n; a, B, \cdots)$。这只不过是在形式上承认了以下事实，即生产函数迟早是要变动的。固然这种做法是有道理的，但在我看来，如前所述，生产函数迟早要变动这个事实也可以用以下说法来表达，即革新会破坏生产函数，

① 路易斯·M. 库特：《企业家和消费者的不同商品系列需求理论》，载于《计量经济学》，1941 年 4 月和 7—10 月号，该文考察了无数种商品的情况，这是个极为重要的概念。

② 把时间看作是自变量，也很适合马歇尔派体系，虽然理由不同。然而，马歇尔虽然在作文字叙述时是这样做的，但在作数学表述时却没有这样做，当然价值问题除外——这是另一回事。

而建立新的生产函数。①

(3)对于经济学家来说,生产过程或生产方法是由生产函数中的自变量限定的,尽管这等于是把对工程师来说很不相同的一些生产方法放在一起。这种做法只是意味着,我们对技术差别本身不感兴趣。但我们因此而必须把生产某种商品的各种适当方法所需要的所有生产性服务都包括在生产函数内,虽然其中某些方法所需要的服务并不是另一些方法所需要的。这便产生了一种困难,使得某些理论家(例如参看施奈德:前引书,第1页)只把那些使用相同服务的过程或方法包括在生产函数内,使他们不是用一个生产函数而是用许多生产函数来限定技术水平。

然而,更为重要的是另外一点。根据定义,我们的生产函数只涉及一个厂家——严格地说,只涉及一个生产单位或"工厂",②并不涉及整个经济。但是整个那一时期,甚至直到今天,人们似乎普遍认为存在着社会生产函数这样的东西。③ 人们这样认为的原因是很明显的,那就是人们论述分配份额理论时,显然想要谈到"社会"边际生产力。所以,那个时期经济学界的大多数领袖,特别是庞巴维克、克拉克、威克斯蒂德和维克塞尔,都理所当然地认为存在

① 如果我们像马歇尔和希克斯那样把那些仅仅由于生产的扩充而引致的革新,——不要把这种革新同生产方法的简单变化相混淆,生产方法的简单变化从一开始就在厂家的技术水平之内,但只有当达到某一产量时,才值得作这种变化——看作是单独的一类,则我们实际上便承认有一种中间情况,为了某些目的,是值得把这种情况与其他情况区别开来的。但只要不能准确地预测这种引致革新的影响,把它们引入生产函数或成本曲线就毫无意义。假如可以准确地预测,则这种引致革新必定已在技术水平之内,因而也就无需"引入"了。

② 为了节省篇幅,这里不考察拥有几座工厂的企业的生产函数问题。不过,近来已有人对这一问题作了研究。

③ 实际上,经过仔细检查,只有马歇尔和瓦尔拉的论证中没有这样的含义。

着总量(社会)生产函数,至少言外之意是这样,而没有认识到使用这个概念的逻辑权利是需要加以证明的。① 许多现代作家,特别是凯恩斯之流,也是同样粗心大意的。

(4)从数学上说,生产函数是作为对厂商行为的一种限制条件而进入理论体系的——为的是得出有关生产性服务的需求函数,例如参看艾伦:前引书,第369页及以下各页。这些厂商力求获取最大的净利润,但却受到生产函数中所列举的那些可能性的限制。我们可以尽力把与我们眼前目的有关的所有技术事实都塞进一个表达式中。但即使能做到这一点,比这好得多的方法仍把某一种关系当作基本关系——当然应选择一种具有首要经济意义的关系;我们马上就将讨论这一点——然后引入其他必须考虑的事实(假设),作为进一步的限制,或者可以说,作为对我们所认为的基本限制条件的限制。讲清这个问题的最好方法有如下述。假设我们有几种服务,②将"生产面"限制在$(n+1)$个多维空间。一般说来,我们将发现,厂家不能在整个生产面上自由移动,技术条件只允许在某一区域的边界之内进行选择。因此,可能存在着"限制性因素",在一定的技术条件下,这些限制性因素的使用量必须与

① 那些偏重于文字的经济学家忽视这一点也许是很自然的,因为他们根本就没有生产函数方面的明确概念。而威克斯蒂德和维克塞尔忽视这一点就不那么自然了。但是我们不要忘记,在纯粹竞争条件下,不同厂家和工业部门的边际物质生产力之间的均衡关系,是很容易建立起来的,这也就是为达到他们的目的所需要的一切。马歇尔的所谓"边际牧羊人"完全有资格代表所有职业中他的那种劳动的边际生产力,因而完全有资格代表一般的这种劳动的社会生产力。

② 当然,如果我们只考察稀缺性服务,则必须考虑到,在某些情况下,某种服务是否稀缺,取决于厂家的需求量的大小:在某一地方,如果厂家对水的需求量超过一定限度,则水便不再是"免费的"了。我们在另一处已谈到了这一点。

产量或其他要素的数量成严格比例(R. 弗里施);还有可能存在着其他类型的限制(A. 斯密西斯)。[①] 我们马上就将回到这个问题上来,但现在我们必须谈到这些附加限制中的一种特殊的短期限制,其对边际生产力理论所具有的重要意义已由斯密西斯教授指出。

我已强调指出,只有当我们把生产函数看作是理想世界中的"计划"函数时,生产函数这一概念的全部逻辑意义才会显露出来,因为在理想世界中,每一个技术上可变的因素,都可以随意变动,而无任何时间上和费用上的损失。

然而,一旦我们像自己真正希望的那样,把这一概念应用于已经开始生产、已经拥有厂房设备、已经受到现有管理机构制约的厂商,则根据我们为适应性变化留出的时间的长短,厂商现有结构中的那些不易变动的因素就会成为进一步的限制条件,或弱或强地影响技术上的选择。[②] 不考虑这些因素,将把我们带回纯逻辑的领域,而并不改变这一事实,即现实不会符合理论模型,不会符合那些从模型中推出的定理,特别是边际生产力定理;而给适应性变化留出充足的时间——这是马歇尔的处理方法——也不会对我们有所帮助,因为在所需要的时间内,会出现其他干扰因素,使理论模型永远不能与现实相符。认识到理论与事实之间的这种不可避免的不一致,与认识到这种不一致并不构成反对理论的有效理由,这

① R. 弗里施:'Einige Punkte einer Preistheorie',载《国民经济杂志》,1931 年 9 月。A. 斯密西斯:《生产函数与效用函数的边界》,载于《经济学探索,纪念 F. W. 陶西格论文集》(1936 年)。

② 马歇尔很了解这个事实,知道它对解释实际商业行为的重要性。参看他的匹兹堡煤气公司的事例。参看斯密西斯:前引书,第 328 页。

两者是同样重要的。放在桌上的手表不向地心移动,并不构成反对引力定律的有效理由,虽然不专门研究理论的经济学家有时似乎就认为那是有效的反对理由。

(5)所以,只有在特殊有利的情况下,我们才能够观察到"逻辑上纯粹的"生产函数。农业方面的情况就正是这样,在这里我们不仅可以得到构造生产函数的观察材料,而且还可以获得实验材料。但是每当我们试图运用营业公司的观察资料建立生产函数时,我们总是遇到与我们试图建立统计需求曲线时相似的困难,因而一般不能指望——在不特别小心谨慎的情况下,无论如何是不能有这样的指望的——得到经济理论上的生产函数。然而,尽管"现实的"生产函数有可能造成解释上的错误,①但它们却具有非常重要的意义。它们有助于消除外行人的这种印象,即认为生产函数和边际生产力表仅仅是理论家的虚构。它们向我们提出了新问题,也照亮了我们前进的道路;我建议读者读一读计量经济学会一个委员会的主席 E. H. 费尔普斯·布朗所作的报告,刊载于《计量经济学》,1936 年 4 月。

〔**(b) 概念的演变。**〕　如我们在前一章以及第二编和第三编中已经看到的,用物质产品和价值产品表示的边际生产力表,自杜尔阁的时代起,甚至在那以前,就一直被使用着。生产函数本身以"技术水平"这一名称,出现于"古典派"时期——当时人们认识到,

① 其中一个错误产生于这样一种本身完全正确的看法,即一个已开工的工厂,由于其产量和生产方法已经确定,因而常常是很僵化的,几乎没有余地来适应它所含有的生产组合的新形势,特别是没有余地来适应服务的相对价格的变动。对服务的相对价格的考虑,如在建厂时所预见的,是包含在(常常是无意识地)工厂本身的结构中的。

某些论证只有在假设技术知识不变的情况下才站得住脚。这些论证中,最重要的是土地报酬递减规律,但李嘉图认识到,商品的"真实价值"是由处境最差的厂商所遇到的"实际困难"规定的,因而他已指向了适用范围更广的规律。其后有马歇尔所谓杜能的"伟大的替代规律"。所有这些仍有待于找到其与边际效用原理的适当关系,但从事后来看,剩下的工作——除了那些隐藏在甚至最简单的情形背后的较为困难的问题以外——似乎很好做,只要对已有的思想加以提炼、协调和发展就行了,而所有这些思想都以这种形式或那种形式存在于J. S. 穆勒的《原理》中,或无论如何存在于穆勒的著作加杜能的著作中。奥地利学派以自己的方式完成了这项工作,马歇尔也以自己的方式完成了这项工作。① 虽然马歇尔在其《经济学原理》中没有明确使用生产函数,但实际上我们在该书中却可以看到一个很完整的、留有适当余地的适用于厂商和分配方面的边际生产力理论,而且有许多迹象表明,他还看到了另外一些问题。② 如果我们充分理解他对这个问题的论述(即使是在其《原

① 这里还应提到另外两篇论文。这两篇论文由于具有我们这个领域的一个显著特点,即论述简洁,似乎一直未引起人们的注意。A. 贝里在一篇题为《纯分配理论》的论文中提出了"边际生产力方程式",使生产性服务的价格等于边际物质生产力乘以产品的价格,该文是他在英国科学促进会F分会上宣读的,并发表在该会1890年的《报告集》上。埃奇沃思在1889年,随后又在1894年(参看《论文集》第2卷,第298页,第3卷,第54页)提出了与此相同的方程式。两人都明确地使用了生产函数,并把边际生产力方程式看作是一个综合均衡体系的组成部分。两篇论文都没有因为这一重要成就而获得应有的荣誉。不过,施蒂格勒教授却注意到了这两篇论文(《生产和分配理论》,第132和322页)。由于他们与马歇尔具有密切关系,特别是埃奇沃思与该领域内的所有其他创建者具有密切关系,因而似乎无法估价个人的"权利"。但他们的论文有助于我们了解这股浪潮的来势,马歇尔的著作便处于浪潮的顶端。

② 施蒂格勒教授(前引书,第12章)很好地说明了马歇尔是如何缓慢地穿过传统的丛林,最后全盘接受边际生产力这个工具的。不过,假如他决不承认自己实际上全盘接受了这个工具,我想这也是有充足理由的:(1)他不愿将自己的命运与从事同样工作的非美国经济学家连在一起;(2)他很有理由地反对让生产函数的偏系数发挥"因果作用";(3)他了解概念上的困难,其中一些前面已提到。

理》第一版中所采取的那种形式)，我们便不能不对威克斯蒂德在其著作的开头所说的话感到惊奇，他说，在研究分配法则时，通常是利用每一种真正的生产因素……来研究……它所提供的服务的特殊性质，……推出决定〔其〕产品份额的特殊法则，并在其“提供服务这个共同事实”的基础上，将这些法则统一起来。[①]但威克斯蒂德不像马歇尔那么含含糊糊，他明白无误地写出了生产函数，大胆阐明了生产函数的纯逻辑，并试图证明以下两个命题——马歇尔谨慎地肯定了这两个命题，但却没有进行证明。一个命题是，在理想的条件下，每种“要素”的分配份额等于它的数量乘以它的边际生产力程度；另一个命题是，这些分配份额加起来等于(“耗尽”)每个厂商的净产量，在社会总量的领域内，也就等于马歇尔的“国民红利”。现在，这两个命题都是均衡命题，但在均衡点之外，假设一个存在，却并不一定两个都有效。马歇尔当然知道这一点，但明确指出这一点的却是维克塞尔。[②]不过，威克斯蒂德的证明是建立

① P. H. 威克斯蒂德:《论分配法则的相互协调》(1894 年)，第 7 页。如果说上面的说法对马歇尔是不公平的，那么它们对瓦尔拉乃至 J. B. 萨伊就更不公平了。所以，瓦尔拉在其《评对威克斯蒂德先生的英国地租理论的驳斥》(见《洛桑大学法学院文集》，1896 年，后来作为他的《要义》第 3 版的附录三重新出版，但在第 4 版中删掉了这个附录，不过这一版增加了讨论边际生产力的第 326 节)。一文中所表现出来的愤怒心情，并不像施蒂格勒教授所说的那么没有道理。而且，如果认为瓦尔拉宣称自己第一个提出了边际生产力理论，那是一种误解。关于这一点，《要义》第 376 页上的注释说得很清楚。

② 参看他的《国民经济学讲义》第 1 卷，第 129 页。维克塞尔对“现代”边际生产力理论——我称其为“现代的”，是想把它和朗菲尔德及杜能的边际生产力理论区别开来——的创立作出了自己的贡献。施蒂格勒教授对维克塞尔的贡献所作的说明令人很感兴趣，因为它表明，要理解和评价已经明确无误地展现出来的比较新的思想，是多么困难，即使对于一流理论家也不例外。维克塞尔也许已经从马歇尔或奥地利学派那里学到了所有或几乎所有应该学的东西。但在他于 1893 年勾画出了这个理论的轮廓后，又过了十年，他才形成对这个问题的最后看法(参看施蒂格勒第 373 页及以下各页)。正如他在一段鸣谢文字中所说的，他能做到这一点，部分地是由于 D. 戴维森教授的帮助。

在这样一个充分但不必要的假设之上的,即生产函数为一阶齐次的,在这种情况下,“耗尽定理”是绝对有效的,也就是说在每一点上都有效,而不仅仅是在均衡状态之下有效。①他后来放弃了这一假设(参看《政治经济学常识》,第 373 页注释),但却没有对其证明作必要的修改。在往下论述以前,我们最好看一看大约与此同时洛桑发生的事情。

请记住,瓦尔拉最初使用的生产函数,可以称之为退化生产函数,也就是说,这种生产函数的生产系数在技术上是固定的、不变的。1894 年,巴罗尼建议瓦尔拉把这些技术上的常数转变为经济变量,建议他为了确定这些变量,引进一种新的关系,即结构方程,以表达这样一个事实:即如果某些系数减小,则可以通过适当增大另外一些系数作为补偿,来维持产量不变。因而,这些新的“未知

① 如果当两个或更多个自变量以某一共同比例——例如当它们乘以常数 λ 时——增加或减少时,因变量也以同一比例增加或减少,就称这些自变量的函数为一阶齐次的或“线性齐次的”。同以前一样,我们用 x 代表产品,不过现在这个代表国民红利总额的 x 可能会带来很微妙的指数问题,用 $(V_1, V_2, \cdots V_n)$ 代表生产 x 所使用的稀缺性要素的数量。于是,如果对于任何一点 $(V_1, V_2, \cdots V_n)$ 与任何 λ,有 $\lambda x = f(\lambda v_1, \lambda v_2, \cdots \lambda v_n)$,就称生产函数 $x = f(V_1, V_2, \cdots V_n)$ 为一阶齐次函数。在这一特殊情形中,$x = V_1 \frac{\delta x}{\delta v_1} + V_2 \frac{\delta x}{\delta v_2} + \cdots + V_n \frac{\delta x}{\delta v_n}$ 这一关系,在 x 函数存在的整个区间内都是成立的。这就是欧勒的齐次函数定理,或者更确切地说,是欧勒定理的一个特例。把各个 $\frac{\delta x}{\delta v_i}$ 看作是各生产要素的边际物质生产力程度,我们便可以看到,在整个区间上,无论社会产品的数量有多大,这些要素的分配份额都会耗尽它,虽然在非线性齐次的情况下,我们所能断言的只是它们仅在均衡点上才耗尽社会产品。用经济术语来表达就是,一阶齐次性意味着,既没有规模经济也没有规模不经济,也就是说,大规模生产和小规模生产的效率是相等的,或者说“规模的报酬是不变的”。当然,一阶齐次性并没有告诉我们当只有一种“要素”增加,其他要素保持不变时会出现什么情况,也就是说没有告诉我们每种“要素”的边际生产力曲线的形状。请注意,因为 λ 是任意的,所以我们可以使它等于任何一个 V_i 的倒数,例如等于 $\frac{1}{V_i}$。于是生产函数就变成了:$\frac{x}{V_1} = f(1, \frac{V_2}{V_1}, \cdots \frac{V_n}{V_1})$,也就是说,全部“要素”的平均生产力是使用这些要素的比例的函数,而不是绝对数量的函数。

量”，即新的可变系数，便由以下条件来决定，即无论对于什么样的产量和什么样的要素价格，成本都必须最小。巴罗尼本人也开始了这方面的研究工作，并在《经济学家杂志》1896 年 2 月号和 3 月号上发表了他的分配理论（‘Studi sulla distribuzione ，La prima approssimazione sintetica)，[①] 但他没有深入研究下去——我们马上就会看到这是为什么。瓦尔拉在其“经济进步”理论中已经注意到了生产系数的可变性，他给经济进步（与“技术进步”相对应）所下的定义是，资本货物的服务不断替代“土地”的服务。后来他在 1896 年发表的那篇论文（即上面提到的《评对威克斯蒂德先生的英国地租理论的驳斥》）中并在《要义》第 4 版（1900 年）新增的第 326 节中重述了巴罗尼的建议。在《要义》第 4 版中，他用以下三个命题系统地表述了“边际生产力理论”，最后一个命题在未作任何说明的情况下，从《要义》最后一版（1926 年）中删掉了：(1) 自由竞争会带来最低的平均成本；(2) 在均衡状态下而且如果平均成本等于价格，则生产性服务的价格将与〔仅包含替代性（补偿性）服务的〕生产函数的偏导数成比例，或与边际生产力成比例；(3) 产品总量是在生产性服务中间分配的。[②] 1897年（《讲义》第2卷，第714—719

① 参看施蒂格勒：前引书，第 357 页及以下各页。

② 在命题(2)中，我给“而且”这个词加了着重号；我还插入了仅包含替代性要素这一但书，因为正如同一页（第 375 页）上的前一句话所表明的，这显然是瓦尔拉的意思。在那句话中，他明确承认了其他非替代性要素的存在。我认为，两个修改都只是为了强调瓦尔拉的真正意思。但我却不能对以下情况作出解释，即他先是漫不经心地（而且毫无意义地）说每种服务的报酬率“等于”生产函数的偏导数，后来又改而说两者成比例，可是在作了这种转变后，他却没有说出比例因子是什么，即没有说出，在纯粹竞争的充分均衡状态下，比例因子是产品的价格。同时我也无法说明，既然他加上了总收入等于总成本这个条件，却为什么丢弃了可以根据这个条件而得出的耗尽定理。请注意，因为不管产量是多少，厂商总是设法把总成本减到最低限度，所以命题(1)和(2)对纯粹竞争均衡产量以外的产量，也是适用的。于是比例因子便不再是产品价格，而仍然是边际成本了。

节),帕累托批评了边际生产力理论——主要依据是,在现在可以称之为限制性要素的情况中,该理论便会崩溃——并勾画出了一种涉及所有较为重要的可能性的理论。在《提要》一书中,他对这种理论作了技术上的改进。但他认为,这并不是对边际生产力理论的改进——特别不是沿着瓦尔拉派的路线所作的改进——而是对边际生产力理论的抛弃,他在其巴黎教程的《摘要》(1901 年)中,宣称边际生产力理论是“错误的”。之所以要让读者了解这些细节,是因为它们有助于澄清十九世纪九十年代后期的局面。①

于是到 1900 年,作为许多理论家努力的结果,②生产函数便连同效用函数一起,确立了其关键性地位,成了这两个描述性函数中的第二个,我在前面曾把这两个函数称为那个时代的古典派理论的两大支柱。③古老的“报酬规律”,加以适当的推广和改进后,便可以很方便地说明生产函数在一般情况下或“正常”情况下所具

① 读者可以在施蒂格勒的著作(特别是第 323 页及以下各页)和 H. 舒尔茨的《边际生产力和一般定价过程》(载于《政治经济学杂志》,1929 年 10 月)中找到许多进一步的细节。舒尔茨的这篇论文包含许多有用的资料,特别是它用英文对帕累托的生产理论作了最简明的阐述。不幸的是,它不仅在一些个别地方容易使人产生误解,而且它所传达的整个意思也容易使人产生误解。在这方面,细读一下 J. R. 希克斯的《边际生产力与变动原理》(载于《经济学》,1932 年 2 月)以及希克斯和舒尔茨后来的争论(前引杂志,1932 年 8 月),会提供一副解毒剂。

② 几乎不可能比这说得更具体了。当我们讨论生产函数的起源这一困难问题时,贝里、埃奇沃思、马歇尔、巴罗尼、瓦尔拉和威克斯蒂德等人的名字,都这样或那样地可以列入创立者的名单。请记住,我们现在讨论的是生产函数本身的诞生,而不是较旧或较新的边际生产力观念,虽然边际生产力观念一个多世纪以来或者较为明确或者不那么明确地指向了生产函数。当然,瓦尔拉和巴罗尼的结构方程式只不过是生产函数的一种特殊形式。

③ 参看本节的第一句话。我使用这一比喻,并不是想否认,从某种观点,特别是从奥地利学派的观点来看,有理由反对把效用函数和生产函数看作是分析地位完全相等的函数,而有理由把效用看作是这个大厦的唯一支柱。

有的性质，我们马上就将重述这些性质。如果我们想把一种服务的边际生产力界说为与此种服务的数量有关的生产函数的偏导数，我们必须像前面已经指出的那样，首先假定这些偏导数的存在。我们还可以假设它们是正数，也就是说，只要服务的数量增加，产品的数量就会跟着增加。①我们可以像杜尔阁那样进一步假设，这种增加率本身先是增加（$\frac{\delta^2 f}{\delta {v_i}^2}>0$），然后经过一最高点后，便不断下降（$\frac{\delta^2 f}{\delta {v_i}^2}<0$）；初级意义上的报酬递减律。在这种情况下，便可以得到以下两个推论：(1)存在着这样一点，超过这一点，则每种服务的平均生产力（x/v_i）将下降（次级意义上的报酬递减律）；(2) 交叉导数为正数，这意味着，如果使某种生产性服务 v_i 的数量有所增加，这不仅将降低（在经过上述那一点之后）这种生产性服务的边际生产力，而且还将提高所有其他生产性服务的边际生产力（$\frac{\delta^2 f}{\delta v_i \delta v_j}>0$）。

这里插入一段方法论方面的议论，也许是有用的。在生产函数的许多性质中，有些性质是从其他性质中推出来的，因而可以“用演绎法来证明”，或可以“作为定理来叙述”。例如，（达到某一点后）平均生产力的下降可以从边际生产力的下降中推出来或得到证明，于是便不需要作任何<u>单独</u>的观察上或经验上的证明。因此，

① 当然，在“有效区间”之外，情况不一定是这样。如果某一工厂雇用的工人已经很多，则招收新工人反而会降低产量，因为大家会互相妨碍。这种可能性可以用以下两种说法表达。一种说法是，超过某一点，边际生产力就将变成负数；另一种说法是，因为无论哪一个自由的、按照经济逻辑法则办事的雇主，都不会花钱购买服务来减少其产量，所以边际生产力不可能降到零以下。这两种说法是相同的，没有实质性的差别。但对于某些目的来说，还是采用第一种说法好一些。

维克塞尔(参看他 1909 年在《杜能文库》上发表的文章)的看法是正确的,他认为平均生产力递降“法则”产生于我们通常假定的生产函数的其他性质,而沃特斯特拉特(前引书)否认这一点,则是错误的。但是,虽然我们一般有某种程度的自由来决定哪些性质为公理,哪些性质为定理,但情况并不总是这样。例如,没有哪一条经济公理含有(达到某一点后)物质边际生产力将单调下降这样的命题。而无论如何,我们总得假设一些命题,对于这些命题,在经济学(或其他科学)的演绎范围之内,是不能提供逻辑上的证明的。这便引起了关于它们的地位与性质的问题。在形式上,它们是假设(或者是 B. 罗素意义上的定义),我们在原则上可以随意构造它们。但是当要应用它们的时候,我们就会提出这样的问题,即它们是不是“真实的”或“有根据的”,也就是说,根据它们而得到的结论是否可以(一般地,或者针对某些现象或现象的某些方面)得到证明。对于这样的问题,只作出以下两种回答。一种回答是,在某一超越经济学或其演绎范围的较广阔的体系内,它们是可以用演绎法加以证明的;另一种回答是,必须采用观察或实验的方法,才能证实它们。以下命题就是这种情况,即认为生产性服务的边际生产力取决于此种服务的数量,(在达到某一点后)是逐渐下降的。这就意味着,当我们提出这一命题时,我们提出的是一个事实,因而有义务用事实来证明它。当然,有利于这种命题的证据可能比比皆是,以致我们可以认为怀疑这种命题是故意难为人,而不理睬它。但是因为没有强制性的逻辑规则可用来决定什么是故意难为人的,什么不是故意难为人的,所以我们必须在原则上随时准备回答人们提出的问题。我们在逻辑上没有权利回答说受到怀疑的命题是“不证自明的”；如果我们称其为“不证自明的”命题，那我们便犯了一个明显的错误。对我们而言，这些真理之所以重要，是因为它们在“报酬规律”这个问题上经常被忽视。我们马上就将看到，这一方面的一个有趣的例子是有关一阶齐次性问题的讨论。让我们顺便指出，这里我们遇到的是一般认识论上的一个有趣的问题。

借此机会我提一下埃奇沃思对“报酬规律”的分析最初发表在1911年的《经济杂志》上（后来再版于《政治经济学论文集》，第一卷，第61页及以下各页，第151页及以下各页），施蒂格勒教授很正确地称这种分析为埃奇沃思对经济理论最重要的贡献之一（读者可参看前引书，第112页及以下各页）。指出以下两点是同样有意思的，一点是，埃奇沃思仍有待于弄清一些很基本的问题，例如报酬递减“规律”并非仅仅适用于土地；另一点是，虽然埃奇沃思的主要功绩在于把边际报酬递减与平均报酬递减区别了开来，但他自己却一再弄混这两者，而且他在讨论这一问题的论文中所作的描述也不是处处都正确。后来，卡尔·门格尔（数学家，经济学家的儿子）在他的《论报酬规律》（在《国民经济杂志》1936年3月和8月号上发表的两篇论文，并参看上引杂志中K.施莱辛格尔的评论）中再次研究了这一问题。我们要感谢这位杰出的数学家，他告诉我们思维不严密会犯什么样的错误，为我们树立了严密思维的光辉榜样，而当代经济学的一个重要特征就是思维的严密性。但实际上，所揭露出来的逻辑上的谬误——除边际报酬递减与平均报酬递减的混淆以外——并没有产生严重的后果。就边际报酬递减和平均报酬递减的混淆而言，应该指出，虽然像庞巴维克那样的大思想家也把两者混淆了起来，但这并没有给他带来多大损害，因为他们正确地推论出，迂回生产过程的边际报酬是递减的。

读者将不难理解，为什么理论家在讲课和编课本时特别喜欢讲述这种生产函数——即这样一种生产函数，它仅仅包含所使用的生产性服务间的关系,而所有这些服务都假定是"可以替代的"——的性质。这样的生产函数易于处理,也易于产生简单的结果。而且,这种生产函数可以从大量有关的技术事实中恰好挑出那些可作经济选择的事实,因而可以很好地用来展示生产的经济逻辑。我们要不厌其烦地反复指出,这种生产函数只是在高度抽象的水平上才有效,只适用于计划中的工厂而不是现实存在的工厂,而且只适用于生产曲面的有限区域。但是在高度抽象的水平上,在那一范围内,不考虑所有那些经济逻辑为纯技术性的额外限制所阻碍的情形,这是生产函数的优点而不是缺点。不过,即使是在计划建立企业的阶段,也存在着这种额外的限制;而现有企业的长期性适应会受到更多的额外限制,短期性适应受到的限制就更多了;当我们处理现实商业生活模式时,我们会更加看不清那种纯逻辑,特别是因为这些限制甚至阻碍了可以立即适应的服务——例如可以按周、按日或按小时雇用的劳动——及其价格遵守边际生产力规则,且不用说完全均衡和纯粹竞争是决不会完全实现的。读者还将看到,对于这种情况,某些经济学家的说法是:"边际生产力理论只是在高度抽象的水平上才具有普遍的适用性",而另一些经济学家则宁愿说:"边际生产力理论是错误的。"除了许许多多未能理解该理论的含义的情形外,以上便是人们就"边际主义"的生产方面进行争论时涉及的全部问题,这种争论一直持续到今天。① 特别是,帕累托放弃边际生产力理论给我们的全部启示是,

① 这种争论持续到今天的生动事例,可以举例如 R. A. 莱斯特教授同 F. 马克卢普和 G. J. 施蒂格勒两位教授展开的争论,参看莱斯特的《边际分析在解决工资—就业问题时的不足》(载于《美国经济评论》,1946 年 3 月)、马克卢普的《边际分析与经验研究》(前引杂志,1946 年 9 月)以及施蒂格勒的《莱斯特教授与边际主义者》(前引

我们既不能满足于讨论不变系数的情况,也不能满足于讨论替代服务的情况(即单一的替代关系的情况),而必须两种情况都考虑到,还必须考虑到生产系数随着产量而变化的情况①——这等于说,假如我们想更接近于现实的话,②就需要对仅仅包含替代关系的基本分析图式加以补充,尽管这种基本分析图式在其本身的范围内仍是有效的。

杂志,1947 年 3 月,在这一期里,读者还可以看到莱斯特对马克卢普的答复以及后者的反答复)。在这方面,应该告诫读者的是:在评价某一作家对边际生产力理论的看法时,必须弄清该作家对这个名词作何解释:例如,帕累托和施蒂格勒在一些地方似乎只是指这样一种理论,该理论假设所有"要素"只被一种关系联系在一起,即普遍的可替代性。适用于这种边际生产力理论的说法并不一定适用于那些同时承认要素之间的其他关系的边际生产力理论。这里所讨论的便是后一种边际生产力理论。例如,虽然瓦尔拉最初的理论采用的是不变的生产系数,只允许用一种产品的生产替代另一种产品的生产,虽然维塞尔的理论也是这样做的,但对我们来说,他们两人的理论仍然是边际生产力理论。应该记住,尽管包含边界条件的理论会阻碍某些要素按边际物质生产力乘以产品的价格或乘以边际收入的比率来赚取收入,但这并不妨碍我们把该理论称为边际生产力理论。

① 这使他用一种新的方法来界说生产系数,只有当我们想保留这些系数而去掉它们的不变性时,这种方法才是有用的。他把所使用的生产性服务的数量表示为产品数量的函数。因此,对于各种服务来说,他的生产系数便是这些函数的偏导数(《提要》,第 607 页)。W. E. 约翰逊采用了类似的概念(《效用曲线的纯理论》,载于《经济杂志》,1913 年 12 月),A. W. 佐托夫则在某些方面推广了这一概念(《评数理生产理论》,前引杂志,1923 年 3 月,这是一篇杰出的论文,忽略它,将使我们不得不再一次不厌其烦地介绍经济学家的工作方式)。两位作家都未承认从帕累托处有所获益。

② 在试图这样做的时候,我们自然会发现,随着我们所讨论的要素愈来愈具体,"要素"能够彼此互相替代的范围会迅速地缩小。对于历史悠久的生产三要素学说中的土地、劳动和资本的服务来说,可替代性具有几乎无上的权威。但当我们讨论的是洋松木、牙医和切削工具时,可替代性在短期内便几乎是不存在的。这意味着,不管在什么时候,我们都必须说明所要讨论的是哪种要素、哪个时期和哪类问题,不应一般地争论边际生产力问题或"方法"问题。但直到今天,一般地讨论边际生产力问题仍然是争论的根源,这听起来几乎不能令人相信,然而却是事实。这种争论之所以能够至少部分地进行下去并日趋激烈,是因为争论双方都错误地认为,这种争论与政治利益紧密相关。

〔(c) **一阶齐次性假设。**〕 如果我们追随威克斯蒂德,进一步赋予生产函数以一阶齐次性,也就是说,如果我们假设没有规模的经济或不经济,我们便可以得到进一步的简化,正是因为能够得到进一步的简化,许多作家才紧紧抓住一阶齐次性不放的,① 尽管现在一般已经认识到,我们并不需要用它来证明,依照边际生产力规则进行的分配将正好耗尽产品。此外,我还不得不提到围绕这一问题展开的那场旷日持久的、不了了之的、过于激烈的争论。② 关于这场争论,只谈以下几点就够了。

第一,凡宣称生产函数为一阶齐次的人,宣称的都是一个事实,至少是假设的事实。因为这个事实不包含在前面我们一般地、正常地或为了特殊目的而同意归诸于生产函数的其他任何性质中,③ 所以只能用事实证据来证明它或否定它。固然,埃奇沃思早先对威克斯蒂德使用一阶齐次性的批评,由于讽刺不当而大为减

① 为了弄清这一点,读者只需注意一下艾伦教授在论述生产与分配问题时(参看他的《经济学家的数学分析》,各处)一阶齐次性出现的次数(有时是不必要的)。更能说明问题的例子是希克斯教授的《分配和经济进步》,载于《经济研究评论》,1936 年 10 月。这些简化中最重要的一个涉及替代弹性的系数。

② 这不可能——而且也没有必要——详细叙述这场争论。所以除了提及威克斯蒂德和他的最早、最严厉的批评者埃奇沃思以外,这里我只提及几篇现代论文,即 F. H. 奈特的《风险、不确定性和利润》(1921 年);N. 卡尔多的《厂商的均衡》,载于《经济杂志》,1934 年 3 月;A. P. 勒纳的《控制经济学》(1914 年),第 143 页和第 165—167 页;G. J. 施蒂格勒的《价格理论》(1946 年),第 202 页注释——所有这些人都赞成一阶齐次性。坚决站在论战另一侧的是 P. A. 萨缪尔森和 E. H. 张伯伦,参看萨缪尔森的《经济分析的基础》第 84 页;以及张伯伦的《比例性、可分性和规模经济》,载于《经济学季刊》,1948 年 2 月。该杂志 1949 年 2 月号上刊登了两篇批评文章和张伯伦的反驳。

③ 其中一具有特殊目的的性质是,所有"要素"都是可以替代的。某些作家似乎认为,一阶齐次性就是从这个性质中推出来的,虽然较多的作家是含有这个意思而没有明确说出来。H. 舒尔茨甚至试图证明这一点(《边际生产力和一般定价过程》,载于《政治经济学杂志》,1929 年 10 月,附录 Ⅰ)。这是一个错误。

色，但它至少正确地认识到，驳斥一阶齐次性假设所需要的，是事实而不是思辨。这正是他搜寻与一阶齐次性相矛盾的事例的原因。然而，参加这场争论的绝大多数人，直到今天还试图用逻辑上的论证，或者用它的显而易见性或缺乏显而易见性来“证明”它或“反驳”它，[①]这不可避免地走入死胡同。

第二，我们不应忘记，主张（或否认）实际上有可能用一个常数 λ 乘所有“要素”，是一回事；而主张（或否认）假如实际上有可能用 λ 乘所有“要素”，那么产量也可以用 λ 来乘，则完全是另外一回事。[②] 谁都不否认，在大多数情况下是不存在这种实际可能性的。所以争论应该限于讨论该假设对边际生产力定理是否充分必要。因为两个假设对通常的边际生产力定理都不是必要的，所以很容易看出，假如记住这种区别的话，便可以大大减少意见分歧的余地。没有记住这种区别，是经济讨论缺乏严密性的一个突出例证。

第三，所有支持一阶齐次性的人都承认，该假设所遇到的一个障碍是，某一要素或某些要素——如管理、铁轨、轧钢机——的不可分性或“成块性”。这种要素甚至在工厂的设计蓝图上也不能以

① 对于求助于显而易见性的做法，当然可以予以简单的否定而了事，但却不应该用萨缪尔森教授的说法（《经济分析的基础》，第 84 页）来否定它，萨缪尔森说，一阶齐次性假设是“毫无意义的”，因为凡是宣称该假设显然有效的人，若遭到非难，便不得不给任何有悖于该假设的事实贴上“不可分”的标签（参看下页脚注），以此来为该假设辩护，使其根据定义成为正确的假设。情况并不是这样，不过我不否认，不加区别地说某一要素是不可分的（如果生产函数没有显示出一阶齐次性，不可分性当然一定存在），确实会给以下反驳以力量，即不可分性也是需要加以经验检验而且能够进行经验检验的事实。萨缪尔森还说（同上书，第 84 页注释），任何函数在维数较高的簇或空间内都可以成为齐次的，这也没有说到点子上，关键是，对于几个要素或这些要素的子集（这些要素总是可以数尽的）来说，函数是不是齐次的。

② 例如帕累托就根据这两点来否定一阶齐次性假设的有效性。

微小的量变动,在设计蓝图上只能变动工厂的规模;对于已经开工的企业来说,就更不能以微小的量变动了,[①]这里所能变动的只是或主要是"规模"给定的工厂的产量。最后我们谈一不同类型的问题。

第四,于是我们注意到,某一假设不仅可以用与其有效性直接有关的观察资料来验证,而且还可以用与其有效性间接有关的观察资料来验证,也就是验证根据该假设所得到的结论。许多自然

① 否定这种不可分性的存在或重要性,否定不可分性与物质报酬递增常常存在很大差距的关系,是荒谬可笑的。所以,宣称不可分性可以令人满意地解释某些观察到的偏离一阶齐次性的现象,确实是有一定道理的,而理论家,特别是讲授基础理论的教师,如果承认生产函数的齐次性(对产量与某一"要素"或某些"要素"具有直接关系这一点作适当的保留),但又受到不可分性的困扰,则他可以确信,他正接触到所要讨论的问题的实质。还有,不可分性可以因为考虑到以下情形而减少,一种情形是,像经理这样的"成块性"要素可以通过雇用兼职顾问的服务来变动,另一种情形是,对于供应某种"要素"的成块性单位(例如昂贵的机器单位),可以用该要素的需求结构,而不是用技术上的必然性来解释。我并不否认,如果考虑到这些情形,不可分性是会减少的。我想说明的只是,一方面,正是由于这些原因,才使争论得以旷日持久地、毫无结果地进行下去;另一方面,有根据地坚持这些事实,很容易滑向习惯性地、轻率大意地求助于一般的不可分性。不可分性当然也与生产函数的连续性假设和可微分性假设相抵触。关于这一点,参看 P. A. 萨缪尔森:前引书,特别是第 80—81 页。

最后,还应该提到,有人(施蒂格勒、卡尔多)认为,根据定义,一阶齐次性的不存在(即规模经济的存在)便意味着不可分性(或者相反)。争论定义是没有意义的。在这方面,萨缪尔森教授的看法是正确的,他认为,不可分性是没有经验内容的(因而在这个意义上是"毫无意义的"),但我们并不能因此而拒绝完成以齐次性假设为根据的理论,因为无论我们给不适用于这一假设的事例贴什么样的标签,该假设都仍保有其经验内容。另一方面,选用不可分性这个词似乎表明,施蒂格勒和卡尔多两位教授所指的不仅是一个定义。他们心里也许同意奈特教授的说法,奈特宣称,如果某一组合和产品中的所有服务都是"连续可分的",则规模经济的不存在便是"显而易见的"。这坚持的是想象中无可怀疑的事实,因而在萨缪尔森看来并非没有意义。我们可以怀疑事实,或者如果不怀疑某一情形的事实,我们可以否认有关的命题具有普遍的"显而易见性"。设某种产品需要几种服务,而其中之一是润滑油——这些服务都是可以替代的,可以随意分割的——则我看不出为什么所使用的润滑油的数量一定要与产品的增加量按相同的比例增加,即使所有其他服务都必须如此增加。

科学的假设都是单独用这种方法来验证的。因此，如果说国民生产函数有任何意义的话，那就是这种函数的一阶齐次性可以很简单地解释这样一个值得注意的事实，即："要素"在国民红利中所占的主要相对份额是相对不变的。对于 v_1 和 v_2 两个要素，$x = {v_1}^a {v_2}^{1-a}$，$(a<1)$，这样的"社会"生产函数首先是由维克塞尔提出来的(《讲义》，第一卷，第 128 页)，而为道格拉斯和科布所广泛采用。①

至此，在整个这一节中，我们都用偏导数来界说边际生产力度，也就是说，把边际产品规定为产品的曾量，这种增量是在我们使所使用的某种服务的数量增加一无限小的量而使所有其他服务的数量保持严格不变的情况下获得的。② 我们实际上已经看到，在技术上并不总是能够使所有其他服务保持不变，而当不能做到这一点时，边际生产力理论便崩溃了。但现在我们要加上一句，即使所有其他条件保持不变，使所使用的某种服务增加一无限小的量，可以获得一确定的产品增量，这种方法也不一定是获得这种增量的最经济的办法，更为经济的方法或许是也调整所使用的其他服务的数量。固然这种调整可能是很微小的，特别是如果我们最先打算增加的那种服务增加得很少的话。但情况并不一定如此。而

① C. W. 科布和 P. H. 道格拉斯：《生产理论》，载于《美国经济评论》，1928 年 3 月。这篇论文发表后，紧接着便出现了一大批计量经济学方面的论文，道格拉斯教授在其《工资理论》(1934 年)一书以及此后的研究中的观点，总括在他的会长就职演说中，标题是《有生产规律吗?》，载于《美国经济评论》，1948 年 3 月。并参看 V. 埃德尔伯格：《生产与分配的计量经济模式》，载于《计量经济学》，1936 年 7 月。科布和道格拉斯两位教授在上式中插入了第二个常数，使上式变成了 $x = C{V_1}^a {V_2}^{1-a}$，但这并没有多大影响。

② 参看马歇尔的《原理》，第 465 页。

且,虽然对于某些目的来说,使所有其他服务保持不变以分离出要研究的服务对产品的影响,是适当而有用的,①但对于另外一些目的来说,例如对于分析商业行为和分析分配份额的变化来说,这样做就很不妥当了。这个困难使马歇尔感到很苦恼,他因此而特别强调"净边际产品"这个危险的概念。②所谓净边际产品,就是在相应地调整了其他要素的数量后,由于增加某一要素的数量而得到的边际产品。该意义上的边际生产力便不能再用偏微分系数适当地表示了。③

由于产量显然是可以计量的,因而生产函数不会遭到使经济学家或大多数经济学家放弃效用函数的那种批评:你可以看见并数出一片片的面包,但你却看不见,也无法计量出满足,至少不能

① 我们于是使可以得到例如由农业实验站描绘出的边际生产力曲线。例如,除了干草的数量外,我们可以把一头小公牛饲养在严格不变动的环境内,这可以分离出干草的连续增加对牛的重量的影响。或者,也可以用这种方法来研究某块土地的小麦产量,把产量看作是所施用的肥料中氮的含量的函数。我们将看到,这种方法将给每一"要素"带来理论上无限多条边际生产力曲线,一条曲线代表一种组合,在理论上有无限多个这种组合。

② 参看《原理》,第 585—586 页。净边际产品是一个价值概念,有关的困难发生在成本问题方面,而与生产函数没有直接关系。不过,我们可以用常微分系数而不是偏微分系数来界说边际生产力度,从而引入净边际产品这个概念。我们再次假设只有两个"要素"V_1 和 V_2,所以生产函数为 $x=f(V_1,V_2)$,全微分则为

$$\mathrm{d}x=\frac{\delta f}{\delta V_1}\mathrm{d}V_1+\frac{\delta f}{\delta V_2}\mathrm{d}V_2$$

然后全式除以例如说 $\mathrm{d}V_1$,我们便可以将边际生产力度界说为

$$\frac{\mathrm{d}x}{\mathrm{d}V_1}=\frac{\delta f}{\delta V_1}+\frac{\delta f}{\delta V_2}\frac{\mathrm{d}V_2}{\mathrm{d}V_1}$$

对于当前的目的来说,请注意,如果 $\mathrm{d}x=0$,则有

$$\frac{\mathrm{d}V_2}{\mathrm{d}V_1}=-\frac{\delta f}{\delta V_1}\bigg/\frac{\delta f}{\delta V_2}$$

③ 马歇尔还注意到,如果我们考虑到其他要素的调整,则边际生产力将随着为适应留出的时间的长短而变化。关于这一点,参看 E. 施奈德的著作(前引书,第 28 页)以及他的完全适应和部分适应两个概念。

在与面包相同的意义上看见并计量出满足。不过，从技术上说，既可以没有效用函数，也可以没有生产函数。不管是在哪种情况(虽然两种情况具有不同的外表)下，即不管是采用生产(效用)函数，还是直接采用边际替代或转换率，以下基本定理都是成立的：即对于厂家(家庭)来说，某一价值一元钱的“要素”(消费品)的边际生产力(效用)，必须(至少)等于任何其他价值一元钱的“要素”(消费品)的边际生产力(效用)。这是可以想象出来的，只要我们同意只有两个要素 V_1 和 V_2，把它们的数量 u_1 和 u_2 标在直角坐标系空间的两根轴上，将第三根轴保留给产量：于是后者会像面包那样从要素平面上隆起，形成生产曲面。① 与要素平面平行的截面截出的等高线，就是不变产量的轨迹。这些等高线射影在要素平面上，将用等产品曲线或等量线盖满要素平面的正象限，② 每一条等量线都绘出带来一定产出量的两种要素的所有组合，③ 并很准确地把替代关系从另一种关系中分离出来，后者是当我们从任何一条等产品曲线移向较高的一条等产品曲线时，也就是当增加产量时出现的。④ 所有这些都是在我们的时代，主要依靠艾伦和希克斯两位

① 这种作图法现在已成为经典作图法，不熟悉该方法的读者最好看一下前引艾伦的著作，第 11.8 节，第 284—289 页，关于“要素”的(稳定)需求函数的由来，可参看第 370—371 和 502—503 页。

② “等量线”(isoquant)这个词系由 R. 弗里施引入，原系用于另一个不同的概念，本来由不应移作他用。

③ 也就是说，沿着每一条等产品曲线，$dx=0$。边际替代率(dV_2/dV_1)是受到那些一般条件(生产函数的齐次性可以加入也可以不加入这些条件)的限制的。对于任何一种(可替代的)服务来说，“报酬递减律”可表示为等产品曲线在有效区间凸向原点。

④ 我不愿把这另一种关系称为互补性，因为这个名词现在已有不同的含义(参看艾伦：前引书，第 509 页)。但两个要素的曲线图(艾伦，第 371 页)也许可以最好地说明，在初级水平上，生产中合作的服务是如何在一定范围内相互竞争的，反过来也是一样，以及这两种关系在两个可以相互代替的要素的情形中是如何维持的。

教授及其追随者的努力,研究出来并得到普遍利用的。我在这里提到它,是要强调这样一个具有重大历史意义的事实,即它是出自埃奇沃思和帕累托之手,到 1914 年,这个现代理论的所有要素都至少以萌芽方式呈现出来了。同样,我们凭直觉可以感到,生产函数理论和等产品曲线理论的提出,必定大大有助于改进成本理论。固然,截止到 1914 年的这个时期的伟大贡献,是机会成本理论,是该理论在解决收入形成问题方面的应用——这在第六章已经论及,而与我们在这里涉及的有关成本现象的严格表述几乎没有关系。[①] 但实质上,这一贡献只是在表面上触及了我们现在所理解的成本理论问题。精确地说,成就主要得归功于帕累托。[②] 不过,我不拟讨论这方面的发展,而拟讨论另一方面直接源自马歇尔的发展,以此结束本章。在这样做的时候,我们将再次涉及部分分析领域,不过这次涉及的是与一般分析交界的一个领域。

(d)报酬递增与均衡。毫无疑问,马歇尔比任何其他领袖更多地给理论图式填塞了商业事实。他理解问题的广度,最突出地

---

① 或许应该提一下,根据个别厂商最大化问题的观点——同时引入生产函数作为一个限制条件——来严格表述成本理论,是解决要素定价问题的最好方法之一,这些要素都没有或没有适当的可供选择的使用机会。从这个观点来看,机会成本原理只不过是一适用范围更广的原理的特殊情况。但这并不是唯一可能的方法。奥地利学派的归属理论也注意到了这种情况(葡萄园如果不种葡萄,便没有任何用处,或只能用来饲养山羊)。特别是庞巴维克讨论了这方面所有应该讨论的问题。

② 对帕累托的成本理论所作的良好表述,参看 H. 舒尔茨:前引书,第五节。除提到帕累托外,我们还应该再一次提到 W. E. 约翰逊。成本理论的现代表述,请参看前引艾伦的著作,各处;J. R. 希克斯:《价值与资本》(1939 年),第二编;P. A. 萨缪尔森:《基础》,第四章。并参看冯・施塔克尔贝格:《纯成本理论的基础》(1932 年),以及 L. M. 库特:《企业家需求函数和供给函数的古典派不变稳定性》,载于《经济学季刊》,1941 年 11 月。

反映在他的生产理论上。但我们在赞叹这种成就的同时却感到，他对纯粹分析方面的问题和“现实”方面的问题的惊人理解，反而使他的表述似乎有许多不明确的地方，而且确实给他的后继者留下了许多尚待解决的问题。例如，他的一项主要贡献，是强调了时间因素与边际和平均成本①递减的关系。② 人们所熟悉的他的以下一些概念是很有用处的，如主要成本和补充成本、准地租、代表性厂商、③正常利润，特别是内部经济和外部经济，以及他对几乎每个厂商所独具的特殊情况的关注，④这些概念提供了我们所需要

① 在我们将要考察的所有论述中，成本递减与报酬递增和成本递增与报酬递减，一般被看作是同义词。它们当然不是同义词。迟至 1944 年，勒纳教授才注意到这一点(《控制经济学》，第 164 页)。但我没有发觉哪个错误可以归因于这个坏习惯。不过，它可能已搞乱了许多初学者的思想。

② 研究事实的现代经济学家经常发现，在个别厂商的成本曲线上存在着平均和边际成本不断下降的区间——如我们已经看到的，这种区间可以包括这些成本曲线的整个可以观察到的区域——并发现这种区间具有重要意义，从而认为这些发现动摇了“新古典学派”的成本分析的基础。实际上，他们只不过是重新发现了马歇尔。这个例子突出地说明了这样一个事实，即大多数经济学家是不读书的。

③ “代表性厂商”是方法论上的一种虚构，作这种虚构的分析意图参看《原理》，第 514 页；代表性厂商与成本递减的关系也参看《原理》第 514 页。在以后的讨论中，皮古教授引进了均衡厂商(Equilibrium Firm)这个概念。均衡厂商与马歇尔的代表性厂商的区别仅在于，后者代表，而前者不代表产业的模态条件(参看《福利经济学》第三版，第 788 页)。模态厂商这个概念对于现实理论所要研究的一些问题来说是很重要的，但却一直没有得到充分的利用。(不过，请参看 S. J. 查普曼和 T. S. 艾什顿的研究报告:《企业的规模，主要讨论纺织业的企业》，载于《皇家统计学会杂志》，1914 年 4 月。)

④ 例如参看《原理》，第 506 页。第五编第十和第十一章也充满了这类富有启发意义的议论与告诫。应该再次强调指出，由于马歇尔在报酬递减“规律”和报酬递增“规律”之间作了不真实的、至少是容易产生误解的类比，因而使他更加难于表达自己的意思，也使读者更难于理解他。他是在《原理》第 397—398 页上作这种类比的，随后他又一再否定这种类比，例如他说，报酬递增在短期内是很少出现的(第 511—513 页)。

的全部线索,根据这些线索,我们便可以从各种不同的意义上、从各个不同的方面令人满意地论述成本递减问题。但我们得到的只是线索而已,凯恩斯说得对,在该领域内,马歇尔的分析是最不全面的,留下了许多有待于做的事情(《传记论丛》,第 225—226 页)。我想,造成这种状况的原因,是马歇尔不愿完全采用纯分析图式,而热衷于滥用现实主义。他坚持把内部经济和外部经济包括在他的(产业)"供给"表内(虽然他注意到了这样做的缺陷,《原理》第 514 页注释)。我想,他这样做是为了使供给表更现实些,但他却因此而破坏了它们的可逆性,使它们在静态理论中毫无用处。它们实际上只是以图解的形式再现了经济史的一些片断。[①] 这样他便把下降的成本曲线和成本曲线的向下移动这两者之间的显著区别弄模糊了,并把生产函数不变时下降的成本和生产函数变化时下降的成本这两者之间的显著区别也弄模糊了。[②] 不管怎么说,有

① 只有从静态理论的观点来看,施蒂格勒教授对马歇尔的外部经济概念的责难,才是完全有道理的(前引书,第 68 页及以下各页)。外部经济和内部经济这两个概念表示的都是不可否认的事实,这些事实确实应该分为外部经济和内部经济这样两个范畴(不过请参看 F. H. 奈特的《解释社会成本时出现的谬误》,该文最初在 1924 年,也就是发表在刚刚开始争论成本递减问题的时候;1935 年再版于《竞争伦理学》一书)。所谓外部经济,我们将仅仅理解为个别厂商的边际和平均成本曲线的向下移动。造成这种向下移动的原因,可能是厂商所处环境的历史发展,而不一定是厂商所在"行业"的发展。要记住,马歇尔是用下降的"成本曲线"来表示这一事实的——这种成本曲线的性质上与需求曲线相类似,它们可以由于类似的原因而上升,因而与矩形图上的点构成的曲线是一样的——同时还应该记住,他的某些追随者,特别是罗伯逊教授,一直坚持采用这种方法。

② 我觉得,相对于成本表来说,马歇尔似乎太看重产业"供给"表了,这种情况也许可以用相同的方式来解释。我们不能深入讨论这个问题,但为了论述的方便,我们将只采用单独成本曲线。

一点是可以理解的，即马歇尔提供的线索和留下的问题，在任何对经济理论的基础感兴趣的环境中，都必然会引起人们的讨论。唯一使人奇怪的是，讨论这一问题的论文竟过了那么长时间才突然刊印出来，提交给一般的科学大众。例如，维纳教授的著名论文《成本曲线与供给曲线》，直到 1931 年 9 月才发表（《国民经济杂志》），该文从马歇尔的分析着手，成功地澄清了许多模糊不清的地方；A. A. 扬教授的论文《报酬递增与经济进步》，直到 1928 年 12 月才发表（《经济杂志》）。我们将仅仅简要地讨论"报酬递增与均衡"这个题目，但即使如此，也有许多有价值的论文应该予以考察，因而我们不得不只考察其中的少数几篇①。

乱哄哄地争论了一段时间之后，《经济杂志》1926 年 12 月号发表了斯拉法教授的那篇著名论文，由此而产生了不完全竞争理论的英国分支。② 但是就我们目前的论题来看，他的批评，并不像凯恩斯在"专集"的导语中所说的具有那么大的"破坏性"。斯拉法只是指出，在纯粹竞争的条件下，只要产量的增加伴之有内部经

① 凯恩斯以其天才的手法编辑出版了一本有关这个问题（"报酬递增和代表性厂商"，发表在《经济杂志》1930 年 3 月号上）的专集（D. H. 罗伯逊、G. F. 肖夫和 P. 斯拉法），此书现在仍很值得一读。他在该书的开头列出了一份不完整的参考书目，读者可以参考。我还要提到 R. F. 哈罗德先生的几篇重要论文，特别是他的《论供给》，载于《经济杂志》，1930 年 6 月，以及他的《成本递减规律》，前引杂志，1931 年 12 月；还有罗宾逊夫人的论文，前引杂志，1932 年 12 月；以及罗宾斯的论文，前引杂志，1934 年 3 月。

② 皮罗·斯拉法：《竞争条件下的报酬规律》。但主要思想，无论是批判性的还是建设性的，在一年以前就发表了：《论成本与产品数量的关系》，载于《经济学纪事》，1925 年，这篇论文比用英文写的那篇论文更好地显现出了斯拉法的辉煌的开创性成就的起点和性质。并参看"专集"中他的那篇论文。

济，厂商便不会处于完全均衡状态。① 一方面是由于受到了斯拉法的影响；另一方面也是为了发展马歇尔派的学说，皮古教授在《供给分析》(载于《经济杂志》，1928 年 6 月，后来插入《福利经济学》第三版，附录三)一文中指出，如果我们把下降的产业供给曲线仅仅建立在外部经济的基础之上，则我们仍然为个别厂商保留了上升的供给曲线，这样便避免了——至少在形式上——“报酬递增”与竞争性均衡条件之间的任何冲突，假如我们确实认为存在着这种冲突的话。他还说，如果某一产业或其环境的发展可以使专业化程度提高，从而使构成该产业的厂商的规模增大，使获得内部经济的机会增加，那我们便得到了一种在分析上也许有用的外部—内部经济(这是罗伯逊教授的叫法)。更为重要的是，他提议把厂商的成

① 这仅仅意味着，在给定的市场价格之下，任何一个厂商都可以按照自己的意愿想出售多少产品就能够出售多少产品，那么从纯逻辑上说，只要在短期内能以不断下降的边际成本，在长期内能以不断下降的平均成本增加产量，则增加产量就总是对该厂商有利的，因而在这些条件停止发生作用以前，是不可能达到均衡产量的。所以上面正文中的命题似乎是不证自明的。这个命题马歇尔也从来没有否定过，正如我们将要看到的那样，在下降的供给曲线——产业供给曲线——上，他的均衡点必须以外部经济为基础。不过，由于马歇尔只顾列举许多实际上(在从未有过纯粹竞争的地方)阻碍现实中的厂商按照这一命题行事的情形，因而这一命题没有被明确地提出来。甚至在所谓竞争性行业中，也普遍存在着内部经济而且内部经济发挥着重要作用，这给马歇尔的追随者，特别是罗伯逊教授留下了深刻印象，他们因此而认为，否认内部经济的存在，就等于否认显而易见的事实。探究一下其中的原因是很有意思的：他们这样认为的原因，同许多经济学家不愿承认以下命题的原因是一样的，这个命题就是，在纯粹竞争的完全均衡下，没有净利润(参看下一个脚注和 e 小节)。这两个定理都只适用于完全均衡状态，而因为在实际生活中，完全均衡的存在要少于纯粹竞争的存在，所以内部经济实际上和净利润一样，可以普遍存在，而不会损害这两个定理中任何一个的有效性或价值。但是，如果删掉“在完全均衡的那一点”这个附带条件，如果我们的命题表达得有毛病，使读者觉得“纯粹竞争和内部经济是互不相容的”，那我们马上就不会再感到奇怪，为什么某一命题一些人认为显然是错误的，而在另一些人看来则是不证自明的。

本既看作是厂商自己的产量的函数，又看作是厂商所属的产业或集团——假如我们确实能弄懂这些概念的含义的话——的产量的函数。哈罗德、肖夫、维纳和扬做了大量工作，来深入讨论这个题目，但在这有限的篇幅内，我尽力作详尽论述的目的，却是要通过这一突出事例使读者了解，分析上的进展是多么缓慢而曲折，①并使读者思考这样一个问题，即为什么本来在1890年以前很容易证实的结论，直到1930年才被证实。

这里我们不再讨论成本递减问题，而把注意力集中在马歇尔的复杂的"正常利润"学说上。正常利润学说一直存在至今，今天我们仍常常看到教师把利润这个项目分为马歇尔派的正常利润和意外利润两部分。②因为我们已讨论了这类问题(参看前面第六章)，所以我们只需加上以下两点：一是生产函数和成本函数之间的关系，一是"零利润趋势"问题。前者是一般性问题，后者是特殊问题。在现在较高的理论水平上，这两个问题是比较容易处理

① 读者不要因为我叙述得简要而认为，在那场争论中人们所做的工作，就是我整理出来的这点东西。例如，皮古和肖夫还提出，应该把个别商号的边际价值产品(边际私人净产品)和边际社会净产品区别开来。从某种意义上说，这种工作的最高成就体现在R. F. 卡恩的《关于理想产量的若干说明》一文中，该文载于《经济杂志》，1935年3月。

② 一些现代经济学家，特别是罗宾逊夫人、肖夫先生和哈罗德先生，已完善了正常利润率这个概念。特别参看哈罗德的《再论成本递减》，载于《经济杂志》，1933年6月。意外利润这个概念，现在主要用来指(如果为此我们可以使用凯恩斯的《货币论》中的术语的话)超过储蓄的投资所产生的总体利润，因而产生于机运的个体利润有消失的趋势。有人会认为，这种分析方法没有抓住利润现象的本质，低于马歇尔所达到的分析水平。另一些人则会认为，哈罗德的定义——正常利润率是这样一种预期利润率，这种利润率使厂商既不想增加也不想减少其投资承诺——重新建立了利润和物质资本报酬之间的联系，而1914年以前的那一时期的主要成就，则是割断这种联系。但是所有这些都与这里所讨论的问题没有关系，我们在这里关心的，只是"要素"的(真实或归属)报酬以外的剩余收入问题，因为这个问题与成本曲线的建立有关。

的。

〔**(e) 零利润趋势。**〕　但是因为利润这个题目比其他题目更容易引起混淆,所以最好还是先重申几个命题,以把我们现在感兴趣的问题同讨论这些问题时通常会遇到的其他问题区别开来。马歇尔通常考察的是商业活动中资产负债表——特别是自有自营厂商的资产负债表——上的利润项目,而决不是所谓"净利润",而且他考察这种利润项目时确实认为而不是假设它处于静止过程的(静态)均衡中。虽然在这个事例中同在其他事例中一样,如果进行仔细的分析,肯定会发现一完整图式——不过思维能力较差的人是很难领悟这种图式的——的轮廓,在该图式中,每样东西都有其适当的位置,但是,普通读者只会看到由以下东西构成的大杂烩,如:所有各种万能的管理收益,其中包括高于一般水平的管理所得到的收益;承担风险所得到的收益,即由于冒险成功而实际得到的预期收益以外的收益;由于控制某些要素而享有有利条件所获得的收益,其中一些要素在其他厂商手里是不会带来这么多收益的;厂主作为剩余的享有者由于运气好所得到的收益,当然,我们不应忘记歌德的名言:只有能干者才总是享有好运;特别是某一厂商随着自身的发展或因为已具有的规模所获得的收益,这种发展或规模,或者是相对于其竞争者而言的,或者是就其绝对规模而言的,或者两者兼而有之;在以上收益中,凡是需要的地方,都有垄断因素在或明或暗地起作用。很显然,这些项目并不像各种工资那样构成一逻辑上同质的整体,尽管各种工资要构成一逻辑上同质的整体,也必须加上各种限制条件。然而,马歇尔小心翼翼地避免了循环推理,从这种混合物中引出了正常利润率这一概念,并把它巧妙地与代表性厂商而不是边际厂商联系在了一起。[①]这种正常利润率可大致定义为这样一种利润率，在这种利润率下，厂商值得开工或值得不停工(这些表达方法的基本意思是一样的)，因而这种利润率是与管理人员的薪金有区别的。管理人员的薪金用普通常识要比用严格的逻辑更容易证明是有存在的理由的。所有这些不知是什么原因在马歇尔的追随者那里变成了简化的正常利润，后来在凯恩斯的《通论》中又变成了边际效率。

从来没有人认为这种利润率是零或趋于零。瓦尔拉提出他的既不赚也不亏的企业家概念，用意与此是完全不同的。[②]如果我们分析一下产生马歇尔派利润率的一系列原因，我们便可以很容易地看出他指的是什么。同时我们还可以看出，主张利润没有消失趋势的马歇尔派理论和主张利润有消失趋势的瓦尔拉派理论，两者之间不但没有矛盾，而且如果是在相同的抽象水平上的话，还是

① 请注意这步棋走得很妙。如果采用边际厂商，马歇尔势必置广大“准边际”厂商于不顾，而广大准边际厂商的存在常常左右着某一产业的局势，因而使人不免对边际厂商的定义本身产生怀疑。这是赞成采用代表性厂商这一概念的另一理由，但直到现在仍未对这一概念作出公正的评价。

② 所以，对瓦尔拉的这一概念表现出来的厌恶情绪：是毫无道理的，仅仅是因为完全不理解瓦尔拉才产生的。埃奇沃思第一个表现出这种近乎极端的厌恶情绪，随后直到今天许许多多经济学家也表现出了这种厌恶情绪。暂且不谈这一点，我想重复指出的是，有两条反对意见从逻辑上说是站不住脚的。第一，埃奇沃思等人认为，在分析以利润为动力的资本主义经济时，谈论零利润，其本身就是荒谬的。实际上，认为追求利润是私人企业经济的主要动力，同时认为利润在完全竞争的完全均衡中将被消除，是毫无荒谬或自相矛盾之处的。第二，有人认为，零利润命题已被经济现实本身证明是不能成立的。但由于类似的原因，即使净剩余的存在是确定无疑的事实，这种从演变着的现实中选取事实的做法也没有什么力量，因为我们所涉及的是均衡命题，而现实从不处于均衡状态，而且从不也决不可能处于纯粹竞争状态。请注意这种局面的以下特点很有意思：我们的命题在任何可以想象的情况下几乎都不适用于现实，但对于理解现实，它又极为重要。

完全相同的。读者只要注意到以下两个事实便可以弄清这一点:第一,马歇尔本人所表述的理论,是与静态均衡所排除的变动或增长现象相适应的;[①]第二,进入马歇尔的分析中的垄断因素,虽然一般是隐含地进入而不是公开地进入,虽然并不一定为静态均衡假设所排除,但实际上却破坏了纯粹竞争假设;而且,如果我们决心展示纯粹竞争中的完全均衡的逻辑特性,则马歇尔的利润实际上将像瓦尔拉的利润那样完全消失。

请注意,这并不排除制度上的收益,例如客栈老板因为与警察保持良好关系而得到的收益,[②]也不排除整个体系中存在着净剩余。不过根据完美的逻辑,它们不应与利润有关,而应与产生它们的事物受到人为的控制有关。甚至在最完全的竞争条件下,“要素”得到的报酬,也往往多于诱使它们做下面两件事所需要的报酬,一是向生产提供服务,一是在这个体系中的任一特定地点提供服务。[③] 前面已经提到,帕累托从多少与此不同的角度也注意到了剩余的存在,他认为剩余产生于技术上或制度上对资源最优分配

① 特别是它排除了处理不确定性的函数,这种函数的重要性是与变动联系在一起的。

② 如果认为这种制度上的优越地位具有重要意义,则当然必须识别出它们并证实它们,否则提到它们就没有意义。既然只要满足这个条件,理论家就可以随心所欲地强调它们,所以我一直不明白,为什么否定零利润命题会成为具有激进倾向的理论家所珍爱的标志。况且,他们可以自慰的是,总有垄断因素作为他们的后盾。

③ 这两种情况并不总是被区别开来。例如,罗宾逊夫人在其《不完全竞争经济学》(1933 年)的第 102 页上是根据第一种意义给剩余下定义的,在第 103 页上则根据第二种意义给剩余下定义。但是应该注意到,她把含有这种剩余的成本曲线和不含有这种剩余的成本曲线区别了开来,这是经济分析的重大进展。她称所有这些剩余为“地租”。我们已提到,地租这个概念(我们知道,西尼尔,J. S. 穆勒,还有马歇尔对此已有所预示)对于某些目的来说是很有用的。

的阻碍(即产生于他所谓的“不完全转换”),这是他的地租理论的基石。随便处理这些剩余,很容易导致循环推理,或导致“毫无意义地”求助于某种逻辑上的必然性,依照这种逻辑上的必然性,它们“必然”与某些要素有关。但剩余的存在以及它们与要素的关系,是不容置疑的、不难证实的事实。由于这一原因,我感到无法从有关的文献中举出可以清晰地说明这两种错误的例证。[①] 最后,可以很方便地利用这个机会指出成本递减与利润之间的关系,虽然我们已经看到,就纯粹竞争中的完全均衡而言,没有必要为此而担忧。

为了这个目的,我们最好是借用马克思的论证。我们知道,马克思把工业剥削收益——这不是利润,而是资本收益,虽然他称之为利润——投资当作经济发展的主要原动力。如果我们把这种做法硬塞进成本曲线图式,而这种成本曲线由于内部经济和外部经济而下降,[②] 偶尔也由于单个厂商不断增加的规模而下降,则我们立即会认识到:第一,虽然这种做法最终并不会使个别厂商或整个资产阶级获利,但每一步都伴有暂时性收益,这种暂时性收益也就是我们所谓的利润,获取者是在此种方式下比其他厂商发展得更快或更成功的厂商。经济始终处于不均衡状态,但马克思认为,这种不均衡正是资本主义的生命。[③] 净利润一方面主要与这种不均

① 提出此项指责的作家,从马歇尔到萨缪尔森,都没有给出错误的出处,这大大增加了举出例证的困难。当然,低劣的教科书中也许有很多这样的例证。

② 当然,这不是十分正确的,但对我们当前的目的来说是有用的。

③ 当亚当·斯密写道,决定产品价格的,是产业中平均成本最低的厂商时,这一真理必定在他的脑海里闪现过。正如马歇尔所认为的(《原理》,第 484 页),这并不与李嘉图的相反的陈述相矛盾。斯密心里想的是进化过程,而李嘉图心里想的则是静止过程。在第一种情况下确实有趋于最低成本的趋势,在第二种情况下确实有趋于最高成本的趋势。

衡有关联;另一方面主要与这个意义上的成本递减有关联。第二,马克思的做法,正如他本人所注意到的,根据严格的逻辑必然会使最先获利的厂商成为市场供应的独家垄断者或寡头垄断者。马歇尔对这类问题的一般性论述,特别是对成本递减的论述,在以上两点上实际上得出了同样的结论,不过他的技术较为高超,而且他力图对所有事实都作出公正的评价,不管是摩擦性的事实还是其他方面的事实,正是因为存在着这些事实,那一棵棵大树才没有长得跟天一般高。我们还将再次谈到这种具有重要历史意义但仅仅是"客观的"学说上的亲缘关系。澄清了以上基本问题,我们便可以迅速解决以下两个问题。

对于当前的目的来说,我们可以把生产函数得到明确的承认,同威克斯蒂德的《论分配规律的协调》(1894 年)一书的出版联系在一起,由此也就提出了一个以前不曾有的关于生产理论与成本理论相互协调的问题。旧的生产理论,如我们在 J. S. 穆勒,甚至马歇尔那里看到的生产理论,只讨论"生产要素",因而很容易与"成本规律"相配合。然而,生产函数的介入,虽然有效地澄清了其他一些问题,但在很长一段时间内,却使技术与生产经济学之间的关系问题更难于理解了,或者我们也可以说,使技术为一方和成本与分配为另一方的关系问题更难于理解了。最能说明这一点的例子是,威克斯蒂德试图推导出一个有关国民红利分配的命题,也就是试图推导出:依照边际生产力原理决定的分配份额,将刚好耗尽国民红利。他显然①是根据生产函数的一个特性即一阶齐次性推

① 我用"显然"这个词,目的在于着重说明这个解释是不适当的,这并不仅仅是由于他自己后来宣布放弃这一命题。他推导这一命题时,还指出并暗示了其他一些条件。

出这个命题的。现在很容易看出，单只是生产函数既不能决定生产成本，也不能决定分配，特别是，生产函数本身不能告诉我们厂商是否享有净收益。而且现在很容易看出，生产函数是如何顺应成本和分配现象的。为此我们只需记住，在纯经济逻辑的范围内，生产问题就是如何使厂商的收入和成本之间的差额最大的问题，而这个最大的差额是受到包含在生产函数内的技术条件的限制的。[①]但是在1900年前后，这一点却不大容易为一般经济学家所看出，特别是如果他不习惯于用简单的数学方式表达自己的思想的话，而在眼前这个事例中，正是简单的数学方式可以使所有问题一目了然。有可能存在的最主要的混淆不清的问题，[②]当然是零利润命题，我们已花了很大气力来阐明这一命题的含义。

从上面的叙述中应该清楚地看出，有一个极好的方法可以用来证明，在已经指出的那些确实防止该命题循环论证和同义反复的限制条件下，在走向纯粹竞争的完全均衡的道路上，纯利润是趋于消失的。所要做的只是列出我们能想到的、产生剩余（即超过已付成本或估算成本的收入）的全部来源，[③]然后说明为什么剩余会减少并在极限情况下会消失。由此便可以正当地推论出（适当折扣后的）计划收入和计划成本之间的相等——虽然应作这样的保留，即有人也许会在某一天提出相反的特殊例证——而且以下事

① 当然，可能还有许多其他限制条件。其中一个限制条件就是厂商所能支配的资金，这个限制条件从单个厂商的立场来看是很重要的，但却一直没受到应有的注意。

② 这里我同样不想举出例子。因为，既然经济学家表达思想的方式都不严密，所以也就很难排列出个顺序，说哪个经济学家的陈述较好，哪个经济学家的陈述较差。

③ 特别应该记住，只要估算正确，估算出来的管理活动的主观成本，就不会是导致循环论证或同义反复的漏洞。相反，正是那些不指出收益的具体种类和具体可能性的反对者，才会犯循环推理和同义反复的错误。

实进一步加强了这种相等,即从长期来看,那些在上述意义上收入低于总成本的厂商将停业,而从长期来看,那些可望在上述意义上使收入高于总成本的人,在所假定的条件下,则将开张营业。[①]但一更为严密的、虽然仍很初等的证明已被提了出来,并已在教学中得到了某种程度的应用。

为了简洁起见,我们假设除了替代性要素外不存在其他要素——因而对厂商的最大化行为的唯一限制,就是上面所界说的普通的或"正常的"生产函数——并假设不存在成本曲线不连续所带来的问题。[②]在完全均衡和完全竞争的条件下,厂商的边际成本将等于产品的价格,如所有要素的价格一样,厂商也可以把产品的价格视为已知量。在许多情况下,这个条件是唯一决定产量的条件,既然根据严格的逻辑,厂商会尽力使任何一种产量的总成本和平均成本降至最低点,所以该产量的平均成本也一定是在最低点。但边际成本曲线却从下面与平均成本曲线的最低点相交。所以边际成本与平均成本在这一点上是相等的,两者都等于价格。的确,在本世纪 30 年代早期的剑桥理论(R. F. 卡恩,J. 罗宾逊)中,平均成本是包含正常利润的。但这个图式只适用于不完全竞争的情况:只有在不完全竞争中,这种正常利润才既包含自有要素按其市场

① 说明厂商的数目和规模,是没有任何困难的,甚至在一阶齐次性的情况下也是如此。这里我再一次提到这一点,是为了使人注意到这样一个令人吃惊的事实:即就一般理论而言,除马歇尔外,这些具有明显重要意义的问题几乎完全被忽略了,或被宣称是不能解决的。

② 由于篇幅的限制,我们不能深入讨论这些在当代已经引起一些人注意的问题。此处提一篇论文也就够了:G. J. 施蒂格勒:《论不连续成本曲线》,载于《美国经济评论》,1940 年 12 月。

价格估定的报酬，又包含其他东西。所以在完全竞争中，纯利润是零。[①] 这可能太“抽象”了，但在逻辑上是没有任何错误的。

① 萨缪尔森教授在其《基础》一书的第 83 页对该理论所作的表述，是没有根据的；而他在第 87 页上说，“净收益”——如果这是指“纯利润”的话——甚至在（完全均衡的）纯粹竞争中也不趋于零，就更没有根据了。

第七章　附录　有关效用理论的注释

在本注释中，我们将在尽可能短的篇幅内考察效用价值理论的整个发展过程，既考察我们已经知道的它的早期发展，又考察其后来的发展，直至它在当代的变形。让我们始终记住，虽然我们将把效用理论（及其后续者）当作消费者行为的一个理论来处理，但正像前一章指出的，它的重要性已远远超出了这个领域，而进入了生产和收入形成的领域。

〔1. 早期的发展〕

我们知道，效用理论起源于亚里士多德，而在烦琐派哲学家那里得到了发展。烦琐派哲学家用“效用和稀缺”来分析价值和价格，所缺少的只是边际分析工具。我们还知道，在烦琐派学说流行的同时，而且很可能是在该学说的影响之下，一些外行人（达万萨蒂就是突出的一位）已开始讲授效用价值理论，并知道，效用理论很正常地一步一步地得到了发展，一直到亚当·斯密的时代——这一时期的最高成就是加利亚尼的著作，但也应该提一下吉诺维西。[①]许多作家例如约翰·劳，甚至明确提出并解答了“价值悖论”——较为“无用的”钻石反而比“有用的”水更有价值。此外，丹

① 〔这些人和他们的著作，在第二编中已经讨论过了。〕

尼尔·伯诺里独出心裁，提出了一个公式，用来表达收入的边际效用（第二编第六章第3b节）。但是后来，效用理论的发展却陷入了停顿。虽然许多经济学家，特别是欧洲大陆的经济学家，更特别是法国和意大利的经济学家把效用因素看作是理所当然的事，虽然边沁清晰地表述了后来所谓的戈森需要满足律，但他们却丝毫未能推进效用理论的发展。一些人虽然试图发展该理论，但所采用的方法却很糟糕，以致非但没有扩大该理论的应用范围，反而使该理论受到了怀疑。例如，孔狄亚克可以看作是18世纪最后25年该理论最重要的鼓吹者，却用呼吸空气和饮水所费的气力来解释空气和水的效用。A.斯密以及在他之后的、除西尼尔外的[①]英国"古典学派"的几乎所有成员，显然都没有认识到有可能用效用来解释经济价值现象，而以价值悖论为理由避开了"使用价值"，尽管价值悖论已经不再是悖论了。让我再说一遍：用下面的说法来解释这种态度是完全错误的，特别是就李嘉图来说，更是如此，即他们对效用了解得一清二楚，只是不想去仔细推敲如此显而易见的事情。很显然，他们没有穷追效用这一线索，是因为他们不知道如何有效地利用这一线索。就李嘉图来说，这一点可以从他的通信中得到证明。但西尼尔的论述，则的的确确使效用理论前进了一步。在法国和意大利，喜爱采用效用分析方法的老传统固然没有完全丢掉，但也没有结出什么果实。J.B.萨伊曾在这方面有所尝试，但由于他对这一问题的论述不仅很肤浅而且很拙劣，因而他坐失了良机，没有取得任何成果。

① 我认为，马尔萨斯不应算作另一个例外，虽然他对李嘉图的价值理论的批判，确实是指向效用理论的。

不过,已出现了一些“先驱者”,虽然当时他们当中没有一个人得到承认。有两位身后获得了极大的声誉,这就是前面已经提到的 H. H. 戈森和 J. 杜皮伊。还有另外一些先驱者,但只提以下三位就够了:莱昂的父亲瓦尔拉;劳埃德,他的著作比瓦尔拉的著作晚发表三年;以及詹宁斯。① 这三位的著作,在性质和结论上是很相似的。特别是,这三位作家都明确提出了边际效用概念(瓦尔拉使用的是稀缺性这个词,劳埃德使用的是特殊效用这个词),②而且三个人都就欲望和效用同价值的关系作了一般性论证,半个世纪以后,这些论证成了大家非常熟悉的论证。

① A. A. 瓦尔拉:《论财富的性质和价值的起源》(1831 年)。在我看来,他的《社会财富理论》(1849 年)对价值理论毫无增益,但却包含有令人感兴趣的另外几个问题,例如他给资本下的定义,按照这一定义,资本就是可以使用一次以上的各种货物。W. F. 劳埃德是基督学院的“公费研究生”(这个可敬的头衔可以看作是唯一适合于学者的头衔,它现在是属于哈罗德先生的)和牛津大学的政治经济学教授,他于 1833 年(1834 年)向牛津大学提交了一篇论文,题为《有关价值概念的讲演……》。奇怪的是,竟然牛津大学的经济学教授也需要予以重新发现。然而事情正是这样。使劳埃德免遭湮没无闻厄运的是已故的塞利格曼教授(《论若干被忽略的英国经济学家》,见《经济学论文集》,第 87 页及以下各页,我们已多次提到这篇论文)。不过,本书正文已指出,塞利格曼教授的以下说法是错误的,他说,劳埃德应享有“世界伟大思想家的崇高地位,因为他第一个提出了今天所谓的边际价值理论,第一个说明了价值对边际效用的依赖”(前引书,第 95 页)。

〔熊彼特没有写完这个脚注。关于理查德·詹宁斯(《政治经济学的自然要素》,1855 年),参看《帕尔格雷夫词典》中的有关词条及杰文斯的《政治经济学理论》(第二版,第三章)。〕

② 正如大家知道的,莱昂·瓦尔拉保留了稀缺性这个词;戈森谈到过“最后一个原子的效用”;杰文斯引入了最后效用和效用的最后程度;边际效用这个词出自冯·维塞尔的著作;威克斯蒂德建议采用分数效用,J. B. 克拉克建议采用特定效用,帕累托建议采用基本满足度。

〔2. 现代发展的开端〕

莱昂·瓦尔拉告诉我们，他的研究起点是他父亲的学说。但杰文斯和门格尔却无疑是独立地重新发现了这个理论。在这样做的过程中，他们三个人都改进并发挥了这一理论，但是他们的历史性成就却在于他们在这一理论之上建立的理论结构，而不在于所作的改进。如我们所已经知道的，他们都重述了戈森的、或边沁的、或伯诺里的需要满足律；在这样做的过程中，他们都把效用(或需要的满足)看作是一通过反省可以知道的心理事实，看作是价值的“原因”；他们几乎没有或完全没有考虑效用是否可以计量的问题；[①]他们都认为，每种商品对其所有人的效用，仅仅取决于该商品的数量。[②]

没过多久，进一步的研究工作便改造了这种“心理的”、或“主观的”、或“现代的”价值理论。在某种程度上，是抱有敌意的批评，促使了人们进一步研究效用理论。由于在这有限的篇幅内，我们

① 的确，瓦尔拉最后确信，或者说大数学家J.亨利·普安卡雷使他相信，效用虽然是一数量，却是不能计量的。但这并没有使他从《要义》的正文中删除与此相反的论述和暗示。例如参看《要义》最后定版(1926年)的第103页，在该页，他借用他父亲对周转率所作的类比——置换对时间的导数，把稀缺性(边际效用)定义为总效用对拥有量的导数。

② 但与戈森不同，他们没有假定边际效用函数是线性的。这并不是无伤大雅的细微末节，通过提出以下问题就可以证明这一点，所提出的问题是：如果发生温和的通货膨胀，那么，对于那些在该过程中货币收入不变的人来说，温和的通货膨胀将对货币收入的边际效用产生什么样的影响？答案将视函数的式状而定。因为直线形状肯定是不现实的(除非对于无限小的区间来说)，所以根据这种函数得到的答案也肯定是错误的。参看R.弗里施：《计量边际效用的新方法》(1932年)。

无法讲好有关效用理论的故事,因而为了讲出故事的最主要内容,我们将把出场人物限制在最低限度,把实际上的一连串争论缩减为一系列的逻辑步骤。这些争论有时言辞激烈,但内容却很空洞。

〔3. 与功利主义的关系〕

“新”价值理论的支持者所面临的第一项任务,就是捍卫这一理论,消除它所引起的所有误解——其中一些误解是很幼稚的。① 由此而产生了一些较全面的阐述,它们在某种程度上为该理论的进一步发展开辟了通路。人们是在把该理论应用于特殊情况时作这种阐述的,虽然有人把这种较全面的阐述讥讽为徒劳无益的诡辩术,但它们并非毫无价值。例如,奥地利学派面对具有强烈反功利主义倾向的德国经济学家,很快就认识到,必须表明自己与享乐主义毫无关系。效用理论和功利主义哲学的历史联系是很明显的。我们不能责怪那些并非理论家的人士怀疑这种联系也是逻辑上的联系。况且,某些最著名的倡导边际效用理论的经济学家,实际上正是坚定的功利主义者,戈森以及杰文斯和埃奇沃思就是如此。他们和另一些人所使用的语言,很容易给人造成这样的印象,即边际效用理论是以功利主义或享乐主义为前提的(边沁就是这

① 在这方面工作做得最多的是奥地利学派的主要代表人物庞巴维克。我将只提他和迪策尔在《国民经济学杂志》(1890—1892年)上展开的争论,以及他的杰作《资本与利息》第三版的正文与附录。P. N. 罗森斯坦—罗丹在德国百科全书(1927年第四版第四卷)“边际效用”词条下,对赞成边际效用的论点和反对边际效用的论点作了卓越而简洁的概述。

样认为的），只要攻击这些前提，便可以有效地攻击边际效用理论。杰文斯是主要罪犯，他甚至称经济理论为“快乐与痛苦的计算”（维里在他之前就已这样做了），马歇尔为此而谴责他把经济学和“享乐主义学说”搅在了一起。

马歇尔对效用的论述有许多值得称道之处，其中之一就是他痛恨并放弃了与功利主义的联系（特别参看他的《原理》，第一编，第五章，第77—78页上的脚注）。但在以下问题上，他却追随杰文斯讲授了一种与功利主义有较大关系的学说，尽管这种关系仍是历史上的而非逻辑上的。从计算快乐与痛苦的观点来看，实际上应该在与效用相同的水平上引入“反效用”（杰文斯语）。杰文斯便是这样做的。瓦尔拉没有这样做，奥地利学派，特别是庞巴维克坚决反对这样做。但马歇尔和皮古却坚持杰文斯的观点。马歇尔把它发展成了真实成本（努力与牺牲）学说，这在某种程度上是他献给“古典学派”前辈的橄榄枝。J. B. 克拉克以及维也纳的奥斯皮茨和利本也接受了杰文斯的观点。请注意：不管这个观点是不是独立地得到的，它都与旧传统相一致（例如可以同前面谈到的加利亚尼的价值理论作一番比较）；而且除了效用理论的传统外，它还得到了A. 斯密（以及许多自然法哲学家）的支持。在英国，卡尔尼斯坚持这一观点，但威克斯蒂德，特别是凯恩斯有力地驳斥了这一观点。这个问题的分析意义在于它与劳动供给这个概念有关系，而如果我们采用节欲利息理论，它的分析意义则在于它与资本供给这个概念有关系。在所有其他方面，无论是把劳动的可用量看作是给定的，还是在我们的体系中插入另一个方程式（实际工资的边际效用＝劳动的边际效用）来决定劳动的可用量，都不会有什么不同。

实际上不难证明,效用价值理论与任何享乐主义的假定或哲学是毫无关系的。因为该理论并不解释或说明它的论证起点即需要与欲望的性质。①

〔4. 心理学与效用理论〕

一旦我们认识到理论家的效用概念的纯形式性质,我们就会自然而然地对效用理论和心理学之间的关系产生疑问。某些早期的奥地利派成员似乎认为,他们的理论产生于心理学,甚至认为,他们所发展的实质上是"实用心理学"的一个分支。

这种信念得到了一些奥地利心理学家如冯·迈农和冯·埃伦费尔斯的鼓励,他们认为门格尔对心理学作出了有价值的贡献,心理学的应用范围是可以扩大的。实际进行的某些应用,例如在宗教方面的应用,虽然并非是瞎胡闹,但只能让人一笑置之。例如,冯·埃伦费尔斯实际上曾谈论过边际虔

---

① 我们在上面还看到,该理论并不包含任何有关利己主义在人类行为中的作用的假说,它并不特别地具有"个人主义性质"。然而首先应该注意到,对于下面这样一些人来说,要认识到这一切是多么困难,这些人只习惯于用哲学名词思考问题,主要关心事物可能具有的哲学意义;其次应该注意到,以下两种情形大大增加了这种困难,一种情形是:倡导该理论实际上是与信奉享乐主义或个人主义哲学或政治学有关系,另一种情形是,即使没有这样的哲学倾向或政治倾向,倡导者所使用语言也会使人们对该理论作出享乐主义的或个人主义的解释。在后一种情形下,消除由所使用的词语产生的令人不快的联想,几乎是不可能的。正是由于这一原因,许多人才试图用其他词,例如费雪试图用欲望,帕累托试图用满足度来代替效用这个词,因为效用这个词所传达的意思似乎不仅仅是以下事实,即人们真的想得到某样东西。

诚和边际虔诚的个人。但是许多赞同奥地利派理论的非奥地利经济学家也认为(甚至现在仍然认为),该理论的心理因素具有非常重要的意义。关于这一点,请参看莫里斯·罗奇—艾格索尔的《英国人和美国人著作中的经济心理学》(1918年)和《经济心理学文献研究》(1919年);并参看同一作者的《法国的经济心理学》,载于《国民经济杂志》,1929年5月和1930年1月。

让我们顺便谈一个从未受到应有注意的问题。如果心理学能向经济学提供有效的帮助的话,则经济学家当然不应忽视实验心理学,特别是不应忽视测量感觉的工作。至少叫人感到好奇的是,该领域内一项由E.H.韦伯研究出来的早期成果,经过G.T.费克纳的发挥(参看前面第三章第3节),变成了"心理—物理学基本法则",该法则在形式上同伯诺里—拉普拉斯有关收入边际效用的假说是完全相同的。这条心理—物理学法则说的是,如果用y代表感觉的强度,用x代表物理上可以测量的外部刺激,用k代表常数,则$dy=kdx/x$。

一些经济学家实际上注意到了这条法则。但是,奥地利派的主要代表人物却根本不理睬它,例如维塞尔就曾宣称(《社会经济理论》,第1节),该法则与戈森的需要满足律毫无关系。但不管怎么说,心理学家在测量心理量方面开展的工作,对于具有科学想象力的经济学家来说,并不是无关紧要的事。最近在测量感觉方面所取得的进展,特别参看S.S.斯蒂文斯的《测量心理量的尺度:音量》,载于《心理学评论》,1936年9月,以及斯蒂文斯和沃尔克曼合著的《音高与频率的关系》,载于《美国心理学杂志》,1940年7月。

但奥地利派的成员和其他人士很快就认识到,把效用价值理论称为"心理学"是个错误。与其把效用价值理论称为价值心理学,还不如称其为价值的逻辑。然而,无论是反对该理论的人还是支持该理论的人,最初都没有看出这一点。结果,"心理价值理论"的倡导者不得不面对另外两项指控:第一,他们正在研究的使用价值的心理方面,与经济过程的客观事实毫不相关;第二,他们的心理学是很糟糕的。之所以会出现第一项指控,完全是因为未能理解该理论的含义的缘故。①假如*被视为*经济均衡*理论*的效用价值理论包含有心理学的话,则第二项指控便是完全正确的。如果我们问的是消费者在较为广泛的人类行为领域内如何行事,而这些人类行为领域又都与特定的心理学命题相关,那我们实际上就必须求助于现代专业心理学——现代专业心理学从弗洛伊德主义到行为主义,种类繁多——所能提供的所有帮助。

然而,一般说来,技术经济学没有必要求助于现代专业心理学——当然,对于经济社会学来说,情况就不同了。固然,我们当中的大多数人会发现,不管我们多么热切地希望有这样一种理论,它只使用统计上可以观察到的事实,可我们却很难完全不提动机、期望以及对现时满足和未来满足的预期,至少完全不提它们是很不方便的。但是,不应该把使用这些心理观察资料与使用心理学的方法和结论混淆起来。像所有其他领域的研究工作者一样,我
446 们考察的是所能发现的全部事实,而不管其他科学是否也考察这些事实。当我们利用古典派的农业报酬递减规律所包含的自然事实时,我们并不会变成业余物理学家。同样,当我们谈论动机,并由动机而谈到需要或满足时,我们也不会变成业余心理学家,或从

① 许多马克思主义者都提出了这种指控,例如卡尔·考茨基在为马克思的《剩余价值理论》撰写的前言中就宣称:心理价值理论描述的是个人对估价过程的感觉,而这种估价过程是由超个人的社会力量决定的,其发展与个人的感觉无关,正像铁路事故的发生与个人感觉无关那样。读者应该仔细把这一指控中的错误——错在忽略了该理论在多大程度上成功地解释了那些客观事实,尽管考茨基等人认为这些客观事实是该理论无法解释的——与一条完全正确的原则区别开来,这条原则就是,决不应把社会过程中的事实与个人心灵中有关这些事实的影像混淆在一起。但许多非马克思主义者也认为,效用理论探索使用价值的"心理学",对我们理解经济过程毫无助益。这方面的一个例子,请参看 W. 莱克塞斯为《政治学手册》第二版撰写的"边际效用"词条。

专业心理学那里借用什么东西。但是，虽然这种做法不涉及经济学和心理学的关系问题，可它却提出了另一个问题。早期的效用理论家曾非常自信地谈论心理事实。他们认为，这些心理事实产生于共同的经验——而共同的经验则是日常生活知识的源泉，任何有理智的人都不会对它产生半点怀疑。但就这些经验事实仅仅产生于我们对自己心灵的观察——反省——而言，它们的存在显然仍需要有所证明，尽管大多数心理事实，例如解渴所带来的满足，是显而易见的，是不容置疑的，以致在不那么讲究方法论的人看来，那些挑剔心理事实的人是庸人自扰。不管怎么说，谁都不会否认，假如可能的话，从外在地或“客观地”可以观察到的事实推出一组命题，要比从内省确立的前提推出这组命题好一些。而我们马上就将看到，效用价值理论实际上是能够做到这一点的，至少当我们仅仅要求它提供我们在均衡价值和价格理论的范围内所需要的假设或“限制条件”时是如此。这正是后来的发展所遵循的路线。①

① 在往下讨论之前，我想提一种纯属滥用的伪心理学。凯恩斯的那条关于消费倾向的著名心理法则，就是一个突出的例子。该法则断言，无论是个人还是社会，只要其收入有所增加，它们一般就会增加开支或消费，但开支或消费的增加幅度要小于收入的增加幅度。不管情况是不是这样，所叙述的都仅仅是统计上可以观察到的事实，而凯恩斯却把它提高到了假设的地位。称它为心理法则，仅仅使它获得了一种虚假的尊严而已，其他什么也没有得到。从 17 世纪以来，我们有关这类“人性法则”的体验就确实不那么叫人感到鼓舞。但即使是杰文斯没有它们也是不行的(《政治经济学理论》，第 59 页)。

5. 基数效用

让我再重复一遍，在开始的时候，效用，无论是总效用还是边际效用，都被看作是一心理现实，一种显然来自于内省而与任何外部观察无关的感觉——因而再说一遍，它不是从那些外在地可以观察到的有关市场行为的事实推出来的，虽然要用它来解释这些事实——一种可以直接测量的①量。我认为，门格尔和庞巴维克就持这种观点。虽然马歇尔也曾很大胆地把效用说成是可以测量的量，但他在《原理》第一编第 5 章第 2—9 节的极为仔细的论证中，对这种说法作了修改，而采用了以下较为无力的假设，即虽然我们不能直接测量效用、"动机"或感觉上的快乐和不快乐，但我们却可以用它们的可以观察到的效果来间接地测量它们，举例来说，如果一个人愿意放弃一笔钱来获得某种快乐，而不愿没有它，则我们便可以用这笔钱来测量这种快乐。②这无疑是向前迈进了一步。但我们今后将把这两种测量效用的理论融合为一个概念，称其为

① 可以直接测量的含义，最好是用测量长度的例子来说明。可以把它定义为每一实数与每一效用感觉的结合，这种结合是唯一的，只不过要选定一种单位，把它看作是一单位感觉。没有人认为，这会像测量长度那么容易。但一些作家确实认为不存在原则上的困难。庞巴维克(《资本与利息》，第 3 版，附录)则认识到，存在着一种实际困难，这种困难会把对效用的测量变为对效用的粗略"估计"。

② 在谈到这一点时，他非常谨慎，以免陷入循环论证。该意义上的可测量性的精确定义，也许可以这样来表述：即我们可以把每一实数与每一效用感觉结合在一起，这种结合是唯一的，只不过要选定一种单位，把它看作是这样一种刺激的单位量，这种刺激是从外部可以观察到，并引起从外部可以观察到的反应。一个可与此类比的例子是，我们可以用温度计测量热度，这种类比虽然不十分令人满意，但却有助于说明问题。

“基数效用”(理论)。这两种理论都有其困难和可商榷之处,但都不是毫无意义的。

不过,即使在这一水平上,除了单纯的辩护和推敲外,也还有许多工作要做。为了说明这一点,我将提及三项具有重大意义的贡献。第一,在这些开山祖师中,没有一个适当地关注该理论的基本原理,就连瓦尔拉也不例外。① 该理论急需严格的表述。安东内利完成了这项工作,② 后来的许多表述都采用了他的表述方式。第二,埃奇沃思抛弃了这样的假设,即每种商品的效用仅仅是该商品数量的函数。而提出每个人享有的效用应是进入这个人预算的所有商品的函数,对于埃奇沃思向前迈出的这一步,马歇尔的态度(至少可以说)是很冷淡的,其原因也许是他认识到了,这样一来效用理论的方程就会从常微分方程变为偏微分方程,从而使所涉及的数学知识复杂化。第三个例子我们选择的是马歇尔所作的尝试,他试图用“消费者地租”这一概念来使效用的测量成为可能的事。

消费者剩余或地租这个术语是马歇尔提出来的,但基本思想——并不是每一个细节——却是杜皮伊的。如果读者忘记了消费者剩余的含义,可重新看一下《原理》第三编第 6 章,这样我们的篇幅就可以节省下来作一些评论。在那里,马歇尔没有提杜皮伊的名字,只是在另一很远的地方(第五编第 12 章,包括脚注在内)才对此作了很不像样的订正,原话是:“与本章相类似的图解法,1844 年杜皮伊曾采用过,1871 年弗莱明·詹金也曾独立地采用过。”马歇尔提出,可以用某个人从零到某一数量的需求函数的定积分来表示钱数,

① 这也许会使记得奥地利学派冗长论述的读者感到意外。但当时维塞尔和庞巴维克都由于缺少必要的数学知识而受到了致命的阻碍。

② G. B. 安东内利:《政治经济学的数学理论》(1886 年)。

用这种钱数便可以"测量"此人因消费一定数量的某种商品而获得的总效用(于是消费者剩余就是这一积分和实际支付的价格乘以购买量之间的差额),这种思想乍看起来有许多可以反对之处,而且人们也确实提出了许多反对意见,但这些反对意见大都产生于对马歇尔原意的误解。要评估这一工具的价值,最好是坦白地承认至少根据马歇尔本人的表述它所应该受到的限制。第一,它实质上是用来进行部分分析的工具;只是让一种商品的价格发生变动,所有其他商品的价格则保持不变。第二,即使在这一范围内,消费者地租这一概念也是一种近似法(虽然在某些情况下它可能是很精确的)。因为它假设,即使某人可以用例如100美元获得某种商品的第一个单位,用99美元获得第二个单位,用90美元获得第三个单位,以致可以按递减的价格花愈来愈多的钱获得更多个单位,此人收入的边际效用也仍然是不变的。严格地说,这是不可能的。但如果这种支出只占此人总支出的很小一部分——以致这种支出不会对他的其他支出产生可以感觉到的影响——则我们便可以把收入的边际效用实际发生的变化看作是二阶量值而予以忽略不计。当然,这会严重限制该方法的适用范围。该方法不适用于一般的食品和房屋等东西,或者说只有当这些东西的价格变动很小时才适用于它们,因而马歇尔心里很清楚他为什么要用茶叶作为例子来说明这种方法。但是,在该范围之内,这种方法却是正确而有价值的。如果再作另外一些假设(这些假设并不比我们通常所作的那些假设低劣),那么,甚至某个人所享有的全部消费者地租的总和——在某些批评者看来,这也许是个荒谬的概念——以及所有个人因购买某种商品而享有的全部消费者地租的总和,也是有意义的概念。然而,消费者地租这个概念从一开始就不那么受欢迎,皮古教授虽然在其他方面非常忠实地发展了马歇尔的学说,却没有利用自己的权威地位发展消费者地租这一概念。但最近,希克斯教授有感于这一概念在福利经济学中的用处(参看下面第8节),使它——或某种与它相似的东西——脱离了湮没无闻的境地,重又获得了新生。参看他的《价值与资本》第2章的注释以及他的以下几篇论文:《消费者剩余的复兴》(载于《经济研究评论》,1941年2月)、《消费者剩余和指数》(同上杂志,1942年夏季)和《四种消费者剩余》(同上杂志,1943年冬季)。〔并参看R.L.毕晓普:《消费者剩余和基数效用》,载于《经济学季刊》,1943年5月。〕

6. 序数效用

当然，假如可测性是接受边际效用理论的唯一障碍，那么，为了使批评者感到满意，就应该重新表述该理论，使它保留效用或满足这一概念，但却使效用成为不可测的量。① 只要我们关心的仅仅是极大问题，实际上就没有必要坚持可测性，因为即使不测量所在的高度，也有办法知道我们是否已到达了山顶。而且由于在非数学的反对者从一开始就对边际效用理论的非数学阐述者提出的反对意见中，最严重的一条就针对着可测性，因而该理论的某些非数学阐述者，特别是维塞尔，很快就发现，他们是能够在可测性这一点上做出让步的，② 至少是在有别于增量效用的总效用方面是能够作出让步的。帕累托最初接受了瓦尔拉式的边际效用理论，但在 1900 年前后却转而反对该理论，③ 反对的主要也是效用的可测性，而这在当时决不是什么新颖的反对意见，他说："请给我看这样

① 所谓量(希腊语 υέγεθος)是指这样一种东西，它可以大于也可以小于另一种东西。这一特性仅仅表示可递性、非对称性以及非自反性(最后这个术语的含义是，没有东西能大于或小于其自身)。它还涉及相等关系，而相等关系则是对称的、自反的(与非自反正相反)。因而从广义上说，量并不包含可测性，要具有可测性还得满足另外两个条件：(1)能够规定单位；(2)能够在运算上规定加法，也就是说能够真正实施加法。

② 我想，这就是维塞尔说效用没有"广延性"而只是"强度"的意思。假如我的解释正确，那么毫无疑问，他所使用的术语是很不恰当的。

③ 帕累托在 19 世纪 90 年代发表的著作，特别是《讲义》，实质上是原始状态的效用理论(或用他自己的说法，是满足度理论)。我认为，他是在 1900 年在巴黎高级研究院所作的讲演中第一次表露自己已改变了看法。据我所知，他按照新的看法所写的第一篇论文是'Sunto di alcuni capitoli di un nuovo trattato di economia pura'，载于《经济学家杂志》，1900 年 3 月号和 6 月号。

一种效用或满足,举例来说,它是另一种效用的三倍!”但谁也不怀疑人们有能力比较从拥有不同的商品组中可能获得的满足,而不必去测量它们,也就是说,人们有能力按照唯一的“偏好尺度”排列这些商品组。这就是所谓“序数效用”。

对于迄今经济学家仍未能取得一致意见的一个问题,这里只能极为简要地提一下。如上所述,我们可以按照一定的次序排列假设的商品组。假设某人告诉我们,他对(B)组商品的喜爱超过对(A)组商品的喜爱,对(C)组商品的喜爱超过对(B)组商品的喜爱;由此我们便可以说,他对(C)的喜爱超过对(A)的喜爱(可递性)。但我们是否能进一步假设,先许给(A)然后再许给(B)而使他增加的满足,要大于或小于或等于先许给(B)然后再许给(C)而使他增加的满足?这个问题决不是多余的,因为已有人声称,做这样的假设便会为返回可测性开辟道路(尽管仅仅靠这样的假设还不足以确保返回可测性),而另一些人则否认这一点。我们不能深入讨论这个问题,只能提及以下三篇论述这一问题的最重要的论文。它们是:O. 兰格的《效用函数的确定性》(载于《经济研究评论》,1934 年 6 月);P. A. 萨缪尔森的《有序分类的数字表示与效用概念》(同上杂志,1938 年 10 月);特别是 F. 阿尔特的《论效用的可测性》(载于《国民经济杂志》,1936 年 6 月)。但对于那些对这类问题特别感兴趣的读者,我还要加上一句:正是兰格第一个看出了这一假设的重要性。但他没有看到,要证明可测性,这一假设仅仅是必要的,而不是充分的。萨缪尔森的论证正确地指出了这一点。不过,阿尔特的论证(萨缪尔森不知道阿尔特的论证)在逻辑上是充分的,令人满意地把这个问题化为对有关的七个假设进行经验检验的问题(固然,至今也没有作这种检验)。

于是帕累托着手发展序数效用这一概念,并最终提出了一种新观点,这种观点可当之无愧地称为现代价值理论的基础。[1]但他

---

① 参看他的《提要》一书附录的全文。但是,后来法文版数学百科全书(《理论与应用数学百科全书》,1911 年)中的效用词条对此作了若干处重要的修改(早期德文版中的效用词条没有什么意义)。

并没有始终一贯地坚持它，而是一再滑回他在思想形成时期所养成的思想习惯。不过，约翰逊和斯卢茨基还是取得了新的进展，尽管直到 1934 年，这一工作才由艾伦和希克斯完成。[①] 在这一过程中出现了一些新问题，其中一些问题是以若干种不同的形式出现的，但也取得了众所周知的成果，这种成果可以简要叙述如下。[②] 基数效用被认为是个人或家庭（在指定的每个时期）所支配的商品量的唯一确定的[③] 实函数。序数效用则不能这样来表达。但仍可

① W. E. 约翰逊：《纯效用曲线理论》，载于《经济杂志》，1913 年 12 月。这篇重要论文得出的一些结论，可确保其作者在经济学史上占有一席地位。但约翰逊在写作时显然不知道帕累托的著作，因而他的论文没有承认帕累托在一些最重要的方面享有领先地位，这很自然地招致了意大利经济学家的不满。俄国经济学家和统计学家、哈尔科夫大学教授欧根 · 斯卢茨基，在《经济学家杂志》1915 年 7 月号上发表了一篇论文，题为'Sulla teoria del bilancio del consumatore'，这篇论文在意大利以外的地方没有引起任何人的注意，这也许是那一年的战争造成的。该文坚持这样的思想，即效用是一种量，虽然是一种不可测的量；该文还提出了一些有关这种量的特性的假设，并发展了消费者行为理论。只要人们承认这种对效用的看法，斯卢茨基的消费者行为理论就几乎没有什么毛病。亨利 · 舒尔茨（《需求、价格和收入之间的关系》，载于《政治经济学杂志》，1935 年 8 月号），R. G. D. 艾伦（《斯卢茨基教授的消费者选择理论》，载于《经济研究评论》，1936 年 2 月）以及 J. R. 希克斯，对斯卢茨基的论文没有受到注意，表示了深深的歉意。希克斯在《价值与资本》一书中，认为是斯卢茨基建立了现代价值理论的基本方程。仔细读一读艾伦的论文，不懂意大利文的读者便可以全面了解斯卢茨基的成就。艾伦的论文提供了一个光辉范例，说明如果意外地发现先驱者，本书认为什么样的行为是正确的。我认为，没有必要评论艾伦和希克斯合写的那篇题为《再论价值理论》（载于《经济学》，1934 年 2 月和 5 月）的著名论文，这篇论文的发表标志着有关效用的分析已取得了大大超越斯卢茨基的进展。

② 我只能指出主要道路上的最重要的里程碑，其他许多事情只能弃而不论。例如，我在正文中试图描述的发展，其中一部分已被后期奥地利学派所赶上，虽然由于他们的非数学方法缺乏效率，他们走得不是很远。关于后期奥地利学派在维也纳取得的进展，参看 A. R. 斯威齐：《奥地利派经济学家著作中主观价值理论释义》，载于《经济研究评论》，1934 年 6 月。

③ 这当然要受以下两方面的限制：我们总是可以随意选取单位，我们总是可以随意选取零点。在这两方面，基数效用也是任意的，但其任意的程度并不大于任何其他测量方法。

以用上述商品量的实函数来描述序数效用的变化。每当一个人放弃一组商品而获得另一组更合意的商品时，函数便增加，每当一个人放弃一组商品而获得另一组不那么合意的商品时，函数便减少，而每当一个人放弃一组商品而获得另一组同样合意的商品——正如两捆干草之于伯里坦的驴那样——时，函数值则为常数(即保持不变)。这种函数将代表上面提到的个人“偏好尺度”，但与代表基数效用的函数不同，它不是以唯一确定的方式代表偏好尺度，因为它只能告诉我们效用是增加，是减少，还是相等。关于效用的其他情况，虽然这种函数也能显示出更多的代数的或数字的特征，但它们都是任意的，实际上没有任何经济意义。因此，设 φ 为任意这样的函数，①则 φ 的任何一个单调增加函数，便是 $f(\varphi)$，也是单调增加的。帕累托把这种函数称为指数函数。这种函数在以序数效用为基础的价值理论中所起的作用，同效用函数在以基数效用为基础的价值理论中所起的作用是一样的——实际上，我们可以把这种函数称为消除了可测性的效用函数。

然而，事实上，该阶段价值理论的特征并不是指数函数本身，而是另一个构想，即无差异曲面，在两种商品的情况下，则是无差异曲线(即相等选择曲线)。有意思的是，从历史上说，无差异曲面或无差异曲线是由埃奇沃思②单独“发现”的，而其目的与序数效用完全无关，因为他已完全接受了可以用基数测量效用的学说。让我们再来看一看这种学说。如果我们只考察两种商品的情况，则

① 但出于技术上的考虑，确实需要其他一些特性，如连续性和可微性。

② 它们出现在他的《数理心理学》(1881 年)一书中，因而领先于帕累托的序数效用分析约二十年。

我们可以用三维图形上的两根坐标轴代表这两种商品的数量，用第三根坐标轴代表这两种商品各种可能的组合所产生的不同的总效用量。结果是，随着这两种商品数量的增加，会从原点处隆起一效用曲面，它会慢慢变平，最后呈面包状（帕累托称其为“快乐山冈”）。一连串水平面——即，一连串与两根商品坐标轴所组成的平面相平行的平面——将把这块面包切成许多条曲线，沿着这些曲线，总效用是不变的，同时商品数量将以这样的方式变化，即一种商品数量的增加刚好抵消另一种商品数量的减少。这些曲线就是埃奇沃思的所谓无差异曲线，其全部意义取决于效用是可测的这一假设。如果把它们射影在商品平面上，便可以得到大家所熟悉的“无差异曲线图”。埃奇沃思很漂亮地将其用于物物交换理论，特别是用它来限定可能的物物交换条件或交易比率的范围。[①]

但是，一旦我们将无差异曲线射影在商品平面上，效用维便会从画面上消失，以致无差异曲线的意义不再取决于可测性假设。因而这些曲线仅仅告诉我们，(1)人们认为这两种商品的某些组合是同样可取的；(2)人们愿意要由“较高的”无差异曲线代表的商品组合，而不愿意要由“较低的”无差异曲线代表的商品组合。第一个领悟到这层意思的是欧文·费雪。[②] 他不仅不反对可测性，而且还试图使可测性成为现实（参看下面第7和第8节之间的编者注

① 这本才华横溢的著作给马歇尔留下了很深的印象，以致他在其《原理》附录的一个注释中重述了该书的要点。但他与无差异曲线的关系仅此而已。如果因为他在《对外贸易纯理论》(1879年)一书中使用了曲线这一工具就说他在埃奇沃思之前提出了无差异曲线概念，那就错了。

② 《数理考察》（参看前面第五章第7b节）。人们没有充分认识到，该书或者明确地或者隐含地预示了现代价值理论的大部分内容。

释)。但在这样做时，他遇到了一些困难，不得不在其著作的第二编放弃了那一站不住脚的假设，即每种商品的效用仅仅取决于自身的数量("独立商品")。① 在这一点上，受到怀疑的不仅是可测性，而且是可测性的存在。因此，费雪提出了一种完全不用效用假设的分析，只使用现代意义上的无差异曲线图。对他说来——正如后来对艾伦和希克斯说来那样——无差异曲线是分析的起点；而且对他说来，正如对埃奇沃思说来那样，这些曲线不是从效用平面推导出来的。

然而，无差异曲线却是指数函数的一部分，并且能够从这种函数中推导出来。帕累托就是这样做的。但它们却不受所选定的指数函数的影响，正如不受特定形式的基数效用函数的影响那样，而仅仅由偏好尺度所决定。这给了人们以启示：是否也可以不用指数函数，特别是因为指数函数会带来类似于费雪教授在效用函数的情形中遇到的困难。② 但直到 1934 年才彻底做到这一点，才提出了一种仅仅运用选择逻辑的理论。据我所知，艾伦和希克斯在那一年发表的理论，是第一个完全与指数函数的存在没有关系的理论，是第一个完全摆脱了缠绵不去的边际效用阴影的理论。在他们的理论中，边际替代率取代了边际效用。③ 因此，替代弹性和

① 这些困难的性质将在下一个脚注中说明。我猜想，正是由于存在这些困难，马歇尔才抓住独立商品这一概念不放的。我认为，这并不是不着边际的猜想。

② 虽然我们总是能够从给定的指数函数推出无差异曲线，但我们却不一定能够从给定的无差异曲线推出指数函数。要使后者成为可能，也就是说，要使指数函数"存在"，无差异曲线的微分方程必须是可积的。在只有两个变量(两种商品)的情况下，总有一积分因子；在有三个或三个以上变量的情况下，则不一定有积分因子。对于帕累托的方法来说，这个可积性问题是很严重的。后来的发展使这个问题丧失了重要性。

③ 应该明确指出，这牵涉到放弃戈森的需要满足律。

互补弹性完全是用偏好尺度来定义的，与效用毫无关系。我们的论述只能到此为止。这里只提一下这种选择理论尚未解决的许多问题中最重要的一个，即：到目前为止，仅仅是给单个家庭的无差异曲线下了令人满意的定义；问题是，应赋予集体无差异曲线——例如，一个国家的无差异曲线——以什么样的含义，当代某些最卓越的理论著作已使用了这种曲线。①

〔“有关效用理论的注释”前六节实际上已经写完，并已打字。下面几段为草稿，未写完，用速记作的笔记指出了打算怎样进行论证。参看本节末尾编者的注释。〕

7. 相容性假设

如读者所知，无差异曲线分析终于成了现行教学内容的一部分。经济学同行已熟悉了这种分析，甚至关于它是否适宜作二年级课程的争论也已经停止了。但是，从一开始就很清楚，事情不应止于无差异曲面或无差异曲线，它们只不过是折衷办法。虽然与旧的效用分析相比，它们较为优雅，从方法论上说也较为稳妥，但它们并没有帮助我们得到效用分析所不能得到的结果，也没有确定无疑地证明效用分析所得到的结果是错误的。况且，尽管同效用分析相比，它们所作的“假设较少”，但对于均衡理论来说，它们所作的假设仍多于所需要的适宜数目。而且，尽管它们使用的都

① 例如参看里昂惕夫教授的论文《无差异曲线在外贸分析中的用处》，载于《经济学季刊》，1933 年 5 月。

是在原则上可以观察到的资料,但它们也的确使用了迄今还没有人真正得到过的、"潜在的"观察资料。实际上,画纯属想象的无差异曲线和谈论纯属想象的效用函数,差别并不很大。① 因此,早在1902 年博南瑟尼就指出,几年之后巴罗尼也指出,② 写出均衡理论的方程式,既不需要效用函数,也不需要无差异曲线。③ 如果抛弃所有这些,那么要写出均衡理论的方程式究竟需要什么呢? 稍微想一想便知道,甚至早期的效用价值理论实际上也只是使用了以下假设:即在一组给定的价格和给定的"收入"下,每个人都愿意以唯一确定的方式买(或卖)。所有其他东西都是无用的装饰,即使有存在的理由,那也是出于其他方面的考虑。巴罗尼看出了这一点,但他未能精确地表述这一假设,也未能证明其充分性。萨缪尔森完成了这一工作,④ 他对相容性假设所作的表述为:

① 关于是否有可能"根据经验推导出无差异函数"的问题,参看 W. 艾伦·沃利斯和米尔顿·弗里德曼合写的论文《无差异函数的经验推导》,见兰格等人编的《数理经济学与计量经济学研究》,1942 年版(亨利·舒尔茨纪念集)——这里我们同样决不能说没有一点可能性。例如参看沃尔德教授的重要论文:《用恩格尔曲线近似地确定无差异曲面》,载于《计量经济学》,1940 年 4 月。当然,不应因此而抹杀逻辑上的差别。借用伊曼纽尔·康德的话来说,某一构想是否与"可能的经验有关系",确实是很重要的。而且,正如在效用分析的情形中一样,这里也可以证明,无差异曲线分析并不是循环论证或毫无意义的分析。

② P. 博南瑟尼:《纯经济学基础》,载于《经济学家杂志》,1902 年 2 月;E. 巴罗尼:《生产部长》,同上杂志,1908 年 9 月和 10 月(参看上面第 5 节)。

③ 当然,他们认识到,必须作一些有关消费者行为的限制性假设,需求函数的性质便来自这些假设。这使得他们的观点有别于 G. 卡塞尔的观点,卡塞尔主张抛弃需求函数后面的所有东西,而使需求函数成为基本数据。参看他的'Grundriss einer elementaren Preislehre',载于《联邦国家科学杂志》(1899 年),这篇论文之所以值得一提,是因为这是由有数学修养的经济学家对效用价值理论作的第一次不妥协的猛烈攻击。在《社会经济理论》一书中,卡塞尔实际上重复了这一论证。

④ 见他的《消费者行为纯理论评注》,载于《经济学》,1938 年 2 月;并参看《效用分析的经验含义》,载于《计量经济学》,1938 年 10 月。参看 N. 乔治斯库—勒根:《消费者行为纯理论》,载于《经济学季刊》,1936 年 8 月。

如果

$$\Psi_i = h^i(P_1, \cdots P_n, I)(i = 2, \cdots n),$$

$$\sum_{i=1}^{n} \Psi_i P_i - I = 0,$$

并漂亮地证明，这给出了下式所需要的所有限制

$$\sum_{i=1}^{n} P_i \mathrm{d}\psi_i = 0 \quad 和 \quad \sum_{i=1}^{n} \mathrm{d}P_i \mathrm{d}\psi_i < 0(并非所有\ \mathrm{d}\psi_i = 0)。$$①

编者注：第七章附录（“有关效用理论的注释”）其余部分的写作计划不十分清楚。无疑，熊彼特打算把有关福利经济学的论述作为本附录的一部分，他称之为离题论述或对效用的注释（参看本章第 5 节“计划理论与社会主义经济理论”的第一段），而且有证据表明，他准备把它列为本附录的第 8 节。下面有关福利经济学的这一节为初稿，很可能写于 1946 年或 1947 年。本附录的前六节显然写于 1948 年年底。这些材料已打字并经熊彼特校阅过。过了一段时间，他概略地写出了第 7 节（“相容性假设”）并为第 8 节（“尸体是生命的象征”）作了一些笔记。可以想象，本来在这里是要讨论福利经济学的。不过，“尸体”这一节很不完整，我只好在下面两段中把它作为编者注的一部分提出来，而把“福利经济学”作为本章附录的第 8 节。

“8. 尸体是生命的象征。我们已简略地考察了一虽然迂回曲折但仍很清晰的发展路线，萨缪尔森似乎已到达了这一路线的目的地。然而，如果我们未能注意到许多与这一路线相左或指向另一方向的征兆，则画面将是不完整的。假如能把所有这些征兆解释为旧观点的残余，那它们便不值一提。很自然地，像效用这样的概念，已深深地扎根于悠久的传统中，扎根于日常思想和语言的习惯中，是不会轻易让步的。但事情不仅仅是这样。的确，现在已雄辩地证明，效用这一概念在均衡价值理论中是多余的——这实际上不仅是反对它的最有力的论点，而且也是反对它所需要的唯一论点。但却没有证明——而且实质上也无法证明——这一概念对其他目的也没有用处。不管

① 〔熊彼特没有写完这一节，或者说没有写出萨缪尔森假设的数学符号；上面的数学公式是 R. M. G. 提供的。〕

我们现在对它有什么看法,我们都不能否认它过去曾启迪过人们——从历史上看,正是由于发现了效用理论,现在才可以没有效用理论——同时也很难说清它的生产力是否已经完全耗竭。就此而言,应该指出,某些反对它的论点是没有分量的,而另一些反对它的论点又太过火了。甚至反对可测性的论点,也可能是过火的。当然,就可测性来说,如果我们能发明测量效用的方法,那么效用就不是旧的心理实体了:或许我们可以抱有这种希望;甚或我们也许可以不借助于主观实体而测量〔速写笔记〕。"

"而且就此而言〔速写笔记〕无论对它们有什么反对意见〔速写笔记〕。"

〔熊彼特还草草写下了以下参考资料,显然是要对它们加以讨论。〕

"1. 欧文·费雪:《价值和价格理论的数学考察》(1925 年),这是他的博士论文,最初发表在 1892 年的《康涅狄格州艺术和科学学院汇刊》上。

2. 奥皮蒂特〔字迹模糊,难以辨认〕。

3. 欧文·费雪:《测量"边际效用"的统计方法以及检验累进所得税的公平性》,见《纪念约翰·贝茨·克拉克经济学论文集》(1927 年)。

4. 拉格纳·弗里施:《论一纯经济问题》,见《Norsk Matematisk Forenings Skriften》,1926 年。

5. 拉格纳·弗里施:《测量边际效用的新方法》(1932 年)。

6. 保罗·A. 萨缪尔森:《论效用的测量》,载于《经济研究评论》,1937 年 2 月。

……是不真实的〔速写笔记〕福利经济学〔速写笔记〕相容性〔速写笔记〕参数,特征〔速写笔记〕

潜在的,〔速写笔记〕恩格尔曲线。"

8. 福利经济学*

想必读者熟悉现代教学中对"实证"与"福利"经济学所作的区

* 〔有两篇论述福利经济学的稿子(一篇为打字稿,另一篇为手写稿),两者有许多共同之点。这里刊印出来的是手写稿。两稿均系初稿,写作时间都早于本"效用理论附录"的前七节。〕

分。如果这种区别仅仅意味着实证经济学的工作是解释，福利经济学的工作是规定，那么作这种区分只不过是为了表述的方便。因为正如只要插入适当的价值学假设，实证经济学的命题便可以变为祈使语气那样，福利经济学的命题也可以用陈述语气来叙述。然而，因为现代福利经济学事实上已获得了自己的独特地位，所以还是单独考察其发展为好。我们这样做还有另一个原因，那就是这个题目显然与比较个人之间的满足有关系，这后一个题目我们还未论及。

我们知道，福利经济学是神圣而古老的。卡拉法及其继承者的大部分著作以及烦琐派学者及其继承者的大部分著作，都属于福利经济学的范畴。我们还知道，十八世纪颇为流行福利观点，在意大利，书的扉页上常常出现"公共福利"(felicità pubblica)这个词语。对边沁和英国的功利主义者来说，这种观点正是他们的信条的核心。因此，尽管李嘉图的经济学具有实证精神，但我们仍可以在英国"古典派"的著作中，特别是在J. S. 穆勒的著作中发现这种观点。就此而言，现代福利经济学家只不过是复活了边沁的传统而已。

效用理论的暂时胜利很自然地产生了一种新的刺激。在杜皮伊和戈森等先驱者身上，我们就已看到了这一点。但当前福利经济学方面的研究工作，又回到了皮古所发展的马歇尔的学说上，又回到了埃奇沃思和帕累托那里。除了提出许多具有强烈说教倾向的一般原则外，马歇尔还作出了另外两项贡献。第一，如前所述，他重新发现了杜皮伊的消费者剩余或地租，因此而向福利经济学提供了一个分析工具，当时人们认为而且现在人们仍然认为这个工具特别适用于这一领域。第二，他提出了现代福利经济学所特有的一些命题。最著名的一个命题见下面的脚注。① 其重要性与其说在于命题本身,还不如说在于这样一个事实,即它带来了一个新的起点:虽然人们以前也曾多次从各种不同的观点对完全竞争均衡状态——马歇尔称之为最大满足学说——的优点表示过怀疑,但在有关这种状态的纯理论范围内对其优点表示怀疑,这还是第一次,而且也是第一次在理论水平上考虑是否有可能把个人行为引向比自由放任更能增进一般福利的渠道。埃奇沃思也作出了许多贡献,最能说明其贡献的例子,也许是他在其赋税理论中对公平的论述。他是本着《伦理学的新方法和旧方法》(1877 年)的精神,即本着享乐主义或功利主义的精神,论述公平问题的。主要之点是他对相等的牺牲、按比例的牺牲以及最小的牺牲等概念作了区分,给出了严格的定义并用数量表示了它们,最小的牺牲这一概念显然具有平均主义的含义。② 埃奇沃思的矛头主要是指向人们经常犯的一些推理错误,例如以下普遍流行的信念就犯了推理错误,这一信念是,要从同等牺牲的要求推出税收的累进性,只需假设收入的边际效用递减就可以了。③

---

① 马歇尔(《原理》,第 533 页及以下各页)认为,只要对报酬递减的商品生产课税,用所征得的税款补贴报酬递增的商品生产,社会的总满足便会增加,而超过在完全竞争和完全均衡状态的自由放任条件下可能获得的最大满足。皮古教授,特别是 R. F. 卡恩先生大大发挥了这一命题。这里我们不能讨论这个命题。卡恩是这个题目的主要权威,参看他的论文《有关理想产量的几点意见》,载于《经济杂志》,1935 年 3 月。

② 具有决定意义的命题是,为了尽量减少课征一定数目的税款所造成的总牺牲,应该这样来课税,即首先把最高收入超过次高收入的部分全部吸收掉,然后把这两种收入超过第三高收入的部分全部吸收掉,如此继续下去,直到征得所需要的税款为止。

③ 甚至在颇受人尊敬的经济学家的著作中也可以见到这种错误,这表明我们的思维习惯是多么不严密。很显然,如果我们想使纳税者付出同等数量的满足,那么根据收入边际效用递减的"法则"所能推论出来的只是,较高的收入应比较低的收入缴纳绝对额较大的税款:为此目的而设计的捐税究竟是累进的,按比例的,还是累退的,取决于我们在这种递减法则下采取什么样的课税方式。

所有这些只不过是复活了的边沁主义，或者确切地说，是用较好的技术武装起来的边沁主义。其中不仅包含效用、或满足、或福利的定量概念，而且还包含有这样的思想，即不同人的满足是可以比较的，特别是可以加总成整个社会的“总福利”——这就是所谓“人际间效用的可比性”思想。这种思想的遭遇坎坷不平，现在很少有经济学家愿意为它辩护，①虽然仍有许多经济学家在使用以它为依据的论点。几乎从一开始，这种思想就受到了例如杰文斯的非难，后来无论是赞成可测性的经济学家还是不赞成可测性的经济学家，都一再抨击它。但它却一再出现，其主要原因当然是它在福利经济学中很有用。马歇尔显然就不反对这一思想，②维克塞尔甚至说，假如不可能比较不同人的效用，那么国会讨论课税问题就是毫无意义的。③这走得太远了，但另一方面，断言人际间的效用比较④在所有含义和所有目的上都是没有意义的，也未免走得太远了。

然而，在那些坚决反对人际间的效用比较和个人效用的测量的经济学家看来，这两方面的尝试都无异于建造空中楼阁。但他

① 参看L.罗宾斯：《人际间的效用比较》，载于《经济杂志》，1938年12月。

② 的确，他曾写道(《原理》，第一编，第5章，第76页)：“我们无法直接比较两个人从吸烟中得到的快乐；甚至无法比较同一个人在不同时间从吸烟中得到的快乐。”但是，他强调的是“直接”一词；这句话的意思仅仅是：正如对某个人欲望的测量总是前面所述意义上的间接测量一样，人际间欲望的比较也必须采用间接方法。马歇尔的论证只是一再暗示人们有可能比较不同人的欲望。

③ 例如参看他论述卡塞尔体系的论文，重印于他的英文版《讲演集》第1卷，附录1，第221页。

④ 也许正像前面讨论可测性和可积性时所做的那样，这里我也应该说明，人际间的效用比较只不过是说，或许有可能提出关于一元钱对穷人的意义和一元钱对富人的意义之间的关系的假说，根据这类假说，会得到合情合理的结果。

们却无意放弃福利经济学。在这里,又是帕累托挽救了局面,至少是部分地挽救了局面。他和在他之后的巴罗尼指出,反对人际间的效用比较,并不会使福利经济学的以下命题失效,这个命题说的是,有些事情有益于或有害于某些社会成员,但却无损于或无益于其他社会成员。① 这项原则使我们能够在较为严格的意义上说某件事是否"有益于社会"。如果某件事使一些人受到损害(丧失某些东西),但他们可以从受益者那里得到充分的补偿(以致他们不再怀念旧的局面而喜欢新的局面),同时补偿了受损者后,受益者的境况仍比以前好,那么这件事就是有益于社会的。②

新的英美福利经济学产生于皮古教授的《福利经济学》(1920年;修订第 3 版,1929 年)一书。③ 这部权威性著作虽然在某种程度上考虑到了上面提到的观点,但却远远超越了帕累托所划的界线,特别是在把较富者的财富转移给较穷者这一点上。但新的英美福利经济学却力图尊重这些界线,虽然步入禁地的事仍然时有发生。也就是说,它试图在原则上只讨论那些无需借助于人际间效用的比较和效用的测量就能成立的命题。这种自我约束也许让人感到意外,因为实行这种约束的主要结果将是使许多平均主义信条丧失其科学的或伪科学的基础,而大多数现代经济学家在感

① 这当然意味着,不管能不能进行人际间的效用比较,也不管能不能回答这样的问题,即受益者或受害者究竟得到多少好处或受到多少损害,这类事情、安排或措施都可以称为"有益的"或"有害的"。我们的表述显然包括这样的情形,即所有个人都受益或都受害。

② 仔细想一想,读者便会认识到,这要比初看起来具有更多的含义,也就是说,关于什么是改善"社会"的状况,现有的定义是很做作的。

③ 最初为《财富与福利》(1912 年)。

情上是不愿放弃这些信条的。实际上并不需要过多的自我约束，因为人们已发现了一种方法，可以使福利经济学家避开那些限制。这种方法叫作"社会估价"，它用某个代理人的命令取代定义为个人满足总和的社会福利概念，由这个代理人来决定社会成员的(不可测的)欲望的相对分量。① 很显然，这个代理人只不过是18世纪的"普遍意志"；而且很显然，这个代理人有可能成为分析者个人的兴趣和理想的代名词。

在这种情况下，便再次出现了这样的问题，即现代福利经济学究竟在哪些方面不同于英国"古典学派"的福利经济学。② 首先，现

① 这可以用维克塞尔所设想的国会就课税问题展开的讨论来加以说明。根据现代的观点，无论是国会还是别的什么人都无法比较纳税者的效用和受益者的效用。所谓受益既可以是直接得到税款，也可以是以其他方式从相应的公共支出中得到好处。但这并没有多大关系：国会的多数派本身就是对所涉及的牺牲和利益作出的(序数)估价。同样，读者无疑地也会对这两种方法的相对优点和绝对优点作出自己的评价。

② 因为我们不可能讨论现代福利经济学的方法和结论，所以读者也许欢迎我们列举几部参考著作：A.伯克(伯格森)：《福利经济学某些方面的重新表述》，载于《经济学季刊》，1938年2月；H.霍特林：《一般福利与税收和铁路问题以及公用事业费率的关系》，载于《计量经济学》，1938年7月；N.卡尔多：《经济学中的福利命题与人际之间的效用比较》，载于《经济杂志》，1939年12月；J.R.希克斯：《福利经济学基础》，载于《经济杂志》，1939年12月；T.德·希托夫斯基：《评经济学中的福利命题》，载于《经济研究评论》，1941年11月；O.兰格：《福利经济学基础》，载《计量经济学》，1942年7—10月；G.廷特纳：《评福利经济学》，载于《计量经济学》，1946年1月。霍特林教授的论文具有特别重要的意义，因为它提出了现代福利经济学中也许最著名的"实用"命题，即：要(在某种意义上)最大限度地增加一般福利，全部货物和服务的产量和消费量就必须能够使边际成本和价格相等，即使由于平均成本递减，这会使生产货物和服务的行业遭受损失，也必须如此。这是个具有重大理论意义的命题。关于"运行中的现代福利经济学"，另一篇极好的论文是萨缪尔森教授的《福利经济学与国际贸易》，载于《美国经济评论》，1938年6月，刊登在《加拿大经济学与政治科学杂志》1939年5月号上的《得自国际贸易的利益》一文和《基础》(1947年)一书的第八章，对这篇论文作了补充。

〔在初稿上，本节提到的最新参考资料是廷特纳在《计量经济学》1946年1月号上发表的那篇论文。萨缪尔森的《基础》(1947年)是后来用铅笔加上的。〕

代福利经济学拥有较优良的技术。其次,部分因为运用这种较优良的技术可以获得较可靠的研究结果,但更多地还是因为现代激进派的先入之见和渊源不同于旧激进派的先入之见和渊源,所以现代福利经济学对商业和自由放任采取了不同的态度。但第三点不同却没有给它增添光彩。古典派的福利命题——包括杰里米·边沁提出的那些命题——出人意外地意识到,一旦考虑到未来,有关瞬间福利极大值的研究就会受到各种限制。同样出人意外的是,现代福利经济学家的著作几乎完全没有研究瞬间福利极大值。实际上,它们的唯一论题是如何运用现有工业结构提供的工具。只要福利命题仍为纯理论方面的习题并坦白地承认这一点,这就不是什么缺点。但是如果福利经济学家重犯早已被揭穿的方法论上的错误,给经济"开药方",则它便是一致命的缺点。在各种福利戒条中,最受欢迎的一条是收入要均等,其主要缺点不是它没有可以严格辩护的基础;主要缺点是:即使它站得住脚,但与另一问题即它对文化和经济发展的影响比较起来,它毫不使人感兴趣。

第八章 货币、信用和循环

1. 实际问题
   (a) 金本位制
   (b) 复本位制
   (c) 国际货币合作
   (d) 稳定与货币管理
2. 分析工作
   (a) 瓦尔拉
   (b) 马歇尔
   (c) 维克塞尔
   (d) 奥地利学派
3. 基本原理
   (a) 货币的性质和职能
   〔(b) 纳普的国家货币理论〕
4. 货币的价值:指数法
   〔(a) 早期著作〕
   〔(b) 经济理论家的作用〕
   〔(c) 哈伯勒、迪维西亚和凯恩斯〕
5. 货币的价值:交换方程式与“数量法”
   〔(a) 概念的定义〕

〔(b) 交换方程式与数量理论的区别〕

〔(c) 购买力平价与国际收支机制〕

6. 货币的价值:现金余额法与收入法

(a) 现金余额法

(b) 收入法

7. 银行信用与存款“创造”

8. 危机与循环:货币理论

9. 非货币循环分析

(a) 朱格拉的功绩

(b) 共同基础与敌对“理论”

(c) 其他方法

1. 实际问题

在我们所考察的时期,出现了大量有关货币及与此有关的主题的文献,其中大部分依然产生于对现时问题的讨论。与货币文献过去和现在常有的情况一样,其中大量出版物一点儿价值也没有,还有更大量的出版物,虽然在它们的领域内多少值得称赞,但是从分析史的观点来看,却引不起人们的兴趣。可是回忆一下第二章第3节的内容,我们感到有必要重述某些实际问题,这些问题曾导致人们进行了具有一定重要意义的讨论。

(a) 金本位制。 这个时期占优势的货币政策,是维护或实行金本位制,反映这一趋势的文献,值得我们进行最仔细的分析,即使这样也嫌不够。在所有国家中,在那些以实务精神讨论国家货币政策现实性的人当中，有很多是无条件“赞成”金本位制的。在这些人当中，和每一政党对任何一种实际问题的争论一样，有一些心胸狭隘、愚昧无知的偏执狂，但也有一些地位较高的、令人尊敬的人。作为例子，我们可以举出班伯格、吉芬、德·帕里埃等三人，同样，我们还可举出成打的像这样的三家村。①

鉴于我们当中有些人习惯于对那个时期的货币思想下肤浅的定语，我们应该注意以下两点，首先，无条件的赞成者的意见和建议一直受到猛烈的抨击——因而如果认为那个时期的所有经济学家都崇拜金犊，那就没有比这更荒谬的了——其次，他们的意见从实际研究这一问题的科学经济学的带头人那里只得到了有保留的支持。我们将会看到，无论杰文斯，或瓦尔拉，或马歇尔，或维克塞

① 路德维希·班伯格(1823—1899年)是德国式的典型教条主义自由派——1848年的革命者，以后一直是社会主义、贸易保护制度、乃至社会保险的顽固敌人。他作为德意志帝国国会的议员，俨然是帝国国会的货币权威，他的伟大目标是要使德国实行金本位制并保持不变。他激烈反对复本位制(见下面(b))，指出这种制度实际上是使白银获利，从而彻底驳倒了复本位制理论。但是在指出他的观点缺乏理论依据之前，我们必须考虑到他勇敢地试图完成的特定任务和向他提出这一任务的特定历史条件。他的比较重要的演说和论文(《货币和银行演说及论文选》)已由K.赫尔弗里希编辑出版(1900年)。

罗伯特·吉芬爵士(1837—1910年)，一位经济记者和文官，属于值得称赞的甚或杰出的经济学家一类，但本书不能全面讨论他。他的《过去半个世纪工人阶级的进步》(1884年)和《资本的增长》(1889年)是经济统计史上的里程碑。这里我们要提到的，是他对金本位制的英勇捍卫(《对复本位制不利的判决》，1892年;《在黄金和白银皇家委员会上的证词》，1886—1888年)和他对虚(即非金)货币本位制的极端仇恨。

F.E.德·帕里埃(1815—1893年)是三人中最重要的一位。他热心于社会活动——半是政客，半是文官，对赋税(所得税及与此有关的问题)和货币政策很有研究。1857年以后，他觉察到了不可避免的趋势，便鼓吹金本位制——但对法国的白银问题给予了适当的重视——和国际货币合作(见下面(c))。他的货币著作散见于他的各种报告。他的财政著述前面已经提到。〔熊彼特本来打算在未写完的第六章第6节再列举一些，但没有做到。〕

尔,或维塞尔,或费雪,都不能无条件地称作是理论上的或实践上的金本位主义者。而且,后来,八十年代和九十年代的经济萧条提出了这样的问题,即黄金是否应对物价下跌和物价的周期性波动负责。金汇兑本位制的出现则提出了这样的问题,即金元在市面上流通是否有利,我们知道,李嘉图已作出了否定的回答。①

(b) 复本位制。在整个这一时期,复本位制是“实际”争论最丰富的源泉。白银支持者的通俗政论文中有许多这样的论点,如应该公平对待白银;我们的祖先使用的就是银元;不应把人类钉死在黄金十字架上。这些论点要比人们在黄金支持者的著作中看到的论点低级得多。特别是,许多论述复本位制的著作是半病态的,因为当时复本位制是货币偏执狂者的主要猎场。尽管如此,在争论的最高水平上,复本位制的支持者所作的论证,实际上还是取得了胜利,即使一些具有科学地位的人没有支持复本位制事业,也是如此,但这一事实却被那些半病态的著作以及黄金支持者的胜利掩盖了。②

① 金汇兑本位制实质上是从事实际工作者的思想。对于这一“发明”,很少有人作科学的分析。不过,科学的经济学家对金汇兑本位制作了一些批判性的解释,其中值得一提的是:L.冯·米塞斯的《奥匈银行的外汇政策》,载于《经济杂志》,1909年6月;M.凯恩斯的《印度的通货与财政》(1913年);弗里茨·马克卢普:《金汇兑本位制》(1925年);C.A.科南特:《金汇兑本位制》,载于《经济杂志》,1909年6月;以及E.W.凯默勒的一系列重要论文和报告,例如参看他对“海峡殖民地”诉讼案所做的分析,见《政治科学季刊》,第14卷和第16卷(1904年12月和1906年12月)。

② 然而,我们不可能从大量有关复本位制的出版物中举出代表性著作。作为替代,我将举出两部具有无可置疑的科学地位的著作,它们也可以作为通俗文献的入门读物:J.S.尼科尔森:《货币与货币问题论丛》(1888年),F.A.沃尔克:《国际复本位制》(1896年)。当时有个“复本位制联盟”,它的许多出版物可供想进一步研究这个题目的读者参阅。还可参阅S.达纳·霍顿的各种报告和著作,此人的地位仅次于沃尔克,是美国鼓吹国际复本位制的头号人物。在复本位制方面,最杰出的纯分析贡献是瓦尔拉作出的(《要义》,第31和32讲)。

(c) 国际货币合作。各种国际货币联盟和会议，如拉丁联盟、斯堪的纳维亚联盟、(帝国建立前的)日耳曼联盟，很自然地提出了更为全面的计划。在法国的倡议下，1867 年在巴黎召开了一次国际通货会议，这次会议在德·帕里埃的领导下，极为成功地避开了复本位主义者的马蜂窝，讨论了在全世界统一铸造金币的问题，通过了到那时为止最为大胆的、关于在世界范围内建立货币联盟的建议。但是后来在 1878、1881 和 1892 年的国际会议上，由于美国施加压力，议题和提案却转向了复本位制，从而扼杀了原来的思想。①然而，在 1892 年的会议上，德国经济学家尤利乌斯·沃尔夫提出了一种新的思想，即把国际黄金储备存放在一中立国家，并以此为基础发行国际钞票。布雷顿森林会议建立的国际货币基金组织部分实现了这一思想，虽然是以完全不同的方式实现的。

(d) 稳定与货币管理。至少对于与白银生产没有直接关系的人来说，复本位制的主要魅力在于它有可能提高物价。然而，在正式场合，复本位制论者则喜欢谈论稳定物价水平。但人们还提出了一些与白银没有关系的稳定计划，例如有人建议使货币流通完全脱离黄金，而采用纸币。虽然在物价下跌的三十年间人们想到的主要是稳定物价水平(人们常常有意无意地把这一目标同维持某些产品的价格，特别是农产品的价格混为一谈)，但并不是没有比这更为广泛的目标。即使仅仅是稳定物价，这样做的纯经济目的也主要是稳定一国的经济形势。但明确提出来的常常是稳定就业。而且，特别是在讨论金汇兑本位制时，谈论的主要是稳定货币

① 关于这些会议，参看拉塞尔的《国际货币会议》(1898 年)，在这些会议上宣读的各种报告包含许多具有分析价值的贡献。

利率。①

所有这些当然意味着要对货币进行这种或那种形式的管理。举例来说,复本位制就意味着货币管理,因为要使这种制度运行,就必须管理白银的价格,也就是说,必须通过购买白银来稳住白银的价格,以免白银把黄金逐出流通领域。如果白银把黄金逐出流通领域,这种货币制度也就不再自动运行了。所有比这更进一步的方案当然包含更多的管理。作为例子,我将提及得到某些人支持的一项建议,这项建议的内容是,由一政府部门来管理一种不可兑换的纸币,每当物价水平下降时,该部门便用这种纸币购进公债,从而增加流动资金,每当物价水平上升时,该部门便售出公债,从而减少流动资金。这一建议可看作是联邦储备系统公开市场业务的前驱之一。但公开市场业务这一思想还表现在其他形式中,因为货币管理并不限于通货的管理。它扩展到了外汇管理,更为重要的是扩展到了银行信贷的管理。②它也没有停留在"计划"范围

① 我们可以用一个与这类问题有关的特殊事例来说明讨论经济政策时经常出现的"错误喜剧",这很有启发意义。十九世纪九十年代奥地利采用金汇兑本位制时,政界和新闻界都宣称,金汇兑本位制的优点之一是,这种制度下的利率将低于金本位制下的利率。我们可以很容易地把这一命题中的真理和谬误区分开来。如果中央银行要在输金点的范围内维持汇兑,那么它在长期内所必须做的事情和不应做的事情,就与中央银行在金币本位制下必须做的事情和不应做的事情基本上一样。所以,金汇兑本位制下金融市场上的利率,一般不会低于金币本位制下金融市场上的利率。但是,第一,实行金汇兑本位制所需要的黄金总量,少于实行金币本位制所需要的黄金总量。因此,在开始阶段,前一种情况下的利率在很长一段时间内不会像后一种情况下的利率那么高。第二,由于中央银行控制着国家的全部货币黄金储备,所以在前一种情况下比在后一种情况下更容易避免变动银行利率以渡过困难时期。然而,政界和新闻界却声称,金汇兑本位制下的利率一般低于金币本位制下的利率。而专业经济学家在满怀热情地驳斥这一错误命题时,则常常不承认上面那两个正确的命题——所以,正如在我们这个领域常常发生的事情那样,争论双方实际上既对又错。

② 例如,我们已讨论了信贷控制与货币控制之争,这种争论一直持续到近代。

内。所有大中央银行都在愈来愈大的程度上进行货币管理。① 而且不应认为，这种类型或那种类型的货币管理只是为了保护某一国家的黄金储备。进行货币管理还有治疗方面的目的。这种目的不同于我们现在的目的，而维持充分就业也不是压倒一切的目的。但无论是像当时有些人所做的那样过分强调为了金本位制而实行金本位制的重要性，还是把 1914 年以前的各种货币制度说成是"自发的"，都同样会使人产生误解。② 如果不清楚地理解这一点，就不可能正确地评价那一时期理论的发展以及这种发展同当代思想的关系。

关于其他方面的情况，我们只能提及科学领袖在"货币改革"领域中取得的几项成就。杰文斯概略地叙述了一种在他看来是"十全十美的通货制度"，③在这种制度下，黄金仍充当交换手段和价值的公分母，但不再充当延期支付的标准，"虽然债务数量仍用黄金表示，但当黄金的价值用其他商品衡量发生变化时，债务数量的变化则与黄金价值的变化成反比"。这复活了洛氏的"法定指数本位计划"(参看上面第三编第七章第3节)，也是马歇尔建议的主

① 关于英国的情况，特别参看 W. T. C. 金：《伦敦贴现市场史》(1936 年)。

② 因为 1914 年以前的各种货币制度都运行得很平稳，所以它们就更显得是自发的了。而且，虽然英格兰银行的贴现政策(从统计上看)似乎主要是对黄金流入或流出作出反应，但我们不应忘记，在大约 1900 年以前的情况下，对黄金的流入和流出所作出的反应，十次有九次实质上与对国内经济形势所作出的反应是一样的。如果不是这样，中央银行就会越来越依靠"黄金手段"，即越来越多地放弃正统的金本位规则。

③ 写于 1875 年左右，但最初发表在他的重要著作《通货与金融研究》上，这部著作是他死后由其夫人和福克斯韦尔教授编辑出版的。请注意福克斯韦尔的引言。

旨。[①]不过,马歇尔的建议包含一新颖的思想。马歇尔采用了李嘉图的铸块计划,建议这种铸块应由黄金和白银铸成,建议把一定重量的银锭和一定重量的金锭依法"结合在一起",从而这种货币单位便可以要求得到固定比例的黄金和白银(金银混合本位)。欧文·费雪的美元补偿计划,[②]一方面采用了金汇兑本位制;另一方面则主张根据官方物价指数的变动来改变货币单位的含金量,这样美元所代表的就不再是不变数量的黄金,而是不变数量的购买力。最后是瓦尔拉鼓吹的计划,该计划以简单而巧妙的方式同法国的实际做法结合了起来。黄金仍为铸造本位货币的金属,私人可以无限制地用它铸造货币。白银则将充当铸造名目货币的材料,但名目货币不仅将供作小额找零之用(辅助货币),而且还将成为一种用来控制物价水平的法偿货币(调节货币):物价下跌时,政府将增加其发行量,物价上涨时,则将缩小其发行量。这项建议的现代气味无需多加强调。瓦尔拉还提出了另一项建议,该建议使他成了当代"百分之百计划"的先驱者之一。他承认这样一个事实(虽然只是就银行钞票而言),即银行可以创造支付手段,或者用他

① 为了节省篇幅,我略去了杰文斯计划的其他方面,这些方面讨论的主要是,如何以黄金为基础建立一种国际钞票发行和清算制度。马歇尔作为"业余通货医生"(他对自己的称呼)所取得的成就见他的以下著作:1885年他在工业赔偿会议上宣读的论文,题为《补救措施会对(a)就业的连续性和(b)工资率产生多大的不利影响?》,这个题目很是耐人寻味(参看凯恩斯的马歇尔传,《传记论丛》,第204页);他向皇家贸易与工业衰退委员会(1886年)、黄金与白银委员会(1887—1888年)以及印度通货委员会(1899年)提供的证词,这些证词均发表在《官方文件》(1926年)上;他的论文《消除一般物价波动的方法》(载于《现代评论》,1887年3月)。并参看F.Y.埃奇沃思:《关于货币改革的想法》,载于《经济杂志》,1895年9月。

② 参看欧文·费雪在哈里·G.布朗协助下写的《货币的购买力》(第一版,1911年)。

的话来说，银行借给企业家的钱，可以不等于银行从资本家（储蓄者）那里借来的钱。但他不赞成这种做法。他建议，用剩余的白银铸造更多的银辅币，铸造数量应等于流通中的银行钞票的数量——减去发行银行掌握的法偿现金的数量——以抑制银行钞票的发行。①

这里不能讨论这些计划的优缺点。提到这些计划出于两个原因，第一，它们告诉我们，以下看法是毫无根据的，即认为科学领袖直到现代才注意到货币改革问题；第二，所有这些计划都建立在分析工作的基础之上，不管我们喜欢不喜欢这些计划本身，我们都必须承认这种分析工作的极端重要性。

2. 分析工作

该时期纯分析工作——此后我们将把几乎全部注意力集中在纯分析工作上——的历史，是一部取得了很大进展的历史。② 虽然如上所述，大多数领袖都满怀热情地参加了有关当时实际问题的讨论，但他们的分析工作对实际问题的依赖程度却低于其前辈。可以说，该时期的分析工作比以往任何时候都更加依靠自身的动力向前推进，同时思想的纯科学起源——即理论不再只是随着事

① 《实用政治经济学研究》，第 1 卷和第 5 卷。

② 这里只提四部参考著作就够了：马吉特教授的著作（《价格理论》，1938—1942 年）虽然主要不是从历史的角度写的，却是那一时期货币分析史的最好入门书；还必须再次提及里斯特教授的《货币与信用理论史》（英译本，1940 年）；霍华德·埃利斯教授的《1905—1933 年的德国货币理论》（1934 年；连同该书引证的或该书参考书目中提到的那些权威性著作）详尽无遗地论述了那一时期德国的货币理论；V. F. 瓦格纳的《信用理论史》（1937 年）对里斯特教授的著作作了有益的补充。

实的变化和政治气候的变化而变化——也比前一个时期更加明显了。而且同经济学的其他分支相比,该分支从当时的知识宝库中获得了更多的新的、有价值的方法和结论。在"一般理论"方面,如果我们愿意的话,可以说是发生了革命;在货币理论方面,则只有生气勃勃的进化。该时期的分析工作并没有同 J. S. 穆勒的缺乏系统的分析工作决裂。但现代货币分析的大部分基础,实际上都是在当时奠定的。

因为除极个别的情况外,我不可能讨论那一时期的资料收集工作,而资料收集工作对于分析工作来说至少与"理论"同等重要,所以我将描绘的总画面必将受到损害。这样的概述所能做的,只是提及不同类型的资料收集工作,并举出每一类型的一两个例子。首先是有一些确实很出色的官方报告:除了通常最为出色的英国的官方报告外,这里我将再次提及各次国际货币会议和美国国家货币委员会(1911—1912 年)的那些报告。其次是有一些货币史和银行史方面的著作,例如 W. A. 肖的《1252—1894 年的通货史》(1895 年),或 W. G. 萨姆纳的名作《美国通货史》(1874 年)。第三,该时期产生了一些至今仍有价值的资料丰富的著作,阿道夫·泽特比尔(1814—1892 年)的《用于解释和评价经济上的贵金属比例的资料》(1885 年;英译本译自 1887 年的第二版,该书第七篇包含有他的著名的"价格表")就是这类著作中的佼佼者。第四类可以举 R. H. 英格利斯·帕尔格雷夫爵士对一些中央银行,特别是对英格兰银行所作的统计工作为例,他在 1903 年出版的《银行利率与金融市场》一书对这一统计工作进行了概述,这是一部让数字说话的杰作:把该书得出的一个个结论表述出来是很困难的,但如果一页一页地仔细阅读该书,则会猛然发现理解了该书的主题。第五,我们应注意到现代统计方法已渗入了这一领域,我所知道的最早的例子是 J. P. 诺顿的《纽约金融市场的统计研究》(1902 年)。

那么,为什么有人如此轻视该时期的分析工作,为什么我们当中的许多人要在该时期的分析工作和我们自己的分析工作之间构筑一条完全是凭空想象出来的鸿沟呢？一个答案是，正是由于那些新方法和新结论具有进化性质，所以它们看起来只不过是穿新鞋走老路而已。但还有另外一个答案，研究科学“进步”过程的学者肯定会对这个答案产生浓厚兴趣。该时期未能对其分析成果进行系统的表述和整理，未能把其分析成果的全部含义和应用价值发掘出来，摆到桌面上，使所有经济学家都很容易地理解它们。因而这些分析成果没有渗入普通的文献，特别是没有渗入教科书，以致虽然恶意的批评引起了像马吉特教授那样的学者的正当愤慨，但这种批评却能从普通著作中引章摘句来为自己辩护，被派作这种用场的甚至还有一些著名的、成功的、(在其领域内)值得称赞的著作，如卡尔·赫尔弗里希的《货币论》(1903 年)，J. L. 劳克林的《货币原理》(1903 年)，霍勒斯·怀特的普及读物《货币与银行》(1895 年第一版；1914 年第五版)，戴维·金利的《货币论》(1904 年)，阿尔弗雷德·德·福维尔的《货币论》(1907 年)。甚至阿道夫·瓦格纳的《货币的社会经济理论》(1909 年)，虽然立意较高，并包含一些新颖的观点，但也不比那些平庸之作好多少，而卡尔·克尼斯的《货币与信用》(1873—1879 年)，虽说在其他方面具有重要意义，但对此书书名所涉及的题目却没有增添什么新内容。

然而，为公平起见，我们还应该提及另外几本教科书，它们由于这一原因或那一原因而优于其他教科书：杰文斯的《货币与交换机制》(1875 年)曾多次再版，是一部富于魅力的著作，其中一些十分陈腐的论述因有创造性的思想火花而放出异彩；J. 希尔德·尼科尔森的《货币与货币问题论丛》(1888 年)，是一部从未得到公平待遇的著作；F. A. 瓦尔克尔的著名教科书《货币论》

(1878 年)，也许是使人们熟悉当时最流行的货币学说的最佳工具；图利奥·马特洛的《货币论》(1883 年)，虽然有某些自由主义的奇谈怪论，主张自由铸造货币，但其价值并没有受到太大的损害；A. 梅塞达格利亚的《论货币……》(1882—1883 年)，是在瓦尔拉、马歇尔、维克塞尔和费雪的货币论著问世以前，有关货币的科学文献中最出色的论著之一。另外，还应该提及一些一般性论著中讨论货币的编、卷、章，例如皮尔逊、迪维西亚和科尔森等人的论著。① 但我们只能提及 G. 卡塞尔的《社会经济学理论》(1918 年第四版；1927 年修订版；1923 年英文版；1932 年新版)一书的第三卷。这部著作之所以值得特别加以注意，是因为它极为清晰明确地表述了这样一种观点，即经济过程的基本逻辑与货币现象完全无关，货币理论实质上仅仅包含在价格理论中——根据数量说，相对价格(即交换率)是通过货币转变为绝对货币价格的——因而不仅*在表面上*，而且*在实际上*，货币理论均处于一般经济理论主体之外。在这方面，卡塞尔完全没有理解瓦尔拉教义的要旨，虽然在其他方面，他亦步亦趋地追随瓦尔拉。然而，虽然我们可以把他论述的这种观点看作是一种陈旧不堪的有关货币的观点，但我们必须补充一句，他极为有效地表述了这种观点，以至他的表述至今仍有其重要意义。而且这不仅仅是历史上的重要意义。每当我们想知道自己到底取得了多大进展时，我们便可以向卡塞尔请教。

简要描述一下这个时期主要分析成就的性质和命运，就可以说明这种自相矛盾的状况。

(a) 瓦尔拉。首先，该时期的成就中最伟大的成就应归功于瓦尔拉。② 如果可以说他创立了经济静态学，即现代经济均衡理论，那么也同样可以说他创立了现代货币理论。实际上，他的货币

① 关于皮尔逊、迪维西亚和科尔森的情况，参看前面第五章。

② 只是在《纯粹政治经济学要义》的第四版(1900 年)中，瓦尔拉的纯货币理论才完全展现在我们面前。他是以很缓慢的速度写成这部极为重要的货币分析著作的，其间经历了 1876—1899 年这段时间，起点和一步步的发展反映在《要义》的前三版中和一些有关应用问题的论文中，这些论文最后收入了《实用政治经济学研究》一书(参看前面第七章第 7e 节)。

和信用理论只不过是这种一般经济均衡理论的组成部分。因而他实质上实现了最近二十年来人们一再提出的那一迫切要求，即要求把货币分析纳入一般理论的体系，而不是独立地进行这种分析，然后把它贴在一般理论上。而且，就货币静态学而言，所有关于货币和货币过程的命题，都或者包含在他的体系中，或者可以通过引入另外一些假设从他的体系中推导出来。因此，正如兰格所指出的，①凯恩斯在《通论》中所作的分析（不是他在1930年出版的《货币论》中所作的分析），只不过是瓦尔拉的真正一般理论的一个特例。但是，正如我们已经看到的，直到本世纪二十年代，瓦尔拉才获得了应有的声誉。在我们所讨论的这一时期，瓦尔拉主要是通过维克塞尔和潘塔莱奥尼而发挥影响。而即使是这两个人也没有完全理解瓦尔拉的货币分析的重要性。瓦尔拉的直接继承者帕累托，则根本没有看到这种重要性，他在这一研究领域内不是前进而是倒退了。瓦尔拉确实有两个出色的追随者，他们是奥皮蒂特和施莱辛格尔，但他们当时几乎完全不为世人所知。②

就我们所考察的这个时期而言，对于绝大多数经济学家来说，瓦尔拉的货币理论是根本不存在的。不过，我要借此机会提及德尔·贝奇奥的富有独创性的分析工作，他是在该时期的最后几年，部分以瓦尔拉的理论为基础，开始进行这种分析的。③

---

① 参看O.兰格：《利率与最优消费倾向》，载于《经济学》，1938年2月。

② A.奥皮蒂特：《论一般货币理论》（1901年）；卡尔·施莱辛格尔：《货币和信用经济理论》（1914年）。这两本书，特别是后者，突出地说明了这样一个事实，即：在我们的领域内，第一流成就既不是成功的必要条件，也不是成功的充分条件。

③ 古斯塔奥·德尔·贝奇奥，系波洛尼亚大学教授，于1909年开始发表其一系列重要论文。这些论文的观点概括在他的《货币理论纲要》（1930年）一书中，并更为全面地概括在他的《一般货币理论研究》（1932年）一书中。

这里还可以顺便提及另一类与瓦尔拉理论有关的、富于独创性的分析工作，即欧文·费雪的分析工作。但他的分析工作做得太迟了，以至没有在我们所讨论的这个时期产生影响。而当其产生影响时，专业经济学家又把太多的注意力集中在了一本书即《货币的购买力》(1911 年)上。这本书的成功掩盖了这样一个事实，那就是，按照现在对货币理论一词的理解，该书仅仅阐述了作者的货币理论的一个方面，而且不是最重要的方面。自从这本书出版后，费雪就被看作是一种特别僵硬的数量理论的创立者(参看下面第 5 节)，他对整个经济过程的货币分析——这里的所谓货币分析同凯恩斯的《通论》是货币分析具有相同的含义——所作出的所有其他贡献，也就遭到了忽视。这过去是因为，现在同样是因为他没有把这些贡献称为货币分析或收入分析，而是选择了其他名称，如《利息理论》、《繁荣与萧条》。结果，他的读者从未得以窥见其货币分析的全貌，特别是从未注意到其货币分析中的瓦尔拉派倾向。①

(b) 马歇尔。十九世纪最后三十年的第二个伟大成就要归功于马歇尔。②同瓦尔拉一样，虽然不像瓦尔拉那么明确，马歇尔把

① 实际上，对于某一天想把费雪的著作协调起来的学者来说，费雪教授发表的为数众多的论著和论文都是相互关联的。我在这里只提及前面第五章第 7b 节所没有提到的几部最重要的著作。《升值与利息》(载于《美国经济协会丛刊》，1896 年 8 月)；《货币的购买力》(与 H. G. 布朗合著，1911 年；修订版，1913 年)；《货币幻觉》(1928 年)；《繁荣与萧条》(1932 年)。但对于当代意义上的货币理论来说，《利率》(1907 年)一书要比上述著作都重要，后来费雪充分发展该书的论点，写成了前面已提到的《利息理论》(1930 年)一书。费雪发表的论述指数的著作，将在后面提到。

② 马歇尔在最后把其货币分析方面的成果编写成书(正文中将马上提到这本书)出版以前，曾在一些通信中阐述了其观点，这些信件主要是写给各官方调查委员会的，都重新刊印在他的《官方文件》中，《艾尔弗雷德·马歇尔编年史》中的一些段落对

货币问题看作是一般经济过程分析的组成部分，看作是通向就业理论的门径之一。他比瓦尔拉更为明确地教导人们，虽然强调程度不如维克塞尔，要把“实际”利率与“货币”利率区别开来，要重视货币数量的变化影响经济体系的具体过程。而且他对未来的发展作了许多暗示，可惜本章只能提及其中少数几个。他掌握了为推进货币分析而采取决定性步骤所需要的一切，但他自己并没有采取这一步骤。与瓦尔拉不同，他实际上处于有力的领导地位。从1885年起，假如他发表意见，全世界的经济学家都会屏息静听。但是在他以耄耋之年出版其《货币、信用和商业》(1923年)以前，他只允许人们隐约瞥见其在货币问题上的观点，而在他出版该书时，书中似乎已没有什么新奇的东西了。但他在剑桥的学生和其他追随者还是俯首恭听教诲。为了公平地对待历史，应该强调指出，霍特里、拉文顿、凯恩斯、皮古和罗伯逊在发展英国当代的货币理论时，虽然遵循的是自己的路线，但发展的却是马歇尔派学说。

没有必要对每个学生的著作都作一番评论。这里需要指出的只是与马歇尔的联系。也许不应该在与其他人相同的意义上把R. G. 霍特里教授称为马歇尔的学生。他的学说——如读者所知，他的学说讨论的主要是商业循环问题——所特有的大多数命题，都可以追溯到马歇尔那里(有些则可以追

这些信件作了补充说明。但是，《原理》中也包含有这一伟大整体的组成部分。读者可以看到，凯恩斯的传记性论著(《传记论丛》，第195—206页)对马歇尔货币分析的大多数精要之点作了概述，但必须再次告诫读者，这部论著是由一(当时)狂热的信徒撰写的。在某些方面，这位信徒归在其老师头上的独创性和首创性，当然是要打折扣的。至于其他方面，我们则应该无保留地接受凯恩斯的说法，他认为，马歇尔在十七年就已完成了其全部货币理论，接受这一说法并不会对瓦尔拉和维克塞尔造成什么损害。应该指出的另外一点是：马歇尔的货币分析同他的一般经济分析一样，起点显然是J. S. 穆勒的学说，因而应该看作是穆勒学说的发展。

溯到维克塞尔那里)。最为恰当的说法也许是,霍特里的分析是在某一方面对马歇尔的分析富有独创性的发展。在他的众多的著作中,这里只需提及《好的贸易与坏的贸易》(1913 年)、《通货与信用》(第一版,1919 年)、《中央银行业务技术》(1932 年)、《资本与就业》(1937 年)。弗雷德里克·拉文顿的著作《英国的资本市场》(1921 年)和《商业循环……》(1922 年),没有受到应有的重视。它们无条件地是马歇尔派的。皮古教授的《货币的价值》一文也是如此,该文刊登在《经济学季刊》1917 年 11 月号上,是他对货币理论本身作出的主要贡献。其他贡献可以在他的《产业波动》(1927 年)一书中找到。至于他的所有其余著作,我只提及《就业与均衡》(1941 年)一书,在这本书中,他对经济过程作了货币分析。凯恩斯勋爵的第一本书《印度通货与财政》(1913 年)的理论骨架也是马歇尔派的,在《货币改革简论》(1923 年)中他写道,他〔对货币理论〕的"阐述遵循的是皮古教授和马歇尔博士的一般路线"(第 85 页注释),虽然在关键地方他也奏出自己的曲调。他的最为雄心勃勃的著作《货币论》(1930 年),可以看作是马歇尔派路线和维克塞尔派路线——维克塞尔派因素是被重新发现的,不过这种因素并不是从维克塞尔那里得来的——的发展(虽然也有偏离这种路线的地方)。只是在《就业、利息和货币通论》(1936 年)中,凯恩斯才正式放弃了对马歇尔的忠诚。由此而应该特别指出,马歇尔死后,致使凯恩斯与他决裂的原因,与其说是理论方面的分歧,还不如说是社会观点方面的分歧,也就是说,致使凯恩斯与马歇尔决裂的原因,是他们两人对他们时代的经济形势抱有不同的看法。就理论观点而不是就实际假设和实际建议而言,他们两人只有一个重要分歧,那就是他们对储蓄和投资的机制抱有不同的看法,但是,假如这个分歧对于凯恩斯脱离他所谓的"古典派理论"不是那么重要的话,即使这个分歧也可以看做是着重点的不同。D. H. 罗伯逊教授的《银行政策与物价水平》(1926 年)一书,具有惊人的独创性,实际上比本段提到的任何一部著作都在更大的程度上超越了马歇尔。如果单看这一本书,则不宜把罗伯逊归入马歇尔派。从他的商业循环理论来看,也不应把他归入马歇尔派。但他发表的其他有关货币的著作(包括他撰写的那本著名的初级教科书),其中最重要的都再版于他的《货币理论论文集》(1940 年),则可以说是源于马歇尔派理论。

但马歇尔的货币学说是后来才获得这种成功的,成功得太晚了,以至他没有得到应有的荣誉。1914 年以前,剑桥以外的货币理论实际上没有受到马歇尔派的影响。

(c) 维克塞尔。应该提到的第三个伟大成就是维克塞尔的成就。[①]作为货币理论家,他死后获得的国际声誉,甚至大于马歇尔或瓦尔拉。这种好运气要归因于以下两个事实:一是他的瑞典信徒从未停止称自己为维克塞尔派,甚至当他们批判他并超越他时也是如此;二是他的学说较早地被翻译成了德文,不像瓦尔拉的学说那么令人生畏。但几十年以后他的学说才对英国和美国的经济学界产生影响。

这里几乎不必再提米尔达尔、乌林、林达尔、龙德伯格等著名人物。读者可以参看冈纳·米尔达尔的《货币均衡》(瑞典文版,1931 年;德文版,1933 年;英文版,1939 年)、伯蒂尔·乌林的论述扩张理论的瑞典文论文'Penningpolitik, offentligaarbeten, subventioneroch tullarsom medel mot arbetslöshet' (发表在提交给瑞典失业委员会的一篇讨论货币政策的报告中,1934 年)以及埃里克·林达尔用英文对自己的贡献所作的概述(《货币和资本理论研究》,1939 年)。埃里克·龙德伯格的《经济扩张理论研究》(1937 年)代表了维克塞尔派以后货币理论的发展。在经济分析史中,需要指出的一个令人感兴趣的事实是:虽然这一发展平行于而且在某些重要方面领先于

① 维克塞尔的主要贡献见他的《货币利息与商品价格》(1898 年)一书。该书英译本的书名为《利息与价格》,出版于 1936 年,译者为 R. F. 卡恩,附有乌林教授撰写的引言,评述了维克塞尔思想的演变。但维克塞尔的一些最重要的思想,特别是著名的维克塞尔"累积过程",则是在《利率对价格的影响》(载于《经济杂志》,1907 年 6 月)一文和《政治经济学讲演集》(瑞典文原版,1906 年;英译本,1934 年)第二卷中展现给英国公众的。他的题为'Dendunkla punketen i pennungleorien'的(瑞典文)论文也很重要,因为它着重阐述了上面两本书讨论得不充分的某些问题。这篇论文发表在'Economisk Tidskrift'1903 年 12 月号上,讨论了货币理论中的难点。同马歇尔的情形一样,应该指出,维克塞尔的分析渊源于穆勒,他的货币理论是在批判穆勒以及穆勒以后的英国作家,特别是图克的过程中发展起来的。

英国(凯恩斯派)的发展,但直到大约十年以前,英国的经济学家对此竟一无所知。当然,一些人对这种状况提出了温和的抗议,还有一些人讨论了这两派思想的差异和优劣。参看乌林的《对斯德哥尔摩派储蓄和投资理论的几点意见》,载于《经济杂志》,1937年3月和6月,以及随后在同一杂志上展开的讨论(参看下面第五编,第五章)。还应提及D.戴维森教授,此人与维克塞尔是同时代的人,对维克塞尔提出过一些有益的批评。关于戴维森的货币理论,读者可以在布林利·托马斯先生的卓越论文《戴维森教授的货币理论》(载于《经济杂志》,1935年3月)中,了解到所有应该知道的情况。托马斯先生的《货币政策与危机》(1936年),对维克塞尔以来瑞典派货币理论的情况,作了简要而有益的概述。

(d)奥地利学派。第四是奥地利学派的贡献。该学派的所有成员都追随门格尔,[①]不过,门格尔并没有独立地开辟一条道路。他的理论虽然就其本身而言是一杰出的成就,但只不过是从达万萨蒂那里派生来的。试图创新的是维塞尔。[②]在恰当评价维塞尔的货币思想时,我们会遇到在确定他在一般理论史上的地位时所遇到的那些困难。把维塞尔称为"收入法"的创始者,[③]或把他称为消费标准的创始者,都不足以表明他对货币现象所具有的广阔想象力。维塞尔的货币思想远远不止这些,特别是,他认为货币理

① 参看《著作集》(共四卷,伦敦学院重印,1933—1936年)。门格尔的主要货币著作是《原理》中论述货币理论的那一章和《袖珍词典》第三版(1909年)中他撰写的"货币"词条。

② 维塞尔的货币思想,同瓦尔拉的货币思想一样,是在其富于独创性的一般经济理论著作完成以后发展起来的。他在这方面的第一部著作,是他就任维也纳大学门格尔讲座的教授时发表的就职讲演(《币值及其历史变化》,载于《国民经济、社会政策和管理杂志》,1904年)。该讲演稿的一个修订本是他1909年在"社会政策协会"在维也纳召开的会议上发表的讲演(见该协会出版的《论文集》第132卷),另一修订本是他为《袖珍词典》第四版(1927年)撰写的"货币"词条(《一般货币理论》)。

③ 关于维塞尔作为"收入法"的创始者的情况,参看下面第6b节。

论应涉及整个经济过程。但他非常缺乏技术和能力来加工自己的思想，结果是一无所获。因而他只对少数几个人产生了影响。该学派权威性货币著作的作者冯·米塞斯，[①]无疑就是其中的一个。但他只是部分赞同维塞尔的观点。米塞斯也是该学派在货币理论方面最重要的导师，实际上他创立了米塞斯学派。

3. 基本原理

(a) 货币的性质和职能。有关货币的性质和职能的讨论，从而有关定义问题的讨论，在整个这一时期从未中断过。但是，除了(b)中提到的那个例外，它们没有引起人们的多大兴趣，也毫无例外地没有产生很令人感兴趣的结果。我认为，大多数作家都接受了，或也许愿意接受罗雪尔的定义。[②]门格尔及其追随者特别强调，他们接受了罗雪尔的定义，虽然他们并无意于因此而同意该定义的所有含义。另一些人，特别是美国人，则以同样不受约束的精神接受了瓦尔克尔的警句："货币即货币所为"。大多数作家都把

① 路德维希·冯·米塞斯：《货币与流通手段理论》(1912 年第一版，1924 年第二版，1934 年英文版的书名为《货币与信用理论》)。

② "不正确的货币定义可以分为两大类：一是认为货币优于最好卖的商品，一是认为货币不如最好卖的商品。"(罗雪尔：《原理》，第二卷，第三章，第 116 节〔熊彼特译〕)相反观点的例子，可以引证理查德(其父布鲁诺是更为重要的经济学家)·希尔德布兰德的《货币理论》(1883 年)。在这本书中，希尔德布兰德认为，货币非但不是商品，反而是"商品的对立物"。这两位作家的话，维克塞尔在《利息与价格》一书中都作了引证。而他对这个问题的评论充分说明，这种一般性的表态意见，对于严肃的分析工作者来说，实际上没有什么价值。但是，这两种相互矛盾的观点却败坏了经济学在一些外行人和历史学家心目中的声誉，因为他们过于从字面上理解这两种观点，认为所有其他关于货币问题的论述都产生于这两种观点。

货币或基本货币(指硬币和政府不兑现纸币,常常〔虽然不是总是〕也指银行钞票或至少是中央银行钞票)同“信用”或信用货币(指产生于信用交易的支付手段)区别了开来。一些作家非常重视这两者的区别,① 而在即将提到的一些情形中,作这种区别实际上也并非仅仅是玩弄术语。我们在前面已经看到,货币方面的大权威们并不盲目崇拜金本位制。在他们赞成实行金本位制的地方,例如在意大利,他们这样做是有正当而充足的实际理由的。但这些大权威几乎都应归入我们所谓的理论金属主义者之列。② 我们似乎应注意到以下几点。

第一,当时流行的做法仍然是依据货币的四项古老职能来发展货币理论,这四项职能是:交换媒介、价值尺度、价值储藏和延期支付标准。许多作家既坚持认为这些职能是可以分开的,又坚持认为由于一些实际原因,这些职能在现实中不得不结合在一起。瓦尔拉引入了一种有用的方法,他把“计价商品”(numéraīre)同“货币”(monnaìe)区别了开来。这里的所谓计价商品是这样一种商品,其单位被用来表示价格和价值,但其自身的价值却不受这种作用的影响;这里的所谓货币则是这样一种商品,它实际充当交换手段,从而其价值受到影响,因为它的总供应量的一部分被用来当作货币了。当然,在瓦尔拉以前,所有那些把劳动当作价值标准的

① 例如参看劳克林:前引书;或参看米塞斯:前引书。在当代,甚至可以引证像里斯特(前引书)那样的大权威来支持这样的观点,即忽视这种区别一直是许多理论错误和实际错误的根源。实际上,即使把“信用”包括在货币中,也可以避免犯错误,而不把信用包括在货币内,照样有可能犯错误。

② 帕累托显然很讨厌意大利的通货风潮,以至把纸币称作“假货币”(monetafalsa)。其他意大利人,例如潘塔莱奥尼,也把发行纸币看作是一种病态现象。同样强烈的金属主义(虽然动机不同),我们只能在马克思那里见到。

作家，如 A. 斯密和马尔萨斯，已使用了这种方法。

第二，许多作家特别强调货币的价值储藏职能。这一点很重要，因为它提出了这样一个问题，就是那个时期的经济学家究竟在多大程度上意识到了当代凯恩斯经济学中的所谓"流动偏好"现象。马歇尔曾谈到窖藏规律，根据这一规律，人们对窖藏用黄金的需求量将随着黄金价值的上升而增加（参看《官方文件》，第 6 页）。他偶尔似乎也注意到了这样的事实，即有时人们有钱，却花不出去。① 冯·米塞斯在讨论别的问题时曾附带提到，人们有时把货币当作资产来保存。凯默勒更进一步指出（《货币与信用票据》，第 20 页）："大量货币被不断窖藏起来"，"窖藏起来的流通媒介所占的比例时常……随着所有那些影响……商业信心的因素而变化。"而且，马歇尔和其他人，特别是费雪，还意识到了窖藏货币即不愿花钱在经济萧条过程中所起的作用。但只有像霍布森那样的局外人才赋予了这种作用以"极端重要性"，认为它是一般经济波动的原因，特别是失业的原因。② 因为正是这一特征构成了流动偏好理论，所以我认为应该把这一理论的引入归功于——或归罪于——凯恩斯勋爵（不过，请参看下面第 6 节）。

第三，那个时期的货币理论，既不是比彻和魁奈意义上的货币分析，③ 也不是现代意义上的货币分析，也就是说，它不是有关货币经济的一般理论。固然我们已经看到，瓦尔拉的货币理论是与

① 马歇尔在《产业经济学》中就已经注意到了这一事实，参看 J. M. 凯恩斯：《通论》，第 19 页注释。

② J. A. 霍布森：《产业生理学》，第 102 页，凯恩斯引证了霍布森的话，对此表示赞许；参看前一个脚注。

③ 关于比彻和魁奈的货币分析，参看上面第二编，第六章。

其有关价值和分配的一般理论完全结合在一起的。我们已经提到了而且还将提到这方面的其他一些进展，特别是维克塞尔取得的进展。然而，总的看来，还是货币理论在一个车厢，“价格和分配理论”在另一个车厢，两者是分开的。价格(包括收入率)基本还是交换率，虽然货币把交换率化成了绝对数字，但并没有对它们产生影响，只是给它们披上了货币的外衣。或者换句话说，经济过程的模型实质上仍是物物交换模型，通货膨胀和通货紧缩也许会干扰其运行，但从逻辑上说，它是完整的、独立存在的。实际上，该时期所有最有价值的分析——就其不涉及具体的货币问题而言——都是“实物分析”，尽管有些分析是用货币来表达其概念的。①

这种情况表现在一有趣概念的创造上，这个概念随着实物分析的产生而产生，又随着实物分析的消失而消失。如果一方面有关价值和分配的事实在逻辑上是完全独立于货币的，以致在说明这些事实时只需顺便提及货币；但另一方面又承认货币是一干扰因素，那么便出现了这样的问题，即：货币怎样执行自己的职能才能不影响物物交换模型的实际运行。维克塞尔第一个清楚地意识到了这个问题，第一个创造出了“中性货币”这个适当的概念。实质上，这一概念只不过表达了这样一个根深蒂固的信念，即有可能进行纯粹的“实物”分析。但它也承认了这样一个事实，即货币不一定是中性的。因而这个概念被创造出来以后，人们便开始寻找

① 这种说法初学者也许不大好理解，但只要举一个例子，初学者就会明白的。庞巴维克的所谓“生存基金”就是实物概念，表示的是各种各样的消费品。然而，他却用货币来表示这种基金。但这既不意味着他采用了货币资本概念，也不意味着货币对他所描述的过程有任何影响。他的货币只不过是一堆各种数量的物质商品的齐次表达式。就《政治经济学及赋税原理》的一般理论而言，李嘉图的货币也是如此。

货币保持中性所需要的条件。而最终人们发现,不可能把这种条件表述出来,也就是说,根本不存在什么中性货币,或者说,货币不可能仅仅是披在真正重要的现象上的一块面纱。这是个很有意思的事例,说明一个概念即使被证明是不符合实际的,也可以提供有价值的服务。①

第四,只要货币理论确实处于与一般经济理论相隔绝的状态,它的中心问题,实际上也是唯一的问题,就是货币的交换价值或购买力的问题。同以前相比,在该时期的分析工作中,这一点显得特别突出。因而"货币与价格"这一书名也就很时兴,一直到战后都是如此。② 无疑,大多数作家,特别是美国作家,是受不断改进的指数方法的影响,才毫不迟疑地把货币购买力的价值界说为价格水平的倒数。奥地利学派则不相信指数,③ 因而对于货币价值的性质具有较多的理论上的疑虑。

① 参看J.G.库普曼斯:《关于"中性"货币问题》,见《货币理论论文集》(1933年)。这里的问题当然不应与价格水平的稳定或就业的稳定等问题相混淆。只要我们认为货币制度或政策可以确保这种稳定,我们便承认了货币的作用,从而也就承认了货币不是中性的。皮古的一系列著作仅次于维克塞尔的著作,也提供了一个突出的事例,说明一个经济学家的思想是如何从相信物物交换模型和中性货币存在的可能性,发展到相信,若不专门讨论货币的某一给定作用,便不可能对经济过程发表任何意见。我认为,这一转折点可以在他的《失业理论》(1933年)一书中找到。

② 除了别处提到的外,这里再加上几个例子:安东尼奥·德·维蒂·德·马可:《货币与价格》(1885年);L.L.普赖斯:《货币及其与价格的关系》(1896年);里奇蒙·梅奥—史密斯:《货币与价格》,载于《政治科学季刊》(1900年6月);E.W.凯默勒:《货币和信用票据与一般价格的关系》(1907年),这是一部杰出著作,但不幸的是,费雪的更为杰出的著作使它失去了光彩;J.L.劳克林:《货币与价格》(1919年)和《货币、信用和价格新解》(1931年);艾伯特·阿夫塔利昂:《货币、价格和交换》(1927年)。

③ 当然,不仅仅是奥地利学派不相信指数。不相信指数的美国经济学家,可以举劳克林为列。总的说来,指数是通过缓慢的渗透,强加给整个经济学界的,反对派是被拖垮而不是被说服的。

这里似乎有必要简单谈谈这种疑虑。从一开始,奥地利学派就抱有一种从他们的观点来看并非不应有的愿望,就是把他们的边际效用理论应用到货币方面,但无论是边际效用理论的敌人,还是该理论的一些最主要的支持者,例如维克塞尔,都宣称这是不可能的。用边际效用理论来说明个人赋予其货币收入的意义,是很容易的。丹尼尔·伯诺里(参看上面第二编第四章第 3b 节)在奥地利学派以前就已经这样做了。但是,每一单位货币收入对个人具有的这种意义,对于我们解释货币的购买力或交换价值毫无帮助。门格尔把前者称为货币的主观价值,把后者称为货币的客观价值。个人必须先知道货币的客观交换价值,也就是说必须先知道货币能够买什么,才能确定货币的主观价值。所以,从表面上看,在所有其他方面能够做到的事,在货币方面却是做不到的,即不可能根据边际效用曲线或边际效用表推出货币的交换价值:这样做似乎会导致循环论证。这里我们不能讨论维塞尔特别是米塞斯为克服这种困难所作的努力,也不能讨论安德森对他们的解决方法提出的反对意见。[①] 但应该指出,与这一问题完全无关的是,奥地利学派强调个人的行为和决定,用个别商品而不是用这种或那种价格水平来解释货币的交换价值,是有其优点的,特别是在分析通货膨胀的过程时,这种方法有助于用一个不那么清晰但较为接近现实、更富于成果的画面来取代一简明但不完整的画面。

大多数经济学家都同意,或者说如果问到他们的话,他们会同意,边际效用分析不适用于货币的交换价值。但如果问供求分析

① 参看冯·米塞斯:《货币理论》(第二版,第 100 页);B. M. 安德森:《货币的价值》(1917 年)。

是否适用于货币的交换价值，则大多数经济学家的回答将是肯定的。对于那些准备像奥地利学派和E.坎南那样把货币当作一般商品的人来说，采取这种立场是很自然的。叫人难以理解的是，还有许多这样的人，这些人主张采用特殊的货币公式，如交换方程式或现金余额公式(参看下面第5、6节)，以此来证明他们的这样一种信念，即不能把货币当作一般商品，但他们对于上面那个问题，竟然也作出了肯定的回答。实际上，无论是"数量理论"的朋友还是敌人，都同意把供求分析应用于货币方面，以此来解释货币的交换价值。①

〔(b)纳普的国家货币理论。〕 在德国，纳普的《国家货币理论》可以说使人们受了一场虚惊。② 这本书提出的货币理论，可以归结为这样一句格言，即"货币是法律的创造物"。假如纳普仅仅断言国家可以宣布某种(带有特定标记的)物品、凭单、票证或代币为合法货币，并断言国家颁布这种法令(或哪怕是仅仅宣布可以用某种代币或票证来缴纳租税)，特别有助于使这种代币或票证具有某种价值，那么他只不过是在说实话，而且是老掉牙的实话。假如他断言国家的这种行动决定了这种代币或票证的价值，那他只不过提出了一个有趣的但不正确的命题。但是，这两件事情他都没有做。他明确宣称，他对货币的价值不感兴趣。他的理论只不过是关于

① 皮古教授实际上已在他的题为《法偿货币的交换价值》(参看《应用经济学》，1923年)一文中贯彻执行了这一思想。

② 这是G.F.纳普的Die Staatliche Theorie des Geldes(1905年)一书英文(节译)本(1924年)的书名，译者是H.M.卢卡斯和J.博纳。我不想讨论纳普的大量著作，在埃利斯教授的《1905—1933年德国的货币理论》(参看上面第2节)一书中，读者可以看到对纳普理论的过多介绍。还可以看到，纳普的成就受到了过高的评价。

货币"性质"的理论,把货币看作是法律上有效的支付手段。从这一意义上去理解,该理论同宣称例如婚姻制度是法律的创造物一样,既是正确的又是错误的。

既然如此,我们又如何解释这本书的成功呢?这本书的成功虽然主要局限于德国,但仍然很引人注目。回答这一问题,也许要对经济分析的社会心理学作一番有趣的研究。第一,纳普对其理论的阐述极为有力。他的有力而武断的论述和充满了新颖概念的理论,①给外行人和那些对经济理论一窍不通的经济学家留下了深刻印象。第二,许多人,特别是当时的政治家,之所以欢迎纳普的理论,是因为它似乎为日益流行的国家管理货币的做法提供了理论根据。第一次世界大战期间,这一理论实际上被广泛用来"证明"通货膨胀与物价暴涨毫无关系。第三,纳普对有关这一主题的文献和逻辑几乎一无所知,但却认为他的理论不仅可以取代他最讨厌的金属说,而且还是唯一可以取代金属说的理论,并认为只有他的理论能够解释为什么像纸币这样的东西竟然能够存在。而这一荒谬主张居然被广泛接受了,虽然纳普根本没有提出有关货币价值的非金属主义理论。② 第四,像维塞尔和霍特里这样的经济学界领袖也正在向这种理论迈进,因而他们对于表面上与其理论相类似的理论抱有某种同情心。"什么是成功,怎样才能成功以及为

① 他是创造新概念并为新概念确定适当名称的艺术大师。应该指出,为此目的而借用的希腊词帮了他很大忙,因为那时的德国经济学家虽然一般说来是蹩脚的理论家,但他们大都受过古典教育,懂希腊语。

② 在某种程度上,他的一个值得一提的批评者做到了这一点,这位批评者便是弗里德里克·本迪克逊,参看他的《货币的本质》(第四版,1926年)以及他发表的其他许多论著。

什么能成功?”这个问题很是耐人寻味,而且这个问题的答案比其他任何事情都更能展现每一人类活动领域的现状。凡是这样认为的人,都应好好想一想纳普理论成功的原因。

4. 货币的价值:指数法

关于货币的购买力,远比理论上的讨论更为重要的是统计上的补充。该时期物价指数领域内的蓬勃发展,无疑是整个经济学史上最有意义的事实之一,同时也是在建立不仅是数量的而且是数字的经济理论的道路上取得的最有意义的进展之一。生产指数的发展远远落后于物价指数,但战后生产指数发展的基础已经奠定了。编制工资指数和就业指数的工作也已经开始了。但正因为这一主题扩展到了很广的方面,这里我们不能考察它的发展。我将仅仅提及在指数发展成为半独立的专业或学科的过程中人们为使其系统化所作出的卓越努力,然后稍稍作一些评论,帮助读者把这一主题同经济分析的其他方面联系起来,帮助读者看清它的较为一般的意义。①

〔(a)早期著作。〕 指数引起了英国科学促进协会的注意,埃奇沃思作为该协会指定研究这一题目的委员会的秘书,撰写了两

① 在《社会科学百科全书》中由 C. M. 沃尔什撰写的“指数”词条下,读者可以找到所需要的背景材料。关于生产指数,参看 A. F. 伯恩斯:《物质生产量的计量》,载于《经济学季刊》,1930 年 2 月。工资指数和就业指数方面的最佳参考材料是 A. L. 鲍利的卓越著作,特别是《过去一百年联合王国的工资统计资料》、发表在 1898—1906 年的《皇家统计学会杂志》上的十四篇论文(有些是与 G. H. 伍德合写的,伍德的载于同一杂志 1909 年 3 月号上的《1850 年以来的实际工资与舒适水平》一文,是对这一研究的补充)以及发表在同一杂志 1912 年 7 月号上的《就业的计量》。

篇著名的报告(1887和1889年),[①]这两篇报告的卓越之处与其说在于提出了编制指数的实际方法,还不如说在于全面分析了指数的意义和用途,例如分析了指数作为劳动标准和消费标准的问题,分析了通用指数问题,等等。1901年,C. M. 沃尔什出版了《一般交换价值的计量》一书,该书对统计方法的讨论,也是以有关指数的全面经济理论为基础的,他的重要著作《货币科学的根本问题》(1903年)详细阐述了这一理论。其次应该提到W. C. 米切尔教授论述批发价格指数的专著《美国和外国的批发价格指数》(载于美国劳工统计局1915年的第173号公报,其修订版载于1921年的第284号公报)。但是,美国的指数时代是由欧文·费雪教授的不朽著作《指数的编制》(1922年)开创的,[②]这部著作成了后来几乎所有讨论指数问题的杰作的源头。但是关于这部著作所取得的丰富成果,这里只能提及这样一点,即费雪根据某些以前已经确立的"检验标准",对现有的和可能有的指数方法进行了分析,分类和"校正";也就是说,他提出了指数应该满足的某些条件;自那以后,大多数有关指数的理论实际上就成了有关这些检验标准的理论。这要比寻找"理想指数"本身的工作重要得多,虽然订立检验标准是为了使寻找理想指数的工作合理化。

〔(b)经济理论家的作用。〕 指数与经济分析史关系最为密切的一点,是经济理论家在指数的发展过程中所起的支配性作用。从表面上看,指数属于统计学家的研究范围,因而指数理论应该像例

① 在他的《政治经济学论文集》(第一卷,第3节)中,读者可以很容易地找到这两篇报告,在该《论文集》中再版的标题为《货币价值变动的计量》。

② 指数与货币理论的联系,在《货币的购买力》一书论述指数的章节中更明显地表现了出来。这些章节应连同上面提到的那本书仔细阅读。

如说抽样理论那样，是统计学理论的组成部分。指数方面的大部分研究工作，实际上是由统计学家或由不那么关心“经济理论”的经济学家完成的。举例来说，那个生命力最顽强的公式，便出自拉斯佩尔之手，而此人只勉强称得上是经济学家。① 但是，正像十八世纪和十九世纪前半叶的情形那样，几乎所有决定性的推动力和思想都来自经济理论家。为了证明这一点，只需提到杰文斯、埃奇沃思和费雪，外加阿林·A. 扬。② 而这些并不是孤立的例子。愈来愈多的经济学家或者对发展指数的编制方法感兴趣，或者对批判性地或建设性地阐述指数的意义和用途感兴趣，若对这些经济学家进行归类的话，谁都会同意他们主要是理论家。马歇尔提出了连锁法。③ 莱克塞斯、瓦尔拉、维克塞尔、维塞尔、皮古等人都对奠定指数的理论基础作出了重要贡献，这里只能提到这几位领袖。④ 二

① E. 拉斯佩尔发表了公式$\frac{\Sigma p_1 q_0}{\Sigma p_0 q_0}$（以基年的销售量作价格的权数），从而赢得了不朽的声誉。在接受全面的经济学训练的过程中，学生不可能不听说拉斯佩尔，就如同不可能不听说 A. 斯密一样。该公式发表在 1864 年和 1871 年的《国民经济学与统计学杂志》上。

② 杰文斯有关指数的两篇论文都收入了《通货与金融研究》一书，一篇题为《黄金价值的严重下跌……》(1863 年)，另一篇题为《1782 年以来的价格变动与通货价值》(1865 年)。这两篇论文固然对指数的发展产生了决定性的推动作用，但这并不能证明费雪的说法或凯恩斯的类似说法是正确的，费雪说，“或许可以把杰文斯看作是指数之父”。这是两篇具有开创性意义的杰出论文，但令人惊奇的是，杰文斯作为一个理论家，竟没有注意到其中涉及的理论问题。埃奇沃思的著作和费雪的著作前面已经提到了，埃奇沃思部分弥补了杰文斯的缺陷。阿林·A. 扬的指数著作同他的其他著作相比，被完全遗忘的危险要小一些，因为他在指数方面的一些观点，包含在了他为 H. L. 里茨的著名《数理统计手册》撰写的一篇论文中。

③ 见他的论文《补救一般价格波动的方法》，载于《当代评论》，1887 年。

④ 当然，W. 莱克塞斯主要不是经济理论家。但他发表在《联邦国家科学杂志》上的‘über gewisse Wertgesamtheiten...’(1886 年)却是一篇极为重要的理论推理文章，虽然它几乎没有引起人们的注意。瓦尔拉的贡献包含在他的《应用政治经济学研究》(最后定版，1936 年，第 20 页及以下各页)中；维克塞尔的贡献包含在《利息与价格》第 2 章中；维塞尔的贡献包含在《论货币价值变化的测量》中，见《社会政策协会论文集》(第 132 卷，1910 年)；皮古的贡献包含在《福利经济学》(1920 年；早期贡献见《财富与福利》，1912 年)中。

十年代和三十年代,他们的工作在更大的规模上继续进行了下去。令人遗憾的是,我们不能详细介绍 1920 年以来的发展。不过,下文将提到这一时期的三项成就,即迪维西亚、哈伯勒和凯恩斯的成就。

往下论述以前,我要再次说明,为什么我认为应该把发展指数方法的功绩部分归于经济理论家。一些对理论怀有恶感的统计学家和经济学家似乎认为,这种"现实主义的"分析可用来与理论的脆弱结构相对抗,这种分析是以真正的科学态度创造出来的,目的是取代纯粹的思辨。看来纠正这种观点很重要。指数这一课题提供了一个很好的例子,说明理论研究和统计研究实际上是相互关联的,特别是说明了统计方法是如何从理论家的研究工作中产生的。

〔**(c) 哈伯勒、迪维西亚和凯恩斯。**〕 除维塞尔外,奥地利学派的主要成员大都对于用指数来"测量"货币购买力(价格水平的倒数)变动的想法,采取了一种虽不能说是敌对的但却是批判的态度。他们往往拒绝给予价格水平这一概念以公民权,至少总是在原则上否认价格水平的可测性。① 过去和现在的许许多多经济学家都盲目地相信指数,对指数的意义不闻不问,② 因而奥地利学派的这种态度提供了一副特别急需的解毒药。不止是这样。这种批评虽然最初对指数完全持否定态度,但最后在冯·哈伯勒教授论述指数意义的那本书中还是转变成了建设性的批评。③

① 这种态度最强烈地表现在冯·米塞斯教授的《货币与信用理论》中。

② 这适用于任何指数,其中包括物量产出指数。在过去十年左右,出现了一种反动,其最重要的症状是,凯恩斯勋爵在《货币论》(1930 年)中显然非常重视价格指数,把它看作是理论分析工具,但在《通论》(1936 年)中却完全避免使用价格指数。

③ G.冯·哈伯勒:《指数的意义》(1927 年)。

哈伯勒分析的核心是对价格指数所作的一种解释，这种解释依据的是以下命题，即：对某个嗜好不变的人来说，如果他的货币收入不变，他在时点 t_1 所能买到的商品比在时点 t_0 所能买到的商品合心意（或者他在 t_1 所能买到的商品不如在 t_0 所能买到的商品合心意），那么，价格水平在 t_0 和 t_1 之间就下降了（或者上升了）。这种解释把指数同福利经济学联系在了一起。但其重要性主要在于它把指数建立在了选择理论之上，从而把指数固定在了现代价值理论的正中心。①

一方面，哈伯勒放弃了“客观的”价格水平这一概念，代之以所谓主观的价格水平；另一方面，迪维西亚则提出了有关客观的价格水平或货币参数或货币指数的理论，这是一项头等重要的成就。在下面的脚注中，我将试着对这一极为重要的概念作一简单的解释。②

① 帕累托的方向与此相似的建议（《讲义》，第一卷，第 264 页及以下各页）和许多与此有关的建议（其中之一包含在上面提到的埃奇沃思的报告中），说服力要小得多。不过，我们不能停下来讨论它们。

② 如果花在全部商品和服务上的支出 E 发生变化，增量用（正的或负的）ΔE 来表示，那么很显然，我们可以不涉及因果关系而纯粹在形式上把 ΔE 分为三部分：一部分可以“归因于”已经出现的价格变化，等于以前的每一购买量乘以各自价格的变化，用符号来表示就是 $\Sigma q\Delta p$；另一部分可以“归因于”购买量的变化，等于以前通行的每一价格乘以各自购买量的变化，用符号来表示就是 $\Sigma p\Delta q$；第三部分可以“归因于”这样的事实，即：随着价格的变化，购买量也发生了变化，因而这一部分等于每一购买量的增量乘以各自价格的增量，用符号来表示就是 $\Sigma\Delta q\Delta p$。于是，如果价格和购买量的变化（$\Delta q's$ 和 $\Delta p's$）是购买量和价格本身（$q's$ 和 $p's$）很小的分数——只有当我们考察很短的时期时，才会出现这种情况——那么，它们的乘积会更小，小得实际上可以忽略不计。这样，便只剩下了两项，一项表示如果价格保持不变，也就是说如果不存在价格变化的影响，我们应该观察到的支出所受到的“影响”；另一项表示如果购买量保持不变，也就是说如果不存在购买量变化的影响，我们应该观察到的支出所受到的“影响”。后一数字（$\Sigma q\Delta p$）为原支出（$E=p_q$）的百分比，可用来表示价格水平或货币指数发生的变化，从而价格水平或货币指数便获得了明确的、在分析上很重要的意义。这一理论由弗朗索瓦·迪维西亚发表在 1925—1926 年的若干期《政治经济学评论》上，标题为《货币指数与货币理论》，后来又发表在他的《理论经济学》（1928 年）第 14 章上，但在迪维西亚之前，莱克塞斯（前引书）便已发表了这个理论的一部分。

当然,总价格水平的概念,即使可以接受,对于许多用途来说,其有用性也大大低于部分价格水平的概念。部分价格水平的例子有:消费品("消费标准")和服务的价格水平,与其相对应的是生产(或投资)货物的价格水平,或者制成品的价格水平,与其相对应的是生产性服务的价格水平,等等。特别是,总价格水平掩盖了部分价格水平的相对移动,而这种相对移动对于某些循环理论,特别是对于冯·哈耶克教授的循环理论来说,是极为重要的。这种移动对于凯恩斯的《货币论》中的"货币动态学"也是极为重要的,该书第二卷全部用于讨论这一主题,是有关这类分析的主要参考资料。〔本节未写完。〕

5. 货币的价值:交换方程式与"数量法"

我们已经看到,就绝大多数讨论货币问题的作家而言,可以这样说,该时期的货币分析是住在单间儿里的。还可以说——虽然我们已提到了像瓦尔拉和奥地利学派这样一些例外——这个单间儿内的家具是专门为解释货币的价值或购买力设计的,不能用于其他方面。每当我们要解释经济体系中某一变量的变化时,方便的方法显然是把所有其他变量结合成几个大集,把这些大集看作是决定那一要解释的变量的"原因"。所谓"交换方程式",无疑便是包含有货币价值或价格水平的这种集合的最简单不过的体系。如果要解释的是货币价值,则其他变量便会很自然地(虽然是不合逻辑地)降格为货币价值的"原因",而"交换方程式"也就变成了或可以变成"数量理论",虽然交换方程式实质上只不过是对形式上的关系所作的陈述，不涉及任何因果关系。这就是为什么在该时期交换方程式和数量理论再次获得了新生，为什么有关货币理论的许许多多讨论都采取了赞成或反对数量理论的形式。因此，我们必须弄清这些作家的货币理论的实际含义。为了以最有益于读者的方式做到这一点，我们将把注意力集中在该领域内的杰出成就即费雪教授的货币购买力理论上。[①]

实质上，所谓费雪方程式或纽科姆—费雪方程式并没有什么新东西。它只不过是把价格水平(P)同(1)流通中的货币数量(M)、(2)这些货币的"效率"或流通速度(V)以及(3)(物质)交易额(T)联系在了一起。这可以用 $P=f(M,V,T)$ 来表示。对于这种函数关系，费雪方程式可以给出其特殊形式：$P=f(M,V,T)=\frac{MV}{T}$ 或 $MV=PT$。但是，这个方程式不是恒等式，而是一均衡条件。因为费雪没有说 MV 与 PT 是同一东西，也没有说根据定义 MV 等于 PT：固然 M、V、T 的给定值会带来 P 的确定值，但它们根本就不表示 P。但是，真正令人感兴趣的货币分析却是根据这个方程式进行的。由此便出现了以下两类问题。

〔**(a)概念的定义。**〕　首先，P、M、V、T 的确切含义是什么？不管人们如何反对数量理论方法，这种方法无疑有这样一个优点，就是P、M、V、T等概念显然与统计资料很接近，这迫使理论家不得不

---

① 在这样做时，我们考察的是最高级的数量理论分析。总的说来，我们因此而在了解其他许多表述方式方面所遭受的损失并不大。但应该指出，虽然费雪使凯默勒相形见绌，但凯默勒的成就(《货币和信用票据同一般价格的关系》，1907 年)几乎同样适合于我们的目的。费雪高度称赞了西蒙·纽科姆有关"社会循环"的论述(《原理》，1885 年；参看前面第五章，第 7a 节)，这确实是一项重要贡献。但我们不能详细讨论它的优缺点。

为这些概念下确切的、可以运用的定义,而如果情况不是这样,他们往往是不会这样做的。我们无法讨论,甚至无法列出,而只能提示隐藏在以下问题后面的所有问题,这个问题就是:为了交换方程式的一般目的,应该把哪些价格包括在 P 中,从而应该把哪些交易包括在 T 中。[①] 费雪本人虽然在开场白中把 T 界说为用货币购买的"商品"量,但在统计工作中则采用了包括证券在内的范围较广的概念。人们应该注意的是有关 M 的定义的一些问题。

讨论货币问题的作家大都不愿把活期存款称为货币,至少不愿无保留地这样做。如我们已经看到的,他们通常很重视货币和"信用"(参看下面第6节)或"基本"货币和"信用"货币之间的区别。但在运用交换方程式时,他们当中的大多数人,特别是统计工作做得最多的美国人,则实际上把最重要的一种"信用票据"即活期存款包括在货币内,甚至常常把活期存款称为"存款通货"。于是,在他们的交换方程式中,M 实质上指的是硬币、政府不兑换纸币、银行钞票以及活期存款。既然这意味着"所有可以购买商品的东西"实际上都包括在 M 内,所以他们似乎一方面应该考虑到物物交换(以及这样的事实,即一部分社会产品是由其生产者直接消费的);另一方面应该把不流通的货币(银行的现金储备和窖藏现

① 仔细读一读费雪的《货币的购买力》(1911年)一书的附录,可以对这些问题有一了解。所谓一般价格水平,就是用货币买卖的所有东西的价格水平,二十年代,卡尔·斯奈德把这一概念引向了极端,请参看他的《1875年以来一般价格水平的新指数》,载于《美国统计协会杂志》,1924年6月。据我所知,在该时期,还没有人提出完全放弃这一概念,没有人提出用若干部分价格水平(如消费品价格水平、投资品价格水平,等等)取代它,只不过是在奥地利学派对价格水平概念所抱的敌视态度中含有这个意思。主张采用多种价格水平的观点,最后是在凯恩斯1930年发表的《货币论》第二卷中取得胜利而引起人们注意的。

金)排除在外。就我所知,第一个困难没有得到认真的对待;至于第二个困难,我只引述凯默勒的意见(前引书,第 23 页):“新货币是立即用来购买商品,还是慢慢地、或根本不用来购买商品,这对数量理论的正确性毫无影响”,因为不流通的货币,其流通速度等于零。

在欧洲,特别是在欧洲大陆,这种概念图式之所以受到冷落,部分原因是大多数欧洲人没有勇气开展统计工作。欧洲人提出了另外一些图式,最著名的是维克塞尔的图式。维克塞尔(像在他之前的洛贝尔图斯一样)认为 M 仅仅包括金属货币(我想,还包括政府发行的、不能兑换成金银的纸币),并把银行钞票和存款称为增加流通速度的手段——因而银行储备的流通速度非但不等于零,反而具有很高的流通速度(费雪的“实际流通速度”)。读者应该注意到,这两种图式无论哪一种都没有内在的优缺点,在它们之间作出选择的唯一标准是方便。当然,这一标准非常有利于“美国的图式”。但还应该注意到另外一点。费雪把活期存款看作是单独一项(M'),具有独特的流通速度(V'),并把它们引入了交换方程式,使其变成了:$MV+M'V'=PT$。但他还引入了另外两个假设。第一,他假设,在人们口袋里装有的或保存在钱柜或地窖中的基本货币(手头现金)与人们存在活期存款账户上的流动资金额之间,存在着很稳定的关系。第二,他假设,在均衡条件下,对于不太长的时期来说,在银行体系的储备与活期存款总额之间,存在着很稳定的关系。让我们来看一看这意味着什么。引入这两个假设后,费雪便处于以下两种人之间,一种人把活期存款连同“银行之外的通货”都包括在M内,(就购买力问题而言)对两者不作任何区分,另一种人,例如维克塞尔,则只把硬币和不可兑换的纸币包括在 M 内。因为,在货币总量中,费雪的所谓"基本"货币,即他面对 1911 年英美的实际情况而视同黄金的那部分货币,获得了活期存款所不能分享的地位。活期存款固然仍是"存款通货",但费雪认为,这种通货额的变动受制于"基本通货"额的变动,或在 1911 年的情况下,受制于黄金额的变动。读者可以看出,这与美元补偿计划配合得多么巧妙,美元补偿计划旨在通过适当变动货币单位的黄金含量来控制价格水平。

关于 V,前面已指出,流通速度这一概念取决于我们所选用的数量概念,除了这一点以外,还应指出另外两点。第一,在分析货币流通速度背后的因素方面,没有取得大大超过穆勒的进展。① 实际上,只是在皮古的《产业波动》②出版以后,各种流通速度才被清楚地区分开来,其中最重要的一种流通速度,即现在大家所熟悉的"收入流通速度",才被整个经济学界所深刻理解。但不应由此而认为,那个时期的经济学家习惯于把流通速度看作常数。凯默勒③便强调了流通速度的可变性,认为流通速度是一般商业形势的函数,这足以驳倒一种经常被人重复的指责,这种指责已在许多人的心里造成了这样一种完全不真实的印象,即认为流通速度的可变性被清楚地认识到,是现代经济分析的主要功绩。第二,我们

① 关于商品流通速度这一概念的命运,参看马吉特:前引书,书中各处。凯默勒把这一概念引入了他的交换方程式。

② A. C. 皮古:《产业波动》(第一版,1927 年),第一编,第 15 章。这部著作发表以前,除了维克塞尔的贡献(《利息与价格》,第 6 章)外,其他人对于这一问题的研究没有作出多大贡献。

③ 参看上面第 3a 节。

应对一些人在用统计方法测量流通速度方面所做的开创性工作表示敬意，这种工作虽然只是部分取得了成功，但却是建立数字经济学道路上的里程碑，与此有关的主要人物是德斯·埃萨尔斯、金利、凯默勒，尤其是欧文·费雪。①

〔**(b) 交换方程式与数量理论的区别。**〕 第二类问题涉及交换方程式与数量理论的区别。该时期的作家究竟在多大程度上超越了 $MV=PT$ 这一均衡关系式？以下事实增加了回答这一问题的困难，这个事实就是：该时期的作家不但没有把交换方程式和数量理论区别开来，反而把自己称为数量理论的拥护者，虽然他们的意思只不过是，他们认为利用交换方程式或与其相等的方程式是有好处的。不过，就大多数一流作家而言，我们很可以把皮古稍后发表的看法当做当时具有代表性的看法(《货币的价值》，载于《经济学季刊》，1917 年 11 月)：②“人们在捍卫和反对‘数量理论’时，似乎常常把它看作是一组意义明确的命题，这组命题不是真的，便是假的。但实际上，用来表述该理论的公式，只不过是使我们能够把决定货币价值的原因有秩序地放在一起的手段而已。”按照皮古的这种说法，数量理论的词句是可以用交换方程式来代替的，这确实适

① 皮埃尔·德斯·埃萨尔斯：《货币的流通速度》，载于《巴黎统计学会杂志》，1985 年 4 月；戴维·金利：《美国支付活动中使用的信用票据》，见《国家货币委员会报告集》，第 399 号文件，并参看他发表在《政治经济学杂志》上的两篇论文，一篇为 1895 年 3 月发表的《零售商业中的信用票据》，另一篇为 1897 年 3 月发表的《商业交易中的信用票据》；凯默勒：前引书；欧文·费雪：前引书，但他的研究成果最初发表在《估算货币流通速度的实际方法》上，载于《皇家统计学会杂志》，1909 年 9 月。导出了有关流通速度的数字后，费雪实际上便着手(见《货币的购买力》和该书引证的论文，第 492 页)用数字展示整个交换方程式，这是真正拿破仑式的胜利，虽然更像博罗季诺战役，而不是奥斯特利茨战役。

② 并参看《应用经济学论文集》(1923 年：《法偿货币的交换价值》)。

用于马歇尔本人和马歇尔派的所有成员,他们只是使用经过变形的交换方程式,不敢越雷池一步。就货币数量的自发变动对价格水平的影响而言,皮古的说法也适用于维克塞尔派对这一问题的处理。维克塞尔过于强调利率的作用,以致没有给货币数量的自发变动直接影响价格水平留什么余地。当然,在那些极端反对数量理论的人看来,是应该把维克塞尔——以及马歇尔——归入数量理论家之列的。[①] 我们马上就将提到这些反对者,他们否认货币数量的自发变动对货币价值有任何影响。瓦尔拉的情况则与此不同,至少从表面上来看是如此。

瓦尔拉的立场叫人极为难以理解。首先,他对这个问题所作的纯分析(参看他在《要义》一书和《评数量理论》一文中对这个问题所作的论述,后者见《应用政治经济学研究》第 153 页及以下各页)具有这样一个非常有趣的特征,即他不是简单地断言,货币的价值与货币的数量成反比,而是试图根据边际效用原理合理地推出这一定理,以至于宣称,要否定这一定理,得先否定边际效用原理。另一有趣的特征是,他假设固定资本和流动资本的数量是事先决

① 维克塞尔一心想阐明这样的论点,即:货币数量的自发变动,是通过银行贷款利率,以增加银行信贷的方式而影响经济过程,以致他常常接近于否认货币数量的自发变化对经济过程有直接影响。但他总是能恢复过来。例如他指出,黄金储量的增加必然会对物价产生直接影响,至少就它将增加黄金生产者的收入和支出来说是如此。关于这一点,参看下面第 6b 节。

冯·米塞斯所采取的立场极好地说明了我们不得不与之作斗争的困难。他是价格水平概念最主要的批评者。他认为,说货币的增加会相应提高价格水平,是毫无意义的。他所主张的只是(前引书,第二版,第 111 页),在货币价值的变化与货币供求比例的变化之间存在"某种关系"。他把这称为数量理论中的有用因素,而且针对许多反对意见,他为这一因素而辩护。我想我们最好根据他自己提供的线索,把他归入反对旧数量理论的经济学家之列,旧数量理论正是数量理论的反对者所要反对的。

定的，是给定利率的函数。但是，在这种约束条件下，我们所讨论的这个定理虽然可以证明是正确的，但却是极为脆弱的，完全暴露在我们常常见到的那种攻击之下，以致数量理论只是在那些使它变得无足轻重、毫无用处的假设下才是正确的。因为瓦尔拉的定理实际上只不过是说，在所有其他条件严格不变的情况下，如果所有价格都按相同比例降低，则给定数量的交易也可以用较少的货币单位量进行。然而，瓦尔拉不仅把这称为数量理论——这实质上使我们有权把他归入数量理论的反对者之列，因为如果这真是数量理论的精确公式，那么该理论便毫无内容了——而且他似乎还陷入了幻想，以为该定理便是他的通货改革计划所需要的全部分析基础，也就是说，他把这个定理同以下命题等同了起来，即：只要控制货币数量，便可以实际控制价格水平，事实上，这个命题不管是对还是错，都与所证明的定理毫无关系。

凯默勒认为，被窖藏起来的流通媒介的数量在短期内变化很大，这等于抛弃了最严格意义上的数量理论，抽掉了它的大部分内容，以致我们可以认为，是他最先提出 P 取决于 M、V、T 这三个变量，虽然不能同样也说 M 取决于 P、V、T，或 V 取决于 P、M、T，或 T 取决于 P、M、V。对于这一点，费雪的表述是(《货币的购买力》，第172页)："在交换方程式中，价格水平在正常情况下是一绝对被动的元素。"① 但费雪走得比这更远。他还认为，在几乎所有价格水

① 读者应认识到，第一个表述中"同样也"这几个字和第二个表述中"在正常情况下"这几个字，是十分重要的。这里重复一遍我在第三编第七章中就这一点发表的看法：谁都没有否认过，而且谁也不能否认，价格水平的上升(下降)会导致黄金产量的下降(上升)和黄金的外流(流入)，所以，在金币自由流通的情况下，价格水平不可能是"绝对被动的"。而且，正如我们将看到的，费雪的主张只适用于大致均衡的状态，不适用于非均衡状态("过渡时期")，这一事实及其含义，粗心的读者肯定会忽视的。

平发生大波动的情况中,只有 M 变动得足够大,可看作是解释性变量,V 和 T 都没有这种资格,换句话说,正像 P 在正常情况下是被动变量那样,M 在正常情况下是最重要的"主动"变量,他认为这不是一般理论方面的问题,而是统计事实。这几乎同其他一流经济学家所曾经做过的一样,是按最富于想象的意义来讲授数量理论。① 而且,在活期存款总额和黄金总额的关系方面,费雪曾作过一些严格的假设,根据这些假设,(在 1911 年英国和美国的情况下)流通媒介的总量取决于黄金的产量和黄金的进出口量,如果我们还记得这些假设的话,那么我们似乎不仅可以得到一有关货币价值的货币数量理论,而且还可以得到一有关货币价值的黄金数量理论。

更为重要的是要认识到,有些批评者是错误的,他们认为费雪鼓吹的是一种最为僵硬、最为机械的数量理论,因此而认为,在费雪所代表的该时期的货币理论与二三十年代的货币理论之间,有

① 把费雪的表述同另一位一流经济学家卡塞尔的表述作一番比较,是很有意思的,因为只有卡塞尔和费雪走得同样远(例如参看卡塞尔的《社会经济学理论》,第三卷)。卡塞尔先是详述了严格意义上的数量理论,并假设有这样两个互不往来的国家,它们在各个方面的情况都相同,只是 M 不同,因而 P 也不同。接着,他用比其他任何人都更为强调的语气指出,这对于变动真实经济中的 M 将会产生的影响什么也没有证明——在这一点上,他采取了数量理论的反对者通常采取的观点。但随后,他先是指出,我们对实际生活中 M 的变化所产生的影响不能先验地发表意见,而只能尊重事实,然后便声称他发现,对于 1850—1910 年来说(以及对于十九世纪前半叶来说,虽然把握不是那么大),数量理论作为一统计事实而不是作为一种理论,毕竟是成立的。于是他大胆地根据这一点而作一般性推论,提出了著名的"百分之三法则":索尔贝克指数在 1850 至 1910 年大致相等,这一时期的世界黄金储量以每年大约百分之二点八的比率增长,因而 T 必定也以大致相同的比率增加,所以价格水平的升降取决于黄金产量是以高于这一年率的速度还是以低于这一年率的速度增加世界的黄金储量。这的确是异乎寻常的理论。但不仅是该理论本身令人感兴趣,而且它所采用的论证方法也令人感兴趣。读者应注意到,物理学家要比大多数经济学家更喜欢这种论证方法。关于事实,参看例如 J. T. 菲尼:《……黄金产量与价格水平》,载于《经济学季刊》,1933 年 8 月。

一条几乎不可逾越的鸿沟。他们的这种看法之所以是错误的，是由于以下两个原因：(1)二三十年代的货币理论受数量理论影响的程度，远远大于一般所认识到的程度；① (2)从费雪的所有其他著作中，特别是从《利息理论》中，可以看得很清楚，除非采用特殊含义，否则是不能把他归入数量理论家之列的。

第一，他与意义最为严格的数量定理保持有距离，承认 T 对 V 和 M 都有影响(《货币的购买力》，第 8 章，第 6 节)，这大大削弱了该定理的有效性，至少作为一长期命题来说是如此，因为它在“独立”变量之间引入了一种关系，这种关系干扰了 T 的变动对 P 的直接影响。第二，因为数量定理只在均衡状况下才有效，所以说它在费雪的所谓“过渡时期”无效，这既不是约束条件，也不是反对意见。但实际上，因为经济体系总是处于过渡状态或非均衡状态，所以与数量定理似乎不相容的现象俯拾即是，它们事实上为该定理的反对者提供了许多论据。通过仔细考察这些现象——特别是通过仔

① 不幸的是，这里不能充分展示这一最重要的事实。我只能简单提示一下旧数量理论分析与现代货币分析之间的联系。一些论述货币问题的作家，特别是美国作家，在讨论例如联邦储备系统的公开市场业务时，其推理方式表明他们相信，可以通过控制流通媒介的数量来控制(“稳定”)经济。凡是这样的作家，都是彻头彻尾的数量理论家。人们之所以在某种程度上看不清这一事实，是因为这些作家面对不同的制度结构，很自然地用不同于通货学派作家的方式表达自己的思想。在这方面特别令人感兴趣的是这样一种理论，该理论认为，银行在正常情况下总是“尽可能多地放款”，也就是说，银行在正常情况下总是把放款额扩大到管理法规所允许的最大限度。这一命题的理论意义在于：它使“货币”(存款)的数量严格依赖于“货币管理当局”的行动，也就是说，从经济过程的观点来看，M 成了一已知量或严格独立变量。显示这种新数量理论特征的例子，参看 L. 居里：《美国货币的供给与控制》(1934 年)。即使是比任何其他学派都更加仇视数量理论的凯恩斯学派，也未能免受该理论的影响。凯恩斯勋爵本人最初表示接受数量理论。(参看《货币改革论》，第 81 页)但和皮古一样，他接受的实际上只是交换方程式。在《通论》中，他声称放弃了数量理论。但他并没有完全摆脱数量理论的桎梏。凡是把 M 看作独立变量的人，都不可避免地对数量理论怀有敬意。

细考察其中这样一种现象,即:利率往往要间隔一段时间才对物价的上涨和下跌作出反应①——费雪完全改变了这种局面。当然,从逻辑上严格说来,他只是因此而补充了数量定理所传达的信息。但实际上,特别是如果我们从数量定理的天真幼稚的朋友和敌人的观点来看,我们几乎可以同样公正地说,在费雪的大部分著作中,特别是在有价值的著作中,他把数量定理搁置在了一旁。第三,费雪不厌其烦地强调,M、V、T 仅仅是 P 的"近因"。在它们背后,还有几乎成打的间接影响购买力的因素(前引书,第 5、6 章),这些间接因素通过 M、V、T 而影响价格水平。各个时期的数量理论家都会承认这一点,至少在猛烈攻击的炮火下会承认这一点。但是,强调这些间接因素超过某一点,便会损害近因的地位,于是近因便很容易蜕变为间接原因,最后蜕变为我们所谓的"真实"原因的空名。而费雪似乎就已达到了这一点:特别是在真正重要的动态分析(即他对"过渡时期"的分析)中,令人感兴趣的是那些间接原因本身,而不是能否把它们塞入 M、V、T 这样的紧身衣。

但是,这位大经济学家究竟为什么要用细看即使实际上不会引起误解,但也是很狭窄、很不适当的形式来表达自己的思想呢?对于这个问题,我试着作一带有假设性的回答:在此之前,他曾设想过一项计划,即美元补偿计划,他认为该计划具有巨大而直接的实际用处;对于一项实际计划的成功来说,简单明了是至关重要

① 这里应顺便提及费雪的一项最富于独创性的贡献,即他对"滞后分配"问题的考察。参看他的以下两篇论文,一篇题为《商业循环主要归因于"美元摆动"》,载于《美国统计协会杂志》1923 年 12 月号,另一篇题为《我们的不稳定的美元与所谓商业循环》,载于《美国统计协会杂志》1925 年 6 月号。

的;①因此,呈现在费雪心目中并支配其表述的便是其分析的最简单的方面,即与数量理论有联系的方面。《货币的购买力》一书中的理论,被设想为是统计工作的脚手架,而统计工作则将服务于一项社会工程。正是出于这一考虑,费雪把所有其他因素都搁置在了一旁。但他是考虑到了这些因素的,由于它们的存在,即使一定要把费雪的理论称作数量理论,它也是与其他数量理论迥然不同的理论。

如以上论证所充分表明的,要在坚持数量定理的经济学家和否定数量定理的经济学家之间划一条令人信服的界线并非易事。但始终有许多公开敌视数量定理的人,认为该定理是站不住脚的,或是毫无价值的,德国②和法国的经济学家大都持此观点。同费雪的成就相比较,实际上同任何在某种意义上成功地(或不成功地)使用数量定理的经济学领袖所取得的成就相比较,那些公开反对数量定理的人所作的论证,都显得并不怎么高明。这是由于,就那些一流的数量理论家而言,反对者是在与假想的对手作战,正如在经济学中他们常常试图击败自己想象出来的敌人那样;他们试图驳斥的,是从来没有人主张过的观点,例如,认为流通货币的数量是货币价值的唯一调节者这样的观点;他们试图证明的,他们不

① 根据以下两个事实便可推论出简单明了是费雪的主要考虑:第一,他把所有最为重要的东西都装入了称作"过渡时期"的单间中,这一名称表明,他希望读者把注意力集中在简单的均衡命题上;第二,他用一个方程而不是远为令人满意地用一组方程来表达均衡命题,尽管方程组很容易"动态化",从而均衡命题作为一个特例可以很自然地享有其合法地位。若是其他作家未采用方程组,这是很容易理解的。但像费雪这样的数学专家未采用方程组,只能解释为有意要简化问题。

② 参看 S. P. 阿尔特曼:《论十九世纪的德国货币理论》,见《施莫勒纪念文集》,1908 年,第一卷。

知道,早已被那一令他们感到不快的命题的较好表述充分考虑到了。因此,他们提出的反对意见,虽然常常在事实上和在理论上是正确的,但作为反对意见却是不正确的。反过来也是一样,虽然一些论点有可能成为有力的反对意见,例如认为货币的数量与货币的价值完全无关这样的论点,但很显然,它们往往是错误的。最后,他们当中一些人提出的论点虽然是正确而恰当的,但却不是决定性的,安德森的批评就是这样,除了不具有决定性这一点外,安德森的批评是出类拔萃的。① 这些缺点也损害了"旨在驳斥数量理论"而且实际上很有价值的事实研究的批判含义。数量理论的反对者一次又一次地引证一些现象来反对该理论的正确性,例如,在通货膨胀的早期阶段,物价往往比 M 上升得慢,而在通货膨胀的后期阶段,物价则比 M 上升得快,他们的这一枪完全打偏了。② 费雪力

① B. M. 安德森:《货币的价值》(1917 年)。用一个实例说明他的批评也许是有益的。假设家庭仆人的工资有所增加(没有仆人被解雇),并假设他们完全像其雇主那样使用增加的收入。因而什么也没有发生变化,只不过应包括在价格水平指数中的、被直接消费的服务的价格上升了,也就是说,M 和 T 保持不变,P 却有所上升。对于这一点,埃奇沃思在《经济杂志》1918 年 3 月号上评论安德森的著作时作了答复,指出:虽然 M 和 T 没有发生变化,但 V 却增加了。然而,很显然,在价格发生变化的某些情形中 V 的自动增加,并不能用来驳斥安德森的反对意见。因此,安德森是对的。然而,虽然安德森的反对意见是对的,但它却不会给予数量理论以沉重打击,因为谁也没有声称数量理论是很精确的理论。

② 一些读者也许欢迎我们从这方面的文献中列举一些典型例子:H. P. 威利斯:《数量理论的历史与当前的应用》,载于《政治经济学杂志》,1896 年 9 月;阿尔弗雷德·德·福维尔:《数量理论与价格》,载于《法国经济学家》,1896 年 4 月和 5 月;D. 贝拉迪:《货币与其数量的关系》(1912 年);J. L. 劳克林:《价格理论》,载于《美国经济协会丛刊》,第三辑(1905 年 2 月);W. C. 米切尔:《美钞本位制度下的黄金价格与工资》(1908 年)及《有关货币价值的数量理论》,载于《政治经济学杂志》,1896 年 3 月;J. 莱斯居尔:《价格的一般上涨与下跌》,载于《政治经济学评论》,1912 年 7 月;B. 诺加罗:《实际货币理论方面的贡献》,载于《政治经济学评论》,1906 年 10 月;E. 多莱昂:《货币与价格》(1905 年)。至于德国,我将提及该时期论述货币和货币政策问题的两位最杰

图用这类现象证明数量理论不正确的尝试，虽然在时间序列的相关方面受到了一些批评，但仍大大优于数量理论的反对者所作的证明。[①]然而，引证这些现象并没有驳倒数量理论。而没有做到这一点是有其原因的。

举一个简单的例子，便可以解释这种显然自相矛盾的情况。让我们来看一看战时通货膨胀的情形，其发展过程如下：先是国内生产和进出口贸易遭到破坏，大多数价格上涨，满足战争需求的资金是从私人手中剥夺来的，若不发生战争，这些资金将由私人花费；接着，物价的上涨，连同愈来愈大的军事物资需求，迫使政府不得不制造“货币”（或信用票据，但这种信用票据不具有一般商业信用票据的性质）；最后是生产者对贷款的需求不断增加，这虽然是商

出的人物，即欧文·纳塞和 W. 莱克塞斯，虽然他们提出的反对数量定理的论点并不高明——他们提出这些论点是有特殊目的，是要证明 1873—1898 年价格的下跌与黄金产量无关，与金本位地区的扩大无关；参看前者的《商品价格的下跌……》，载于《国民经济学年鉴》，1888 年 7 月和 8 月；后者是著名统计学家，发表了大量论文，例如参看他在一篇题为《货币和贵金属新论》（载于《国民经济学年鉴》，1888 年 7 月）的评论文章中对瓦尔拉计划所作的批判；不过，请参阅里斯特在其著作（前引书，第 253 页注释）中所引录的话，大意是莱克塞斯原则上接受了数量理论。他们在处理这个无论如何并不很复杂的论点方面所表现出来的无能，是令人震惊的。同样令人震惊的是，马克思也未能意识到，生产货币的费用（无论给这种费用下什么样的定义）必然会通过其对货币供给的影响而对商品价格产生影响，马克思否认货币数量对价格有任何影响，参看《资本论》（英译本，科尔版，第一卷，第 136 页）。

① 力图巩固费雪研究成果的另一尝试，以其卓越的技巧而引人注目，参看奥斯卡·安德森：《数量理论在统计上能否得到证明？》，载于《国民经济学杂志》，1931 年 3 月。这里应顺便指出，用统计材料所作的证明和驳斥之所以不能令人信服，其原因之一是，到底接受还是不接受某一统计上的证据，这在很大程度上是个高度主观的问题。因为没有统计材料能以百分之百的精确性证明数量理论，而任何统计材料，至少是十年的统计材料，又都能证明在 P、T 和 M 之间存在着某种关系，所以在大多数情况下，对于给定的统计结果的真实含义是什么，必然会有很多不同意见。一些较为精确的方法，例如 O. 安德森所使用的方法，其优点在于它们所提供的标准要比简单的“印象”可靠。

业意义上的信用扩张,但维持其不断发展的却是日益上涨的物价。毫无疑问,历史学家、政治家和实业家会把这一过程归因于战争本身,一方面归因于战争造成的破坏;另一方面归因于战争带来的过度需求。如果他们被告知,“造成”通货膨胀的不是战争,不是战争破坏和战争需求,而是 M、V 和 T,真正重要的仅仅是 M 和 V,那他们肯定会感到惊讶。如果告诉他们,M 和 V 是“近因”,而战争、战争破坏、战争需求是“间接”原因(数量理论家常常不得不承认 T 的变动的“直接”作用),这些间接原因虽然起作用,但却是隔着一层起作用,那他们一定不会感到满意。特别是,如果他们觉得真正要紧的并不仅仅是纯粹的理论论证,那他们甚至会对上述说法感到愤怒。当然,他们感到愤怒是有道理的,那就是,十九世纪以及二十世纪二三十年代,从有关数量理论的较为谨慎的表述中,突然冒出了一种僵硬的数量理论,这种理论赋予 M 在经济疗法中以一种荒唐透顶的作用。特别是在美国,货币健全论者——以及所有这样的经济学家,他们十分正确地认为,通货问题只不过是深层事物的反映——有充分理由不相信数量定理可能具有的实际含义,尽管这种不信任后来不公正地发展到怀疑数量理论分析本身的地步。但是,他们本来还应该提出一些纯科学方面的理由。我所称作紧身衣的东西,正如所有诸如凯恩斯体系那样过分简化的模式一样,对于某些有限的目的来说也许是有用的。超出这些目的,对于较为根本性的分析来说,它们便会带来不便,成为绊脚石。而且,如果我们承认 V 的循环变动,强调诸如利率、P 的变化率(与 P 本身相对应)等“间接”原因的重要性,则那些紧身衣还会成为废物。因此,几乎可以不夸张地说,近来货币理论之所以能够取得进展,主要是由于挣脱了紧身衣的束缚，明确而直截了当地引入了所有那些被僵硬的数量理论视为间接影响而打入冷宫的因素。由此而得到的教训是：一项有益的事业，一项最终将取得胜利的事业，有可能得不到很好的捍卫，以致一连几十年都被看作是有害的事业，这种情况在经济学中比在其他学科中更为明显。

〔**(c) 购买力平价与国际收支机制。**〕 往下讨论之前，我们先来谈谈另外两个问题。在那一时期，我们可以比以前更清楚地在数量定理旁边看到它的老盟友外汇购买力平价理论，也就是这样的命题，即：用外币表示的某个国家货币单位的价格，往往与各自价格水平之间的关系成反比。一些人，例如马歇尔和施莱辛格尔，曾反复提到这个命题，但卡塞尔在讨论第一次世界大战期间及其以后出现的外汇风波时，充分利用了这个命题，致使大多数人认为这是个新发现。① 如前所述，这个命题似乎并不那么令人感到兴奋。马歇尔和施莱辛格尔都只是附带地提到这一命题，没有特别强调它。而且，在"购买力平价"所产生的出版物洪流中，我们会发现一宁静的小港湾，人们在这里讨论的是该命题作为一分析工具所具有的优缺点。② 使人感到兴奋的是这样的事实，即卡塞尔把该命题同严

① 卡塞尔从 1916 年开始发表有关这个题目的一系列著作。他的《社会经济学理论》(第 12 章)以及 H. 埃利斯教授的《德国货币理论》(第三编)，也许是对读者最有用处的参考书。后一本书的讨论范围远远超出了德国的货币理论，那些想较为全面地研究购买力平价理论的读者，肯定会从这本书中得到帮助，而我只是使读者注意到这个题目而已。

② 在这个小港湾中进行讨论的主要是英国作家。特别参看 A. C. 皮古：《外汇》。载于《经济学季刊》，1922 年 11 月，以及 J. M. 凯恩斯：《货币改革论》(第 13 章，该章因出色地论述了远期外汇交易而增色不少)。凯恩斯的讨论提出了几个有价值的问题，这是其优点，但最后得到的却是暗淡的结论，认为如果加上适当的限制条件，则购买力平价定理将毫无价值。实际上，情况并非如此。相对于凯恩斯勋爵在拟定清算同盟和布雷顿森林计划时界说的均衡汇率而言，假如他不是那么轻率地放弃很有价值的起点的话，他本来是可以更好地界说均衡汇率的。

格的数量理论联系在了一起,在应用方面,同战时通货膨胀问题联系在了一起。结果,购买力平价理论变成了所谓外汇“通货膨胀理论”,其内容是:M 的增加将提高价格水平;某一国家价格水平的提高,将降低该国货币单位用没有发生通货膨胀的外币表示的价值。与此相反的论点可以汇集在“国际收支”理论的旗帜下,这种理论虽然不是总是但却常常把因果关系颠倒过来,认为因果关系是从汇率到价格水平,而不是从价格水平到汇率。我们不能详细讨论这场争论,在这场争论中,对立双方总是在不同的事实水平和抽象水平上争论,它虽然并非一无是处,但总的说来,只是为经济学中许许多多无谓的争论又增添了一个令人悲痛的例子,其所以是毫无意义的争论,主要是由于参加争论的人没有足够的分析能力。

借此机会,我还要提及另外一场(或一类)争论,即有关国际收支机制的争论,这场争论要比有关购买力平价的争论有意义。人们是在本世纪二三十年代就国际收支机制问题展开争论的,但其源头却可追溯到十九世纪的经济著作,一些最重要的参加者是从桑顿和李嘉图之间的争论中获得灵感的(参看上面第三编第七章第 3 节)。[①] 我们看到的实际上是科学正常发展的一个典型事例。老一辈作家或者较为明确地或者不那么明确地谈到了这个问题的所有主要方面。但 J. S. 穆勒对他们的分析工作所作的总结,却向我们提供了一幅不全面的、偏于一方的画面,即单边国际收支(贡款、贷

① J. 维纳在《国际贸易理论研究》(第六、七章)一书中对这个题目所作的论述,可以补充我在下面所要作的简要而不充分的评述,我的评述只不过再一次向人们表明,在我们自己的分析工作和过去的分析工作之间存在着联系。我不得不批评维纳在《加拿大的国际债务平衡》(1924 年)一书中过分强调了自己的贡献,以致损害了自己的形象。由于有了维纳的后一本书,我在下文中将可以极为简略地谈论这方面的贡献。

款或偿还贷款)机制图式,按照这一图式,先是付款国转移黄金,从而提高收款国的价格水平,降低本国的价格水平,由此而获得出超,用这种出超偿付以后的借款。这种描述显然是不全面的,它不仅把调整的重担都放在了价格水平上,而且还忽视了与这种调整不可避免地联系在一起的现象。虽然巴斯塔布尔(《论国际贸易理论的某些应用》,载于《经济学季刊》,1889 年 10 月)以及另一些人感觉到并指出了这一点,但这种理论却具有很强的生命力,一直到本世纪二十年代,课堂上还在讲授它,尽管一些人对此曾提出抗议(例如维克塞尔就提出过抗议,参看他的《国际运费与价格》,载于《经济学季刊》,1918 年 2 月)。当德国的赔款问题使大家开始注意国际收支机制的问题时,确立分析原则的工作便取得了较为迅速的进展,虽然所确立的分析原则本身是新的,但构成这一分析原则的要素却不是新的。乌林的著作(《地区间贸易和国家间贸易》,1933 年)在这方面同在其他方面一样,提供了一合适的界标。特别应该提到的是陶西格的学说所起的作用。陶西格以穆勒的图式为论述的起点,尽管对其作了许多改进,他本人却从未放弃这一图式。然而,他引导人们开始批判穆勒的图式,他的观点对其弟子的著作产生了很大影响,因此而帮助确立了新的分析方法,使人感到新方法似乎是由他亲手创立的。一方面,从他的学说中产生了许多具有重大意义的理论著作,特别是维纳的著作。另一方面,他诱导人们进行了一系列重要的事实研究。①

---

①　一般说来,该时期有关国际资本移动的事实研究,是我们应该感谢该时期的主要事情之一。C. K. 霍布森的《资本输出》(1914 年)一书可以作为这方面的例子。

6. 货币的价值:现金余额法与收入法①

纽科姆—费雪交换方程式和与其极为相似的一些表达式,固然得到了广泛使用(或迂回地暗示在文字上),但并不是得到了普遍的使用。我们现在要谈的是另外两个重要的公式。对于这两个公式来说,一方面,应该知道它们与纽科姆—费雪方程式从根本上说是等价的;另一方面,应该了解它们与纽科姆—费雪方程式的差别,正是由于具有这些差别,许多经济学家才宁愿使用它们而不使用纽科姆—费雪方程式。或者从另一角度来说,重要的是要理解,为什么这两个方程式尽管从根本上说与纽科姆—费雪方程式是等价的,但却在另一方向上取得了分析上的进展。

(a)现金余额法。瓦尔拉常常谈到货币的数量。但他的货币分析的中心概念却是“想要持有的现金”(encaisse désirée),即人们在某一时刻想要持有的现金的数量。同样,剑桥的经济学家,追随马歇尔,继承配第—洛克—坎梯隆的传统,采用了一个表示同一思想的公式。设 n 为公众掌握的“流通现金”的数量,p 为生活费用指数,k 为“消费单位”的数目,也是指数,表示与公众手头持有的现金相对应的实物量,k' 也为消费单位的数目,但表示的是与公众的活期存款相对应的实物量,r 为 k' 的分数,表示银行相对于 k' 储备的现金,于是有②

① 这里应再次特别提到马吉特教授有关这些题目的论述(前引书,第一卷,第12—16 章)。

② 例如参看 J. M. 凯恩斯:《货币改革》,美国版,1924 年,第 82—86 页。关于这个特殊的公式,应指出以下三点。(1)这里的“公众”包括企业界;虽然企业不花钱购买

$$n=p(k+rk')$$

这就是所谓的剑桥方程式，具体说明了现金余额法。它所假定和主张的，正是纽科姆—费雪方程式所假定和主张的。特别是，它完全是恒等式。剑桥方程式中没有流通速度，这一特征虽然乍看起来是个实质性区别，但实际上并不那么重要，因为在纽科姆—费雪方程式中在流通速度这个标题下所处理的全部问题，当我们使用剑桥方程式时会以几乎完全一样的形式出现。尽管如此，剑桥方程式仍有值得注意的地方，因为它从一重要方面说明了科学思想的产生过程。在用文字表达剑桥方程式时，我们会很自然地说，而且剑桥的所有经济学家也确实是这样说的，"公众宁愿"或"决意"以现金和活期存款的形式保有 $p(k+rk')$，这种说法为通向以后的，特别是凯恩斯派的观点架起了一座心理桥梁，因为在持有流动资产这件事上，它指向了公众行为背后的个人决定，暗示应该分析作出这种决定的动机。特别是，如果我们这样来表达这件事，说在持有货币和其他形式的财富之间有像"利益余额"这样的东西，那我们便不可避免地会看到指向流动偏好理论的路标，凯恩斯正是以这一理论闻名于世的。但是，我们不得不再次补充一句，这

消费品，但与企业手头持有的和存入银行的现金相对应的实物量却用"消费单位"来度量，正如与消费者持有的现金和存款余额相对应的实物量用消费单位来度量那样。(2)在对剑桥理论进行这种表述的那一章中，凯恩斯同许许多多作家一样，把使用交换方程式同接受数量理论混淆在了一起；事实上，他无意于接受任何严格意义上的数量定理。(3)特别是，他在《货币改革》一书中已强调指出了 k、k' 和 r 的广泛可变性，而且他还温和地反对以下盲目的假设，即"单单通货数量的变化不会影响 k、k' 和 r"——他的这些观点预示了《通论》一书分析的某些特征。《货币论》一书采取了中间立场，其主要特征是把一般价格水平分解成了部门价格水平，把储蓄和投资明确引入到了变量中。我们应该把《货币论》(第三编)中列出的那些方程式看作是对交换方程式的发展。它们具体说明了我的观点，即：二三十年代货币分析方面的进步，主要在于消除了交换方程式分析中的综合性总计数，明确引入了表示"间接影响"的变量。

并不等于是流动偏好理论。很显然,特别是就瓦尔拉所谓的"想要持有的现金"来说,还得有关于人们对持有现金的态度的假设,才能从一种理论过渡到另一种理论。

(b) 收入法。我们已经指出,图克在他的"第十三篇论文"中曾提出,要解释货币的价格,应从消费者的收入着手。我们知道,他想用这一方法来取代他所拒绝接受的那种用货币数量解释价格水平的方法。自此以后,那些不喜欢数量理论甚或交换方程式的分析家便开始采用收入法,虽然另一些人也采用这种方法。① 但很容易看出,实质上,收入法只不过是数量理论的另一种说法而已。而且,这种修正说法的价值很值得怀疑,因为很显然,收入仅仅是在价格"决定"收入的意义上"决定"价格。不过,尽管用这种方法得到的结果,采用交换方程式也都能够得到,但维塞尔② 和霍特里偏爱这种方法却是完全可以理解的:同现金余额法一样,收入法指向了个人行为;不仅如此,它还取消了货币数量作为"价格水平"近"因"的地位,而代之以一个更为接近价格的因素,即收入甚或消费支出;③ 最后,它使货币价格理论摆脱了一些问题的纠缠,如应该

518

① 这适用于A.阿夫塔利昂(《黄金及其在全球的分配》,1932年),适用于R.利夫曼(《货币与黄金》,1916年),利夫曼明确地说,收入决定价格,也适用于图克的追随者阿道夫·瓦格纳,但却不适用于收入法的最著名的鼓吹者R.G.霍特里(《通货与信用》,第三版,1928年),他是从消费支出着手分析的,这种支出"既与未花掉的余额〔等于想要持有的现金,熊彼特〕成比例,又与货币流通速度成比例"。他把这称为"另一种形式的货币理论"(第60页)。然而,一些德国作家则不愿看到这一点,不得不由汉斯·纳塞尔在《货币的交换价值》一书中告诉他们,收入法与数量理论并无矛盾。

② 参看他的《社会经济学》一书或他为《袖珍词典》(第四版,1927年)撰写的"货币"词条。

③ 读者应该想到,如果我们在使用交换方程式时适当注意到决定流通速度变化特别是循环变化的因素,那么收入法的这一优点也就不算什么了。另一方面则可以说,如果我们注意到了那些因素,则我们实际上也就接受了收入法所要传达的意思。

把什么看作是货币这样一些问题。只要我们不知道谁得到了增加的货币，不知道人们用增加的货币做什么，不知道增加货币后经济有机体处于什么样的状态，我们就不能确定增加的货币对价格的影响。收入公式本身并没有考虑所有这些问题，但却把我们的注意力引向了它们，从而帮助货币分析走出了隔离车厢。在分析通货膨胀过程时，这一优点特别明显。虽然争论是货币量的增加还是工资总额的增加“造成了”通货膨胀，实际上并不比争论是子弹还是谋杀者的意图“造成了”受害者的死亡有更多的意义，但使人们注意到增加的货币量如何起作用，仍是有意义的，更何况收入法还具有一在经济学中非常重要的优势，那就是，人们对交换方程式抱有某些偏见，而对收入—支出方程式则没有这些偏见。

7. 银行信用与存款“创造”

那一时期所有商业化国家的银行系统以及中央银行的职能和政策发生的重要变化，当然被人们注意到了，而且有人描述和讨论了它们。我们不能仔细翻阅这方面浩如烟海的文献，其中最有价值的，也许是官方委员会的报告以及一些最佳金融杂志特别是伦敦《经济学家》杂志上刊登的文章。此类文献的作者有实业家、金融作家以及各式各样的商业经济学家，他们十分了解银行业务方面的事实、技术和当时存在的实际问题，但是除了现成的标语口号不离口外，他们几乎不关心“原理”，而且不能说很清楚地了解他们所看到的制度变化趋势的意义。因此，从科学分析的观点来看，这些文献是原料，而不是成品。而因为货币和信用方面的“科学分析家”未能尽到自己的职责,也就是说,未能加工这些原料,未能依据这些原料来构造其分析结构,所以我们几乎——虽然不是完全——可以这样来描述这种情况的特征,即银行和金融文献在货币和信用文献中是一隔离车厢,正如后者在一般经济学文献中是一隔离车厢那样。

特别是,有许多关于英国的著作,如 W. T. C. 金的《伦敦贴现市场史》(1936 年)以及各种叙述英格兰银行历史的著作(例如约翰·克拉潘爵士最近即 1944 年出版的《英格兰银行》一书),它们提供了部分这里不能提供的资料。其他参考资料,请参看《社会科学百科全书》中“商业银行”词条后面所附的简短参考书目(特别是下列作者的著作:C. A. 科南特、A. W. 科尔、A. 库尔托、E. 考夫曼、A. 瓦特、J. 里塞尔、O. 杰德尔斯、C. 萨皮诺、C. 艾斯费尔德、H. P. 威利斯)。这个书目中有两本书的质量很高,应特别提一下,一本是 C. F. 邓巴的《银行理论与银行史》(1929 年第五版),但该书实质上是一本十九世纪的著作,另一本是 F. 索马里的《银行政策》(第一版,1929 年;第二版,1930 年)。仔细读一读 L. W. 明茨的《银行理论史》(1945 年),读者便会知道,描述性文献在多大程度上“渗入了”有关货币和银行理论的著作中,不过,明茨过细地讨论了一种特别狭隘的商业银行理论(“真实票据说”)的缺点,这或多或少妨碍了他很好地整理浩繁的资料。

在上面比作隔离车厢的情形下,出现了一种很特殊的书籍,它们不仅是为一般读者写的,而且也是为经济学家写的,目的是使人们了解银行业或金融业的实际情况及问题。这些书籍所获得的成功,比任何其他事情都更为清楚地表明,尽管人们力图在那些研究领域之间建立联系,但它们实际上已分离得很远了。值得一提的是以下两个著名例子。一个是 W. 巴奇霍特的《伦巴第街:金融市场的写照》(1873 年),在那一时期的所有经济文献中,这是一本被引用的次数最多、最受人称赞的书。无疑,这本书写得很漂亮。但是,如果谁冲着这本书的名声去读它,那他肯定会感到失望的。除了呼吁改变英格兰银行的管理方法,改革英国储备黄金的传统做法外,对于经济学家来说,这本书中没有任何新东西。不过,很显然,它也确实使许多经济学家明白了一些他们本来不知道而乐于知道的事情。我们的另一个例子是同样杰出的一本书，作者为哈特利·威瑟斯，标题是《货币的意义》（第二版，1909 年），正如我们马上就要看到的，该书的主要功绩在于大胆地谈到了银行“制造”货币的问题。这本来并不应使任何人感到惊奇，可当时却被认为是一种新奇的、带有异端气味的学说。

因此，学院派经济学家对信用和银行业所作的分析——其中也包括这样一些作家所作的分析，这些作家虽然不是学院派经济学家，但他们的分析却采取了学院派方式，例如一些银行家就是这样做的——依据的是从前一时期继承下来的思想。毫无疑问，这种分析对前人的思想有所提炼、澄清和发展，但却没有增加什么新东西。从实质上说，这意味着商业银行理论的流行，该理论认为，银行信用的理论基石是商业票据，或稍微更广泛一点说，是经常性商品贸易的资金融通。当然，这种观点可以追溯到图克和富拉顿那里。但通货学派的影响要比表面显现出来的强烈。该时期临近结束时，该学派对循环理论产生了特别强烈的影响（参看下面第 8 节）。

至于中央银行业务，经济学家确实扩大了他们对中央银行各项职能的概念，特别是扩大了对中央银行作为“最后放款者”的控制和调节职能的概念。但令人感到惊奇的是，大多数经济学家都迟迟未能充分认识到“货币管理”的含义，虽然正如我们已经看到的那样，货币管理正在他们的眼皮底下不断发展。固守商业理论，当然对此要负部分责任。由于固守商业理论，控制仍然——虽然不是完全但主要——意味着通过“贴现政策”来控制。经济学界甚至拿不准，中央银行是否有权调节市场利率，或银行利率是否仅仅是"陈述性的"。① 当时，意见双方都按照以下两项古典派原则来讨论银行利率的作用：一方面，可以通过限制信用(几乎等于要求贴现的商业票据的数量)来对物价施加压力；另一方面，可以通过限制信用来从海外吸引外国资金或从海外收回国内资金。

就一般银行业务而言，完全可以这样说，严格固守商业理论使经济学家忽视了或误解了当时银行业务的某些最重要的发展。然而，当代一些人对商业理论的贬损和批评也并非完全有道理。首先，商业理论并非那么不符合英国的实际情况，而由于英国在银行业务方面享有很高声望，因而英国的做法往往被人仿效。但完全撇开这一点，应该强调指出的是，接受商业理论并不一定意味着对贴现机制的运行抱有盲目的乐观态度。固然那时的经济学家强调融通商品贸易的制度具有"弹性"，但他们已抛弃了或正在抛弃这样一种观点，即只要按照"商业的需要"提供资金，货币和生产的步调就必然一致，而不会出现失调现象——这种论点的确是要不得的。一方面，正如李嘉图和图克在他们之前所认识到的那样，他们大都也认识到，不存在确切的贷款需要量或贴现需要量这样的东西，同时认识到，借款者的实际需求量不仅与借款者对信贷的需求有关，而且还与银行的放款倾向和银行索取的利息有关。另一方面，他们越来越清楚地认识到，单纯融通经常性商业——即贴现可靠的商业票据——的做法，并不能确保物价的稳定或一般商业形

① 这种讨论显然是徒劳无益的，实际上只要看一下事实，便可以解决所讨论的问题。不过，如果我们注意到"使银行利率有效"的技术在那一时期发展得很缓慢，而经济学家在意识到所发生的事情方面更为迟缓，那我们就会较为宽容地看待这种讨论。的确，如果没有这种技术的话，便有理由问，中央银行除了按市场变化办事外，是否还能做许多别的事情，也就是有理由问，市场利率是不是"陈述性的"。

势的稳定，也不能确保在经济萧条时银行资金畅通无阻地流动。[①]而维克塞尔的一项成就便是，他用其著名的"累积过程"模型把这两个事实引入了一般货币理论(参看下面第8节)。

最后，还有与所有这些完全无关的另外一点需要在这里指出来，那就是，对于银行信用的性质，该时期人们所抱的看法既狭隘得出奇，又缺乏现实性。为了清楚地说明这一点，让我们来看一典型经济学家在1900年会如何解释信用这一主题，不过应记住在谈论典型看法时所固有的一切限制和危险。他会这样来解释：(从逻辑上说)先是有货币——每一本有关货币、信用和银行业务的教科书都是这样开始论述的。为简洁起见，我们只考虑金币。假设持有这种货币的人既不窖藏它，也不用它来购买消费品，而是用它来"投资"，或者也可以这样说，他们"贷放"其"储蓄"，或者说，他们向自己或别人"供应资本"。这是关于信用的基本事实。[②]所以，从实质上说，信用与银行的存在与否完全无关，不必借助于银行便可以理解信用。即使在作进一步的分析时把银行引入画面，这种现象的本质也不会发生变化。公众仍然是真正的放款者。银行家只不过是公众的代理人、中间人，代表公众实际贷放货币，其存在仅仅是出于分工的需要。如果讨论的是现实生活中"代他人放款"[③]的情形

① 换句话说，也就是从控制信用的观点来说，他们越来越清楚地认识到，中央银行固然应该注意融通的目的(经常性的商品交易)和所牵涉的信用票据的质量(可靠的商业票据)，但并不能因此而不注意未偿信贷的数量。银行利率理论中就包含有这个意思，虽然表达得也许不那么充分。

② 我们知道，大理论家是用商品来描述这一过程的，因为信用交易所要转移的归根结底是商品。但对于我们当前的目的来说，就不必这么描述了。

③ 这指的是一种契约安排，按照这种安排，拥有大笔闲置资金的个人或组织，例如刚刚因发行债券而得到一笔收入的工业公司，可以委托银行，把这种暂时闲置的资金在金融市场上借给股票经纪人或票据经纪人。

和储蓄存款的情形，那么这种理论是很令人满意的。但该理论也被应用于活期存款(即英国的活期存款账户)。活期存款也被认为产生于人们把自己拥有的资金(即我们所谓的金币)存入银行。存款者在以下两种意义上仍然是放款者，一是他们把钱借给了("委托给了")银行，二是如果银行把这些钱的一部分贷放出去，那么他们便是最终的贷放者。所以，尽管有某些技术上的差别，但存款银行业务提供的信用——资本主义社会中的大部分商业信用都是这种信用——仍然可以用两个私人之间的信用交易来解释。由于存款者仍然是放款者，银行家也就仍然是中间人，他们从无数小储蓄者那里把"流动资本"收集在一起，供商业使用。他们并没有增加现有的流动资金总额，而只是使现有的流动资金做更多的事情。正如坎南教授在 1921 年仍然说的那样(《银行存款的意义》，载《经济学》，1921 年 1 月)："如果寄存处的服务员设法把寄存在他们那里的四分之三的手提包借出去……那我们肯定不能说是他们'创造出了'借出去的手提包。"当时一百个经济学家中有九十九个持这种观点。

但是，如果手提包的主人想使用手提包，他们就得从借者那里要回手提包，借者便没有手提包用了。存款者及其金币的情况则不是这样。从放弃货币的使用权这个意义上说，存款者没有借出任何东西。他们仍在花钱，只不过是用支票付款而不是用金币付款。他们仍然像过去持有金币时那样花钱，"与此同时"借款者也在花钱。很显然，这种现象是货币所特有的，在商品世界中没有类似的现象。索要绵羊的权利并不会增加绵羊的数目。但是，存款虽然从法律上说只不过是索要法偿货币的权利，却在很广的范围内可以像法偿货币那样来使用。银行当然不"创造"法偿货币，更不"创造"机器。然而，银行并非无所作为，从发行银行钞票这件事上可以比较容易地看出这一点。从经济效果上说，银行所做的事情几乎等于创造了法偿货币，并导致创造了"实物资本"，而如果银行无所作为，是不会创造出这种实物资本的。这使分析发生了深刻变化，再像以前那样解释银行信用，就很不妥当了，按照以前的解释，现有的资金产生于一种完全想象出来的储蓄行为，是人们节省下来，然后贷放出去的。事实上，与其说是银行贷放委托给它们的存款，还不如说是银行"创造信用"，即银行通过贷放资金而创造存款，后一种说法远比前一种说法更符合实际情况。采用后一种说法的理由是，不应让存款者享有受之有愧的荣誉。按照经济学家死抱住不放的理论，存款者便是储蓄者，尽管他们并没有储蓄，也不想储蓄；按照这种理论，存款者影响着"信用的供给"，尽管他们并没有影响信用的供给。而"信用创造"理论则不仅承认了显而易见的事实，没有用人为的解释掩盖事实，而且还清晰地显示出了成熟的资本主义社会所特有的储蓄投资机制和银行在资本主义进化过程中所起的作用。所以，同大多数其他理论相比，我们可以更加肯定地说，这种理论是实实在在的分析上的进步。

然而，事实证明，要使经济学家承认银行贷款和银行投资创造存款，是极为困难的。实际上，在所考察的整个这一时期，经济学家几乎一致拒绝承认这一点。甚至到 1930 年，尽管绝大多数经济学家已转变了观点，理所当然地承认了这一学说，凯恩斯仍不无道理地认为有必要重新阐述这一学说，有必要为其进行认真的辩护,①而即便是现在,该学说的某些最重要的方面也不能说得到了完全的理解。这是一非常有趣的实例,说明了分析进步所必须冲破的阻力,特别是说明了这样一个事实,即人们可能在很长一段时间内天天看到某一现象,甚至经常讨论它,却没有认识到其真正的意义,没有让它进入思维的一般图式。②

每个经济学家早已熟悉了创造信用的事实,至少是熟悉以银行钞票的形式创造信用的事实。而且,特别是在美国,人们很随便地使用“支票通货”这个词,谈论银行“创造货币”,从而侵犯国会的权利。1885 年,纽科姆初步描述了放款活动创造存款的过程。该时期临近结束时(1911 年),费雪也作了同样的描述。他还强调指出了这样一个显而易见的真理,即存款和银行钞票本质上是一回事。哈特利·威瑟斯认为,银行家不是货币的中间人,而是货币的“制造者”。而且,十七和十八世纪的许多经济学家就已清楚地意识到了信用创造及其对工业发展所具有的重要意义,虽然他们有时有些夸张。他们的看法在我们所讨论的这个时期并未完全消

① 《货币论》,第二章。而且,耐人寻味的是,直到 1927 年 6 月,《经济学》杂志仍感到有必要发表 F. W. 克里克的文章《银行存款的起源》,这篇文章解释了银行贷款如何创造存款,偿还贷款又如何消灭存款——从某种意义上说,这早就应该是“久享盛名的理论”了,但很显然,当时并不是这样。不过,应该顺便提到,凯恩斯在 1930 年发表的《货币论》中对信用创造这一主题的论述,并没有完,它还有续篇。在《货币论》中,凯恩斯认为,事前不用储蓄所要贷出的款项,银行贷款便可以创造出存款,便可以为投资提供资金,但这种观点在《通论》的分析图式中实际上消失了,主角又变成了储蓄大众。正统凯恩斯学说实际上重新采取了旧观点,根据这种观点,有关金融市场的主要事实,在分析上可以用公众的储蓄倾向加上公众的流动偏好来解释。我只能提及这个事实。这究竟意味着前进还是意味着倒退,得由每个经济学家自己来决定。

② 因此,即使可以证明某部著作所说的都是前人以这种或那种方式说过的话,它也可能有其优点,甚至新东西——实际上,我们已看到了许多这样的著作。我觉得,马吉特教授对信用创造理论发展过程所作的叙述(前引书,第一卷,第七章),没有充分考虑到这一点。

失。然而，麦克劳德[①]试图建立系统的银行信用理论的努力，却几乎没有引起人们的注意，更没有得到什么好评。麦克劳德是第一个试图建立系统的银行信用理论的人，虽然他没有完全成功。接着便是维克塞尔，他分析了银行利率对物价的影响，很自然地使他从某些方面承认了“信用创造”，特别是承认了“强迫储蓄”这一现象。[②]后来，另外一些人，特别是正如我们应该料到的，一些美国人，也对建立完整的银行信用理论作出了贡献。达文波特、泰勒和菲利普斯可以充当这方面的例子。[③]但是，直到 1924 年，建立银行

① 亨利·邓宁·麦克劳德(1821—1902 年)是个很有成就的经济学家，但由于他未能用同行所能接受的形式表达自己的许多精辟见解，他没有得到经济学界的承认，甚至没有被认真看待。为补偿他所受到的不公正待遇，本书所能做的只是提及他的三部著作，即：《银行的理论与实践》(第一版，1855—1856 年；意大利文译本，1879 年)、《信用与银行讲义》(1882 年)以及《信用理论》(1889—1891 年)。通过这三部著作，他奠定了代理银行信用理论的基础，虽然当时这三部著作所起的实际作用是败坏了这一理论的声誉。

② 实际上，这不是新概念，参看 F. A. 冯·哈耶克：《论“强迫储蓄”学说的发展》，载于《经济学季刊》，1932 年 11 月，再版于《利润、利息与投资》(1939 年)一书。但维克塞尔在更为广泛的背景上，从新的角度强调了这一概念。在过去十年，这个概念受到了不应受到的冷遇。但它是有价值的。特别是，它澄清了给许多人带来困难的一点。李嘉图曾说，银行业务不能创造“资本”(即物质生产资料)。只有储蓄能创造资本。现在，只要银行创造的存款支出提高物价，那么，在充分就业的情况下(以及在其他情况下)，收入未相应增加的人就不得不减少消费，由此而得到了否则必须通过储蓄才能得到的结果，所以有理由把这形象地称为“非自愿储蓄”或“强迫储蓄”，有理由把它同通常所谓的“储蓄”(“自愿储蓄”)作一番比较。当然，如果存在着失业和多余的生产能力，人们就不一定减少消费，但这并不能成为抛弃这一概念的理由。

③ 达文波特的贡献仅仅在于他在《价值与分配》(1908 年)一书中给出了一些线索，例如他强调指出，说银行“贷出存款”，是不正确的，但他没有充分利用这些线索。W. G. L. 泰勒在一本(像达文波特的著作那样)从未得到应有承认的著作中，比达文波特走的远得多(《信用制度》，1913 年)。C. A. 菲利普斯(《银行信用》，1920 年)向前迈出了另一大步，他不仅澄清了所涉及的许多理论问题，而且还指出了以下两种贷款和投资的增加所具有的差别，一种是某一与其他银行竞争的银行可以增加的贷款和投资，另一种是由相互竞争的银行组成的整个银行系统可以增加的贷款和投资。

信用理论的工作才由哈恩在一本著作中完成,而即使到那时,也没有取得完全的成功。[①] 在英国的领袖当中,功劳主要应归于罗伯逊教授和皮古教授,他们不仅使银行信用理论适合了经济学同行的口味,而且还在某些方面发展了该理论。[②] 在其他地方,特别是在法国,抵抗这一理论的力量至今仍很强大。

进展如此缓慢的原因不难寻找到。首先,这一学说是不受欢迎的,在一些人眼里,几乎是不道德的。只要我们记得在这一学说的老祖宗中有约翰·罗,便不难理解这一事实。[③] 其次,这一学说不符合已经养成的思维习惯,这种习惯产生于"存款"的法律意义。货币与信用的区别如此明显,同时对于许多问题来说又是如此重要,以致任何想模糊这种区别的理论,不仅必然会公认为是无用的,而且必然会公认为犯了事实错误,犯了把法偿货币同簿记项目混淆在一起的特大错误。簿记项目仅仅反映有关法偿货币的契约关系。的确,不应把那些问题搞混。[④] 信用创造理论并不一定会把那些问题搞混,但这似乎没有使那些担心滥用该理论的人感到安

---

① 艾伯特·哈恩:《银行信用的国民经济理论》(第三版,1930 年)。不过,这本书未能使许多经济学家信服的一个原因是,它所表述的银行信用理论,是与某些关于有可能达到永久繁荣的高度乐观的观点结合在一起的,一些经济学家因此而对该书所取得的实际成就抱有偏见。

② D. H. 罗伯逊:《银行政策与价格水平》(1926 年)。在该书中,强迫储蓄以"强加匮乏"(Imposed Lacking)这一名称而出现。A. C. 皮古:《产业波动》(1927 年),第一编,第十三和第十四章。

③ 例如,瓦尔拉很清楚地看到了信用创造这一现象(虽然在他看来,只限于银行钞票)。但他认为这是一种应该革除的弊病,因此而拒绝把它看作是一般分析图式中的正常因素(《应用政治经济学研究》,1936 年版,第 47 页和第 339 页及以下各页)。

④ 其中之一是个老问题,即"货币"控制与"信用"控制。所暗示的那类讨论告诉我们,法国的许多权威非常厌恶信用创造的思想。举例来说,里斯特教授撰写《货币与信用理论史》的主要目的之一,就是消除货币与信用的"混淆"。

慰。

8. 危机与循环:货币理论

一方面,我们已经看到,概括地说,那一时期的货币分析集中在“货币价值”(或价格水平)问题上;另一方面,一些大经济学家则试图对整个经济过程进行货币分析,在这种分析中,单纯的价格水平问题降到了次要地位。现金余额法和收入法的实质已表明了这一趋势,但在其他许多方面也表现出了这一趋势。举例来说,具有重大意义的是,马歇尔最初想把他的《货币、信用与商业》一书定名为《货币、信用与就业》。实际上,该书中的许多分析都属于近来所谓的“收入与就业分析”。意义更为重大得多的是,维克塞尔以其多少有些举棋不定但极为富有魅力的方式,终于认识到,我们需要建立总产量的货币需求概念。① 这复活了马尔萨斯派的思想,并预示了凯恩斯《通论》中的消费函数,虽然不是以非常清楚有力的方式预示的。

但是,就当今意义上的货币分析来说,最大的进展是在利息和商业循环领域内取得的。我们已提到了一些征兆,表明经济学家

① 对读者最有用的一本参考书是米尔达尔的《货币均衡论》(1931 年瑞典文版,1939 年英译本;参看上面第 2c 节)。应该掌握的要点仍然是:需求表被定义为一种商品的需求表。根据“古典”理论(萨伊定律),谈论所有商品和服务(或所有消费品和消费服务)的总需求表,是毫无意义的。不过,为了某一特殊目的,为了做一般需求理论所做不了的事,我们可以超越一般需求理论,采用总需求表。这一特殊目的可能有意义,也可能没有意义。总需求表可能有助于,也可能无助于达到这一特殊目的。但不管怎么说,都应该承认总需求表是一特殊事物,有自己的特殊问题。维克塞尔采用总需求表,意味着抛弃了萨伊定律。所以,他是当前所有那些放弃萨伊定律的经济学家的鼻祖。

越来越倾向于承认并使用资本的货币概念。但并没有产生什么结果,少数试图把利息解释为纯货币现象的努力也没有成功。[①]在整个这一时期,对于几乎所有经济学家来说,利率仍然是物质资本的报酬率——不管如何解释报酬率,货币利率仍然仅仅是实际利率的派生物。[②]当然,人们早就认识到,这两种利率可以不同,李嘉图对新货币如何进入流通所作的解释,便意味着承认了这一事实,而讨论银行问题的作家也肯定知道这一事实。但谁也没有特别重视这一事实,直到维克塞尔把它当作货币价值理论的中心,对其进行了精细的分析,正是从这种分析中产生了所谓"累积过程"。维克塞尔指出,如果银行使贷款利率低于实际利率——我们知道,他是按照庞巴维克的理论解释实际利率的,那么银行便会刺激生产扩张,特别是刺激人们向耐用厂房设备投资;物价最终将上涨;如果这时银行仍不提高贷款利率,物价就将累积性地不断上涨,而没有任何指定的界限,即使所有其他成本项目也按比例上升。[③]

这种论点所造成的分析形势可叙述如下。维克塞尔强调货币利率与实际利率有可能相互背离,强调这种背离所产生的作用,但这并不一定会迫使人们放弃这样的观点,即利息实质上是物质货

① 这些努力很少有人注意,几乎已被完全忘记了,本世纪三十年代讨论这个题目时,甚至没有人提到它们。不过,其中西尔维奥·格塞尔所作的努力,由于凯恩斯勋爵的缘故而没有被遗忘,参看《通论》,第23章,第六节。

② 不要把实际利率或"自然"利率的这种含义同马歇尔赋予这个词的完全不同的含义(《原理》,第六编,第六章,结束语)混淆在一起,马歇尔的实际利率指的是根据价格水平变化作了修正的货币利率(或"名义"利率)。这两种含义是相互关联的,但并不完全相等,据我所知,马歇尔对于我即将讨论的维克塞尔派思想的形成没有出什么力。他的功绩是强调了名义利率与实际利率的区别,但他应与欧文·费雪共享这一功绩,因为后者也强调了这种区别(《升值与利息》,1896年)。

③ 庞巴维克对这一论点的评论是:"维克塞尔写这句话时一定是在做梦。"

物的净报酬，维克塞尔自己也从未放弃这一观点。然而，人们却因此而有充分理由把货币利率本身看作是一独特变量，决定它的因素至少部分不同于那些决定物质资本净报酬率（自然利率或实际利率）的因素。当然，这两种利率是相互关联的。在均衡条件下，它们甚至相等。但它们却不再是“本质上相同的东西”了。① 而一旦我们认识到这一点，它们就会分离得越来越远，我们也会越来越远离以下观点，按照这种观点，贷款市场上的利率实质上是这种或那种物质货物的净报酬。我们已把这种观点追溯到了巴贲那里，凯恩斯勋爵谴责这种观点的理由是，它造成了利率与（物质）资本边际效率之间的“混淆”。② 于是，其他因素，例如银行的贷款政策，对于我们来说，便具有了同样的重要意义，从而开辟了通向纯货币利息理论的道路。这种理论是后来出现的，其中凯恩斯的理论比任何其他人的理论更引人注意。不过，我们应记住以下三点。第

① 对上面一段话的意思作以下解释也许是有用的。在瓦尔拉的体系中只有一种利率，即物质“资本”的净报酬率。严格说来，这意味着，货币利率在均衡条件下不仅等于物质资本的净报酬率，而且与物质“资本”的净报酬率是一回事，也就是说，货币利率仅仅是物质“资本”净报酬率的货币表现。如果我们想明确承认，货币利率与物质资本的净报酬率不是一回事（即不是“本质上相同的东西”），而是具有某种程度的独立性，那我们就必须把货币利率看作是另一变量，只有在均衡条件下才与“实际利率”相等。维克塞尔正是这样做的。他对货币均衡条件所作的考察并未取得完全的成功。然而，他的这种考察推动了当时及以后的研究，特别是推动了他的瑞典信徒所进行的研究，从而影响了经济分析史的发展进程（例如参看米尔达尔，前引书）。

② 维克塞尔的实际或自然利率，是（物质）资本的边际生产率（更确切地说，是庞巴维克的迂回过程的边际生产率）。所以，它与凯恩斯的边际效率不是一回事，后者与费雪的超过成本的边际报酬率相同（《利息理论》，第 169 页），指的是经常性投资的边际生产率。但这两个概念相互之间具有很独特的关系，以致就当前的目的来说，它们可以交换使用。因而可以说，凯恩斯勋爵谴责的是货币利率和实际利率之间的“混淆”，或者更恰当地说，谴责的是十九世纪经济学家把这两种利率过于紧密地联系在一起的习惯。于是，维克塞尔似乎是第一个破坏这种习惯的人。

一,我们简要描述了一种学说的非常令人感兴趣的发展路线,始点是巴贲,终点暂时是凯恩斯。但这并不是说,那些发展了这种新货币利息理论的人,是通过发掘维克塞尔的分析所具有的含义,自觉地得出其结论的。维克塞尔的瑞典弟子也许是自觉地得出其结论的,但其他人肯定不是这样,虽然我并不想怀疑**任何人的**主观创造性。第二,我们时代的经济学家走巴贲的老路,并不意味着回到巴贲时代以前的货币理论;其理论虽然在一些重要方面类似于巴贲时代以前的理论,特别是类似于烦琐哲学派的理论,但在另一些方面却无疑是新颖的。第三,我们把经济体系中的那个新变量即货币利率,不仅在形式上而且在性质上定义为货币现象,并不像某些现代经济学家所认为的那样,从贷款利率问题中完全消除了“真实”因素;物质投资的净报酬率至少仍是引发贷款需求的一个因素,所以它不可能从任何完整的货币利率理论中消失。①

维克塞尔在现代货币循环理论的发展中所处的地位,十分类似于他在现代货币利息理论的发展中所处的地位。他持有货币循环理论的程度,并不大于他持有货币利息理论的程度。但正如他为后者开辟了道路那样,他也为前者开辟了道路。实际上,只要调整一下“累积过程”,便可以得到货币循环理论。假设银行在不稳的状态下度过了恢复期或休眠期。其利益所在将促使它们增发贷款。为了做到这一点,它们一般将不得不降低利率,以刺激对贷款

① 这一事实之所以重要,是因为人们常常否认它,因为凯恩斯在《通论》中所作的论述往往使它模糊不清,虽然它对于凯恩斯货币利息理论所具有的重要性,丝毫不亚于对任何其他货币利息理论的重要性。它表现在以下条件上,即经常性投资的均衡量就是“边际效率”等于货币利率的数量。说利息是限制投资的因素,其正确程度同说汽车价格是限制汽车需求的因素一样,两种说法都是不全面的。

的需求，直至把利率降到维克塞尔的实际利率以下，我们知道，维克塞尔的实际利率也就是庞巴维克的实际利率。结果，企业的投资——特别是对耐用设备的投资，因为对于耐用设备来说，货币利率具有重要意义①——将增加，超过本来如果货币利率等于实际利率，投资就将停止的那一点。因此，一方面，会出现累积性的通货膨胀过程；另一方面，生产的时间结构会变形。不过，这种过程不可能无限制地继续下去。有几个可能的原因使它不可能无限制地继续下去，其中最简单的一个原因是，银行的放款最终要受到其储备金的限制，而当银行停止放款，货币利率与实际利率拉平时，便会出现不可收拾的局面，"人为的"低利率所刺激的投资会带来损失，也就是说，繁荣会在企业破产中结束，从而经济陷入萧条。

冯·米塞斯教授已对这一理论作了概略的叙述，②他虽然批判性地承认了维克塞尔对这一理论所作的贡献，但却把它看作是通货学派观点的发展。冯·哈耶克教授进一步发展了该理论，形成了自己的更为精致得多的分析结构。③他的理论呈现给英美经济学界时，获得了极大的成功。哈耶克表述这一理论的著作严密而枯燥，没有提出计划和政策建议，也没有以其他方式接触读者的

① 很显然，利率在短期投资中是一不重要的因素，在长期投资中，例如在对耐用机器、铁路和公用事业的投资中，则是一重要因素，因为耐用设备的资本价值随着利率的下降而迅速提高。〔熊彼特本来打算发挥这一点——他用铅笔写了这样几个字："这被风险掩盖了——否则"。〕

② 《货币理论……》，1924 年，第三编，第 5 章，第 4、5 节。这是第二版，在这一版中，上述推理方式实际上是作为对循环的全面解释而提出来的。不过，基本思想已包含在了 1912 年的原版中。

③ 《货币理论与行情理论》(1929 年)；《价格与生产》(1931 年)。1939 年出版了《利润、利息与投资》，在一些重要方面改变了论点；1941 年出版了《纯资本理论》，讨论了许多新问题。

好恶,但却获得了任何严格的理论著作所无法比拟的成功。接下来便是猛烈的批评,这种批评最初只是使哈耶克的理论更加光彩夺目,后来经济学同行们便把兴趣转向了其他领袖和其他方面。[①]该方面的社会心理学是个饶有兴味的研究题目。

霍特里[②]的分析,正如他自己所说的那样,使商业循环变成了纯货币现象,而米塞斯和哈耶克的商业循环则不是纯货币现象。霍特里没有利用厂房设备的时间结构中的扰动(或失调)因素;货币收入流量的波动完全是货币因素引起的,这种波动是造成商业和就业发生循环波动的唯一原因。但他却利用了"累积过程",而且同米塞斯一样,把出现累积过程的原因追溯到了现代信用制度固有的不稳定那里。于是,银行被再次假定以低利率发放贷款,由此而使经济陷入不正常状态。不过,这与经济繁荣的主要联结因素不是新厂房设备订单的增加,而是批发业存货的增加,因为批发业的存货也会对贷款利率的微小变化作出反应。随着扩张而来的是更大的扩张,从而导致货币收入增加,导致银行掌握的现金减少,而由于银行不能无限制地增发贷款,于是利率便上升,使整个过程倒转过来——这就是为什么中央银行利率在这种分析中发挥巨大作用的原因。由此可见,霍特里的理论与米塞斯—哈耶克的理论非

① 当代另一些人的理论著作所取得的成功,例如E. H.张伯伦的《垄断竞争》和希克斯的《价值与资本》所取得的成功,固然历时较久,因而最终影响也较大,但都不像哈耶克的成功那么光彩夺目。凯恩斯的《通论》取得了无可比拟的、大得多的成功,但暂且不管《通论》作为一部分析著作的成败,毫无疑问,它之所以能取得这么大的成功,主要得归因于以下事实,即它的论证支持了许多现代经济学家的一些最强烈的政治偏好(参看下面第五编,第五章)。而哈耶克在政治上则是逆水行舟。

② R. G.霍特里:《好商业与坏商业》(1913年),以及许多后来发表的著作。仔细读一读霍特里先生的《资本与就业》(1937年),就可知道他在多大程度上修改了自己的早期观点。

常类似,我们有理由说只存在着一种货币循环理论,其鼓吹者只对一个问题有争论,即银行贷款利率是先对“耐用资本”产生影响,还是通过批发商的存货产生影响。在整个二十年代,广为流行的是霍特里的理论。特别是在美国,该理论为一种盲目的信念提供了堂皇依据,当时美国人大都深信,联邦储备系统的公开市场业务法力无边。

一些经济学家把商业循环现象归因于变化莫测的黄金量,这同样没有严重破坏货币循环理论[①]的信徒在根本看法上的一致性。当用这一思想来“解释”一些较长时期的普遍繁荣或普遍萧条时,它获得了更多人的赞同,因为这些繁荣和萧条,例如粗略地说1849—1872年的情况或1872—1891年的情况,确实(或多或少地)与黄金生产率的显著变化有关。但人们也用这一思想来“解释”商业循环本身。在这种情况下,因为黄金的增加影响银行储备,从而使银行更乐于,也更有能力放款,所以导致扩张的便是一特殊原因,而不是米塞斯和霍特里所表述的较为一般的原因,但是,至于其余部分,论证大致仍和以前一样:还是低货币利率导致信用膨胀,还是在利息赶上价格的那一点,整个过程倒转过来。这种货币理论最杰出的倡导者欧文·费雪教授,最初在其《货币的购买力》(1911年,第四章)一书中,就是以这种简单方式叙述该理论

① 谈到货币循环理论,我们的脑子里应闪现理论这个词的双重含义(参看第一编)。货币循环理论是一种解释性假说,用货币和放款活动来解释循环。但没有人否认,任何有关循环现象的解释都必须考虑其货币特征。所以,我们也可以用货币理论这个词来指讨论货币和信贷在商业循环中如何变动的命题总和。而且,从对这一意义上的货币循环理论的贡献来考虑,许多论证,例如霍特里的论证,即便对于那些认为这些论证算不上解释性假说的人来说,也仍然具有重要意义。

的。[1] 然而,虽然他仍强调循环现象的货币方面,但他却极大地扩大了分析的基础,最终提出了"债务紧缩理论"。他严格限定了该理论的适用范围,而实际情况与此相反,该理论适用于全部有案可查的商业循环,它实质上根本不是货币循环理论。表面上,他强调的主要是这样一个事实,即在繁荣的气氛下,债务不断增加,而债务是必须偿还的,正是偿还债务和价格结构因此而遭到破坏,导致了萧条。在这种表面机制背后,存在着一些真正起作用的因素,其中主要是新技术可能性与商业可能性,费雪并非没有看到这些因素,但他把它们降到了"负债诱因"这样的显然次要的地位(《计量经济学》杂志,1933 年 10 月,第 348 页),因而,正像他的一般货币分析那样(参看上面第 2 节),一项真正伟大的功绩的真实面目被完全掩盖了,完全超出了读者的视野,以致必须辛勤劳作才能把它发掘出来,以致它实际上从未给经济学同行留下应有的印象。

9. 非货币循环分析

现在我们可以简单看一看哈耶克以外的一些人对循环现象所

① 《货币的购买力》一书提出的理论以前曾摘要发表过,见费雪在《穆迪杂志》1909 年 2 月号上发表的那篇题为《黄金贬值与利率》的文章。通向"债务紧缩"理论的主要石阶是以下两篇文章和一本书,一篇文章的标题是《商业循环主要起因于"美元摆动"》(《美国统计协会杂志》,1923 年 12 月),另一篇文章的标题是《美元的不稳与所谓商业循环》(《美国统计协会杂志》,1925 年 6 月),那本书的标题是《繁荣与萧条》(1932 年)。两篇文章都主要讨论物价与利率的波动,并把这种波动完全归结为货币因素所致。费雪在《计量经济学》杂志 1933 年 10 月号上发表的《大萧条的债务紧缩理论》一文,一方面概述了,另一方面补充了《繁荣与萧条》一书的内容,我在正文中还将提到这篇文章。

作的分析，这些分析在所规定的意义上①可以称为非货币分析。在这样做的时候，我们将不得不跨越本章主题的边界。但我们将以证明一重要命题为界限，不作超出这个范围的论述。这个命题是：所有关于商业循环分析的重要事实与思想，到1914年都已出现了：以后三十年固然产生了大批统计材料和历史材料，产生了许多新的统计技术和理论技术；它们澄清和详细阐述了一些问题，从而把这个题目发展成了经济学的一个分支，得到了大家的公认；但是，它们没有增添任何截至1914年人们所不知道的原理或事实。②

① 应该记住加着重号的字，原因是，由于前面提到的那个事实，即：对货币的需求，特别是对银行信贷的需求，必然在有关波动的解释中发挥某种作用，而且在大多数场合发挥重要作用，因而只要放宽对"纯货币理论"所下的定义，就会有更多的循环理论成为纯货币理论。但即使如此，分界线在很大程度上也要靠主观判断来确定，而不能清晰地勾画出来。例如，并非所有历史学家都把米塞斯的理论称为纯货币理论，或把哈耶克的理论称为非货币理论。

② 对于这种说法，对于我未能（也不可能）概述1914年以后循环文献所取得的成就，不应作贬义的解释。相反，我认为，包含在这些文献中的分析工作，同经济学家以往所做的分析工作一样有价值。这至少从我在第五编的论述中看得很清楚。不过，认识到这种分析工作在很大程度上依赖于1914年以前奠定的基础，仍很重要。读者可以参看R. A. 戈登的《1930—1936年经济波动文献书目选》，载于《经济统计学评论》，1937年2月，并参看商业研究所1928年出版的商业循环图书目录，该研究所隶属伊利诺斯大学工商管理学院。我认为，冯·哈伯勒教授的《繁荣与萧条》（1937年；1941年第三增订版）一书，对现代循环文献作了精彩论述，可作为商业循环方面的入门读物；我之能够最简要地评论该书，主要是因为几乎所有经济学家都会参考这本书。不过，读者应明白，我赞赏这本书，并不等于同意书中的每一论点。1895年出版的一本历史著作，即E. 冯·伯格曼的《国民经济危机理论史》，较好地论述了这一年以前的分析工作。还有另外许多历史著作和评论著作，不过我只提及以下几种：阿尔文·H. 汉森的《商业循环理论》（1927年）；接下来仍然是F. 卢茨的《国民经济中的行情问题》（1932年）；以及W. C. 米切尔的《商业循环……》（1927年），特别是第1章。

(a) 朱格拉的功绩。 正如我们已经看到的,在前一时期,首先引起经济学家注意的,是"危机"这种引人注目的现象以及萧条("生产过剩")这种虽然引人注目的程度较低但更为恼人的现象。不过,我们还看到,他们当中的一些人确实已看到了危机以外的东西,例如图克和奥弗斯东勋爵等人就充分认识到,危机和生产过剩只不过是大过程中的小事件或阶段;还有许多人是让人感到模糊地意识到了这一事实。然而,只是在现在所考察的时期,在经济学家的头脑中,"循环"才确定无疑地取代了"危机"的地位,才铺平了现代商业循环分析的发展道路,虽然该领域内的几乎所有研究者仍然使用"危机"这个旧词——这是个很有意思的"术语滞后"事例。这就是为什么要在这里讨论决定性功绩的原因,虽然它发表于 1862 年。取得这项功绩的人,从所受的教育来说是个医生,但就其才智和对科学方法的掌握来说,却必须列入所有时代最伟大的经济学家之列,此人便是克莱芒·朱格拉。① 这种评价依据的是以下三个事实。首先,他第一个抱着分析某一现象的明确目的,系统地使用了时间序列资料(主要是价格、利率和中央银行决算表)。因为这是现代商业循环分析的基本方法,所以有理由称他为现代

① 克莱芒·朱格拉(1819—1905 年)于 1848 年弃医转而研究经济学。他在经济学方面未受过正规训练,对于正规理论,他不仅知道得很少,而且毫不放在心上。他是天才,只走自己的路,决不追随别人。在像经济学这样的学科中,许多人都是这样做的。但其中大多数人提出的是荒诞不经的想法。真正的天才是这样的人,他完全靠自己的努力,提出站得住脚的真理。在朱格拉的许多著作中,只需提及主要的一本:《法国、英国和美国的商业危机及其循环》(它于 1860 年受到精神和政治科学院的"表彰",1862 年作为一本书而出版,1889 年印行第二版,英译本出版于 1916 年,译者是 W. 汤姆,译自第三版)。在精神和政治科学院的《报告集》(1909 年)中有一篇介绍朱格拉生平和著作的文章,作者是保罗·博雷加德教授。

商业循环分析的始祖。其次，他发现，循环期大致为十年，这种循环在他的资料中表现得特别明显；正是他发现了大陆，虽然在他之前，一些作家曾发现了大陆附近的一些岛屿；接着他便提出了商业循环的形态学，把商业循环分为若干“阶段”（上升、“爆炸”、清算）。虽然图克和奥弗斯东也曾从事这一工作，但商业循环的现代形态学却始自朱格拉。在相同的意义上，“周期性”也是朱格拉提出来的。当他宣称他未借助于前人的理论或假说而发现了“危机的规律”时，他指的便是这种有关“周期”过程的形态学。① 第三，他进而试图解释这种周期过程。他的解释的主要特征是采用了一种近乎理想的方式，把“事实”与“理论”相互交织在一起。实际上，关于导致下降趋势的因素（银行掌握的现金减少，新的购买不足），他的大多数意见没有什么价值。但他对萧条的性质所作的诊断却极为重要，他用以下名句简练而有力地表达了萧条的性质：“萧条的唯一原因是繁荣。”这意味着，萧条只不过是经济体系对先前的繁荣造成的形势所作的适应性变化，因而，循环分析所要回答的根本问题也就变成了这样一个问题，即：是什么带来了繁荣——然而，对于这个问题，他未能作出令人满意的回答。

经济学家最初跟不上朱格拉的步伐。但后来，大多数经济学家，甚至那些比他更倾向于相信关于“萧条原因”的特殊假说的人，都采用了他的一般研究方法——以致朱格拉的著作今天读起来就

① 朱格拉似乎没有考虑以下事实的含义，即：不能认为他的 9—10 年的循环是他的资料中唯一的波浪式运动。后来的研究者很自然地发现了另外一些运动。至少应该提到 N. D. 康德拉节夫（1922 年）和约瑟夫·基钦的名字（关于这两个人及其他前辈，参看米切尔：前引书，第 227 页和第 380 页）。但我们只能提及这条发展路线。后人所取得的进展并未缩小朱格拉的功绩，实际上反而提高了他的历史地位。

像个用很原始的方法讲述的古老故事。而在这一时期结束时出现了一本著作,它一方面完全是朱格拉精神孕育出来的;另一方面则创立了当代循环分析最重要的一部分,此书便是韦斯利·C.米切尔的《商业循环》。[①]

(b) 共同基础与敌对“理论”。由以上叙述可以看出,该时期确立了一种方法,至少是确立了一种方法的基本原理,到该时期结束时,大多数商业循环分析家都采用了这种方法,而且它将为我们时代的大部分著作所采用。不过,分析家们不仅仅是在方法上意见一致。到该时期结束时,有关各循环阶段的特征或征兆的各种一览表——不同的经济学确实列出了这种一览表或可以列出这种一览表——看起来非常相似。不仅如此,到该时期结束时,大多数研究者同意,或理所当然地默认,厂房设备生产所特有的波动是造成循环波动的根本原因。那么,他们怎么会同意这一点的呢?看来一定有很广泛的共同基础,确保他们作出基本相同的努力,得到基本相同的结论。可是,概括地看一下该时期的文献,我们会发现,情况根本不是这样。相反,我们似乎只能看到意见分歧和敌对的努力,意见分歧如此之大,敌对情绪如此之强烈,以致有损于这门学科的声誉,甚至让人觉得荒唐可笑。不过,矛盾只是表面上

① 《商业循环》(1913 年);完全重写版:《商业循环:问题及其背景》(1927 年);A. F. 伯恩斯和 W. C. 米切尔:《商业循环之测量》(1946 年)。不过,说米切尔教授的研究方法得自朱格拉,并不比说“哈佛晴雨计”的发明者在主观上依赖于朱格拉有更多的含义。我要指出的只不过是,那种方法的客观发展路线——“科学思想的传接”,是一客观过程,它可以涉及但并不必然涉及主观关系。与此相同,虽然门格尔听说戈森,是他提出其边际效用分析很久以后的事,但从客观顺序上说,戈森在时间上则排在门格尔的前面。

的。对特征表抱有一致意见，即使是抱有完全一致的意见，① 也不意味着对各种特征相互之间的关系抱有一致意见，使每一分析图式或商业循环“理论”具有个性的，正是对这些关系所作的解释，而不是特征表本身。即使人们一致认为厂房设备(“资本品”)工业的活动是循环波动的显著特征，这也不能确保得到一致的结论，因为这远未解决具有决定意义的问题，即如何解释这一特征。而且，为了避免误解，必须立即强调指出，不管各循环阶段的显著特征是什么，其本身都不一定包含导致循环波动的“原因”，这种“原因”可能在别处，例如在消费领域。但尽管如此，有一点仍是正确和重要的，那就是，意见的一致程度要大于混乱的表面所显示的程度，虽然大多数分析商业循环现象的专家提出的理论看起来迥然不同，但他们实际上都是从一共同基础出发的。

I. “相对于消费而言，建筑行业幅度较大的波动”，是“产业波动”最明显的一个“一般特征”，② 凡已学会把循环当做一个整体来看待的人，③ 都会注意到这一事实，虽然如果只考察萧条阶段，也许不会注意到它。然而，要自觉地认识到这一事实并意识到其极端的重要性，则需要花费时间。非常粗略地说，我们可以把这一成

① 意见是基本上一致，而不是完全一致。举一个例子便可以说明这一点：谁都承认，在循环过程中，价格会以特有的方式变动；但它们的变动并不十分规则，在一些繁荣阶段，价格可能不上升；这便为是否应把价格包括在“正常”特征表内的问题留下了意见分歧的余地。

② 皮古：《产业波动》(1927 年)，第一编，第二章。

③ 有意思的是，瓦尔拉把以下事实看作是常识，这个事实便是：新资本的生产是以高潮和低潮交替出现的方式进行的——高潮的特征是高贴现率和高价格，低潮的特征是低贴现率和低价格；瓦尔拉(于 1884 年)认为这个事实就是我们所谓延续时间大约为十年的商业循环。他没有引证朱格拉，而是引证了杰文斯。(《应用经济学研究》，1936 年，第 31 页。)

就——或这一成就的决定性部分——同杜冈—巴拉诺夫斯基的研究工作联系在一起。①不过,他的研究工作的历史功绩仅仅在于强调了这一事实的极端重要性。他用流动储蓄的积累与释放来解释这个事实,这种解释——即他的与众不同的理论——所具有的价值,仅仅在于充当了一个例子,说明即便对于一个有才华的而严肃认真的研究者来说,从充满希望的起点到死胡同的距离也是很短的。

Ⅱ. 在我们目前所讨论的这一领域,阿瑟·斯皮索夫写了一本杰出著作。②他的分析图式先列举出许多可能诱发厂房设备扩张过程的因素,然后毫不费力地用这一过程说明所观察到的所有

① 米哈伊尔·伊万诺维奇·杜冈—巴拉诺夫斯基(1865—1919 年),是该时期俄国最著名的经济学家,在本书的其他地方或许也应该提到他。他的研究工作在方法论方面特别令人感兴趣:他做了许多高质量的历史研究工作;但他也是个"理论家";他以从马克思那里学来的高超方式,把这两方面的兴趣结合成了或融合成了一个更高级的单位。他还从马克思那里学会了如何建立理论,虽然英国"古典学派"和奥地利学派对他也有影响,结果,他的理论体系到头来只不过是个"批判的综合"。无论是他的《马克思主义的理论基础》(1905 年),还是他的《分配的社会理论》,都未留下任何痕迹。这是很自然的,因为这两本书都缺乏思维的严密性,但像他这样才华横溢的人竟然思维不严密,却既令人难于理解,又令人惋惜。较为重要的是他讨论俄国工业资本主义历史的著作(1898 年俄文第一版;1900 年德文译本)和《现代社会主义的历史发展》(1906 年;英译本,1910 年)。在他的数量肯定极为可观的著作中,唯一需要提及的另一本著作,是他讨论英国商业危机史的那本著作(1894 年俄文第一版;1901 年德文版;1913 年法文版),这本著作是他全部著作中最重要的一本,因为它的确留下了痕迹,的确产生了深远而广泛的影响。该书讨论理论问题的第一章,同他的其他理论著作一样,显然写得很糟糕,但其余部分在经济学史上则占有其地位。

② 关于斯皮索夫,参看前面第四章,第 2 节。他的著作之所以进展极为缓慢,主要是因为他勇敢地下决心要单独执行一项详细研究事实的庞大计划——实际上他是在没有任何研究助手的情况下执行这一计划的。虽然他于 1902 年便(在施莫勒主编的《年鉴》上)开始零碎发表研究成果,但直到 1925 年他才在《国家学说袖珍词典》第 4 版第 6 卷上,以"危机"这一词条临时性地发表了全部研究成果,实际上发表的只是未定稿。据我所知,有人正准备出版一较为完整的英文本。

其他繁荣现象，特别注意说明每一历史事例的特殊性。这种对厂房设备扩张的强调，反映在选取钢铁消费量（产量加进口减出口）充当基本指数的做法上。剩下的问题便是，为什么这种扩张最后会导致生产普遍亏本（"生产过剩"），这个问题可以用以下几个因素来解答，如流动资本短缺，某些方面的需求暂时饱和。这种图式的每一分析步骤都为其他图式留下了充分余地，因而它特别适宜于吸收许多其他因素，例如"心理"因素、货币因素、加速度、储蓄不足等。在该图式内，这些因素都能找到自己的适当位置，其重要性不会被夸大，而其他理论则会把这些因素看作是循环运动的发动机。所以，斯皮索夫的分析最接近于有关因素的有机综合，最充分地利用了那一起点的协调力量。而且它还有另一个优点，就是或许除马克思外，斯皮索夫第一个明确认识到，循环不仅不是资本主义演化过程中可有可无的伴随物，反而是资本主义借以生存的本质形态。他还第一个注意到，在一些较长的时期，有利条件使循环的繁荣阶段显得很突出（"繁荣期"），而在另一些较长的时期，萧条阶段则显得很突出（"萧条期"）。然而，他不愿把这些拖得很长的繁荣占优势的时期和萧条占优势的时期合并为"长循环"，也不愿对它们的因果关系作出判断。

极为有意思的是，把斯皮索夫论述循环的著作同罗伯逊论述循环的著作作一番比较。虽然罗伯逊的著作与斯皮索夫的著作毫不相关，但在一些重要方面却有相似之处。①他们在方法上没有相

① D. H. 罗伯逊教授于 1914 年 1 月在《皇家统计学会杂志》上发表了第一篇论文，题为《研究商业波动的一些资料》。这篇论文很重要，却几乎不为人所知。它提供的历史资料支持了这样一种有价值的思想，即循环与新产业对经济过程的影响有某种关系，一些繁荣与铁路建设有关联，另一些繁荣则与钢铁生产、电力、发动机等发明有

似之处。斯皮索夫追随朱格拉,从仔细考察现有统计资料着手;罗伯逊总的说来则是个"理论家",仅仅把最显而易见的事实当作论述的基础,把注意力集中在锻造解释工具上。所以,他们的著作是相互补充的,而不是相互敌对的。他们对循环过程及其因果关系的一般看法是非常类似的。①

Ⅲ. 只要列举几个例子,便足以显示出这样一个事实,即:大多数循环理论只不过是"厂房设备"这一主干上的不同分支。

第一,读者很容易认识到,即便是最纯的货币循环理论也可包括在"投资理论"中。原因是,虽然货币循环理论把循环运动的原因归结在货币方面,但厂房设备工业所受的影响必然要起某种作用。特别是,如果把解释的重点放在货币利率上,则"物质资本"结

关联。虽然罗伯逊未能发掘这一思想,但它却从来没有从他的视野中完全消失。其次发表的是《产业波动研究》(1915 年),该书描绘的图景与斯皮索夫描绘的图景非常相像。他的著名的《银行政策与价格水平》(1926 年;1932 年第三版)增添了货币因素(储蓄、强迫储蓄、信用创造,等等),随后的许多论文详尽讨论了这些货币因素,这些论文大都重印在《货币理论论文集》(1940 年)中。《银行政策与价格水平》(第 5 页)中的一段话,对于了解当代货币分析的秘史极为重要,必须引述如下:"我与 J. M. 凯恩斯先生深入细致地讨论了〔包含货币分析的〕第五、六章的主题,参照他的意见,大删大改地重写了这两章,我想,我们两人谁也不晓得其中有多少思想是他的,有多少思想是我的。"这当然是《货币论》时代的凯恩斯,不是《通论》时代的凯恩斯,但在罗伯逊的著作中也有些论述指向了后者。后来这两位著名人物发生了争执,因而有必要指出,不管导致两人意见不一致的直接原因是什么,他们之间一向存在着以下根本差别:凯恩斯从一开始便把注意力集中在货币方面,集中在货币政策上,而罗伯逊从一开始便强调与货币因素和心理因素相对立的"真实因素"。因此有一广阔领域是罗伯逊自己的,凯恩斯的分析从未渗入这个领域。货币命题在这一广阔领域内所具有的含义——与实际应用关系非常密切的含义,完全不同于这些货币命题单独具有的含义。

①　罗伯逊曾反复表示意识到了这一事实,暗示由于存在着不可逾越的语言障碍而无法与斯皮索夫交换意见,对此他深表遗憾。我相信,只有在经济学中,科学工作者才会表现得如此无能。我这样说并不是想指责谁,而是因为这个事例可以说明一种很普遍的情况,可以解释经济学历史上的许多事情。

构的失调就必然是循环状态中的一个因素，虽然尤其从短期观点来看，例如从霍特里的观点来看，不必把它看作是决定性因素。假如把它看作是决定性因素，便可以得到哈耶克的非货币理论或半货币理论，根据该理论，当货币利率低于边际利润率时，耐久性厂房设备的产量就会增加（也就是"生产时期便会延长"）。

第二，一些作家同意从"投资"这个词的物质意义上，把商业循环主要看作是投资循环，但他们仍可能对循环的"诱因"持不同见解，正因为存在这种分歧，他们的理论才互不相同的。例如，所谓"恒动"理论满足于这样一个事实，即：萧条本身会自然而然地产生有利条件，先是有利于复苏，然后是有利于新厂房设备的生产。再举一个例子，英格兰夫人较为敏锐地感到需要找出一更令人信服的原因，她因此而把注意力集中在了企业发起人的活动上，或者更为一般地说，把注意力集中在了闯入企业家视野的新技术可能性或商业可能性上。①

第三，不管是什么诱发了繁荣，我们都可以通过强调以下不容置疑的事实而得到一与众不同的理论，这个事实便是，尽管厂房设备的生产是某一因素诱发的，但厂房设备是需要一段时间才能生产出来并投入使用的——在这段时间之内，那一诱发因素的力量丝毫不会减弱。过了这段时间，便会有愈来愈多的产品涌入消费品市场，从而造成"普遍生产过剩"，也就是价格下跌，使企业从预期的赢利状态变为亏本。如果我们相信这种解释，我们也就得到

① 在明尼·思鲁普·英格兰夫人的许多令人感兴趣的论文中，特别应该提及以下两篇，一篇是《创立企业乃危机的原因》，载《经济学季刊》，1915年8月，另一篇是《危机循环分析》，载《政治经济学杂志》，1913年10月。

了所谓“滞后循环理论”。如果我们把强调的重点主要放在成本项目价格的上涨上，而不是放在消费品价格的下跌上，便可以得到该理论的另一种形式。前者可以由鲍尼亚丁和阿夫塔利昂的著作代表，后者可以由莱斯居尔的著作代表，不过，这三个人都减轻了最初强调的那个因素所受的压力。①顺便说一句，我们由此可以推论出，说商业循环主要是价格循环，其含义可能同说商业循环主要是投资循环完全一样。

第四，同前一时期一样，该时期也有许多理论以这种方式或那种方式，把萧条归因于一般货币收入的不足——更为准确地说是归因于货币收入未能与实际的或潜在的消费品生产同步增加②——或归因于人们的储蓄习惯，或最后归因于某些阶级的收入不足和另一些阶级的储蓄习惯。前面我已经谈到，这些理论之所以具有不可摧毁的活力，是因为它们对大众具有吸引力。它们能够存在下来，正是因为具有这种吸引力——在漫长而严重的萧条时期，这种吸引力特别强烈，而不是因为它们的分析基础有什么大的改进。然而，当时占支配地位的科学见解仍然对它们很不利，

① 门特·鲍尼亚丁:《经济危机与资本过剩》(1908 年)，增订版的标题是《经济危机》(1915 年俄文原版;1922 年法文译本);A. 阿夫塔利昂:《周期性的生产过剩危机》(1913 年);J. 莱斯居尔:《普遍的和周期性的生产过剩危机》(1906 年;1923 年第三版)。特别值得注意的是，这三位作家，尤其是后两位，都严格遵守朱格拉的方法论原则。

② 这有时被称作“价格制度的裂缝”，同时也可以用以下说法来表达:在资本主义社会，生产扩张通常伴随有物价下跌(“通货紧缩”)这一长期趋势。虽然很多人注意到了这一事实，但却几乎没有人从其根本意义上考察它，这在很大程度上代表了经济学中流行的思维习惯。一些经济学家——我认为马歇尔就是其中之一——正像 A. 斯密赞许“价格低廉和数量充足”那样，以赞许的口吻提到这个事实。对于另一些经济学家来说，它只不过是个“裂缝”而已。我们所能报道的最好情况是，一些作家指出，物价下跌如果是降低成本的改进所致，则不会带来失调;另一些作家指出，补救物价下跌的货币措施会带来特有的失调(利润膨胀)。

借用凯恩斯勋爵的恰当词语来说，它们仍生活在科学的底层社会。当时的情况对这些理论如此不利，以致大经济学家甚至不屑于作那些显然不得不作的让步。之所以需要作让步，其原因是，虽然只要过度储蓄理论主张储蓄是失调的、终极的、独立的"原因"，反对这种理论的论点就是有力的，但是，绝不应否认，一方面，在储蓄—投资机制中有许多障碍；另一方面，在储蓄以外的原因造成的萧条中，储蓄总会使事情变得更糟，特别是如果像在萧条中常见的情况那样储蓄采取窖藏的形式，就更是如此。但是，流行见解的领袖们虽然偶尔对此有所觉察，①却未能对其进行全面的考察——这个事实可以说明近代经济学史上的许多事情。他们显然很不重视储蓄可能造成的失调，甚至不重视用于偿还银行贷款的储蓄在循环中所起的作用。因而留下了很大一片旷野未设防，今天的经济学家回过头来看一下，在这片旷野上似乎有一光辉灿烂的光圈，当中矗立着 J. A. 霍布森的形象。实际上，光圈中并不是只有霍布森一个人。霍布森也未预示当今的凯恩斯派学说。但我们的讨论将仅仅限于此人。②

在大多数情况下，消费不足理论与其他理论之间并没有鲜明的分界线。一些消费不足理论，虽然并非所有这类理论，也可以用货币意义上的或"实物"意义上的生产过剩或投资过剩来表达，因而可以很容易看出，它们只不过是厂房设备这棵树上的另一分支。这一点在霍布森鼓吹的那种过度储蓄理论中表现得特别明显。

① 关于马歇尔对此的觉察，参看凯恩斯的《通论》，第 19 页注释。

② 参看上面第五章第 2a 节。与本节主题关系最为直接的两本书是：《工业制度》(1909 年)和《失业经济学》(1922 年)。

当今喜欢把储蓄看作是反面角色的大多数作家断言,祸根在于储蓄者既不把钱花在日常消费上,也不把钱花在"资本品"上,于是问题便在于说明,人们为什么存了钱而不愿投资,由此而带来失业,并使大量资金处于闲置状态。[①]但是,虽然霍布森注意到了事情的这一方面,他却不那么合乎逻辑地用与此完全不同的论证解释循环波动及随之而来的失业。在他看来,储蓄之所以会交替带来繁荣和萧条,恰恰是因为储蓄者投资过快,致使经济发动机的生产能力增加过多,产品因此而无法以成本价格出售。这可以称为"储蓄导致生产过剩"的推理方法,肯定不是凯恩斯的推理方法。但霍布森同他之前的杜冈—巴拉诺夫斯基一样,进而指出,大部分储蓄是属于富人的,并利用这个事实得出了以下命题:造成循环波动及随之而来的失业的终极原因是收入不均等。由此我们便可以理解,为什么那些只对与政治有关的结果感兴趣的经济学家,会把霍布森尊崇为凯恩斯的先驱。[②]

第五,只是为了方便,我才把马克思放在了所举例子的最后。公平地讲,应该把他放在第一位,因为他比任何其他经济学家都更加认为循环与生产过程和厂房设备的运行是一回事。

无论是追随者还是敌人都很难认为马克思提出过明确的循环理论。其原因显然在于马克思生前未能系统总结自己有关这一主题的思想,致使其循环理论成了其著作中"未动笔写的"伟大"篇

① 以这种方式来看这个问题,当然与现今的分析主要是短期分析有关。在短期中,只有当储蓄被窖藏起来的时候,储蓄才会带来麻烦;如果很快地把它们用于投资,则它们首先将维持经济活动;而它们的长期影响在短期分析中却看不出来。

② 正如凯恩斯勋爵本人指出的(《通论》,第23章,第六节),卡塞尔更有权享有此项荣誉。

章”。但还有另一个更为基本的原因。他讨论的是资本主义的演进。他所写的全部东西，甚至他所描绘的静止社会的图式，都是用来阐明这个主题的。资本主义的演进将以该制度的崩溃而告终。但他早先认为——在《共产党宣言》中就是这样认为的，当前的危机是这种崩溃的预演，也就是说，只要危机愈演愈烈，就会导致资本主义的最后崩溃（“革命”的经济补充）。① 所以，资本主义现实的所有因素都直接或间接地与他对循环现象的想象有关。“未动笔写的那一章”也许将总结他对资本主义的全部分析。而他的整个分析则集中在（1）“实物资本”的生产和改变其构成（不变资本相对于可变资本而言不断增加②）的因素上。这些是起统帅作用的概念，必须把他提供的有关循环的线索归属在它们之下，若没有这些概念，有关循环的线索便会显得互不相关，甚至相互矛盾。当然，他提供了许多线索，例如：资本家（不管报酬如何）不可抑制的积累欲望，正是这种欲望导致了投资活动的突然增加——这是最站不住脚的论点，不过他用以支持该论点的各种论据却涉及一些较为实质性的因素；经常存在的带来狂热与恐慌的刺激（恩格斯对此

① 马克思因此而必须假设，可能的话还必须证明，危机将随着时间的推移而愈来愈严重。希尔费丁（于 1910 年）放弃了这个论点，考茨基最后也放弃了这个论点，尽管后者在 1902 年曾煞费苦心地竭力为它辩护。该时期大多数其他循环分析家或者对这个问题不发表意见——我认为这意味着他们看不出萧条会加重或减轻的原因——或者倾向于采取相反的观点。重要的是要记住，这种相反的观点可以指两件不同的事情，一是基本波动的幅度将缩小，二是人们将学会控制表面现象和结果（投机、诈骗、银行倒闭、失业造成的支出缩减），从而观察到的波动幅度将缩小，虽然基本过程依然如旧。不过，据我所知，任何较为有影响的著作都未明确作这种区分。

② 不变资本当然与厂房设备不是一回事，但后者的相对增加却是该过程的显著特征。

作了生动但肤浅的描述);利润率下降趋势(不管是不是有令人满意的原因);生产过剩和资本家作出的决定混乱不堪(变化无常);反复出现的再投资期(物质生产工具的更新)及随之而来的活动缩减期。还有其他许多线索,特别是其中有一个明确把劳动群众的消费不足看作是"所有真正危机的终极原因",认为劳动阶级消费不足,使资本家无法"实现"那"存在于"已生产出来的商品中的剩余价值。然而,与此相矛盾的证据使我们不能认为马克思提出了消费不足循环理论,不过仍然可以这样说,马克思认为消费不足是导致最终停滞状态的一个原因。[①]

无论是上述每一个线索,还是它们加起来的总和,都不等于循环理论。就马克思本人而言,分析史学家在评介了他的基本思想后,在指出他对货币和信用的处理特别不能令人满意后,就应该搁笔了。尽管如此,还是有一些马克思主义的循环理论。但不应把这些理论归之于马克思,而应归之于其创立者。一些马克思主义者选用适合自己口味的线索,另一些马克思主义者则试图在马克思主义的基础上发展自己的思想。这两类人是在提供"未动笔写的那章"的替代物,而不是在根据马克思本来的思想修复这一章,当然他们都深信是在解释马克思,而且总是记得很清楚并非常珍惜实际发生的危机与资本主义最后的大灾难之间的关系。在这样

① 与消费不足论相矛盾的证据,在马克思的著作中到处可见。例如参看《资本论》,第2卷,第476页,在该页,马克思断言,在危机爆发前的时期,工人阶级得到的可消费产品所占的份额会增加。增加这段话分量的与其说是以下两个事实中的前一个,还不如说是后一个,一个事实是,马克思在说上面那段话的前几行宣称,认为危机起因于"缺乏有偿付能力的消费者"这样的命题"纯粹是同义反复",另一事实是,这个命题是合乎逻辑地从马克思本人的图式中得出来的。

简短的概述中，不可能一个一个地考察这些理论。①

(c) 其他方法。我们不可能考察该时期的所有其他关于经济波动的性质和因果关系的思想，但却有可能也有必要指出，这些思想大都是从单纯的观察得出来的，而且必然会受到这样一些经济学家的欢迎，这些经济学家致力于发展经济静态学，把经济静态学看作是经济学的核心。好我们在前面已经看到的，他们很自然地夸大了经济静态学的重要性。他们在经济静态学中看到的东西要比我们看到的多，也就是说，他们看到的不仅仅是逻辑图式。逻辑图式对于澄清某些均衡关系是有用的，但其本身却不直接适用于给定的实际生活过程。这些经济学家没有认识到，许许多多极为重要的现象是这种逻辑图式所不能包含的，而喜欢认为自己已掌握了所有基本的、"正常的"现象。因而从这种分析观点来看，很自然地可以在经济系统之外，②或在以下事实中寻找所观察到的波动的"原因"，这个事实便是，经济发动机与其他发动机一样，绝

① P. M. 斯威齐的著作在这个问题上显然想把马克思转变为凯恩斯主义者，因此而受到了一些损害，但事实将再次证明，他的著作对于进一步研究这个问题是极为有用的。至于其他人写的著作，我将仅仅重复一下已经提到过的人的名字：O. 鲍尔、布哈林、格罗斯曼、希尔费丁、考茨基、卢森堡以及施特尔伯格。据我所知，对马克思本人观点的最佳分析，是 H. 史密斯在《马克思与商业循环》一文中所作的分析，这篇文章刊登在《经济研究评论》1937 年 6 月号上。

② 从外部作用于经济体系的因素，称为外部因素或外生因素，利用这种因素进行解释的理论，称为外生（有别于内生）理论。不过，应该记住，这个概念的含义，并不像表面所看到的那么明确。一方面，它的内容将根据我们把什么包括在经济系统内而变化：每个人都把不可控制的自然事件排除在外，但并非每个人都把"政治"排除在外。另一方面，即使我们从这个概念中排除"商业行为"理论所不包含的一切因素——虽然在像中央银行行动及类似的情形中，做到这一点是很困难的——该概念的内容也仍然会根据我们赋予内生过程以什么样的含义而变化，内生过程可以仅仅指由初始情况唯一确定的过程（丁伯根所说的内生过程），但同时也可以指受这样一些因素影响的过程，这些因素在初始情况中是不存在的，例如未预料到的新生产方法的引入。

不会运行得很精确。对观察到的波动采取这种态度,是另外一类理论的共同根源或共同特征,这类理论乍看起来似乎彼此毫无关系。[①]我们将举出三个例子。

第一,在影响经济生活的所有因素中,最为外在的因素是气候造成的收成变化。这是 W. S. 杰文斯、H. S. 杰文斯(前者的儿子)和 H. L. 穆尔为解释商业波动而牵强地使用的一个因素。[②]

第二,利用经济发动机可能发生故障这一事实来分析商业循环,可以有各种各样的方法。最直接的方法是把责任归之于一般的不确定性,一般的不确定性会致使人们作出"错误的"决定。但是,因为这种不确定性在许多方面是由私人企业经济的根本性质造成的,所以我们也可以直接谴责这种经济制度。[③]而且,因为除非个体错误绝对一边倒,否则便不可能令人信服地证明它们会带

① 另一类或许会与我们的理论交叠的理论,也可能与该时期最优秀的理论家过分相信均衡分析有关。这类理论可以称为"比例失调理论",因为它认为循环波动的根源在于不同种类的价格和产量之间的"失调"。人们只要把萨伊定律当作循环分析的起点(不一定当作一般经济理论的起点),就自然会有这种思想,而且这种思想很容易用所观察到的一些非常明显的事实来证明。我们可以举出许许多多愿意接受这种思想的经济学家,虽然他们大都不是分析商业循环的专家。但我并不想讨论这种理论,因为只要它不与引起比例失调的确定因素相联系,比例失调就是个空洞的词语,因为一旦与引起比例失调的因素相联系,这种理论的特征就将是这些因素而不是比例失调本身。不过,作为这种理论的一个例子,我们可以提及 E. 莱德勒的《市场情况与危机》(见《社会经济学概论》,第四编,第十一章,1925 年),该文所作的分析就强调了某种——主要由时滞引起的——比例失调。

② W. S. 杰文斯的论文重印于《通货与金融研究》(1884 年)一书中;H. S. 杰文斯:《太阳的热量与商业活动》(1910 年);H. L. 穆尔:《经济循环:其规律与原因》(1914 年)。

③ 读者应认识到,这种"解释"很容易退化为一般原则,这种一般原则既是不容置疑的,又是毫无实在意义的。这方面的一个范例是以下说法:"商业循环……的'原因,……在于货币经济中人的习惯与风俗〔制度〕……"(L. K. 弗兰克:《商业循环理论》,载于《经济学季刊》,1923 年 8 月)。

来大波动，所以不得不相信“乐观主义和悲观主义的浪潮”。这种观点当时很流行，后来受到了像皮古和哈罗德这样一些权威人士的青睐。[①]还有其他许多类似的观点，它们都不乏真理因素，但都不能担负它们肩上的重担。

第三，只要我们看不出有充足理由相信私人企业经济制度会由于其本身的逻辑产生一般波动，我们就可以很自然地推论出，每当某些足够重要的事情不管由于什么原因出了毛病时，经济就会发生波动。罗雪尔就曾发表过类似的见解，而像庞巴维克这样的伟大人物也曾认为，[②]无论是循环还是危机都没有一般性的解释，因为它们属于经济论著的最后一章，在这一章，人们应该列举出导致循环或危机的所有可能的原因。我觉得马歇尔或许会同意这种观点。这种观点包含着要比初看起来更多的内容，虽然朱格拉的成就足以使人看到它的不足之处。它考虑到了，同时也过分强调了忠实的“理论家”常常忽略的一个事实，即：每一循环在某种程度上都是历史的偶然，分析每一循环时，主要应该考虑各种因素的独特组合。而且，它还有效地杜绝了所有那些只用一个因素来解释循环的做法，这种解释依据的仅仅是其作者对某一因素如储蓄或剥削的极端厌恶。最后，它导致了人们去仔细研究各种机制，循环

① 参看皮古的《产业波动》(1927 年)和哈罗德的《商业循环》(1936 年)。不过，为了公平地对待这两位作家，必须补充一句：他们对我们理解循环现象所作出的重要贡献，完全与他们对这种理论的偏爱无关，也几乎没有受到这种偏爱的损害。在英国，罗伯逊教授是这一理论最著名的反对者。

② 我可以肯定他说过这样的话，但却标不出其出处。如果我没记错的话，他是在一篇评论中说这番话的。〔读过这部著作手稿的哈伯勒教授认为，熊彼特指的是庞巴维克评论 E. 冯・伯格曼的《国民经济危机理论史》(1895 年)的文章，载于《国民经济杂志》，《社会福利政策与管理》(第七卷，1898 年)。〕

分析由此而向前推进了很远,虽然并没有走完全程。不过,由于必不可少的分析工具发展很缓慢,这方面的成绩大都是战后取得的。①〔循环分析在战后的发展,参看下面第五编,第四章《动态学与商业循环研究》。〕

所有这些,连同上面第 8 节的论述,似乎证实了我们的论点:除了技术上的改进外,当今商业循环分析所使用的主要方法和解释原则,都可以追溯到 1914 年以前。这个例子说明了思想发展或传接的连续性。由于自觉的努力完全朝着另一方向,这个例子就更加令人感兴趣了。当时"在客观上"完全有可能进行令人较为满意的综合,从而不遗漏每一重要事实,为进一步的研究奠定良好的基础。那么人们为什么没有这样做呢?答案似乎是:客观可能性是一回事,实现这种可能性则完全是另一回事,研究史并不比任何其他历史更能忽略人的因素。当时经济学家常常陷入无谓的争论,迷恋于自己提出的概念和重点。他们虽然也艰难地取得了一些可喜的进展,但却没有一个人能摘下王冠上的宝石。②

由于我们当中的许多人习惯于毫无根据地批评那时的分析工作,因而应该补充一句,当时的经济学家并非没有解释失业现象,他们的解释也并非一眼就可以看出是不适当的。读者只要再看一下上面提到的各种思想,琢磨一下它们对失业的含义,就可以明白这一点。假如有人作一番综合平衡工作的话,则我们会看到,当时

① 不过,该时期的一些作家已运用了"加速原理"(参看哈伯勒:前引书,第 85 页及以下各页)。而且有些论著虽然没有受到人们的注意,却预示了后来的发展。例如,"长周期"就是由 S. 本纳早在 1876 年发现的(参看本纳的《对未来价格上涨和下跌的预测》)。

② 战后,最接近于摘下这块宝石的人是皮古。

的经济学家已考虑到了部分的与全体的、技术的与“货币的”、暂时的与“永久的”等各种类型的失业——甚至考虑到了我们现在所犯的错误。有人指责那时的经济学家把所有失业都当作摩擦性失业来处理，我认为，只有当我们极为宽泛地界说摩擦性失业，使上述指责成为同义反复时，这种指责才是正确的。①

但是，却可以从另一方面指责那个时期的绝大多数经济学家（假如考虑到当时的分析形势，真的可以称其为指责的话）：除极少数人外，其中马克思是最有影响的一个，他们都把循环看作是从外部强加在资本主义正常生活过程上的一种现象，通常把它看作是病理现象；大多数经济学家从未想到可以把商业循环当作材料，用以建立有关资本主义现实的基本理论。②

① 这种指责只有改写成以下形式，才显得较为有道理，即：那个时期的分析家，特别是马歇尔，虽然不否认失业的长期存在这个事实，但却把充分就业看作是经济体系不断“趋于”逼近的“标准状态”。如果“标准状态”这个词指的是完全竞争条件下的完全均衡这种逻辑图式的一个性质，那么这种指责便是不能成立的，因为可以证明，在这种逻辑图式内实际上不存在非自愿失业。如果“标准状态”这个词指的是现实的一个性质，指的是资本主义经济在实际运行时趋于接近充分就业并趋于保持这种状态，直到发生什么事情使经济脱离充分就业状态为止，那么我们便可以说，瓦尔拉和马歇尔派经济学家没有充分意识到这种趋势的存在所受到的限制。但也只能作这样的指责。

② 〔当然，这正是熊彼特本人在他的不朽著作《商业循环：有关资本主义过程的理论的、历史的和统计的分析》（两卷本，1939 年）和在他的早期著作《经济发展理论》（1912 年；1926 年修订第 2 版；1934 年英译本）中试图做的。〕

第五编

结论　现代发展的梗概

第一章 〔引言与计划〕

1. 本编的计划

2. 过去二十五年间理论经济学的进步

(a) 关于这次专题演讲范围的引论

(b) 马歇尔—维克塞尔体系及其发展

(c) 经济动态学

(d) 收入分析

(e) 这次专题演讲的概括

〔3. 背景与形态〕

1. 本编的计划

我们再度在程序上改变一下常轨。前面三编的概述，确实远不是完备的。但尽管不完备，它们却力求把综合的全貌和盘托出。就通常意义上的科学经济学而论，没有什么重要人物、著作或运动被遗漏——至少是没有存心遗漏——我已经尽我所能地接触到了较为重要的经济学本身的以及与其他学科邻接的问题。在本编中，我们将不再按照原来的计划继续下去。我们的考察，在巡视过了马歇尔—维克塞尔山脉周侧的丘陵，并对古典学派在 1900 年前后的形势投以最后一瞥之后，从某种意义上说，就算结束了。如果还继续写下去，也是由于与前不同的并且是颇为有限的目的所驱使之故。下面这些似乎都是值得去做的事情：第一是指出过去那段时期的成就在我们时代的进展；①其次是指出有哪些脱离了它与超越了它的发展路线；第三是试图对当代的努力进行一番考察并推测一下它的未来。这样的考察，充其量只能为我们提供重要轮廓的鸟瞰，而细节的检视则一概从略，一切与其他学科邻接的领域也只好置之不问。此外，这样的考察还不能不是具有高度的选择性的。

我不能开列出来我将弃置哪些东西于不顾，但是我将举两个人为例来说明一下这个问题，这两个人就是戈特尔和史盘。他们的迥然不同的学说的流传——这明显体现在他们的追随者写有相当多的著作一事上——影响了许多人。从这个意义上来说，他们的重要性可能超过任何两个在经济理论上富有影响的专家。但是，对我们来说，他们却并不重要，我们关心的是那些经济理论家。一个人写了一本农业技术学史一事，并不证明他认为农业技术学史比宗教史更为重要。只有那些实际从事诸如本书所确认的那种分析工作的作者——或者任何其他同类型的人——才是我们所关心的对象，而对他们的忽略才应招致他们或他们的门人的异议。

① 〔在相当大的程度上，熊彼特已在第四编中完成了此项工作。值得回顾一下，熊彼特在第一编中概述本书的计划时曾写道："第四编将要叙述分析的经济学（或科学的经济学）自'古典'时期之末起，至第一次世界大战时为止的命运，而对某些问题的发展过程的叙述，则将（为了方便起见）一直叙述到目前为止。第五编仅仅是现代发展的一个梗概，由于在第四编中刚刚作了一番展望，因此第五编的负担就相应减轻了，第五编的目的，不过是意图帮助读者了解一下现代的工作是如何与过去的工作相衔接的。"〕

这不是很明白的事吗？

〔熊彼特根本没有完成这一编的引言，有一些他计划要写的主题也没有包括进去。作为这个应该完成的引言的替代物的，乃是下一节五个演讲的摘要。他草拟这个摘要时，他也正在计划第五编以及第四编最后两三章的内容，因而也许这五个演讲的摘要也就概括了熊彼特所考虑的最近的进展的主要脉络。

至于熊彼特实际上准备在这个结论编中加以叙述的东西(除了下面的第二、三、四、五各章之外)，还有些什么，只能根据两页简略的提示速记(大多字迹潦草得令人头痛)来加以猜测，这些提示速记在本书后面的附录中复制印出。他在提示速记中开列了“第五编中仍付阙如者”：

1. 摩根斯顿及冯·诺伊曼的《博弈理论与经济行为》(1944 年)；

2. 里昂惕夫的线性规划；

3. 收入分析——社会核算；

4. ……切纳里(生产函数运用)……弗里施；

5. (好几行速记提示)。

从本章第 3 节第二段中，可以看出，熊彼特还想评论一下“前所未有的大量统计资料”，并评论一下显示“经济理论与统计方法之间的新关系”的经济计量学。〕

2. 过去二十五年间理论经济学的进步[①]

(a)关于这次专题演讲范围的引论。 第一次世界大战使所有国家的

① 〔熊彼特 1948 年 1 月在墨西哥大学经济学院以此为题作了一次包括五讲的演讲，其内容大体与第五编所安排的相一致(部分地在第四编中已先述及)。下面就是那些演讲的摘要，它是在演讲前写好以便译成西班牙文的，因其可代替本编引言与计划，所以把它放在这里。引言与计划事实上未曾写就。把这个摘要的全文付印，会引起一定的内容重复，但也只好不去管它了。摘要中所夹入的方括弧中的附注，是用以说明在本书的何处该项主题已经加以论列的。这些演讲自然是为包括有各种各样的人在内的混合听众而安排的，因而内容必然较为一般，较为浅显。〕

经济政策发生了彻底的变化，变化后的形势一直持续至今。这首先是由于所有国家不得不正视政治经济形势所带来的前所未有的新问题；但是，这个政策上的改变还由于战争彻底打乱了政治比重的前此分配情况。这样一来，我们不但看到了新的问题与新的形势，而且也看到了新的对待这些问题与形势的态度。

经济学与政治经济学。　经济学家们跟随着时代前进，他们对于实际问题的观点也发生了重大变化。这些观点的总和，连同作为这些观点的基础的社会价值纲领，我们将称之为“政治经济学”。因此，我们说，1918 年后兴起了一种新的政治经济学。尽管论述一下这种新的政治经济学并探究一下它的社会学根源，将是一件有趣的事情，但是这不是我们这次演讲的任务。关于经济政策的新观点，只有在它们与科学的经济学的发展有所关联的限度内，我们才考虑它们。

在我们看来，科学的或分析的经济学与政治经济学不同，它是指经济学家们旨在用以解释经济生活现象的那些事实资料与方法的整体。分析经济学与政治经济学之间的区别可以用医学院所讲授的各种学科之间的区别来加以类比说明。在一所医学院，有外科教授、内科教授等等来讲授医治病患者的实际技术，但是也有一些教化学、生理学、生物学的教授，他们所教的是那些实际技术的科学基础，而不是那些技术本身。我们所关心的正是与后者同性质的那些分科。

经济学与经济理论。　我们还得进一步限制一下我们论究的对象。也许科学的经济学中所出现的最为重大的进步乃是我们对事实的掌握程度的大为加强。各种类型的事实报道增加到了超过以往几代人最为大胆的想象的程度，但是，我们的时代在这方面的特征却是统计报道的加强，它的数量巨大得为科学研究开辟了崭新的途径。在统计资料增加的同时，统计方法也有了同样重大的发展。但是，我们将不去管这些，而只集中我们的注意力于那个叫做“经济理论”的有限领域的发展。

关于经济理论的性质、用途及其界限，仍然流行着许多误解，因此有必要解释一下我们的看法。过去有一段时期，所讲的“经济理论”恰恰就是我们前面所说的“政治经济学”：曾经有过“自由主义的”或“社会主义的”或“重商主义的”理论，所有这些理论或多或少都是政治上的教义，至少是对一些实际问题提出的建议。这不符合现代观点。在现代经济学家的心目中，理论不过是一种研究工具。经济理论的这个工具特性，可由用以解释经济理论与经济政策之间关系的那些例子来加以说明。

正是由于经济理论仅仅是一种研究工具，因此，离开了由统计资料或非统计的描述所提供的事实，就不能产生具体的结果。十六、十七世纪的西班牙经济学家们已经认识到了这一点。但是，统计资料与理论经济学之间的结合，却是出现了现代经济计量学后才完成的。

经济理论范围内的进展的主要线索。　使科学获得进展的一条最明显的途径是建立新的起点，也就是说，通过发现新事实，发现旧事实的新方面或发现事实间的新关系，使研究工作改弦更张。物理学史及经济学史上不乏这种例证。但是，还存在着另外一条途径：当我们应用从前人继承下来的概念与定理时，这些概念与定理——我们称之为科学的分析工具——在我们手里发生了变化。我们在这里增添点什么，在那里修正点什么，这样一来，这个工具慢慢就变样了。我们的首要任务是叙述大约在 1890 年至 1914 年之间，一个经济理论的体系是怎样巩固起来的，而从二十世纪二十年代初期起，这个体系又是怎样形成此后的工作的基础并不知不觉地改变了自身的面貌的〔本书第五编，第二章〕。然后再看看一个新的分析工具，即众所周知的经济动态研究，是怎样发展起来的〔本书第五编，第四章〕。再次，我们将考察另外一个新起点，这个新起点主要是和凯恩斯勋爵的名字联系在一起的〔本书第五编，第五章〕。最后，我们将概括一下过去的成就并展望一下最近的将来。

(b) 马歇尔—维克塞尔体系及其发展。　科学的经济学体系建立于十八世纪(贝卡里亚、亚当·斯密与杜尔阁)，经过几番“革命”，体现于约翰·斯图尔特·穆勒的《政治经济学原理》一书中。接着，由于边际效用原理的引进，这个体系又经历了一次革命(杰文斯、门格尔、瓦尔拉)。经过 1890 至 1914 年期间的另一个巩固过程，一个分析工具的理论体系脱颖而出，并具体表现在马歇尔及维克塞尔的权威著作之中。我们将略为论述一下这个体系的显著特征以及它在各国为理论专家们所接受的程度〔本书第四编〕，然后进而讨论以这个体系为出发点再向前进展的主要线索。

单个企业及垄断竞争的理论。　马歇尔及维克塞尔都未曾忽视对单个企业的行为进行分析的任务，但是他们的定理绝大部分是就整个的企业集体

(产业)而言的(除了谈垄断问题时外),甚至是就整个社会经济的有机体而言的。他们几乎没有认识到较为仔细地研究单个企业行为的必要性,而这些单个企业的行为,正是一个产业或整个社会经济现象的基础。在分析单个企业的行为时,理论家们很快就发现,完全竞争或纯粹竞争的情况是一种罕见的例外,不可视为常规;而经济有机体的活动,也并不像完全竞争或纯粹竞争条件下的那样,在平均成本递减的情况下,更是两码事。于是,一套新的定理就出现了。我们将扼要叙述一下不完全竞争理论(罗宾逊)或垄断竞争理论(张伯伦)的主要特征〔本书第五编,第二章〕。

无差别种种。 马歇尔—维克塞尔一代的理论家,不顾帕累托及其他人的异议,照样无批判地应用着边际效用的概念。在二十世纪的二十年代及三十年代,这个概念迅速地被抛弃了,转而采取"无差别曲线"方法。其中缘故以及采取无差别曲线方法的优点所在将简要地加以论列(参见希克斯:《价值与资本》1946 年第二版)〔第四编,第七章,第八节及附录和第五编,第二章〕。由旧边际效用理论转化为福利经济学的后果,只能粗略地加以叙述〔第四编,第七章及附录:效用理论注释〕。

马歇尔—维克塞尔工具的其他改进。 随着科学的严密性的提高,特别是随着经济理论中对数学的应用程度的提高,理论家们在过去二十五年中已经能够对马歇尔—维克塞尔所传授的许多学说加以发展,同时对他们的另一些学说加以修正。替代理论就是一个发展的例子,替代理论创立了替代弹性的概念,这个概念对于简捷地解决过去盈篇累牍、争论不休的许多问题是有助益的(例如机器的引进对于劳动者利益的影响问题即是)。至于修正,则主要表现于更仔细地分析"生产函数"的特性使得旧的生产理论更臻完善〔第四编,第七章,第 8 节〕。

(c) 经济动态学。 经济数量间的关系,只就同一时点而论时,我们称之为静态的。因此,当一定时点(t)一种商品的需要量被认为取决于同一时点(t)此种商品的价格时,就说这是一种静态关系。经济数量间的关系,如果是就不同时点而论时,我们称之为动态的。因此,如果一定时点(t)一种商品的供应量被认为取决于前一时点($t-1$)所流行的价格时,这便是一个动态的命题。"静态的"与"动态的"这些词的上述定义必须与那些曾被使用过、有时还在使用的其他定义仔细区别开来。马歇尔—维克塞尔体系基本上是静态的。

动态理论的重要性。　发展动态理论的必要性基于下列三方面的事实：第一，大多数供求量（无论是制成品的还是生产要素的）以及价格和收入，实际上显然是与其他不属于同一时点而是属于过去的或属于预期的将来的经济数量相联系的。特别明显的是，垄断企业家要想取得的，并不仅只是目前的，而是扩及一长段时间的最大限度的盈利。第二，动态研究将使研究结果大为改观，此点虽不太明显，但事实确是如此。假如我们抛弃了这样的假设即每个经济因素仅与同一时点上的其他因素保持依存关系，那么，全然不同的结果以及全新的现象就会出现，内生变动的现象即其一例。第三，最后，发展动态理论的任务是非常艰巨的，不能指望单是把动态的条件附加到静态理论上去就能完成这个任务。动态研究需要新的技术，而且提出了它自身的一些根本问题。在所需的新技术方面，可以差分方程的理论为例；在新的根本问题方面，可以经济均衡为例，经济均衡，如从动态的角度来考察，将呈现一幅迥异往昔的光景。

一个实例：蛛网问题。　当农民观察（譬如）猪肉与饲料的现行价格时，他们将根据现行的猪肉价格与饲料价格的关系来看生猪的生产是有利可图还是无利可图，从而决定应饲养多少生猪。但是，这个决定只有在一段时间逝去之后才能验证，而这个决定所派生的猪肉供应量却要冲击市场而导致前此存在的猪肉与饲料价格关系的改变；而这个改变又将使农民们得重新考虑他们的决定，如此循环不已。这个“蛛网问题”或“生猪循环”问题，将旨在使情况得以简化的假定下，并借助于简单的图表，加以讨论。丁伯根研究的所谓造船循环问题是同一性质的（见《国际经济文献》1931 年）。〔在经济动态学这一讲的提纲中所列的这些问题在本书第五编第四章中将要论及。〕

(d) 收入分析。　在减少我们必须加以处理的经济变量的数目方面，我们有着强烈的科学兴趣。如果我们力图写下决定无数企业与居民户的静态均衡的那些方程，我们是绝不可能完成这个任务的；特别是，我们无法整理出这样一个体系所必需的统计数字。人们因此想到是否可将变量的数目缩减为少数几个主要的社会总量。这种想法是由来已久的。从一开始，经济学家们就企图从国民收入、国家的工资总额以及类似的一些社会总量下手来进行论究，但是，这个想法系统地见诸实际还只是过去二十五年来的事情。很明显，如果我们能够针对研究的某些目的或针对研究的整个目的，把我们的注意力限制在诸如国家收入、国民消费与投资、货币数量、就业及利率这样一些变量的范围之内，那么，在将理论应用于统计以及将统计应用于理论方面，我们的处境就将大为改善。试图这样去进行的分析我们称之为宏观分析(弗里施)。由于国民收入是我们特别关心的中心变量，所以这种分析又称为收入分析。

凯恩斯理论。　在受到简化经济理论结构的愿望所启发的所有理论体系中，最为成功的要算是与已故凯恩斯勋爵的名字相联系的静态体系了。此外，还有阿莫罗索、弗里施、卡列茨基、皮古、丁伯根、文西等人也都各自建立了他们自己的体系。凯恩斯明确使用的只有四个变量，那就是：货币数量(存款)、消费、投资与利率。在他的体系中，也有收入，但它不过是消费加投资的和而已。由于一切的数量都用“工资单位”或工时来表示，价格水平这个因素就被消除了。就业，根据假定是与以工资单位表示的收入具有严格的比例关系的，因此，就业就与收入密切结合起来了。这些变量通过三种关系而联结在一起：灵活偏好函数、消费函数(其中包含有名的“乘数”概念)以及投资函数。我们将对这三种关系扼要地加以解说。

凯恩斯理论评议。　凯恩斯所提出来的理论是一个宏观静态体系，但是，要把它改变成为一个宏观动态体系并没有多大困难。

关系特别重大的是，凯恩斯不但假设生产方法保持不变，而且假设产业设备数量也是不变的。他的分析因而就只能局限于一个很短的时期之内(三至十个月)。既然技术变动乃是资本主义过程的实质而且是许多问题的根源所在，这个假设就把资本主义现实的突出特征排除掉了。

凯恩斯储蓄理论的新奇之处在于：凯恩斯以前的经济学家向来理所当然地认为储蓄者通常是将他们的储蓄全部用于投资，凯恩斯则假定人们储蓄时并无确定的投资意图，而当他们既已储蓄之后，他们可能决定根本不投资，只将他们的储蓄以货币形式保存起来(《就业、利息和货币通论》1936 年版，第165—166 页)。他的利息理论的独特性，其根源盖在于此。但是，只有在极度的萧条阶段，才会出现储蓄而不投资的现象，也就是说，长期平均而论，十年中只有一年会出现这种现象。资本的边际效率概念与过去的资本边际生产率概念不一样，可是实质上它们所说明的是相同的事实。

凯恩斯的工资理论很有趣，因为它似乎解释了与周期性失业相区别的永久性失业。但只是由于假定了货币工资率是不变的，它才解释了永久性失业。而从来没有谁否认，在这样的条件下，失业会无限期地持续下去。

凯恩斯理论的成功。　我们已经看到，凯恩斯基本上接受了马歇尔的经济理论体系，只是在一些论点上调整了它。但是，这些论点对于解释二十世纪三十年代的萧条来说却是很重要的，因而理所当然地吸引了人们的注意。此外，他那只考察少数几个总量的简化体系很容易理解与掌握。这些在科学方面取得成功的因素必须与其在政治方面取得成功的更为有力的因素区别开来。凯恩斯似乎提出了这样一种论点，即：储蓄这一自从亚当·斯密以来大多数资产阶级经济学家所经常赞赏的重大美德实际上是一种恶行，在他看来，储蓄并不是资本形成的原因，倒是失业与资本毁灭的根子。对于那些由于其他缘故而不再信仰资本主义社会价值准则的人们来说，凯恩斯的这个论点很有吸引力，凯恩斯学说于是变成了——这并非完全合乎逻辑——经济激进主义的旗帜。〔"收入分析"这一讲的所有要点将在第五编第五章《凯恩斯与现代宏观经济学》中加以阐述。〕

(e) 这次专题演讲的概括。　未来的世界将怎样看待 1920 年至 1945 年这二十五年间的经济理论工作，是无法预知的。我们可以综述后人必将加以判断的论点，但是我们却不能断言这些论点所具有的价值。必须铭记的是：我们自己时代的以及今后各个时代的经济理论将绝不再对比较广泛的公众具有那么大的吸引力了，而在过去，当每个有点学识的人都能了解经济理论，当经济理论似乎是要直接建立一些"永恒的规律"以及实际规则的时候，它却是很逗人喜欢的。每个人都可以了解亚当·斯密，只有专门家才能懂得矩阵运算及函数方程；每个人都可以对自由贸易或保护贸易发生兴趣，只有专门家才会去思考确定性与稳定性的问题。

技术方面的进步。　关于我们所考察的这个时期的工作，有一点是可以断言的，那就是，1945 年的理论较之 1900 年的理论，在技术方面远为优越，结果较为确实，论证较为谨严。这件事本身也就意味着成果的数量增多，专门性增强，由此而更加符合无限多样的经济现实的结构。与此同时，也必须承认，本质上全新的观念差不多全付阙如，我们丰富了从前代继承下来的那些观念的内容，而且常常以新的观点加以表述，但是，我们几乎没有增添什么全新的观念。经济周期理论就是一个显著的例子，对此我们将扼要论述，以表明它的主要观念都是1914年以前就已经提出来了的〔本书第五编，第四章〕。

经济理论对经济政策的贡献。　现代的理论不再把自由贸易说成不分时间与地点都是正确的政策了，但是，同亚当·斯密或穆勒所能做到的相比，现代理论能更清楚得多地说明某种保护措施会给各社会阶级的利益带来什么样的后果；现代理论不再论证完全竞争是一种理想了，但是它能指明，对于竞争的某种背离将会带来什么样的后果；现代理论不再一味鼓励储蓄了，但是它将为经济政策完整地描述储蓄的过程以及不同种类的储蓄将给一国的经济形势带来什么样的影响。还可以列举许多其他的例子来说明现代理论家正在发展一套确实不再是那么简单的工具，但这套工具最终将对经济政策作出就像理论物理学对工程学所作的那种贡献。

计划与社会主义。　前面所述对于任何类型的经济计划都是适用的。经济理论逐渐培育着智力工具，要想使计划"合理化"，要想使计划人员知所趋避，以便达到某些既定目标，这种智力工具是不可缺少的。如果社会主义社会可以定义为全面计划的社会，那么，我们进而可以说，现代理论正在为一个真正"科学的"社会主义奠定基础〔第四编，第七章，第5节〕。说纯理论对实践毫无意义，正如说纯机械学对建造我们所需要的机器毫无意义一样，是没有道理的。目标本身，即我们需要何种社会或文化，则由我们自己抉择。科学的任务仅仅在于指出达到目标的手段。

〔3. 背景与形态〕①

非常粗略地说来，我认为，经济分析史的新时期是从第一次世界大战开始的。但是，这只是一个巧合，那次世界大战与这些新趋势并没有什么因果关系，这些新趋势早在1914年以前事实上已经露出苗头了。就像在任何重大事变的时代里所常见的那样，社会公

① 〔显然，熊彼特想在这里非常扼要地叙述一下本时期的背景与形态，像他在第四编第二章中对前一时期所做的那样。〕

众自然地会认为他们所见到的经济现象是完全新奇的，前所未闻的，具有足以完全推翻分析经济学图式的性质的。新的事实是，有些人不是变富了而是变穷了，另外一些人正好相反；有些人的利益得到了政治家们的保护而不再被忽视了，另外一些人的利益却受到了政治家们的打击而不再像往常那样被维护了。但是，在那次战争中以及战后所观察到的经济事实或过程中，却没有什么足以启迪科学的经济学家的新东西。特别是通货膨胀的过程，与老而又老的概念异常符合，这也没有什么可怪的。经济学是一种还远不能令人满意的科学；但是，假若有如战争这样一桩事情，哪怕它的波及面很广而破坏性又很大，就足以推翻经济学中的教理的话，那么，经济学的不能令人满意的程度就必然更大了。

与战争的影响根本没有什么关系的、为经济分析带来一个新时期的发展，可以简要地分列为：第一，拥有了前所未有的大量统计资料；第二，在运用旧有工具的基础上，产生了新的结果；第三，在动态研究方面有所发展；第四，在经济理论与统计方法之间，有了新的联系（经济计量学）。当代工作的这四个方面——它们之间显然又是相互关联的——将在以下各章中加以论述。本章的余下部分则将谈谈"气候"的问题。

我们的时代是一个过渡的时代。诚然，任何时代都必然是过渡性的，但是，我们这里所指的，却不仅是这种含义的过渡，同时还指一种特定含义的过渡，那就是说，这个时代经历着现实的、逼人而来的、带有根本性质的社会变化，不但变化迅速，而且普遍地察觉到了它，并预期着它。很少人会否认这一点。现在最好就来说明一下这个事实与我们这个领域的科学工作有关的两个方面。

首先应该提到的是，对我们当中的大多数人说来认为乃是新的形态与新的问题的出现。在这个方面，重要的是要看到，这些形态与问题在多大程度上只不过是穿了社会学新衣的老朋友，并不是我们在多大程度上确是面临着新的科学问题。首先我们可以说，最近的经济史的情况，正好和我们前面对第一次世界大战期间的经济史所作的叙述一样，社会形态、经济政策与其他政策、经济形势都与前此不大一样了，但是，这件事本身并不意味着它们已暗示了什么新的经济原理，也不意味着，为了要理解它们，还需要什么新的经济原理。因此，那些对外政策(经济的以及其他方面的)，虽然令好心眼儿的老自由主义者们当作新的异端，令热心的观察家们当作重大的发现，但在马利内和米塞尔登看来，正如前面已经说过的，却是老一套。劳动契约不再是“自由的”了，但是，不仅除了相当短暂的历史片刻外，劳动契约从来就不曾是自由的，而且对于一个分析工作者来说，这也并不意味着什么新鲜课题。他所必须要做的事情，只不过是从他的工具箱里捡出不同的模型来进行分析罢了。政治租金——从公共基金中付给不提供相应经济劳务的特定集团的款项——是现代社会的一个显著特征，但是，在路易十五时的社会中，这就已经是一个重要现象了；受领者归属不同的阶级，对于纯粹经济分析的目的而言，并不像乍看起来那么重要。“新政”的赞成者与反对者都认为它是一种新措施。的确，新政在不止一种意义上是新措施。但在我们看来，那个口号所包含的几乎每一项措施以前都已经被考察过并充分地分析过了。当然，事情也并非全然如此，有些事件是可能创造历史的新形势的，现代工业社会所采行的、组织完善的(非布尔什维克的)社会主义即其一例。但是，这也并没有对经济学家们提出什么新问题。社会主义经济理论是现成的，部分地是由彻头彻尾的资产阶级经济学家所完成的。在这个理论创建之时，对于这种纯粹理论性的东西到底是否付诸实际，既没抱什么希望，也没有什么杞忧，从这个方面来看，经济学家应该享有更高一点的声誉。

但是，**从分析工作的角度来看**，仍然有一些形态与问题是崭新的。“疏远黄金”(going off gold)、通货减值、通货贬值、汇兑管制以及货币管理的其他形式，曾经颇受推崇——由于它们也并非总是受到“推崇”，因而又受到了人们的贬抑。事情大体上确是如此，但也不尽然。有一些有关它们的方面确实是我们前此所不及见的，我们已经学会以不同的方式对它们进行考察。此外，理论趋于专门化了——部分地是有意地，但主要仍是无意地——理论家们，通过默契，对同一社会经济形态进行长期的探索。当其特征既已明确，在规范许多命题之时，就要对这些特征都能适应，即使对于那些最不稳定的特征，也要力求适应。假如中央银行实际上只是个财政部门；假如其他银行除了支付支票及购买政府公债的办事职能之外，差不多完全失去了作用；假如市场利率并无多大影响而货币市场与证券交易机构几乎完全瘫痪；假如产业家族的利润动机迅速消失；假如领工资的雇工管理着最重要的公司事务；假如个人勤俭与个人投资不再起作用，由政府开支所派生的收入成为经济过程的常规要素，较高的收入均为赋税所吸收；如此等等——那么，资本主义机器的各个部件的相对重要性就要从根本上受到影响了（有许多部件根本不起作用了，而另外一些原先当然不必重视的部件却发挥着支配性的职能），这样一来，所有的“应用”领域自然就出现了完全不同的局面。理论家们也就要对他们的各种各样的模型重新安排一下它们的比重，其中有一些还要更充分地加以发展，另外一些则可束之高阁。但是，重要的是要看到，问题就仅在于此，从分析技术的角度来看，事情远不像一般人所可能相信的那么严重。

〔原稿未完。下面是许多速记提示，然后是一句话。这句话的开头是："对于现实的、逼人而来的变化的察觉，还以另一种方式影响着科学工作……"〕

第二章 〔源出于马歇尔—维克塞尔工具的发展〕

〔1. 消费者行为的现代理论及"新"生产理论〕

消费者行为的现代理论,作为经济学界(它所感兴趣的主要就是我们所说的理论)实际上应用和作为教学内容的一种学说来说,差不多完全是在这个世纪的过去二十五年中发展起来的。但不管是过去还是现在所取得的成果与方法,主要都是与以下几个人从事的分析工作有关的,他们是费雪、帕累托、巴罗尼、约翰逊,也许不妨加上一个斯卢茨基,他有一篇论文发表已经十来年了,实际上还没受到注意。这就是说,基本观念在第一次世界大战结束以前就已经提出来了,而且不是仅仅以一种未成熟的提示形式出现,而是以就我们看来能被每个理论专家所接受的形式出现,作出此种贡献的主要是一些享有国际声誉的著者。此后的发展只是继续深入,使之明白易懂,加以推演,加以应用,并有时澄清一下论点上的分歧而已,并没有增加什么全新的东西。此种情况与汽车工业的情况颇相类似:现代的汽车,不管有了多少改进,附加上了多少新配件，但和1914年的汽车相比，仍然大体上是一样的东西。①对于至今还会被称为生产的新理论来说，事情恰好也是这样。替代弹性这一概念可以作为一个例子，不但可用以很好地说明已经做了什么，并且还可说明在既定的情况下在这个方面还能够做什么。②

一个对于过去的类似事件富有阅历的历史学家，也许预期瓦尔拉会倒运，也就是说，在一个终于能够了解他的时代里，他的著作可能又将被打入冷宫，在那个冷宫里堆放着的著作，都是在它们自己的时代里被重视得不够，及至走运之时到来，却又由于所使用的工具在技术上有欠缺而遭到了责难。但是，事情并不是这样。关于消费者行为以及关于生产的研究成果，能够装配到瓦尔拉体系上去的(其中有一部分是由帕累托装配的)，不但没有妨碍瓦尔拉

① 我之所以认为有必要强调一下这个事实，是由于它颇有助于理解当前的情况。我希望这一点不致引起误解。譬如说，读者可能会产生这种印象：强调这个事实，就意味着对我们时代的成就或其中所包含的才能的贬低。一个在1730年进行著述的物理学家，其智能可能与牛顿不相上下，但他"客观上"不可能写出另外一部像《数学原理》(1687年)那样的著作：他也许必须专心致志于"客观上""相对地"较为次要一点的工作。与此类似，我也无意于把弗里施或萨缪尔森的成就算入精心制作或赓续发展的工作的范畴。相反地，这两种成就都表现了在消费者行为的理论领域内、在写作的各该时刻、所可能表现的独创之处。两种成就均有其新颖之点，像内燃机的自动起动装置那样的，可还没到四冲程发动机的程度。

② 关于全部及部分替代弹性的性质及应用的一般考察，亦可参见艾伦《数学分析》第341—345、372、504、512各页。这个首先由希克斯(《工资理论》1932年)及琼·罗宾逊(《不完全竞争的经济学》1933年)以一种最简化的形式提出来的概念，随即由这两位著者很好地用来表述其命题取得了可喜的简化成果(例如可参见希克斯：《分配与经济进步：一个订正》，载《经济研究评论》1936年11月号)。这个概念因此理所当然地一时颇为流行。可是，一旦要考察两种以上的商品或"要素"，事情就不那么简单了，而且在如何把这一概念应用于统计资料方面也碰到了困难，这就阻碍了它的流行。我很抱歉，不能在此来概述有关这个概念所引起的可观的文献的讨论结果。不过，请参见《经济研究评论》1934年2月号及1936年2月号上展开的讨论。此种配件的另外例子是A. P. 勒纳的对垄断势力的测量(见他所著的《垄断的概念以及垄断势力的测量》，载《经济研究评论》1934年6月号)。

取得他应有的地位，反而产生了一个现代化的瓦尔拉体系。这个过程是从1924年开始的，当时鲍利教授的《经济学的数学基础》一书使得瓦尔拉的均衡体系成为国际上能够接受的东西——在许多点上使之现代化了——直至1939年希克斯教授的《价值与资本》（或者说其中的前两编）问世，这个任务即告完成。[①]这本书，在某种程度上，在发掘连瓦尔拉自己都没有察觉到的一些问题方面，显得特别成功。部分地由于它的启发，循着它开辟的道路继续前进，部分地由于独立研究获致成果，此后，贡献一个接一个，蔚为大观。在这里，我只“点名式地”举出兰格、梅茨勒、摩萨克以及萨缪尔森（仅因字母排列的顺序才把他列在最后）这几个人的著作为例。这种研究工作的大部分或绝大部分是围绕着确定性问题以及稳定条件问题而进行的，构成了当今基本理论领域的工作的主干，甚至构成了基础的研究。

〔2. 单个企业与垄断竞争的理论〕

另外一个客观上源出于马歇尔的发展，即单个企业的理论以及与之相联系的垄断竞争或不完全竞争的理论，是同等重要的，而如果考虑到它们可以直接应用于实际问题，则可以说对整个经济学界来说是更加重要的。[②]每个人都知道，经济学家的分析机器上

① 即使在这两编中，希克斯远不仅仅是现代化了瓦尔拉。仅就现代化一点而论，他还现代化了马歇尔。我并不认为“现代化”一词能充分描述《价值与资本》的前两编所取得的成就。另一方面，希克斯在使瓦尔拉及马歇尔完全现代化方面，还远远不够，还太简略了一点；确切地说，他提供了一些有关的必不可少的资料。

② 在这里，比在其他地方，我更想要说明，我对历史渊源的强调并没有贬损任何人的意思。我强调历史渊源之所以似乎是非常必要的，乃是由于以下两个不同方面的事实：第一，马歇尔由于经常使用（小的）单个产业的概念（特别是，他的那么多的图表

的这只新臂是由英美两国的著者互不相谋地以不同的形式添装上去的——这是一个显著的例证，证明这种理论，主要是应知识上的需要而生，不是主要应实际上的需要而生，同样明显地说明，科学形势的逻辑如何驱使不同的人沿着相似的道路前进。① 在美国，《垄断竞争理论》在1933年② 突如其来地装备完整地从张伯伦教

就是按此绘制的），有时受到了非难，认为他忽视了单个企业的经济学。但是，我们已经看到，对他的论证（以及诸如一个企业的特殊市场或内部经济之类的概念）的分析则可以证明，情况正好相反，马歇尔对单个企业问题的注意是很不寻常的，他发表的一些看法要求后人予以发展；因此之故，我们不能不将此后的工作（特别是由他的门人们完成的）看成他的思想的衍生物。第二，马歇尔关于单个企业及关于报酬递增的概念及论述方式引起了许多批评：这些概念所具有的缺点反而对人很有启发，它们表现得那么确凿无疑，以致批评者的建设性任务天然地就是要把矛头对着马歇尔。

① 如果我们把有关各种寡头垄断类型的文献也考虑进去的话，那么，这一点以及牵连到许多有关的著者的（尽管只有很少数人的力著载入史册）更为广泛的形势的动向，将显得更为清楚，更为突出。这时，我们将看到，在北欧各国（请特别参阅F.佐西恩：《介乎垄断与竞争之间》，载《经济学杂志》1929年以及《垄断与经济竞争问题》1930年）以及德国（参见冯·斯塔克尔贝格：《市场类型与均衡》1934年，他谈到并评论了许多德国的以及非德国的文献），也有着类似的趋向。

② 讨论分配问题的第八章，是1937年此书再版时增添的，其内容曾在1933年在费城召开的美国经济协会上宣读，后来又全文发表于《经济学的探索》（1938年出版的陶西格纪念论文集）中。第七章——讨论销售成本的第二章——在1927年4月1日提交哈佛大学的博士论文中并没有，尽管观点在当时已完全成熟，但为了赶限期，来不及写入。在主要的观点上，论文的内容与此书第一版没有什么不同。既然论文的最后修订阶段是在斯拉法的文章（《竞争条件下的报酬规律》1926年12月《经济学杂志》）发表之前几个月，因此，它没有受到斯拉法的什么影响。早在1921年当张伯伦还是密歇根大学的一个学生的时候，他就计划以此为题来写作他的博士论文了（据著者通信）。姑且不谈早期的马歇尔式的教养可能产生的潜意识影响，我们在这里看到了一个关于主观的和客观的起源的明显例子——一个纯粹理论典型的起源的例子，它与“直接的经验证据的搜集”无关，虽然“指导原则”当然是要创立一个比当时正在流行的就张伯伦看来不太适用的竞争理论更符合于实际的理论（据著者通信）。在这里，我似乎放弃了简要叙述的原则（特别是对第五编而言），但这是值得的，这不仅仅是因为张伯伦这本书的重要性（仅次于凯恩斯的《通论》，而与希克斯的《价值与资本》及哈耶克的贡献不相上下），它无疑应被视为1918年以来理论经济学方面的最成功的著作之一，而且还因为此书著者，像我们这本《经济分析史》所提到的大多数著者一样，仍然健在，是可以对其进行个人访问的。个人访问，尽管只是研究人类智力活动方式（特别是研究创造性著作如何出现，其影响又如何）的方法的一种，但却是很重要的一种方法，特别是要订正其他看法时，特别有用。就张伯伦来说，可以特别明显地看出来，取得科学成就的三个因素是：科学形势的成熟；抓住一个重要思路不放的能力；排除来自其他科学观念或其他方面的干扰，坚持钻研的能力。

授的头脑里产生出来，并获得了相应的成功，一方面是由于它具有说服力而叙述又明快，一方面也由于科学的形势已臻成熟。该书声称要重建整个价值理论，方法是将直到当时为止尚是分离的垄断理论与竞争理论混合起来，或者竟熔冶于一炉。此外，它还声称要传播一种新的经济世界观，从这种世界观出发，几乎一切经济问题都将以一种新的面目出现。无论如何，这本著作的最重要的独创性贡献——主要包含在该书第四章至第七章讨论产品差别与销售成本的部分中——未曾引起过任何根本性的非议，就算有一点，也是微不足道的。在这本书的启发下，跟着出现了一系列阐述及应用这些贡献的著述。

在英国，琼·罗宾逊夫人的《不完全竞争经济学》也发表于1933年，但英国的经济学界已多少有了一些思想准备，由于这个原因以及其他原因，该书就没有取得那么惊人的成功。我们知道，皮罗·斯拉法曾在1926年提出这样一个想法，那就是，借助于垄断理论，可以解决与收益递增相联系的均衡方面的困难。在这样做时，他曾经指出，产业中的实际情况，一般说来，将是处于介乎垄断与竞争之间的中间地带，既然在经济学领域占据统治地位的是竞争理论，因而有必要“转向垄断”。罗宾逊夫人看到垄断已“从那令人不快的牢笼”（罗宾逊：上书，第4页）中解放出来了，不再与经济分析的主体相隔绝，于是建议重建价值理论，其方法是让垄断“吞没掉竞争的分析”——每个企业都是一个垄断者，也就是它自己的产品的单独卖主，竞争可逐渐出现，直至达到这样的极限：为数众多的这种单独卖主在一个完全市场中销售他们的完全可以互相代替的产品，而对于其中任何一个卖主的产品的需求都具有完全的弹性，这种情况就是通常所描述的完全竞争（同上书，第 5 页）。[①]应该看到，这样的垄断概念与传统的垄断概念是不一样的。事实上，传统的概念只需按库尔诺—马歇尔的垄断理论所建立的标准去定义，就会使人满意。可见，这个理论却有一个假定前提，那就是存在着一条独立的既定的需求曲线，其他企业对所考察的企业的行为的影响，丝毫不影响该曲线。因此，传统的垄断理论根本不可能"吞没掉"任何不能置这些影响于不顾的事例，从而传统的垄断概念就是无法加以应用的了。

① 罗宾逊夫人在其著作的序言及导言中，不但对马歇尔和皮古表示感谢，并且盛赞斯拉法的论文——本书第四编、第七章、第 8d 节曾提到的斯拉法以英文及意大利文发表的那两篇经济著作——因此，在论及罗宾逊的基本分析意图时，有必要重新提到斯拉法的论文。但是，事实上，斯拉法是按照通常的含义使用"垄断"一词，而不是按照罗宾逊的含义来使用它（请注意正文中注号下面的一句话），这就使问题变得更复杂了。罗宾逊还对另一些经济学同行表示感谢，或者表示与他们有一种精神上的合作关系，其中我们必须特别提及三人。一位是哈罗德。他在分析不纯粹的或不完全的竞争形态方面所起的作用应给予较高的评价，决非他的那几篇有关的论文（包括他的《不完全竞争的学说》，载《经济学季刊》1934 年 5 月号，《不完全竞争与商业周期》，载《经济统计评论》1936 年 5 月号以及《企业家关于价格与成本的策略》，载《牛津经济学论文集》1939 年 5 月号）就能足够代表的。特别应该注意到这些论文的发表日期。哈罗德之外，还应提到肖夫与卡恩，罗宾逊夫人对他们的盛赞，今后将会得到更大程度的公认，他们对这些赞美之辞是当之无愧的（凯恩斯也赞扬了卡恩，见下面第五章）。剑桥比起其他的科学经济学中心来，甚至比起其他的一般科学中心来，往往跟科学形势跟得较紧，肖夫与卡恩二人就是这种类型的学者。他们把他们的想法投入了与经济学同行展开的讨论之中，通过评论性的和建设性的提示，他们帮助其他一些人的想法成熟定型，发挥了一种无名带头人的影响，远远不是他们的出版物所表现的那点成绩所能代表的。我趁这个机会来提一下罗宾逊夫人在其著作的前言甚至在全书中所强调的"边际收入曲线"，她把这件事以及这个词归功于几个同时代的经济学家，特别是哈罗德先生、英特马教授和维纳教授。很自然地，当时许多人（包括张伯伦在内）都想到了使用这个方便的工具，特别是那些曾经想改造马歇尔的较不方便的总收入曲线的人，更是这样。但是，我们一定不要忘记，这个工具是由库尔诺所首先使用的，二十世纪二十年代或三十年代的无论哪一位著者都无权在客观上把这一工具据为自己的功绩。

第三章 〔“极权主义”国家的经济学〕*

1. 德国

2. 意大利

3. 俄国

有些读者可能会认为忽视“极权主义”的经济文献是不对的，关于此点本来不需要什么解释。但是，我确实希望说明一下，这种忽视与政治上的成见无关，我并不想忽视任何在“极权主义”国家所已完成的或正在进行的分析工作，此种工作是与“极权主义的”哲学分不开的，甚至是意图为它服务并贯彻它的，这是事实，但我之所以忽视它，并非就是因为这一点，就像我个人强烈厌恶功利主义并不就是我忽视边沁的分析工作的理由一样。然而，各种各样的极权主义哲学本身是被排斥的——恰如功利主义哲学作为哲学被排斥一样——这并非由于它们是“极权主义的”，而是由于它们是“哲学”，也就是说，是经验科学领域以外的臆想。在这个方面，我们仅仅是在贯彻一条一直被我们信守的原则。这个原则，我们在本书第一编中已充分讨论过了，在那里，主要是为了执行这条原则，我们把分析经济学与政治经济学区别了开来。因为我们的这个观点和根深蒂固的信仰是不相容的，所以请读者回想一下第一编有关这

* 〔在第五编中，只有这一章的主题是墨西哥大学的演讲中没有提到的(见前第一章，第2节)。〕

一问题的论述。

但是,上述原则并不能充分说明为什么极权主义国家的经济文献在下面的概述中形象不高大。在这方面,还有另外两个原因:第一,有一些最为重要的文献,例如施塔克尔贝格的《市场类型与均衡》(1934 年)或德尔·贝奇奥论述货币问题的著作的一部分,在第四编中我们已经提到,在那一编中,有一些论题的历史,我们是一直叙述到目前为止的;第二,在极权主义制度下,属于经济分析史范围的资料并不多,而且三个主要极权主义国家(德国、意大利和俄国[①])的情况又大不相同,以致不能对它们作出单一的概括。

1. 德国

在德国,在魏玛共和国期间(1918—1932 年),教学及研究的方法迅速改进,历史工作与对现实问题的研究工作(社会政策协会所培养的那种工作)照旧进行;正如第四编第四章我们所曾谈到的那样,这种类型的工作,在方法论上反理论的倾向已经渐渐减退,"理

① 就"极权主义的"这个词的任何确切含义而言,日本与西班牙都不能算是极权主义的国家。就日本而言,应该提到,由于战争期间联系中断,以及我个人不谙日语,因此就留下了一个在我所能利用的时间范围内无力填补的空白。战前的联系使我感到,这个空白的重要性确实不是微不足道的,而可能是关系重大的。〔熊彼特去世后两年,他从前的日本籍学生即将他的所有专著以及长篇论文翻译出版或者准备翻译出版,其中包括他的早期的德文著作以及这本《经济分析史》。《(经济增长的)特点及主要内容》(1908 年)和《经济增长理论》(1912 年)是在 1936 年及 1937 年由德文译成日文的。〕

论”方面的兴趣与能力有所增加，卡塞尔的著作①日益流行，作为一个结果来看，作为一个原因来看，以及作为一个征兆来看，都同样是意味深长的；此外，还有诸如戈特尔、利夫曼、奥本海默、史盘这样一些本国大师的启示也颇激励人心，他们在这方面的功绩，就连他们的最刻薄的批评者们也是不能否认的。至于迪尔、欧肯以及其他一些人的著作，首先是斯皮索夫及桑巴特的著作，则显得与英美（以及我本人）的见解更为融洽。米塞斯教授领导下的维也纳集团，虽然直至二十世纪三十年代至少暂时分散为止一直是一个富于生命力的独立体，但却与德国的其他一些经济学家发生了比以前密切的联系，因此而能够维护他们自己的独特的学说。

在我们的这个概述中，不能不谈向着美国化发展的两种趋向：一种趋向是专门化的不可抗拒的发展。虽然普通经济学、经济（及社会）政策、财政学这样一些综合性课程仍然居于主导地位，但是

① 前面已经一再提到过古斯塔夫·卡塞尔。但是在这里似乎应该回忆一下此人在事业上的几个阶段，因为他是我们这门科学在二十世纪二十年代最有影响的国际领袖——不管他的批评者（包括我本人在内）对他的看法如何，他都是一位国际领袖。首先回忆一下他的三篇成名之作他的载于《政治科学文献汇编》（1899 年）上的关于价格的理论的概述；他的一篇尚未提到过的关于一般价格水平变动的原因的论文《一般价格水平的变动的原因》，载《经济评论》（1905 年）；以及《利息的性质与必要性》（1903 年）。部分地由于他是一个“中立国的国民”，在第一次世界大战期间以及战后，他的国际声名鹊起——主要是作为货币问题与国际关系问题的专家以及这些问题的国际会议的辛勤参加者（我只举一本书作为样本，那就是《1914 年以后的货币及外汇》（1922 年），今天的货币专家们最好一读此书）。最后，他写出了《理论社会经济学》，至少是在正统的社会主义圈子之外，他获得了很大的成功；或者是由于偶然的原因，或者由于非常敏锐的洞察力，这本书是以德文发表的（1918 年）。我本人曾为这本书的第四版（1927 年）写过一篇书评，维克塞尔也曾写过一篇书评，载入他的《演讲集》第一卷英文版的附录之中，我的评论远不像维克塞尔的那么赞扬备至。我并不认为维克塞尔的评论或我的评论有什么应该修订的地方，但是，我们都忽略了一点，那就是，这本书确实是德国的经济学家们所需要的。

各个分门别类的学科却开始具有越来越明确的地位。1918年以后，已经可以在较前更有实质内容的意义上来谈及农业经济学家、劳动经济学家或工业经济学家了。其次，诸如国家经济研究所或农业经济研究所这样的研究机构，也在与各种经济问题有关的政府部门之内或之外发展。在这里，只要提一提下面两个机构就可以了。一个是由有史以来最有才能的研究工作组织者之一伯恩哈德·哈姆斯教授所创立的基尔大学的世界经济研究所，一个是由同样有才干的组织者欧内斯特·瓦格曼教授在柏林创立的经济调查研究所。[①]这两个机构都出版了新的经济刊物，丰富了原来的出版阵容。这是一幅进展很大、前途光明灿烂的图景，在这幅图景之中，从本书的角度来看，必须作为凶兆来记载的只有一点。当魏玛共和国稳定下来以后，有些州政府（在那里既无联邦的大学，也无私立大学，只有州立大学）越来越屈从于政党（主要是社会民主党以及中间党派）的需要，在委任经济学的专业职务之时，要考虑候选人的政见。相当公开地谈论的论据是这样：经济学，不像物理学而像哲学，是一种与世界观分不开的学问，也就是说，它是这样一种“科学”，从事这种教学与研究工作的人的最终信仰是什么，他们将为什么献身，必然是和他们的工作分不开的。这种最终信仰与忠诚

① 后者径直以哈佛测度计曲线为起点，尽管它的工作（主要是统计的）很快就扩展到远远超出这些曲线的范围——正如哈佛经济学会也扩展了它的工作范围一样。这个经济研究所，在传播现代统计方法（当时所理解的）的知识方面，也许是唯一的最重要的影响力量，因此，它的方法论工作具有历史的重要性。此项工作主要包含在这个研究所出版的杂志（《经济调查季刊》）的增刊之中，例如，增刊第四号是关于经济曲线的分析的（赫尔曼·亨尼希），第六号及十一号是关于季节变动的（奥托·多纳），第九号是关于长期趋势的（P. 洛伦茨），第十二号是关于俄国的贡献的（A. L. 韦恩斯坦、S. A. 佩维斯钦、M. W. 伊格纳蒂夫）。这个研究所与联邦统计局有密切的合作关系。联邦统计局除出版定期刊物之外，还出版一系列的专题著作。

体现于社会党和中间(天主教)党以及其他的由于不是社会党和天主教党因而具有反面特征的党的信条之中。因此,教授职位应该在这三个政治集团的成员之间尽可能均等地瓜分。当然,谁也不会认为,授予教授职位可以不考虑资格。这个问题值不得多去谈论。这种认为经济学是一种与世界观分不开的学问的倾向,在所有国家以及所有情况之下,都可以感觉到,只是不太公开而已。但除了在现代俄国以外,这种倾向也从来没有在任何地方充分流行过。在魏玛共和国,学校教师以及正直官吏的抵制把这种倾向限制在了较为狭小的范围之内。

在这种情况之下,“国家社会主义”的出现并不意味着什么重大变化,也没有造成外国观察家所预期的那种损害。国家社会主义政权不但不容许对它的政策提出批评,而且不容许对该党的哲学表示异议。它提拔党内分子,贬谪犹太人;尽管它并未坚持忠诚宣誓,但它确实欢迎这种宣誓;在个别的情况下,这个党或党内的集团,甚至是权威人物,走得比这里说的还远得多。此外,还应该考虑到当时普遍存在的情况对于教学与研究的干扰。然而,尽管经济学界的情况比起自然科学领域来稍许差一点,但大部分经济学的工作还是在进行,特别是,没有什么人由于提出新的理论工具或统计工具而引起过什么麻烦。类似于凯恩斯的《通论》那样的著作是可以平平安安地出版的——事实上也确有其事。① 不要忘记,国家社会主义的信条主要地或基本上不是经济的,因此,它不但可

① 见卡尔·弗尔:《货币发行与经济周期》(1937 年)。著者在序言中告诉我们,他的初稿完成于 1935 年 12 月。更为有趣的是,他的论点与凯恩斯的论点(见下面第五章)广泛地(虽非全然地)类似。

以和各种技术经济学和平相处，甚至可以容忍人们鼓吹大不相同的政策。

2. 意大利

在意大利，我们看到了类似的情况，只是更加显著。法西斯政权仇视对它的措施的批评，由于各项政策与法西斯党魁个人的联系远较密切，所以这方面的情况比起德国来甚或尤有过之。[①]法西斯当局坚决要求经济学家要么采取赞同的态度，要么保持中立——此种情况的最好表述也许是：政府坚决要求，不得对法西斯原则持任何实际上敌对的态度。少数的卓越人物——例如里奇以及布雷希亚尼·图罗尼——脱离国籍，移居国外，但大多数经济学家没有受到什么严重的打搅，纯粹科学性的工作根本没受到干涉。[②]在这种情况下，直至第二次世界大战爆发，科学的经济学，

① 希特勒将一些措施，特别是经济措施，委之于他的一些副手，这些副手担任领导职务的时间都较长，得以在群众中享有威望，并可采行他们自己认可的政策。墨索里尼则不容许这样做，结果，法西斯主义的经济政策，即使是一些细节，在群众的眼中，也逐渐被看成了只是他自己个人的措施。

② 必须强调一下，即使在公开声称赞同城市"组合"体制（指 1927 年在意大利城市中由意大利法西斯工会、企业主联合会和法西斯党等的代表共同组成所谓"各阶级合作"组合的那种体制。——译者注）的论著中，其分析部分与通常接受的经济学说也没有什么不同，与法西斯主义的反对者所可能写出的也许完全一样。可举卢伊季·阿莫罗索的《总体经济学原理》（1938 年）为例。此书的前两编谈的是货币理论与均衡理论，完全与政治（不管是法西斯的还是其他的）无关，只有第三编谈的是可以被称之为法西斯主义的经济哲学的东西——在诸如阿莫罗索所阐述的那些内容中，有许多是可以博得大多数美国经济学家的衷心赞同的。另外，我还可以举出一些关于经济政策或政治经济学的讲义，这些讲义并非我们所称的"纯粹科学工作"的象牙之塔里的言论，然而却没有显示出受到了多少约束，如乔万尼·德玛丽亚教授的《大强制体系的政治经济学》（1937 年）即是。

正如我们在第四编中所已看到的，无论在帕累托学派之内或之外，都继续在高水平上前进。除了战争的影响之外，没有发生中断；法西斯政权垮台以后，也没有发生中断。

3. 俄国

但是，斯大林统治时期俄国经济学的情况①却与德国和意大利的情况都不同，不是在程度上有所不同，而是在性质上有所不同（在该时期之前的十年间——大约从1917年到1927年——情况稍好一点）。苏维埃政权的反对者，甚至中立者，其被整治之残酷，确实是远远超过国家社会主义或法西斯政权的反对者挨整的程度。科学研究本身（不仅仅是政策的讨论）受到了管制，其管制方式，对德国和意大利来说也是闻所未闻的，不仅仅是由于布尔什维主义的行政管理办法的性质与方法有其特点，并且也由于另外两个互相矛盾却又互相补充的理由。一方面，苏维埃的信条，至少从意识形态上来说，基本上是经济的信条，对圣书稍微有点偏离，即使是纯理论性质的，也会获得我们难于理解的重要意义；另一方面，布尔什维克政府很自然地充分利用了“革命人民”的天真感情，让他们相信，千年盛世已经到来，像“经济规律”那样的东西已经不再存

① 我在此再次声明，我并不谙俄语，以下的评论是以下列各种来源为依据的：1. 以我所懂得的文字（特别是英文及德文）出版的俄国著作；2. 我与懂俄文的同事的交谈，但是，我所从而获得的印象，绝不能由他们来负责；3. 价值不等的第二手文献，其中大多数（虽非全部）是反布尔什维主义的。这里我只提及A. 佐伯曼的《苏联的经济思想》，载《经济研究评论》第16卷（1）（1948—1949年），第16卷（2）及（3）（1949—1950年），因为我觉得佐伯曼的著述同其他文献相比较为有用，而且据我判断也更为正确。〔熊彼特显然只看过佐伯曼的三篇论文中的第一篇。〕

在了,因而根本不再需要任何经济分析。在这种情况之下,讨论总是趋向于迎合掌权的人或权力圈子里的人(或据信是掌权的人或权力圈子里的人)的一时意愿,因而像这样的议论,譬如说某种观点是“反动的”或“冒进的”——事实上纯粹是责骂——就开始取代了科学的观点。然而,分析工作并未完全中断。事实上,早在1917年以前,马克思主义(现在是规定的信条了)就已经在俄国经济学家当中具有强烈影响;在忠诚于它的原理的范围之内,要进行科学分析工作仍然绰有余地。在此种情况下,皈依苏维埃的正统理论是比较容易的。一方面,我们看到像布哈林那样的一些真正的马克思主义的忠诚卫士们确是起了一些作用;可是,另一方面,我们却仍然要说,真正的(主要是质的而不是量的)分析工作处于低潮。但也没有理由怀疑是否存在着真正的学术工作——光是马克思恩格斯研究所的存在就足以表明是有真正的学术工作的。此外还有一些别的研究所,譬如有一个研究农业经济的研究所,还有一个研究商业及经济周期的研究所,它们曾暂时享有一些自由,不但在收集经济资料方面,而且在解释经济资料方面。康德拉捷也夫的著作,我们前面已提到过它,曾轰动一时,①是据我所知当时相当不少有才能的经济学家(佩维斯钦、奥巴林、梭柯尼科夫等等)取得的成就中最为突出的成就。尽管有些著者从此以后就销声匿迹、不知

① N.D.康德拉捷也夫的长周期理论曾在一些书籍及论文中提出,其中有一些只以俄文发表。有一篇康德拉捷也夫自认为表达了其理论要点的德文论文,由W.F.斯托珀尔教授节译成了英文,刊登在《经济统计评论》1935年11月号上。同一杂志的1943年11月号载有乔治·加维对有关这个问题的辩论的综述(标题是《康德拉捷也夫的长周期理论》)。这个综述,一方面揭示辩论进行时笼罩着一片恶劣横暴的气氛;另外一方面,也揭示科学的观点尚未绝迹,仍然有可能从事科学工作。康德拉捷也夫在1930年被流放到西伯利亚。

下落了——这确是一个不祥之兆，姑且不必去追究它——但康德拉捷也夫的著作仍然可以用来证明，严肃认真的经济学一直残存到斯大林的统治最为严酷的日子。此后终于发生了中断：教学工作以及苏联经济研究所的工作越来越变成苏维埃政府的实际问题的阐述，越来越变成奴隶般工作着的人们之间为了苟延性命而没完没了的互相指摘。[①]对于未来而言还有点意思的事情只有两桩：第一，苏俄在统计方法及其数理基础（主要是概率论的）方面从过去继承了优秀的传统。这方面的工作，不像经济学的工作那样容易遭到政治上的攻击，因此残存下来并继续作出了国际上公认的贡献。第二，很明显，要搞好投资的“计划”工作，就得发展一种工具（哪怕是初级的），用以对实现投资的不同方法（即使投资的目标已由专政机关以命令方式决定下来）进行比较，用以对不同的投资目标进行比较（如果对目标有某种选择自由的话）。但是，在这样做的任何尝试中，由于逻辑的必然，肯定会碰到计算标准问题，肯定会碰到价值、边际生产率以及利息这样一些概念。苏维埃经济学家的任务过去和现在都不是改进这些概念，而是偷运这些概念，力求把这些概念与相应的“资本主义的”概念的基本一致性掩盖起来。[②]这方面的进展是艰难而又缓慢的，原因在于这类出版物

① 苏联科学院（经济学及法学部）的公报载有对这种事态的评论，其措辞当然与我们的不会一样，只是说人们忽而谴责纯洁化了的马克思主义，忽而又推崇纯洁化了的马克思主义。但是，要想重新发现经济逻辑的要素而又不致陷入异端的尝试是幼稚的，以此作为目标的分析工作是否真正优于干脆停止这种工作，似乎是很值得怀疑的事情。这种尝试的重要性似乎被C.兰道尔所大大地高估了，见他所著《从马克思到门格尔》，载《美国经济评论》1944年6月号。此外，可以参见约翰·萨默维尔的《苏维埃的哲学》（1946年）。

② 一个差不多可说是可悲的例子由霍兰德·亨特在《苏联的投资计划工作》（载《经济学与统计学评论》1949年2月号）一文中提了出来。亨特教授在该文中译出了

到目前所得的一直是否定性的评论，随时都有可能受到谴责。但是，这些出版物的问世也使人看到了一点曙光，特别是不妨预言，上述那样的谴责将会过时，布尔什维主义的经济学家最终必定会发现帕累托及巴罗尼在半个世纪以前就认识到的一件事，那就是，并不存在“资本主义”所特有的经济逻辑。除此以外，国民收入核算和预算技术正在非布尔什维主义的国家中迅速发展——它们更不能被称为“资本主义的”了——传统的经济学必须与之相适应。〔熊彼特本来打算在这最后一编中，以国民收入核算为题单写一节，但实际上没有写。〕这些技术与相应的分析方法，苏维埃国家显然更加需要。因此，两种源于同样需要的趋势已开始在俄国和其他各国，特别是在美国，独立地发展起来，及至现在，它们已趋向于合流——就像许多其他方面的趋势合流一样。对于一部经济分析史来说，此外就没有什么好说的了。只有甚至到现在仍未理解本书主旨的人，才会对此感到奇怪。①

哈沙图罗夫教授的一本教科书《铁道运输经济学原理》(1946年)中的一章，并分析了教科书中提出的投资的相对有效性系数，很有启发性。读者还可以在佐伯曼的论文〔三篇中的第一篇〕中发现另一些例子，尽管做得没有亨特那么完备。佐伯曼非常推崇司徒鲁米林的工作。他还(在《经济研究评论》第16卷(1)第3页注中)提到了B.克米尔尼茨卡亚夫人早期的一个尝试，她曾非常明智地把经济理论定义为有关社会主义(“有组织的”)社会的合理化管理规范的科学，试图以此为经济理论争得一席地位。有趣的是，在这样做的时候，为了达到自己的目的，她似乎采纳了德国人冯·戈特尔的idiography概念(意指描述个案客观情况，佐伯曼文中作“ideographic”，显然是印刷之误)以及nomothesis概念(意指拟定一般性法则。她将此字变为“normography”，狡猾地用“norm”(规范)的字头替换了戈特尔的“nomos”(法则)的字头)。

①　在我们所考察的这个时期，俄国经济学鲜有科学成果的原因之一，当然是统治者中有些人，特别是列宁、托洛茨基和斯大林，在一般属于专业经济学范围的问题上写了那么多的权威著作。因此，理解了本书主旨并知道如何区分经济分析与政治经济学的读者，仍然会抗议为什么我没谈及这三个人的著作，至少总该谈谈列宁的卷帙浩繁的著作。答案前面已经说过了：不管他们在其他方面在历史上多么重要，但就经济分析的贡献而言，他们却是可以忽略不计的。

第四章　动态学与经济周期研究

〔1. 总量理论动态化:宏观动态学〕

〔2. 统计的补充:计量经济学〕

〔3. 宏观动态学与经济周期研究的相互影响〕

让我们再一次提醒一下,在这里,就像在全书的其他地方一样,动态学是专指将属于理论时间的不同时点的数量联结起来的那种分析——在前面一再解说过了的那种意义上的——而不是指扩及一个历史时期的进化过程的理论:实际上,动态学与序列分析是同范畴的,也包括时期分析,只是把时期分析当作一特例来看待;但是,动态学与经济增长或发展或"进步"的理论却不是一回事。① 这样界定的动态学是一个真正的新起点。在过去所走过的道路上的一些转折点上,特别是在西斯蒙第那里,我们的确看到,我们所说的这种动态思考曾经屡次(主要是含蓄地,但有时也是彰明较著地)闯入经济分析的领域。但是,经济学的核心严格说来仍是静态的,而且被认为其自身构成了一个完整的学说体系,甚至是

① 这里之所以要重复这一点,是因为许多现代的著作家确实把动态学与增长理论等同起来了。采用我们这种定名法的主要权威学者是弗里施和希克斯。另一种定名法的主要代表是哈罗德(特别参看他的《向动态经济学迈进》,1948 年)和施蒂格勒。介乎上述两者之间的有许多学者,例如查尔斯 · F. 鲁斯(《动态经济学》,1934 年)即是。我还要重复一下,我之所以坚持此种区别,并非由于我爱搞咬文嚼字之争,而只是想避免混乱。

包罗全部或差不多全部基本见解的体系。对于瓦尔拉来说，这是很明显的；对于马歇尔来说，情况亦复如是。[①]毫无疑问，马歇尔增添了许多超出静态范围的考虑，主要是关于增长的，但也有关于序列的，以致可以说他已经提出了建立未来动态理论的任务（例如参看《原理》一书第 519 页），一如可以说他已经提出了建立未来经济计量学的任务一样。但是，尽管他提出了一些资料、观点和要求，他却并没有越过卢比康河（卢比康是意大利北部一条河流的名字，公元前 49 年，凯撒越过这条河同罗马执政庞培决战，在当时，这条河流具有战略意义。——译者注）。此外，我们还曾提到潘塔莱奥尼及帕累托的富于启示性的指点，但是，他们并未朝他们所指出的目标迈进。

我使用"越过卢比康河"这个成语的意思是说：那些对序列分析的偶尔涉猎纵然可能是重要的，但经济理论的主体却仍然被留置在这条河流的"静态"原岸。应该要做的事情并不是用从这些涉猎所得的猎获物来补缀静态的理论，而是要用一个经济动态学的通论体系去取代原来的静态体系；对于这样一个新体系来说，静态学只不过作为一个特例而得以列入其中而已。没有一个明确的动态图式，即使是静态理论也不可能得到充分的发展（萨缪尔森语）[②]，这一点我们在前面已经谈到过了，认识到这一事实，是迈向动态研究的第一步。（如果篇幅容许的话，我还可以谈到另外一些

① 但对庞巴维克来说则不然。见前面第四编，第六章，第 5 节。

② 见《基础》第二编，特别是第 11 章。我趁此机会指出，在第 11 章和附录 B 以及他所写的《动态过程分析》（载 H. S. 埃利斯编《当代经济学概览》）一文中，从讲授知识的角度来看，萨缪尔森教授完成了最值得赞扬的工作，对现代动态学的意义与技术，作了再好没有的介绍。

人的类似观点)。[①]可是,对瓦尔拉理论的全线进攻尚未展开。数目日益增多的工作者看到了新的目标,但事情的进展实际上暂时还就是这样,连 H. L. 穆尔的著作也没有在实质上超出比较静态学的范围。如果说他们只有一个建设的大致标绘图,这个比拟虽然令人懊丧,却很恰当。更多的积极成果是伴随着使总量理论"动态化"的努力而取得的。

〔1. 总量理论动态化:宏观动态学〕

不难理解,一方面,把实际上数不清的变量数列简化为半打甚至更少的变量的总量理论,就是对即使是最简单的动态图式所必然要包含的复杂情况而言,显然也远较瓦尔拉体系更站得住脚。试以引入时间滞差因素这样一个简单的动态设计为例,不管是立即下手还是等到比现在所用的办法更有效的办法设想出来以后才下手,当我们对进入瓦尔拉体系的所有数量赋予不同的时间标志之时,我们只能说这将使这个体系因此而变得无法处理。但是,假如我们必须考虑的变量仅仅是"消费"、"投资"以及国民收入(它实际上就等于当时的消费加上当时的投资之和),情况就不同了。让我们任意假设某一时期(t)的消费(c_t)与前一时期$(t-1)$的收入(y_{t-1})是一不变的比例,而此比例数为α,那么,这个时期的消费(c_t)也就等于αy_{t-1};同时我们假设,这个时期的投资(I_t)与这个

① 篇幅有限固然是主要的,但我之不再转述别人的观点,也并不是完全由于这个理由。一方面,我不希望因叙述太枝蔓而混淆了主导的脉络;另一方面,我也不愿将这个概述搞得像一篇目录。读者如想了解更多的情况,尽可去仔细查阅《经济计量学》杂志各卷。

时期的消费和前一时期的消费之差是一不变的比例，而此比例数为 β，那么，这个时期的投资（I_t）也就等于 $\beta(c_t - c_{t-1})$ 或 $\beta(\alpha y_{t-1} - \alpha y_{t-2})$。请记住 $y_t \equiv c_t + I_t$。借助于中等学校的数学，我们很容易就得出下式：①

$$y_t = \alpha(1-\beta)y_{t-1} - \alpha\beta y_{t-2}$$

这是一个带有不变系数的齐次二阶差分方程，只消运用我们所掌握的初等运算技术就很容易解出来的，而所获结果在经济上也是令人很感兴趣的。诱使人们利用如此重大的简化办法的力量，几乎是无法抗拒的，而且使人们对于那些从理论上可能提出来的反对论调置之不理。②难怪在二十世纪三十年代早期，像弗里施的宏观动态学那样的总量图式那么行时了。③当然，也并不是所有这样一些图式都具有数学上的精确性，较为全面的考察还得提到像哈耶克教授那样的非数理经济学家提出来的一些重要图式。应该仔细地注意到，这种朝着宏观动态学迈进的趋向，其本身是与力图使经济理论和统计数字更紧密地结合起来的任何愿望完全不相干的：即使理论家对于统计数字的态度与前一时期相比毫无改变，

① 这是汉森—萨缪尔森方程式（的要点）。见 P. A. 萨缪尔森《乘数分析与加速原理的相互影响》，载《经济统计学评论》1939 年 5 月号，重印于《经济周期理论选读》（由美国经济学会的一个委员会选编，主席为冯·哈伯勒，1944 年出版）。

② 最好暂时不考虑这些反对意见，也不考虑这些反对意见所应受到的一条重要限制。但是，我们应立即指出，我们所举的例子表明，经济学家们往往会受进一步的引诱，引进进一步的简化办法，以改善处境：就我们的例子来说，那就是，不但要减少变量的数目以简化情况，并且还假定系数是固定不变的；因为假如系数是变动的，这个方程还是不大容易解。

③ 在这里，我们只举一个例子，那就是弗里施教授自己的图式，该图式是在他的一篇影响极大的论文《动态经济学中的传播问题与推动问题》（发表于《古斯塔夫·卡塞尔纪念论文集》1933 年）中提出来的。读者可在下一条注释所举丁伯根的概括性论著中找到许多其他的例子。

宏观动态学也还是会得到发展;事实上,有一些在态度上并未显示此种改变迹象的著述家也像其他任何人一样,切望获得总量简化办法所带来的便利。

〔2. 统计的补充:计量经济学〕

但是,另一方面,朝着数量经济学(一种应用统计的经济学)迈进的同样强大的趋势,也是我们科学形势中的一个突出因素。这个因素虽与简化经济理论图式自身的愿望无关,却同样推动着宏观动态方法的发展。因为除了少数例外,总量变量——特别是当它们的数目扩大到包括价格水平和利率在内的时候——很容易和我们的最重要的时间数列密切结合起来。丁伯根的著作①可以作为一个显著的例子,表明上述两种趋势是如何紧密地结合在一起的,他的著作在当代经济研究中是非常重要的一个要素,任何这方面的概述(哪怕是简要的)都不能忽略掉它。他的那许多总量图式绝大多数都使用了比其他著者要多得多的变量作为研究的出发点,都首先建立在纯粹理论上的考虑的基础之上,这些理论上的考虑是如此平易,以致可以说它们是出自常识的考虑,反而更贴切些 。他的那些总量图式(差不多经常)以带有不变系数的一次方程

① 在丁伯根教授的许许多多著作中,最适于向英美读者介绍他的理论方法与统计方法的,也许要算是他的《经济周期理论的统计检验》,第一卷《一种方法及其对于投资活动的应用》,第二卷《1919—1932 年美国的经济周期》(1939 年国际联盟出版)。他的一篇论文《有关经济周期数量理论的建议》(载《经济计量学》杂志,1935 年 7 月号)更足资以考察现在可以称之为动态学的早期工作。这两个标题都显得过分谦逊。读者姑且不要去管它们与经济周期的研究特别有关——其理由在后面解释——只须看到,前者是一部一般动态学的专著,后者是一篇关于一般动态学的综合评述。

组的形式出现，包含有对一些显然很重要的总量的定义（定义方程），包含有按常识说应该存在于总量之间的关系（均衡方程），并包含有可以描绘出各阶层的居民户和企业的行为的关系（行为或“决定”方程）。[①]这里包含着这样的基本原则，即理论体系的构造应该走在统计工作的前头。上述那些关系本身并不是由统计观察提示出来的，它们是一些公设，而不是结果。[②]统计数字是用来“解释”某些变量的数值的，表明在其他一些变量的数值是既定的条件下，通过复相关方法的运算，这些变量的数值应为多少；这个过程还消除了那些“解释性”变量的影响，因为它们的部分回归系数说明了它们的影响是微不足道的。这个方程体系，经过连续代入的过程，被化简成适于描述经济机制的“最后”方程。[③]就这个程序本身而论，其每一步骤都可能引起严重的非难，关于这些非难，我只想指出，不要让它们蒙蔽了我们的眼睛，无视这种开创性努力的重要性。既然这些非难中的大多数都属于统计的性质，就应该再次提到弗里施的统计著作（其中有一些受到丁伯根的注意）以及弗里施集团中某些人的著作，特别是应该提到哈维尔莫的著作。哈维尔莫在短时旅居美国期间，没有从事教学工作，可是他的影响很大，要想取得像他那样的荣誉，尽够一个教授干一辈子的。[④]不管

① 可见前一注释所引的著作。应记住，丁伯根的这种类型的出版物，据我所知，首先出现于 1934 年。

② 这是丁伯根的方法与米切尔的方法之间的根本区别所在。米切尔的方法下面就要论及。

③ 我为我的这种报道感到有义务向丁伯根教授表示歉意。但我希望他和读者将会赞成我的这种不太成熟的说法，而不要求径直征引他的著作，他的那些著作并不是每一位读者都可望领教的。

④ 他的学说的大部分包含在一些发表于《经济计量学》杂志的论文中，其中特别值得参阅的是：特鲁夫·哈维尔莫《经济计量学的概率研究法》，载《经济计量学》增刊 1944 年 7 月号（考尔委员会论文新辑，第 4 辑）。

怎样，经济学家对目前这个样子的宏观动态学（无论带有或不带有统计的补充）表示接受，足以表明所已取得的成就——不但表明工作已开始逐渐展开，并且表明目标越来越明确。关于瓦尔拉体系或帕累托体系的动态化，我们所能说的就是这些。

〔3. 宏观动态学与经济周期研究的相互影响〕

宏观动态学在过去和现在都为经济计量方面的动力（即应用统计数字来进行推理的倾向）所促进，这是一方面。与此同时，还要看到，宏观动态工作的理论的和数字的内容也因对经济周期问题的研究而得以充实。对经济周期问题的全神贯注的研究，正如我们在前面已经提到的，乃是我们这个时代的突出特征。前面分析了促使宏观动态学（特别是统计的宏观动态学）产生的各种因素，从这种分析中可以推知，即使没有一般人称之为经济周期的这种特殊波动，宏观动态学也会照样发展。从第四编及本编前面所述，可以推知，对于经济周期现象的钻研，与1914年以前的情况相比，即使现代宏观动态学没有问世，也还是会日益深入。但是，很明显，这两方面的发展必然是互相促进的：一方面，经济周期研究方面的方法、资料与成果越来越进入一般经济学的领域；另一方面，现代宏观动态学的方法、资料与成果也主要着眼于为经济周期研究服务。[①]经济周期的参考书目中甚至开列着范围远较广泛的

① 读者如想了解这一点，一个简便的办法是去浏览一下H. M. 萨默斯教授所编的《有关经济周期理论的论文分类目录》（它是《经济周期理论选读》一书的附录）。我参考了这个目录或这个目录（第444页）提到的其他目录，特别是R. A. 戈登教授所编的那个目录。

宏观动态的出版物的书名，[①]由此可见，此种互相促进的情况是多么明显。现在来更加准确地阐述这种相互影响的性质及结果是很容易的了。

在第四编第八章中我们已经看到，关于经济周期现象的所有基本观念，在1914年以前就已经提出来了。[②]我们的时代所增添上去的，除了对这些观念的批判性发展以外，首先是大量的新资料以及新的统计处理方法。甚至经济计量的设想，除了“高等”数学以外，都是由诸如朱格拉、米切尔和斯皮索夫这样一些杰出的学者来实现的。[③]但是，1919年以来，就已出现了无可比拟的较大的可能性。有一些著者满足于使用他们的分析工具所能驾驭的所有数据，一个杰出的例子就是皮古教授，他所著的《产业变动》(1927年，第一版)，尽管仍然是一本“理论”著作，但是，由于使用了许多新资料，与同一类型的经济学家在1914年以前所可能写出的同类著作比起来，大相径庭。另外还有一些经济学家则表现了一种径直投入统计资料之中并抛弃现有的工具及现有的解释性假设的倾向。我们可以用两个例子来说明此种倾向，这两个例子在其他方面则是互不相干的，它们是哈佛委员会(珀森斯)的著作以及

① 正是由于这一原因，在前面谈及宏观动态学本身，而并没有涉及经济周期研究的时候，我却引述了丁伯根的两部标题包含有经济周期字样的著作，我之所以坚持这样做，纯粹是由于要正确理解现代的科学形势，这一点很重要。这看起来像是在不必要地炫耀自己博学，其实不然。

② 这一点对哈耶克教授的理论来说也是适用的，如果可以将它与米塞斯教授的理论相提并论的话。如果不能相提并论，那么，我表示歉意。

③ 斯皮索夫最初提出他的整个经济周期分析，固然不是在1923年以前，而且他的综合性著作及其英文译本也尚未问世。但是，这种拖延，过去是，现在仍然是，由于他雄心勃勃地力图独立掌握大量的资料。至于米切尔，以上的叙述均是就他1913年出版的那本书来说的。

米切尔的著作。

哈佛大学经济研究委员会(由查尔斯·J.布洛克主持,主要由华伦·M.珀森斯及W.L.克鲁姆指导)从事广泛的历史统计的研究,而且搞出了一些重要的时间数列,它因提出“三线测度计”而赢得了国际声望。哈佛委员会所使用的方法差不多在世界各地都被讨论、模仿,并进一步发展,E.瓦格曼的柏林研究所特别重视它。关于“三线测度计”的修订说明在1927年4月号《经济统计评论》的《哈佛商业情况指标的建立与说明》一文中有权威性的介绍。我们不可能在这里来分析它的方法,只能在此简要说明它的基本原理,并加上三点评论,切望读者牢记在心。其原理就是将按常识判断为特别有关的时间数列联系起来考察,从其中“剔除”季节性变动以及“长期趋势”,剩下来的就是周期性变动(详见里茨所编《数理统计手册》1924年版,第十章,华伦·M.珀森斯:《时间数列的相关》)。

我想加上的评论有如下三点:

第一,哈佛委员会所用的统计方法,从后来乃至当代的“高等”统计的发展的角度来看,是有严重缺陷的。但我们一定不要因此就忽视这种开创性的事业对于此后的统计数字的编制以及统计方法的发展所起的推动作用;也不能忽略这样的事实,就粗浅的常识看来,这些方法,要是有人愿意去应用的话,其所产生的作为近似值的结果,可以证明是并不错的。

第二,如果说批评者们由于没有对这种开创性事业的历史重要性给予适当的重视,因而犯了错误,那么,他们的批评中指向这种测度计的预测价值的那部分所犯的错误就更大了。事实上,测度计曲线足够清楚地预示了就要来临的1929年的突变——毛病出在曲线的解说者要么不大相信他们自己的方法,要么没有负起预报萧条的责任,他们认为这个责任太大了。

第三,哈佛指标的创建者们为读者着想,同时也由于他们自己深信不疑而强调指出,他们并没有乞灵于经济理论这一怪物,他们认为经济理论已失去信任,并正在失去信任。珀森斯教授总是用在他指导下搞出来的那许多相关系数来答复那些理论上的指责。事实上,他并不是没有乞灵于理论,他所乞灵的是可以称之为马歇尔进化论的那个理论,因为是下意识地乞灵,所以更加危险。这就是说(如果我们暂时不去管那个重要的、但在这里却是次要的，季节变动的修正——这是他们的最重要的贡献之一），他们假定经济结构的进化是采取一种稳定的平滑的方式，因而可以用直线趋势来表现它（偶尔的直线斜度上的变化即“突变”是例外），而周期性变动则是对这种直线趋势的上下偏离，是一种单独的、能加以区分的现象。这是一个错误，等一会儿我们还要谈到。这种观点尽管是错误的，但却构成了一种理论或者一种理论的支柱。这个间或爆发的、以“不要理论的经济周期研究”为主题的小小的方法论争议，与同米切尔和国家经济研究所的著作有关的争论，在性质上是相同的，因此可以将二者合并起来简单地说几句。

韦斯利·克来尔·米切尔的著作以及由他领导并授意的国家经济研究所的著作的重要性已经着重说过了。记得瓦格曼教授在什么地方说过，他的国家经济研究所的出版物不过是他的《货币通论》（1923 年）的第二卷而已。同样，米切尔未尝不可以说国家经济研究所的（大多数）出版物集合起来不过是他在 1913 年出版的第一本著作的篇幅浩大的第二卷。而他在 1927 年出版的《经济周期问题及其背景》，也正如瓦格曼在 1928 年出版的《繁荣理论》一样，是一个将问题、观点和资料有机地结合起来的研究——在此基础之上，此后他又进一步（如果还不能说已经臻于完善）至少写出了不朽的《经济周期的测量》（1946 年出版，与 A. F. 伯恩斯合著）。我们不能在此细究从统计上描述周期变动的所谓“国家经济研究所方法”，我们只能在此指出，这种建立及处理大量的（主要是）统计资料的努力，实质上是在 1913 年出版的那本书中已经部分地实行了的计划的继续，而与宏观动态理论的影响无关，尽管它终于提出了一些问题并提出了一些重要的校正。米切尔和他的集团的著作的主要目标乃在于指出我们必须加以解释的是什么，此外提出应从什么观点去进行解释。

我趁此机会来简短地评论一下上述那个关于方法论的小小争议。要是米切尔较为清晰地把解释性假说意义上的理论同分析工具意义上的理论区别开来，他本来可以多少防止这种争论的爆发。要是他提出的是这样的说法：解释性假说的拟定应该以更充分地掌握的事实为依据，迄至当时提出的新老解释性假说都缺乏足够的证实，根据他所正在搜集的事实来看站不住脚，话如果是这样说的，我们当中的绝大多数是会同意的。尽管如此，米切尔并未对那许多经济周期“理论”表示深刻敌视，在1927年出版的那本著作中，他开列了这些“理论”，态度完全是不偏不倚的。但是，他一点也不想对工具意义上的“理论”进行技术上的细致改进，正如他不想对统计方法进行现代化的细致改进一样。加上他早期的思想具有凡勃伦倾向，这就使得经济学界当说起他后来的著作的非理论特点时，有些言过其实。对那些信奉宏观动态学的人来说，特别是这样，在这些人眼中，经济理论与数学模型差不多是同义词。实际上，无论从意图上来说，或从事实上来说，他都在奠定一个“理论”的基础——一个经济周期理论以及一个经济过程的通论——不过是另外一种理论罢了。同样，哈佛委员会声称不依靠理论，实际上只不过是不想用先入为主的解释性假说来指导他们对事实的研究工作。

经济周期的研究是关于经济情况的发展顺序的研究，而经济情况的顺序也是宏观动态学研究的主题或者主题的一部分，两者之间的合作因而显然很必要。所有研究经济周期的学者，要是在数学上不是太低能，应该从一开始就能看到这一点。关于时间滞差、变化率、积累率以及由此而起的波动率的形式逻辑，对于解释观察到的时间数列资料的变化，必定是会有所帮助的。宏观动态学对于更加完善地处理现有的理论资料，例如解决确定性的问题，表述衰退条件或爆发条件以及解决其他类似问题，也必定是会有所帮助的。某些推动力是通过什么机制得以蔓延于经济体系的问题，可借助于宏观动态方法而得以澄清，因而宏观动态方法特别是对于我们了解周期变动的那些转折点是大有帮助的。[①] 足以说明这些方法的有用性的明显例子是振荡力理论，也就是关于一个体系中能够引起波动的那些因素的理论，哪怕其中有些因素本身是完全稳定的，即不波动的。[②] 研究经济周期的学者，如果“缺乏数理头脑”，是不易看到这种可能性的，他们总是坚持认为，一个因素必须其自身的时间数列是变动的，才会引起周期波动。因此，人们也许认为，他们会对宏观动态学表示感激，因为宏观动态学在这些场合开拓了他们的眼界，正如在另外一些场合增强了他们论点的力量，纠正了其中的错误那样。如果他们并非经常如此，那准是主要由于数学上太低能之故。但是，也还有另外一个重要原因需要说一说。

上面已经说到，宏观动态学帮助我们了解蔓延的作用过程。我们可以将经济体系看成一种共鸣器，这种共鸣器对干扰事件或“刺激”事件的冲击作出反应，其方式部分地是由这种共鸣器的物质结构所决定的。这样的比喻，对我们理解蔓延问题也许有所帮助。试以小提琴为例，当演奏者拉动琴弓之时，小提琴就受到“刺激”，它就按一种既定的方式作出反应。对这种反应的“规律”的理解，颇有助于对我们称之为小提琴协奏曲的现象作出较完全的“解释”。但是，有了这种理解，即使再加上神经生理学的知识，显然还不能解释这个协奏曲的全部：美学评价之类的根据之外，还有

① 在这方面，一个富有启发性的例子是R.弗里施教授与J.M.克拉克教授之间关于周期中消费与资本货物生产转折点间的关系的辩论（《资本货物生产与消费者开支之间的相互关系》、《答复》、《反驳》以及《再说几句》，载《政治经济杂志》1931—1932年）。

② 一个机械模型就可以说明这种现象。让我们把一个电钟放在一个不太牢固的桌子上，维持电钟走动的电流是完全稳定的，但却会使桌子摇动。

一系列声学与生理学在本质上所不包括的纯科学的根据，也是需要的。和这种情况相类似，宏观动态学对于周期现象的解释诚然是必不可少的，但也有一定的局限性：①它的周期模型就像对小提琴协奏曲来说共鸣器的声学模型一样。但是，宏观动态学的信奉者却不愿看到这一点。他们建立宏观动态模型，用以解释周期现象中所有应该由经济学家来加以解释的东西。试图这样做本身，就包含有某些实际上很明显的错误。②建立在任意假定之上的脆弱的结构，被直接"运用"并当作政策的指导，这种做法当然就充实了反对阵营的反驳理由的单子。人们有时会得到这样一种印象：只有两种类型的经济学家，一类经济学家不知差分方程为何物；一类经济学家除了差分方程之外，一无所知。因此，谨让我表达这样一种希望，而不是作出即将实现的预言，即：这种妨碍经济周期研究与宏观动态学相互促进的完全不必要的障碍（但在我们这门科

① 正如所有的比喻那样，比喻总是蹩脚的。下面的说明，并非比喻，可也不免于蹩脚。经济周期是在资本主义经济的历史演进中发展的。即使不去管经济社会学如何解释经济周期，我们也不得不承认，经济周期理论，或者避免用这个词，改说经济周期分析，必然是与进化理论或进化分析紧密不可分的，而与动态学没有关系，因为动态学是有关发展顺序的理论或分析，而发展顺序是没有历史日期的。无疑，有些机制，在1857年所起的作用和在1929年所起的作用一样大。而且在利用多少是普遍适用的宏观动态图式来观察经济周期时，也必须考虑到这些机制，正如在运用较低级的方法如普通的供求理论来观察时，必须考虑到这些机制那样。但是，它们仅仅是工具，即使拥有所有必需的时间数列资料，也不足以重现整个经济周期现象，自然更不用说重现这种现象的长远后果了。

② 可以举其中三个错误来加以说明。它们将同时说明何以各个反对理由并非针对模型本身，而只是针对正文提到的那种见解。(1)带有这种见解的宏观动态模型包含有这样的命题，即经济周期的"原因"必须到社会总量本身的相互作用中去寻找，然而我们可以证明，经济周期来自各个部门之间的失调。(2)同样，宏观动态模型包含有这样的含义，即历史地改变社会经济状况的结构变化与经济周期无关，然而我们可以证明，经济周期乃是结构变化所采取的形式。(3)宏观动态模型的建立者几乎总是想用一个单一的"最后"方程来解释周期变动的所有阶段（包括其转折点）。这也并非不可能。但是，它却派生了这样的错误，即认定这是一定可能的，并使分析屈从于这样的要求。

学中这种障碍却司空见惯)会自然而然地消失。

我还必须提到动态学的一个颇有发展前途的分支,它固然不属于微观经济学,因为它不涉及单个的决定性力量,可也不是宏观经济学,因为它的模型并不包含整个经济,它有点近似于马歇尔的局部分析,是针对(或主要针对)单个产业而论的。著名的谷物—生猪周期就是众所周知的例子:假定农民们在生猪(猪肉)价格与饲养成本(谷物价格)之间的有利关系的影响下,在大致相同的时间决定增加他们的生猪生产,并假定,有如这个例子中的情况那样,他们在大致相同的时间增加生猪的供应,那么,这将引起猪肉价格的急剧下跌(同时引起谷物价格的上涨),接着就可能使大多数农民缩减生产,从而又再度创造有利的条件,促使生猪生产再次增加。由此产生的周期当然可能是衰减性的、爆发性的或较为平稳的,由此而可以建立一种非常简单的一般模型,用以描绘这个确是可以观察到的作用过程,不但适用于生猪市场,适用范围还可扩大。① 另外一个显示耐用品现象的著名例子是丁伯根教授的造船周期。② 一方面,可以认为,这样一种图式所产生的结果——主要

① 读者可参阅 M. 伊齐基尔的《蛛网原理》,载《经济学季刊》1938 年 2 月号(重印于《经济周期理论选读》一书),读者从这篇文章中可了解到全部必要的东西(包括差不多所有的有关文献)。

② J. 丁伯根:《一个造船周期?》,载《世界经济文献》1931 年 7 月号。他建立的模型很有趣。在一根时间轴线上表示货船的现有吨位,用 $f(t)$ 表示,并假定,作为一级近似值,它只随新生产的货船吨位数(用 $f'(t)$ 表示)而变化。假定吨位低(高)(相对于其长期趋势而言)将引起运费的高(低),这将刺激(抑制)新吨位的订货,而这些订货的履行又将抑制(刺激)其后的订货,如此循环不已。因此,在任何一个时点上,吨位之增加将视此前(譬如说 θ 年)吨位之相对盈绌为转移:$f'(t)=-\alpha f(t-\theta)$,$\alpha$ 是一个常数,代表反应的强度。这是一个混合的差分与微分方程,在经济理论中,这种方程还是首次出现。假如吨位在最初一段时间内是给定的,则解出这个方程就可以看出吨位随着时间的转移而发生的变化(从理论上说还可以一直推到以后)。按照物理学家常用的一般方法,我们可以利用(尝试性)代入值 $f(t)=e^{\alpha t+\beta}$得到这种方程的解。有数学修养的读者将会看出,如果我们设 α 为一虚数,则解将是周期性的(利用欧拉的关系式:$e^{i\alpha t}=\cos\alpha t+i\sin\alpha t$)。〔参见熊彼特《经济周期》第 533 页。〕

是表面的而不是实质的——还没有怎么取信于人。此外，就算这些结果毕竟能够应用于任何实际情况，在应用的时候，也必须特别当心。丁伯根教授的论文的读者，对于那一长串与事实相违却又要别人接受的假设总感到不能释然于心。就算他们接受了所有这些假设，他们总还是感到，要心安理得地完全无视其他产业及一般商业情况必然会给予造船业的所有影响，也不是那么容易。他们会在那个基本图像（丁伯根前引文第 154 页）之中，看到比丁伯根的图式力图加以孤立隔离的机制要多的经济周期迹象。另外一方面，这种图式是建立更完善的动态理论的第一步，因之必须视为最为重要的开创性努力：读者在看到它们的缺点之时——就像他们阅读关于哥伦布的领航船的描写时可能有的那种感觉一样——也应看到这样的事实，所叙述的那种机制，在差不多每一实际情况中，无疑都是存在的；并且要看到，这种图式还提出了许多沿着同一条路线应进一步完成的明确任务。这样的工作在目前还只能说是探索性的，但是在所探索的基础之上，总有一天会建立起来一个新的结构。

第五章 〔凯恩斯与现代宏观经济学〕①

〔1. 对凯恩斯著作的几个较为广泛的方面的评论〕

〔2. 《通论》的分析工具〕

〔3. 凯恩斯启示的影响〕

在一部经济分析史中，从现代宏观经济学的观点出发，我们必须把J. M. 凯恩斯的《就业、利息和货币通论》(1936年)视作我们时代最伟大的学术成就，也只有从这一观点出发，我们才能对它作出公允的评价，如从任何其他的观点出发，都不可避免地会带来曲解。正如大多数对一般公众富有影响的伟大经济学家(特别是像亚当·斯密那样的经济学家)一样，凯恩斯勋爵不仅是经济分析领域里的一个工作者，他还是一个坚强的无所畏惧的公众意见的领头人，他的国家——在第一次世界大战中崛起，此后一直保持着当时形成的(只是轮廓越来越鲜明)社会面貌的英国——的智囊，他的国家的利益的成功的代表者，即使他从未曾做过一丁点纯属科学的工作，在历史上也将自有其地位：这位著有《和约的经济后果》(1919年)一书的人，在那个或者具有同等的见识但胆量不足、或者

---

① 〔这是熊彼特为这本书所写的最后一部分。1949年12月他离开坎布里奇去过圣诞节假日时，留下了手稿，准备打印，但是，这部分手稿直至他去世以后才打印。因此，没有经过修改或修饰。〕

具有同等的胆量但见识又不够的人们保持缄默的时候，已赢得了国际声誉。①

他的《通论》一书，从某种意义上说来，也取得了同样的开创性业绩。该书以一种外表上是一般分析的形式，表述了他自己对英国社会与经济状况的看法，并告诫英国，照他个人看来，“针对此种状况，应该怎么办”。此外，面对萧条造成的心理气氛以及激进主义思潮的日益高涨，该书的启示从剑桥这样一个有利地点传播出来，又经过那么多能干的忠实信徒的宣扬，在别的地方（特别是在美国），也同样深入人心。考虑到凯恩斯勋爵的态度在许多方面是相当保守的（特别是在涉及企业自由问题的方面），这似乎令人感到有些奇怪。但是，不要忘记，凯恩斯在一个十分重要的方面，对平等主义作出了决定性的贡献。热衷平等主义的经济学家早就对收入不均的所有其他方面或所有其他作用持怀疑态度，唯独对平等主义政策对储蓄的影响顾虑重重，譬如约翰·斯图亚特·穆勒就是这样。凯恩斯打消了他们的这些顾虑。他的分析使得反对储蓄的观点似乎恢复了理智上的光辉。在《通论》的第二十四章，他详细地阐述了这方面的论点。因此，他的科学启示感染了经济学界许多最有才智的人，也感染了那些对专业经济学只是一知半解的著述者与议论者，他们从《通论》中所发现的仅仅是“花钱的新经

① 在第二、三、四编中，有时我曾在人物评议中力图勾画人物的形象，在现在这个简短的概述中，这是办不到的了。因此我只能在此加以说明，上述的赞扬，对于描绘这个人物来说，甚至对于表明他多样的兴趣来说，都是不够的。我们的评论甚至不能涉及他的纯粹科学工作的所有方面。我把上述词句称为一种颂扬，但在这种颂扬之后，实际上还有更丰富的颂词没有写出来。〔请参见熊彼特所写《约翰·梅纳德·凯恩斯（1883—1946 年）》，载《美国经济评论》1946 年 9 月号，重印于《十大经济学家》（1951 年）一书中。〕

济学”,凯恩斯使那些议论风生的人们缅怀马赛特夫人时的幸福年代(见第三编,第四章),那时每个女中学生学了一点简单的概念,就会对无比复杂的资本主义社会有机体的里里外外评议起来。凯恩斯足可与李嘉图媲美(按这个词的最严格意义而言)。但是,我们说凯恩斯可与李嘉图相提并论,还由于他的著作是所谓“李嘉图恶习”的一个显著例子,也就是说,他习惯于在一个脆弱的基础之上,堆砌一大堆实际结论。他的那个基础,虽说脆弱,可是,由于简单明了,似乎却又不大相称地不但很吸引人,而且还令人信服。所有这些,颇有助于(虽然还不完全够)回答经常萦绕于我们脑际的一些问题,那就是:在一个人的启示中,是些什么使得人们去倾听它?人们倾听它的原因何在?它是怎样深入人心的?但是,我们所应做的却只是考察凯恩斯对于我们的分析工具作出的贡献。他的著作的重要性似乎又使我们在这样做之前不能不对他的著作的几个更广泛的方面,先来评论一番。

〔1. 对凯恩斯著作的几个较为广泛的方面的评论〕

首先,凯恩斯的著作为我们的以下论点提供了一个极好的例子,即:从原则上说是先有对事实及其意义的想象而后有分析工作,分析工作是为想象服务的,然后分析工作与想象便不断相互促进,携手并进。最明显不过的是,在凯恩斯有关著作的开头,首先出现的是他对于英国的逐渐衰老的资本主义的想象以及他的直觉诊断(他顺着他的诊断穷追下去,丝毫不考虑其他的可能诊断):英国经济患了动脉硬化症，恢复青春活力的机会已丧失殆尽，而在日子好过的时候所养成的储蓄老习惯却依旧不改。在《和约的经济后果》(1919年)的前几页中，这种想象就已清楚而系统地表述了出来，在此后的著作中勾画得越来越清楚，特别是在《货币改革短论》(1923年)及《货币论》(1930年)这些凯恩斯的最为雄心勃勃的、纯粹学术性的大胆探索的著作中。就“失败”这个词的通常意义而言，《货币论》不能算是个失败，但它遭到了尽管是善意的但却是毁损性的批评，尤其是，它没有充分地表达出凯恩斯的想象。于是，他以令人钦佩的果敢精神，决定抛弃那些碍手碍脚的工具，一心构造一个分析体系，这个分析体系要能表达他的基本观点，别无其他目的。他在1936年向世界提出的成果，似乎他自己感到是完全满意的，以至于自觉已经把经济学引导出了一百五十年来的迷误，把它领到了最后真理的彼岸——这个断言，不能在此加以检验，它很快就为一些人所欣然接受，可是在另外一些人看来，反倒使得他的著作的声誉受到影响。

其次，我们必须注意到凯恩斯对罗宾逊夫人、霍特里先生、哈罗德先生、特别是卡恩先生的鸣谢(这些人对凯恩斯的影响，完全可以单独地加以论证)。卡恩先生对这项历史性成就作出的贡献差不多达到了合著者的地步。卡恩除了对凯恩斯的《通论》以及对不完全竞争理论作出了贡献外，我还要趁此机会赶快说一下他的另外一项贡献，要不然它很可能会被人们所遗忘。马歇尔尽管提供了许多关于短期过程理论的资料，但经常强调的却主要是长期正常状态的特征，也许没有能够足够明确，他所说的其实乃是经济过程的纯粹逻辑推理，并不是任何未来时刻将要出现的任何实际状况。必须看到，事实上出现的并能够观察到的，乃是一系列短期内可能发生的事件以及对这些事件的短期反应的结局，一般说来，如果让每个有关因素都足可发挥其影响（假定没有什么进一步的干扰同时发生），想来会出现的完全均衡，与实际上发生的情况相比较，将几乎没有什么相似之处。这样的观点，对于经济分析的完善来说，显然非常重要，卡恩先生一贯地坚持此种观点，在这方面，我相信他比其他任何人都始终如一并且头脑清醒，尽管我还不能确切指出，他在哪个出版物中具体地提出了此项主张。（关于这个科学贡献与我们这个时代的短期哲学之间的可能联系，请参阅前面的第四编第七章。）

第三，评论凯恩斯的得失，按实际的情况来说，必须与现代的停滞论联系起来。停滞论本身其实是自有经济思想以来就有的。在任何一次经济失调的持续期间，与其他人一样具有他们时代的情绪的经济学家们，便提出所谓显示萧条已然扎下根来的理论，这种事例，以前并不少见。但是就我们自己的时代以及科学文献来说，此种看法当溯源于凯恩斯的《和约的经济后果》，这是前面已经提到了的。在美国，很自然，直到1929—1932年的危机发生，它才"流行"起来，在危机之后，更是大为行时。在阿尔文·H.汉森教授的卓越领导下，一些经济学家在科学上获得了重视，他们几乎形成了一个学派，在差不多所有阶层的舆论（包括被折磨够了的商界的舆论）之中，都得到了反响，他们进一步阐述并发展了成熟经济或停滞经济的学说，其根据部分地是与凯恩斯不相同的。我们不能在此对它进行评论性的分析，而只能指出，在表面上互相矛盾的论据面前，他们的论述却比预料的更站得住脚。其理由有三：

(1)因为正在展现的新的经济机会可以(部分地确实应该)归因于第二次世界大战的后果,因而应该被看成一种插曲,与基本的趋势问题无关。(2)因为每个繁荣期,不管多长,总是呈现倒退,总是可以作为基本趋势的表现形式来加以解释。(3)因为有一些著者,他们既不是凯恩斯意义的"停滞论者",也不是汉森意义的"停滞论者",然而却根据他们自己的理由得出类似的结论。[①] 有时看来似乎是,与其说存在着停滞论者与反停滞论者,毋宁说存在着同一停滞论的两个分支——至少当我们不要去管那些只知道给个别停滞论找茬挑刺的反停滞论者时,情况确是这样。

最后,让我们指出这样一个重要事实——这个事实之所以重要,是由于它显示了凯恩斯的《通论》在多大程度上乃是对广泛接受了的观念的反映——即:二十世纪三十年代出现了另一些著作,

① 这样,他们很可能并不信服凯恩斯及汉森的论据,却仍然预言资本主义的进化已趋于衰微——也就是说,陷入一种也可以说是"停滞"的状态——因为现代国家可能使进化动力不起作用或陷于瘫痪。现在的税制仅仅是导致那一结果的众多因素的一个例子,分析一下英国的现状便可以帮助了解此种情况。这类抑制因素——可以看到,这是资本主义发展过程的必然结果——所起的作用,同凯恩斯和汉森所强调的那些因素所起的作用是一样的:在一个以利润为目的的经济中,建立有利可图的企业的客观机会的减少,和所获利润将被税收所吸收掉,显然并没有什么两样。附带提一下,我们可以看到,在凯恩斯—汉森的论点与李嘉图—约翰·斯图尔特·穆勒的论点之间,在有关停滞状态到来这方面,有些地方存在着极为类似之处。在凯恩斯那里,这一点特别明显,在他的早期著作中,他曾一再谈到"自然对于人类努力的递减酬答"——在粮食和原料滞销时期的前夕——同时谈到人口的压力。这个思想因素在汉森的议论中不但没有,反被他实际上转变成与之对立的论点。但是,汉森和凯恩斯都认为,相对于人们的储蓄倾向而言,未来的投资机会将趋于减少,不过,他们的论述方式与李嘉图不尽相同。主要的区别在于,他们预言经济在陷于停滞状态的过程会遇到各种困难,而李嘉图却没有预见到这一点。〔熊彼特在他的《资本主义、社会主义和民主》(1942年)一书中,曾提出这样的论点:"资本主义的进化渐趋消失,因为现代国家可能会使它的动力不起作用或陷于瘫痪。"〕

它们各自按照自己的表述方式试图提出一些在许多重要之点上与凯恩斯观点相类似的观点。譬如有个热心的凯恩斯主义者就曾讲过“凯恩斯的瑞典垫脚石”的话，如果我们不去管这句话所包含的价值判断，我们确实可以表示赞同。瑞典的一些大经济学家，特别是林达尔、米达尔及俄林，一面发展了维克塞尔提出的一些线索，一面又根据类似的设计，使用类似的资料修筑了这个台阶。但是，我将只提及两本著作来说明我的意思。

埃里克·龙德伯格的《经济扩展理论的研究》(1937年)在凯恩斯的《通论》出版后一年出版，该书充分考虑到了凯恩斯的著作，并且明确地对它的“刺激性影响”表示了感谢。但是，一部具有如此深度与广度的著作，是不可能在短短一年之中，仅仅由于外部的影响，就可以定型的，除非它的著者早已自行得出了多少相同的结论。此外，维克塞尔的影响要比凯恩斯的影响明显得多，龙德伯格的著作，在方法上及结果上都与凯恩斯颇有不同之处，由此可见，龙德伯格无疑是基本独立地写出他的著作的。其实，除了表述简洁有利外，我们还可以说龙德伯格的著作比凯恩斯的著作高一筹，特别是(但不仅仅是)由于龙德伯格从一开始就抓住了发展顺序的问题，凯恩斯却没有及时处理这个问题，而是由他的追随者来处理的。特别使我们感兴趣的是，该书显示了当前凯恩斯主义的微观动态与宏观动态的本质，在这方面，龙德伯格比凯恩斯本人做得还要高强得多。对今天的后凯恩斯主义者来说，龙德伯格的著作之所以特别重要，是由于它提供了富有启发意义的经验，让人们能够以不同的眼光，并从事物的不同方面去看待“凯恩斯主义”的那些命题。

卡尔·弗尔的书《货币发行与经济周期》(1937 年)丝毫未受凯恩斯《通论》的影响,因为正如著者在前言中所述,他的原稿在1935 年 12 月即已完成,因此,他只能在书中各有关处加上一些参见《通论》的字样。更加引人注意的是,在他的那些命题与凯恩斯的那些命题之间,存在着许多类似之处,尽管对英国与美国的读者来说,这种实际上的符合程度,乍看起来还不是那么明显。这是由于下述两个事实之故:弗尔博士使用的是一套不同的概念工具,而用以得出其结论的方法也不同,因而就容易模糊了上述那些类似之处;该书是在不同的环境下写出的,著者所着重谈的问题,美国经济学界已不再感兴趣。正是由于这一点,研究一下这本书,对美国经济学家来说,反而非常有教益。正是由于该书显然采用了非凯恩斯的研究方法,它才揭示了学说上的(客观的)联系,并对凯恩斯所论究的一些问题(特别是均衡状态下的就业不足问题),几乎可以说提供了新的说明。这本书在德国颇有影响,一位丹麦经济学家告诉我,该书在丹麦也很有影响。

〔2.《通论》的分析工具〕

首先,《通论》的分析工具基本上是静态的,但它在分析史上的地位却又和它对宏观动态学的推动具有密切联系。这种表面上的矛盾状态,我们马上就将予以解释。我并不否认这本书的大部分——有人也许会说是它的有价值的绝大部分——贯穿着动态的考虑,但是,这些动态考虑只是附加在一个严格的静态骨架上的东西，[①]这个静态骨架是如此严格，以至于在原则上不作任何发展顺序和时期的考虑。[②]第二，该静态理论并非长期正常状态的静态学，而是短期均衡理论。第三，在这方面最为重要的是，就投资过程的所有方面而言，进入模式(不是书)的，仅仅是新投资的支出效应：正如凯恩斯自己所强调指出的，物质形态的资本(设备)，无论在种类上或数量上都假定是始终不变的。这就使得这个理论只限于分析那些决定现有工业设备的较高或较低利用程度的因素。对于那些认为凯恩斯的理论乃是资本主义过程的实质的抽象的人们，只好告诉他们，这样一来，要想从伴随着设备的不断创新以及在设备内部不断进行的根本改革而来的现象中，寻找资本主义的实质，将是办不到的了。[③]第四，凯恩斯的分析，尽管是总量的，却无疑为了简化的缘故，预先假定，在所有商品及生产要素市场上的竞争是"自由的"(如果实际上不是"纯粹的")。第五，假定每个人都对一种特定的"真实"价值作出反应，这种"真实"价值就是以工资单位表示的价格，或者说是价格除以单位劳动的平均货币工资，货币工资取决于雇主与雇工之间的讨价还价——这是一种几乎不顾一切的简化办法，由此所得的结果不可能进行两个不同时点之间的比较，除非两个不同时点的工资率是相同的。但是，这个假设——人们按照这种真实价值进行计算——有一个重要的例外，工人们只是在储蓄和投资时这么计算，在他们为劳动进行讨价

① 已有许多人对这一骨架作过严格的表述。这里我只提 O. 兰格的《利率与最适度的消费倾向》(载《经济科学》1938 年 2 月号)和 L. R. 克莱因的《凯恩斯革命》(1947 年)。

② 突出的例子是卡恩—凯恩斯乘数。〔熊彼特本来计划在这一章的后面部分对此加以论列，然而这一章实际上没有写完。〕

③ 我们仍可能会发现，在凯恩斯的分析与马克思的分析之间有某些联系。但是，从根本上说来，它们是相互对立的。

还价之时则不然，他们谈判工资合同时所考虑的仅仅是货币工资率。①

凯恩斯的分析——现期国民收入的分析——就是在按上述五点而安排的框架之内来操演五个内生变量，这些变量是这个体系要加以确定的：国民收入本身、就业、消费、投资以及利率，此外还有一个外生变量，那就是由金融"当局"的行动加在该体系之上的货币数量。②就业按假设是完全决定于国民收入的，因此这个变量可以省去，在很短期之内，这也许是容许的。国民收入的现值按定义完全等于现期的消费加上现期的投资(三者的数量均以工资单位表示)。③在这些"既定的"条件下，国民收入的现值可以说"决定

① 这里提出了三个问题：(1)这个假设本身的现实性问题；(2)背离适用于其他所有交易的原则的这个例外，是怎么提出的？其根据是什么？(3)这个假设对于凯恩斯工资理论的影响问题。限于篇幅，这些问题不能在此一一作答——在此只能指出，由于这个假设，凯恩斯抛弃了通常的劳动供给函数理论，该理论是建立在相反的假设之上的。凯恩斯把这称为"我们与古典体系的不同之处"(见前引书第17页)，这是略带夸张的说法。但是，当他提出这个论点时，这个假设确实使他得以维护就他的体系来说是一个基本的命题，那就是，工资契约原则上不决定实际工资。他的追随者们，逐渐悄悄地撤离了这个站不住脚的据点。在他们看来，这一点对于凯恩斯的理论来说，其重要性并不像凯恩斯自己所想的那么大。不过，请注意其中这样一种站得住脚的说法：工资率的任何增减，如果增加了或减少了经济中(或者即使是某个地区)的某个足够重要的部门的工资收入，将对价格产生某种影响，这种影响可能部分地或全部地抵消掉货币工资率变化的作用——这种关联当然是值得强调的。

② 我们的叙述，目的只能是让读者忆起《通论》(假定他们是已熟知其内容的)中的一些要点，因之有许多不足之处。其中之一是，我们不得不像许多凯恩斯主义者惯常做的那样，假定支付手段的数量乃是外生的既定量，这就是说，政府及中央银行对它是操纵裕如的。(不顾一切异议的)这个假定，使得我们危险地接近于一种粗糙的数量学说，正如我们已经看到的，该学说的显著特征是，货币数量是外生给定的。这是不能容忍地违背现实的，即使对现代英国而言也是如此，除非正如阿瑟·斯密西斯所指出的那样，我们将货币数量定义为银行之外的法币加上法律及"当局"准许银行创造的最高存款额。

③ 既然储蓄按定义是收入与消费的差额，这个相等关系就带来了众所熟知的现期储蓄与现期投资之间的相等关系。而要后一个相等关系成立，就不能像凯恩斯所做的那样，把现期投资等同于新资本设备的生产率。参见P. A. 萨缪尔森《理想条件下的利率》，载《经济学季刊》(1939年2月号)第292—295页。

于”三个函数或三个函数表（凯恩斯将其夸张地称为“心理规律”①）：消费函数、投资函数以及灵活偏好函数，这三大简化物是凯恩斯用来想象经济过程的，尤其是想用它们来证明存在着就业不足的均衡状态，或说得过火点，想用它们来证明储蓄（或者也可以说是利息率）是使一国陷于穷困的罪魁祸首。②

在某种意义上说来，就像马歇尔的需求曲线来自库尔诺（客观地说也来自维里）一样，凯恩斯的消费函数来自马尔萨斯和维克塞尔，③只是在凯恩斯的手中变得更精确一点而已。人人都知道，它

① 这三个函数当然不配称为心理规律。戈森的可满足的需要规律，在万不得已时，倒还可以权且如此称呼。

② 那些认为经济事实与凯恩斯的分析并不能证实这种信念，认为其中所包含的真理成分也不过是有如约翰·斯图尔特·穆勒、罗雪尔和马歇尔等人所认识到的水平（凯恩斯，甚至霍布森都勉强地承认了此点。见上引书第 19 页注）的人们，自然会去寻找非分析的解释。他们会发现，首先，在英国的处境下，许多困难能够通过剥夺“食利者”的办法来解决，而如果运用其他任何方式，由于政治上的原因，这些困难实际上都是不可能克服的。其次，像凯恩斯这样独立不羁的知识分子，对资产阶级并无什么好感，但由于太文明，又不喜欢激烈手段，就会很自然地选择使债权人的利益“无痛苦死亡”的办法。

③ 不过，对凯恩斯与马歇尔来说，情况还有一点不同。如果历史学家说，马歇尔从穆勒的较不严密的表述中，看到了他的需求曲线，并在其上加上了“棱角”，使之精确化，那么，他们二人的情况确是类似的。但是，马歇尔肯定是从库尔诺那里发现了所有必要的“棱角”及精确化。凯恩斯则即使从马尔萨斯那里得到了启发（当时他几乎还不知道维克塞尔），也必然要做穆勒的门徒（就马歇尔需求曲线的有关方面来说）所必须要做的一切。凯恩斯与马尔萨斯（客观上）的近似在《通论》的开头（第 25 页），当凯恩斯建立他的总供给函数与总需求函数以及有效需求的概念时，显得特别明显。不管我们多么注意凯恩斯的告诫，我们还是不免会把这些函数（它们能够相交一次或好多次，但无论如何是不相同的函数）当作对各个商品的供给与需求的真实概念的概括。凯恩斯知道这个缺陷，所以此后就很少再提它。然而就是这个马尔萨斯的概念，如果适用，其本身就足以证实一种均衡状态的可能性，这种均衡状态将不以充分就业为特征。我再重复一遍，凯恩斯所陈述的与（他所谓的）古典理论相对立的论点，是完全与充分就业均衡理论的正确诠释不相干的。他指控说，古典理论除了摩擦失业以外，不知有失业，这个说法，只有当摩擦一词定义得非常广泛之时，才站得住脚，而如果摩擦一词如此定义，这种指控也就变得毫无意义了。

所指的是，现期国民消费总额(以工资单位表示的"消费方面"的支出总额)是(以工资单位表示的)现期国民收入的函数，而且按照他的随意假定，国民收入的任何增加总要引起国民消费的增加，不过增加程度较小而已。① 投资函数则不那么容易用一两句话就说清楚，因为它牵涉到凯恩斯著作的第十一章和第十二章中所提到的非常重要的动态考虑，尽管这些考虑并没有构成它的明确陈述的一部分。它指的是总投资率与"此总投资率所将建立的一般资本"(物质形态的)(见前引书第 136 页)的边际效率之间的关系，资本的边际效率则定义为任何资本货物的追加单位(适当选定的)的预期报酬与生产此单位资本货物的成本之间的关系。② 凯恩斯曾指出，这与费雪的"超过成本的边际报酬率"③ 是一回事。但是，在这二

① 这个消费倾向的"心理规律"当然是针对个人而言的，但是我们所谈论的那个假设却是针对社会总量而言的。我说它是任意的假设，仅仅是为了强调它所表述的仅仅是几种可能性中的一种。我们可以将消费函数写成 $c=f(y)$，而按假设，边际消费倾向 dc/dy 总是小于 1。让我们再来看一看，与消费函数一样，我们完全可以将储蓄函数写成 $s=\varphi(y)$。许多凯恩斯主义者惯常在这两个函数中插入第二个变量即利率 i，由于假设 i 的影响微不足道，这个让步的意义又差不多完全丧失了。

② 投资函数通常写成 $I=F(y,i)$，以函数 F 的形式表示资本的边际效率。因此在既定的利率下，边际投资倾向为 $\delta F/\delta y$。但是我们还是可以不去管 i，目的在于强调投资是"独立自主的"，也就是说，或者是一种外在因素(例如政府)加诸这个体系的，或者进入这个体系时并没有考虑它的现时情况。另一方面，我们也可以像兰格那样(见前面第 612 页注①)，认为投资是完全由消费者的购买所"引发"的，而将投资函数写成 $I=\varphi(c,i)$。这些以及其他的表现形式，在强调这种或那种可能性方面均有其启发性，但是，它们当中没有哪一个能单独充分表达凯恩斯的思想，凯恩斯聪明地没有在自己的笔下陈述其中的任何一种表述。

③ 见《利息论》(1930 年)第 168 页。不过，我可以证实，凯恩斯对经济文献、特别是对当代非英国出版的文献的了解不是第一流的，因而他是完全独立地提出这一概念的，并可以证实，他的那段鸣谢文字，即承认有人使他注意到了费雪的阐述，是后来插入的。当凯恩斯接触到这个信息之时，他可能是承认得过头了。这至少是勒纳教授的意见。另外一方面，可能有人会认为，这两个概念实际上是对马歇尔，特别是维克塞尔——还可追溯到庞巴维克——所提出的资本的边际生产率概念的改进，但事情也仅止于止。凡使用过这一概念的作家，几乎没有哪一个会否认资本边际生产率的"预期性"及其与重置成本的关系。

者之间还是有差别的：对费雪来说，这种超过成本的边际报酬率——这意味着一系列的预期报酬的贴现过程——构成了有关利息现象的基本事实，而在这一点上，凯恩斯却背弃了我们所谓的巴贲传统，并创立了一种货币利息理论（至少是有此意图），按照该理论，利息不导源于，也不表现为与资本货币的净报酬具有（无论什么形式的）联系的任何事物。①

这就牵涉到凯恩斯的第三个基本函数或函数表即灵活偏好函数。在《通论》的第十三章，凯恩斯似乎接受了这样的理论，即认为利率"随资本的边际效率表与心理上的储蓄倾向二者的相互影响而变动"（时间偏好）。因为他陈述他的反对意见不过是，不可能仅仅从这两个因素就推演出利率，利率还随着储蓄者希望以何种形式保持其储蓄而变动。储蓄者在决定了多大部分"以某种形式的对于未来消费的支配权进行储蓄"（前引书第166页，注意一下这

① 单从理论分析的观点来看，这也许是《通论》最重要的独创性贡献，所以在此作一点评论也许是合适的。第一，凯恩斯的货币利息理论，主观上是独创的，客观上则不然。从经院哲学家及其新教后继人直至凯恩斯以前的一些现代作家，早已有人将利息与货币联系起来，对利息现象加以解释了。他们都同意将非货币资本的收益与利息分离开来，有如凯恩斯所宣称的那样。就这一点而言，凯恩斯著作的客观重要性，在于它的学说所取得的成功，凯恩斯使许多在二十来年前就认为货币利息理论不值得大惊小怪的经济学家真正转变了过来。第二，我们还必须忆及，维克塞尔虽然没有采纳货币理论，却启发瑞典的后进这样去做了，因而在这方面起了重大的推进作用。英文读者只要读一下 E. R. 林达尔教授的《货币和资本理论研究》（1939 年）及 B. 俄林教授的两篇论文《评斯德哥尔摩的储蓄与投资理论》（载《经济学杂志》1937 年 3 月号及 6 月号），就可以非常清楚地看出这条维克塞尔进展路线。俄林的论文引起了凯恩斯、俄林、罗伯逊和霍特里之间的一场辩论，跟着出现了一些其他经济学家的论文。此外还应该加上。第三，凯恩斯赋予他的货币理论的特殊形式，无论主观上还是客观上都有独创性，它与瑞典的形式或希克斯教授（《价值与资本》第 12 章）的形式，差别还不算大；在英美完全接受货币利息理论的那部分文献中，瑞典的形式或希克斯的形式也许已接近于被普遍接受。但是凯恩斯的形式与此外的形式之间还是有很大的不同，以致要是有人认为这些形式没有什么与凯恩斯形式相类似之处，也是未尝不可的。

句话的古典学派口气)以后,还必须决定是否以及在何种程度上将在一个特定的或不限定的时期之内放弃他的直接支配权,也就是说,还必须决定他的灵活偏好度。① 这显然不过是一个外表上的修正。但是,后来凯恩斯本人(即使在《通论》中)以及一些他的正统的追随者(特别是勒纳教授②),却朝着这个方向走得更远,认为利息不是什么别的东西,不过是对违愿放弃一种理想的现有流动资产的一种支付(本身利率理论),而且认为货币数量(相对地考虑到它为交易所吸收的部分)乃是决定利率的唯一的直接支配因素。③现期的储蓄与现期的投资(它们是完全相等的),不决定任何事情;计划的(事前的)储蓄与计划的(事前的)投资决定收入(净产量的总额),但不决定利息。对此表示异议的见解是有的,在严重萧条的扑朔迷离的情况中,它们得到了某些证实。④

① 这种灵活偏好以公式表示通常可以写成这样的方程$\overline{M}=L(y,i)$,该方程说明了货币供应量(见第 613 页注②)——我在 M 上加上一道,目的在于表示它是既定的——与货币"需求"之间的关系,货币需求部分地决定于交易量 y,部分地决定于人们对于各种利息率(用 i 表示)的未来变动的预期("投机动机")。

② 关于勒纳教授的论点,参见弗朗哥·莫迪格利亚尼:《灵活偏好与利息及货币理论》,载《经济计量学杂志》1944 年 1 月号,第 79 页。我之推荐这篇文章,是因为我认为这篇文章全面评论了这个问题。

③ 应该指出,在必须做到的许多事情中,利息实际上还必须使保持现金及其他资产的利益相等。这是凯恩斯的推理与李嘉图的推理相似的又一例证:利率必须足以补偿储蓄者的边际"节欲"——否则利率就不会是那样——这一事实显然不足以证实节欲利息理论。还应该进一步指出,正如其他各种命题那样,这两个命题——本身利率理论及节欲理论——如果带上许多"既定的"条件,当然就可以在形式上站住脚,而这样一来,还可以带来附带的便宜,那就是可以拿反对者不懂得论究中的假设条件为借口,轻而易举地对反对者倒打一耙。在这一点上,可参阅 W. 弗尔纳及 H. M. 萨默斯《利息理论的两种货币研究方法》,载《经济统计评论》1941 年 2 月号。

④ 可以举一个例子,凯恩斯的理论,照实说来,会得出这样的结论:投资动机或投资倾向的增强,或消费倾向的增强,将只增加就业,不具有提高利率的趋势。在任何正常情况下,相反的情况是显而易见的,并且已被萨缪尔森教授作为一个原理来表述了——不是作为对凯恩斯学说的异议来表述,而是作为他的学说的一个组成部分来表述的。见萨缪尔森《基础》第 279 页,并对照参阅 J. R. 希克斯《凯恩斯先生与"古典学派",一项建议性的诠释》,载《经济计量学杂志》1937 年 4 月号,第 152—153 页。

〔3. 凯恩斯启示的影响〕

借助于这三个基本函数或函数表，便可以建立一个包括三个均衡条件（方程）以及一个恒等式的体系，货币数量是一个外在的已知数，在适当的假设条件之下，这个体系可以唯一地决定利息、投资、储蓄或消费，并可加以扩大，把其他一些变量（例如凯恩斯的工资率）也包含进去。① 但是，迷惑人的并不是这种严格却又漏洞很多的凯恩斯启示的表达方式，而是它那个花哨的整体。特别是在与储蓄、利息以及就业不足有关的方面，这个启示似乎表现为一种新颖的有关资本主义过程的观点，正如我们前面说过的，不但对

① 恒等式要么写作 $y \equiv c+I$，要么写作 $S \equiv I$。在前一情况下，我们可以用两个方程来表示：$C=f(y,i)$，及 $I=\Phi(c,i)$；在后一情况下，可用 $s=\varphi(y,i)$ 及 $I=F(y,i)$ 表示。至于再加以扩展的情况，可见莫迪格利亚尼上引文第 46 页。但是，这个体系，特别是任何再加以扩展的体系，并不像外行人认为的那么简单，正是由于这个缘故，尽管我并不打算深入追究其中所包含的问题，本着良心，我却要插入“在适当的假设之下”这样的字样。建立一个显示出不一致从而无法界定均衡状态甚至多重均衡状态的体系并不难，这一点很重要，因为这种非均衡体系在凯恩斯的讨论中是起作用的。对凯恩斯主义者来说，这种非均衡体系可能就是一种手段，用以说明没有政府的支出（“财政政策”），经济将不可能达到均衡状态，特别是不可能达到充分就业的均衡状态。

让我们附带注意一下另外一个重要之点。如果我们讲的不是现期而是计划的消费与投资，则该体系保持稳定的一个条件便是边际消费倾向与边际投资倾向的总和——即边际支出倾向——必须小于 1。如果等于或大于 1，这个体系便将有待于决定，但它偏离均衡点时将不是向均衡收敛，而会发散。有些著者往往认为，在资本主义的现实中，经济体系并没有发散，因而可以据以“证明”支出倾向实际上小于 1。这个论点在逻辑上是不能成立的。我只指出一点：当一个长期体系没有发散的时候，与之相应的理论上的短期体系却有此可能；当现实没有发散时，理论上的长期体系却有此可能。

公众以及“一知半解的作家”来说很新颖，就是对经济分析领域的许多最有才智的人来说也很新颖——这种新颖观点对一些人来说诚然很有吸引力，可是对另外一些人来说却只能引起反感。① 这种启示几乎立即创造了一种气氛，非常适合于当时拼命挣扎的局势，气氛之浓厚，大体上就像李嘉图在 1817 年所创造的气氛那样，由于有人数猛增的专业经济学家为之煽风点火，事实上甚或尤有过之。在我们的这个概述中，只能列出当时人们从事的三项工作，这三项工作合在一起，便造成了或多或少带有凯恩斯观点的文献大量涌现，而这正是 1936 年以后的十年表现出来的一个极为突出的特征。

第一项工作自然出自这样一种需要，差不多每个经济学家都感到应该表白一下，对于这样一个没有谁能无视的启示，他自己的态度究竟是什么样的。经济学界的大部分工作照常进行，没有受到多大影响。但是对于所有理论家、一般经济学家以及货币、银行和经济周期领域的工作者来说，则只有通过辛勤的分析、评论和发展才能表白他们的态度。既然我们不能够充分地考察这样一些文

① 经济学界的意见分歧，对各国来说，不能一概而论。在有些国家，引起的不过是水面上的一点涟漪，但在英美，分歧却很深，很明显，值得附带提一下。凯恩斯主义主要是对年轻的理论家有感染力，大多数年岁稍长的理论家则反对它，只是反对的强烈程度彼此不同而已。必须强调指出，事实很明显，有一部分抵制当然纯然是动脉硬化症的抵制，这是每一种新学说都会遇到的。但是还有另外一种。年老的甚至是成年的学者，不但是他们过去工作中所形成的思想习惯的牺牲者，同时也是受益者，我在这里不是就那种非经几十年的劳动不能获得的对事物的较为深刻的理解而言，也不是指与此种理解有关联的“政策”看法上的差异，而是指分析经验。在像经济学这样的领域中，训练常常是有缺陷的，年轻的学者往往所知有限，因而与物理学领域的情况比较起来，分析经验便非常重要。在物理学领域，教学工作常常是有效能的，即使启发性可能会差一些。

献，[①]我们只能特别提到两个事实。第一，能够造成这样一个反响，就其本身来说，自然就是一个成就，坦白承认这个成就，便是为了纪念凯恩斯勋爵应当表示的最大的、理所当然的敬意，倒不在乎他做了些什么分析工作或提出了什么具有吸引力的实际问题。正如李嘉图，是智力上的功绩加上与当时的紧迫问题具有(真实的或想当然的)联系，使他取得了我们这个领域中的成就。单凭两个因素中的任何一个，是不可能取得那样的成就的。正是智力成就上的瑕疵，正是对凯恩斯的实际答案可能提出的异议，有助于造成更壮观的成就，有助于开展介乎实际措施的推荐与方法论方面的纯逻辑问题之间(包括这两方面的问题在内)的整个领域的辩论。另外一个事实是此种成就的累积特性，最好参照教学工作来加以说明。任何一部在科学上有地位有成就的著作，在有关的课程中都不可能不被提到。一个教师一旦发现学生沉迷于一本与他的教学没有什么关系的著作，一旦发现学生在上他的课以前就已熟悉了这本著作，就会发觉提到这本著作，或在此基础之上，建立他自己的看法，会获得教学上的好处。不管他本人的意见如何，他会较为细致地来处理这本著作，而不是仅仅指出它的优点所在。就像在银行及保险业务中的情况那样，仅仅由于储备的不断增加，成长就会导致进一步的成长，成就孳生成就。经济学界亦然，文献会产生更多的文献。

《通论》提出的第二项工作是对许多个别观点的发展，不论是

① 作为一个样本，读者可参见 S. E. 哈里斯编辑并作序的《新经济学》，1947 年出版，尽管其“偏袒”倾向很明显。

批评性的还是建设性的，理论性的还是资料补充性的。[①]有关的有，凯恩斯的就业不足均衡问题，“本身利率”理论与“可贷资金”利息理论相对立的问题，总量（宏观经济）理论的原理问题，货币工资与实际工资的关系问题等等，所有这些问题都带来了它们各自的“专门文献”。这里只以过去一直在进行的、现在仍在进行的关于消费函数的研究工作为例。没有一个当之无愧的理论家会接受这样的假设，即消费支出（以工资单位表示的）仅仅和收入（以工资单位表示的）相关联，没有一个理论家会把这种假设看成一种**确切的**陈述。更不会认为凯恩斯赋予这个函数（dc/dy，见前面第610页注①）的性质是普遍有效的。因之在我们面前的只是一种近似的关系，但是近似到什么程度呢？特别是，究竟有多大必要再加上一项使这个函数所表示的关系能够随时间的推移而有所变化？如果我们判定这个函数所表示的乃是直线关系，我们是否犯了非常严重的过错？我们是否必须稳健一点，把收入以外的自变量考虑进去呢？譬如说，是否应该把消费者个人恰好已拥有的资产或至少流动资产的数量考虑进去？所有这些问题首先是理论问题，为了使这个函数具有自主性，[②]为了使这个函数能和我们打算论证的同一水平上加以接受的其他关系保持一致性，这些问题必须加以解决。但

① 应该看到，如果从对于一个理论的内容的效果来说，批评、阐明及辩护都一样，不管研究者的意图是什么，其研究结果将逐渐改变、终至完全抹杀原著的含义，但这无损于一本著作的声誉以及它在科学史上最终所占的地位。在这里，研究者对问题的态度及价值判断至关重要，即使对于未来的理论家的意见来说，关系也很大，当然，对于未来的经济学界及读者公众的意见来说，关系就更大了。譬如说，我们可以很容易地从例如希克斯、兰格、莫迪格利亚尼及萨缪尔森的著作中收集到一大堆（全都是正确的）论点，这些论点在不那么友好的人手中，自然就会成为毁损性的批评，而原著者其实并无毁损的意图。就凯恩斯来说，他的成就及运气相结合便足以使最能造成损害的那种批评的锋芒也为之顿挫——试比较一下马歇尔对李嘉图的态度。

② 一个函数或方程的自主性这个概念来自弗里施教授。在一个诸种关系（数学

是，显而易见，这些问题还有着非常重要的应与实际相符的一面。不算太少的经济计量学家已经并正在专心致志于此了，这是并不奇怪、倒是很值得庆幸的事情。

第三项工作来自使凯恩斯体系“动态化”的必要性，或者循着凯恩斯自己暗示的线索去“动态化”，或者循着其他的线索去“动态化”。一旦人们开始当真“运用”凯恩斯体系之时，这种必要性就变得很明显了，因为正如我们知道的，单是一个静态体系的稳定性问题就会迅速地导向动态方面的考虑。许多凯恩斯主义者确已着手把一些最平常的“动态化因素”，特别是时间滞差引进他们的模型之中，可以举斯密西斯教授的模式①为例，还可再次提到我们已经

的或非数学的）的体系中（假设在一定的数据结构中，它们是同时成立的），可能有的关系，只有在其他的关系成立，也许还必须是这个既定的数据结构保持不变时，它们方能成立。另外有一些关系则不然，即使它们以外的一些关系不成立，即使在另外一个数据结构中，它们也仍然成立。后一种情况我们称之为自主的，尽管我们也使用这个词来表达别的意思（例如“自主的投资”）。这种性质并不是绝对的，一个关系可能会多少受到其他关系失效的影响。因此，我们是最好说较高程度的自主性或较低程度的自主性。弗里施关于这个问题的论文（据我所知，没有发表），是当代经济学家在现代理论的纯逻辑方面作出的最令人感兴趣的贡献之一。〔弗里施教授曾回答本书编者的询问说，函数或方程的自主性概念，在他的一些以挪威文写的油印讲义中，曾有详细的解释，在公开出版物中，他只是在一篇评论《相互作用的研究在奥斯陆》（载《美国经济评论》1948 年 6 月号）中简要地提到过它。〕

① 阿瑟·斯密西斯：《过程分析与均衡分析》，载《经济计量学杂志》1942 年 1 月号。我们已经指出，许多凯恩斯主义者（或运用凯恩斯式的或类似的工具的著者）引进了计划的（或事前的）储蓄与投资，目的在于使储蓄与投资的相等成为一个均衡条件，而不用储蓄与投资实际上的恒等条件。这是与凯恩斯的见解相符合的，因为他确实很强调存在于储蓄决定与投资决定之间的鸿沟。这样的做法本质上也不背离凯恩斯静态学的思想境界。但是，如果我们一旦将储蓄与投资和过去的什么数量（譬如说过去的收入）明确地拉上关系，情况就不同了，这样一来，尽管不是由于逻辑上的必然性，我们就会很容易地不仅脱离凯恩斯的静态学，并且还会脱离凯恩斯的整个结构。试以闲置储蓄的概念为例，不在行的人有时会相信凯恩斯的议论中包含有这样的意思，即在经济的什么方面必然存在着处于闲置状态的储蓄，意即没有被用于投资的储蓄。可是在凯恩斯的议论中，这个概念是没有意义的。然而，如果我们引进时间滞差，它就将立即获得意义。不难看出，时间滞差的引进，不但必将引导我们脱离凯恩斯的体系，同时还引导我们走向罗伯逊和龙德伯格的体系。

提到过的汉森—萨缪尔森方程。这样一来，凯恩斯主义的均衡分析就渐渐让位给凯恩斯主义的"过程分析"了，及至现在，这种凯恩斯主义的过程分析又逐渐趋向于与出现得较早并较广泛的宏观动态学合流，这个发展，我们在前面已经大致说过了。到此为止，我们终于接近于可以明确指出凯恩斯对经济学的纯粹分析方面的贡献的历史重要性了。这个贡献很重要，并非我们的这个简短的概述所易罄述，只能请读者注意一下下述要点。

就其核心而言，凯恩斯体系实质上是静态的。这种静态理论对于达到他内心所悬的目的来说是足够的，特别是对于建立他的就业不足均衡学说来说是足够的。然而，部分由于他不可避免地要把动态考虑加到他那个静态核心上去，部分由于他的著作面临这样一种形势，即对宏观动态学的新兴趣支配着纯理论领域（独立于凯恩斯之外的），宏观动态学便淹没了他的著作。但是，由于凯恩斯著作在经济思想界所取得的地位，他的著作非但没有被宏观动态学完全淹没，反而回过头来帮助建立了宏观动态学，推动了它发展——凯恩斯的模式很简单，特别便于做到这一点。希克斯教授说得好："《通论》……既不是动态经济学的开始，也不是它的结束。"① 但是，凯恩斯确实是不知不觉地，也许甚至是违背自己意愿地，② 给予了宏观动态学以有力的推动——差不多所有宏观动态学的著作都以他的模式的"动态化了的"形式为出发点。在一部经济分析史中，应该强调的正是这一点。③ 在一部经济思想史中，

① 见《凯恩斯先生与"古典学派"》，载《经济计量学杂志》1937 年 4 月号，第 159 页。

② 他有一次对他的一个学生说："不追究所有与时期有关的问题。"

③ 劳埃德·A. 梅茨勒所写的《存货周期的性质及稳定性》，载《经济统计评论》1941 年 8 月号，提出了一个关于存货周期的宏观动态模式的有趣例子，它是以凯恩斯的消费函数为基础的，足以很好地说明我所想要表达的意思。

更加重要得多的则也许是凯恩斯的政策建议(尽管有时间性)以及某些富于凯恩斯色彩的学说(尽管其优势地位正在丧失)。

〔手稿至此中辍;接下来是一些简短笔记,部分是速记:“另外要加以叙述之点……宏观经济学需要一种崭新的概念工具……崭新的一般研究对象……乘数……加速器……”〕

人名译名对照表

二 至 三 画

丁伯根，扬　Tinbergen, Jan
大阿尔伯图斯　Albertus, Magnus
马丁　Martin
马比隆，琼　Mabillon, Jean
马尔沙克，雅各布　Marschak, Jacob
马尔洛，卡尔，参见温克尔布莱希，卡尔·乔治　Marlo, Karl, see Winkelblech, Karl George
马尔萨斯，托马斯·罗伯特　Malthus, Thomas Robert
马弗里克，L. A.　Maverick, L. A.
马布里，埃尔·博诺·德　Mably, Gabriel Bonnot de
马克思，卡尔　Marx, Karl
马克斯，哈维尔　Marquez, Javier
马克卢普，弗里茨　Machlup, Fritz
马吉特，阿瑟·W.　Marget, Arthur
马西利斯（帕多瓦的）　Marsilius of Padua
马利内，热拉尔·德　Malynes, Gerard de
马丽安娜，胡安·德　Mariana, Juan de
马蒂内斯·德·拉·马塔，弗朗西斯科　Martinez de la Mata, Francisco
马洛克，威廉·赫里尔　Mallock, William Hurrell
马勒斯特鲁瓦特，让·切鲁特·德　Malestroit, Jehan Cherruyt de
马特洛，图利奥　Martello, Tullio
马塔雅，维克托　Mataja, Victor
马塞特，简　Marcet, Jane
马赛厄斯，约翰　Matthias, Johann
马歇尔，多罗西　Marshall, Dorothy
马歇尔，艾尔弗雷德　Marshall, Alfred
马歇尔，玛丽·佩利　Marshall, Mary Paley
马赫，恩斯特　Mach Ernst
门京，奥斯瓦尔德　Menghin, Oswald
门罗，A. E.　Monroe, A. E.
门格尔，安东　Menger, Anton
门格尔，卡尔　Menger, Carl
于尔，G. 乌德尼　Yule, G. Udny
于埃，弗朗索瓦　Huet, Francois
凡勃伦，索恩斯坦　Veblen, Thornstein
凡诺，马尔科　Fanno, Marco

四　　画

巴布基，查尔斯　Babbage, Charles
巴扎尔，圣—阿芒　Bazard, Saint-Amand
巴扎德　Bazard
巴师夏，弗雷德里克　Bastiat, Frédéric
巴利埃尔，伊冯　Balliere, Yvon
巴克斯特，理查德　Baxter, Richard
巴克斯特，罗伯特·达德利　Baxter, Robert Dudley
巴贲，尼古拉斯　Barbon, Nicholas
巴罗尼，埃里科　Barone, Enrico
巴思，保罗　Barth, Paul
巴特尔—杜蒙，乔治·玛丽　Butel-

Dumont, George Marie
巴特,艾萨克 Butt, Isaac
巴特雷尔, G. Baterel, G.
巴顿,约翰 Barton, John
巴登—杜拉赫, K. F. 冯 Baden-Durlah, K. F. von
巴斯塔布尔,查尔斯·弗朗西斯 Bastable, Charles Francis
巴博赫德,西奥德·冯 Berbhard, Theoder von
巴德,弗朗兹·泽维尔·冯 Baader, Franz Xaver von
巴霍芬,约翰·雅各布 Bachofen, Johann Jacob
贝尔,威廉 Bell, William
贝尔,皮埃尔 Bayle, Pierre
贝尔,查尔斯 Bell, Charles
贝尔纳,克劳德 Bernard, Claude
贝尔考,路易斯·O. Bercaw, Louise O.
贝尔特,约翰尼斯·弗朗西斯科·本杰明 Baert, Johannes Franciscus Benjamin
贝内克,弗里德里克·爱德华 Beneke, Friedrich Eduard
贝弗里奇,威廉 Beveridge, Sir William
贝卡里亚,塞扎尔·博尼桑那·马奇斯 Beccaria, Cesare Bonesana Marchese
贝尼尼,罗多福 Benini, Rodolfo
贝休恩,菲利普·德 Bethune, Philippe de
贝利, C. Bailey, C.
贝利,萨缪尔 Bailey, Samuel
贝佐尔德,克里斯托夫 Besold, Christoph
贝里,阿瑟 Berry, Arthur
贝拉米,爱德华 Bellamy, Edward
贝拉明 Bellarmine
贝拉迪,多梅尼科 Berardi, Domenico
贝洛,乔治·安东·雨果·冯 Below, Georg Anton Huge von
贝洛赫,朱利厄斯 Beloch, Julius
贝恩,亚历山大 Bain, Alexander
贝勒斯,约翰 Bellers, John
贝歇尔,约翰 Becher, Johann
韦尔特海梅尔 Wertheimer
韦尔斯,戴维·艾姆斯 Wells, David Ames
韦尔斯,威廉 Wales, William
韦尔赫斯特,皮埃尔·弗朗索瓦 Verhulst, Pierre Francois
韦兰,弗朗西斯 Wayland, Francis
韦布,悉尼,比阿特里斯 Webb, Sidney Beatrice
韦达·白兰士 Vidal da la Blache
韦里吉恩,斯图尔特·科埃拉德·亚历山大 Verrijn, Stuart Coenraad Alexander
韦伯,马克斯 Weber, Max
韦伯,恩斯特 Weber, Ernst
韦茨,弗朗兹·西奥多 Waitz, Franz Theodore
韦茨,乔治 Waitz, Georg
韦恩斯坦, A. L. Wainstein, A. L.
韦斯,弗朗兹·X. Weiss, Franz X.
韦斯特·爱德华 West, Sir Edward
韦斯特马克,爱德华·亚历山大 Westermarck, Edward Alexander
韦斯特加德,哈拉尔德·路德维希 Westergaard, Harald Ludvig
韦斯顿,里查德 Weston, Sir Richard
韦斯顿,"斯奎尔" Western, "Squire"
韦德,约翰 Wade, John
瓦尔拉,安图瓦纳·奥古斯特 Walras, Antoine Auguste
瓦尔拉,马利·埃斯普里·莱昂 Walras, Marie Ésprit Léon
瓦罗, M. 特伦蒂乌斯 Varro, M. Terenius
瓦莱里亚尼,卢伊季·莫利纳里 Valeriani, Luigi Molinari
瓦莱·德·拉·塞尔达,路易斯

Valle de la Cerda, Luiz
瓦格纳,瓦伦丁·弗里茨 Wagner, Valentin Frytz
瓦格纳,阿道夫·海因里希·戈特希尔夫 Wagner, Adolf Heinrich Gotthilf
瓦格曼,欧内斯特 Wagemann, Ernst
瓦特,A. Huart, A.
瓦斯特,乔瓦尼·巴蒂斯塔 Vasco, Ciovanni Battista
比尔,马克斯 Beer, Max
比尔,加布里埃尔 Biel, Gabriel
比尔斯,休·兰斯洛特 Beales, Hugh Lancelot
比尔希利,菲利波 Virgilii, Filippo
比代,勒内 Budel, René
比里当,琼 Buridan, Jean
戈纳尔,雷内 Gonnard, Rene
比凯,乔治,弗朗兹·奥古斯特·朗格瓦 Buquoy, Georg, Franz August de Longueval
比歇尔,卡尔 Bucher, Karl
戈比纳,约瑟夫·阿瑟,康蒂德 Gobineau, Joseph Arthur, Comtede
戈申,乔治·乔基姆 Goschen, Georg Joachim
戈特尔—奥托利林弗尔德,弗里德里希·冯 Gottl-Ottlilienfeld, Friedrich von
戈登,罗伯特·艾伦 Gordon, Robert Aaron
戈森,赫尔曼·海因里希 Gossen, Hermann Heinrech
戈德温,威廉 Godwin, William
冈尼尔,夏尔 Ganilh, Charles
冈纳,E. C. K. Gonner, E. C. K.
冈伯茨,西奥多 Gomperz, Theodor
冈普雷维奇,路德维克 Gumplowicz, Ludwik
冈萨雷斯·德·塞洛里戈,马丁 Gonzeles de Cellorigo, Martin
内马克,艾尔弗雷德 Neymarck, Alfred
内夫,约翰·U. Nef, John U.
内尔—布罗伊宁,奥斯瓦尔德·冯 Nell-Breuning, Ostwald von
孔多塞,侯爵 Condorcet, Marquis de
孔狄亚克,艾斯蒂安·博诺·德 Condillac, Étienne Bonnot de
孔德,奥古斯特 Comte, Auguste
厄克特,戴维 Urquhart, David
厄谢尔,A. P. Usher A. P.
乌尔比安 Ulpian
乌茨塔里兹,热罗尼莫·德 Uztariz, Geronimo de
切比舍夫,P. L. 德 Tchebycheff, P. L. de
切纳里,霍利斯 B. Chenery, Hollis B
尤尔,安德鲁 Ure, Andrew
尤斯蒂,约翰·海因里希·戈特利布·冯 Justi, Johann Heimrich Gottlieb von
邓巴,C. F. Dunbar, C. F.
邓斯,斯科塔斯·约翰 Duns Scotus, John
扎克斯 Sax
牛顿,艾萨克 Newton, Isaac
文德尔班,威廉 Windelband, Wilhelm
丰克豪泽,H. G. Funkhouser, H. G.
车尔尼雪夫斯基,N. G. Tchernychevsky, N. G.

五　画

卡贝 Cabet
卡瓦列里,弗朗西斯科 Cavalieri, Francesco
卡巴尼斯,P. J. Cabanis, P. J.
卡尔—桑德斯,亚历山大·莫里斯 Carr-Saunders, Alexander Morris
卡尔多,尼古拉斯 Kaldor, Nicholas
卡尔尼斯,约翰·埃利奥特 Cairnes, John Elliot
卡尔纳普 Carnap

卡尔佩柏，托马斯（子） Culpeper, Sir Thomas(son)
卡尔佩柏，托马斯（父） Culpeper, Sir Thomas (father)
卡尔顿，见伊本，科尔丁 Khaldūn, see Ibn Khaidun
卡尔霍恩，乔治·米勒 Calhoun, George Miller
卡弗，托马斯·尼克松 Carver, Thomas Nixon
卡列茨基 Kalecki
卡西亚，德里卢拉·米格尔 Caxa de Leruela, Miguèl
卡利，贾恩—里纳尔多 Carli, Gian-Rinaldo
卡里，约翰 Cary, John
卡纳德，尼古拉斯·弗朗索瓦 Canard, Nicolas Francois
卡拉乔治，多梅尼科·马尔切塞 Caracciolo, Domenico Marchese
卡拉法，迪奥梅德 Carafa, Diomede
卡恩，R. F. Kahn, R. F.
卡莱尔，托马斯 Carlyle, Thomas
卡斯蒂略，安德烈斯·V. Castillo, Andres V.
卡斯特洛，E. Castelot, E.
卡塞尔，古斯塔夫 Cassel, Gustav
卡德特，费利克斯 Cadet, Felix
布丰 Buffon
布瓦路，艾蒂安 Boileau, Etienne
布龙斯 Bruns
布兰德斯，乔治 Brandes, George
布兰维尔，H. 德 Blainville, H. de
布兰特斯，维克托 Brants, Victor
布伦坦诺，卢乔 Brentano, Lujo
布克尔，亨利·托马斯 Buckle, Henry Thomas
布里斯科，约翰 Brissoe, John
布里索·德·瓦维利，雅克—皮埃尔 Brissot de Warville, Jacques-Pierre
布阿吉尔贝尔，皮埃尔·勒·佩桑 Boisguillebert, Pierre le Pesant
布罗卡，P. P. Broca, P. P.
布罗卡尔，卢西恩 Brocard, Lucien
布罗吉亚，卡洛·安东尼奥 Broggia, Carlo Antonio
布罗伊尔，约瑟夫 Breuer, Josef
布洛克，莫里斯 Block, Maurice
布洛克，查尔斯 Bullock, Charles
布洛克，亨利—西蒙 Bloch, Henri-Simon
布哈林，N. I. Bukhaeln, N. I.
布朗，托马斯 Brown, Thomas
布朗，哈里·G. Brown, Harry G.
布朗，E. H. 费尔普斯 Brown, E. H. Phelps
布朗基，热罗姆—阿道夫 Blanqui, Jérôme-Adolphe
布维，尤金 Bouvy, Eugene
布隆内尔 Brunner
布赖恩 Briaune(cultivateur)
布赖特，约翰 Bright, John
布莱克，R. D. Black, R. D.
布斯凯，乔治 Bousquet, Georges
布雷，约翰·弗朗西斯 Bray, John Francis
布雷特，乔治·西德尼 Brett, George Sidny
布鲁诺，奇奥达诺 Bruno, Giordano
布雷希亚尼—图罗尼·C. Bresciani-Turroni C.
弗兰克，劳伦斯·凯尔索 Frank, Lawrence Kelso
弗兰克，菲利普 Frank, Philipp
弗尔，卡尔 Föhl, Carl
弗尼斯，埃德加·史蒂文森 Furniss, Edgar Stevenson
弗里施，拉格纳 Frisch, Ragnar
弗里德曼，米尔顿 Friedman, Milton
弗里赫里奥，巴托洛梅奥 Frigerio, Bartolomeo
弗林特，罗伯特 Flint, Robert

弗罗芒陶,尼古拉斯 Froumenteau, Nicolas
弗洛伊德,西格蒙德 Freud,Sigmund
弗朗西斯,C. 德 Franchis,C. de
弗朗茨,康斯坦丁 Frantz,Konatantin
弗雷泽,詹姆斯·乔治 Frazer, Sir James George
弗雷埃,马夸德 Freher,Marquard
皮尔,罗伯特 Peel,Sir Robert
皮卡尔,罗歇 Picard,Roger
皮尔逊,卡尔 Pearson,Karl
皮尔逊,尼古拉斯·杰勒德 Pierson,Nicolas Gerard
皮尔斯托夫,尤利乌斯 Pierstorff, Julius
皮卡特,艾尔弗雷德·莫里斯 Picard,Alfred Maurice
皮古,A. C. Pigou,A. C.
皮伦内,亨利 Pirenne,Henri
皮奇奥,朱塞佩 Pecchio,Giuseppe
皮罗,加埃唐 Pirou,Gaotan
皮埃特里—托尼里,阿方瑟·德 Pietri-Tonelli,Alfonso de
尼尔林,斯科特 Nearing Scott
尼布尔,巴托尔德·乔治 Niebuhr, Barthold Georg
尼布斯,乔治·汉德利 Knibbs,Sir George Handly
尼奇,卡尔,威廉 Nitzsch,Karl Wilhelm
尼科尔,A. J. Nichol,A. J.
尼科尔斯,乔治 Nicholls,Sir George
尼科尔森,J. S. Nicholson,J. S.
尼科利尼,福斯托 Nicolini,Fausto
尼蒂,弗兰切斯科·萨韦里奥 Nitti,Francesco Saverio
汉珀特,马格达勒尼 Humpert, Magdalene
汉密尔顿,亚历山大 Hamilton,Alexander
汉密尔顿,厄尔·杰斐逊 Hamilton,Earl Jefferson
汉密尔顿,威廉 Hamilton,Sir William
汉森,阿尔文·H. Hansen,Alvin H.
汉森,乔治 Hanssen,Georg
汉普森,埃塞尔·玛丽 Hampson, Ethel Mary
汉基,汤姆森 Hankey,Thomson
兰佩蒂科,弗德莱 Lampertico,Fedele
兰格,奥斯卡 Lange,Oscar
兰格,弗里德里希·阿尔伯特 Lange,Friedrich Albert
兰盖,西蒙·尼古拉斯·亨利 Linguet,Simon Nicholas Henri
兰顿,W. Langton,W.
兰道尔,卡尔 Landauer,Carl
兰斯多恩,马奎斯 Lansdowne, Marquis
兰普雷希特,卡尔 Lamprecht,Karl
兰德里,阿道夫 Landry,Adolphe
艾什顿,T. S. Ashton,T. S.
艾夫内尔,G. d.′ Avenel,G. d.′
艾尔斯伯里,理查德 Aylesbury, Richard
艾伦,R. G. D. Allen,R. G. D.
艾伦,约翰·威廉 Allen,John William
艾吉迪厄斯,科隆纳 Aegidius,Colonna
艾利森,阿奇博尔德(父) Alison, Sir Archibald(father)
艾利森,阿奇博尔德(子) Alison, Sir Archibald(son)
艾斯费尔德,C. Eisfeld,C.
艾德勒,马克思 Adler,Max
艾德勒,艾尔弗雷德 Adler,Alfred
加尼埃,孔德·日尔曼 Garnier, Comte Germain
加尼埃,约瑟夫 Garnier,Joseph
加尼尔,亨利 Garnier,Henri
加尔,F. J. Gall,F. J.
加利亚尼,弗迪南多 Galiani,Ferdinando
加洛,阿戈斯蒂诺 Gallo,Agostino
加埃塔诺,托马索·德·维奥·卡迪纳

尔 Gaetano,Tommaso de vio Cardinal
加维,乔治 Garvy,George
加雷提乌斯,马丁努斯 Garratius,Martinus
卢戈,胡安·德 Lugo,Juan de
卢卡斯,查尔斯·P. Lucas,Charles P.
卢茨,弗里德里希 Lutz,Friedrich
卢梭,让—雅克 Rousseau,Jean-Jacques
卢博克,约翰·威廉 Lubbock,John William
卢森堡,罗莎 Luxemburg,Rosa
古尔内,文森特·德 Gournay,Vincent de
古尔德,纳撒尼尔 Gould,Sir Nathaniel
古奇,威廉·M. Gouge,William M.
古德温,理查德·M. Goodwin,Richard M.
史密斯,维拉·C. Smith,Vera C.
史密斯,亨利 Smith,Henry
史盘,奥思默 Spann,Othmar
史普拉格,O. M . W. Sprague,O. M . W.
圣—皮埃尔,查理斯·伊雷内·卡斯特尔 Saint-Pierre Charles Irenee Castel
圣西门,克劳德—亨利·德·鲁弗鲁瓦 Saint-Simon,Claude-Henri de
本迪克逊,弗里德里克 Bendixen,Friedrich
本纳,萨缪尔 Benner,Samuel
司各脱,W. R. Scott,W. R.
司徒鲁米林,S. G. Strumilin,S. G.
平托,伊萨克·德 Pinto Isaac de
多姆,克里斯琴,威廉·冯 Dohm,Christian Wilhelm von
龙德伯格,埃里克 Lundberg,Erik
白哲特,沃尔特 Bagehot,Walter
冯特,威廉·马克斯 Wundt,Wilhelm Max
边沁,杰里米 Bentham,Jeremy

六 画

米什莱 Michelet
米切尔,W. C. Mitchell W. C.
米切利希,艾尔哈德·艾尔弗雷德 Mitscherlich,Eilhard Alfred
米尔斯,约翰 Mills,John
米尔朗,亚历山大 Millerand,Alexandre
米尔达尔,冈纳 Myrdal,Gunnar
米克斯特,查尔斯·惠特尼 Mixter,Charles Whitney
米拉波,维克托·里凯蒂,马奎斯·德 Mirabeau,Victor Riquetti,Marquis de
米勒,亚当·海因里希 Müller,Adam Heinrich
米勒,哈里·E. Miller,Harry E.
米勒,约翰尼斯·彼得 Müller,Johannes Peter
米莱斯,托马斯 Milles,Thomas
米斯 Mees
米塞尔登,爱德华 Misselden,Edward
米塞斯,理查德·冯 Mises,Richard von
米塞斯,路德维希·冯 Mises,Ludwig von
西尼尔,纳索·威廉 Senior,Nassau William
西尔伯林,诺曼·约翰 Silberling,Norman John
西布拉里奥,焦万尼·安东尼奥·卢伊季 Cibrario,Giovanni Antonio Luigi
西米安,弗朗索瓦 Simiand,Erançois
西伊,亨利·欧根 See,Henri Eugene
西伊莱,约翰·罗伯特 Seeley,Sir John Robert
西奇威克,亨利 Sidgwick,Henry
西泽,菲利普斯 Caesar,Philippus
西格尔 Seager
西格瓦尔特,克里斯托夫·冯 Sigwart,Christoph von

西梅尔,乔治　Simmel,Georg
西斯蒙第,让·沙尔·莱奥纳德,西蒙德·德　Sismondi, Jean Charles Leonard Simonde de
西塞罗,马库斯·图利乌斯　Cicero, Marcus Tullius
托马斯,布林利　Thomas,Brinley
托马斯,埃尔伯特,邓肯　Thomas,Elbert Duncan
托马西乌斯,克里斯蒂安　Thomasius,Christian
托尼,理查德·亨利　Tawney,Richard Henry
托伦斯,罗伯特　Torrens,Robert
托托菲卢斯,克里斯塔努斯　Teutophilus,Christanus
托克维尔,阿历克西·德　Tocqueville,Alexis de
托洛梅,马特奥·比菲　Tolomei, Matteo Biffi
托勒密(卢卡的)　Ptolemy of Lucca
达万萨蒂,伯纳多　Davanzati, Bernardó
达夫,帕特里克·爱德华　Dove,Patrick Edward
达文波特,H. J.　Davenport,H. J.
达文南特,查尔斯　Davenant,Charles
达尔文,查尔斯·R.　Darwin, Charles R.
达尔文,伊拉斯马斯　Darwin,Erasmus
达尔曼,弗利德里希·克里斯托夫　Dahlmann,Friedrich Christoph
达·芬奇,列奥纳多　da Vinci,Leonardo
达勒,尤金　Daire,Eugene
达维拉,胡安·巴蒂斯塔　Davila, Juan Bautista
吉,乔舒亚　Gee,Joshua
吉丁斯　Giddings
吉尔菲兰　Gilfillan
吉尔巴特,詹姆斯·威廉　Gilbart,James William
吉布斯,威拉德　Gibbs,Willard
吉尼　Gini
吉芬,罗伯特　Giffen,Sir Robert
吉诺维西,安东尼奥　Genovesi,Antonio
吉福德,C. H. P.　Gifford,C. H. P.
安凡丹,普罗斯珀　Enfantin,Prosper
安东内利,艾蒂安　Antonelli,Etienne
安东内利,G. B.　Antonelli,G. B.
安东尼,圣　Antonine,St.
安吉尔,詹姆斯　Angell,James
安塞姆,圣　Anselm,St.
安蒙,艾尔弗雷德·奥托　Ammon, Alfred Otto
安德森,本杰明·麦卡莱斯特　Anderson,Benjamin McAlester
安德森,奥斯卡　Anderson,Oskar
安德森,詹姆斯　Anderson,James
伊夫林,乔治·沙克布勒　Evelyn, Sir George Shuckburgh
伊本,卡尔顿　Ibn Khaldun
伊齐基尔,莫迪凯　Ezekiel,Mordecai
伊纳马—施特尔内格,卡尔·西奥多·冯　Inama-Sternegg,Karl Theodor von
伊利,理查德·西奥多　Ely,Richard Theodore
伊拉斯谟　Erasmus
伊格纳蒂夫,M . W .　Ignatieff,M . W.
伊登,弗雷德里克·莫顿　Eden,Sir Frederick Morton
伊斯纳尔,A. N.　Isnard,A. N.
多尔顿,H.　Dalton,H.
多尔夫曼,约瑟夫·H.　Dorfman, Joseph H.
多布,莫里斯　Dobb,Maurice
多布斯,阿瑟　Dobbs,Arthur
多纳,奥托　Donner,Otto
多玛,埃夫塞·D.　Domar,Evsey D.

多莱昂，爱德华　Dolleans, Eduard
多普斯，阿方斯　Dopsch, Alfons
汤因比，阿诺德　Toynbee, Arnold
汤普森，约翰　Thompson, John
汤普森，托马斯·佩龙内特　Thompson, Thomas Perronet
汤普森，赫伯特·梅特福特　Thompson, Herbert Metford
汤普森，詹姆斯·韦斯特福尔　Thompson, James Westfall
汤普森，威廉　Thompson, William
汤森，约瑟夫　Townsend, Joseph
约尔，阿道夫　Jöhr, Adolph
约尔丹纳斯　Jordanus
约翰（索尔兹伯里的）　John of Salisbury
约翰逊，A. S.　Johnson, A. S.
约翰逊，E. A. J.　Johnson, E. A. J.
约翰逊，W. E.　Johnson, W. E.
考夫曼，弗利克斯　Kaufmann, Felix
考夫曼，E.　Kaufmann, E.
考瓦路维亚斯，迪达库斯　Covarruvias, Didacus
考古斯，坦奇　Coxe, Tench
考茨基，卡尔　Kautsky, Karl
考特鲁格里，罗基奥·贝内德托　Cotrugli Raugeo, Benedetto
迈兰岑，奥古斯特　Meitzen, August
迈农，冯　Meinong, von
迈辛格，约阿希姆斯　Mynsinger, Joachimus
迈耶，罗布　Meyer, Rob.
迈耶，罗伯特　Mayer, Robert
亚历山大，西德尼·S.　Alexander, Sidney S.
亚历山大（黑尔斯的）　Alexander of Hales
亚伦顿，安德鲁　Yarranton, Andrew
亚当斯，亨利·C.　Adams, Henry C.
亚里士多德　Aristotle
伍尔夫，莫里斯·德　Wulf, Maurice de
伍德，埃尔默　Wood, Elmer
伍德，乔治，H.　Wood, George H.
伍德，斯图尔特　Wood, Stuart
乔卫兰诺斯，加斯帕·梅尔基奥尔·德　Jovellanos, Gaspar Melchior de
乔利夫，M. F.　Jolliffe, M. F.
乔斯林，J.　Jocelyn, J.
乔普林，托马斯　Joplin, Thomas
乔治，亨利　George, Henry
乔治斯库—勒根，N.　Georgescu-Roegern N.
华莱士，威廉　Wallace, William
华莱士，罗伯特　Wallace, Robert
华莱斯，格雷厄姆　Wallas, Graham
吕，西奥·Y.　Ly, Siou Y.
吕尚内，M. 路易　Ruchonnet, M. Louis
休谟，大卫　Hume, David
休谟，约瑟夫　Hume, Joseph
扬，阿林　Young, Allyn
扬，阿瑟　Young, Arthur
朱克斯，约翰　Jewkes, John
朱格拉，C.　Juglar, C.
齐伦齐格尔，库尔特　Zielenziger, Kurt
齐伯尔，E.　Czuber, E.
芒图，保罗　Mantoux, Paul
廷特纳，格哈特　Tintner, Gerhard
色诺芬　Xenophon
列宁，弗拉基米尔·伊里奇　Lenin, Vladimir Ilich
毕晓普，罗伯特·L.　Bishop, Robert L.
刘易斯，乔治·康沃尔　Lewis. Sir George Cornewall
沃尔夫，P. 德　Wolff, P. de
沃尔夫，尤利乌斯　Wolf, Julius,
沃尔夫，克里斯琴　Wolff, Christian
沃尔夫，弗里德里希·奥古斯特　Wolf, Friedrich August
沃尔什，科雷亚·莫伊伦　Walsh, Correa Moylan
沃尔克曼，J.　Volkmann, J.
沃尔费，阿尔伯特·贝内迪克特　Wolfe Albert Benedict

沃尔德,赫尔曼　Wold,Herman
沃尔德,亚伯拉罕　Wald,Abraham
沃伊勒泽,乔治　Weulersee,George
沃邦,塞巴斯蒂安·德　Vauban,Sebastien de
沃利奇,约翰　Worlidge,John
沃利斯,W.艾伦　Wallis,W. Allen
沃克,弗朗西斯·阿马萨　Walker,Francis Amasa
沃克,阿马萨　Walker,Amasa
沃洛夫斯基,L.　Wolowski,L.
沃恩,赖斯　Vaughan,Rice
沃特斯特拉特,弗朗兹　Waterstradt,Franz
沃森,约翰·布罗德斯　Watson,John Broadus

七　画

阿夫塔利昂,A.　Aftalion,A.
阿什利,威廉·詹姆斯　Ashley,William James
阿尔特,弗朗茨·L.　Alt,Franz L.
阿尔特曼,S. P.　Altmann,S. P.
阿克曼,古斯塔夫　Akerman,Gustaf
阿克沃思,安格斯·怀特福德　Acworth,Angus Whiteford
阿克沃思,威廉·米切尔　Acworth,William Mitchell
阿里亚斯,吉诺　Arias,Gino
阿伯拉尔,彼得　Abelard,Peter
阿芬那留斯　Auenarius
阿奎纳,圣·托马斯　Aquinas,St. Thomas
阿奎拉,乔安尼斯　Aquila,Joannes
阿莫罗索,卢伊季　Amoroso,Luigi
阿格里科拉,乔治　Agricola,Georg
阿特伍德·托马斯　Attwood,Thomas
阿特伍德,马赛厄斯　Attwood,Mathias
阿斯皮奎塔,马丁斯　Azpilcueta,Martinus de
阿斯吉尔,约翰　Asgill,John
阿蒙,艾尔弗雷德　Amonn,Alfred
阿雷蒂奥,弗朗西斯库斯·德　Aretio,Franciscus,de
伯克,A.　Burk,A.
伯克,劳里斯·威廉　Birck,Laurits Vilhelm
伯克利,G.　Berkeley,G.
伯克哈特,雅各布·克里斯托夫　Burckhardt,Jacob Christoph
伯纳德,J.　Bernard,J.
伯纳德,L. L.　Bernard,L. L.
阿姆斯特朗,克莱门　Armstrong,Clement
伯查特,弗里茨　Burchardt,Fritz
伯恩,里查德　Burn,Richard
伯恩哈德,特奥多尔·冯　Bernhardi,Theodor von
伯恩斯,阿瑟·F.　Burns,Arthur F.
伯恩施坦,爱德华　Bernstein,Eduard
伯格曼,欧根·冯　Bergmann,Eugen von
伯格森,亨利　Bergson,Henri
伯格森,艾布拉姆(A.巴克)　Bergson,Abram(A. Burk)
伯诺里,D.　Bernouilli,D.
伯诺里,J.　Bernouilli,J.
伯特兰,约瑟夫　Bertrand,Joseph
伯根,约翰·威廉　Burgon,John William
伯斯,弗朗兹　Boese,Franz
里卡—萨莱尔诺,朱萨佩　Ricca-Salerno,Giuseppe
里尔,威廉·海因里希　Riehl,Wilhelm Heinrich
里弗斯　Rivers,W. H. R.
里克特,海因里希　Rickert,Heinrich
里奇,翁贝尔托　Ricci,Umberto
里茨勒　Riezler
里茨,H. L.　Rietz,H. L.
里昂惕夫,瓦西里·W.　Leontief,Wassily W.

里查诺夫,D.　Ryazanov,D.
里斯特,C.　Rist,C.
里博,泰奥迪尔·阿尔芒　Ribot, Théodule Armand
里塞尔,J.　Riesser,J.
里普利,威廉·泽拜纳　Ripley,William Zebina
里德,萨缪尔　Read,Samuel
克尼斯,卡尔·古斯塔夫·阿道夫　Knies,Karl Gustave Adolph
克米尔尼茨卡亚,B.　Khmielnitskaya, B.
克纳普,G. F.　Knapp,G. F.
克利福德,W. K.　Clifford,W. K.
克劳斯,克里斯琴·雅各布　Kraus, Christian Jacob
克里克,F. W.　Crick,F. W.
克里斯,约翰尼斯·冯　Kries,Johannes von
克里萨弗利,J.　Crisafulli,J.
克拉克,约翰·贝茨　Clark,John Bates
克拉克,约翰·莫里斯　Clark,John Maurice
克拉克,海德　Clarke,Hyde
克拉潘,约翰·哈罗德　Clapham, Sir John Harold
克罗齐,贝内德托　Croce,Benedetto
克洛克,卡斯珀　Klock,Casper
克莱门特,西蒙　Clement,Simon
克莱因,劳伦斯·罗伯特　Klein, Lawrence Robert
克勒　Köhler
克鲁姆,威廉·伦纳德　Crum,William Leonard
克雷芒七世　Clement Ⅶ
克雷格,约翰　Craig,John
克雷桑西,皮埃特罗·德　Crescenzi,Pietro de
库尔诺,安东尼·奥古斯丁　Cornot Antoine Augustin
库尔特,A.　Courtois,A.
库尔提乌斯,弗朗西斯库斯　Curtius,Franciscus
库托洛,亚历山德罗　Cutolo,Alessandro
库诺,海因里希　Cunow,Heinrich
库姆,让　Combes,Jean
库兹涅茨,西蒙·史密斯　Kuznets, Simon Smith
库钦斯基,罗伯特·雷内　Kuczynski,Robert René
库特,路易斯·M.　Court, Louis M.
库特,彼得·德·拉　Court,Pieter de la
库萨纳斯,尼古拉　Cusanus. Nicolaus
库莱,查尔斯·霍顿　Cooley, Charles Horton
库斯托迪,皮埃特罗　Custodi,Pietrc
库普曼斯,约翰·G.　Koopmans, Johan G.
库塞尔—塞纽尔,琼　Courcelle-Seneuil,Jean
希尔,埃德温　Hill,Edwin
希尔德布兰特,莱因哈德　Hildebrandt,Reinhard
希尔德布兰德,布鲁诺　Hildebrand, Bruno
希尔德布兰德,理查德　Hildebrand, Richard
希托夫斯基,T. 德　Scitovszky,T. de
希克斯,J. R.　Hicks,J. R.
希阿济亚,安东尼奥　Scialoja,Antinio
希拉斯,G. F.　Shirras,G. F.
希法亭,鲁道夫　Hilferding,Rudolf
希思　Heath
希格斯,亨利　Higgs,Henry
希奥亚,梅尔奇奥雷　Gioja,Melchiorre
杜冈—巴拉诺夫斯基,米哈伊尔　Tugan-Baranowsky,Mikhail
杜尔阁,安内·罗伯特·雅克　Turgot,Anne Robert Jacques
杜平,克劳德　Dupin,Claude

杜兰德,雷内　Durand,Rene
杜皮伊,阿尔塞纳·米尔·埃泰纳·朱韦纳尔　Dupuit, Arsene Jules Etienne Juvenal
杜邦—怀特,查尔斯　Dupont-White, Charles
杜邦·德·内穆尔,皮埃尔·萨缪尔　Dupont de Nemours, Pierre Samuel
杜波伊斯,奥古斯特　Dubois,Auguste
杜林,E. K.　Duhring,E. K.
杜威,约翰　Dewey,John
杜能,约翰·海因里希·冯　Thünen, Johann,Heinrich von
麦卡洛克,约翰·拉姆齐　McCulloch, John Ramsay
麦考利,T. B.　Macaulay,T. B.
麦克文,塞拉斯·马库斯　Mcvane,Silas Marcus
麦克劳德,H. D.　Macleod,H. D.
麦克拉伦,詹姆斯　Maclaren,James
麦克杜格尔,威廉　McDougall,William
麦克格雷戈尔,戴维·哈奇森　Macgregor,David Hutchison
麦克维克,约翰　McVicker,John
麦迪逊,拉尔夫　Maddison,Sir Ralph
劳,卡尔·海因里希　Rau,Karl Heinrich
劳伦特,赫尔曼　Laurent,Hermann
劳克林,J. L.　Laughlin,J. L.
劳埃德,H.　Lloyd,H.
劳埃德,乔治·戴维　Lloyd,George David
劳埃德,威廉·福斯特　Lloyd,William Forster
劳格,科特鲁格利　Raugeo,Cotrugli
劳恩哈德,威廉　Launhardt, Wilhelm
劳德戴尔,詹姆斯·梅特兰　Lauderdale,James Maitland
利夫曼,罗伯特　Liefmann,Robert
利戈里,阿尔方索,玛丽亚·德·圣　Liguori,Alphonso Maria de,St.
利弗普尔,查尔斯·詹金森　Liverpool,Charles Jenkinson
利本,理查德,参见奥斯皮茨和利本　Lieben, Richard, see Auspitz and Lieben
利希滕伯格,安德烈　Lichtenberger,Andre
利顿,G. 斯特拉奇　Lytton,G. Strachey
利维—布吕尔,卢西恩　Levy-Bruhl, Lucien
坎贝尔—班纳曼,亨利　Campbell-Bannerman,Henry
坎宁安,亨利·哈定　Cunynghame, Sir Henry Hardinge
坎宁,约翰·贝内特　Canning,John Bennett
坎宁安,威廉　Cunningham,William
坎伯兰　Coinberland
坎波马内斯,佩德罗·罗德里格斯　Campomanes,Pedro Rodriguez
坎南,埃德温　Cannan,Edwin
坎伯兰,理查德　Cumberland,Richard
坎梯隆,理查德　Cantillon,Richard
坎塔卢波,多梅尼科·德·赫纳罗　Cantalupo,Domenico de Gennaro
李,莱奥纳德　Lee,Leonard
李卜克内西,W.　Liebknecht,W.
李斯特,弗里德里希　List,Friedrich
李嘉图,大卫　Ricardo,David
沙夫茨伯里,第三伯爵　Shaftesbury, 3rd Earl of
沙夫茨伯里,第七伯爵　Shaftesbury, 7th Earl of
沙利耶　Charlier
沙姆斯,埃瓦尔德　Schams,Ewald
亨尼希,赫尔曼　Hennig,Hermann
亨利,沃尔特　Henley,Walter
亨特,霍兰德　Hunter,Holland
张伯伦,休　Chamberlen,Hugh
张伯伦,约瑟夫　Chamberlain, Joseph

张伯伦，爱德华·H. Chamberlin，Edward H.
芬克—布伦坦诺·T. Funck-Bretano T.
芬格森，亚当 Ferguson，Adam
芬顿，罗杰 Fenton，Roger
纳瓦鲁斯 Navarrus
纳萨尼，埃米利奥 Nazzani，Emilio
纳塞，欧文 Nasse，Erwin
佐西恩，F. Zeuthen，F.
佐伯曼，A. Zauberman，A.
怀特，霍勒斯 White，Horace
怀特海，艾尔弗雷德·诺思 Whitehead，Alfred North
纽马奇，威廉 Newmarch，William
纽科姆，西蒙 Newcomb，Simon
伽利略，加利莱奥 Galilei，Galileo
伽桑狄，皮埃尔 Gassendi，Pierre
肖夫，G. F. Shove，G. F.
肖，威廉·阿瑟 Shaw，William Arthur
苏利，马克西米利安·德·贝蒂内，迪·德 Sully，Maximilien de Béthune，Duc de
祁克 Gierke
何尔曼努斯，亨利库斯 Hormannus，Henricus
陈宏章(音译) Chen，Huan Chang
佐托夫，A. W. Zotoff，A. W.

八　画

拉马克 Lamarok
拉韦涅，路易斯—加布列尔·莱翁切 Lavergne，Louis-Gabriel Leonce
拉瓦利，P. Lavalley，P.
拉文顿，弗雷德里克 Lavington，Frederick
拉扎勒斯 Lazarus
拉弗莱，埃米尔·德 Laveleye，Émile de
拉辛 Racine
拉姆赛，乔治 Ramsay，Sir George
拉格特，康迪 Raguet Condy
拉菲马斯，巴泰莱迈·德 Laffemas，Barthélemy de
拉萨尔，费迪南德 Lassalle，Ferdinand
拉斯金，约翰 Ruskin，John
拉斯金，埃德蒙 Kaskine，Edmond
拉斯基，哈罗德·约瑟夫 Laski，Harold Joseph
拉斯佩尔，埃蒂安 Laspeyres，Etienne
拉腊斯，洛佩斯·何塞 Larraz López，Jose
拉策尔，弗里德里希 Ratzel，Friedrich
拉普拉斯，皮埃尔 Laplace，Pierre
拉蒙德，伊丽莎白 Lamond，Elizabeth
拉塞尔，亨利·贝纳杰 Russell，Henry Benajah
拉德纳，迪奥尼修斯 Lardner，Dionysius
罗，约翰 Law，John
罗，约翰·威尔金森·福斯特 Rowe，John Wilkinson Foster
罗马格诺西 Romagnosi
罗巴茨，哈策尔·冯·迪克 Roberts，Hazel von Dyke
罗西，P. L. E. Rossi，P. L. E.
罗伯茨，刘易斯 Roberts，Lewes
罗伯茨，约翰 Roberts，John
罗伯逊，丹尼斯·霍姆 Robertson，Dennis Holme
罗伯逊，赫克托·门特思 Robertson，Hector Menteith
罗杰斯，阿瑟·乔治·利登 Rogers，Arthur George Liddon
罗杰斯，詹姆斯·埃德温·索罗尔德 Rogers，James Edwin Thorold
罗奇—艾格索尔，莫里斯 Roche-Agussol，Maurice
罗宾斯， Robbins，L.
罗宾逊，琼 Robinson，Joan
罗雪尔，威廉·乔治·弗里德里希 Roscher，Wilhelm Georg Friedrich
罗索，伯特兰 Russell，Bertrand
罗特克，卡尔·冯 Rotteck，Karl von
罗斯，爱德华·阿尔斯沃思 Ross，

Edward Alsworth
罗斯勒,卡尔·弗里德里希·赫尔曼 Roesler,Carl Friedrich Hermann
罗森斯坦—罗丹,P. N. Rosenstein-Rodan,P. N.
罗德斯,埃德蒙·塞西尔 Rhodes, Edmond Cecil
罗德里奎斯·维拉,安东尼奥 Rodriquez Villa,Antonio
迪尔,卡尔 Diehl,Karl
迪尔泰,威廉 Dilthey,Wilhelm
迪尔凯姆,埃米尔 Durkheim,Emile
迪安,乔尔 Dean,Joel
迪努瓦埃,夏尔 Dunoyer,Charles
迪昂,皮埃尔 Duhem,Pierre
迪翁,乔治 Dionnet,Georges
迪特里希,卡尔·弗里德里希·威廉 Dieterici,Karl Friedrich Wilhelm
迪维西亚,弗朗索瓦 Divisia,Francois
迪策尔,海因里希 Dietzel,Heinrich
迪策根 Dietzgen
迪福,丹尼尔 Defoe,Daniel
迪雷菲热,厄斯塔舍 Du Refuge, Eustache
迪德罗,德尼斯 Diderot,Denis
迪穆兰,查尔斯 Dumoulin,Charles
佩戈洛蒂,弗兰西斯,巴尔图西 Pegolotti,Francesco Balducci
佩兰 Perin
佩里,季奥瓦尼科·多梅尼科 Peri, Giovanico Domenico
佩利,威廉 Paley,William
佩廷金,D. Patinkin,D.
佩施,海因里希,S. J. Pesch,Heinrich,S. J.
佩特森,威廉 Paterson,William
佩特拉卡,弗朗西斯科(佩特拉克) Petrarca,Francesco(Petrarch)
佩蒂特,威廉 Petyt,William
佩维斯钦,S. A. Perwuschin,S. A.
佩雷尔,伊萨克 Pereire,Isaac
佩雷尔,雅各布·埃米尔 Pereire, Jacob Emile
帕尔米里,朱塞佩 Falmieri,Giuseppe
帕尔米里,马特奥 Palmieri,Mattheo
帕尔格雷夫,R. H. 英格利斯 Palgrave,R. H. Inglis
帕尔默,约翰·霍斯利 Palmer, John Horsley
帕皮隆,托马斯 Papillon,Thomas
帕西奥利,卢卡 Paccioli,Luca
帕里埃,费利克斯·埃克斯克维图 Parieu,Felix Rxquitou
帕拉切尔苏斯,参见霍亨海姆 T. B. 冯 Paracelsus,see Hohenheim T. B. von
帕顿,西蒙·纳尔逊 Patten,Simon Nelson
帕累托,维尔弗雷德和索雷尔 Pareto,Vilfredo and Sorel
帕森斯,塔尔科特 Parsons,Talcott
波尔曼,罗伯特·冯 Pohlmann, Robert von
波尔塔,季奥瓦纳·巴蒂斯塔·德拉 Porta,Giovanna Battista della
波洛克,弗雷德里克 Pollock, Sir Frederick
波特,威廉 Potter,William
波特,乔治·R. Porter,George R.
波特,罗伯特 Potter,Robert
波拿文都拉,圣 Bonaventua,St.
波勒 Pohle
波勒克斯芬,约翰 Pollexfen,John
波斯特勒特韦特,马尔基 Postlethwayt,Malachy
凯克尔曼,B. Keckermann,B.
凯里,亨利·查尔斯 Carey, Henry Charles
凯珀,乔治 Kepper,Georg
凯恩斯,约翰·梅纳德 Keynes, John Maynard
凯恩斯,约翰·内维尔 Keynes, John Neville
凯特尔,阿道夫 Quetelet,Adolph

凯默勒，E. W.　Kemmerer，E. W.
杰文斯，赫伯特・斯坦利　Jevons，Herbert，Stanley
杰文斯，威廉・斯坦利夫人　Jevons，Mrs，William Stanley
杰文斯，威廉・斯坦利　Jevons，William Stanley
杰维斯，艾萨克　Gervaise，Isaac
杰德尔斯，O.　Jeidels，O.
金，W. T. C.　King，W. T. C.
金，彼得　King，Peter
金，格雷戈里　King，Gregory
金利，戴维　Kinley，David
英格兰，明尼・思鲁普　England，Minnie Throop
英格拉姆，约翰・凯尔斯　Ingram，John Kells
英特马，西奥多・O.　Yntema，Theodore O.
范・迪伦，约翰尼斯・杰勒德　Van Dillen，Johannes Gerard
范德布鲁，霍默　Vanderblue，Homer
范德林特，雅各布　Vanderlint，Jacob
孟，托马斯　Mun，Sir Thomas
孟德尔，格雷戈尔・约翰　Mendel，Gregor Johann
孟德斯鸠，沙尔・路易　Montesquieü，Charles Louis
庞巴维克，欧根・冯　Böhm-Bawerk，Eugen von
庞加莱，朱尔斯・亨利　Poincaré，Jules Henri
庞德，罗斯科　Pound，Roscoe
法伯，马尔温　Farber，Marvin
法伊博根，西格蒙德　Feilbogen，Siegmund
法盖，埃米尔　Faguet，Emile
昂纳坎，让　Hennequin，Jean
昂肯，奥古斯特　Oncken，August
昂温，乔治　Unwin，George
舍夫勒，阿尔伯特　Schaffle Albert
舍勒，马克斯　Scheler Max
舍勒，古斯塔夫　Schelle，Gustave
奈特，弗兰克・H.　Knight，Frank H.
奈塞尔，汉斯　Neisser，Hans
居里，劳克林・B.　Currie，Lauchlin B.
居奥，伊维　Guyot，Yves
欧文，罗伯特　Owen，Robert
欧肯，瓦尔特　Eucken，Walter
欧勒，莱昂哈德　Euler，Leonhard
林达尔，E. R.　Lindahl，E. R.
坦普尔，威廉　Temple，William
耶林，鲁道夫・冯　Jhering，Rudolph von
季德，查尔斯　Gide，Charles
明茨，劳埃德・温　Mints，Lloyd Wynn
泽特比尔，阿道夫・乔治　Soetbeer，Adolf Georg
图克，托马斯　Tooke，Thomas
肯特，克莱门特・博尔顿・罗伊兰斯　Kent Clement Boulton Roylance
易卜生，亨里克　Ibsen，Henrik
宗南费尔斯，约瑟夫・冯　Sonnenfels，Joseph von

九　画

施韦克尔，沃尔夫冈　Schweicker，Wolfgang
施米特，马克斯・乔治　Schmidt，Max Georg
施托尔希，H. 冯　Storch，H. von
施利克　Schlick
施奈德，埃里希　Schneider，Erich
施特尔，H.　Staehle，H.
施特尔伯格，弗里茨　Sternberg，Fritz
施莱辛格尔，卡尔　Schlesinger，Karl
施莱特魏因，约翰・奥古斯特　Schlettwein，Johann August
施泰因，洛伦茨，冯　Stein，Lorenz von
施泰因撒尔　Steinthal
施勒德尔，威廉・冯　Schröder，Wilhelm von
施蒂达，威廉　Stieda，Wilhelm
施蒂格勒，乔治・J.　Stigler，George J.

施塔尔，弗里德里克·尤利乌斯 Stahl, Friederick Julius
施塔克尔贝格，H. 冯 Stakelberg, H. von
施赖伯尔，埃德蒙德 Schreiber, Edmund
施穆勒，古斯塔夫·冯 Schmoller, Gustav von
哈尔布瓦克斯，莫里斯 Halbwachs, Maurice
哈辛，保罗 Harsin, Paul
哈沙图罗，T. S. Khachaturov, T. S.
哈里斯，约瑟夫 Harris, Joseph
哈里斯，约翰 Harris, John
哈伯勒，戈特弗里德·冯 Haberler, Gottried von
哈利，爱德蒙 Halley, Edmond
哈耶克，弗里德里希·奥古斯特·冯 Havek, Eriedrich August von
哈林顿，詹姆斯 Harrington, James
哈罗德，R. F. Harrod, R. F.
哈奇森，弗朗西斯 Hutcheson, Francis
哈姆斯，伯恩哈德 Harms, Bernhard
哈钦斯，B. L. Hutchins, B. L.
哈特利，大卫 Hartly, David
哈恩，艾伯特 Hahn, Albert
哈顿，A. C. Haddon, A. C.
哈勒维，丹尼尔 Halevy, Daniel
哈勒维，伊利 Halevy, Elie
哈恩，爱德华 Hahn, Eduard
哈维，威廉 Harvey, William
哈维尔莫，特里格夫 Haavelmo, Trygve
哈登贝格，弗里德里希·冯(诺瓦利斯) Hardenberg, Friedrich von (Novalis)
哈斯巴赫，威廉 Hasbach, Wilhelm
哈德利，阿瑟·特威宁 Hadley, Arthur Twining
科贝特，威廉 Cobbett, William
科尔，A. W. Kerr, A. W.
科尔，查尔斯·伍尔西 Cole, Charles Woolsey
科尔贝尔，让—巴蒂斯特 Colbert, Jean-Baptiste
科尔厄斯，约翰 Colerus, Johann
科尔奎霍恩，帕特里克 Colquhoun, Patrick
科尔梅罗，曼纽尔 Colmeiro, Manuel
科尔森，克莱门特 Colson, Clément
科布，C. W. Cobb, C. W.
科布登，理查德 Cobden, Richard
科尼格里尼，卡洛·安吉洛 Conigliani Carlo Augelo
科克，R. Coke, R.
科卢梅拉，卢修斯·胡尼亚斯·莫德拉塔斯 Columella, Lucius Junius Moderatus
科克兰，夏尔 Coquelin, Charles
科南特，查尔斯·阿瑟 Conant, Charles Arthur
科珀斯，威廉 Koppers, Wilhelm
科恩，古斯塔夫 Cohn, Gustav
科特里尔，查尔斯·福斯特 Cotterill, Charles Foster
科顿，罗伯特·布鲁斯 Cotton, Sir Robert Bruce
科菲 Coffey
科萨，路易吉 Cossa, Luigi
科魏斯，保罗·路易斯 Cauwes, Paul Louis
洛，罗伯特 Lowe, Robert
洛，约瑟夫 Lowe, Joseph
洛贝尔图斯，约翰·卡尔 Rodbertus, Johann Karl
洛伦茨，P. Lorenz, P.
洛伦茨，H. A. Lorenyz, H. A.
洛伊德，萨缪尔·琼斯，参见奥弗斯顿 Loyd, Samuel Jones, see Overstone
洛约，G. Loyo, G.
洛里亚，阿希尔 Loria, Achille
洛克，约翰 Locke, John
洛奇，亨利·卡博特 Lodge, Henry Cabot

洛茨,鲁道夫·赫尔曼　Lotze,Rudolph Hermann
洛梅尼,路易·L.德和查尔斯·德　Loménie,Louis L. de and Charles de
洛维特,威廉　Lovett,William
洛温撒尔,埃丝特　Lowenthal Esther
洛德,埃利茨尔　Lord,Eleazer
费尔巴哈,路德维希·安德烈斯　Feuerbach,Ludwig Andreas
费尔巴哈,保尔·约翰·安塞姆·冯　Feuerbach, Paul Johann Anselm von
费尔纳,威廉·约翰　Fellner,William John
费尔南德斯·纳瓦雷特,佩德罗　Fernandez Navarrete,Pedro
费尔普斯,布朗,E.H. 参见布朗·E.H.费尔普斯　Phelps Brown,E.H. see Brown E.H. Phelps
费兰希埃里,盖塔诺　Filangieri,Gaetano
费西特,约翰·戈特利布　Fichte,Johann Gottieb
费克纳,G.T.　Fechner,G.T.
费拉拉,弗朗塞斯科　Ferrara,Francesco
费拉留斯,雅各布斯　Ferrarius,Jacobus
费雪,欧文　Fisher,Irving
费特,弗兰克·艾伯特　Fetter,Frank Albert
费维耶尔,A.E.　Feaveyeae,A.E.
威尔逊,托马斯　Wilson,Thomas
威尔逊,格洛斯特　Wilson,Glocester
威尔逊,詹姆斯　Wilson,James
威克斯蒂德,菲利普·亨利　Wicksteed Philip Henry
威利斯,H.帕克　Willis,H. Parker
威斯顿—格林,A.W.　Wiston-Glynn,A.W.
威廉斯,约翰·H.　Williams,John H.
威廉斯,约翰·比克顿　Williams,Sir John Bickerton
威瑟斯,哈特利　Withers,Hartley
查尔斯,伊尼德　Charles,Enid
查普曼,S.J.　Chapman,S.J.
查德威克,埃德温　Chadwick,Edwin
查默斯,乔治　Chalmers,George
查默斯,托马斯　Chalmers,Thomas
恩格尔,欧内斯特　Engel,Ernst
恩格斯,弗里德里希　Engels,Friedrich
恩德曼,威廉　Endemann,Wilhelm
胡菲兰德,戈特利布　Hufeland,Gottlieb
胡塞尔,埃德蒙　Husserl,Edmund
珀谢,雅克　Peuchet,Jacques
珀森斯,沃伦·M.　Persons,Warren M.
保罗斯,朱利叶斯　Paulus,Julius
保莱蒂,费迪南多　Paoletti,Ferdinando
柏拉图　Plato
勃朗,路易　Blanc,Louis
俄林,B.　Ohlin,B.

十　画

莫尔,罗伯特·冯　Mohl,Robert von
莱尔,查尔斯　Lyell,Sir Charles
莱布尼茨,　G.W.冯 Leibniz,G.W. von
莱西于(莱奥纳德·德·莱伊) Lessius (Leonard de leys)
莫利诺,参见杜莫林,查理斯　Molinaeus,see Dumoulin,Charles
莱克塞斯,威廉　Lexis,Wilhelm
莱费尔特,罗伯特·艾尔弗雷德　Lehfeldt,Robert Alfred
莱特罗斯内,纪尧姆·弗朗索瓦　Le Trosne,Guillaume Francois
莱维,莱昂　Levi,Leone
莱勒,J.J.　Lalor,J.J.
莱基,威廉·爱德华·哈特波尔　Lecky,William Edward Hartpole
莱斯利,托马斯·爱德华·克利夫

Leslie,Thomas Edward Cliffe
莱斯居尔,让　Lescure,Jean
莱斯特,R. A.　Lester,R. A.
莱斯特纳,马克斯·路德维格·沃尔弗勒姆　Laistner,Max Ludwig Wolfram
莱德勒,亨利·韦林顿　Laidler, Henry Wellington
莱德勒,埃米尔　Lederer,Emile
格申克龙,亚历山大　Gerschenkron, Alexander
格劳特,约翰　Graunt,John
格里莫德,弗朗索瓦　Grimaudet,Francois
格拉齐阿尼,奥古斯托　Graziani, Augusto
格拉斯林,让·约瑟夫·路易　Graslin, Jean Joseph Louis
格拉斯温克尔,德克　Graswinckel, Dirck
格拉德斯通,W. E.　Gladstone,W. E.
格劳秀斯,雨果　Grotius,Hugo
格罗特,乔治　Grote,George
格罗斯曼,亨里克　Grossmann,Henryk
格罗斯泰斯特　Grosseteste
格林,托马斯·希尔　Green,Thomas Hill
格林,戴维·I.　Green,David I.
格奈斯特,鲁道夫·冯　Gneist,Rudolph von
格雷,亚历山大　Gray,Alexander
格雷布纳,弗里茨　Graebner,Fritz
格雷戈里,T. E.　Gregory,T. E.
格雷欣,托马斯　Gresham, Sir Thomas
格塞尔,西尔维奥　Gesell,Silvio
莫尔,托马斯　More,Sir Thomas
莫尼尔,雷内　Maunier,Rene
莫兰迪,卡洛　Morandi,Carlo
莫利纳,路易·德　Molina,Luis de
莫利纳里,古斯塔夫·德　Molinari, Gustave de
莫利昂,弗朗索瓦·尼古拉斯·孔德　Mollien,Francois Nicolas,Comte
莫罗,G. R.　Morrow,G. R.
莫姆森,西奥多　Mommaen,Theodor
莫迪格利亚尼,弗朗哥　Modigliani, Franco
埃弗雷特,亚历山大·希尔　Everett, Alexander Hill
埃弗茨,奥托　Effertz,Otto
埃皮柯鲁斯　Epicurus
埃伦费尔斯,查尔斯·冯　Ehrenfels,Charles von
埃利希,欧根　Ehrlich,Eugen
埃利斯,霍华德·S.　Ellis,Howard S.
埃利特,查尔斯　Ellet,Charles
埃克　Eck
埃里金纳　Erigena
埃奇沃思,弗朗西斯·伊萨德罗　Edgeworth,Francis Ysidro
埃瑙迪,卢伊季　Einaudi,Luigi
埃萨尔斯,皮埃尔·德斯　Essars,Pierre des
埃斯皮纳　Espinas
埃斯蒂安,查尔斯　Estienne, Charles
埃德尔伯格,V.　Edelberg,V.
莫泽尔,尤斯图斯·冯　Möser,Justus von
莫泽尔,约翰·雅各布　Moser,Johann Jakob
莫莱,约翰·莫利　Morley, John Morley
莫维隆,雅各布　Mauvillon,Jakob
莫勒,乔治·路德维希·冯　Maurer,Georg Ludwig von
莫蒂默,约翰　Mortimer,John
莫雷利　Morelly
莫雷,雅克　Moret,Jacques
莫雷莱,安德雷　Morellet,Andre
诺尔,奥古斯特　Knoll,August
诺瓦克,杰尔齐　Nowak,Jerzy
诺瓦雷斯,参见哈登贝格,弗里德里希·冯　Novalis,see Hardenberg,Friedrich von

诺加罗,贝特朗　Nogaro,Betrand
诺伊曼,约翰·冯　Neuman,John von
诺思,达德利　North,Sir Dudley
诺思,罗杰　North,Roger
诺顿,约翰·皮斯　Norton,John Pease
诺曼,乔治·沃德韦　Norman,Georg Wardwe
诺登夏尔德,埃里克　Nordenskiold,Erik
索托,多明戈·德　Soto,Domingo de
索列尔,乔治　Sorel,Georges
索罗金,皮蒂里姆　Sorokin,Pitirim
索梅斯,克劳德·德(萨马休斯)　Saumaise,Claude de (Salmasius)
索登,弗里德里克　Soden,Friedrich
索琼,奥古斯特　Souchon,Auguste
泰尔　Thaer
泰尔哈克,厄恩斯特　Teilhac,Ernrst
泰恩,H. A.　Taine,H. A.
泰勒,海伦　Taylor,Hellen
泰勒,弗雷德曼维尔　Taylor,Fred Manville
泰勒,亨利·查尔斯　Taylor,Henry Charles
泰勒,爱德华　Tylor,Sir Edward
泰勒,威廉·乔治·兰沃西　Taylor,William George Langworthy
泰勒,奥弗顿,H.　Taylor,Overton H.
特里维廉,乔治·麦考利　Trevelyan,George Macaulay
特罗尔,哈奇斯　Trower,Hutches
特威德尔,W. A.　Tweddle,W. A.
特威斯,特拉弗斯　Twiss,Travers
特滕斯　Tetens
海尔,马修　Hale,Sir Matthew
海尔斯,约翰　Hales,John
海姆,费迪南德　Hayem,Ferdinand
海姆斯,诺曼·E.　Himes,Norman E.
海曼·爱德华　Heimann,Edward
海德门,H. M.　Hyndman,H. M.
桑巴特,W.　Sombart,W.
桑代克,爱德华·李　Thorndike,Edward Lee
桑顿,亨利　Thornton,Henry
桑顿,威廉·托马斯　Thornton William Thomas
夏尔科,J. M.　Charcot,J. M.
夏特吕侯爵,弗朗索瓦·让　Chastellux,Francois Jean,Marquis de
夏莱蒂,塞巴斯蒂安　Charléty,Sébastien
朗菲尔德,萨缪尔·蒙蒂费特　Longfield,Samuel Mountifort
朗格,弗朗西斯·戴维　Longe,Francis Davy
朗博　Rambaud
贾菲,威廉　Jaffe,William
贾勒特,比德　Jarrett,Bede
贾斯蒂尼安　Justinian
高尔顿,弗朗西斯　Galton,Sir Francis
高斯,卡尔·弗里德里希　Gauss,Karl Friedrich
哥白尼,尼古拉斯　Copernicus,Nicholas
配第,威廉　Petty,Sir William
班伯格,路德维希　Bamberger,Ludwig
倍倍尔,A.　Bebel,A.
修昔底德　Thucydides
席佩尔　Schippel
宾道夫,斯坦利·托马斯　Bindoff,Stanley Thomas
爱尔维修,克劳德　Helvétius,Claude

十一画

梅尔卡多,托马斯·德　Mercado,Tomas de
梅西,约瑟夫　Massie,Joseph
梅因,亨利·詹姆斯·萨姆纳　Maine,Henry James Sumner
梅辛杰　Messenger
梅林,弗兰茨　Mehring,Franz

梅林，奥托　Mering，Otto
梅杰，约翰　Major，John
梅茨勒，劳埃德·A.　Metzler，Lloyd A.
梅迪纳，胡安·德　Medina，Juan de
梅莫尼德斯，摩西　Maimonides，Moses
梅特兰，弗雷德里克·威廉　Maitland，Frederic William
梅隆，让·弗朗索瓦　Melon，Jean Francois
梅森，爱德华·S.　Mason，Edward S.
梅森，奥蒂斯·塔夫顿　Mason，Otis Tufton
梅奥—史密斯，里奇蒙　Mayo-Smith，Richmond
梅塞达格利亚，A.　Messedaglia，A.
维尔特，马克斯　Wirth，Max
维克塞尔，克努特　Wicksell，Knut
维里，皮特罗　Verri，Pietro
维纳，雅各布　Viner，Jacob
维拉莫维茨—默伦多夫，乌尔里希·冯　Wilamowitz-Moellendorff
维泽，莱奥波德·冯　Wiese，Leopold von
维科，贾姆巴蒂斯塔（焦瓦尼·巴蒂斯塔）　Vico，Giambattista（Giovanni Battista）
维恩，约翰　Venn，John
维勒纳夫—巴吉蒙，阿尔邦　Vileneuve-Bargemont，Alban
维勒梅，路易·勒内　Villerme，Louis René
维格尼斯，J. B. 莫里斯　Vignes，J. B. Maurice
维特根斯坦　Wittgenstein
维诺格拉多夫，保罗　Vinogradoff，Sir Paul
维塞尔，弗里德里希·冯　Wieser，Friedrich von
菲尔施特瑙，卡尔　Furstenau，Karl
菲尼，J. T.　Phinncy，J. T.
菲兰格拉斯，参见佩蒂特，威廉　Philanglus，see Petyt，William
菲利波维奇，欧根·冯　Philippovich，Eugen von
菲利普斯，切斯特·阿瑟　Phillips，Chester Arthur
菲茨尼尔，理查德　Fitzneale，Richard
菲茨莫里斯，埃德蒙　Fitzmaurice，Edmond
菲茨赫伯特，约翰　Fitzherbert，John
菲斯特尔·德·库朗热斯，尼马—德尼　Fustel de Coulangers，Numa-Denys
菲雷蒙—路易斯　Philémon-Louis
勒西希，卡尔　Rossig，Karl
勒瓦瑟，皮埃尔·埃米尔　Levasseur，Pierre Emile
勒邦，古斯塔夫　LeBon，Gustave
勒纳，阿巴·普塔奇亚　Lerner，Abba Ptachya
勒纳杜斯，约安尼斯　Regnandus，Ioannes
勒努瓦，雷蒙德　Lenoir，Raymond
勒迪克，加斯顿　Ledue，Gaston
勒南，欧内斯特　Rnan，Ernst
勒鲁瓦，M.　Lèröy，M.
勒鲁瓦—博留，保罗　Leroy-Beaulieu，Paul
勒普莱，P. G. 弗雷德里克　Le Play，P. G. Frederic
勒博，奥古斯特　Lebeau，Auguste
曼，弗里茨·卡尔　Mann，Fritz Karl
曼戈尔特，汉斯·卡尔·埃米尔·冯　Mangoldt，Hans Karl Emil von
曼弗拉，莫德斯蒂诺·雷米季奥　Manfra，Modestino Remigio
曼利，托马斯　Manley，Thomas
曼海姆，卡尔　Mannheim，Karl
曼德维尔，伯纳德·德　Mandeville，Bernard de
康帕内拉，托马索　Campanella，Tomaso
康拉德，约翰尼斯　Conrad，Johannes
康林，赫尔曼　Conring，Hermann
康德，伊曼纽尔　Kant，Immanuel

康德拉捷也夫,N. D.　Kondratieff, N. D.
萨马林,埃米尔　Sommarin,Emil
萨瓦里,雅克　Savary,Jacques
萨瓦里,德斯·布吕斯隆,雅克　Savary des Bruslons,Jacques
萨皮诺,卡米洛　Supino,Camillo
萨伊,让·巴蒂斯特　Say,Jean Baptiste
萨伊,莱昂　Say,Leon
萨林,埃德加　Salin,Edgar
萨姆纳,威廉·格雷厄姆　Sumner, William Graham
萨姆森诺夫,B.　Samsonoff,B.
萨维尼,弗里德里希·卡尔·冯　Savigny,Friedrich Karl von
萨缪尔森,保罗·A.　Samuelson,Paul A.
萨德勒,迈克尔·托马斯　Sadler, Michael Thomas
萨默,路易斯　Sommer,Louise
萨默维尔,约翰　Somerville,John
萨默斯,哈罗德·M.　Somers,Harold M.
培根,弗朗西斯　Bacon,Francis
培根,纳撒尼尔·T.　Bacon, Nathaniel T.
培根,罗格　Bacon,Roger
盖尔,萨缪尔　Gale,Samukel
盖尤斯　Gaius
盖伊,E. F.　Gay,E. F.
理查德(米德尔顿的)　Richard of Middleton
笛卡尔,勒内　Decartes,René
陶西格,弗朗克·威廉　Taussig,Frank William
基钦,约瑟夫　Kitchin,Joseph
梭柯尼科夫　Sokolnikoff

十二画

斯卡鲁菲,加斯帕罗　Scaruffi,Gasparo
斯卢茨基,欧根　Slutsky,Eugen
斯皮尔曼,查尔斯　Spearman,Charles
斯皮索夫,阿瑟　Spiethoff,Arthur
斯各脱,约翰·邓斯　Scotus,John Duns
斯托珀尔,W. F.　Stolper,W. F.
斯克罗普,乔治·波利特　Scrope, George Poulett
斯克罗法尼,萨弗里奥　Scrofani, Saverio
斯拉法,皮罗　Sraffa,Piero
斯奈德,卡尔　Snyder,Carl
斯佩丁　Spedding
斯图尔特,杜戈尔德　Stewart,Dugald
斯图尔特,詹姆斯　Steuart,Sir James
斯图姆,勒内　Stourm,René
斯坦格兰德,查尔斯·埃米尔　Stangeland,Charles Emil
斯威齐,A. R.　Sweezy,A. R.
斯威齐,保罗　Sweezy,Paul
斯特拉夫,皮埃尔　Struve,Pierre
斯特芬,古斯塔夫·弗里德里克　Steffen Gustaf Frederik
斯特拉恩　Strahan
斯特恩,威廉　Stern,William
斯宾诺莎,巴吕赫　Spinoza,Baruch
斯宾塞,赫伯特　Spencer,Herbert
斯莫尔,阿尔比恩·伍德伯里　Small, Albion Woodbury
斯通,理查德　Stone,Richard
斯蒂文斯,S. S.　Stevens,S. S.
斯蒂芬,莱斯利　Stephen,Sir Leslie
斯蒂芬斯,W. 沃尔克尔　Stephens, W. Walker
斯密,亚当　Smith,Adam
斯密西斯,阿瑟　Smithies,Arthur
斯彭格勒,约瑟夫·约翰　Spengler, Joseph John
博内　Bonnet
博尔曼,贾斯蒂克·埃里克　Bollmann,Justic Erick
博尼茨,雅各布　Bornitz,Jacob
博尼桑那,塞几尔　Bonesana,Cesare
博厄斯,弗朗兹　Boas,Franz

博卡多,格罗拉莫　Boccardo, Gerolamo
博伊德,沃尔特　Boyd, Walter
博纳,詹姆斯　Bonar, James
博纳尔,路易斯·加布里埃尔·安布罗斯　Bonald, Louis Gabriel Ambroise
博纳特,维克托　Bonnet, Victor
博克,奥古斯特　Böckh, August
博南瑟尼,帕斯夸尔　Boninsegni, Pasquale
博思,查尔斯　Booth, Charles
博特罗,乔瓦尼　Botero, Giovanni
博特基威切,拉迪斯拉斯·冯　Bortkiewicz, Ladislaus von
博桑奎,詹姆斯·惠特曼　Bosanquet, James Whatman
博道,尼古拉斯　Baudeau, Nicholas
博歇,马克西　Bôcher, Maxime
博雷加德,保罗　Beauregard, Paul
博德里拉,亨利·约瑟夫·利昂　Baudrillart, Henri Joseph Leon
博德维克,胡戈·威廉·康斯坦丁　Bordewijk, Huge William Constantijn
奥巴林　Oparin
奥尔布雷希特,格哈特　Albrecht, Gerhard
奥尔特曼,保罗　Oertman, Paul
奥尔蒂斯,路易斯　Ortiz, Luiz
奥布雷希特,格奥尔格·冯　Obrecht, Georg von
奥布赖恩,G. A. T.　O'Brien, G. A. T.
奥本海默,弗朗兹　Oppenheimer, Franz
奥皮蒂特,艾伯特　Aupetit, Albert
奥弗斯东,萨缪尔·琼斯·洛伊德　Overstone, Samuel Jones Loyd
奥古斯丁,圣　Augustine, St.
奥佩,雷德韦尔斯　Opie, Redvers
奥索里奥,安东尼奥　Osorio, Antonio
奥特,格哈特　Otte, Gerhard
奥特斯·G.　Ortes G.
奥康纳,米契尔 J. L.　O'Connor, Michael J. L.
奥瑟,梅尔希奥尔·冯　Osse, Melchior von
奥斯特瓦尔德,威廉　Ostwald, Wilhelm
奥斯皮茨,鲁道夫　Auspitz, Rudolf
奥雷斯姆,尼科尔　Oresme, Nicole
塔尔,杰思罗　Tull, Jethro
塔尔博特,A.　Talbot, A.
塔尔德,加布里埃尔　Tarde, Gabriel
塔西佗,普布利马斯·科尼利马斯　Tacitus, Publius Cornelius
塔克,乔治　Tucker, George
塔克,乔赛亚　Tucker, Josiah
塔克,亚伯拉罕　Tucker, Abraham
塔格利亚科佐,希奥尔希奥　Tagliacozzo, Giorgio
塔特尔,查尔斯·A.　Tuttle, Charles A.
塔雷洛,卡米洛　Tarello, Camillo
普瓦松,西蒙—丹尼斯　Poisson, Simeon-Denis
普列汉诺夫,乔吉·瓦伦蒂诺维奇　Plekhanov, Georgii Valentinovich
普里布拉姆,卡尔　Pribram, Karl
普里斯特利,约瑟夫　Priestley, Joseph
普芬多夫,萨缪尔·冯　Pufendorf, Samúel von
普利尼(兄)　Pliny the Elder
普法伊弗,约翰·弗里德里希·冯　Pfeiffer, Johann Friedrich von
普莱费尔,威廉　Playfair, William
普莱斯,弗朗西斯　Place, Francis
普赖斯,W. H.　Price, W. H.
普赖斯,理查德　Price, Richard
普赖斯,兰福德·洛韦尔·弗雷德里克　Price, Langford Lovell Frederick
普鲁东,皮埃尔·约瑟夫　Proudhon Pierre Joseph
惠厄尔,威廉　Whewell, William
惠尔,P. 巴雷特　Whale, P. Barrett
惠特利,乔治　Whatley, George
惠特利,约翰　Wheatley, John
惠特利,伊丽莎白·简　Whateley, Eli-

zabeth Jane
惠特利,理查德 Whately,Richard
惠特布雷德,塞缪尔 Whitbread,Samuel
惠勒,约翰 Wheeler,John
蒙卡达,桑肖·德 Moncada,Sancho de
蒙塔古,查尔斯 Montague,Charles
蒙伯特,保罗 Mombert,Paul
蒙特克里因,安东尼 Montchretien,Antoyne
蒙塔纳里,赫米尼亚诺 Montanari,Geminiano
蒙塔纳里,奥古斯特 Montanari,Augusto
黑尔,罗伯特 Hare,Robert
黑伦,阿诺德·赫尔曼·路德维希 Heeren,Arnold Hermann Ludwig
黑克尔,恩斯特 Haeckel,Ernst
黑兹利特,威廉 Hazlitt,William
黑格尔,乔治·威廉·弗里德里希 Hegel,Georg Wilhelm Friedrich
黑雷斯巴赫,康拉德 Heresbach,Conrad
鲁瓦,雷内 Roy,René
鲁弗尔,雷蒙德·德 Roover,Raymond de
鲁克,约翰 Rooke,John
鲁斯,查尔斯·F. Roos,Charles F.
舒马赫,H. Schumacher,H.
舒巴特,J. C. Schubart,J. C.
舒尔茨—格弗尼茨,格哈特,冯 Schulze-Gaevernitz,Gerhaet von
舒尔茨,亨利 Schultz,Henry
谢瓦利埃,米歇尔 Chevalier,Michel
谢伯利兹,安托尼·艾利斯 Cherbuliez,Antoine Elisée
谢松,让·雅克·埃米尔 Cheysson,Jean Jacques Emile
温克尔布莱希,卡尔·乔治 Winkeblech,Karl Georg
温克尔曼,约翰·乔基姆 Winckelmann,Johann Joachim
温蒂希·亨里希 Waentig,Heinrich
富兰克林,本杰明 Franklin,Benjamun
富拉顿,约翰 Fullarton,John
富奥科,弗朗西斯科 Fuoco,Francesco
蒂尔斯,路易斯,阿道尔夫 Thiers,Louis Adolphe
蒂勒 Thiele
道布尔戴,托马斯 Doubleday,Thomas
道格拉斯,保罗·H. Douglas,Paul H.
森西尼,吉德 Sensini,Guido
森佩雷—瓜里诺斯,J. Sempere-Y Guarinos,J.
策瓦德斯基,W. Zawadski,W.
琼斯,理查德 Jones,Richard
雅各布,路德维希·海因里希·冯 Jakob,Ludwig Heinrich von
登普西,伯纳德·威廉 Dempsey,Bernard William
傅立叶,弗朗索瓦 Fourier,Francois

十 三 画

塞扎,卡洛·德 Cesare,Carlo de
塞瓦,焦万尼 Ceva,Giovanni
塞发鲁斯,乔安尼斯 Caephalus Joánnes
塞利格曼,埃德温,R. A. Seligman,Edwin R. A.
塞利奥,古格利尔莫 Silio,Guglielmo
塞努斯基,亨利 Cernuschi,Henri
塞拉,安东尼奥 Serra,Antonio
塞拉斯,奥利维尔·德 Serres,Oliver de
塞肯多夫,法伊特·路德维希·冯 Seckendorff,Veit Ludwig von
塞耶斯,R. S. Sayers,R. S.
塞索鲁斯,卡斯珀·安东尼乌斯 Thesaurus,Caspar Antonius
鲍尔,奥托 Bauer,Otto
鲍尔弗,阿瑟·詹姆斯 Balfour,Arthur James

鲍尼亚丁,门特 Bouniatian,Mentor
鲍利,玛丽安 Bowey,Marian
鲍利,阿瑟·莱昂 Bowley,Arthur Lyon
鲍林,约翰 Bowring,John
鲍恩,弗朗西斯 Bowen,Francis
福尔邦内,弗朗索瓦·德 Forbonnais,Francois de
福尔纳里,托马索 Fornari,Tommaso
福尔特雷,萨缪尔 Fortrey,Samuel
福西特,亨利 Fawcett,Henry
福克斯韦尔,H. S. Foxwell,H. S.
福里,安德雷 Faure,Andre
福希艾默尔,卡尔 Forcheimer,Karl
福特,保罗·莱斯特 Ford,Paul Leicester
福维尔,阿尔弗雷德·德 Foville,Alfred de
福基尔,弗朗西斯 Fauquier,Francis
詹宁斯,理查德 Jennings,Richard
詹金,弗莱明 Jenkin,Fleeming
詹金,H. C. 弗莱明 Jenkin,H. C. Fleeming
詹蒂莱,潘菲洛 Gentile,Panfilo
雷,约翰 Rae,John (1845—1915)
雷,约翰 Rae,John (1796—1872)
雷文,查理斯·厄尔 Raven,Charles Earle
雷菲热,参见迪·雷菲热,厄斯塔舍 Refuge,see Du Refuge,Eustache
雷蒙德,丹尼尔 Raymond,Daniel
赖特,卡罗尔·戴维森 Wright,Carroll Davidson
赖特,哈罗德 Wright,Harold
路加,圣 Luke,St.
路韦蒂尔,图森 L′Ouverture,Toussaint
楚克坎德尔 Zuckerkandl

十 四 画

赫尔,查尔斯·亨利 Hull,Charles Henry
赫尔巴特,约翰·弗里德里希 Heroart,Johann Friedrich
赫尔弗里希,卡尔 Helfferich,Karl
赫尔曼,F. B. W. 冯 Hermann,F. B. W. von
赫尔德,阿道夫 Held,Adolf
赫尔德,约翰·戈特弗里德·冯 Herder,Johann Gottried von
赫伦施万德,琼 Herrenschwand,Jean
赫克纳,海因里希 Herkner,Heinrich
赫克谢尔,伊利·F. Heckscher,Eli F.
赫伯特,克劳德·雅克 Herbert,Claude Jacques
赫茨勒,乔伊斯·奥兰米尔 Hertzler,Joyce Oramel
赫恩,威廉·爱德华 Hearn,William Edward
赫斯特,弗朗西斯·里格利 Hirst,Francis Wrigley
赫斯基森,威廉 Huskisson,William
赫雷拉,加布里埃尔·阿朗索·德 Herrera,Gabriel Alonso de
豪利特,约翰 Howlett,John
豪泽,亨利 Hauser,Henri
熊彼特,约瑟夫·阿洛伊斯 Schumpeter,Joseph Alois
魁奈,弗朗索瓦 Quesnay,Francois
聚斯米尔希,约翰·彼德 Süssmilch,Johann Peter
蔡尔德,乔赛亚 Child,Sir Josiah

十 五 画

德·比蒂·德·马尔科,安东尼奥 De Viti De Marco,Antonio
德·弗里斯 de Vries
德·里纳尔迪斯,巴托洛莫 De Rinaldis,Bartolommeo
德·昆西,托马斯 De Quincey,Thomas
德·桑蒂斯,马克·安东尼奥 De Santis,Marc′ Antonio
德·莱昂,丹尼尔 De Leon. Daniel

德门盖姆，埃米尔　Dermenghem, Emile
德尔·贝奇奥，古斯塔沃　Del Vecchio, Gustavo
德尼　Denis
德尔菲科，梅奇奥雷　Delfico, Melchiorre
德玛丽亚，乔万尼　Demaria, Giovanni
德拉姆，约翰·乔治·拉姆顿　Durham, John George Lamton
德拉图尔，艾伯特　Delatour, Albert
德斯蒂，德·特拉西·A.　Destutt Detracy. A.
潘诺米坦努斯　Panormitanus
潘塔莱奥尼，马费奥　Pantaleoni, Máffeo
滕尼斯　Tönnies

十　六　画

霍尔，查尔斯　Hall, Charles
霍尔，斯坦利　Hall, Stanley
霍尔尼克，菲利普·威廉·冯　Hornigk, Philipp Wilhelm von
霍尔巴赫，保罗·亨利·西里　Holbach, Paul Henry Thiry
霍尔岭多夫，弗朗茨·冯　Holtzendorff, Franz von
霍尔特罗普，马里于斯·威廉　Holtrop, Marius Wilhelm
霍布森，约翰　Hobson, John
霍布森，查尔斯·肯尼思　Hobson, Charles Kenneth
霍布斯，托马斯　Hobbes, Thomas
霍布豪斯　Hobhouse
霍兰德，雅各布·亨利　Hollander, Jacob Henry
霍吉斯金·托马斯　Hodgskin, Thomas
霍利，弗雷德里克·巴纳德　Hawley, Fredcrick Barnard
霍纳，弗朗西斯　Horner, Francis
霍亨海姆，T. B. 冯(帕拉切尔苏斯)　Hohenheim, T. B. von (Paracelsus)
霍奇斯，詹姆斯　Hodges, James
摩根，爱德华·维克托　Morgan Edward Victor
摩根，刘易斯·亨利　Morgan, Lewis Henry
摩根，康维·劳埃德　Morgan, Conwy Lloyd
摩根斯顿，奥斯卡　Morgenstern Oskar
霍特林，哈罗德　Hotelling, Harold
霍特里，R. G.　Hawtrey, R. G.
霍恩，约瑟夫　Hone, Joseph
摩萨克　Mosak
霍曼，保罗·托马斯　Homan, Paul Thomas
霍顿，萨缪尔·达纳　Horton, Samuel Dana
霍维尔，马克　Hovell, Mark
穆瓦夫勒，亚伯拉罕·德　Moivre, Abraham de
穆尔，亨利·勒德韦尔　Moore, Henry Ludwell
穆拉托里，卢多维利·安东尼诺　Muratori, Ludovico Antonino
穆勒，约翰·斯图尔特　Mill, John Stuart
穆勒，詹姆斯　Mill, James
默尼埃，弗朗西斯　Meunier, Francis
默西埃·德·拉·里维埃，P. P.　Mercier de la Riviere, P. P.

十　七　画

戴马斯，约瑟夫　Desmars, Joseph
戴维森，戴维　Davidson, David
戴维森，威廉·莱斯利　Davidson, William Leslie
戴维斯，戴维　Davies, David

十　八　画

魏特林，威廉　Weithing Wilhelm
魏斯曼，奥古斯特　Weismann, August

图书在版编目(CIP)数据

经济分析史.第3卷/(美)约瑟夫·熊彼特著;朱泱等译.—北京:商务印书馆,2017
(汉译世界学术名著丛书:120年纪念版:珍藏本)
ISBN 978-7-100-14195-6

Ⅰ.①经… Ⅱ.①约… ②朱… Ⅲ.①现代资产阶级经济学—经济思想史 Ⅳ.①F091.354

中国版本图书馆CIP数据核字(2017)第137853号

汉译世界学术名著丛书
(120年纪念版·珍藏本)

经济分析史

第三卷

〔美〕约瑟夫·熊彼特 著

朱 泱 易梦虹 李 宏 陈国庆 杨敬年 陈锡龄 译

商务印书馆出版
(北京王府井大街36号 邮政编码100710)
商务印书馆发行
南京爱德印刷有限公司印刷
ISBN 978-7-100-14195-6

2017年12月第1版 开本710×1000 1/16
2017年12月第1次印刷 印张41¼

定价:200.00元